MARIE LOUISE FISCHER

FRAUENSTATION
WICHTIGER ALS LIEBE

WILHELM HEYNE VERLAG
MÜNCHEN

HEYNE ALLGEMEINE REIHE
Nr. 01/9496

Copyright © 1995 dieser Ausgabe
by Wilhelm Heyne Verlag GmbH & Co. KG, München
Printed in Germany 1995
Einzelrechte s. Quellennachweis
Umschlagillustration: Bavaria Bildagentur / Stock Imagery, Gauting
Umschlaggestaltung: Atelier Ingrid Schütz, München
Gesamtherstellung: Ebner Ulm

ISBN 3-453-08446-2

FRAUENSTATION

1

Als die erste Wehe kam, hielt Susanne Overhoff unwillkürlich den Atem an. Aber sie empfand keine Angst, eher ein schmerzvolles Gefühl von Glück.

Es war soweit. Alles Warten würde nun ein Ende haben.

Susanne Overhoff ließ das Babyjäckchen, an dem sie häkelte, in den Schoß sinken. Ihr Blick ging zu Eva, ihrer Tochter, die bäuchlings auf der Couch lag.

»Eva . . .«, sagte sie, »ich . . .« Ihr Mund war trocken.

Es fiel ihr schwer, die richtigen Worte zu finden.

»Ja, Mutter?« Das junge Mädchen hob den Kopf und strich das weizenblonde Haar aus der Stirn.

»Ich glaube, es wird Zeit für mich, Eva.«

Eva setzte sich mit einem Ruck auf. »Schon?« fragte sie, nun doch erschrocken. Mit zwei Schritten war sie bei der Mutter, kniete neben dem Sessel. Susanne Overhoff fuhr ihr mit der Hand in das schimmernde Haar.

»Du weißt doch, daß ich bereits seit Tagen darauf warte.«

»Ja schon«, sagte Eva leise, »aber wenn es dann passiert, ist es doch anders.«

Susanne Overhoff beugte sich rasch zu ihr herab und küßte sie auf die Stirn. »Geh hinauf ins Schlafzimmer und hol mein Köfferchen. Ich werde es Vater sagen . . .«

Die zweite Wehe kam, als sie schon neben ihrem Mann, dem Chefarzt Dr. Paul Overhoff, im Wagen saß.

»Sehr schlimm?« fragte er, ohne sie anzusehen. Er glaubte, ihren Schmerz fast körperlich mitzuempfinden. Und wieder überkam ihn dieses würgende Schuldgefühl, diese quälende Angst, die ihm die letzten Monate fast zur Hölle gemacht hatte.

»Nein, nicht schlimm«, erwiderte Susanne Overhoff rasch, fast ein wenig zu schnell.

»Du brauchst keine Angst zu haben«, sagte er gepreßt.

»Ich fürchte mich nicht . . .«

Er schaltete so hart, daß das Getriebe aufstöhnte, dann glitt der schwere Wagen die stille Vorortstraße entlang.

»Mir ist nur«, sagte sie, die Hände wie schützend über dem hohen Leib gefaltet, »als hätte ich etwas vergessen . . .«

»Unwichtig. Alles was du brauchst, kann ich dir besorgen lassen.«

»Das meine ich nicht, ich . . .« Sie sprach sehr langsam, um sich verständlich auszudrücken. »Es ist wegen Eva. Sie ist noch so jung. Sie versteht das alles nicht. Ich hätte ihr klarmachen müssen . . . es wenigstens versuchen müssen . . .«

»Mach dir nicht so viele Gedanken, Susanne«, erwiderte er mit einer Stimme, die unbefangen klingen sollte, aber rauh vor Beklemmung war, »morgen wird sie dich in der Klinik besuchen. Dann kannst du ihr alles erzählen, was du noch auf dem Herzen hast.«

›Hoffentlich‹, hätte sie beinahe gesagt, aber sie sagte nur: »Ja, natürlich. Du hast recht.«

Vom Haus Professor Overhoffs bis zur Frauenklinik, deren Chef er war, waren es knappe zehn Autominuten.

Als die dritte Wehe einsetzte, lag Susanne Overhoff im Bett des schönsten Zimmers der Privatstation, das seit Tagen für sie reserviert war.

Oberschwester Helga half ihr, sich auszuziehen. Dann stand sie am Bett der werdenden Mutter und lächelte ihr aufmunternd zu. Ihr frisches Gesicht strahlte Zuversicht aus.

»Das scheint ein sehr pünktlicher kleiner Sohn zu werden, Frau Professor«, meinte sie ermutigend.

Susanne Overhoff nickte stumm. In ihren Augen war ein seltsamer Glanz.

Die junge Schwester Lilo war noch dabei, Susannes Kleid und den Pelzmantel sorgfältig auf den Bügel und in den Schrank zu hängen. Vom Bad her hörte man das Plätschern des Wassers; Professor Overhoff wusch sich die Hände. Er kam, sich abtrocknend, in das Zimmer und ließ das Handtuch achtlos fallen. Lilo bückte sich, hob es auf, half ihm in den weißen Kittel.

»Benachrichtigen Sie bitte sofort Dr. Schumann«, ordnete er an.

Schwester Lilo huschte aus dem Zimmer.
Susanne Overhoff richtete sich in ihren Kissen auf.
»Paul«, rief sie flehend.
Er trat zu ihr und versuchte zu lächeln, aber es wurde nur eine Grimasse. »Ja?«
»Paul ... kannst du die Schnittentbindung nicht selbst machen? Du weißt doch ... es gibt niemanden, zu dem ich so viel Vertrauen habe wie zu dir!«
»Susanne, es ist nicht üblich, daß ein Arzt seine eigene Frau entbindet!«
»Das weiß ich ja! Aber mach eine Ausnahme! Ich bitte dich darum!«
Er setzte sich zu ihr auf den Bettrand. »Ich könnte es nicht. Selbst wenn ich wollte.« Er hielt den Arm hoch und sie sah, wie seine flach ausgestreckte Hand zitterte.
Sie bereute es sofort, daß sie ihn gezwungen hatte, seine Schwäche zu bekennen. »Verzeih«, murmelte sie.
Oberschwester Helga, stumme Zeugin dieser Szene, versuchte die Situation zu überspielen. »Dr. Schumann ist ein wunderbarer Arzt«, sagte sie, »der beste, den ich kenne!«
Overhoff streichelte die Hand seiner Frau. »Da hörst du es ja.«
»Entschuldigen Sie, Herr Professor«, rief die Oberschwester erschrocken, »ich wollte natürlich nicht sagen, daß ...«
»Schon gut! Geben Sie mir das Stethoskop!«
Sie reichte ihm das Hörrohr. Er faßte mit der linken Hand Susannes Puls und beugte sich tief über ihren Leib, um die Herztöne seines Kindes abzuhören.

Frau Astrid Schumann hatte für diesen Abend Gäste eingeladen. Im offenen Kamin züngelten die Flammen eines hellen Feuers; auf silbernen Leuchtern brannten honiggelbe Kerzen.
Dr. Rainer Schumann beobachtete seine Frau. Sehr schlank und anmutig, in einem saphirblauen Cocktailkleid aus fließender Seide, stand sie zwischen den Gästen. Er sah das Leuchten ihrer tiefblauen Augen und die rötlichen Lichter, die die Flammen in ihr kurz geschnittenes, kastanien-

braunes Haar zauberten. Er beobachtete die bewundernden Blicke der anderen Männer und – litt.

Dabei wußte er, daß er keinen Grund zur Eifersucht hatte. Astrids Herz war kühl, so kühl wie ihre zarte, milchweiße Haut. Sie liebte ihn, dessen war er ganz sicher. Sie liebte ihn auf ihre kühle, sehr beherrschte Art, und es war sein Pech, daß ihm diese Liebe nicht genügte, daß sie ihn tief unsicher, ja oft rasend machte.

Dr. Rainer Schumann schrak zusammen, als er sich angesprochen fühlte. Mit einer hastigen Bewegung nahm er die Pfeife aus dem Mund und ließ sie in der Jackentasche seines gutgeschnittenen dunklen Anzugs verschwinden. Er drehte sich um und sah Kirsten, seine junge Schwägerin. Er lächelte sie freundlich aus seinen dunkelbraunen Augen an, die ihm unter den Schwestern der Frauenklinik den Beinamen ›der Bernhardiner‹ eingetragen hatten.

»Sei mir bitte nicht böse«, sagte Kirsten, »ich verstehe natürlich sehr gut, daß du in diesem Augenblick keine allzu große Lust zu einem fachlichen Gespräch hast . . .«

»Immer noch der gleiche Kummer?«

Kirstens Augen wurden dunkel. »Du weißt, wie sehr ich . . . wie sehr Hugo und ich uns ein Kind wünschen . . .«

»Ich habe dir schon vor einem Jahr den Vorschlag gemacht, einmal in meine Sprechstunde zu kommen. Oder wenn dir das peinlich ist, dann geh zu Professor Overhoff . . . ich bin sicher, daß er dir helfen wird.«

»Ja, vielleicht«, erwiderte Kirsten zögernd, »nur . . . ich bin doch eine ganz gesunde und normale Frau. Ich weiß, daß ich das bin. Und mit Hugo ist auch alles in Ordnung. Da müßte es eigentlich ohne ärztliche Hilfe möglich sein . . .«

In diesem Augenblick schrillte das Telefon.

Dr. Schumann war sofort alarmiert. Er legte seine Hand auf Kirstens Arm.

»Entschuldige mich, bitte«, rief er hastig und ging mit großen Schritten in seinen Arbeitsraum hinüber, nahm den Hörer, lauschte wenige Sekunden, sagte: »Ich komme sofort!« und hängte ein.

Einen Augenblick blieb er am Schreibtisch stehen und

überlegte, ob es richtig wäre, sich von Astrid zu verabschieden. Vielleicht würde sie es als eine Störung ihrer Party auffassen. Bevor er einen Entschluß gefaßt hatte, kam Astrid lautlos ins Zimmer. »Du mußt fort?« fragte sie beherrscht.

»Leider. Aber wenn alles gut geht, bin ich in einer knappen Stunde wieder zurück.«

»Susanne Overhoff?«

»Ja.«

Ihm schien es, als würden ihre Lippen schmal.

»Astrid, ich . . .«

»Mir brauchst du nichts zu erklären. Geh!« Ihre Stimme hatte einen gereizten, ja feindlichen Ton, der ihn aus der Fassung brachte.

»Aber Astrid«, stammelte er hilflos und wollte ihr einen flüchtigen Kuß geben, doch sie wandte sich so brüsk ab, daß seine Lippen nur ihr Haar berührten. Eine Sekunde stand er wie erstarrt. Dann holte er tief Atem, straffte die Schultern und verließ mit energischen Schritten den Raum. Weder er noch Astrid hatten bemerkt, daß Kirsten hereingekommen war.

»Na hör mal«, sagte Kirsten jetzt, »so solltest du Rainer wirklich nicht behandeln!«

Astrid drehte sich langsam zu ihrer Schwester um.

»Was verstehst du schon davon!«

»Ich weiß, daß Rainer dich liebt und . . .« Sie unterbrach sich. »Du kannst ihm doch nicht im Ernst böse sein, weil er in die Klinik gerufen worden ist? Schließlich ist er Arzt, und du hättest damit rechnen müssen, als du ihn heiratetest!«

»Weißt du auch, wohin er geht?«

Kirsten sah sie verständnislos an. »In die Klinik natürlich!«

»Zu Susanne Overhoff!«

»Na und?«

»Sie erwartet ihr drittes Kind . . .«

»Die Glückliche!«

»Wenn du ein bißchen gescheiter wärest, würdest du nicht so sprechen.«

»Ich versteh nicht . . .«

Astrid nahm mit einer nervösen Bewegung eine Zigarette

aus der kleinen Zinndose auf dem Schreibtisch, steckte sie zwischen die Lippen, zündete sie an und inhalierte mit einem tiefen Zug, bevor sie weitersprach. »Wenn es dich wirklich interessiert, werde ich es dir erklären...«

»Bitte...«

»Susanne Overhoff hat eine sechzehnjährige Tochter. Der einzige Sohn ist vor drei Jahren verunglückt...«

»Wie schrecklich!«

»Hör nur erst weiter!« Astrid machte wieder einen Lungenzug. »Beide Kinder sind durch Kaiserschnitt zur Welt gekommen... Susannes Becken ist zu schmal, verstehst du?«

»Ja, aber...«

»Jeder Arzt wird dir bestätigen, daß ein dritter Kaiserschnitt bei schwächlicher Konstitution der Mutter lebensgefährlich sein kann.«

»Aber... das muß der Professor doch wissen! Und Rainer auch!«

»Natürlich wissen sie es. Und gerade weil sie es wissen und trotzdem nicht verhindert haben, sind sie... in meinen Augen wenigstens... Verbrecher.«

»Astrid!« rief Kirsten entsetzt.

»Entschuldige. Aber ich dachte, du wolltest die Wahrheit hören!« Astrid drückte ihre Zigarette aus.

»Wie hätte Rainer es denn verhindern können? Nun nimm mal Vernunft an. Schließlich ist er nicht der Chef und auch nicht der Vater des Kindes. Und überhaupt... was sagt denn Frau Overhoff dazu? Weiß sie, wie gefährlich es ist?«

»Natürlich. Sie ist doch eine Arztfrau.«

»Dann hätte sie ihren Mann bitten können...«

»Sie will es haben«, sagte Astrid bitter, »sie ist streng gläubig, und dann... sie hat es sich in den Kopf gesetzt, ihrem Mann einen Sohn zu schenken.«

Kirsten schwieg einen Atemzug lang. »Sei mir nicht böse, Astrid«, sagte sie dann, »aber ich glaube... ich kann das verstehen.«

»Ja, du! Weil du den Wert einer Frau nur darin siehst, ob sie Kinder haben kann oder nicht... ob sie sie in die Welt setzen will oder nicht. Aber begreifst du denn nicht, daß das heller Wahnsinn ist? Eine Frau ist doch eine Persönlichkeit, ihr Leben hat einen Wert, eine Bedeutung, die ganz unabhängig von dieser Frage ist . . .«

»Ja, vielleicht«, sagte Kirsten, nicht überzeugt.

»Oder glaubst du, daß Hugo dich nicht liebt, nur weil ihr keine Kinder miteinander habt?«

»Er würde mich mehr lieben, wenn ich ihm eins schenken könnte.«

»Bist du dessen so sicher? Dann solltest du ihn stehenlassen . . . dann ist es nämlich nicht die wahre Liebe, dann sieht auch er in dir nur die Gebärmaschine, die . . .«

»Nein, Astrid, nein, so ist das nicht«, unterbrach Kirsten sie mit unerwarteter Energie. »Er liebt mich schon, aber er möchte eine Familie haben . . . jeder Mann möchte eine Familie haben. Söhne, Töchter.« Sie schluckte. »Und ich würde ihm diesen Wunsch erfüllen, wenn ich es könnte. Auch wenn ich mein Leben dafür aufs Spiel setzen müßte.«

»Du bist ja verrückt«, sagte Astrid angewidert. Sie wandte sich zur Tür.

Kirsten lief ihr nach. »Glaubst du wirklich, Frau Overhoff muß sterben?«

»Davon habe ich nichts gesagt. Nur daß bei ihr ein dritter Kaiserschnitt lebensgefährlich sein kann.«

»Aber dann . . .«

»Das ändert gar nichts. Auch wenn sie durchkommt . . . und ich wünsche es ihr, bei Gott . . . bleibt diese Geburt ein verbrecherischer und ungeheuerlicher Wahnsinn!«

Auch Dr. Rainer Schumann dachte mit Sorge an die bevorstehende Operation. Aber er sah den Fall mit ganz anderen Augen. Nicht einen Augenblick lang dachte er daran, ob es richtig oder falsch war, daß Susanne Overhoff dieses dritte Kind haben wollte, oder ob der Professor es vielleicht nicht dazu hätte kommen lassen sollen – für ihn war Susanne Overhoff eine werdende Mutter, die seine Hilfe brauchte, nichts weiter. Eine Patientin, so wichtig wie jede andere, obwohl ihr Fall natürlich besonders kompliziert lag. Er hatte es ja immer nur mit den schwierigen Fällen zu tun, denn bei den komplikationslosen Geburten genügte die Hilfe einer Hebamme.

Er atmete tief, der Geruch der Klinik war um ihn – dieses vertraute Gemisch aus menschlichen Ausdünstungen, scharfen Desinfektionsmitteln und Bohnerwachs. Die Frauenklinik war seine Welt, hier gehörte er hin, hier fühlte er sich wohl.

In seinem Sprechzimmer im ersten Stock zog er seine Jacke aus, wusch sich die Hände, schlüpfte in seinen Kittel. Als er an der Teeküche auf der Privatstation des Professors vorbeistürmte, kam Oberschwester Helga heraus.

»Guten Abend, Herr Oberarzt! Das ist aber schnell gegangen!«

»Hatten Sie etwas anderes von mir erwartet?« erwiderte er und konnte der Versuchung nicht widerstehen, sie leicht in die feste, wohlgerundete Wange zu kneifen.

Sie nahm es ihm nicht übel. »Der Herr Professor erwartet Sie schon«, sagte sie und begleitete ihn den Gang hinunter.

»Wie steht's?«

»Die ersten Wehen. Im Abstand von 30 Minuten.«

»Sehr schön. Lassen Sie die Sectio vorbereiten. Je eher wir es hinter uns haben, desto besser. Wer hat Nachtdienst?«

»Dr. Bley.«

»Rufen Sie ihn an. Und lassen Sie nachschauen, ob Dr. Gerber im Haus ist. Ich brauche ihn und den Anästhesisten. Wenn nötig, holen Sie die beiden per Funk herbei, ja?«

»Wird gemacht.«

»Ich weiß, daß ich mich auf Sie verlassen kann, Helga.« Dr. Schumann blieb vor dem Eckzimmer auf der Privatstation stehen, in dem Susanne Overhoff lag. »Sagen Sie bitte Bescheid, wenn wir anfangen können.«

»Ja, Herr Doktor!«

Dr. Schumann klopfte an die Tür. Als keine Antwort kam, drückte er die Klinke nieder und trat ein. Susanne Overhoff sah ihm aus übergroßen, glänzenden Augen entgegen. Der Professor stand über ihren Leib gebeugt und horchte die Herztöne des Kindes ab.

Dr. Schumann trat an das Bett der Patientin. »Guten

Abend, Frau Professor«, sagte er. »Froh, daß es endlich soweit ist?«

»Ja, sehr!« erwiderte sie, tapfer lächelnd.

Professor Overhoff richtete sich auf. Sein Gesicht war von Sorge und Angst so entstellt, daß Dr. Schumann erschrak. Er reichte seinem Oberarzt das Stethoskop.

»Gut, daß Sie da sind«, sagte er mühsam.

»Ist irgend etwas nicht in Ordnung?« fragte Susanne Overhoff beunruhigt.

Der Professor antwortete nicht, trat an das Fenster. Sein Rücken zuckte.

»Sie dürfen sich nicht nervös machen lassen, Frau Professor«, meinte Dr. Schumann, »werdende Väter sind ein Kapitel für sich. Unsere Hebammen sagen immer: Lieber drei schwere Geburten hintereinander, als einem aufgeregten Vater Mut zusprechen müssen.«

Susanne Overhoff lachte gequält, ein kleines zitterndes Lachen.

Er setzte sich an den Rand ihres Bettes, umfaßte ihr Handgelenk, beugte sich über ihren Leib, prüfte die Herztöne des Kindes und zählte sie sorgfältig aus.

94 in der Minute. Das war sehr wenig. 120 bis 140 wären normal gewesen. Er wiederholte die Untersuchung, um sich zu vergewissern, aber das Ergebnis blieb unverändert. Mit keinem Wimpernzucken zeigte er sein Erschrecken.

Er drückte mit den Seitenkanten seiner Hände in ihren Leib. Der Uterus saß sehr hoch, berührte den Rippenbogen. Er legte die eine Hand flach an die seitliche Bauchwand, ertastete den Rücken des Kindes, erfühlte mit der anderen Hand die gegenüberliegenden Arme und Beine. Dann drückte er mit der rechten Hand, den Daumen abgespreizt, auf den Unterleib. Sehr behutsam, um der Patientin nicht weh zu tun, tastete er tiefer, spürte die feste runde Form des kindlichen Kopfes, der gerade erst in den Beckeneingang eingetreten war.

Oberschwester Helga kam ins Zimmer. »Der OP ist vorbereitet, Herr Oberarzt«, meldete sie ein wenig atemlos; Dr. Gerber war im Haus, nur Dr. Leopold, der Anästhesist...

»aber er ist benachrichtigt und wird spätestens in zehn Minuten hier sein.«

»Bringen Sie die Sauerstoffflasche«, sagte Dr. Schumann ruhig. »Und schicken Sie mir eine Schwester, die mir hilft, das Becken der Patientin hochzulagern.«

»Ist irgend etwas nicht in Ordnung?« fragte Susanne Overhoff noch mal angstvoll.

»Kein Grund zur Aufregung«, sagte Dr. Schumann beruhigend, »die kindlichen Herztöne sind etwas langsam . . .«

»Zu langsam? Ja, aber das bedeutet doch . . .«

Professor Overhoff wandte sich vom Fenster ab, trat ans Bett seiner Frau. »Bitte«, sagte er beschwörend, »bitte, Liebling . . .«

»Du hast es gewußt? Paul, unser Kind darf nicht sterben, hörst du! Du mußt es retten, sonst . . .« Eine neue Wehe überfiel sie, sie konnte nur mühsam weitersprechen. »Sonst war alles umsonst.«

»Das Kind wird leben«, erklärte Dr. Schumann mit Nachdruck, »ich verspreche es Ihnen!«

Frau Overhoff verkrampfte die Hände über der Brust. »Und ich habe so gebetet«, sagte sie fast tonlos, »so sehr gebetet . . .«

»Es ist meine Schuld!« Auf Professor Overhoffs Stirn stand kalter Schweiß. »Ich hätte dir das nicht antun dürfen. Es war . . . unverantwortlich.«

»Aber wir haben es uns doch beide gewünscht, nicht wahr? Wir beide, Paul . . . hast du das denn vergessen?« Tief erregt schluchzte sie auf.

»Bitte, gnädige Frau . . . Herr Professor! Bitte!« sagte Dr. Schumann. »Jede Aufregung kann dem Kind schaden. Sie müssen sich entspannen, Frau Professor . . . ganz tief und langsam atmen. Mit dem Bauch. So, wie Sie es in der Gymnastik gelernt haben . . . ja, so ist es richtig!«

Oberschwester Helga kam ins Krankenzimmer. Sie brachte die Sauerstoffflasche und die Gesichtsmaske. Zwei jüngere Schwestern folgten ihr und machten sich auf einen Wink Dr. Schumanns daran, das Becken Susanne Overhoffs hochzulagern.

Dr. Schumann legte die Maske über Mund und Nase der Patientin. »Weiter tief durchatmen«, beschwor er sie. »Denken Sie immer an Ihr Kindchen! Es braucht Luft!«

»Dr. Leopold ist gekommen«, flüsterte Oberschwester Helga; »er ist gleich in den Waschraum gegangen.«

Dr. Schumann nickte nur. Er beugte sich erneut tief über den Leib, lauschte auf die Herztöne des ungeborenen Kindes, minutenlang.

Als er sich aufrichtete, begegnete er dem verzweifelt fragenden Blick Professor Overhoffs, schüttelte den Kopf.

Laut sagte er: »Es geht schon wesentlich besser ... atmen Sie weiter schön durch, gnädige Frau. Ich werde auf alle Fälle unsere Kollegin, Frau Dr. Holger, benachrichtigen, damit Ihr Kindchen sofort sachgemäß betreut wird. Ihr Gatte bleibt bei Ihnen.«

Er ging rasch zur Tür und war froh, daß Professor Overhoff ihm nicht folgte.

Tatsächlich hatten sich die kindlichen Herztöne noch weiter verlangsamt, ihr sonst gleichmäßiger Rhythmus war jetzt sogar zeitweilig unterbrochen. Die Herztöne stolperten. Das Leben des Kindes schwebte in höchster Gefahr.

Zehn Minuten später lag Susanne Overhoff im kalten, sehr hellen Licht der OP-Lampe auf dem Operationstisch.

Ihr Mann hatte sie nicht bis hierher begleitet. Ihr war es recht so. Er schien ihr plötzlich auf seltsame Art aus der Mitte ihres Lebens verschwunden. Susanne Overhoff war bei vollem Bewußtsein. Sie gab sich weiter Mühe, so tief wie möglich zu atmen – ihr ganzes Fühlen, ihr Denken, ihr heißer Wunsch galt nur dem Leben ihres noch ungeborenen Kindes.

Sie zuckte nicht einmal zusammen, als Dr. Leopold, der Anästhesist, ihr die erste Spritze gab. Ihre Lippen bewegten sich unaufhörlich im stummen Gebet.

Dr. Leopold legte die Infusionsnadel an die Vene ihres rechten Armes. Die Nadel war durch einen Schlauch mit einem erhöhten gläsernen Behälter mit Blutersatz verbunden, dem Dr. Leopold jederzeit intravenöse Narkosemittel beigeben konnte.

Aber noch war es nicht soweit. Um des Kindes willen durfte die Patientin erst in letzter Minute narkotisiert werden.

Das letzte, was Susanne Overhoff sah, waren die Ärzte, drei grün vermummte Gestalten, die in den Operationssaal traten. Sie fühlte, wie ihr Leib mit einer leicht brennenden Lösung abgewaschen wurde. Sie wurde behutsam mit Tüchern abgedeckt, sah nur noch einen grünen Himmel über sich. Eine jähe, unbeschreibliche Angst überfiel ihr Herz.

Dann wich die Angst, eine wohltuende, lähmende Müdigkeit überkam sie. Sie schloß die Augen. Sekunden später war sie eingeschlafen.

Dr. Leopold öffnete ihren Mund, fand mit Hilfe des Laryngoskops den Eingang zur Luftröhre, schob den Trachealkatheter durch die erschlafften Stimmbänder sehr vorsichtig vor und preßte ihn dann von außen, indem er einen Gummiball aufblies, so gegen die Wände der Luftröhre, daß ein Verschieben oder Verrutschen unmöglich war. Das andere Ende des Katheters verband er über ein Ventil mit dem gasführenden Schlauch des Narkoseapparates.

»Anfangen!«

Dr. Schumann hatte nur auf dieses Wort gewartet. Ohne den Blick von der Patientin zu lassen, streckte er die Hände aus. Selma, eine zuverlässige ältere Operationsschwester, reichte ihm das Skalpell.

Im gleichen Augenblick nahm Edith, eine jüngere OP-Schwester, eine Pinzette von dem grünen, sterilen Tuch, das den Instrumententisch bedeckte, und gab sie Dr. Gerber.

Dr. Bley stand zwischen den Beinen der Patientin und hielt die Hauthaken bereit.

Mit sicherer Hand tat Dr. Schumann den ersten Schnitt. Dr. Bley setzte die Hauthaken. Dann durchtrennte Dr. Schumann mit einem zweiten Schnitt das Fettgewebe.

Dr. Gerber, sein erster Assistent, beobachtete aufmerksam jeden Handgriff, wußte schon im voraus, was der Operateur tun und wo er gegenhalten mußte. Frau Dr. Irene Holger war zwei Schritte zurückgetreten, um ihre Kollegen bei der Arbeit nicht zu stören. Sie hob sich auf die Zehenspitzen, um die Operation genau verfolgen zu können.

Mit einem glatten Längsschnitt durchtrennte Dr. Schumann jetzt die Muskulatur. Dr. Bley setzte die Hauthaken neu. Der Chirurg spaltete die Bauchfellfalte.

Eine der OP-Schwestern reichte sterile warme Tücher, mit denen Dr. Schumann und Dr. Gerber die freigelegten Därme abdeckten und vorsichtig beiseite schoben.

Schwester Selma hatte dem Operateur Pinzette und Skalpell abgenommen und gab ihm jetzt ein noch feineres Skalpell. Dr. Schumann machte einen kleinen Querschnitt durch den unteren Bereich des Uterus und erweiterte den Schnitt vorsichtig mit dem Finger. Dann faßte er mit der rechten Hand behutsam in die Öffnung und versuchte, mit der linken das obere Ende des Uterus gegenzuhalten. Da die Geburt noch nicht weit fortgeschritten war, gelang es ihm ohne Mühe, den kindlichen Kopf aus dem Eingang des Beckens zu stemmen. Vom Uterusfundus aus unterstützte ihn Dr. Gerber durch sanften Druck von oben. In Sekundenschnelle war das Kind entwickelt. Es hatte die Nabelschnur, die nur noch schwach pulsierte, zweimal um den Hals geschlungen.

Unwillkürlich blickte der Anästhesist auf die große Wanduhr. Genau drei und eine halbe Minute hatte die Operation bis jetzt gedauert. Drei und eine halbe Minute hatten vier Ärzte und zwei Schwestern stumm und verbissen um das Leben einer Mutter und ihres Kindes gekämpft.

Dr. Schumann klemmte die Nabelschnur zweimal und durchschnitt sie. Das Kind schrie nicht. Es hing leblos in seiner Hand, blau, der Erstickung nahe, mit schlaffen Gliedmaßen. Die Hebamme nahm es entgegen, hüllte es in ein warmes Tuch und übergab es Frau Dr. Holger. Die Ärztin trug das Neugeborene in den Nebenraum, die Hebamme folgte ihr. Dr. Schumann stand über den offenen Leib der Patientin gebeugt und löste mit äußerster Vorsicht die Plazenta.

»Blutdruck 110«, meldete der Anästhesist, »Kreislauf und Atmung in Ordnung!«

Plötzlich – Dr. Schumann hatte die Plazenta schon herausgelöst – schoß aus einem fingerdicken Gefäß Blut in die Bauchhöhle.

»Klemme!« schrie er.

Seine Finger tasteten in die Wunde, kalter Schweiß trat ihm auf die Stirn. Jeder im Operationssaal hielt unwillkürlich den Atem an. Dann hatte er das Gefäß erfaßt, klemmte es ab. Die Blutung stand.

Der Puls der Patientin war schwach geworden. Der Anästhesist transfundierte die Blutkonserve, die er vorsorglich vom Labor hatte austesten lassen und in Bereitschaft hielt. Schwester Selma reichte die runde Nadel, Dr. Schumann vernähte die Uterusmuskulatur. Darüber legte er eine Naht an, wobei er einen Teil des Gewebes einstülpte.

Dr. Gerber nahm die eingelegten Tücher aus der Bauchhöhle. Jetzt konnte Dr. Schumann beginnen, das Bauchfell zu vernähen. Er atmete tief auf unter dem beklemmenden Mundschutz.

»Puls und Blutdruck fast normal«, meldete Dr. Leopold.

Das Schlimmste war überstanden. Nach menschlichem Ermessen würde Susanne Overhoff durchkommen. Aber was war mit ihrem Kind? Diesem Kind, für das sie ihr Leben ganz bewußt und freiwillig aufs Spiel gesetzt hatte?

Frau Dr. Holger hatte das Neugeborene auf den Wickeltisch gelegt. Es lag ganz schlaff, mit geschlossenen Augen, winzig, blau und jämmerlich. Man hätte es für tot halten können, aber sein Herzchen klopfte noch, wenn auch sehr schwach und erschreckend langsam.

Die Ärztin ergriff den sterilen Absaugschlauch, saugte dickflüssigen Schleim aus Mund- und Rachenhöhle, saugte die Nase frei. Die Hebamme reichte ihr das beleuchtete Intubationsgerät. Frau Dr. Holger führte behutsam den winzig kleinen Schlauch über den Kehlkopf hinweg in die Trachea ein. Die Hebamme hatte den Schlauch schon mit dem Sauerstoffgerät verbunden. Die Ärztin stellte den Apparat an – über eine Art Blasebalg wurde der kleine Junge in rhythmischen Abständen beatmet.

»Ob wir ihn durchkriegen?« fragte die Hebamme skeptisch. »Wir müssen«, erklärte Frau Dr. Holger kurz. Sie überließ der Hebamme die Bedienung des Blasebalges, zog eine Spritze mit einem Atemstimulans auf, injizierte es.

Dann übernahm sie selber wieder den Blasebalg. Gebannt starrten die beiden Frauen auf das Neugeborene, dessen Befinden noch immer keine Änderung zeigte.

»Du machst schon Sachen, Kleiner«, sagte die Hebamme, »erst strangulierst du dich und dann . . .« Sie unterbrach sich. »Sehen Sie nur, Frau Doktor! Die Farbe ändert sich!«

Tatsächlich begann sich langsam, kaum merklich, die lilablaue Haut rosig zu färben. Endlich, nach fast zwanzig Minuten, tat das Kind seinen ersten Schnapper, gab es auf, versuchte es wieder und noch einmal.

»Bist doch ein tapferer kleiner Bursche«, lobte die Hebamme. »Gib nur nicht auf, mach weiter. Er lohnt sich, glaub mir! Das ganze Leben liegt ja noch vor dir!«

Als ob diese törichten Worte, die der Junge ja gar nicht verstehen konnte, eine zauberische Wirkung ausgeübt hätten, öffnete er plötzlich den Mund und tat einen Schrei – seinen ersten Schrei!

Die Hebamme und die Ärztin lächelten sich glücklich an. Die Lungen des Kindes waren entfaltet, jetzt konnte es selbständig atmen.

Der erste Schrei des Neugeborenen war bis in den OP gedrungen. Dr. Schumann hatte bereits die Nähte versorgt und war dabei, die Haut zu klammern. Unwillkürlich hob er, wie alle anderen, den Kopf, um zu lauschen.

»Patientin ist pulslos«, rief der Anästhesist entsetzt. Eine Sekunde waren alle starr vor Schrecken.

Dann riß Dr. Schumann sich mit einer wilden Bewegung den Mundschutz ab, schrie: »Reiner Sauerstoff!«

Mit dem Handballen begann er rhythmisch das Herz der Patientin zu massieren. Dr. Leopold schaltete das Ventil des Trachealkatheters auf reinen Sauerstoff, um die Patientin künstlich zu beatmen.

Im OP herrschte Totenstille.

»Kein Puls«, meldete der Anästhesist.

Dr. Schumann nahm eine Punktionsnadel und stieß sie tief in die Brust der Patientin. Sie traf das Herz. Im gleichen Augenblick entwich Luft mit pfeifendem Geräusch, und am

Ende der hohlen Nadel bildete sich ein kleines Knäuel von blutigroten Bläschen. Dr. Schumann zog die Nadel zurück und setzte die Massage des Herzens fort. Er massierte unaufhörlich, verbissen, obwohl er wußte, es schon im ersten Augenblick gewußt hatte, daß alles vergebens war.

Susanne Overhoff war tot.

Als Frau Dr. Holger zehn Minuten später in den OP kam, um die Rettung des Neugeborenen zu melden, begriff sie sofort, daß Ungewöhnliches geschehen sein mußte, denn normalerweise wäre die Operation jetzt schon beendet gewesen. Sie trat näher, sah das wächserne Gesicht der Patientin, blickte auf Dr. Schumann. Ihre Augen begegneten sich.

»Luftembolie?« fragte die Ärztin.

Dr. Schumann nickte. Er war außerstande, ein Wort hervorzubringen.

»Und der Professor?« fragte sie. »Weiß er es schon?«

Niemand antwortete ihr.

Erst nach einer ganzen Weile sagte Dr. Gerber, der sich jetzt ebenfalls den überflüssig gewordenen Mundschutz abgenommen hatte: »Bitte, Kollegin ... sprechen Sie mit ihm!« Frau Dr. Holger sah erschrocken die drei Ärzte an – den schweren, breitschultrigen Rainer Schumann, den schmalen, intellektuellen Erich Gerber und den jungen, noch ganz unbelasteten Günter Bley. Sie alle waren Männer, starke, selbstbewußte Männer, und doch brachte keiner von ihnen den Mut auf, dem Chef die Wahrheit zu sagen. Diese Aufgabe schoben sie ihr, der Frau, zu. Warum sollte ausgerechnet sie –? Sie hatte eine Ablehnung schon auf den Lippen, da besann sie sich. Sie begriff, daß jeder dieser drei Männer am Ende seiner Kräfte war.

»Gut«, antwortete sie, »ich werde es tun.«

Dr. Schumann drehte sich um, verließ den Operationssaal und trat in den Waschraum. Dr. Gerber folgte ihm. Eine Schwester nahm ihnen Kittel und Kappen ab, drehte die Hähne auf.

»Es ist nicht deine Schuld«, meinte Dr. Gerber, während sie sich nebeneinander die Hände wuschen. »Frau Overhoff hätte dieses Kind niemals bekommen dürfen. Eine Frau, die schon bei zwei Schnittentbindungen Komplikationen hatte! Es wäre das reinste Wunder gewesen, wenn alles gut gegangen wäre.«

»Manche Menschen glauben eben an Wunder«, erwiderte Dr. Schumann und hielt sein Gesicht unter das fließende Wasser, wusch sich Nacken und Augen. »Schön und gut«, konterte Dr. Gerber, »wenn ein Laie solche Geschichten macht, will ich gar nichts sagen. Aber ein Frauenarzt!« Er warf einen vorsichtigen Blick über die Schulter, aber die Schwester stand in einiger Entfernung, war damit beschäftigt, Dr. Leopold und Dr. Bley aus ihren Kitteln zu helfen. »Wirklich leichtsinnig von dem Alten. Frau Overhoff hätte schon nach der zweiten Geburt sterilisiert gehört.«

»Das wäre gegen Professor Overhoffs Überzeugung«, sagte Dr. Schumann müde.

»Wenn ich so etwas schon höre! Auf normale Weise hätte Susanne Overhoff überhaupt kein Kind bekommen, ihr Becken war viel zu eng. Dabei hätte ihr auch der liebe Gott nicht helfen können. Ohne ärztliche Hilfe wäre sie schon bei der ersten Geburt gestorben. Weißt du, was diese Schwangerschaft war? Eine Herausforderung an das Schicksal, mein Lieber!« Er schüttelte die nassen Hände ab. »Komm mit auf meine Bude, trinken wir einen Schnaps; den können wir jetzt wohl brauchen.«

Dr. Schumann hatte wenig Lust, dieser Aufforderung zu folgen. Er wußte, daß Dr. Gerber die Gelegenheit ausnützen würde, wieder einmal seine Theorien vorzutragen, die im krassen Gegensatz zu Professor Overhoffs und auch seiner eigenen Anschauung von den Pflichten und Aufgaben eines Frauenarztes standen. Er wußte, daß er nach dieser Erschütterung ein sehr schlechter Diskussionspartner sein würde.

Aber noch mehr graute ihm vor einer Aussprache mit seiner Frau. Er warf einen Blick auf die Wanduhr. Falls er noch blieb, konnte er wenigstens hoffen, daß Astrid schon eingeschlafen war, wenn er nach Hause kam.

»Gut«, sagte er, »ich komme mit.«

Professor Overhoff saß hinter dem Schreibtisch seines Arbeitszimmers, als Frau Dr. Holger eintrat, im weißen Kittel, das blonde Haar schlicht zurückgekämmt. Overhoff sprang bei ihrem Eintritt so heftig auf, daß der schwere Aschenbecher vom Schreibtisch fiel und Zigarettenasche und Stummel sich über den Perserteppich ergossen.

»Ist es ... vorbei?« fragte er.

»Ja«, antwortete Irene Holger beherrscht. »Sie haben einen gesunden kleinen Jungen bekommen, Herr Professor!«

»War die Geburt sehr schwer?«

»Ihre Gattin hat nichts davon gespürt.«

»Und wie geht es ihr? Wie geht es ihr jetzt?«

»Gut. Bitte, setzen Sie sich doch, Herr Professor!«

Irene Holger trat auf Professor Overhoff zu, drückte ihn sanft in den Sessel zurück. »Ihrer Frau geht es gut«, sagte sie noch einmal, »sie hat keine Schmerzen und keine Ängste mehr ... Gott hat sie zu sich genommen.«

Professor Overhoff saß ganz starr. Sie spürte, wie sich seine Muskeln verkrampften. Er öffnete den Mund – aber der Schrei seines Herzens blieb stumm. »Sie ist in dem Augenblick gestorben, in dem sie ihr Ziel erreicht hatte ... gerade als ihr kleiner Sohn den ersten Laut von sich gab. Sie hat glücklich gelebt, und sie ist glücklich gestorben. Das ist wohl mehr, als man von den allermeisten Menschen sagen kann.« Mit einer Stimme, die seltsam fremd und undeutlich klang, so als ob es ihm schwerfiele, die Laute zu artikulieren, sagte Overhoff: »Gehen Sie jetzt. Bitte, lassen Sie mich allein!«

»Wenn Sie Ihren Sohn sehen wollen ...«

Er holte tief Luft. »Nein!« Seine Stimme schnappte über. Frau Dr. Holger stand ganz still und sah auf ihn herab. Sie wußte, daß es für diesen Mann keinen Trost gab und keine Rechtfertigung. Dennoch widerstrebte es ihr zutiefst, ihn in dieser Verfassung allein zu lassen.

»Herr Professor ...«, versuchte sie es noch einmal, aber es gelang ihr nicht, den Satz zu Ende zu sprechen.

»Raus!« stöhnte er. »Raus!«

Wortlos, mit zusammengebissenen Zähnen, verließ Frau Dr. Holger das Arbeitszimmer des Professors. Erst als sie auf dem langen, spärlich beleuchteten Gang stand, spürte sie, daß auch ihre eigenen Nerven zu versagen drohten. Aber sie straffte die Schultern und wandte sich entschlossen zum Säuglingszimmer.

2

Als Dr. Rainer Schumann nach Hause kam, war es zwei Uhr vorbei. Erleichtert stellte er fest, daß das Haus im Dunkel lag. Die Party war vorüber.

Er schloß die Haustür auf, so lautlos wie möglich, hängte seinen Mantel in die Garderobe und stieg auf Zehenspitzen die Treppe hinauf. Sein Gang war nicht mehr ganz sicher, denn er hatte zusammen mit seinem Kollegen eine volle Flasche Kognak geleert. Aber der Alkohol hatte nicht vermocht, seine bohrenden Gedanken zu beruhigen.

Er ging ins Bad, stellte fest, daß die Verbindungstür zum Schlafzimmer seiner Frau nur angelehnt war und wollte sie sacht ins Schloß ziehen.

Aber Astrid hatte ihn schon gehört. »Rainer!« rief sie, und ihre Stimme klang sehr wach.

Wohl oder übel mußte er eintreten.

Astrid hatte das Nachttischlämpchen angeknipst. Sie lag in den weißen Kissen, verführerisch schön. Das Dekolleté ihres zartblauen Nachthemdes war verrutscht, ihre schlanken, glatten Arme waren bloß, ihr Haar leicht zerzaust.

»Du kommst spät«, sagte sie kühl.

»Ja, ich weiß . . .« Er fuhr sich mit der Hand über die Stirn.

»Entschuldige, bitte, ich . . .« Er trat näher.

»Du hast getrunken«, stellte sie sehr sachlich fest.

»Ja.«

»Gab es einen Anlaß zu feiern?«

»Ich verstehe nicht«, sagte er unbehaglich, obwohl er sie nur zu gut verstand.

»Ist Susanne glücklich? Hat sie endlich ihren heißersehnten Sohn?« fragte Astrid spöttisch.

Dr. Schumann mußte sich räuspern. »Ja. Es ist ein Junge.«

»Und Susanne?«

Er antwortete nicht sofort, und plötzlich begriff sie alles.

Sie setzte sich mit einem Ruck steil in den Kissen auf, ihre Augen flammten. »Mörder!« schrie sie. »Du Mörder!«

Oberarzt Dr. Rainer Schumann zuckte zusammen wie unter einem Schlag. Dennoch klang seine Stimme fast kalt, als er erwiderte: »Astrid, du tust mir Unrecht. Ich habe alles getan, was in meiner Kraft stand, um Susannes Leben zu retten. Mich trifft keine Schuld.«

Sie sah nicht, daß er die Hände zu Fäusten geballt, die Nägel in die Handflächen gebohrt hatte, um seine Beherrschung nicht zu verlieren. Seine Ruhe, die sie für Gleichgültigkeit hielt, machte sie rasend.

»Grausam bist du!« schrie sie. »Gemein! Du und dein Professor . . . ihr beide habt sie auf dem Gewissen . . .«

Er ertrug es nicht länger. »Du weißt nicht, was du redest! Es war Susanne Overhoffs freier Wille . . .«

»Freier Wille!« rief sie höhnisch; aber ein kleiner zitternder Bruch in ihrer Stimme zeigte, wie nah ihr die Tränen waren. Dr. Schumann sah sie an. Sie war schön in ihrer Erregung. Sie war seine Frau. Er liebte sie; begehrte sie in diesem Augenblick, da es zum erstenmal in ihrer Ehe zu einem offenen Ausbruch gekommen war, vielleicht mehr denn je.

»Astrid«, sagte er und trat einen Schritt näher an ihr Bett, »glaub mir, ich verstehe deine Erregung . . . ich liebe dich doch!«

»Liebe, was ist Liebe? Ihr wollt alle dasselbe . . . eine Frau, die euch Kinder gebärt. Wir sind doch nur Mittel zum Zweck!« Sie hob die schlanken nackten Arme, preßte die Hände auf die Ohren. »Ich kann es nicht mehr ertragen! Aus freiem Willen, hast du gesagt? Als wenn ich nicht wüßte, wie dieser freie Wille ausgesehen hat! Arme, arme Susanne. Tag für Tag und Stunde für Stunde mußte sie im Gesicht ihres Mannes lesen, daß er nur einen einzigen Wunsch hatte . . . einen Sohn. Oh, mach mir nichts vor. Er hat sie mürbe gemacht, dein berühmter Professor, dieser große Ehrenmann! Genau wie du es mit mir versucht hast. Von Anfang an!«

»Astrid«, sagte er beherrscht, »ich gebe ja zu, daß ich mir

unsere Ehe anders vorgestellt habe. Ist es denn ein Verbrechen, sich Kinder zu wünschen?« Er lächelte plötzlich. »Es brauchen keine Söhne zu sein. Mädchen wären mir genauso lieb.«

»Hör auf«, sagte sie, »hör auf!« Ihre tiefblauen Augen standen voller Tränen. Mit einer rührenden Geste der Resignation ließ sie die Arme sinken.

»Astrid!« beschwor er sie, »glaub mir doch, daß ich dich verstehe. Du hast Angst...«

»Angst? Ja, ich habe Angst. Aber es ist nicht das allein. Ich möchte frei sein, ich möchte leben, ich möchte geliebt werden... um meiner selbst willen.«

»Aber das tue ich doch, Astrid. Spürst du das denn nicht?« Er beugte sich zu ihr und strich zärtlich über die kühle, glatte Haut ihres Armes.

Sie zuckte zurück. »Rühr mich nicht an!« rief sie. »Wenn du mich noch einmal anrührst... ich werde dieses Haus verlassen. Für immer.« Als ob sie erst jetzt ihre Blöße bemerkt hätte, zog sie mit einer jähen Bewegung die Daunendecke über die Schultern.

Er sah auf sie herab und war sich seiner Kraft bewußt. Er spürte die Versuchung, ihren Widerstand zu brechen. Ihr schmaler Körper zeichnete sich unter der Seidendecke ab, starr und gespannt und voller Abwehr bis in die letzte Faser. Er war ein Mann, er war ihr Mann – und er hatte das Recht, sie zu besitzen.

Ihre Blicke begegneten sich, und sie erkannte, was in ihm vorging.

»Geh!« schrie sie entsetzt. »Geh! Ich... ich hasse dich!«

Er holte Luft mit einem tiefen keuchenden Atemzug. Dann drehte er sich wortlos um und verließ das Schlafzimmer seiner Frau.

Als die Tür wie mit tödlicher Endgültigkeit hinter ihm ins Schloß fiel, starrte Astrid ihm noch immer angsterfüllt nach.

Drei Tage später wurde Susanne Overhoff beerdigt.

Kopf an Kopf drängte sich die Trauergemeinde. Die Ärzte der Frauenklinik waren vollzählig erschienen, soweit sie sich vom Dienst hatten frei machen können, auch die Schwestern, Laborantinnen, Hebammen. Dr. Leopold, der Anästhesist, stand neben dem jungen Dr. Bley, einen Schritt hinter ihnen Dr. Gerber, ein kleines süffisantes Lächeln um die Mundwinkel. Frau Dr. Irene Holger, mit weitaufgerissenen Augen, hatte die Lippen fest zusammengepreßt. Oberschwester Helga, statt in gewohnter Tracht mit schwarzem Mantel und schwarzer Persianermütze, hielt ein weißes Tüchlein in der Hand, das sie immer wieder an die Augen führte. Die junge Schwester Patrizia von der Kinderstation schien hinter ihrem kräftigen Rücken Schutz zu suchen.

Kollegen des Professors aus anderen Fakultäten waren zum Begräbnis gekommen, Studienfreunde, Vertreter der Universität, der Stadt, Journalisten, Patientinnen, Neugierige.

Die Stimme des Pfarrers, eines mageren, lebhaften kleinen Mannes, hätte selbst bei voller Lautstärke die hinteren Reihen nicht mehr erreicht, und er machte auch gar nicht den Versuch dazu.

Professor Overhoff hielt die Augen starr, mit einem Ausdruck angestrengter Konzentration, auf ihn gerichtet. Er sah zwar das Mienenspiel des Pfarrers, die Bewegungen seiner Lippen, aber er war nicht imstande, den Sinn der Worte aufzunehmen, die wie eine unbarmherzige Flut gegen seine Ohren brandete. Hin und wieder drangen Satzfetzen in sein Bewußtsein: ». . . ein wahrhaft christliches Leben . . . eine gute, reine Frau . . . das höchste Opfer . . . Gottes Liebe . . .« Aber die Worte ergaben keinen Sinn, schienen weder etwas mit ihm noch mit dem Schicksal seiner Frau zu tun zu haben. Der Professor befand sich in einem Zustand dumpfer Betäubung. Es war nicht Trauer um seine Frau, was er empfand; es war viel mehr. Ihr Tod hatte ihn wie eine körperliche und seelische Verstümmelung getroffen; wie eine riesige Wunde, an der seine Persönlichkeit verblutete. Er konnte nicht mehr weinen, und er konnte nicht mehr beten. Sein Kopf schmerzte, als habe er ihn gegen eine Mauer von Granit gestoßen.

Er begriff nicht, wie dies hatte geschehen, wieso gerade

ihm dieser Schmerz hatte zugefügt werden können. Obwohl er Arzt war und der Tod zu seinen täglichen Erfahrungen gehörte; obwohl er wußte, welches Risiko die dritte Geburt für seine Frau bedeuten mußte, hatte er es im tiefsten Herzen nicht eine Sekunde lang für möglich gehalten, daß es Susanne treffen könnte. Er glaubte sie und sich selber gefeit durch die lebendige Kraft ihrer Liebe, ihres Glaubens und ihrer Gebete. Doch Gottes Hand, in der sie beide sich so sicher und geborgen gefühlt, hatte sie fallenlassen. Warum? Warum?

Ein Bild tauchte in Professor Overhoffs Erinnerung auf, das Bild eines jungen Mädchens, an das er seit vielen Jahren nicht mehr gedacht hatte, das er völlig vergessen zu haben glaubte. Jetzt plötzlich sah er Sybille Kalthoff vor sich, so deutlich und greifbar wie damals, als sie zu ihm in die Praxis kam, kurz bevor man ihn mit der Dozentur betraut hatte. Ein blasses Mädchen, Tochter aus gutem Hause, neunzehn Jahre. Sie war im dritten Monat.

Sie weinte nicht, als er es ihr bestätigte. Nur ganz still wurde sie. »Sie müssen mir helfen, Herr Doktor!« Es war ihm, als höre er noch ihre kleine brüchige Stimme. »Sie müssen!« Und dann hatte sie ihre Geschichte erzählt, die Geschichte einer Vergewaltigung. »Dieses Kind darf nicht zur Welt kommen«, hatte sie gefleht, »meine Eltern ... nein, ich könnte es nicht ertragen.« Und er? Er hatte das übliche gesagt, ihr vom Segen der Mutterschaft erzählt und daß alles ganz anders aussehen würde, wenn das Kind erst da wäre; daß sie dann sehr glücklich sein würde und ihre Eltern sich damit abfinden und ihr Enkelkind liebhaben würden.

»Das Kind einer Bestie?« hatte Sybille geantwortet. Einer Bestie, ja, er erinnerte sich noch genau an diese Worte. Er war betroffen gewesen. Aber er hatte ihr nicht geholfen. Weil es verboten war? Oder weil er um seinen guten Ruf fürchtete, seine Karriere nicht aufs Spiel setzen wollte? Oder wirklich nur deshalb, weil er es mit seinem Gewissen nicht vereinbaren konnte?

»Wie unbarmherzig Sie sind«, hatte Sybille gesagt.

Das waren ihre letzten Worte gewesen. Er sah sie nie wieder. Ein paar Wochen später erfuhr er von ihrem Tod. Durch eine Anzeige in der Tageszeitung. »Tragischer Unglücksfall«, hatte es dort geheißen. Es kam nie heraus, ob sie sich einem Kurpfuscher in die Hände gegeben und daran gestorben war oder ob sie ihrem Leben selbst ein Ende gesetzt hatte. Den Eltern war es gelungen, die Sache zu vertuschen.

Er, Paul Overhoff, fühlte sich damals von diesem Tod nicht betroffen. Er glaubte, sich keine Vorwürfe machen zu müssen, denn er war sicher, sich richtig entschieden zu haben. Der Sinn des Lebens, der Sinn von Zeugung und Fortpflanzung, die Gebote Gottes und der christlichen Kirche – das war seine Richtschnur.

Er hatte das Rechte getan. Aber vielleicht war es nicht genug, das Rechte zu tun? Ist es überhaupt das Rechte gewesen?

»Wie unbarmherzig Sie sind!« Diese Worte dröhnten in Professor Overhoffs Ohren, übertönten die Grabrede des Pfarrers, waren so laut, daß er plötzlich befürchtete, alle, die mit ihm am offenen Grab seiner Frau standen, müßten es hören.

In panischer Angst blickte er um sich, sah Augen, unzählige Augenpaare, neugierig, mitleidig, sensationslüstern auf sich gerichtet. Ihm war, als wenn alle diese Menschen um seine innere Qual wüßten, seine Schuld und sein Elend.

Der Pfarrer hatte seine Rede beendet, die letzten Gebete gesprochen. Der Sarg wurde in die Grube gesenkt und stieß polternd gegen die Wände des Grabes. Der Pfarrer nahm dreimal eine Handvoll Erde von der Schaufel, die der Mesner ihm reichte, warf sie mit segnender Gebärde auf den Sarg, der schon in der Tiefe verschwunden war. Professor Overhoff folgte dem Beispiel des Pfarrers.

Frau Dr. Holger führte Eva vor. Zögernd warf auch sie eine Handvoll Erde in das Grab. Dann blieb das junge Mädchen starr und steif am Grab der Mutter stehen und nahm die Kondolenzen der Trauergäste entgegen, von denen ihr kein Trost kommen konnte – eine erbarmungswürdige, ganz und gar verlorene kleine Gestalt.

Oberarzt Dr. Rainer Schumann nahm nicht an der Beerdigung teil. Ihn hatte das Los dazu bestimmt, »die Festung zu halten«, wie Dr. Gerber es nannte, und er hatte diese Entscheidung mit kaum verhüllter Erleichterung zur Kenntnis genommen.

Seit er als Student am Seziertisch lernen mußte, Muskeln, Nerven, Hirn und Organe von Leichen zu präparieren, war es ihm nie mehr gelungen, in einem Toten, solch einem entseelten Stück Fleisch, einen Menschen zu sehen. Deshalb hatte für ihn auch der starre kalte Körper, der heute in einer feierlichen Zeremonie ins Grab gesenkt wurde und bald in Verwesung übergehen würde, nichts mehr mit der lebenden, gütigen Susanne Overhoff zu tun, deren Bild er für alle Zeiten in der Erinnerung behalten wollte.

Dr. Schumann war viel zu stabil, als daß ihn der tragische Tod dieser Frau hätte aus dem Gleichgewicht werfen können. Aber er war tief beunruhigt. Er konnte der Versuchung nicht widerstehen, jene verhängnisvolle Operation immer wieder in allen Einzelheiten durchzudenken, ehrlich bemüht, den Ansatzpunkt eines menschlichen Versagens, eines Irrtums oder Fehlers zu finden. Obwohl er sich mit gutem Gewissen freisprechen konnte, gelang es ihm nicht, die heftigen Anklagen seiner Frau einfach abzutun. Ein Unbehagen blieb.

Seit jener nächtlichen Szene hatten Astrid und er nur noch das Nötigste miteinander gesprochen. Eine Kluft war zwischen ihnen aufgebrochen, über die keine Brücke mehr zu führen schien.

Während draußen auf dem Nordfriedhof das Begräbnis stattfand, machte er eine kurze Visite, ohne großen Stab, nur von einer Schwester begleitet. Er besaß die Fähigkeit, Menschen zum Sprechen zu bringen und sie anzuhören – einer der Gründe, warum die Patientinnen ihn liebten. Aber diesmal verhielt er sich kurz angebunden, fast schweigsam, stellte nur die allernotwendigsten Routinefragen. Er las in den fragenden Augen der Patientinnen den Wunsch, über den Tod der Frau des Professors mit ihm zu reden, und gerade das wollte er natürlich auf jeden Fall vermeiden.

Später ging er ins Kinderzimmer der Privatstation – allein, denn die wenigen Schwestern, die an diesem Nachmittag in der Klinik geblieben waren, hatten alle Hände voll zu tun. Zwanzig Bettchen, von denen augenblicklich zwölf belegt waren, standen in diesem sehr hellen, freundlichen Raum. Die Säuglinge hatten ihre dritte Fütterung hinter sich und schliefen nun satt und zufrieden. Nur Karin, ein acht Tage altes kleines Mädchen, das morgen mit seiner Mutter entlassen werden sollte, bewegte die winzigen Hände und babbelte vor sich hin. Dr. Schumann ging das Herz auf. Der scharfe Desinfektionsgeruch konnte den warmen, atmenden Duft jungen Lebens nicht verdecken. Er schritt von Bett zu Bett. Zwei der Säuglinge zeigten eine leichte Gelbverfärbung. Das war normal. Der sogenannte Ikterus neonatorum tritt bei drei Viertel aller Kinder in der Neugeburtszeit auf. Als aber Dr. Schumann an das Bettchen eines am vergangenen Abend geborenen kleinen Jungen kam, stutzte er. Die Haut des Kleinen war stark verfärbt, zeigte ein tiefes Gelb, das fast schon ins Bräunliche ging. Die Säuglingsgelbsucht war zu früh und zu heftig aufgetreten.

Er warf einen Blick auf die Tafel über dem Bett, las den Namen der Mutter. Inge Weyrer. Alle Anzeichen wiesen auf eine Blutkrankheit des Säuglings hin.

Im Bettchen gleich nebenan lag der Sohn Professor Overhoffs, ein kräftiges Kerlchen mit einem ungewöhnlich gut ausgebildeten Schädel. Es schlief tief und fest, die winzige Faust an die Wange gepreßt, unschuldsvoll und ahnungslos, ein Neugeborener wie Millionen andere – und doch schon im Augenblick der Geburt vom Schicksal gezeichnet. Er würde ohne Mutterliebe aufwachsen, würde nie jene zärtliche, behütende Fürsorge spüren, die jedes junge Wesen ebenso dringend braucht wie Licht, Luft, Wärme und Nahrung. Und eines Tages würde er erfahren, daß er mit seinem Leben das der Mutter vernichtet hatte, ohne Wollen und Wissen, vom ersten Atemzug an mit tragischer Schuld beladen.

Dr. Schumann richtete sich auf, als die Tür zum Säuglingszimmer aufgerissen wurde. Schwester Patrizia wirbelte herein, atemlos, das Häubchen schief auf den blonden Locken. Als sie den Oberarzt sah, vertiefte sich das Rot ihrer Wangen.

»Oh«, stieß sie verlegen hervor, »entschuldigen Sie bitte, Herr Doktor! Ich ... die Beerdigung ...«

»Aber ich weiß ja«, sagte Dr. Schumann ruhig, »Sie waren beurlaubt ...« Er sah, wie sie nervös an ihren Schürzenbändern nestelte, wie ihre Finger zum Kopf tasteten, um das Häubchen geradezurücken, und irgend etwas trieb ihn dazu, sie zu reizen. »Na, ich hoffe, Sie sind wenigstens auf Ihre Kosten gekommen ... oder?« fragte er.

»Auf meine ...?« wiederholte sie arglos, dann erst begriff sie, sagte bestürzt: »Aber nein! Wie können Sie denken!«

Er betrachtete sie nicht ohne Wohlgefallen. Sie hatte ein pikantes kleines Gesicht mit großen runden, kindlichen Augen und eine gutgewachsene Figur mit sehr schmaler Taille. Sie wirkte wie ein sehr junges Mädchen, doch wußte er, daß sie vierundzwanzig Jahre alt war; eine tüchtige und bei aller äußerlichen Verspieltheit durchaus zuverlässige Schwester auf der Säuglingsstation.

»Entschuldigen Sie«, sagte er betont gelassen, »wenn ich Ihnen Unrecht getan habe.«

Sie holte tief Luft. »Herr Doktor!« Dann änderte sie unvermittelt den Ton, zeigte lächelnd runde Grübchen. »Na ja, ein bißchen stimmt's schon. Neugierig sind wir Frauen ja alle, und wir Schwestern, fürchte ich, ganz besonders. Aber ich bin froh, daß ich dort gewesen bin. Wenn Sie den Pfarrer gehört hätten ... er sprach wirklich wundervoll. Er hat genau gesagt, was ich selbst gefühlt habe, nur hätte ich es nie so formulieren können. ›Diese Mutter‹ – hat er gesagt, ›brachte das größte Opfer, das ein Mensch überhaupt bringen kann. Sie hat ihr eigenes Leben hingegeben, um die Seele ihres Kindes ans Licht zu bringen ...!‹ – und, nicht wahr, das stimmt doch? Es muß wunderbar sein, so sterben zu dürfen ... einen so sinnvollen Tod!« Sie hielt inne und sah Dr. Schumann an.

»Wenn man es so sieht ...«, sagte er schwach.

»Aber man kann es doch nur so sehen!« rief sie eifrig.

»Die Frau Professor hat ja gewußt, daß sie ihr Leben aufs Spiel setzte ... sie hat es freiwillig und ganz bewußt hergegeben, um ...« Sie unterbrach sich. »Mir fehlen die richtigen

Worte, aber es ist bestimmt das Größte, das eine Frau tun kann.«

Er beobachtete sie mit Interesse. »Glauben Sie, daß Sie es auch können?«

»Ich!? Nein . . . o nein. Dazu bin ich wohl viel zu . . . zu egoistisch, sie, die Frau Professor, war eine Heilige. Aber verstehen kann ich es. Kinder zu bekommen ist das Wunderbarste, was es gibt.«

Wie eine Vision sah Dr. Schumann Astrid vor sich, erinnerte sich ihrer heftigen Worte, ihres Entsetzens, ihres Abscheus. Aber ganz rasch schüttelte er dieses Bild von sich ab, ärgerte sich über sich selber, daß er seine Frau mit dieser jungen Schwester verglich.

»Dann wundert es mich, daß Sie noch nicht ans Heiraten gedacht haben«, sagte er gewollt spöttisch.

Sie lächelte zu ihm auf. »Ich tu's dauernd«, bekannte sie, »aber den Richtigen habe ich noch nicht gefunden. Meine Mutter sagt immer . . . man kann den Vater seiner Kinder gar nicht sorgfältig genug auswählen!«

Die Tür öffnete sich, Frau Dr. Holger trat ein. Dr. Schumann glaubte zu fühlen, daß er rot wurde. Hatte er ein schlechtes Gewissen?

»Gut, daß Sie kommen, Frau Kollegin«, sagte er rasch, »sehen Sie sich doch, bitte, den kleinen Weyrer einmal an . . . sieht wie ein Rhesus aus. Ich wäre Ihnen dankbar, wenn Sie eine Blutabnahme durchführen und die Probe sofort ins Labor geben würden.«

»Sie haben recht«, erwiderte die Ärztin, die an das Bett des Kindes getreten war, »das ist sehr rasch gekommen. Heute früh war noch nichts zu sehen.«

»Eventuell müssen wir einen Blutaustausch vornehmen. Bitte, unterrichten Sie mich auf jeden Fall über das Laborergebnis.« Dr. Schumann wandte sich zur Tür.

»Einen Augenblick noch«, bat die Ärztin, »ich hätte gern mit Ihnen über den kleinen Overhoff gesprochen . . .«

»Irgend etwas nicht in Ordnung?«

»Er ist vollkommen gesund. Herztöne, Reaktionen, alles großartig. Ich möchte nur einen Vorschlag wegen der Ernährung machen ... Elfie Peters hat Milch in Hülle und Fülle, ihr Kerlchen kann's gar nicht bewältigen. Ob wir den Kleinen nicht bei ihr anlegen sollten?«

»Ist sie einverstanden?«

»Ich habe noch nicht mit ihr gesprochen. Aber ich bin überzeugt, sie wird es gern tun. Das Abpumpen ist ihr nicht gerade angenehm, und sie ist ein nettes Mädchen.«

»Ledig?«

»Ja. Sehr schlechtes Zuhause. Sie würde sicher gern vierzehn Tage hierbleiben. Man müßte mit Herrn Professor darüber sprechen.«

Dr. Schumann zögerte. »Heute wird er sicher nicht mehr kommen ...«

»Doch. Ich habe mich erkundigt. Er ist schon da.«

»Ob es dann richtig ist, wenn ich gerade jetzt nach der Beerdigung ...«

»Wir müssen versuchen, ihm darüber hinwegzuhelfen, ihn an seinem Sohn zu interessieren. Gerade jetzt ...«

»Warum sprechen Sie dann nicht selber mit ihm, Frau Kollegin?« wandte Dr. Schumann unbehaglich ein. »Sie sind eine Frau, Sie könnten sicher am ehesten ...«

»Haben Sie vergessen, daß ich es war, die ihm den Tod seiner Frau mitgeteilt hat?« sagte die Ärztin sehr ruhig. »Im Altertum ließ man die Boten einer Unglücksnachricht töten. Nicht ganz unverständlich. Mein Anblick würde vielleicht alles von neuem in ihm aufreißen ...«

Professor Overhoff saß, den Kopf in die Hände gestützt, hinter seinem leeren Schreibtisch, als Dr. Schumann ins Zimmer trat. Er machte nicht die geringsten Anstalten, Haltung vorzutäuschen.

Unwillkürlich blieb Dr. Schumann nahe der Tür stehen. Wohl hatte er erwartet, einen schmerzgebeugten Mann anzutreffen, aber er erschrak dennoch über das Ausmaß dieses Zusammenbruchs. War das Haar des Professors wirklich über Nacht so grau geworden? Oder täuschte er sich? Lag es an dem schwarzen Anzug, der schwarzen Krawatte, dem bleichen Gesicht, die ihn um Jahre gealtert erscheinen ließen?

Er wagte nicht, ihn anzusprechen, sondern wartete stumm, bis der Professor endlich den Kopf hob und ihn aus Augen ansah, die, ohne Ausdruck, in weite Fernen gerichtet zu sein schienen.

»Ja?« fragte Professor Overhoff müde. »Was gibt es?«

»Entschuldigen Sie bitte, daß ich Sie störe, Herr Professor«, sagte Dr. Schumann und war sich seiner eigenen Unbeholfenheit quälend bewußt, »aber ich komme ... es ist wegen des Jungen.«

»Des Jungen?« wiederholte der Professor verständnislos.

»Wegen Ihres Sohnes«, sagte Dr. Schumann mit Nachdruck. Das Gesicht des Professors blieb völlig unbewegt, zeigte nicht die Spur einer Anteilnahme.

»Frau Dr. Holger hat den Vorschlag gemacht ... einen Vorschlag, den ich übrigens unterstützen möchte ... ihn einer Wöchnerin der dritten Station anzulegen, einer sehr gesunden jungen Frau, die ...«

Professor Overhoff unterbrach ihn. »Ja, dann tun Sie das doch«, sagte er in einem Ton, der deutlich zeigte, daß er sich durch diese Frage im Augenblick nur belästigt fühlte.

»Danke, Herr Professor.« Dr. Schumann suchte nach Worten, die diese Wand, mit der der Witwer sich umgeben hatte, hätten durchbrechen können. »Es ist ein prächtiger Kerl«, begann er, »wenn sie ihn sich einmal ansehen würden ...«

»Wozu?«

Eine Sekunde lang verschlug es Dr. Schumann die Sprache. Dann fuhr er eindringlich fort: »Es ist Ihr Sohn, Herr Professor ... das letzte Vermächtnis Ihrer Frau!« Er hielt inne, hatte das Gefühl, zu weit gegangen zu sein.

Aber der Professor reagierte überhaupt nicht.

Dr. Schumann gab es auf. »Dann werde ich also anordnen ...«, sagte er und wollte sich zurückziehen.

Ganz plötzlich rührte sich die Gestalt hinter dem Schreibtisch. »Bitte«, sagte er, »bleiben Sie doch noch ...«

Dr. Schumann trat näher, folgte der Handbewegung seines Chefs und ließ sich auf einen der harten, lederbezogenen Stühle nieder.

In die Hände des Professors war Unruhe gekommen, sie

glitten nervös über die blanke Fläche des Schreibtisches, nahmen den schweren goldenen Kugelschreiber auf, legten ihn wieder fort. Dr. Schumann wartete geduldig.

»Mir geht da immerzu ein Gedanke im Kopf herum«, sagte Professor Overhoff endlich mühsam; »ein an sich vielleicht abwegiger Gedanke ... seien Sie, bitte, ganz ehrlich! Hat jemand Sie schon einmal ... unbarmherzig genannt?«

»Doch«, gestand Dr. Schumann; »dies und noch mehr. Meine Frau. Sie hält mich für einen kalten, grausamen Egoisten.«

»Das meine ich nicht. Eine Patientin.« Professor Overhoffs Atem ging schwer. Es war deutlich, wieviel Überwindung ihn dieses Gespräch kostete. »Sicher sind doch auch zu Ihnen schon Frauen gekommen ... blutjunge Mädchen, verlassene Bräute, Frauen trunksüchtiger Männer, die ihr Kind nicht haben wollten?«

»Natürlich«, antwortete Dr. Schumann verständnislos; »das gehört doch zu den täglichen Erfahrungen jedes Frauenarztes ...«

»Und? Haben Sie geholfen?«

»Nein.«

»Waren Sie auch nie ... in Versuchung gekommen, es zu tun? Oder ... ich will die Frage anders formulieren ... sind Sie überzeugt, daß Ihre Weigerung in jedem Fall richtig war?«

»Ich begreife nicht ...«

»Doch, doch, weichen Sie mir nicht aus! Sie begreifen sehr gut. Hat Ihnen noch nie jemand gesagt ... haben Sie noch nie gespürt, daß Ihre Haltung unbarmherzig war?«

»Wir Ärzte dienen dem Leben«, sagte Dr. Schumann; »und das Leben ist unbarmherzig.«

»Die Natur, meinen Sie ...«

Ätzend fielen die Worte in sein Bewußtsein, mit denen Astrid ihn zu verletzen gesucht hatte. »Nein, das Leben!« erwiderte er heftig. »Die Natur will oft auch den Tod. Er allein ist unser Feind, ihn müssen wir bekämpfen. Auch das ungeborene Kind besitzt ein Recht auf sein Leben.«

»Und wenn wir wissen, daß ohne unser Eingreifen beide

verloren sind, die Mutter und ihr Kind? Weil so ein blutjunges Ding oder so ein verzweifeltes Wesen die Verantwortung gar nicht tragen kann oder will? Daß sie ihr Leben wegwerfen wird, wenn wir nicht ...« Die Stimme des Professors versagte.

»Wir dürfen niemals und in keinem Fall zum Helfershelfer des Todes werden«, erklärte Dr. Schumann mit fester Stimme, »auch wenn er gnädig scheint. Ich weiß, er kann es manchmal, denn ...«

Das Schrillen des Telefons unterbrach seinen Satz.

Professor Overhoff nahm den Hörer ab, meldete sich, lauschte. »Ja«, sagte er, »nein ... der Herr Oberarzt kommt sofort.« Er legte den Hörer auf, sah Dr. Schumann an. »Sie müssen ins Entbindungszimmer, Kollege ... es scheint Komplikationen gegeben zu haben. Die junge Evelyn Bauer.« Dr. Schumann war schon aufgestanden. »Aber, Herr Professor, das ist doch Ihr Fall!«

Professor Overhoff hob die Schultern, ließ sie mit einer resignierten Gebärde fallen. »Bitte, entlasten Sie mich! Sie dürfen mich gern für einen Schwächling halten. Aber ich habe keine Kraft mehr ... weder Kraft noch Sicherheit.« Er versuchte seine Hände ruhig zu halten, aber Dr. Schumann war es nicht entgangen, daß sie flatterten wie die Hände eines sehr alten Mannes.

Astrid Schumann kauerte in dem Sessel am Kamin und blätterte in einer Illustrierten. Sie hörte das Klingeln der Haustürglocke, aber sie dachte nicht daran, aufzustehen. Es war die Aufgabe Fannys, der jungen Hausangestellten, die Tür zu öffnen.

Kurz darauf trat Astrids Schwester Kirsten ein – sehr schick in einem kleinen hellblauen, frühlingshaften Kostüm.

»Fein, daß du da bist«, rief Kirsten munter, lief auf die Schwester zu, küßte sie zärtlich auf beide Wangen, »und gut siehst du aus! Dieser Hausanzug ist ja ganz prachtvoll ... reine Seide, wie?«

»Ja«, erwiderte Astrid und änderte unwillkürlich ihre Haltung, um den honiggelben, schimmernden Hausanzug besser zur Geltung zu bringen. »Aber du bist doch nicht extra deshalb gekommen, um mir Komplimente zu machen?«

Kirsten lachte. »Natürlich nicht. Ich war zufällig ganz in der Nähe, da kam ich auf die Idee ... du bist mir doch hoffentlich nicht böse, daß ich dich so überfalle?«

»Unsinn. Aber wenn du früher gekommen wärst, hätten wir zusammen Tee trinken können.«

»Danke. Ich habe schon.« Kirsten zog ihre hellgrauen Lederhandschuhe aus, trat an das Feuer und wärmte sich die Hände an den Flammen. »Eigentlich hatte ich gar nicht damit gerechnet, dich zu Hause anzutreffen ...« Sie machte eine Pause, und erst als Astrid nicht reagierte, fügte sie hinzu: »Ich dachte, du seiest noch auf der Beerdigung.«

»Nein«, sagte Astrid kurz.

»Dein Mann muß aber wohl jeden Moment kommen.«

»Das weiß ich nicht.«

Kirsten drehte sich um und sah ihre Schwester an. »Aber du mußt doch wissen, ob ...« Sie unterbrach sich, fragte bestürzt: »Ist etwas nicht in Ordnung mit euch?«

»Nichts ist in Ordnung, wenn du es genau wissen willst ...« Astrid nahm einen letzten Zug aus ihrer Zigarette und warf den Stummel in weitem Bogen ins Feuer. »Wir sprechen seit Tagen nicht mehr miteinander.«

»Ach!« Kirsten war so schockiert, daß sie einen Augenblick lang einfach nicht wußte, was sie sagen sollte. »Aber ... ich meine«, brachte sie endlich heraus, »liebt er dich denn nicht mehr?«

»Was ein Mann schon unter Liebe versteht!« antwortete Astrid bitter.

Kirsten sah sie verständnislos und mit erstaunten Augen an.

»Ich habe gewußt ... ich war ja kein Kind mehr ... daß die Männer immer nur das eine wollen«, sagte Astrid mühsam; »aber ich habe gedacht ... ich hatte so gehofft ... daß das in der Ehe anders sein würde. Es gibt doch tiefere Bindungen, geistig-seelische Beziehungen, die wichtiger sind als das Körperliche.«

Kirsten runzelte die Stirn. »Ist er dir ... so zuwider?« fragte sie und errötete über ihre eigene Frage.

»Natürlich nicht. Dann hätte ich ihn doch nicht geheiratet.«

»Aber ...?«

»Er quält mich mit seinem ewigen Begehren«, sagte Astrid verzweifelt; »kannst du das denn nicht verstehen? Ich spüre ja deutlich, daß er gar nicht mich will, sondern immer nur ... das Kind!«

»Aber das ist doch gerade der Beweis seiner Liebe!«

»Ach, Kirsten«, seufzte Astrid und nahm sich eine neue Zigarette; »was hat es für einen Zweck, mit dir darüber zu reden. Du weißt nicht, wie das ist. Wenn man jeden Monat immer wieder voller Angst darauf wartet, ob man auch seine Tage bekommt ... wenn man sein Gesicht im Spiegel betrachtet, voller Furcht, eine Veränderung zu entdecken ... sein Gewicht prüft, ob der Leib nicht vielleicht schon schwerer geworden ist ... es ist grauenhaft.«

»O doch, das kenne ich«, sagte Kirsten mit gepreßter Stimme; »nur umgekehrt. Ich warte jeden Monat wie du ... nur mit verzweifelter Hoffnung statt mit Angst. Ich werde wieder, immer wieder enttäuscht. Wenn mein Mann zu mir kommt ... du bist die einzige, mit der ich darüber spreche ... es ist entsetzlich, ich kann mich nicht mehr richtig entspannen, kann nichts mehr empfinden, muß immer nur denken, denken, denken. Wird es diesmal klappen? Haben wir alles richtig gemacht? Habe ich mich verrechnet?« Sie schluckte schwer. »Eigentlich bin ich nur gekommen, um Rainer zu bitten, mich bei Professor Overhoff anzumelden ...«

»Ich würde liebend gern mit dir tauschen«, sagte Astrid.

»Nein, das würdest du nicht. Niemand hilft dir, wenn du ein Kind haben willst ... aber ein Kind zu verhüten gibt es Hunderte von Mitteln.« Kirsten sah ihre Schwester an. »Sag mal, hast du das noch nie versucht?«

»Ich weiß nicht ...«, sagte Astrid unbehaglich.

»Aber du solltest es tun! Oder willst du deinen Mann verlieren?«

»Natürlich nicht!«

»Es wird soweit kommen, wenn du so weitermachst. Du mußt etwas unternehmen. Wenn du dich nicht überwinden kannst, ein Kind zu empfangen...«

»Nur das nicht!«

»Dann mußt du den anderen Weg gehen. Ich habe so viele Bücher gelesen, daß ich inzwischen Expertin geworden bin. Willst du meinen Rat haben? Du brauchst nur ein Wort zu sagen, und ich erzähle dir alles, was ich weiß...«

Astrid tat einen tiefen Atemzug, der fast wie ein nervöses Schluchzen klang. »Ja«, flüsterte sie, »bitte... sag es mir!«

3

Die Patientin Evelyn Bauer wand sich stöhnend auf dem Entbindungslager. Sie hatte die Hände zu Fäusten geballt, die Augen krampfhaft geschlossen. Ihr junges Gesicht war vor Schmerz verzerrt, das blonde Haar von Schweiß verklebt. Sie merkte nicht, daß der Arzt, gefolgt von Schwester Edith, das Zimmer betreten hatte.

Aber die Hebamme zeigte durch ihr spontanes Aufspringen, wie sehr sie auf ihn gewartet hatte. Sie kam Dr. Schumann entgegen: »Eine achtzehnjährige Erstgebärende am Termin«, berichtete sie hastig. »Die Wehen waren bis jetzt regelmäßig, die Fruchtblase ist vor einer halben Stunde gesprungen. Muttermund bis auf den Saum vollständig. Aber die kindlichen Herztöne sind seit zwei Wehenpausen schlecht. Wechselnd zwischen 80 bis 88 in der Minute...« Mehr noch als diese nüchternen Worte verriet der Gesichtsausdruck der Hebamme große Sorge. Fräulein Liselotte Mager war zweiunddreißig Jahre alt, arbeitete seit zehn Jahren als Hebamme und war bekannt dafür, daß sie wirklich nur im äußersten Notfall einen Arzt zu Hilfe rief.

»Die Patientin ist verkrampft«, sagte sie; »sie atmet nicht richtig. Ich habe alles versucht, aber sie stirbt fast vor Angst.«

»Keine Schwangerschaftsgymnastik?« fragte Dr. Schumann, doch es klang eher wie eine Feststellung.

»Sie hat ihren Zustand fast bis zuletzt verborgen gehalten«, flüsterte die Hebamme; »sie ist nicht verheiratet.«

»Noch nicht«, sagte Dr. Schumann, denn er kannte Evelyns Geschichte.

Evelyn Bauer war Oberschülerin, Tochter eines angesehenen Geschäftsmannes. Sie hatte sich in den Chauffeur ihres Vaters verliebt und zu ihm gehalten gegen den Widerstand ihrer Eltern – auch dann noch, nachdem der junge Mann entlassen worden war. Weil der Vater mit Anzeige gegen ihren Freund drohte, hatte sie es nicht gewagt, die Wahrheit zu gestehen. Dann, als alles herauskam, zeigten sich die Eltern weit großzügiger, als Evelyn befürchtet hatte. Sie verziehen ihr und stimmten einer Heirat zu – erst aber sollte das Kind auf die Welt kommen.

Dr. Schumann beugte sich über den Leib der Erstgebärenden. Er legte das Stethoskop an und lauschte in einer der kurzen Wehenpausen. Die kindlichen Herztöne waren tatsächlich bedenklich verlangsamt.

»Becken hochlagern«, ordnete er an. »Sauerstoff ...«

Mit geübten Griffen lagerten Fräulein Mager und Schwester Edith das Becken hoch, die Schwester hielt der Patientin die Sauerstoffmaske vor.

»Einen Handschuh, bitte!«

Die Hebamme hatte den sterilen Gummihandschuh schon bereitgehalten. Sehr vorsichtig begann Dr. Schumann mit der vaginalen Untersuchung. Der Muttermund war jetzt nahezu vollständig eröffnet. Der Kopf des Kindes stand etwa in Beckenmitte. Es handelte sich um eine zweite Lage. Der Rücken des Kindes lag auf der rechten Seite.

Dr. Schumann streifte den Handschuh ab, richtete sich auf. »Vorbereiten zur Zange!«

Schwester Edith verließ eilig das Entbindungszimmer. Noch einmal hörte Dr. Schumann die kindlichen Herztöne ab. Sie waren noch langsamer geworden.

»Du mußt jetzt atmen«, erläuterte die Hebamme, »tief atmen, Evelyn! Dein Kindchen braucht Sauerstoff!«

Der Körper der Patientin krampfte sich unter einer heftigen Wehe zusammen. Sie schrie auf. »Ich kann nicht... kann nicht mehr! O Gott, ich halte es nicht mehr aus!«

Dr. Schumann trat an das Kopfende. »Es geht um Ihr Kind, Evelyn«, sagte er, »um das Kind Ihrer Liebe! Sie dürfen es jetzt doch nicht im Stich lassen. Helfen Sie ihm!«

Zwei-, dreimal gelang es der Patientin, tief durchzuatmen; dann aber, bei der nächsten Schmerzwelle, schrie sie wieder: »Nein, nein, nein! Ich kann nicht mehr!«

Dr. Schumann und die Hebamme atmeten auf, als Schwester Edith mit einer Trage zurückkam. »Im OP ist alles bereit«, meldete sie.

»Gott sei Dank«, flüsterte Fräulein Liselotte erleichtert.

Die beiden Frauen betteten die Patientin auf die Trage um. Vom Eintreten des Oberarztes in das Entbindungszimmer bis zu diesem Augenblick waren knapp vier Minuten vergangen. Dr. Schumanns Indikation stand fest: Zange aus Beckenmitte wegen Verschlechterung der kindlichen Herztöne in der Austreibungsperiode.

Er eilte über den Gang in den gekachelten Waschraum, zog Jacke und Kittel aus, reinigte sich rasch unter fließendem Wasser die Hände. Schwester Edith kam aus dem OP, reichte ihm einen frischen, hellgrünen Kittel, Handschuhe.

Als er in den Operationssaal trat, lag die Patientin im hellen schattenlosen Licht der Operationslampen. Ihr Stöhnen war leiser geworden, denn Dr. Leopold hatte ihr schon die erste Spritze gegeben.

»Narkose«, befahl Dr. Schumann.

Der Anästhesist begann mit der Einleitung – keinen Moment zu früh, denn das noch ungeborene Kind durfte auf keinen Fall geschädigt werden. Sekunden später war die Patientin eingeschlafen.

Mit sicheren Händen führte Dr. Schumann den ersten, dann den zweiten Zangenlöffel ein.

Schwester Bertha reichte ihm das Skalpell.

Dr. Schumann legte im Bereich des Dammes einen Schnitt an, eine sogenannte rechtslaterale Episiotomie. Dann begann er mit äußerster Behutsamkeit an der Zange zu ziehen.

Es schien heiß im Operationssaal. Er spürte, wie ihm Schweiß auf die Stirn trat. In diesen Minuten war er Herr über Leben und Tod eines Menschen, und er war sich dessen bewußt. Ohne die Lippen zu bewegen, schickte er ein Stoßgebet zum Himmel.

Dann, ganz langsam, begann der Kopf des Babys sichtbar zu werden, das schwarze Haar, die kleine Fontanelle vorn. Der Kopf schnitt durch, war geboren.

Dr. Schumann nahm die Zangenlöffel ab, begann mit beiden Händen erst die Schultern, dann den ganzen kleinen Körper zu entwickeln und hielt das Kind, einen kräftigen kleinen Jungen, während die Hebamme die Nabelschnur abklemmte und durchschnitt. Das Neugeborene war blau verfärbt, tat aber sofort seinen ersten Schnapper. Noch in den Händen des Arztes begann es kräftig zu schreien – ein jämmerliches, mißtönendes Babygeschrei, das dennoch Musik in den Ohren Dr. Schumanns war. Der Kopf des Kindes zeigte keine Quetschungen durch die Zange.

Die Hebamme strahlte, als sie es entgegennahm.

Dr. Schumann richtete sich hoch auf, reckte die Schultern, kostete eine Sekunde lang ein Siegesgefühl aus, beugte sich dann wieder über den Leib der Patientin, um die Plazenta herauszuziehen und den Uterus auf eventuelle Verletzungen zu überprüfen. Es war alles glatt gegangen.

Die Episiotomie mußte genäht werden. Während die eigentliche Extraktion des Kindes nur Minuten gedauert hatte, brauchte Dr. Schumann für diese Arbeit viel mehr Zeit.

Endlich war alles getan. Dr. Schumann dankte seinen Assistenten, ging hinaus, wusch sich die Hände und wechselte den Kittel. Dann trat er noch einmal in den Operationssaal. Die junge Mutter war erwacht und betrachtete mit glücklichen Augen ihren kleinen Sohn, den ihr die Hebamme – gebadet und gewickelt – in die Arme gelegt hatte.

»Was für ein goldiges Kerlchen«, stammelte sie fassungslos; »mein Kind, unser Kind, ein Junge! Und ich habe gedacht, ich schaffe es nicht ... ich hab' wirklich gedacht ...« Ihre Augen füllten sich mit Tränen.

Schwester Edith trat von hinten an Dr. Schumann heran.

»Herr Oberarzt«, sagte sie; »bitte ... wie lange dauert es noch?«

Er drehte sich um. »Ich bin hier fertig. Warum?«

»Ihre Gattin wartet auf Sie.«

»Meine Frau?« fragte Dr. Schumann. »Hat sie angerufen?« Er konnte es nicht verhindern, daß seine Stimme ungläubig klang.

»Nein, sie ist hier. In der Klinik. Die Oberschwester hat sich erlaubt, sie in Ihr Arbeitszimmer zu führen.«

Oberarzt Dr. Rainer Schumann konnte sich nicht erinnern, daß seine Frau Astrid ihn jemals in der Klinik besucht hatte. Nun aber war sie zu ihm gekommen, wartete auf ihn, obwohl sie ihn in der Nacht zuvor Mörder genannt hatte und vor seiner Umarmung zurückgezuckt war. »Rühr mich nicht an, rühr mich nie wieder an!« hatte sie ihn angeschrien.

Er lief über den langen Klinikgang, bemerkte nicht den Gruß der Schwestern, Hebammen und Kollegen, die an ihm vorüberhasteten, dachte darüber nach, was dieser Besuch seiner Frau wohl zu bedeuten hatte. Wartete sie auf ihn, um sich zu versöhnen? War sie gekommen, um ihm zu sagen: »Es ist das beste, wenn wir uns trennen, unsere Ehe ist doch nur Quälerei?«

Als er in sein Arbeitszimmer trat, saß Astrid hinter seinem Schreibtisch. Sie blickte auf, mit einem seltsamen Ausdruck in den schönen tiefblauen Augen, den er nicht zu deuten wußte. Sie trug ein engtailliertes schwarzes Kostüm, dessen tiefer spitzer Ausschnitt den Ansatz ihres Busens ahnen ließ. Er glaubte, den Duft des kostbaren exotischen Parfüms, das sie zu benutzen pflegte, deutlich zu spüren.

»Du scheinst nicht sehr erfreut«, sagte sie, den Blick unverwandt auf ihn gerichtet.

Er trat näher zum Schreibtisch. »Warum bist du gekommen?« fragte er.

»Ich wollte dich sehen«, erwiderte sie einfach.

Sie erhob sich und kam hinter dem Schreibtisch hervor. Ganz nahe stand sie vor ihrem Mann. Er brauchte nur die Hand auszustrecken, um sie zu berühren. Er tat es nicht.

»Rainer«, sagte sie leise, und in ihrer Stimme war jener heisere rauhe Klang, der ihn – wie immer – erregte.

Er schob die linke Hand in die Hosentasche, seine Finger umkrampften das kalte Metall seines Schlüsselbundes.

Sie hatte es sich nicht so schwer vorgestellt. Dieser Mann im weißen Arztkittel mit dem verschlossenen, angespannten Gesicht – er schien ihr seltsam fremd und fern.

»Rainer«, wiederholte sie, »ich . . .« Plötzlich durchzuckte sie jähe Angst. Kam ihr Versöhnungsversuch zu spät? Hatte er sich innerlich schon von ihr abgewandt? Gab es eine andere in seinem Leben?

Fast unbewußt hob sie die Hände, packte ihn bei den Schultern. »Mein Gott«, sagte sie heftig, »sei doch nicht so unerbittlich! Was habe ich denn getan, daß du mir nicht verzeihen kannst? Ja, ich weiß, ich habe dich beleidigt, aber ich . . . ich wußte gestern nacht nicht mehr, was ich sagte! Ich war so aufgeregt, ganz durcheinander! Ich habe es doch nicht so gemeint!«

Er umschloß ihre Handgelenke und drückte ihre Arme mit sanfter Gewalt nach unten. »Doch, Astrid«, sagte er. »Versuche nicht, mir etwas vorzumachen. Dadurch wird es nicht besser. Du warst hysterisch, stimmt. Aber alles, was du mir vorgeworfen hast, kam aus deinem tiefsten Herzen.«

»Nein, Rainer, nein . . .« Sie bemühte sich, ihre Hände aus seinem Griff zu befreien. »Bitte laß mich los, du tust mir weh.«

»Entschuldige!« Er löste seine Hände von ihren Armen und trat einen Schritt zurück.

Sie standen einander gegenüber und vermochten nicht einmal mehr, sich anzusehen. Das Gespräch war auf dem toten Punkt. Beinahe hätte Astrid, einem Impuls folgend, sich umgedreht und wäre aus dem Zimmer gelaufen. Aber sie wollte nicht aufgeben, sie durfte es nicht. Sie begriff, daß sie ihn dann für immer verlieren würde.

»Ich weiß, daß ich viele Fehler habe«, sagte sie. »Ich habe niemals behauptet, ein Engel zu sein. Aber bist du denn ohne Schuld? Du hast doch von Anfang an gewußt, daß ich an deinem Beruf wenig interessiert bin. Ich habe niemals Begeisterung für das Kinderkriegen geheuchelt. Ich habe Angst davor, ja . . . aber das wußtest du doch, ehe wir uns verlobten. Warum hast du mich dann trotzdem genommen?«

»Weil ich dich liebe . . .«

»Und jetzt . . . liebst du mich nicht mehr?«

»Was hat das alles für einen Sinn, Astrid? Meine Liebe hat dir ja nie viel bedeutet . . . Anfangs war ich ganz sicher, du würdest dich ändern. Ich wollte die Hoffnung nicht aufgeben, bis . . . nun, du wirst zugeben, daß du neulich in der Nacht sehr deutlich warst. Bitte, komm mir jetzt nicht wieder damit, ich müßte Geduld mit dir haben, Rücksicht auf dich nehmen. Denke doch an die vergangenen Jahre unserer Ehe, an die Tage und Nächte. Denk daran, wie oft ich Rücksicht genommen und verzichtet habe . . . und was ist dabei herausgekommen?«

»Verzeih mir«, sagte sie schwach.

»Ich bin dir nicht böse . . .«

Sie versuchte zu lächeln. »Du hast jetzt alles gesagt, was du gegen mich auf dem Herzen hattest. Darf ich dir nun endlich erklären, warum ich gekommen bin?«

Er nickte.

»Weil ich dich liebe«, sagte sie. »Weil ich es nicht ertragen könnte, dich zu verlieren. Ich habe eingesehen . . . ja, ich habe wirklich eingesehen, daß alles falsch war. Daß sich so keine Ehe führen läßt . . . und ich wollte dich bitten, es noch einmal mit mir zu versuchen, alles zu vergessen.«

Sie hob mit einer unendlich rührenden Geste die Hände, und er sah die roten Streifen, die sein Griff an ihren Handgelenken hinterlassen hatte. »Rainer, laß uns noch einmal ganz von vorn anfangen. Ich will mich ändern, ich verspreche es dir . . . ich habe mich schon geändert!«

Er trat einen Schritt auf sie zu. »Astrid, ist das wirklich wahr?«

Sie warf sich in seine Arme. »Bitte«, flehte sie, »bitte, glaub es mir. Du mußt nur ein wenig Geduld mit mir haben!«

Er umschloß sie ganz fest und spürte, wie seine innere Anspannung sich endlich löste, einem alles überflutenden Glücksgefühl wich. »Und wenn wir ein Kind bekämen?«

»Ich habe Angst, immer noch Angst«, flüsterte sie, »aber ich werde sie überwinden ... ich werde mich freuen. Um deinetwillen. Um unserer Liebe willen. Ach, Rainer ...«

Sie hob ihr Gesicht zu ihm auf, er küßte ihr die Tränen aus den Augenwinkeln, ihre Lippen fanden sich. Noch nie hatte sie seine Leidenschaft so vorbehaltlos erwidert.

Endlich löste er sich von ihr, atemlos und fast schwindelig. »Und nun, Astrid, werde ich dir meine Kinder zeigen!«

Er nahm sie bei der Hand und führte sie aus dem Zimmer.

Es war kurz vor der vierten Trinkzeit des Tages. Die Schwestern eilten im großen Säuglingssaal geschäftig hin und her, nahmen die Neugeborenen aus ihren Bettchen und packten sie auf flache Wagen. Ohrenbetäubendes Geschrei erfüllte die Luft.

Astrid Schumann hätte sich am liebsten die Ohren zugehalten, aber sie beherrschte sich, um ihren Mann nicht zu kränken. Sie fühlte sich unbehaglich in dem viel zu weiten Kittel, den er ihr geliehen hatte, und kam sich fehl am Platz vor. Sie glaubte, aus den neugierigen Seitenblicken der Schwestern Mißtrauen und Ablehnung zu lesen.

Dr. Schumann spürte nichts von der Beklemmung seiner Frau. »Na, nun sag selber«, forderte er sie auf, so stolz und zufrieden, als ob er persönlich der Schöpfer all dieses brüllenden, strampelnden Lebens wäre, »ist das nicht etwas Wunderbares?«

Astrid zwang sich zu einem Lächeln. »Schreien sie immer so?« fragte sie.

Er lachte. »Nein. Nur jetzt, weil sie Hunger haben. Die Energischen fordern ihre Nahrung, und die anderen brüllen zur Gesellschaft mit ... wenn sie ins Bettchen zurückgebracht werden, sind sie wieder ganz friedlich.« Er wandte sich an eine der Schwestern, die in ihrer Nähe wieder einen Wagen vollgepackt hatte.

»Nicht wahr, Schwester Rose?«

»Die meisten«, erwiderte die Schwester.

Astrid schauderte leicht. »Können Sie alle Babys so

ohne weiteres auseinanderhalten?« fragte sie. »Sie sehen doch alle gleich aus!«

Schwester Rosa gab Astrid mit einem einzigen Blick zu verstehen, was sie von einer solchen Laienfrage hielt, und Dr. Schumann antwortete rasch an ihrer Stelle: »Erstens sehen sie nicht gleich aus, Astrid, das kommt dir nur so vor, und außerdem ist jedes Kindchen eine kleine Persönlichkeit... Unsere Schwestern schwören darauf, daß schon bei den Neugeborenen die Grundzüge des Charakters deutlich werden. Es gibt lebhafte Neugeborene und auffallend stille; quengelige und geduldige; zornige und heitere. Eine unserer Nachtschwestern behauptet zum Beispiel, daß sie allein am Ton des Geschreis erkennen kann, wer aufgewacht ist, noch bevor sie nach dem Rechten gesehen hat...«

»Wirklich?« fragte Astrid ungläubig. »Aber...«

Dr. Schumann zog sie mit sich tiefer in den Saal hinein. »Du hast natürlich ganz recht. Wir verlassen uns nicht auf unsere Babykenntnisse. Das wäre ja auch unmöglich, weil wir zeitweilig über hundert Neugeborene hier haben und es täglich Ab- und Zugänge gibt. Siehst du diese Schleifchen an den Betten?«

»Ja«, sagte Astrid, »sie sind sehr hübsch.«

»Sie dienen nicht der Verschönerung, sondern der Unterscheidung. Jedes Bett, in dem ein Junge liegt, hat ein blaues, jedes Mädchenbett ein rosa Schleifchen.« Er blieb stehen, nahm einer Schwester ein Neugeborenes aus dem Arm und streifte den linken Ärmel ein wenig hoch. »Und sieh mal hier! Ein blaues Bändchen mit der Nummer 47... weißt du, was das bedeutet? Diese Nummer schließt jede Verwechslung aus. Mutter und Kind bekommen sofort nach der Geburt solch ein Bändchen mit einer gleichlautenden Nummer ums Handgelenk.«

Er gab der Schwester das jämmerlich ziepende Kind zurück. »Schon gut, schon gut, mein Kerlchen, bekommst ja gleich etwas zu essen!« sagte er tröstend.

Der Saal hatte sich inzwischen fast geleert, das Geschrei hallte draußen über die Gänge. Einige Schwestern begannen die Bettchen zu richten und die Fenster zu öffnen.

Dr. Schumann sah sich um. »Schade«, sagte er, »wir kommen in einem ungünstigen Moment. Wir hätten zur Badezeit kommen sollen, dann ist es natürlich viel lustiger.«

»Und der kleine Overhoff?« fragte Astrid mit Überwindung. »Wo ist der?«

»Oben auf der Privatstation. Möchtest du ihn sehen?« Astrid bereute schon ihre Frage. Sie hätte am liebsten gesagt, daß ihr Bedarf an Babys für diesen Tag reichlich gedeckt sei. Nur um ihren Mann nicht zu enttäuschen, nickte sie.

Erst als sie draußen auf dem Gang waren, sagte sie zaghaft: »Aber dann, Rainer, gehen wir doch nach Hause?«

Er warf einen Blick auf seine Armbanduhr. »Natürlich, Liebling, ich habe sowieso eigentlich schon dienstfrei.«

Während sie im Lift zur Privatstation fuhren, erzählte er ihr von seiner Sorge um ein Neugeborenes mit einer allzu heftigen Gelbsucht und von dem Vorschlag Frau Dr. Holgers, den kleinen Overhoff bei einer anderen Mutter trinken zu lassen. Aber sie hörte kaum, was er sagte, lauschte nur dem warmen Klang seiner Stimme, war dankbar, daß sie ihm so nahe sein durfte – und vergaß keinen Augenblick, daß dieses Glück auf einer Lüge aufgebaut war.

Auf dem breiten, lichtüberfluteten Gang der Privatstation kam ihnen Schwester Patrizia entgegen. Das Häubchen saß ihr wie immer ein wenig schief auf den blonden Locken, aber der Griff, mit dem sie ein schreiendes Neugeborenes umfaßt hielt, war sehr sicher, fast mütterlich.

»Hallo, da ist er ja!« rief Dr. Schumann und faßte Astrid beim Arm. »Da kannst du ihn dir gleich ansehen, Liebling!« Der kleine Overhoff schrie mit rotem Kopf, den zahnlosen Mund weit aufgerissen. Er unterschied sich in Astrids Augen durch nichts von all den anderen Babys, die sie bisher schon hatte begutachten müssen, abgesehen davon, daß er vielleicht noch lauter, noch zorniger brüllte.

»Eine tolle Stimme hat er«, sagte sie gezwungen.

Schwester Patrizia strahlte. »Nicht wahr? Eine wunderbare Lunge!« Sie war bei der Begegnung mit dem Oberarzt und seiner Frau leicht errötet. »Ich bringe ihn eben nach unten, die Frau Doktor hat angerufen. Frau Elfie Peters hat sich bereit erklärt, ihn zu nähren.«

»Ausgezeichnet«, sagte Dr. Schumann erfreut. »Eine sehr gute Lösung. Wir müssen nur überlegen, ob es nicht besser wäre, ihn dann überhaupt unten zu lassen . . .«

»O nein!« rief Schwester Patrizia impulsiv und zog das Kind noch fester an sich. »Sie dürfen ihn uns nicht wegnehmen, Herr Doktor!«

Die lebensfrohe, hübsche Schwester bot ein reizendes Bild, wie sie mit erschrockenen Augen das Kind an ihr Herz drückte, als ob sie befürchtete, man könnte es ihr auf der Stelle rauben – ein wirklich zauberhaftes Bild; aber in Astrid stieg der Verdacht auf, daß sich Schwester Patrizia dessen voll bewußt war.

»Es wird Ihnen zusätzliche Arbeit bringen«, sagte Dr. Schumann.

»Das macht nichts!« rief Schwester Patrizia. »Hier oben können wir uns viel besser um ihn kümmern!«

›Du Schlange!‹ dachte Astrid, und ihre Antipathie gegen die Schwester wuchs. Sie war froh, als ihr Mann Schwester Patrizia verabschiedete und sich wieder ihr zuwandte.

»Was hast du, Liebling?« fragte er. »Du bist ja ganz blaß! Irgend etwas nicht in Ordnung?«

»O doch, nur . . .« Sie lächelte schwach. »Vielleicht habe ich mich einfach überfreut.«

»Ich weiß, was dich wieder auf die Beine bringen wird«, sagte er und legte seinen Arm um ihre Schultern. »Eine Flasche Champagner . . . wie wäre es damit? Ich habe eine Idee. Wir gehen jetzt nach Hause, ziehen uns um . . .« Er berichtigte sich sogleich: »Unsinn, das brauchst du nicht. Ich kann so bleiben, wie ich bin, und du bist immer schön. Wir fahren ins ›Chalet‹, essen ganz delikat zu Abend, trinken eine Flasche Sekt dazu, und nachher gehen wir noch ein bißchen tanzen! Na, wie wär's?«

»Wunderbar«, sagte sie ehrlich.

»Na also . . . dann komm!«

Sie faßten sich bei den Händen und gingen dahin wie Kinder, die unerwartet schulfrei bekommen haben. Aber sie hatten kaum den Lift erreicht, als jemand hinter ihnen herlief. Sie drehten sich um und sahen Oberschwester Helga.

»Herr Doktor«, rief sie atemlos, »wie gut, daß ich Sie noch erreicht habe ...« Sie unterbrach sich. »Guten Abend, gnädige Frau!«

»Was gibt's?« fragte Dr. Schumann kurz angebunden.

»Der Labortest ist eben durchgegeben worden. Es handelt sich um den kleinen Weyrer: Erythroblastose!«

»Verdammt!« entfuhr es Dr. Schumann. Er warf einen raschen Blick auf seine Frau. »Entschuldige bitte, Astrid!«

»Frau Dr. Holger hat schon alles zum Blutaustausch vorbereiten lassen ...«

»Schön! Dann benachrichtigen Sie sofort Dr. Gerber. Sie wissen ja, ich bin eigentlich nicht mehr im Dienst.«

»Dr. Gerber ist bei einer Operation.«

»Und Professor Overhoff?«

Die Oberschwester zuckte stumm die Achseln.

»Pech«, sagte Dr. Schumann. Er wandte sich an seine Frau. »Ich kann dir nicht sagen, wie leid mir das tut. Aber eigentlich immer noch besser, als wenn sie mich mitten aus unserem festlichen Dinner abberufen hätten, wie?«

Astrid schluckte. »Bestimmt«, flüsterte sie tapfer.

»Also: Du gehst jetzt nach Hause, Astrid, und wartest auf mich. Du hast keinen Grund, traurig zu sein. Versprochen ist versprochen ... wir gehen heute abend noch aus.« Er küßte seine Frau flüchtig und eilte mit Oberschwester Helga davon. Astrid stand mit hängenden Armen und sah ihm nach. Es dauerte eine ganze Weile, bis sie sich wieder gefaßt hatte. Dann streifte sie langsam den Arztkittel ihres Mannes ab, betrachtete ihn gedankenverloren.

Sie legte den Kittel achtlos auf die Fensterbank, drehte sich um und ging mit müden Schritten die Treppe hinab.

Das Neugeborene war in das Untersuchungszimmer von Frau Dr. Holger gebracht worden. Es lag auf dem Tisch und gab keinen Laut von sich, während die Ärztin behutsam den Bauch abtastete.

Sie blickte kurz zur Tür, als Dr. Schumann eintrat.

»Milz und Leber sind erheblich vergrößert«, sagte sie. Dr.

Schumann trat näher, sah mit besorgten Blicken auf das nackte kleine Wesen, dessen gelb-bräunliche Verfärbung inzwischen noch stärker geworden war.

»Der Coombs-Test ist positiv?«

»Ja, Bilirubin im Blut, 20 Milligrammprozent.«

»Ist die Blutgruppe bestimmt worden?«

»Im Labor wird bereits die Kreuzprobe gemacht.«

»Ausgezeichnet«, sagte Dr. Schumann. »Dann bleibt uns wohl nichts anderes übrig, als zu warten.« Es war eine Erfahrungstatsache, daß eine Kreuzprobe, bei der die Verträglichkeit des Spenderblutes mit dem Blut des Empfängers getestet wurde, nicht unter dreißig Minuten durchzuführen war.

Er untersuchte das Kind noch einmal. »An der Diagnose besteht kein Zweifel.« Dr. Schumann sah die Schwester an, die neben dem Untersuchungstisch stand. »Bitte, den Nabelverband, Schwester, und ziehen Sie das Kind wieder an. Sie können es inzwischen in den kleinen OP bringen. Sorgen Sie für Wärmflaschen!«

»Jawohl, Herr Doktor.«

»Sollten wir nicht der Mutter Bescheid sagen?« fragte Frau Dr. Holger leise.

»Lieber wäre es mir, wir könnten den Vater erreichen. Ich beunruhige eine Frau, die eben eine Geburt hinter sich gebracht hat, nicht gern.«

Eine halbe Stunde später war es soweit. Winzig und nackt lag das Neugeborene im hellen Licht der Operationslampe, von Wärmflaschen umgeben. Es hatte nicht die leiseste instinktive Ahnung von der tödlichen Gefahr, in der es schwebte, und saugte selbstverloren an einem Schnuller, den Schwester Edith ihm in den Mund gesteckt hatte.

Dr. Schumann wusch sich inzwischen draußen im Vorraum die Hände, gründlich, wie zu einer großen Operation. Er hatte mit Herrn Weyrer, einem Bankkaufmann, telefoniert. Er hatte seine Worte vorsichtig gewählt, um dem jungen Vater keinen Schock zu versetzen.

Frau Dr. Holger befand sich schon im Operationssaal und überwachte die letzten Vorbereitungen. Eine junge Schwester half Dr. Schumann in den grünen Operationskittel, reichte ihm die Gummihandschuhe. Das Kleine lag immer noch friedlich, mit geschlossenen Augen. Man hätte glauben können, es schliefe – wären nicht die Saugbewegungen des Mündchens gewesen.

»Desinfizieren«, befahl Dr. Schumann kurz.

Schwester Edith bestrich das Gebiet um den Nabel sorgfältig mit Sepso-Tinktur, deckte den nackten Körper des Kindes bis auf das Operationsgebiet mit sterilen Tüchern ab. Dann reichte sie Dr. Schumann das Skalpell.

Vorsichtig schnitt der Arzt ein Stückchen des Nabelschnurrestes ab. Die Nabelblutgefäße waren deutlich zu sehen. Sehr zart und behutsam schob er den Kunststoff-Katheter durch die Nabelvene in den Körper des Kindes. Plötzlich schoß Blut heraus. Die Spitze des Katheters war bis in die große Nabelvene vorgedrungen.

»Vetren!«

Die Schwester gab ihm die Spritze mit Vetren, einem Präparat, das die Blutgerinnungsfähigkeit vorübergehend herabsetzt. Er injizierte es durch den Katheter. Als er 4 ccm gespritzt hatte, gab Frau Dr. Holger der Schwester ein Zeichen. Schwester Edith reichte Dr. Schumann das Anschlußstück der Dreiwegehahnspritze. Er setzte es auf den Katheter, befestigte es mit Fäden, schloß die Rotandaspritze an.

Der eine Schlauch dieser Spritze, die drei verschiedene Zu- beziehungsweise Abgänge hatte, wurde von Schwester Edith an einen hochhängenden Glasbehälter, in dem sich das Spenderblut befand, angeschlossen.

Nun erst konnte der eigentliche Blutaustausch beginnen. Ganz langsam ließ Dr. Schumann 20 ccm des kranken Blutes aus der Vene des Kindes heraus, das in einem anderen Glasgefäß aufgefangen wurde. 800 ccm mußten auf diese Art ausgetauscht werden.

»Wie geht es dem Kleinen?« fragte er von Zeit zu Zeit.

»Gut«, erwiderte Frau Dr. Holger. »Es saugt am Schnuller. Atmung und Puls normal.«

Unendlich langsam vergingen die Minuten. Nach ein und einer halben Stunde war über die Hälfte des Blutes ausgetauscht. In dieser Zeit hatte Frau Dr. Holger dreimal Calcium gespritzt.

Plötzlich sagte Schwester Edith erschreckt: »Das Kind atmet nicht mehr richtig!«

Dr. Schumann warf einen raschen Blick auf das Gesicht des Kleinen, das halb von den Tüchern verdeckt war. Es hatte sich bläulich verfärbt.

»Lobelin!« befahl er. »Ein Kubikzentimeter!«

Mit geübten Händen zog Schwester Edith die Spritze auf, Frau Dr. Holger nahm sie ihr aus der Hand, spritzte den Inhalt in den Arm des Kindes. Ein paar bange Sekunden lang schien jede Wirkung auszubleiben. Dann ging die bläuliche Verfärbung zurück, die Haut des Kleinen war auch nicht mehr so dunkelgelb wie zu Anfang, sondern hatte einen rosigen Schimmer angenommen.

Dr. Schumann atmete auf.

Eine Stunde später war der Kampf um dieses fast schon verlorene junge Leben gewonnen.

Dr. Schumann nahm die Dreiwegehahnspritze vom Katheter ab, als Dr. Gerber das Operationszimmer betrat.

»Hallo«, grüßte er, »Ablösung erwünscht?«

»Nicht mehr«, erwiderte Dr. Schumann, ohne die Augen von seiner Arbeit zu heben, »wir haben es schon geschafft.«

»Schönes Gefühl, wie?« Dr. Gerber rieb sich die Hände. »Langsam mußt du dich ja für den lieben Gott persönlich halten.«

»Nicht ganz«, sagte Dr. Schumann. Er zog mit äußerster Vorsicht die Hohlnadel aus der Bauchvene des Kindes. »Ich hätte dir diesen Eingriff liebend gern überlassen, Kollege. Ich hatte heute abend eigentlich etwas Besseres vor.«

»Ärzteschicksal«, erklärte Dr. Gerber nicht ohne leise Genugtuung. Er folgte Dr. Schumann, der die weitere Versorgung des Kindes der Ärztin und den Schwestern überließ, in den Waschraum.

»Sag mal, hast du heute mit dem Alten gesprochen?«
»Ja.«
»Na und? Was hattest du für einen Eindruck von ihm?«

»Es hat ihn sehr mitgenommen.«

»Wenn du ihn auf dem Friedhof gesehen hättest . . .«

Dr. Schumann schlüpfte aus seinem Kittel, warf ihn zu Boden, krempelte sich die Hemdsärmel herunter, zog sich die Jacke an.

»Armer alter Knabe«, sagte Dr. Gerber. »Warum sitzt er hier herum? Zur Arbeit ist er im Augenblick ja doch nicht zu gebrauchen. Ich an seiner Stelle nähme mir jetzt erst einmal einen Urlaub.«

»Wo soll er denn hin?« Dr. Schumann rückte sich vor dem Spiegel die Krawatte gerade und fuhr sich mit der Hand glättend über das dichte braune Haar. »Nach Hause etwa? Das ist wahrscheinlich mehr, als er vertragen kann.«

»Tja, er kann einem fast leid tun.«

»Fast? Mir tut er leid!« Dr. Schumann steckte sich eine Zigarette zwischen die Lippen, Dr. Gerber reichte ihm Feuer.

»Obwohl es seine ureigene Schuld war?« fragte er. »Obwohl er bei der Konstitution seiner Frau befürchten mußte, daß sie die Operation nicht übersteht? Obwohl eine medizinische Indikation für die Schwangerschaftsunterbrechung durchaus gegeben gewesen wäre?«

Dr. Schumann zuckte die Achseln. »Nun laß doch«, wehrte er ab, »dieses Thema haben wir inzwischen schon zu Tode geritten.«

»Ich will dir doch nur klarmachen«, sagte Dr. Gerber und begleitete ihn zur Tür, »daß ich . . . so tragisch die Sache natürlich ist . . . diesen Schock geradezu für heilsam halte. Wenn der Alte nicht ganz in Selbstgerechtigkeit versteinert ist, muß der Tod seiner Frau ihn wachrütteln!«

Nach einer kleinen Pause, während der sie schweigend durch den jetzt nur noch spärlich beleuchteten Gang gingen, fügte Dr. Gerber hinzu: »Und dich auch!«

Dr. Schumann blieb stehen, rief ärgerlich: »Sag mal, was willst du eigentlich von mir? Ich habe einen verdammt anstrengenden Tag hinter mir! Vielleicht erinnerst du dich daran, daß ich seit heute früh im Dienst bin. Eigentlich könntest du ruhig ein bißchen Verständnis zeigen, statt mich mit unbegründeten Anschuldigungen zu bewerfen!«

Aber Dr. Gerber gab nicht nach. »Was ich dir klarmachen will ... und ich werde das nicht aufgeben, bis du mich eines Besseren belehrt hast ... ist doch einfach: Wir sind Frauenärzte. Wir können unser Berufsziel nicht einzig und allein darin sehen, Kindern auf die Welt zu helfen, sondern wir müssen den Frauen selber helfen! Begreifst du das denn nicht?«

»Ich tue nichts anderes.«

»Das sagst du! Aber tatsächlich stehst du doch immer auf seiten der ungeborenen Kinder gegen die Mütter!«

»Soll ich mich etwa auf seiten der Mütter gegen die ungeborenen Kinder stellen? Das ist doch Quatsch, Erich. Eine Mutter und ihr ungeborenes Kind sind doch eine Einheit. So sollte es wenigstens sein.«

»Und wenn es nicht so ist? Wenn die Mutter das Kind nicht haben will?«

»So muß man sie dahin bringen, es zu wollen.«

»Sehr einfach. Aber ich sagte dir, Rainer, unsere Arbeit muß viel früher einsetzen. Wir müssen mehr Gewicht darauf legen, die jungen Mädchen aufzuklären und auch die verheirateten Frauen. Wir müssen erreichen, daß nur noch heißerwünschte Kinder zur Welt kommen. Wir müssen die Frauen von ihrer Angst, ihrer verzweifelten Sorge befreien, wir müssen sie von ihrem biologischen Schicksal erlösen!«

Dr. Gerber hatte sich in Fahrt geredet. »Und wir sollten auch nicht zu viele Bedenken haben, eine unerwünschte Schwangerschaft zu unterbrechen, wenn auch nur der entfernteste Anlaß zu einer medizinischen Indikation gegeben ist!«

»Wenn du wirklich so denkst«, sagte Dr. Schumann hart, »würde ich dir raten, die Klinik zu verlassen und eine Privatpraxis zu eröffnen ... als Abtreibearzt!« Er bereute dieses Wort im gleichen Moment, da es ausgesprochen war – aber es war zu spät.

»Das war sehr deutlich«, bemerkte Dr. Gerber eisig.

»Ich glaube, die Fronten sind jetzt geklärt!«

Er drehte sich auf dem Absatz um und ging.

Dr. Rainer Schumann lief, wie immer, den kurzen Weg aus

dem Klinikviertel bis zu dem kleinen Haus, das er gemietet hatte, zu Fuß. Die frische Abendluft tat ihm wohl und kühlte seine brennenden Schläfen.

Er war sehr unzufrieden mit sich. Diese Auseinandersetzung mit Gerber erschien ihm jetzt gänzlich unnötig. Zwischen ihm und Gerber bestand seit frühesten gemeinsamen Studienjahren eine gute Kameradschaft, die sich schon mehr als einmal bewährt hatte. Es war unverzeihlich, daß er diese Männerfreundschaft durch einen einzigen unüberlegten Satz zerstört hatte.

Und dann Astrid! Er versuchte, sich auf das Heimkommen zu freuen, aber er brachte es beim besten Willen nicht fertig. Bestimmt war sie wieder tief gekränkt und enttäuscht, weil sie stundenlang auf ihn hatte warten müssen. Es war nicht seine Schuld, gewiß nicht, aber was nutzte das – es schien aussichtslos, ihr die Zusammenhänge zu erklären. Er fand es zermürbend, immer wieder um die Liebe und das Verständnis seiner eigenen Frau kämpfen zu müssen, sogar in Situationen, in denen er selber einen Trost oder wenigstens einen Zuspruch sehr nötig gehabt hätte. Sicher würde er auch jetzt wieder eine Szene über sich ergehen lassen müssen.

Er seufzte, ohne sich dessen bewußt zu werden, tief auf, als er die Haustür aufschloß, und machte sich innerlich auf das Schlimmste gefaßt.

Aber Astrid empfing ihn ganz anders, als er erwartet hatte. Sie lag in einem weißseidenen, spitzenbesetzten Hausmantel auf der Couch im Wohnzimmer, erhob sich jedoch sofort, als er eintrat, und kam ihm lächelnd entgegen.

»Rainer«, rief sie, »endlich!« Die Ärmel des Hausmantels glitten zurück, als sie ihre Arme um seinen Nacken schlang. Ihm war, als sei er mit einem Schritt aus dem grauen Alltag in ein Zauberreich getreten. Er küßte ihren Mund, ihren Hals, ihren zarten weißen Nacken. »Es ist doch wieder spät geworden«, sagte er.

Sie stemmte lächelnd ihre Hände gegen seine Brust und sah zu ihm auf: »Als ob ich nicht wüßte, daß du nur deine Pflicht getan hast!« Sie wandte sich ab, trat zum Kamin, in dem Feuer knisterte. »Ist es gut ausgegangen?« fragte sie. »Hast du das Kindchen retten können?«

»Ja«, sagte er, »Gott sei Dank!«

Er sah sie an, ihre schlanke Gestalt, die unter dem weißseidenen Mantel nur zu ahnen war, den stolzen kleinen Kopf mit dem kastanienbraunen Haar, in das vom Kaminfeuer rötliche Reflexe gezaubert wurden. »Nur unser schöner Abend ist uns verdorben!«

Sie lächelte ihm zu. »Er fängt jetzt an!« Sie trat zum Tisch, zog eine Flasche Sekt aus einem eisgekühlten Kübel. »Du wolltest doch heute Champagner trinken . . . habe ich es richtig gemacht?«

Er nahm ihr die Flasche aus der Hand, löste geschickt den Korken und schenkte ein.

»Auf uns!« sagte sie und hob ihm ihr Glas entgegen.

Er leerte es mit einem Zug. »Weißt du, wie schön du bist?« Eine zarte Röte überflutete ihr schmales Gesicht. Sie hob den Kopf, wollte etwas sagen. Aber er hatte sie schon in die Arme genommen und verschloß ihren Mund mit seinen Küssen. Noch nie hatte sie sich so an ihn geschmiegt, noch nie seine Leidenschaft mit solcher Glut erwidert.

»Astrid«, flüsterte er atemlos, »du hast keine Angst mehr davor . . .?«

»Nie mehr!«

Er hob sie auf die Arme und trug sie zur Couch. Knisternd loderte das Feuer.

4

Professor Overhoff nahm seine Sprechstunde einen Tag nach der Beerdigung seiner Frau wieder auf. Äußerlich wirkte er völlig gefaßt, wenn auch alle, die ihn näher kannten, spürten, daß eine große Veränderung mit ihm vorgegangen war. Bei allem, was er tat und sagte, schien er innerlich völlig unbeteiligt zu sein. Es war, als sei der Kern seines Wesens vor Schmerz versteinert.

Kirsten Winterfeld merkte nichts davon. Sie war viel zu aufgeregt, zu sehr mit ihren eigenen Problemen beschäftigt, um etwas anderes in Professor Overhoff sehen zu können als den berühmten Professor, den vertrauenswürdigen Arzt.

Sie hatte eine erste Untersuchung über sich ergehen lassen und ihm ihre Sorgen geschildert. Dreiundzwanzig Jahre war sie jetzt alt, seit vier Jahren verheiratet – aber immer wieder hatte sie vergeblich auf Anzeichen einer Mutterschaft gewartet.

Hektische, scharf abgezirkelte rote Flecken erschienen auf ihren Wangen, während sie erzählte. »Ich habe meinen Zyklus beobachtet«, berichtete sie, »ich habe genau darauf geachtet, besonders natürlich im letzten Jahr. Übrigens habe ich auch einen Regelkalender geführt, allerdings nur in meinem Notizbuch . . .« Sie begann in ihrer kleinen Handtasche zu kramen. »Vielleicht ist das ein bißchen primitiv, aber es stimmt ganz genau!« Sie fand ihr ledernes Notizbuch, schlug die vorderen Seiten auf und reichte es Professor Overhoff über den Schreibtisch.

Er blätterte darin. »Hm«, sagte er, »gar nicht schlecht . . .«

Dann legte er das Notizbüchlein aus der Hand. »Welche Krankheiten haben Sie gehabt?«

»Nur die üblichen Kinderkrankheiten . . . Masern, Keuchhusten, ein paarmal Angina. Aber die Mandeln wurden mir schon mit zwölf Jahren herausgenommen.«

»Sonst keine Operation?«

»Nein.«

»Geschlechtskrankheiten?«

Die roten Flecken auf Kirstens Wangen verschärften sich.

»Nein.«

»Vielleicht einmal eine Unterleibserkältung?«

Kirsten dachte nach. »Nicht daß ich wüßte . . . nein, ich glaube wirklich nicht . . .«

Professor Overhoff legte nachdenklich die Fingerspitzen gegeneinander. »Nun, ich denke, wir sollten trotzdem die Durchgängigkeit des Eileiters prüfen. Aber vorher möchte ich doch mit Ihrem Gatten sprechen.«

»Ist es . . . so gefährlich?«

»Nein. Aber ich könnte mir vorstellen ... wie alt ist Ihr Gatte?«

»42 Jahre ...«

»Hm. Und ist Ihnen nie der Gedanke gekommen, daß Ihre Kinderlosigkeit an ihm liegen könnte?«

Kirstens helle Augen wurden groß. »An meinem Mann?«

Professor Overhoff sah das ungläubige Staunen in Kirstens Gesicht. Er war nicht überrascht. Er hatte es unzählige Male in seiner langen Praxis als Chefarzt der Frauenklinik erlebt. Es war stets das gleiche: Fast immer suchten die Frauen bei sich selber die Schuld, wenn ihre Ehe kinderlos blieb. Daß es auch an ihren Männern liegen konnte, hielten die wenigsten für möglich.

Dr. Overhoff stand auf, ging auf sie zu, legte seine Hände auf Kirsten Winterfelds Schultern. »Versuchen Sie Ihren Mann zu überreden, daß er mich einmal aufsucht. Ich weiß, die meisten Frauen weichen einem solchen Gespräch aus. Überwinden Sie sich! Nehmen Sie nicht schon die Schuld auf sich, ehe es erwiesen ist!«

Röte schoß in Kirstens Gesicht. Schnell verabschiedete sie sich von Professor Overhoff. »Ich will es versuchen«, sagte sie schwach, schon unter der Tür. Aber sie wußte nicht, ob sie den Mut dazu finden würde.

Sie steuerte ihren kleinen Wagen durch den Mittagsverkehr. Sie fuhr nervös und unsicher und atmete erst auf, nachdem sie den Wagen auf dem Hof hinter dem Haus, in dem sie wohnte, abgestellt hatte. Durch ein dunkles, kaltes Treppenhaus stieg sie in den zweiten Stock. Im rechten Flügel hatte Dr. Hugo Winterfeld seine Anwaltskanzlei, im linken Flügel befand sich die Wohnung.

Es war zwölf vorbei. Kirsten mußte sich beeilen, um das Mittagessen rechtzeitig auf den Tisch zu haben. Schnell schlüpfte sie aus der Kostümjacke, band sich in der Küchen eine frische, bunte Schürze um, begann Salat zu waschen, vermengte ihn mit einer Joghurt-Kräuter-Sauce und trug die gläserne Salatschüssel ins Wohnzimmer.

Wenn wir ein Kind haben, dachte sie wohl zum tausendstenmal, werden wir uns eine andere Wohnung suchen müssen. Hier ist kein Platz für ein Baby. Keine Ruhe, kein Garten. Nicht einmal eine Parkanlage in der Nähe.

Träume ... Und plötzlich der Gedanke wie ein Stachel: Aber wenn es an meinem Mann liegen sollte? Kirsten lief wieder in die Küche, schob den Einsatz mit den Steaks in den schon vorgewärmten Grill. Dann ging sie ins Bad, wusch sich die Hände und cremte sie ein.

Als ihr Mann Minuten später die Wohnungstür aufschloß, standen die gegrillten und gewürzten Steaks bereits auf dem Tisch. Kirsten hatte ihre Schürze abgenommen und kam ihm strahlend entgegen.

Er nahm sie in die Arme und küßte sie mit flüchtiger Zärtlichkeit. »Na, wie geht's, mein Schatz?«

Sie reckte sich auf die Zehenspitzen, gab ihm einen Kuß auf die Nase. »Danke, Liebster ... wundervoll!«

»Warst du bei diesem Professor?« begann er unvermittelt.

»Ja, natürlich. Du hast doch nicht gedacht, ich würde im letzten Moment kneifen?«

»Hm ... nein!« Er fuhr sich mit einer nervösen Bewegung über das Haar, das sich bereits zu lichten begann. Er war ein schlanker, großer Mann mit schmalem Gesicht und hoher Stirn, grauen, klugen Augen und einem empfindsamen Mund. »War nicht sehr angenehm?«

»Nicht so schlimm«, erwiderte sie lächelnd. »Komm, die Steaks werden kalt.«

Er setzte sich in einen der hohen, lederbezogenen Sessel, sie nahm auf der Couch Platz.

»Möchtest du mir denn nicht erzählen ...?« fragte er, während er seine Serviette langsam auseinanderfaltete.

»Später, Liebster ...«, lächelte sie. Obwohl sie es selber kaum erwarten konnte, alles mit ihm zu bereden, sagte ihr der weibliche Instinkt, daß sich ein solches Gespräch zwischen zwei Bissen schlecht führen lassen würde.

Er gab sich zufrieden, plauderte zerstreut über Belanglosigkeiten. Beide waren froh, als sie diese Mahlzeit hinter sich hatten und Kirsten die Kaffeemaschine auf den Tisch stellte. Sie räumte ab, er holte Aschenbecher.

Dann, als der Kaffee in den Tassen dampfte, sah er sie prüfend an. »Also . . .«, begann er, »läßt sich etwas machen . . . ja oder nein?«

»Es ist alles ganz anders, als wir es uns vorgestellt haben!«

Kirsten sah an ihm vorbei. Zögernd fuhr sie fort: »Professor Overhoff meint . . . genau kann er das jetzt natürlich noch nicht sagen, er will noch eine Tubendurchblasung vornehmen . . . aber jedenfalls hat er den Eindruck, daß bei mir alles in Ordnung ist.«

»So?« fragte er ungläubig.

»Er hat mich gründlich untersucht und nach allen möglichen Krankheiten gefragt . . .«

»Aber an irgend etwas muß es doch liegen! Er kann uns doch nicht einreden, daß wir es nicht oft genug versucht hätten!«

Sie errötete leicht, griff nach einer Zigarette. »Na ja, aber immerhin ist es möglich, daß wir den genauen Zeitpunkt verpaßt haben . . .«

»Daß wir uns verrechnet haben?« Er ließ sein Feuerzeug aufspringen, gab ihr Feuer. »Das ist ausgeschlossen.«

»Professor Overhoff hat mir erklärt«, sagte sie, »manche Kapazitäten seien der Auffassung, daß es sich bei dem Zeitpunkt, zu dem ein Ei befruchtet werden könnte, überhaupt nur um wenige Stunden handle. Es könnte also doch einfach Zufall sein, daß . . .«

»Nein«, rief er brüsk, »daran glaube ich nicht. Laß dir nichts einreden!«

»Aber Rainer schwört auf ihn!«

»Kunststück, Overhoff ist ja sein Chef.«

»Er ist bestimmt ein guter Arzt«, betonte Kirsten mit Nachdruck, »und wir können doch keine Wunder verlangen.«

»Verlange ich nicht. Ich will wissen, woran es liegt.«

»Wenn er die Tubendurchblasung gemacht hat, werden wir es genau wissen.« Sie zögerte, fügte dann hinzu: »Ich würde dich genauso lieben . . . auch wenn ich wüßte, daß wir niemals Kinder haben könnten.«

Er sah sie an. »Was soll denn das schon wieder heißen?«

Sie begegnete seinem Blick mit weitgeöffneten Augen.

»Genau das, was ich gesagt habe.«

Er nahm einen Schluck Kaffee. »Hör mal, Kirsten«, sagte er, »du willst mir doch hoffentlich nicht unterstellen, daß meine Liebe zu dir irgend etwas mit dieser Sache zu tun hat? Wenn wir keine Kinder haben können, müssen wir uns eben damit abfinden. Wenn sich also bei dieser Tubendurchblasung herausstellen sollte . . .«

»Das wäre nicht das Schlimmste. Rainer hat mir schon erklärt, wenn einer der Eileiter verwachsen ist, läßt sich schon etwas machen. Daß beide ganz zu sind, ist höchst selten.«

»Na schön. Wann macht ihr also diese Durchblasung?«

»Bald«, sagte sie. Sie atmete tief. »Hugo!«

Ihr Ton beunruhigte ihn. »Ja?«

»Hast du noch nie daran gedacht, daß die Ursache . . . vielleicht, meine ich . . . auch bei dir liegen könnte?«

»Also das ist es!« Er lachte plötzlich auf. »Nein, das habe ich nicht. Es ist auch völlig ausgeschlossen.«

»Professor Overhoff meint . . . bitte, sei mir nicht böse, Liebling . . . du solltest dich auch untersuchen lassen!«

»Wozu?«

»Er sagt, ein Mann merkt gar nicht selber . . . er kann es nicht merken . . . ob bei ihm alles in Ordnung ist. Das hat nämlich mit . . . na, du weißt schon . . . gar nichts zu tun, sondern . . .«

»Hör mal, Schatz«, erklärte Dr. Winterfeld, »ich bin dir nicht böse, wirklich nicht. Aber glaub' mir: Du hast dir da etwas Dummes einreden lassen.«

»Vielleicht ist es wirklich dumm«, meinte sie, »ich kann es mir ja selber nicht vorstellen! Aber trotzdem, nur zu unserer Beruhigung . . . wäre es nicht doch gut, wenn du einmal zu Professor Overhoff gingest? Du kannst dich natürlich auch von einem Dermatologen untersuchen lassen . . .«

»Nein«, sagte er hart.

»Aber warum nicht? Warum? Ich tue doch auch alles, um . . . wir wollen doch beide Kinder haben! Ja, ich weiß, so etwas ist ein bißchen peinlich, aber glaubst du, mir waren diese Untersuchungen angenehm? Ich bitte dich, Hugo . . . bitte, bitte, tu's!«

»Hör auf damit«, rief er.

Sie schwieg. Dann, nach einer langen Pause, sagte sie bedrückt: »Ich verstehe dich nicht, Hugo.«

Er fuhr auf. »Was ist denn dabei schon zu verstehen? Du bildest dir doch nicht ein, ich würde mich vor einer solchen Untersuchung drücken!? Warum sollte ich denn? Aus männlicher Eitelkeit etwa? Kennst du mich so schlecht?«

Sie beugte sich vor. Sie strich über seine Hand, die auf dem Couchtisch lag. »Bitte ... tu's ... zu meiner Beruhigung ... mir zuliebe!« sagte sie. »Tu's bitte!« wiederholte sie noch einmal.

»Es liegt nicht an mir!« antwortete er. »Um das zu wissen, brauche ich mich nicht erst untersuchen zu lassen.«

»Du kannst es nicht wissen!«

»Doch«, sagte er sehr bestimmt, »ich weiß es ganz genau!«

Er stand auf, ging zur Tür. Sie wollte ihm noch etwas nachrufen, aber er war schon aus dem Zimmer gegangen. Er hatte nicht einmal seine erste Tasse Kaffee ausgetrunken.

Es dauerte eine ganze Weile, ehe Kirsten die Tragweite seiner Worte wirklich erfaßte.

Kurz nach neun Uhr abends hielt ein Taxi vor der Frauenklinik. Eine Frau stützte ein junges, leichenblasses Mädchen, das sich kaum noch auf den Beinen halten konnte. Der Pförtner schickte beide in das Untersuchungszimmer. Dr. Schumann wurde verständigt.

Er kam sofort.

Das Mädchen kauerte in einem Sessel, eine zerbrechliche, noch fast kindliche kleine Gestalt mit weit aufgerissenen, entsetzten Augen.

Die Frau konnte vor Aufregung kaum reden. »Meine Tochter«, sagte sie, »ich weiß gar nicht, was mit ihr los ist! Ich bin eben erst von der Arbeit nach Hause gekommen ... wir machen augenblicklich Inventur, da wird es so spät, ich arbeite nämlich in einem Modehaus ...«

Dr. Schumann wandte sich an Schwester Ruth, eine hagere ältliche Person mit verschlossenem Gesicht, die ihm offenbar nicht sehr gewogen war. »Bitte, messen Sie die Temperatur, Schwester!«

»Jawohl, Herr Oberarzt...«

Er hatte das unbestimmte Gefühl, als sei die Antwort der Schwester fast widerwillig gekommen – aber er konnte sich auch täuschen; jedenfalls hatte er jetzt keine Zeit, darüber nachzudenken, und sah wieder die Mutter des Mädchens an. »So... und was war nun weiter?«

»Angelika war so sonderbar, ganz verzweifelt. Sie stöhnte und weinte immerzu, sagte, daß sie sterben müsse. Ich konnte gar nicht herausbekommen, was eigentlich mit ihr los ist, nur daß sie schreckliche Schmerzen im Unterleib hat...«

»Seit wann?« fragte Dr. Schumann das Mädchen, das am ganzen Körper zitterte.

»Seit heute nachmittag...« Sie sprach so leise, daß es kaum zu verstehen war.

»Angelika lag schon im Bett«, erklärte ihre Mutter. »Ich war so entsetzt und wußte mir nicht zu helfen. Da habe ich gedacht, das beste ist, du bringst sie gleich zum Arzt!«

»Das Vernünftigste, was Sie tun konnten.«

Schwester Ruth nahm dem Mädchen das Thermometer ab. »37,2«, meldete sie.

»Nur mäßig erhöht«, stellte Dr. Schumann fest. Er lächelte der Mutter beruhigend zu. »So schlimm kann es mit Ihrer Tochter also nicht sein. Bitte, gehen Sie jetzt mit der Schwester und geben Sie Ihre Personalien an.«

»Ja. Ja, natürlich...« Die Frau ging zur Tür, kam aber sofort wieder zurück. »Mach's gut, Engelchen«, rief sie ihrer Tochter zu, »du brauchst keine Angst zu haben, wirklich nicht! Der Herr Doktor wird dir schon helfen.«

Das Mädchen reagierte nicht. Ihre vom Weinen verschwollenen Augen schienen die Mutter nicht einmal zu sehen. Als die Frau gegangen war, half Dr. Schumann Angelika auf den Untersuchungsstuhl. »Wie alt bist du?« fragte er. »Na, nun rede schon! Ich weiß, daß du mich genau verstehst.«

»Fünfzehn.«

»Und wo arbeitest du?«

»Ich gehe noch zur Schule.«

»Wie lange hast du deine Tage nicht mehr gehabt?«

Das Mädchen preßte die bebenden Lippen zusammen.

»Du kannst es mir ruhig sagen«, drängte der Arzt, »ich bekomm es auch so heraus, du kannst dich darauf verlassen.«

»Seit... drei... Monaten.«

Dr. Schumann hatte sich die Gummihandschuhe angezogen und stellte den Spiegel auf den äußeren Muttermund ein. Der Muttermund war knapp fingerdick durchgängig, aus dem Uterus kam eine leichte Blutung.

Dr. Schumann richtete sich auf. »Und wie hast du es gemacht?«

»Mit einer Stricknadel«, gestand das Mädchen kaum hörbar. Dr. Schumann holte tief Luft. Es gab einiges, was er gern gesagt hätte. Er unterdrückte es mühsam. Es war jetzt nicht der richtige Augenblick, dieses verzweifelte Menschenkind zur Vernunft zu bringen.

Schwester Ruth kam ins Untersuchungszimmer.

»Schreiben Sie«, sagte Dr. Schumann. »Leichte Blutung, ex utero.« Er untersuchte bimanuell, einen Finger innen, die Hand außen, diktierte: »Muttermund leicht vergrößert und etwas aufgelockert. Beginnender Abort.«

Angelika begann hemmungslos zu schluchzen.

»Nimm dich zusammen«, fuhr Dr. Schumann sie an, »du machst dich noch kränker, als du schon bist, wenn du dich in eine solche Aufregung hineinsteigerst! Du wirst nicht sterben, das schwöre ich dir, und dein Kind wirst du vielleicht auch behalten.«

»Nein!« Angelika schrie es hinaus.

»Geben Sie ihr ein Beruhigungsmittel«, wandte sich Dr. Schumann an Schwester Ruth.

»Ich will das Kind nicht haben!« rief Angelika. »Ich kann nicht... jetzt schon. Ich gehe doch noch zur Schule und... wenn Sie das tun, bringe ich mich um!«

»Das wäre schön dumm von dir.«

»Bitte«, flehte Angelika, »bitte, helfen Sie mir... ich könnte es nicht ertragen, ich würde es nicht überleben...«

»Die Schwester gibt dir etwas zur Beruhigung und bringt dich auf die Station. Jetzt wirst du erst einmal schlafen, und nachher sieht alles wieder viel besser aus. Ich komme dann zu dir, und wir besprechen die Sache in aller Ruhe, ja?«

Ohne ihre Antwort abzuwarten, trat er in den Vorraum, wo Angelikas Mutter wartete.

Sie hatte auf der Bank gesessen, nun sprang sie auf. »Was ist, Herr Doktor? Mein Kind...«

Er unterbrach sie. »Sie müssen jetzt sehr vernünftig sein. Angelika braucht Sie. Heute mehr als je zuvor in ihrem Leben.«

»Aber... was ist es? Was ist denn los mit meiner Tochter, Herr Doktor?«

»Wir müssen leider mit einer Fehlgeburt rechnen...«

»Nein«, schluchzte die Frau, »nein! Das ist nicht möglich... das kann nicht sein!«

»Leider ist es doch so.«

»Aber sie ist doch noch ein Kind, Herr Doktor, ein Kind!«

Die Mutter verkrampfte die Hände über ihrer kleinen Handtasche, ihr Gesicht verzog sich schmerzhaft. Sie mochte sonst eine gutaussehende, sehr gepflegte Frau Ende Dreißig sein; der Schock machte sie um Jahre älter.

»Das ist eben das Unglück«, erklärte Dr. Schumann, »ein Kind, das nicht *wußte*, worauf es sich eingelassen hat.«

»Und ich habe nichts gemerkt! Wie ist es denn möglich, daß ich gar nichts gemerkt habe?! Warum hat sie sich mir nicht anvertraut? Sie hatte doch solches Vertrauen zu mir! Seitdem ich geschieden bin... wir beide waren wie Freundinnen, wie gute Freundinnen!« Angelikas Mutter begann hemmungslos zu weinen.

»Glauben Sie mir«, sagte Dr. Schumann beruhigend, »ich verstehe sehr gut, was Sie empfinden; aber die Hauptsache ist jetzt, daß wir sie über den Berg bringen – und daß das Kind gesund zur Welt kommt. Wir müssen es versuchen.«

»Das Kind«, schluchzte Angelikas Mutter, »aber sie kann ja nicht... sie ist selber noch... sie kann unmöglich...«

»Doch«, sagte Dr. Schumann, »körperlich ist Angelika schon eine junge Frau. Es ist schwer, ich weiß, für Sie beide... aber Sie müssen ihr jetzt zur Seite stehen, ihr helfen, sie aufrichten...«

»Wie kann ich das denn? Ich habe ja keine Zeit ... nicht einmal Zeit habe für meine Tochter! Sonst hätte es ja nie passieren können. Mein geschiedener Mann zahlt mir nichts, ich muß arbeiten, Angelika ist den ganzen Tag sich selbst überlassen ... und wie soll es erst werden, wenn das Kind da ist? Angelikas Leben wäre zerstört, noch ehe es richtig begonnen hat ...«

»Das glaube ich nicht«, widersprach Dr. Schumann. »Sie sehen die Dinge viel zu schwarz. Es wird sich bestimmt alles einrenken ...«

»Nein, nein, versuchen Sie mir nichts vorzumachen! Sie wissen genau, was das bedeuten würde ... ein fünfzehnjähriges Mädchen mit einem Kind! Und sie ist so gescheit, so gut in der Schule ... sie wollte ... ihr Abitur machen, und jetzt ... und jetzt ist alles aus.«

»Es tut mir leid«, murmelte Dr. Schumann. Er wußte nicht, was er sonst sagen sollte.

»Bitte, helfen Sie, Herr Doktor«, flehte Angelikas Mutter, »helfen Sie! Sie können es, wenn Sie nur wollen! Bitte, seien Sie barmherzig!«

Als Dr. Schumann wenige Minuten später wieder mit Schwester Ruth allein war, fragte er: »Sie haben doch eine Blutabnahme veranlaßt?«

»Ja, Herr Doktor ...«

»Sagen Sie im Labor Bescheid, daß zwei Blutkonserven bereitgestellt werden.« Als er bemerkte, daß die Schwester zögerte, fragte er: »Sonst noch etwas?«

»Herr Doktor ...« Schwester Ruth stockte. »Wollen Sie wirklich eine Kürettage vornehmen?«

Dr. Schumann blickte sie überrascht an; er fand diese Frage reichlich respektlos und wollte schon heftig reagieren, besann sich aber dann. Warum sollte er sich beim Personal der Klinik unnötig Feinde machen?

»Wieso interessiert Sie das?«

»Es ist nur ... eigentlich geht es mich ja nichts an ... aber ich finde, daß man so etwas nicht unterstützen sollte!«

»Was meinen Sie mit ... so etwas?«

»Nun, es ist doch eine Schande, wie leichtsinnig diese jungen Dinger heutzutage sind. Fünfzehn Jahre! In dem Alter hätten wir an Liebe noch nicht gedacht. Und dann, wenn sie ihren Spaß gehabt haben und etwas passiert ist... dann bloß weg mit dem Kind! Nur keine Verantwortung tragen. Finden Sie das etwa richtig?«

Dr. Schumann mußte sich ein Lächeln verkneifen. Offensichtlich lag hier nichts anderes vor als ein gewisser Geschlechtsneid der ältlichen, verblühten Frau gegenüber der blutjungen Angelika. Er sah jedoch Schwester Ruth ernst in die Augen und antwortete: »Nein, absolut nicht. Ich finde es sogar sehr traurig. Wir Ärzte sind aber schließlich nicht dazu da, gute und schlechte Zensuren für das Betragen unserer Patienten auszuteilen. Unsere Aufgabe ist es einzig und allein, zu helfen.«

»Ja, aber...«

»Liebe Schwester Ruth!« unterbrach Dr. Schumann sie ungeduldig und jetzt doch ein wenig erzürnt, »überlassen Sie die Entscheidung bitte mir, was zu geschehen hat. Sie sind für meine Anordnungen nicht verantwortlich und haben auch kein Recht, ein Urteil darüber zu fällen. Im übrigen ist es ja noch gar nicht heraus, ob ich den Eingriff vornehme. Ich wünsche nur, daß alles für den Notfall vorbereitet wird und daß ich benachrichtigt werde, wenn sich der Zustand der Patientin verschlechtert. Haben Sie mich verstanden?«

»Jawohl, Herr Oberarzt!« antwortete die Schwester pikiert. Sie war ganz blaß geworden. Beleidigt, mit bösem und verbissenem Gesicht, rauschte sie von dannen.

Tatsächlich befand sich Dr. Schumann in einem quälenden inneren Konflikt. Medizinisch gesehen war es ein Risiko, einen beginnenden Abort zu behandeln und die Schwangerschaft zu erhalten, ganz abgesehen von dem erforderlichen Aufwand an pflegerischen Maßnahmen. Andererseits widerstrebte es ihm zutiefst, das Leben eines Kindes im Mutterleib zu vernichten, wenn eine auch nur geringe Chance bestand. Eine Chance indessen, die wesentlich vom Verhalten der Mutter abhing. Nur wenn die junge Patientin mitmachte, wenn sie genau den Anweisungen der Ärzte und Schwestern folgte, unendliche Geduld aufbrachte und den festen Willen hatte, das Kind unter allen Umständen zur Welt zu bringen, war an einen möglichen Erfolg zu denken. Gerade dieser Wille aber fehlte bei der Fünfzehnjährigen ohne Zweifel vollkommen. Gab es überhaupt noch einen Weg, ihre negative Anschauung zu überwinden?

Selbst wenn Angelika, dachte er, längere Zeit hier in der Klinik bliebe, selbst wenn es gelänge, sie unter Kontrolle zu halten und die Fehlgeburt zu verhindern – würde sie nicht, entlassen und zu Hause sich selbst ausgeliefert, die gleiche Wahnsinnstat erneut begehen? Könnte sie nicht sogar ihre Drohung wahrmachen und den Freitod wählen? Was konnte er ihr sagen, um sie davon abzuhalten? Ging das nicht über seine Kraft? Und würde nicht das unerwünschte Kind wirklich eine Katastrophe für dieses junge Mädchen bedeuten?

Ja, wenn die Familie intakt wäre, wenn die Mutter ihrer frühreifen und doch noch so kindlichen Tochter ein Halt sein könnte – dann sähe die Sache vielleicht anders aus.

Dr. Schumann seufzte tief. Er dachte an den Eid des Hippokrates, den er wie jeder Arzt geschworen hatte und der ihn verpflichtete, für das Leben einzutreten, es zu erhalten, niemals zu vernichten. Aber würde er nicht in Angelikas Fall, wenn er zögerte, um das Kind zu retten – würde er dann nicht zwei Menschen auf dem Gewissen haben: das Ungeborene und die blutjunge Mutter?

Von Unruhe getrieben, ging er schon kurze Zeit später zu dem Zimmer, in dem Angelika lag. Schwester Gisa, noch jung und voller Mitgefühl, kam eben heraus.

»Das arme Ding!« flüsterte die Schwester, als Dr. Schumann nach dem Befinden der Patientin fragte. »Sie kann nicht schlafen. Immer nur weint und stöhnt sie. Ich habe fast die ganze Zeit an ihrem Bett gesessen. Man muß ja Angst haben, daß sie aus dem Fenster springt oder sonst etwas Unvernünftiges tut. Sie jammert ständig, daß sie nicht mehr leben will.«

»Haben Sie ihr kein Beruhigungsmittel gegeben?«

»Doch. Mehr als ich auf meiner Liste hatte. Aber zuviel wagte ich natürlich auch nicht. Oder hätte ich...?«

»Nein!« Dr. Schumann öffnete die Tür und trat an Angelikas Bett. Die Kleine sah noch bejammernswerter aus als bei ihrer Einlieferung. Ihr rotblondes Haar war schweißverklebt, ihr Gesichtchen wirkte spitz und blaß, tiefe Schatten lagen unter den Augen.

»Na, Angelika«, sagte er betont munter, »ich hatte doch versprochen, dich zu besuchen ...«

Sie antwortete nicht.

Dr. Schumann schlug die Bettdecke zurück und stellte fest, daß die Blutung eher stärker geworden war. Nachdenklich blickte er auf das Bündel Elend. Es war, als kämpfe er noch einmal einen schweren Kampf mit sich. Dann raffte er sich zu einem Entschluß auf: »Lassen Sie die Patientin zur Ausräumung fertigmachen, Schwester!«

Angelika rührte sich nicht. Sie war so erschöpft und apathisch, daß sie nicht einmal begriff, was diese Anordnung für sie bedeutete.

Als Dr. Schumann in den Operationsraum trat, hatte der Anästhesist mit der Narkose begonnen. Die Beine der Patientin waren hochgelagert, ihr Körper mit sterilen Tüchern abgedeckt.

Der Chirurg wartete auf das Zeichen des Anästhesisten, dann hakte er den Uterus an, zog ihn nach vorn, weitete schnell den Muttermund mit Dehnstiften, um Zugang zu schaffen. Schwester Selma reichte ihm die Kürette. Er begann mit der Ausschabung.

Plötzlich kollabierte die Patientin. Ein Kreislaufschock!

»Verdammt!« entfuhr es Dr. Schumann. »Adrenalin! Schnell!«

Zorn auf sich selber und sein Zögern erfüllte ihn. Hätte er schon früher operiert, wäre dies gewiß nicht geschehen. Der Anästhesist machte Druckbeatmung mit Sauerstoff, Dr. Schumann injizierte Adrenalin in das Herz. Kurz darauf wurde der Puls wieder tastbar und zusehends fester. Dr. Schumann atmete auf und beendete den Eingriff.

Langsam, quälend langsam schwand die leichenhafte Blässe aus den Wangen Angelikas. Ein leichtes, zartes Rosa schimmerte durch ihre Haut. Ihr Atem wurde tiefer ...

Später, als Angelika erwacht war, ging Dr. Schumann noch einmal zu ihr. Sie lächelte ihn zaghaft an.

»Na, siehst du«, sagte er beruhigend, »jetzt haben wir alles überstanden! Eine Woche mußt du noch bei uns bleiben, dann darfst du wieder zu deiner Mutter nach Hause.«

»Und ich werde nicht . . . angezeigt?« flüsterte Angelika.

»Nein«, erwiderte er, »wie kommst du darauf? Wir sind doch keine Polizeispitzel. Aber eines mußt du mir ganz fest versprechen . . .«

»Herr Doktor«, unterbrach ihn Angelika, »Sie glauben doch nicht, daß ich so etwas noch einmal machen würde?«

»Unter ›so etwas‹ verstehe ich aber auch das andere, Angelika! Du bist noch viel zu jung, um dich mit einem Mann einzulassen.«

»Er war ja mein Freund«, sagte sie leise.

»Ein feiner Freund, der dich in eine solche Situation gebracht hat. Versprichst du mir, mit ihm Schluß zu machen? Es kann wirklich zu nichts Gutem führen, Angelika!«

»Ja, ich weiß«, gab sie zu, »bloß . . . ich bin immer so viel allein.«

»Darüber werde ich mit deiner Mutter sprechen. Aber von dir verlange ich, daß du dir ganz fest vornimmst, mit der Liebe zu warten, bis du erwachsen bist.«

»Ja«, sagte Angelika, »ja . . .«

»Hand darauf?«

»Ja.« Sie reichte ihm ihre schmale, ein wenig feuchte Mädchenhand, sah ihn aus tränengroßen Augen an. Erst jetzt wurde es Dr. Schumann bewußt, daß sie mit ihrem rotblonden Haar, der zarten Haut und den leuchtendblauen Augen ein ungewöhnlich anziehendes junges Mädchen war.

»Du willst doch später einen guten Mann bekommen, Kinder haben, eine glückliche Frau werden, nicht wahr?« lächelte er. »Dann mußt du jetzt noch ein bißchen Geduld aufbringen. Die Liebe läuft dir nicht davon.«

»Sie würde ich auf der Stelle heiraten«, sagte Angelika überraschend.

Der Oberarzt lachte. »Tut mir leid für dich; ich bin schon vergeben. Und ein bißchen zu alt wäre ich wohl auch.«

Als Dr. Schumann nach Hause kam, war der Tisch gedeckt. Astrid empfing ihn in einem eleganten Kleid, das kastanienbraune Haar mit gewollter Nachlässigkeit aufgesteckt. Sie schlang ihre Arme um seinen Hals, legte ihr Gesicht an seine Wange. »Der Tee ist gleich fertig ...«

»Nein, bitte keinen Tee. Wenn du ahntest, wieviel Kaffee und Tee ich mir in den letzten Stunden einverleibt habe! Gib mir lieber ein Glas kalte Milch.«

Sie ging in die Küche, kam mit einer Kanne Milch zurück, füllte ihm einen Becher. Er hatte schon begonnen, sich hungrig eine Scheibe Brot zu streichen. Sie schenkte ihm ein, und er leerte den ersten Becher in einem Zug.

Sie setzte sich ihm gegenüber, beobachtete ihn, ohne selber etwas anzurühren. »Du siehst so zufrieden aus.«

»Bin ich auch«, sagte er, »dabei habe ich eigentlich gar keinen Grund dazu.«

»Wieso?! Das verstehe ich nicht.«

Er überlegte eine Sekunde, dann siegte sein Bedürfnis, sich einem Menschen mitzuteilen. Wenn es jemanden gab, von dem er hoffen konnte, daß er seine Handlungsweise voll und ganz guthieß, dann war es seine Frau. Er erzählte ihr von Angelika und von der schweren Entscheidung, vor die ihn dieser Fall gestellt hatte.

»Aber eigentlich hättest du es nicht tun dürfen – oder?« fragte Astrid nachdenklich, nachdem er geendet hatte.

»Du weißt, wie ich zu diesen Dingen stehe. Man muß immer versuchen, das Leben zu bewahren. Ich weiß nicht, ob es hier noch möglich gewesen wäre, den Abort zu verhindern; jedenfalls hätte ich dazu aber in allererster Linie die Energie, den Willen der Mutter gebraucht ... Nein, die Kleine konnte es nicht mehr durchstehen ...«

»Glaubst du, daß sich diese Angelika wirklich das Leben genommen hätte, wenn ihr Kind geboren worden wäre?«

Er sah Astrid erstaunt an. »Wieso fragst du das?«

»Na ja, ich überlege mir einfach ... es könnte doch auch sein, daß sie es darauf angelegt hat! Daß sie von Anfang an vorhatte, dich zu diesem Eingriff zu zwingen, dich sozusagen weichzumachen.«

»Schon möglich, aber meiner Meinung nach reine Theorie. Das Mädchen war ja vollkommen fertig und konnte kaum noch klar denken.«

»Meinst du nicht trotzdem, daß diese Geschichte für dich irgendwelche Folgen haben kann? In einer Klinik wird so viel getratscht.«

»Das ist doch Unsinn! Der Eingriff war notwendig und läßt sich medizinisch voll rechtfertigen.«

»Es kann aber auch andere Ansichten geben. Vielleicht kommt es zu Gerüchten. Du solltest vorsichtiger sein und dir irgendeine . . . irgendwie eine Rückendeckung verschaffen.«

»Rückendeckung? Warum denn das? Und vor allem: Wie?«

»Na, sprich zum Beispiel einmal mit Overhoff darüber. Er wird es sicher verstehen, daß du dich aussprechen willst.«

Er nahm einen Schluck Milch. »Wenn es dich beruhigt, werde ich es mir überlegen, Astrid!«

»Überlegen genügt nicht. Du mußt es tun!«

Er sah sie mit einem seltsamen Ausdruck an. »Merkwürdig«, meinte er, »anscheinend habe ich wirklich keine Ahnung von der weiblichen Psyche. Deine Reaktion hätte ich mir ganz anders vorgestellt.«

»Ach, Rainer«, sagte sie, »natürlich habe ich Mitleid mit diesem törichten Mädchen. Aber schließlich . . . ich kenne sie nicht, und sie bedeutet mir nichts. Aber du . . . du bist mir doch das Wichtigste auf der Welt!«

5

Als Dr. Hugo Winterfeld seinen Wagen vor dem Rasthaus am Rande der Stadt parkte, haßte er sich selber. Diese Heimlichkeiten waren so beschämend und entwürdigend. Er hätte Kirsten nicht belügen müssen, denn sie fragte niemals, was er tat, wenn er nicht zur gewohnten Stunde nach Hause kam. Sie nahm es als selbstverständlich, daß er seinen beruflichen Verpflichtungen nachging. Aber gerade das machte sein Verhalten eher schlimmer als besser.

Noch bevor er die Tür zum Rasthaus aufstieß, zündete er sich eine Zigarette an, um seiner Unsicherheit Herr zu werden.

Er trat ein und sah Gina Franke, seine ehemalige Sekretärin, auf den ersten Blick. Sie war nicht zu übersehen. Eine hübsche junge Frau mit hochtoupiertem, tiefschwarzem Haar, in einem maisgelben Kostüm. Ärgerlich runzelte er die Stirn. Sie schaute erst auf, als er schon vor ihrem Tisch stand. Aber ihr Lächeln erlosch, als sie den Ausdruck seiner Augen sah.

»Auffallender hättest du dich wohl nicht anziehen können, wie?« fuhr er sie unwillig an.

Ihr Gesicht wurde hart. »Verlangst du etwa, daß ich mich deinetwegen in Sack und Asche hülle?«

»Komm«, sagte er, »gehen wir nach nebenan. In dem kleinen Zimmer ist es meist leer. Wir müssen endlich zwischen uns klare Verhältnisse schaffen!«

Sie saßen im Nebenzimmer der Autobahn-Raststätte: der Anwalt Dr. Hugo Winterfeld und seine ehemalige Sekretärin. Zwei Menschen, die sich einmal geliebt hatten und nun fast wie zwei Fremde voreinander waren. Der eine vermied den Blick des andern. Eine abgehetzte Kellnerin kam, um die Bestellung aufzunehmen.

»Einen Kaffee«, sagte der Anwalt.

»Einen Kognak«, sagte die Sekretärin. »Gleich welchen.«

»Also«, begann er stockend, »hast du dir meinen Vorschlag überlegt?«

»Wäre ich sonst gekommen?« antwortete sie kurz.

»Einverstanden?«

»Unter gewissen Umständen.«

Zum erstenmal sah er Gina Franke an. Nicht offen, mehr lauernd, unsicher, ängstlich.

»Was meinst du damit: unter gewissen Umständen?«

Sie zögerte, nahm einen tiefen Zug aus der Zigarette, als wollte sie so Zeit gewinnen.

Er wurde ungeduldig. »Ich habe dir eine klare Frage gestellt. Sie hieß: Willst du mir unseren Jungen geben? Auf diese einfache Frage gibt es nur eine einfache Antwort. Ja oder nein.«

Gina Franke zeichnete mit dem langen, spitzgefeilten Nagel ihres Zeigefingers unsichtbare Linien auf die Tischplatte.

»Einfach ist es für mich nicht«, sagte sie, »ist es nie gewesen.«

Er schien den Satz nicht zu hören. Er redete an ihr vorbei:

»Du wirst zugeben müssen, daß ich immer großzügig an dich gezahlt habe!«

»Gezahlt ... ja ...«, sagte sie müde.

»Und dir nie versprochen habe, dich zu heiraten!«

»Versprochen ... nein ...«, antwortete sie resigniert.

Sie schwiegen, weil die Kellnerin mit dem Kaffee und dem Kognak kam.

»Ich möchte gleich zahlen«, sagte Dr. Winterfeld.

Gina Franke nahm einen Schluck Kognak.

»Aber als das Kind da war, wolltest du nichts mehr von mir wissen«, sagte sie.

Er tat ihren Einwand mit einer ungeduldigen Handbewegung ab. »Lassen wir das. Es führt zu nichts. Die Vergangenheit ist tot. Ich frage dich noch einmal: Willst du mir den Jungen geben?«

»Du scheinst mich für eine sehr schlechte Mutter zu halten.«

»Also nicht«, sagte er. »Gut, dann ist der Fall erledigt. Und ob eine Frau eine gute Mutter ist, die ihr Kind einmal, an den Sonntagen, besucht ...« Er zuckte mit den Schultern.

In Ginas schwarzen Augen blitzte es auf. »Willst du mir etwa einen Vorwurf machen, weil ich werktags arbeiten muß?«

»Durchaus nicht. Ich bin nur der Meinung: Auch das sind Tatsachen, von denen wir ausgehen sollten.«

»Na schön«, gab sie zu, »aber glaube nur nicht, daß du mich mit einem deiner Rechtsanwaltstricks überfahren kannst. Ich habe lange genug bei dir gearbeitet. Ich kenne mich aus.«

»Was willst du eigentlich?« Er tat Zucker und Sahne in seinen Kaffee. »Du hast doch zu Anfang unseres Gespräches ganz klar gesagt, daß du unter gewissen Umständen bereit bist, mir den Jungen zur Adoption zu überlassen. Wäre es nicht das einzig Richtige, jetzt endlich deine Bedingungen zu nennen?«

»Ich möchte deine Frau kennenlernen«, sagte sie. Er spürte, daß sie zum erstenmal ehrlich war. »Ich muß wissen, wie sie ist ... wie sie denkt, wie sie fühlt ... bevor ich ihr mein Kind anvertraue.«

»Unsinn«, entgegnete er schroff, »wozu soll das gut sein?«

»Wenn du es nicht begreifst ...«

»Du wirst doch nicht allen Ernstes verlangen, daß ich euch beide zusammenbringe? Du mußt wahnsinnig sein!«

Gina Franke sah ihn prüfend an. »Ahnt sie etwa gar nichts von meiner Existenz? Von unserem Kind?«

»Natürlich weiß sie alles«, log er, ohne zu zögern. »Selbstverständlich habe ich ihr die ganze Sache erzählt, bevor wir heirateten.«

Das hätte noch gefehlt, dachte er, daß ich Gina eine Chance gebe, mich unter Druck zu setzen.

»Was befürchtest du also?« fragte sie.

»Deine Art. Du bist unbeherrscht und verletzend, und ich will nicht, daß irgend jemand meine Frau kränkt. Ich liebe sie nämlich, verstehst du? Und ich würde niemals zulassen, daß man ihr weh tut.«

»Du schlägst es mir also ab?«

»Ja.«

Sie schwieg. Ihre schlanken Finger mit den orangerot gelackten Nägeln bewegten sich nervös, ergriffen den Stiel des Kognakglases, begannen ihn mechanisch zu drehen.

»Sonst eine Bedingung?« fragte er.

»Eigentlich«, erwiderte sie, »sollte ich jetzt aufstehen und gehen. Aber ... nun, warum soll ich nicht ehrlich sein ... du weißt ja, daß Thomas bei seiner Oma ist. Und ... sie wird alt. Sie ist jetzt achtundsechzig, und ich weiß nicht, wie lange sie den Jungen überhaupt noch bei sich behalten kann. Ganz abgesehen davon, daß sie ihm schon jetzt nicht mehr gewachsen ist. Er macht mit ihr, was er will.«

»Na also!« Dr. Winterfeld versuchte nicht, seine Erleichterung zu verbergen. »Dann müßte mein Vorschlag dir doch annehmbar erscheinen.«

»Ich hatte immer gehofft«, sagte sie, ohne ihn anzusehen, »daß ich doch noch heiraten und dann den Jungen zu mir nehmen könnte, aber ... es hat nie geklappt. Die Männer, die mir gefielen, wollten den Jungen nicht ... und die den Jungen wollten, gefielen mir nicht.« Sie hob die dunklen Augen unter den langen, schwarzgetuschten Wimpern, sah ihn fast flehend an: »Du mußt mir glauben, ich habe auf eine sehr gute Partie verzichtet ... nur weil ich den Jungen nicht im Stich lassen wollte.«

»Wenn du ihn mir überläßt, bist du dieses Handikap los.«

»Ja, vielleicht«, meinte sie, »aber da ist noch etwas.«

Sie führte das Glas an die geschminkten Lippen, deren orangeroter Ton genau mit ihrem Nagellack harmonierte, trank es aus. »Ich habe jetzt ... also, genau gesagt, vor einem halben Jahr ... einen Mann kennengelernt. Einen durchaus anständigen Mann. Er ist Elektriker, und er möchte mich heiraten. Aber er rechnet natürlich damit, daß ich etwas mit in die Ehe bringe. Er will nämlich einen eigenen Laden aufmachen.« Sie sah den Rechtsanwalt erwartungsvoll an.

»Na und?« fragte er.

»Aber ich habe mir nichts gespart«, sagte sie, »so gut wie nichts ... Er weiß das nicht. Ich ... ich wollte ihn nicht verlieren.« Sie machte eine kleine Pause. »Wenn du mir helfen könntest, Hugo ...« Sie wagte nicht, ihn anzusehen.

Er holte tief Atem. »Ach so«, rief er dann, »darauf willst du hinaus ...«

»Ja.« Sie strich nervös mit der Hand über das tiefschwarze, hochtoupierte Haar. »Ist das denn so schlimm? Du hast doch Geld genug.«

»Du willst mir den Jungen also verkaufen!?«

»Nenne es, wie du willst!« entgegnete sie heftig. Ihre dunklen Augen verengten sich zu schmalen Schlitzen. »Vielleicht wäre ich nicht so geworden, wie ich heute bin, wenn du mich damals nicht hättest sitzenlassen!«

»Kann sein«, sagte er mit Überwindung. »Wir wollen uns nicht streiten.« Er schob die kaum berührte Kaffeetasse von sich. »Ich weiß jetzt, was du willst, und ich werde mir die Sache überlegen.«

»Gibt es da überhaupt noch etwas zu überlegen für dich?« fragte sie erstaunt.

»Doch. Einiges sogar.« Er stand auf. »Ich werde so bald wie möglich von mir hören lassen.«

Er zwang sich zu einem Lächeln, verbeugte sich, ging. Er war erleichtert, daß sie nicht versuchte ihn zu begleiten, sondern mit ihrem Aufbruch wartete, bis er die Raststätte verlassen hatte. Nach diesem Gespräch, das sehr viel in ihm aufgewühlt hatte, wäre es ihm noch peinlicher gewesen, mit ihr gesehen zu werden.

Aber schon als er die Autotür aufschloß, hatte Gina jede Bedeutung für ihn verloren. Seine Gedanken waren bei Kirsten. Wie sollte er es ihr beibringen?

Kirsten Winterfeld lag auf dem Untersuchungsstuhl. Durch Pertubation sollte die Durchgängigkeit des Eileiters geprüft werden.

Kirsten war nervös. Sie zuckte zusammen, als Professor Overhoff den Katheter einführte.

»Nur keine Angst«, beruhigte er sie, »es ist ein bißchen unangenehm, ich weiß ... aber nicht schmerzhaft.«

»Ich ... es ist nur ...«, stammelte Kirsten und holte tief Atem, um sich zur Ruhe zu zwingen, »es hängt so viel davon ab ...«

Professor Overhoff drehte den Hahn des Pertubationsgerätes auf. »So«, sagte er, »jetzt lassen wir Kohlensäuregas in die Uterushöhle, dann werden wir sehen. Fällt der Druck des Gases ab, kann also das Gas in die freie Bauchhöhle entweichen, dann ist alles in Ordnung.«

»Und wenn nicht?« fragte Kirsten, die Augen auf die weiße Zimmerdecke gerichtet.

»Dann handelt es sich um eine Stenose, also um eine Eileiterverengung. Aber auch das ist noch kein Grund zum Verzweifeln. Wir werden dann noch mehr Druck geben und vielleicht bekommen wir die Tuben dadurch frei. Spüren Sie etwas?«

»Ja«, sagte Kirsten und schloß die Augen, »eine ... eine Spannung. Es schmerzt.«

Professor Overhoff setzte das Stethoskop auf den Unterleib der Patientin, lauschte angespannt. Er hörte blasige Geräusche, die durch das Austreten des Gases aus den Tubenenden entstanden. Er warf einen Blick auf die Skala des Pertubationsgerätes. Der Gasdruck hatte nachgelassen.

»Wunderbar«, erklärte er.

»Jetzt tut's richtig weh«, sagte Kirsten gepreßt. »An der Schulter. Wie kommt das? Ist es ein schlechtes Zeichen?«

»Im Gegenteil!« Professor Overhoff stellte das Pertubationsgerät ab. »Das Gas ist in die freie Bauchhöhle gedrungen und verursacht dort eine Zwerchfellreizung. Das ist ein einwandfreies Symptom dafür, daß die Tuben durchgängig sind.«

»Wirklich?« fragte Kirsten und versuchte unwillkürlich, sich aufzurichten.

»Schön liegenbleiben«, mahnte Professor Overhoff. »Gleich sind wir fertig.« Er zog den Katheter aus dem Muttermund.

»Sie meinen also ... ich kann Kinder bekommen?«

»Ja. Ich hatte übrigens, wenn Sie sich erinnern, von Anfang an diesen Eindruck ... jetzt können Sie aufstehen, gnädige Frau. Eine hormonelle Störung scheint nicht vorzuliegen, auch Blutdruck und Blutsenkung sind ganz in Ordnung. Uterus normal groß und frei beweglich, die Adnexe und Parametrien sind frei ... ich kann Ihnen nur gratulieren!«

Kirsten schwang die Beine vom Untersuchungsstuhl. »Aber das alles«, sagte sie grübelnd, »ändert nichts daran, daß ich nach dreijähriger Ehe noch keine Hoffnung auf ein Kind habe.«

»Tja«, seufzte Professor Overhoff und streifte die Gummihandschuhe ab, »ich sagte ja schon ... Sie müßten Ihren Gatten einmal zur Untersuchung schicken.«

»Aber ... er ist ganz sicher, daß es nicht an ihm liegt.«

Professor Overhoff zuckte die Schultern. »Das glauben die meisten Ehemänner.«

»Aber er sagt ... er weiß es.«

»Na ja, es kann ja auch daran liegen, daß Sie bisher doch nie den richtigen Zeitpunkt gefunden haben. Ich werde Ihnen das gleich noch einmal ganz genau erklären. Kommen Sie dann zu mir!«

Kirsten zog sich hinter dem aufgestellten Paravent rasch an, dann folgte sie Professor Overhoff in das Sprechzimmer. Mit einer Handbewegung lud er sie ein, in dem bequemen Ledersessel gegenüber seinem Schreibtisch Platz zu nehmen. »Sehen Sie, gnädige Frau«, dozierte Professor Overhoff und legte die Kuppen seiner langen, sehr beweglichen Finger gegeneinander, »der Laie hält den Befruchtungsakt meist für eine sehr einfache Angelegenheit, und wenn man beobachtet, wieviel unerwünschte Kinder zur Welt kommen, könnte man das auch fast denken. Tatsächlich ist die ganze Sache einigermaßen kompliziert, besonders was die Vorgänge im weiblichen Organismus anbetrifft.«

Ein bißchen verlegen öffnete Kirsten ihre Handtasche und zog ein Zigarettenpäckchen heraus. »Ich habe immer einen Regelkalender geführt«, sagte sie leise.

»Ja, ich weiß. Das schließt aber nicht aus, daß Sie trotzdem den richtigen Moment verpaßt haben, wahrscheinlich handelt es sich dabei wirklich nur um Stunden, höchstens um einen Tag. Tritt Ihre Menstruation regelmäßig auf?«

»Nein«, mußte Kirsten zugeben.

»Na, sehen Sie. Das allein erschwert es schon sehr, den richtigen Zeitpunkt herauszufinden. Ich werde Ihnen genau erklären, was sich in Ihrem Körper abspielt, vielleicht kann ich Ihnen damit schon etwas weiterhelfen. Also der ganze Vorgang geht vom Gehirn aus . . .«

»Nein!« rief Kirsten überrascht.

»Doch. Die Hirnanhangdrüse bildet sogenannte gonadotrope Hormone. Das sind Hormone, die in diesem speziellen Falle auf die Ovarien wirken. Die Ovarien sondern daraufhin, grob gesagt, ihrerseits zwei verschiedene Hormone ab. In der ersten Zyklushälfte vornehmlich das Follikelhormon, in der zweiten das Korpusluteumhormon. Diese weiblichen Hormone wirken sich nun auf die Uterusschleimhaut aus . . . können Sie mir folgen, gnädige Frau?«

»O ja, ich glaube schon.« Kirsten drückte ihre Zigarette aus.

»Unmittelbar nach dem Beginn der monatlichen Blutung beginnt sich der Follikelhormonspiegel zu heben und baut in dieser Phase die Schleimhaut auf. Bei einem etwa 28tägigen Zyklus dürfte am vierzehnten Tag post menstruationem der Eisprung oder Follikelsprung erfolgen. Da Ihre Menstruation nicht in ganz regelmäßigen Abständen eintritt, ist dieser Moment in Ihrem Fall nicht ganz leicht zu errechnen. Das wird wahrscheinlich überhaupt nur möglich sein, wenn wir die Basaltemperaturen mit zu Rate ziehen...«

»Und wie geht das?«

»Sie müssen jeden Morgen gleich nach dem Erwachen das Thermometer einführen, die Temperatur messen und auf einem Bogen, den ich Ihnen mitgeben werde, eintragen. Die Temperatur schwankt nämlich in der ersten Zyklushälfte kaum, sie bleibt ziemlich konstant. Aber dann, in der Zyklusmitte, steigt sie um einen halben Grad und bleibt in der zweiten Zyklushälfte auf dieser Höhe.«

»Wenn sie also angestiegen ist, dann...«, sagte Kirsten.

»Nein, noch immer nicht«, erklärte Professor Overhoff. »Jetzt beginnt erst die sogenannte Korpusluteumwirkung zu überwiegen. Sie macht die Uterusschleimhaut dicker und saftiger, durchsetzt sie mit Drüsen, bereitet sie auf diese Weise für die Einnistung der Eizelle vor. Das Ei selber wird vom Eierstock durch Zerplatzen der Eibläschen abgestoßen. Die Fimbrien, das sind die feinen Eileiter-Enden, nehmen das Ei in die Tube auf. Dieser Transport in der Tube zum Uterus dauert einige Tage. Leider wissen wir nicht genau, wie lange das Ei in dieser Zeit befruchtungsfähig bleibt. Auf alle Fälle muß aber dieser Zeitpunkt irgendwann in der Zyklusmitte liegen, und wir müssen versuchen, ihn herauszubekommen.«

Kirsten seufzte leicht.

»Haben wir uns verstanden, gnädige Frau?«

»Ja, schon«, erwiderte sie mit einem schwachen Lächeln, »aber das alles ist so... so gräßlich wissenschaftlich. Ich weiß nicht recht...«

»Ich verstehe vollkommen, was Sie jetzt denken und empfinden«, sagte Professor Overhoff. »Wenn Sie sich aber einmal vorstellen, welche maschinelle Präzision dazu gehört, auch nur ein ...« – er sah sich um, sein Blick traf seinen goldenen Kugelschreiber – »... einen Kugelschreiber zu produzieren, dann wird Ihnen klarwerden, wieviel komplizierter es sein muß, ein lebendiges Menschenkind zu erzeugen.«

Auf dem Gang verlangsamte Dr. Schumann unwillkürlich den Schritt, als er am Zimmer der kleinen Angelika Schneider vorbeikam. Er überlegte, ob er noch einmal mit ihr sprechen sollte, unterließ es dann aber doch. Das junge Mädchen hatte einen Denkzettel bekommen, den es so leicht nicht wieder vergessen würde. Morgen sollte es entlassen werden.

Seltsamerweise hatte Dr. Schumann, wenn er an Angelika dachte, ein ungutes Gefühl. Er konnte die innere Frage nicht unterdrücken, ob er in diesem Fall als Mensch und Arzt versagt habe. Sosehr er aber darüber nachdachte – immer wieder kam er zu der Überzeugung, daß er nicht anders hatte handeln können. Es war schon zu spät gewesen, die bereits begonnene Fehlgeburt zu unterbinden, zumal sich die junge Mutter allen erhaltenden Maßnahmen trotzig widersetzt und auch körperlich wahrscheinlich nicht durchgehalten hätte; der Kreislaufschock während der Kürettage ließ es vermuten. Trotzdem kam Dr. Schumann irgendwie nicht darüber hinweg, daß er keimendes Leben vernichten mußte. Wahrscheinlich bin ich in dieser Hinsicht viel zu empfindsam, dachte er; Dr. Gerber zum Beispiel hätte die Sache sicherlich schon längst vergessen und wäre zur Tagesordnung übergegangen.

Kaum hatte er an Dr. Gerber gedacht, als ihm der Kollege auf der Treppe begegnete. Obwohl sie seit einiger Zeit mit stummem Gruß aneinander vorbeizugehen pflegten, blieb Dr. Gerber zu Dr. Schumanns Überraschung diesmal stehen. »Na« fragte er mit einem merkwürdigen Lächeln, »wie geht es deiner kleinen Freundin?«

Dr. Schumann wußte sofort, worauf der ander anspielte. Dennoch erwiderte er mit gekünsteltem Gleichmut: »Ich ahne nicht einmal, wovon du redest.«

»Von deiner kleinen Abtreiberin natürlich!«

»Na und? Was soll die Frage?«

»Ich bitte dich, tu doch nicht so! Das hast du mir gegenüber gar nicht nötig.«

Dr. Schumann straffte die Schultern. »Ich habe noch niemals Talent zum Rätselraten besessen«, sagte er schroff.

»Ganz wie du willst. Vielleicht hast du recht: Es gibt Tatsachen, über die man lieber nicht reden sollte. Ich wollte dir auch nur sagen, daß mir deine Entscheidung in diesem Fall sehr wohlgetan hat. Ich hätte in der gleichen Situation genauso gehandelt.«

»Soll das etwa ein Kompliment sein?« fragte Dr. Schumann kühl. »Wenn ja, muß ich es zurückweisen. Mit deinen Verhütungs- und Abtreibungstheorien, die ich nach wie vor ablehne, hat der Fall Angelika absolut nichts zu tun.«

»Um so besser für dich!« grinste der andere ihm frech ins Gesicht. »Eines Tages wirst du noch über deine eigenen Füße stolpern, wenn du weiterhin die Nase so hoch in der Luft trägst!«

Dr. Schumann mußte sich zurückhalten, um sich nicht auf Dr. Gerber zu stürzen und ihn windelweich zu schlagen. Er hätte gute Lust dazu gehabt. Statt dessen sagte er sehr beherrscht: »Du weißt ja nicht, was du redest!« und ließ Dr. Gerber auf der Treppe stehen.

6

Dr. Hugo Winterfeld hatte einem Termin in Berlin nachkommen müssen. Kirsten war allein in der Wohnung.

Sie war nicht einmal sehr unglücklich darüber. Die vorsichtige Andeutung ihres Mannes, ob man nicht doch erwägen sollte, ein Kind zu adoptieren, hatte sie tief verstört. Sie begriff ihn nicht. Ein fremdes Kind, ein Kind um jeden Preis, war nicht das, wonach sie sich sehnte. Sie war gesund. Professor Overhoff hatte es ihr bestätigt. Warum durfte sie dann nicht auf ein eigenes Kind hoffen? Ja, wenn ihr Mann zeugungsfähig wäre, dann würden die Dinge anders aussehen – obwohl sie auch dann an seiner Seite lieber das Schicksal der

Kinderlosigkeit ertragen hätte, als ein fremdes Wesen in die Gemeinschaft ihrer Ehe aufzunehmen.

Als er ihren Widerstand spürte, hatte er nicht länger auf seinem Vorschlag bestanden, sondern sofort lächelnd abgelenkt. Aber in Kirsten blieb eine tiefe Beunruhigung.

Sie war froh, ein paar Tage allein sein, ihre verwirrten Gedanken und Gefühle ins Gleichgewicht bringen zu können. Wie immer, wenn sie unglücklich war, hatte sie sich in die Arbeit gestürzt, die Vorhänge von den Fenstern genommen und sie in die Waschmaschine gesteckt, die Möbel übereinandergestellt und einen großen Frühjahrsputz begonnen.

Mit nackten Beinen, in einem bunten Hauskleid, ein Tuch um das blonde Haar gewunden, war sie eben dabei, den Fußboden zu wischen, als es an der Wohnungstür klingelte. Kirsten strich sich mit dem Unterarm eine Locke aus der erhitzten Stirn, ging über den Flur und öffnete.

Eine stark geschminkte junge Frau mit hochgestecktem Haar und tiefschwarzen, geschickt umrandeten Augen stand vor ihr.

»Sie wünschen?« fragte Kirsten. »Wenn Sie mir etwas verkaufen wollen . . .«

»O nein!« Die andere zeigte lächelnd kleine weiße Zähne. »Ich bin Gina Franke!«

Kirsten glaubte, den Namen Gina Franke schon irgendwann gehört zu haben. Sie konnte sich jedoch nicht erinnern, in welchem Zusammenhang.

»Entschuldigen Sie«, sagte sie, »aber ich weiß im Augenblick wirklich nicht . . .«

»Ich war drei Jahre lang Sekretärin des Herrn Rechtsanwalts!«

»Ach so . . . ich verstehe. Sie möchten zu meinem Mann. Er ist . . .«

». . . in Berlin«, ergänzte Gina Franke. »Ich habe es eben in der Kanzlei erfahren, und ich dachte mir, das wäre eine gute Gelegenheit, Sie endlich kennenzulernen.«

Kirsten war verwirrt. »Aber gerade heute . . . im Augenblick . . . ich bin gerade beim Putzen . . .« Sie warf unwillkürlich einen Blick auf ihre Kleidung.

»Aber ... das macht doch gar nichts«, erwiderte Gina Franke und ging mit größter Selbstverständlichkeit an Kirsten vorbei in den langen Gang, der zum Wohnzimmer führte.

Kirsten stand eine Sekunde lang ganz verblüfft, dann schloß sie rasch die Wohnungstür und eilte ihrer seltsamen Besucherin nach. Blitzschnell schoß ihr der Verdacht durch den Kopf, es könnte sich vielleicht um eine Verrückte handeln. Gina Franke stand mitten im Zimmer und sah sich interessiert um. »Sehr hübsch«, erklärte sie anerkennend. »Wirklich, es ist Ihnen gelungen, diese alte Räuberhöhle einigermaßen zu zivilisieren!«

Kirsten war sprachlos.

»Darf ich mich setzen?« fragte Gina Franke und hatte, ehe Kirsten überhaupt antworten konnte, einen der altmodischen hochlehnigen Stühle vom Tisch gehoben und auf seine vier Beine gestellt.

»Aber ja ... machen Sie sich's nur gemütlich«, sagte Kirsten, spürte jedoch, daß dieser mühsame Sarkasmus bei der anderen wirkungslos abprallte.

Gina Franke hatte sich kaum gesetzt, als sie schon wieder aufsprang und einen zweiten Stuhl vom Tisch nahm. »Für Sie, gnädige Frau ...«, erklärte sie lächelnd.

»Sehr liebenswürdig«, murmelte Kirsten. Einem plötzlichen Einfall folgend, fügte sie hinzu: »Bitte, entschuldigen Sie mich einen Moment, ich möchte mir nur die Hände waschen!«

Sie lief in das Badezimmer und drehte beide Hähne über dem Waschbecken auf, erleichtert, der anderen wenigstens für Minuten entronnen zu sein. Immer stärker hatte sich das Gefühl in ihr verdichtet, daß dieser Besuch Unheil für sie bedeutete. Wer war diese Gina Franke? Was führte sie im Schilde? Denn daß sie nicht nur deshalb gekommen war, um guten Tag zu sagen, lag auf der Hand. Ihr ganzes Benehmen war von einer bestürzenden Unverfrorenheit. Sie schien sich einzubilden, ein Recht zu haben – aber was für ein Recht?

Kirsten starrte in den Spiegel über dem Waschbecken, ohne ihr Spiegelbild wirklich aufzunehmen. Und dann wußte sie auf einmal, wann und wo sie den Namen Gina Franke schon einmal gehört hatte.

Es war an dem Tag gewesen, an dem Hugo Winterfeld sie gebeten hatte, seine Frau zu werden. Sie war strahlend zu ihrer Schwester gestürmt, um ihr die große Neuigkeit zu verkünden. Aber Astrid hatte sich gar nicht beeindruckt gezeigt.

Sie hatte die Augenbrauen gehoben und gesagt: »Ach, wirklich? Ich dachte, er habe ein dickes Verhältnis mit seiner Sekretärin Gina Franke!«

Damals, im Überschwang ihrer glücklichen Verliebtheit, hatte sie diesen Einwand einfach beiseite geschoben. »Ach, Unsinn! Das müßte ich doch wissen!« Niemals hatte sie über jene Bemerkung nachgedacht, niemals war der Name Gina Franke zwischen ihr und ihrem Mann erwähnt worden. Als er ihr nach der Heirat seine Mitarbeiter vorstellte, war Gina Franke nicht mehr dabeigewesen.

Ein heißer Schreck durchfuhr Kirstens Herz. Ob er immer noch mit ihr liiert war? Ob er sein Verhältnis zu diesem hübschen, selbstsicheren Mädchen nie gelöst hatte?

Sie schüttelte den Kopf. Nein, das war unmöglich, ganz unmöglich. Ihr Mann liebte sie, dessen war sie sich ganz sicher. Es gab keine andere Frau in diesem Leben. – Oder machte sie sich wieder etwas vor? Sie mußte die Wahrheit herausfinden. Gina Franke selber gab ihr dazu die Möglichkeit.

Mit einem gleichmütigen Lächeln kam sie ins Wohnzimmer zurück. Zu ihrer Überraschung war Gina Franke aufgestanden.

»Ich ... ich glaube, es war ein Fehler, zu kommen«, stotterte sie und spielte an dem Bügel ihrer großen Handtasche, »ich weiß gar nicht, was mir eingefallen ist. Sie haben doch keine Zeit jetzt, wie ich gesehen habe, und ...«

»Aber ich bitte Sie, setzen Sie sich doch!« sagte Kirsten rasch. »Sie sind mir doch nicht böse, daß ich Sie habe warten lassen?« Mit Genugtuung spürte sie, daß jetzt die Rollen vertauscht waren.

»Nein, natürlich nicht! Aber ich störe doch in der Arbeit ...«

»Überhaupt nicht... ganz im Gegenteil. Ich bin froh, daß ich einmal eine kleine Pause machen kann! Bitte, setzen Sie sich! Ihr Besuch kam mir ein wenig überraschend, aber eigentlich ist es doch wirklich die höchste Zeit, daß wir beide uns kennenlernen, nicht wahr?«

Kirsten setzte sich auf den einen der beiden Stühle und schlug die nackten, wohlgeformten Beine übereinander.

Zögernd ließ sich Gina Franke ihr gegenüber nieder.

»Sie kennen die Vorgeschichte?«

»Aber ja«, log Kirsten beherzt, »mein Mann hat keine Geheimnisse vor mir.«

»Sie werden mich sicher für eine schlechte Mutter halten...«

Das Wort ›Mutter‹ traf Kirsten wie ein Schlag ins Gesicht. Ihr Lächeln gefror langsam. »Bestimmt nicht«, sagte sie mühsam.

»Hugo hat meinen Vorschlag sehr übelgenommen«, sagte Gina, »er redete gleich von verkaufen... als ob man ein Kind überhaupt verkaufen könnte! An so etwas hatte ich gar nicht gedacht, nur... ich habe seinetwegen wirklich allerhand durchgemacht, und da könnte er jetzt doch ruhig auch mir einmal unter die Arme greifen!«

»Natürlich«, murmelte Kirsten.

»Sie verstehen also meinen Standpunkt?« fragte Gina Franke erleichtert.

Kirsten nickte.

»Das ist gut. Mein Freund... also der Mann, den ich heiraten will... hat nämlich gerade ein sehr günstiges Angebot bekommen, ein Geschäft mit Werkstatt zu einem durchaus annehmbaren Preis. Er hat ja schon seit langem vorgehabt, sich selbständig zu machen, und jetzt endlich wäre es soweit. Wir können heiraten, nur... ich habe ihm immer gesagt, ich hätte mir etwas gespart. Er rechnet so mit zwanzigtausend. Aber so viel habe ich natürlich nicht. Hugo hat immer sehr gut für den Jungen gezahlt, das ist wahr, aber trotzdem stellt so ein Kind eine Belastung dar, und deshalb...«

Kirsten hatte das Gefühl, diesen Redestrom nicht länger

ertragen zu können. »Wieviel brauchen Sie also?« fragte sie scharf.

»Zwölftausend. Aber Hugo hat mich gar nicht...«

»Ich werde noch einmal mit ihm darüber sprechen«, erklärte Kirsten und erhob sich.

»Ich danke Ihnen«, sagte Gina, »das ist... wirklich sehr großzügig von Ihnen, Sie sind eine fabelhafte Frau. Wegen des Jungen werde ich Ihnen bestimmt keine Schwierigkeiten machen, das können Sie auch Hugo mitteilen. Jetzt, nachdem ich Sie kennengelernt habe, weiß ich, daß er es gut bei Ihnen haben wird.«

Sie streckte Kirsten die Hand hin.

Aber das war zuviel. Kirsten wandte sich rasch ab, als habe sie diese Geste nicht bemerkt, und ging voraus zur Flurtür. »Ich danke Ihnen für Ihren Besuch«, sagte sie sehr formell.

Gina Franke wollte noch etwas erwidern, aber Kirstens helle Augen blickten so eisig, daß sie plötzlich kein Wort mehr über die Lippen brachte.

Sehr langsam und sehr beherrscht schloß Kirsten die Wohnungstür hinter ihr. Dann erst war sie mit ihrer Kraft am Ende. Es wurde ihr dunkel vor den Augen, die Beine gaben unter ihr nach, sie konnte sich gerade noch auf den winzigen Garderobenhocker niedersinken lassen.

So ist das also, dachte sie. Diese Person hat ein Kind von Hugo, und dieses Kind will er in unsere Ehe nehmen; diesen Jungen, von dessen Existenz ich nie etwas geahnt habe!

Sie schlug die Hände vor das Gesicht, versuchte das krampfhafte Zittern, das ihren Körper schüttelte, zu unterdrücken, vergeblich! Wenn er mir doch wenigstens etwas gesagt hätte, wenn er doch wenigstens offen gewesen wäre!

So stark war ihre Erschütterung, daß sie nicht einmal weinen konnte.

Die junge Frau Sigrid Haas war eine von Dr. Rainer Schumanns Lieblingspatientinnen, und er hatte aus seiner herzlichen Sympathie für sie nie ein Hehl gemacht. Sie war nicht besonders hübsch, nicht einmal apart, aber sie war fröhlich und vernünftig – zwei Eigenschaften, die der Frauenarzt besonders schätzte und die er selten genug in einem Menschen vereint fand.

Frau Haas war achtundzwanzig Jahre alt, hatte bereits zwei Kinder und erwartete ihr drittes. Sie sah dieser Geburt ohne Furcht entgegen. Von der ersten Untersuchung an befolgte sie gewissenhaft alle Anordnungen des Arztes, nahm an der Schwangerschaftsgymnastik in der Klinik teil, machte täglich ihre Atemübungen, aß reichlich Vitamine, fand Zeit für ausgiebige Spaziergänge und war bisher jeden Monat brav zur Untersuchung gekommen.

»Alles in Ordnung, nicht wahr?« fragte sie strahlend. »Ich fühle mich jedenfalls glänzend!«

Er sah auf ihrer Ambulanzkarte nach, dann sagte er: »Sie sind jetzt im sechsten Monat.«

»Genau! Noch drei Monate, dann habe ich es überstanden ... Herrgott, werde ich glücklich sein! Ich weiß, es muß sein, aber eine umständliche Sache ist das Ganze doch. Manchmal denke ich allen Ernstes, ob der liebe Gott uns die Schwangerschaft nicht doch ein bißchen bequemer oder wenigstens kürzer hätte einrichten können.«

Dr. Schumann lächelte. »Aber, aber ... wer wird denn so egoistisch sein! Wir Frauenärzte wollen doch auch etwas zu tun haben!«

Sie reichte ihm die Hand. »Also ... dann bis zum nächstenmal!«

»Auf Wiedersehen!« sagte er. Dann öffnete er die Tür zum Wartezimmer. »Die nächste bitte ...«

Ein junges Mädchen mit silberblond getöntem Haar und stark geschminktem Puppengesichtchen trippelte auf hohen Absätzen herein. »Ich bin Sylvia Süder«, erklärte sie mit einem Lächeln, bei dem ihre runden porzellanblauen Augen ganz unbewegt blieben.

»Guten Tag«, begrüßte Dr. Schumann sie und reichte ihr die Hand. »Na, dann setzen Sie sich mal ...« Er blätterte in den Ambulanzkarten auf dem Schreibtisch, die ihm die Schwester hereingebracht hatte.

»Sie brauchen mich nicht zu untersuchen«, sagte das Mädchen, »ich weiß selber, was mir fehlt. Meine Periode ist jetzt schon zum drittenmal ausgeblieben.«

»Andere Anzeichen für eine Schwangerschaft?«

»Alle, die Sie wollen ... morgendliche Übelkeit, komische Gelüste ...«

»Dann ist es wohl doch das beste, wenn ich Sie untersuche.«

»Ich bin eine Freundin von Angelika Schneider«, sagte das junge Mädchen herausfordernd.

»Wirklich?« fragte Dr. Schumann, und auf seiner breiten Stirn bildete sich eine steile senkrechte Falte. – Angelika war vor acht Tagen entlassen worden.

»Sie glauben mir wohl nicht?« sagte das Mädchen. »Na, Freundin ist vielleicht übertrieben. Aber ich gehe in denselben Club. Und sie hat mir alles erzählt.«

»Ich habe zwar keine Ahnung, wovon Sie sprechen ...«

»Ach, tun Sie doch nicht so, Herr Doktor! Ich verstehe ja, daß Sie sich ein bißchen sträuben wollen, das gehört wahrscheinlich dazu. Aber bei mir können Sie sich das wirklich sparen, ich weiß schon Bescheid.«

Er trat auf sie zu. »Was wollen Sie?« fragte er grimmig.

»Schauen Sie mich nicht so böse an«, sagte sie kokett, »ich möchte ja nur, daß Sie mir helfen. Wie Sie Angelika geholfen haben. Sie verstehen schon ...«

»Nein, durchaus nicht. Ich kann nicht begreifen, was Ihr Fall mit Angelika Schneider zu tun haben soll.«

»Aber es ist doch genau die gleiche Situation. Ich meine ... ich kann das Kind auch nicht bekommen. Mein Verlobter ist erst achtzehn Jahre, und deshalb ...«

»Das hätten Sie sich früher überlegen sollen!«

Das Mädchen zuckte die Schultern. »Aber wieso denn!? Es hätte doch nicht gleich etwas zu passieren brauchen. Das war einfach Pech. Dafür kann man mich doch nicht ein ganzes Leben lang verantwortlich machen.«

»Also hören Sie«, sagte Dr. Schumann und begann, ohne es selber zu merken, mit dem stumpfen Ende seines Tintenkulis auf die Schreibtischplatte zu klopfen, »es ist nicht meine Aufgabe, Ihnen Moralpredigten zu halten. Ich bin Arzt.

Wenn Sie mir sagen, daß Sie schwanger sind, muß ich Sie untersuchen, um festzustellen, ob Sie sich nicht geirrt haben. Und wenn Ihre Vermutung zutrifft, werde ich alles tun, damit dieses Kind gesund auf die Welt kommt ... haben wir uns nun verstanden?!«

»Aber das ... das wäre für mich eine Katastrophe!«

Die Augen des Mädchens füllten sich mit Tränen.

»Ein Kind ist immer ein Geschenk Gottes und eine Aufgabe. Sie sind jetzt eine junge Frau und müssen sich dieser Aufgabe gewachsen zeigen.«

»Wie Sie sich das vorstellen!« Das Mädchen drückte sich sehr behutsam, um die Wimperntusche nicht zu verschmieren, ein Tüchlein gegen die Augen. »Mein Vater wirft mich raus und ... und ...«

»Nun regen Sie sich nicht auf, Fräulein ...«, Dr. Schumann warf einen Blick auf die Ambulanzkarte, »... Sylvia. Schicken Sie Ihren Vater zu mir, und ich werde ihm die Situation schon klarmachen. Im übrigen wird auch das Jugendamt ...« Die Tränen des Mädchens versiegten von einer Sekunde zur anderen. »Hören Sie nur damit auf! Das Jugendamt! Ausgerechnet! Daß die sich einmischen, hätte mir gerade noch gefehlt!«

»Jetzt lassen Sie sich erst einmal untersuchen ...«

»Nur, wenn Sie mir versprechen, mir zu helfen! Ich will das Kind nicht haben ... ich darf es nicht bekommen! Sie sind der einzige, der ...« Aufschluchzend warf sie sich Doktor Schumann, der darauf nicht gefaßt gewesen war, an die Brust. »Lieber guter Doktor, bitte, bitte, bitte ...«

Er packte sie bei den Oberarmen und schob sie mit sanftem Druck von sich. »Nein«, erklärte er, »nehmen Sie Vernunft an. Das kann ich nicht, das ist ganz und gar unmöglich!«

In den Augen des Mädchens blitzte es auf. »Aber bei Angelika konnten Sie es! Von diesem raffinierten Luder haben Sie sich hereinlegen lassen!«

»Ich weiß nicht, was Angelika Ihnen erzählt hat«, sagte Dr. Schumann mit erzwungener Ruhe, »aber die Wahrheit kann es keinesfalls gewesen sein.«

»Wollen Sie etwa behaupten, daß ein Mädchen sich so etwas ausdenkt? Wie sie es mit der Stricknadel versucht hat. Wie ihre Mutter sie zu Ihnen gebracht hat? Und wie Sie dann...«

»Schluß jetzt! Ich will kein Wort mehr von diesem Geschwätz hören!«

»Sie machen es sich aber verdammt einfach!« Die Stimme des Mädchens wurde schrill. »Bilden Sie sich etwa ein, Sie können mich einschüchtern? Entweder Sie helfen mir oder... Sie werden Ihr blaues Wunder erleben!«

»Na, da bin ich aber gespannt!«

»Ich werde Sie anzeigen! Bei der Polizei! Dann wird es Ihnen leid tun, daß Sie mich so behandelt haben!«

Sylvia Süder nahm ihre Handtasche und wandte sich zur Tür. Dann verhielt sie ihren Schritt, als warte sie darauf, zurückgerufen zu werden.

Doch Dr. Schumann sagte nur: »Tun Sie, was Sie nicht lassen können!«

Das Mädchen wandte sich noch einmal um. »Ist das Ihr letztes Wort?«

»Ja«, erklärte Dr. Schumann fest. »Und noch etwas: Überlegen Sie sich, ob für Sie, in Ihrem Zustand, Aufregungen gut sind!«

»Pah!« sagte das Mädchen verächtlich, riß die Tür auf und warf sie mit einem Knall hinter sich zu.

Professor Overhoff stand im Babyzimmer der Privatstation und betrachtete mit zusammengezogenen Augenbrauen seinen kleinen Sohn, den Schwester Patrizia ihm entgegenhielt.

»Ist er nicht prachtvoll?« fragte sie strahlend. »Unser süßer kleiner Hanno!« Sie drückte ihm einen langen Kuß auf die runde feste Wange.

»Hm, ja«, sagte der Professor verlegen, »Sie haben ihn sehr schön in Schuß, Schwester!«

»Wir lieben ihn«, rief Schwester Patrizia, »wir alle hier auf der Station. Er ist ein richtiger kleiner Sonnenschein.« Professor Overhoff wußte, daß die Schwester von ihm erwartete, er solle den Kleinen endlich einmal auf den Arm nehmen – doch es war ihm unmöglich, ihr diesen Gefallen zu tun.

Natürlich war es Unsinn, den Jungen etwa dafür verantwortlich machen zu wollen, daß seine Geburt die Mutter das Leben gekostet hatte. Aber er konnte nicht anders.

»Er ist so ein prächtiges Kerlchen«, schwärmte die Schwester, »macht überhaupt keine Schwierigkeiten, trinkt sein Fläschchen bis zum letzten Tröpfchen, schläft wie ein kleiner Bär und ist den ganzen Tag vergnügt.«

»Fein«, sagte Professor Overhoff, »Sie haben ihn also jetzt entwöhnt?«

»Nur«, rief Schwester Patrizia, »weil Frau Peters nach Hause wollte.« Ihr Ton zeigte deutlich, was sie von einer Frau hielt, die egoistisch genug war, mehr an sich selber als an das Kind des Professors zu denken. »Aber es hat ihm gar nichts ausgemacht«, fügte sie rasch hinzu, »unserem tapferen kleinen Kerl!«

»Langsam wird er ein bißchen zu groß für das Babyzimmer, wie?« fragte der Professor und wünschte sehnlich, daß die Schwester das Kind endlich wieder in sein Bettchen zurücklegen möge, anstatt es ihm ständig vor die Augen zu halten. »Ich fürchte, es wird Zeit, zu überlegen . . .«

»Nein!« erklärte Schwester Patrizia impulsiv. »Sie wollen uns den Kleinen doch nicht wegnehmen? Bitte nicht, Herr Professor, das wäre schrecklich! Er macht uns überhaupt keine Arbeit und . . .«

In diesem Augenblick trat Dr. Schumann in den hellen Raum mit den vielen Kinderbetten, und Professor Overhoff empfand sein Erscheinen als Erlösung. »Legen Sie den Kleinen zurück, Schwester«, sagte er rasch, »wir werden ein andermal weitersehen.« Er wandte sich an seinen Oberarzt. »Sie haben mich gesucht?«

»Ja, Herr Professor, ich hätte gern mit Ihnen gesprochen . . . falls ich nicht störe . . .«

»Durchaus nicht. Kommen Sie mit!« Professor Overhoff legte seine Hand auf den Arm des Jüngeren, ging hinter ihm aus dem Babyzimmer. »Also . . . was gibt's?« fragte er, als sie auf dem Gang standen.

Dr. Schumann mußte sich räuspern, um seine Stimme freizubekommen. »Eine unangenehme Sache, Herr Professor!« Professor Overhoff sah ihn an, und fast war es, als glitte ein leichtes Lächeln über sein Gesicht. »Unangenehme Sachen gibt es bei uns jeden Tag«, meinte er. »Kommen Sie mit in mein Zimmer.«

Eine Viertelstunde später hatte Dr. Schumann dem Professor die Geschichte der kleinen Angelika erzählt und ausführlich von dem Erpressungsversuch ihrer angeblichen Freundin Sylvia berichtet.

Dr. Schumann schwieg, zündete sich mit nervösen Fingern eine Zigarette an und wartete auf die Reaktion seines Chefs. Aber der Professor saß nur da und starrte mit düsteren Augen auf das verschlungene Teppichmuster. Dr. Schumann hatte den Eindruck, als sei Overhoff weit weg mit seinen Gedanken; einen Augenblick fürchtete er sogar, der Chef habe ihm gar nicht zugehört und er müsse womöglich alles noch einmal darlegen.

Plötzlich hob der Professor den Kopf und sah ihn an mit einem seltsamen Blick, der in weite Ferne gerichtet zu sein schien. Dann begann er leise zu sprechen: »Lieber Dr. Schumann, ich bin nicht mehr der Mann, der ich einmal war. Der Tod meiner Frau . . . irgend etwas ist in mir zerbrochen . . . es ist sehr schwer, auf diese Weise weiterzuleben . . .«

»Herr Professor!« sagte Dr. Schumann erschüttert. »Glauben Sie mir, ich verstehe durchaus . . . ich kann es nachempfinden, wie grauenhaft das alles für Sie war. Aber denken Sie doch an Ihre . . . an Ihre Frau! Sie würde gewiß nicht gewollt haben, daß Sie . . .«

Professor Overhoff unterbrach ihn mit einer Handbewegung. »Ich brauche einen Mann, dem ich meine Klinik, mein Lebenswerk anvertrauen kann, wenn ich . . . wenn ich mich zurückziehe . . .« Einen Augenblick schwieg er, um dann scheinbar übergangslos fortzufahren: »Ich muß sagen, Herr Kollege, daß Sie sich im Falle dieses Schulmädchens, dieser . . . wie hieß sie doch gleich?«

»Angelika«, half ihm Dr. Schumann.

»Ja, dieser Angelika . . . daß Sie sich da vorbildlich verhalten haben. Überkorrekt, möchte ich beinahe sagen. Ich weiß, daß die allermeisten unserer Kollegen bei dieser Sache gar nicht lange überlegt, sondern sofort die Kürette zur Hand genommen hätten – ohne daß man ihnen übrigens vom medizinischen Standpunkt irgendeinen Vorwurf machen könnte. Kein Arzt ist gehalten, einen beginnenden Abort zu behandeln; es wäre ohnehin in vielen Fällen vergeblich. Aber ich habe Hochachtung vor Ihrem Gewissen, obwohl es sich natürlich fragt, ob nicht bei einem Versuch, die Schwangerschaft zu erhalten, die junge Mutter in Gefahr gebracht worden wäre. Aber lassen wir das! Was nun dieses andere Mädchen betrifft, diese Erpresserin...«

»Sylvia Süder...«, warf Dr. Schumann ein.

»Wahrscheinlich nicht einmal der richtige Name. Es kann durchaus sein, daß sie eine anonyme Anzeige macht, was möglicherweise bedeuten würde, daß die Polizei hier in der Klinik Verhöre anstellt, Krankenblätter sucht... der Himmel bewahre uns davor!«

»Es tut mir unendlich leid, Herr Professor, daß ich eine solche Situation heraufbeschworen habe...«

»Ach Unsinn! Sie trifft überhaupt keine Schuld. Wenn es wirklich so weit kommen sollte, brauchen Sie sich keine Sorgen zu machen. Wir haben gemeinsam doch schon andere Schwierigkeiten gemeistert, meinen Sie nicht auch?«

»Ich danke Ihnen, Herr Professor!« sagte Dr. Schumann.

»Keine Ursache!« Professor Overhoff erhob sich. »Im Falle eines Falles können Sie sich voll und ganz auf mich verlassen.«

Dr. Hugo Winterfelds Flugzeug landete fahrplanmäßig um 14.15 Uhr. Er hatte seiner Frau ein Telegramm geschickt und sie gebeten, ihn mit dem Auto vom Flughafen abzuholen.

Die kurze Trennung hatte ihn wieder erkennen lassen, wie sehr er Kirsten liebte, und schon während des Rückfluges hatte er sich dem Augenblick des Wiedersehens entgegengesehnt.

Aber Kirsten stand nicht auf dem Aussichtsbalkon, um

ihm, wie sonst, zuzuwinken. Auch als er den Flugsteig verließ, sah er sie nirgendwo.

Sie wird mein Telegramm nicht rechtzeitig erhalten haben, versuchte er sich zu beruhigen, oder es hat eine Verkehrsstockung gegeben, die sie aufgehalten hat.

Aber trotz dieser Überlegungen war er tief enttäuscht.

Dann, als er, den kleinen Koffer in der Hand, das Fluggelände verließ, entdeckte er sie endlich. Sie stand, sehr schlank und sehr mädchenhaft in einem weißen Kostüm, ein seidenes Tuch um das blonde Haar geschlungen, neben ihrem kleinen Auto und sah ihm entgegen.

Sein Herz schlug höher, er beschleunigte seinen Schritt. »Kirsten«, rief er, »ich dachte schon . . .«

Sie erwiderte sein Lächeln nicht, und erst in dieser Sekunde spürte er, daß etwas nicht in Ordnung war. »Kirsten«, sagte er, »was ist los? Ist irgend etwas passiert?« Er stand vor ihr und wollte sie in die Arme nehmen.

Aber sie wich ihm aus, setzte sich hinter das Steuer. »Nein«, erwiderte sie kurz.

Er ging um den Wagen herum, warf sein Köfferchen auf die hintere Bank, setzte sich neben sie. »Also weißt du«, sagte er, »den Empfang hatte ich mir etwas anders vorgestellt.«

Sie ließ wortlos den Motor an, steuerte den Wagen an den anderen parkenden Autos vorbei, gewann die Zufahrt zur Straße.

»Du benimmst dich höchst merkwürdig«, meinte er gereizt, »da kommt man müde und abgespannt von einer Reise, freut sich aufs Wiedersehen . . . und trifft eine Frau, die sich benimmt, als wenn man sie tödlich beleidigt hätte.«

»Eigentlich«, sagte sie, die Augen geradeaus auf die Straße gerichtet, »wollte ich mit dir erst über die ganze Angelegenheit sprechen, wenn wir zu Hause sind . . .«

»Also ist doch etwas passiert?«

»Ich hatte Besuch«, erklärte sie, und mit Überwindung fügte sie hinzu: »Gina Franke war bei mir.«

Er rührte sich nicht. Sie beobachtete ihn aus den Augenwinkeln und sah, daß sein Gesicht zu einer ausdruckslosen Maske erstarrt war.

»Das scheint dich nicht sehr zu überraschen«, sagte sie.

»Nein«, entgegnete er tonlos, »ich hätte darauf gefaßt sein müssen. Sie ist niemals vor irgend etwas zurückgeschreckt.«

»Dann wäre es wohl richtiger gewesen, mich auf diese Möglichkeit vorzubereiten.«

»Kirsten«, sagte er gequält, »begreifst du denn nicht?! Ich wollte es dir sagen, schon seit langem, aber ich ... ich liebe dich, Kirsten! Ich ... ich habe geschwiegen, weil ich dir nicht weh tun wollte!«

»Das ist eine praktische Erklärung«, sagte sie mit erzwungenem Sarkasmus. »Deshalb hast du mich also jahrelang belogen, deshalb hast du Monat für Monat ohne mein Wissen für dieses Kind gezahlt. Deshalb hast du dich hinter meinem Rücken mit Gina Franke in Verbindung gesetzt, um ihr das Kind wegzunehmen ... alles nur, um mich nicht zu verletzen!«

»Kirsten, ich bitte dich: Willst du nicht wenigstens versuchen, mich zu verstehen? Diese Sache mit Gina war lange, bevor ich dich kennenlernte ...«

»So lange vorher kann es nicht gewesen sein«, berichtigte Kirsten, »du warst noch mit ihr zusammen, als du dich mit mir verlobtest.«

»Das hast du gewußt?!«

»Ich hatte davon gehört. Aber ich wollte es nicht glauben.«

»Hätte ich es dir denn erzählen sollen? Wozu denn?«

»Um mir dein Vertrauen zu beweisen. Meine Vergangenheit liegt vor dir wie ein offenes Buch. Es gibt nichts in meinem Leben, was ich dir verschwiegen habe. Aber du hast es nie für nötig gehalten, mir von diesem Verhältnis zu erzählen ... du hast mir all die Jahre verheimlicht, daß du ein Kind besitzt!«

»Ich weiß, es war ein Fehler. Ich habe es immer gewußt. Aber ... ich hatte einfach nicht den Mut.«

»Du bist feige, gemein. Ja, das bist du«, rief Kirsten. Sie kämpfte mit den Tränen.

»Wenn wir Kinder bekommen hätten«, sagte er, »würdest du nie etwas erfahren haben. Später einmal hätte ich es dir vielleicht erzählt ...«

»Zur silbernen Hochzeit, wie?« fragte sie. »Das wäre eine reizende Überraschung geworden!«

»Kirsten!«

»Du kannst dir deine Erklärungen sparen«, fuhr sie ihn an. »Alles hätte ich verstanden, alles hätte ich verziehen, wenn du offen gewesen wärest! Aber dich hinter meinem Rücken mit dieser Frau in Verbindung zu setzen, das war ...« – sie mußte schlucken, um ihre aufsteigenden Tränen zu unterdrücken – »... so gemein! Mich in eine solche Situation zu bringen!«

»Ich habe es doch nur deinetwegen getan«, versuchte er zu entschuldigen, merkte aber sofort, wie lahm und unglaubhaft diese Verteidigung klang. »Du hast dir doch immer so sehr ein Kind gewünscht ...«

»Ja, ein eigenes Kind! Aber doch nicht das Kind einer anderen Frau!«

»Thomas ist mein Sohn«, erklärte er mit Nachdruck.

»Für mich ist es ein wildfremdes Kind. Ich will es nicht haben ... Es würde alles zerstören ... nein, dazu kannst du mich nicht zwingen!«

»Das habe ich nie vorgehabt! Natürlich werde ich nichts gegen deinen Willen unternehmen.«

»Auf einmal? Du hast doch schon alles mit dieser Frau abgesprochen ... sie wartet nur noch auf dein Geld!«

»Kirsten«, sagte er und legte seine Hand auf ihren Arm, »beruhige dich jetzt erst einmal. Ich kann deine Empörung verstehen, wirklich! Es muß entsetzlich für dich gewesen sein, die Geschichte auf diese Art zu erfahren, und es war unverantwortlich von mir, es dazu kommen zu lassen. Ich gebe es zu. Ich will mich nicht herausreden, glaube mir. Aber wenn du den Schock überwunden hast, wirst du vielleicht ...«

»Gib dir keine Mühe!« unterbrach sie ihn. »Ich will dieses Kind nicht haben. Nie!«

»Und wenn mir nun sehr viel daran läge?«

Unvermutet trat sie so heftig auf die Bremse, daß er nach vorn geschleudert wurde und fast mit dem Kopf gegen die Windschutzscheibe stieß.

»Dann heirate doch deine Gina!« schrie sie außer sich. »Dann hast du sie beide, die Mutter und das Kind! ... Worauf wartest du denn noch? ... Geh, lauf zu ihr, bevor sie sich endgültig für den anderen entschieden hat!«

7

An diesem Tag verließ Dr. Schumann die Klinik früher als sonst. Obwohl er in seiner Arbeit vollkommen aufging und sich eigentlich nur im Arztkittel richtig wohl fühlte, hatte er heute das Bedürfnis, herauszukommen aus dieser Atmosphäre. Der unverschämte Erpressungsversuch der arroganten Sylvia hatte ihn innerlich stärker erregt, als er sich eingestehen wollte. Nicht daß er sich irgendwelche Sorgen wegen der angedrohten Anzeige gemacht hätte – es war mehr die Unverfrorenheit und Bedenkenlosigkeit, mit der eine junge Mutter die Vernichtung des unter ihrem Herzen keimenden Lebens verlangte, die ihn bedrückte und unfroh machte. Auch Angelika hatte ja ihr Kind von vornherein nicht haben wollen. Was nützte alle Kunst und alles Verständnis der Ärzte, wenn es immer mehr junge Menschen gab, die diese Kunst und dieses Verständnis nur mißbrauchen wollten; die nicht einmal den Versuch machten, das gottgewollte Glück der Mutterschaft zu begreifen.

Dr. Schumann hatte Sehnsucht nach schönen, stillen Stunden mit Astrid. Er nahm ein Taxi und ließ sich in die Innenstadt fahren. Dort hatte er vor Tagen in der Auslage eines Juweliers eine mit Saphiren besetzte Anstecknadel entdeckt und sich vorgestellt, wie gut sie seiner Frau stehen mußte.

Dr. Schumann kaufte sie, obwohl sie eigentlich seinen Geldbeutel erheblich strapazierte. In fünf Minuten war der Handel abgeschlossen, und Dr. Schumann ließ sich von dem Taxi, das wartete, nach Hause fahren.

Er hatte sich auf Astrids überraschtes Gesicht gefreut, aber er wurde enttäuscht. Seine Frau war nicht da, und von dem Mädchen erfuhr er nur, daß sie in der Stadt sei.

Das minderte aber seine gute Laune nicht. Pfeifend stieg er die Treppe hinauf, wusch sich im Bad die Hände und bürstete sein dunkles Haar vor dem Spiegel. Astrid würde sicher bald kommen.

Er trat in ihr Schlafzimmer, überlegte, ob er die Schmuckschachtel irgendwo effektvoll aufbauen sollte, setzte sich vor ihren Toilettentisch, riß die Seidenpapierumhüllung von der kleinen Schachtel, öffnete sie, betrachtete noch einmal voll Freude den hübschen Schmuck und stellte die Schachtel geöffnet vor den Spiegel.

Es fiel ihm ein, daß er in diesem Boudoir bisher noch nie allein gewesen war. Alles hier spiegelte das Wesen seiner Frau: das mit Brokat bespannte Bett, der weiße weiche Teppich, das Rokoko-Schränkchen – dazu der zarte Duft ihres Parfüms, der dem sehr intimen Raum zusätzlichen Reiz verlieh.

Gedankenlos und spielerisch zog er nacheinander die Schubladen des Toilettentisches auf, fand allerlei weiblichen Krimskrams, lächelte ... und dann – er erschrak bis ins Innerste, sein Herzschlag stockte – entdeckte er eine Schatulle – voll mit Verhütungsmitteln. Zuoberst lag eine Dose Anti-Baby-Pillen.

Er nahm sie in die Hand, fassungslos, wie betäubt. Nein, dachte er, nein, das ist nicht möglich! Astrid, nein, so etwas kannst du doch nicht tun! Du liebst mich doch, du darfst doch nicht ... nein, nein, das nicht! Das nicht!

Dr. Schumann saß immer noch regungslos, wie erstarrt vor dem Toilettentisch seiner Frau, als die Tür aufging und Astrid eintrat.

»Rainer ... du bist schon zurück!?« freute sie sich.

Er sah sie im Spiegel; ihr klares, schön geschnittenes Gesicht, ihre tiefblauen Augen unter den dunklen, sanft gebogenen Wimpern. Aber zum erstenmal rührte ihr Anblick ihn nicht an. In ihrem eleganten silbergrauen Kostüm, einem extravaganten kleinen Hut auf dem schimmernden, kastanienbraunen Haar, erschien sie ihm wie eine Puppe; wie ein verführerisches, aber seelenloses Geschöpf.

Ein Schatten verdunkelte ihre Augen, die jähe Freude in

ihrem Gesicht erlosch. »Ist etwas passiert, Rainer?« fragte sie besorgt. »Bist du krank?« Sie trat näher, wollte ihm die Hand auf die Stirn legen.

Er zuckte zurück. »Nein«, sagte er rauh, »alles in Ordnung!« Er schleuderte die Dose mit den Anti-Baby-Pillen, die er immer noch in der Hand gehalten hatte, klirrend auf die Glasplatte des Toilettentisches.

Jetzt erst sah sie die weitgeöffnete Schublade, begriff alles. »Rainer« stammelte sie, »ich ... bitte, laß dir doch erklären ...«

»Danke!« Er stand mit einer so heftigen Bewegung auf, daß der gepolsterte Schemel, auf dem er gesessen hatte, umfiel.

»Was gibt es da noch zu erklären!« Er wollte zur Tür.

Sie lief ihm nach, packte ihn beim Arm. »Ich habe es doch nur getan ... deinetwegen«, rief sie verzweifelt, »damit wir glücklich sein konnten, damit ...«

»Ein schönes Glück«, sagte er voll tiefer Bitterkeit, »ein verdammt schönes Glück. Du kannst dir etwas darauf einbilden, daß du mich so zum Narren gehalten hast! Was bin ich denn eigentlich in deinen Augen? Ein Trottel, wie? Ein Popanz, den man belügen muß ... den man belügen darf ...«

»Aber hast du denn nicht gespürt, wie sehr ich dich liebe?!«

»Ja, das habe ich geglaubt. Ein feines Theater hast du mir vorgemacht. Und ich bin darauf hereingefallen ...«

»Aber, Rainer, ich ...«

»Niemals hätte ich es für möglich gehalten, daß du so schamlos lügen kannst! Daß überhaupt ein Mensch so etwas fertigbringt! Wie traurig du warst, daß es noch nicht mit dem Baby geklappt hat! Trösten lassen hast du dich von mir! Pläne hast du mich machen lassen für die Einrichtung des Kinderzimmers ... Kataloge von Babyausstattungen hast du mit angeschleppt! Und das alles, obwohl du wußtest ... obwohl dir in jeder Sekunde klar war, daß du unserem Kind den Eintritt ins Leben verwehrst. Aus Egoismus ... nur aus Egoismus ... weil du um deine schöne Figur fürchtest, weil du ...«

»Nein«, sagte sie mit zitternder Stimme, »aus Angst!« Sie stand vor ihm, weiß bis an die Lippen, die Fäuste geballt, und sah ihm gerade in die Augen.

»Angst!?« schrie er. »Millionen Frauen bekommen Kinder...«

»Ja, Millionen leiden Qualen! Und Hunderttausende sterben daran!«

»Du bist ja verrückt!«

»Vielleicht bin ich das... vielleicht bin ich das wirklich! Aber du... du bist grausam... grausam und gemein! Du hast mich nie geliebt, sonst würdest du nicht...«

»Stimmt«, sagte er wild, »wie könnte man ein Geschöpf wie dich denn lieben?! Was bist du denn schon?! Du bist ja gar keine wirkliche Frau. Dir geht es nur um deinen Vorteil, um das Vergnügen. Den Sinn der Liebe hast du nie begriffen!«

Ihr war, als wenn ihr der Boden unter den Füßen weggezogen würde, als wenn sie jeden Augenblick das Bewußtsein verlieren müßte – ja, sie sehnte sich danach, in Ohnmacht zu fallen, nichts mehr sehen und hören zu müssen. Aber diese Gnade blieb ihr verwehrt. Sie stand da, unfähig, ein Wort hervorzubringen, unfähig, zu entfliehen. Wie in einem Alptraum mußte sie alles über sich ergehen lassen.

Dr. Schumann war so außer sich, daß er sie am liebsten geschüttelt oder geschlagen hätte. »Pfui Teufel!« brüllte er, drehte sich um und stürzte aus dem Zimmer.

Sie stand wie festgenagelt und rührte sich erst, nachdem sie gehört hatte, wie die Haustür hinter ihm ins Schloß fiel. Mechanisch wie eine aufgezogene Puppe bückte sie sich, hob den Schemel auf, stellte ihn wieder an seinen Platz, nahm die Dose mit den verhängnisvollen Pillen und tat sie in die Schublade zurück.

Erst als sie die kleine Schmuckschachtel entdeckte, die geöffnet vor dem Spiegel des Toilettentisches stand, als sie die schimmernde, mit Saphiren besetzte Schmucknadel sah, brach sie zusammen.

Der Fall Angelika Schneider hatte Professor Overhoff tiefer

beeindruckt, als er es sich anmerken ließ. Die Geschichte dieses von einem jungen Burschen verführten Mädchens hatte ihm schlagartig die eigene Verantwortung bewußt gemacht – die Verantwortung, die er seiner Tochter Eva gegenüber trug. Eva war fünfzehn Jahre, auch sie war den größten Teil ihrer Zeit sich selber überlassen, vielleicht war auch sie schon in seelische Not geraten.

Nach dem tragischen Tod seiner Frau war Professor Overhoff kaum noch zu Hause gewesen. Er hatte die Atmosphäre seines Heimes, in dem ihn alles und jedes an seine Frau erinnerte, nicht mehr ertragen können. Er hatte sich gegen alles, was den Schmerz dieses unersetzlichen Verlustes in ihm lebendig machte, abgekapselt – einen Schmerz, den niemand, wie er glaubte, wirklich nachfühlen oder gar mit ihm teilen konnte. Er hatte sich ganz in sich selbst zurückgezogen und Entspannung in seiner wissenschaftlichen Arbeit gesucht. Erst nach dem Gespräch mit seinem Oberarzt spürte er zum erstenmal wieder, daß er nicht allein auf der Welt und nicht nur für sich selber verantwortlich war. Es trieb ihn dazu, seine Tochter wiederzusehen, überzeugt, daß sie sich nach ihm sehnte und ihn brauchte. Aber wenn er geglaubt hatte, daß sie ihn freudestrahlend begrüßen oder ihm weinend um den Hals fallen würde, hatte er sich getäuscht. Sie begegnete ihm mit einem lässigen, leicht erstaunten: »Hallo, Vater!«

Er sah sie an und empfand es wie einen eisigen kleinen Schlag auf sein Herz, daß sie für ihn fast eine Fremde geworden war. Lag es daran, daß sie ihre Lippen nachgezogen und auch ihre hellen Augen anscheinend künstlich betont hatte? Sie waren sich in der Diele zufällig begegnet, und Eva, in langen engen Hosen und einem überweiten grauen Pullover, wollte offensichtlich ausgehen.

»Wo willst du hin?« fragte Professor Overhoff, und diese Frage kam wesentlich unfreundlicher heraus, als er es beabsichtigt hatte.

›Nur ein bißchen raus«, erwiderte sie, achselzuckend und ohne ihn anzusehen.

»Hast du denn schon zu Abend gegessen?«

»Ja.«

»Dann leiste mir wenigstens Gesellschaft, damit ich nicht allein essen muß.«

Sie folgte ihm stumm in das kleine Eßzimmer, hörte mit niedergeschlagenen Augen zu, wie er dem Mädchen seine Wünsche übermittelte.

»Willst du nicht wenigstens etwas trinken?« fragte er. »Vielleicht eine Flasche Cola?«

»Wenn du meinst...« Sie holte sich eine Flasche Cola und kam wieder herein.

Er hatte sich an das Kopfende des Tisches gesetzt und sah jetzt zu ihr auf. »Komm, setz dich doch!«

Sie gehorchte.

»Na, was gibt's Neues in der Schule?« fragte er mit gezwungener Munterkeit.

»Och«, sagte sie gedehnt, »nichts Besonderes.«

Erneut stand das Schweigen wie eine Mauer zwischen ihnen. Professor Overhoff zermarterte sich den Kopf, um ein Gesprächsthema zu finden, für das sie sich vielleicht interessieren könnte; aber ihm fiel nichts ein. Wie sonderbar das war. Früher hatten sie doch ganz unbefangen über alles miteinander reden können – oder irrte er sich? War ihm dieses Kind immer fremd gewesen, hatte er es nur nicht gemerkt? Was immer er über ihre kleinen Erlebnisse, ihre Erfolge und Mißerfolge in der Schule wußte, das – mußte er sich eingestehen – hatte ihm Susanne, seine Frau, erzählt. Sein persönlicher Kontakt zu seiner Tochter, dies wurde ihm jetzt klar, war seit jeher sehr schwach gewesen.

»Na, erzähle mir doch einmal, was du so den ganzen Tag machst.«

»Das Übliche«, antwortete sie, »Schule gehen, Aufgaben machen, Klavier spielen... hin und wieder mal ins Kino...«

»Habe ich dich vielleicht von einem Kinobesuch abgehalten?«

»Nö«, murmelte sie und saugte in kleinen Schlucken ihr Cola.

»Na, das ist fein«, sagte er, »dann werden wir beide uns mal einen ganz gemütlichen Abend machen.«

Zum erstenmal reagierte sie impulsiv. »Heute, Vater?« rief sie erschrocken. »Aber ... weißt du ... ich bin nämlich verabredet und ...«

»Mit wem?«

»Ein paar aus meiner Klasse. Kennst du doch nicht.«

»Warum holst du sie nicht einfach herauf?«

»Hierher?« fragte Eva mit hochgezogenen Augenbrauen.

»Ja! Ich spendiere etwas, wir setzen uns alle zusammen und ... na, wir geben ganz einfach eine kleine Party!«

»Mit dir?!« entschlüpfte es Eva, sie wurde rot, fügte rasch hinzu: »Entschuldige bitte, ich wollte dich nicht kränken, aber weißt du ... wenn Erwachsene dabei sind, läßt sich doch nie etwas Vernünftiges anfangen.«

Er zeigte nicht, wie verletzt er war. »Was verstehst du denn unter Vernünftigem?« fragte er.

Eva rutschte unruhig auf ihrem Stuhl hin und her. »Also, weißt du, das ist einfach so ... es ist nichts Schlimmes dabei, bestimmt nicht, aber zu einer richtigen Party gehören doch auch Jungens!«

»Dann bringe eben auch die Jungens mit!«

Eva zögerte, dann sagte sie freimütig: »Wenn ich ihnen sage, daß du hier bist, wird bestimmt keiner kommen.«

»Haben sie etwa Angst vor mir?«

»Ach wo! Sie können sich bloß an allen fünf Fingern ausrechnen, daß dann doch nichts los sein wird.«

Er sah seine Tochter an, und jetzt, zum erstenmal, begegnete sie standhaft seinem Blick. Er hätte ihr befehlen können, zu Hause zu bleiben, aber was wäre damit gewonnen gewesen? Er hätte auch darauf bestehen können, daß sie nur ihre Freundinnen einlud – aber sein Grauen vor diesem erzwungenen Beisammensein war stärker als der Wunsch, seiner Tochter näherzukommen. Wenn er schon zu seiner eigenen Tochter keinen Kontakt fand, wie dann zu anderen Mädchen ihres Alters, die er nie zuvor gesehen hatte und die in einer ganz anderen Welt lebten als er.

»Na, dann lauf schon«, sagte er entmutigt. Er hatte den Satz noch nicht zu Ende gesprochen, da war sie schon aufgesprungen und aus dem Zimmer gesaust.

Er blieb allein zurück und fühlte sich so leer und einsam wie noch nie zuvor.

Dr. Schumannn war durch die Straßen gestürmt. Er hatte kein Ziel, sondern nur den einzigen Wunsch gehabt, Astrid nie wiederzusehen, seine Wohnung nie wieder betreten zu müssen. Sein ganzes Leben schien ihm verfehlt, sinnlos geworden.

Es dauerte eine gute Stunde, bis er sich einigermaßen beruhigt hatte und fähig war, einen klaren Gedanken zu fassen. Er holte tief Atem, zwang sich, zu überlegen. Auch jetzt war der Widerwille gegen seine mißglückte Ehe noch so stark, daß ihm der Gedanke, nach Hause zurückzukehren, unerträglich schien. Er hätte in eine Kneipe gehen und sich betrinken mögen, um alles zu vergessen; aber diese billige Flucht verbot er sich.

Er bemerkte, daß er instinktiv im Universitätsviertel gelandet war. Er stand am Rand der Grünanlagen, die den eigentlichen Universitätskomplex von den Krankenhäusern trennte. Von hier aus waren es nur noch fünf Minuten bis zur Frauenklinik. Sein Unterbewußtsein hatte ihn hierhin geführt. Er hatte unzählige Umwege benutzt, aber sie alle endeten schließlich bei der einzigen Zuflucht, die er auf der Welt besaß – der Klinik.

Das kleine Zimmer unter dem Dach, in dem er in seiner Junggesellenzeit gehaust hatte, stand immer noch für ihn zur Verfügung. Er hatte noch manchmal darin geschlafen, wenn er nachts gebraucht worden oder wenn Astrid verreist gewesen war. Sein Rasierzeug befand sich dort, sein Schlafanzug lag immer für ihn bereit. Dieses kleine, mehr als bescheiden eingerichtete Zimmer empfand er jetzt insgeheim als sein wahres Zuhause. Der Luxus und der Komfort des kleinen Hauses am Stadtrand, all die schönen und erlesenen Gegenstände, mit denen Astrid ihr Heim geschmückt hatte, entsprachen nicht seinem persönlichen Bedürfnis. Er hatte sich zwar über alles gefreut, aber im Grunde nur, weil er wußte, was es Astrid bedeutete.

Der Pförtner registrierte das Kommen des Oberarztes

ohne Verwunderung. Die Blicke der Schwestern, die ihm in den Gängen begegneten, waren ohne Neugier oder besonderes Interesse. Noch ahnte niemand, daß er endgültig zurückgekehrt war – morgen, spätestens übermorgen würden es alle wissen, würde diese Neuigkeit die Runde durch das ganze weitverzweigte Haus gemacht haben.

Dr. Schumann war das gleichgültig. Wenn schon! Es gab niemanden, dem er über sein Privatleben Rechenschaft schuldig war.

Er öffnete die Tür zu seinem Zimmer, knipste Licht an, warf den Mantel achtlos aufs Bett, trat vor den Spiegel. Das Gesicht, das ihm entgegenstarrte, wirkte fremd – düster, mit tiefen Falten. Er kam sich um Jahre gealtert vor.

So sieht man also aus, dachte er, wenn man die Hoffnung auf Glück begraben hat!

Er fuhr sich mit der Hand über die Stirn, aber die Falten waren nicht wegzuwischen.

Dr. Schumann wandte sich ab, öffnete die Tür des immer ein wenig klemmenden Kleiderschranks und angelte sich die Flasche Kognak, die er dort reserviert hatte. Er hielt sie gegen das Licht der Deckenlampe, stellte mit Befriedigung fest, daß sie noch zu drei Viertel voll war.

In diesem Augenblick schrillte das Telefon. – Astrid, schoß es ihm durch den Kopf. Er ließ die Hand, die er schon nach dem Hörer ausgestreckt hatte, sinken.

Das Telefon klingelte wieder. Dr. Schumann spürte, wie das Blut in seinen Ohren rauschte, biß sich auf die Unterlippe, war unsicher, was er tun sollte. Dann, nach dem dritten Läuten, zwang er sich, den Hörer abzunehmen, und meldete sich.

»Herr Oberarzt!« hörte er überrascht die Stimme Schwester Helmas, »würden Sie bitte in den Kreißsaal herunterkommen...«

»Sofort«, erwiderte er erleichtert, legte auf.

Er schlüpfte aus der Jacke, nahm sich einen der weißen, leicht gestärkten Kittel, die säuberlich zusammengefaltet in seinem Schrank lagen, und zog ihn über. Er wusch sich die Hände unter heißem Wasser, bürstete sich gründlich die kurzgeschnittenen Nägel, verließ den Raum.

Im Kreißsaal erwartete ihn der junge Dr. Bley. »Gut, daß Sie kommen, Herr Oberarzt...«

»Warum wenden Sie sich an mich? Es ist der reinste Zufall, daß ich...«

»Ja, ich weiß. Entschuldigen Sie bitte, Herr Oberarzt, aber die anderen Herren sind...«

Dr. Schumann wurde sich bewußt, daß er im Begriff stand, seine schlimme Stimmung an dem Jüngeren auszulassen – er tat ihm plötzlich leid, wie er da mit geröteten Wangen und unruhigen Augen vor ihm stand. Der Oberarzt fühlte sich lebhaft an seine eigene Anfängerzeit erinnert. »Schon gut«, sagte er milder, »also, was gibt's?«

Es lagen drei Frauen gleichzeitig im Kreißsaal, und ihr Stöhnen, die beruhigenden Worte der Hebamme, manchmal ein nervöses, gepreßtes Lachen, bildeten den Hintergrund zu diesem Gespräch.

»Eine Sechst-Gebärende«, berichtete Dr. Bley, »mit erster dorsosuperiorer Querlage. Vorzeitiger Blasensprung, kindliche Herztöne gut. Muttermund kleinhandtellergroß, weder Nabelschnur noch kleiner Teil vorgefallen.«

»Na ja, dann werde ich mir die Frau einmal ansehen...«

Er folgte Dr. Bley, der ihn zu dem hintersten Tisch im Raum führte. Die werdende Mutter lag ganz ruhig, ihr Gesicht unter dem zu stark gewellten farblosen Haar wirkte müde, aber nicht im geringsten ängstlich.

»Wie alt?« fragte Dr. Schumann leise.

»Dreiundvierzig«, erklärte Dr. Bley.

Dr. Schumann konstatierte, daß die Patientin älter wirkte. Dies mochte zum Teil daran liegen, daß die Haut spröde und ungepflegt wirkte. Hauptsächlicher Grund war aber wohl: Die Frau hatte ein Leben geführt, bei dem ihre körperlichen und seelischen Kräfte bis zur äußersten Grenze beansprucht worden waren. Dr. Schumann lächelte sie freundlich an, um das Vertrauen der Patientin zu gewinnen. »Wie fühlen Sie sich denn, Frau...«

»Müller«, flüsterte Dr. Bley.

»Frau Müller«, wiederholte Dr. Schumann, »Schmerzen?«

»Eben nicht, deshalb bin ich ja gekommen. Wenn man fünf

Kinder in die Welt gesetzt hat, dann weiß man ja, wie so etwas vor sich geht, wissen Sie. Heute früh ist die Fruchtblase geplatzt, und da dachte ich mir: Jetzt geht es los! Ich habe gleich mein Köfferchen gepackt und wollte los. Aber es kamen gar keine Wehen, und da habe ich mir gedacht... kannst noch ein bißchen aufräumen und auch was vorkochen, bis es soweit ist. Die Kleinen habe ich natürlich zur Nachbarin gebracht. Dann kamen die Großen aus der Schule nach Hause, und es war immer noch nichts. Gar keine Wehen, und das Kleine...« – sie tastete nach ihrem Bauch – »rührt sich auch gar nicht mehr. Da habe ich meinem Mann gesagt, nun will ich doch mal zur Klinik gehen, weil alles so ganz anders ist als die früheren Male.«

Dr. Schumann untersuchte den Leib der Schwangeren. Es fiel sofort auf, daß die sehr schlaffen Bauchdecken der Mehrgebärenden mehr seitlich aufgetrieben waren, während der Höhepunkt der Gebärmutter geringer war, als es der Zeit entsprach. Mit flachen Händen tastete er sorgfältig. Seine linke Hand umfaßte einen runden, harten Gegenstand; den kindlichen Kopf. Er stand links, der etwas weichere und weniger scharf begrenzte Steiß rechts. Es handelte sich also nicht um eine Längslage, sondern um die seltenere und geburtshilflich gefährlichere Querlage; gefährlich besonders in diesem Fall, da die Blase schon vor Stunden gesprungen war, das Kind also völlig schutzlos quer im Uterus lag. Die Uterusmuskulatur hatte sich nach dem Springen der Fruchtblase kontrahiert, sich wie ein Panzer um das Kind gelegt, drückte es gegen den Beckeneingang.

Frau Müller hatte das Gesicht des untersuchenden Arztes beobachtet. »Es stimmt etwas nicht, wie?« fragte sie. »Das habe ich mir gleich gedacht... es ist ja nicht wegen des Kindes! Aber wenn mir etwas zustieße... nein, Herr Doktor, das darf nicht sein. Was sollte dann aus meinem Alfons werden... mit fünf Kindern!«

»Beruhigen Sie sich«, sagte Dr. Schumann, »es wird Ihnen nichts passieren, dazu sind wir ja da! Sie haben doch Vertrauen zu uns, nicht wahr?«

Frau Müller blickte in die braunen, klugen Augen des Arztes und rief impulsiv: »Zu Ihnen, Herr Doktor ... jede Menge!«

»Na, dann können wir uns also aufeinander verlassen!« Dr. Schumann ließ sich von seinem Kollegen das Stethoskop geben, horchte die kindlichen Herztöne ab. Sie waren normal. Er lächelte der Frau noch einmal zu, trat zu Dr. Bley in den Waschraum.

»Scheint ein zähes kleines Kerlchen zu sein«, sagte er.

»Und ob!« bestätigte Dr. Bley. »Ich möchte wetten, daß das Kleinige einige Heißwasserkuren, Rotwein und Chinin schon überstanden hat ...«

»Unzählige Sprünge vom Tisch nicht mitgerechnet«, ergänzte Dr. Schumann. »Das gibt mir Hoffnung, es durchzubringen.«

»Kaiserschnitt?«

»Nein. In diesem Fall würde ich es für richtiger halten, wenigstens den Versuch zu unternehmen, das Kind auf den Fuß zu wenden.«

»Ich weiß nicht ...«, meinte Dr. Bley unsicher.

»Was wissen Sie nicht?«

»Ich möchte zu bedenken geben: Eine solche Wendung ist doch für das Kind die gefährlichste Manipulation überhaupt.«

»Gut gelernt«, sagte Dr. Schumann mit einem Lächeln, das nicht ganz echt war. »Wenn ich Sie richtig verstanden habe ... Sie würden es nicht versuchen?«

»Nein ...«

Dr. Schumann war zum Waschbecken getreten, hatte die Hähne weit aufgedreht, ließ seine Hände von dem sehr heißen Wasser überspülen. »Jeder praktische Arzt«, rief er in das Brausen hinein, »kann sich gezwungen sehen, diesen Eingriff durchzuführen. Wir alle sollten uns nicht so sehr auf den technischen Apparat einer großen Klinik verlassen.«

Er nahm das sterile Tuch, das Dr. Bley ihm reichte. »Na, dann wollen wir mal«, sagte er bewußt forsch.

Sie gingen in den Kreißsaal zurück. »Ihr Kind liegt quer zum Becken«, erklärte Dr. Schumann der Mutter, »es kann

nicht heraus. Ich werde jetzt versuchen, es zu wenden...
das wird natürlich nicht ganz angenehm für Sie sein...«

»Ich bin Schmerzen gewohnt, Herr Doktor...«

»Ja, ich weiß, daß Sie tapfer sind!«

Dr. Schumann untersuchte vaginal, tastete mit zwei Fingern den Leib des Kindes ab. Es lag mit dem Rücken zum Beckeneingang. Er versuchte, probeweise den querliegenden Körper etwas nach oben zu schieben und spürte, daß es möglich war.

Mit beiden Händen – die rechte innen, die linke außen – schob er vorsichtig den Körper des Kindes aus dem kleinen Becken hinaus, bis es den größeren Raum dahinter erreichte. Die schlaffen Bauchdecken der Frau erlaubten es, das Kind zu lüften.

Jetzt war die Wendung theoretisch möglich. Dr. Schumann zögerte noch den Bruchteil einer Sekunde – ihm wurde quälend bewußt, daß das Leben dieses ungeborenen Kindes jetzt buchstäblich allein in seiner Hand lag.

Dann biß er die Zähne zusammen. Es gelang ihm, die beiden kleinen Füße zu fassen, das Kind im Mutterleib herumzudrehen – es lag jetzt mit den Füßen zum Beckeneingang und war nun leicht zu entwickeln.

Vorsichtig begann er, die Wehenbewegungen nachahmend, an den Füßen des Kindes zu ziehen, brachte die Füße heraus, die Beine, die Schultern, den Kopf.

Die Mutter lag mit fest zusammengepreßten Lippen, stöhnte zwei-, dreimal, mühsam unterdrückt.

Dann war das Kind geboren, ein winziges, mit bräunlichem Schleim bedecktes Wesen. Dr. Schumann nabelte es ab und reichte es der Hebamme, die wartend den Eingriff beobachtet hatte.

Nachdem er die Plazenta gelöst hatte, richtete Dr. Schumann sich auf und sah die achtungsvoll, geradezu ehrfürchtig auf sich gerichteten Augen Dr. Bleys.

»Penicillin«, sagte er, »für alle Fälle...«

Dann trat er hinter den Wandschirm, wo die Hebamme das Kind wog und wusch. Das quäkende Schreien des Neugeborenen war für ihn wie Musik.

»Ein kleines Mädchen, es wiegt 3100 Gramm«, rief die Hebamme strahlend, »und ist vollkommen in Ordnung... wirklich, vollkommen in Ordnung, Herr Oberarzt! Ich habe es ganz abgetastet.«

»Du hast uns schöne Schereien gemacht«, sagte Dr. Schumann mit fast väterlichem Stolz und betrachtete das quäkende Geschöpfchen mit den kleinen krummen Beinchen und den winzigen Händchen. »Sich quer zu legen... so eine unvernünftige kleine Dame!«

Er ging in den Kreißsaal zurück, beugte sich über die Mutter. »Sie haben's überstanden, Frau Müller... ich gratuliere!«

Das Gesicht der Frau wirkte entspannt. »Mir scheint, ich hab' Sie diesmal die ganze Arbeit allein tun lassen, Herr Doktor! Ist wirklich schon alles vorbei?«

»Ja!«

»Und das Kind?«

»Ein kleines Mädchen, ein ganz besonders tapferes und tüchtiges kleines Mädchen! Passen Sie mal auf, an dem werden Sie noch viel Freude haben!«

Die Frau versuchte sich aufzurichten. »Es lebt? Es lebt wirklich?«

Die Hebamme brachte das sauber gewickelte Kind.

»Es ist ganz gesund«, lächelte sie und legte es der Mutter in die Arme.

»Es ist seltsam«, sagte Frau Müller, »wenn es da ist, freut's einen doch. Dann versteht man gar nicht, wie man darauf hätte verzichten können.«

Zwischen Kirsten und ihrem Mann, dem Rechtsanwalt Dr. Hugo Winterfeld, war es seit jener heftigen Auseinandersetzung im Auto zu keiner wirklichen Versöhnung gekommen. Sie lebten nebeneinander her, als seien sie sich fremd, vermieden die Begegnung, sprachen kaum miteinander.

Kirsten litt. Tag und Nacht grübelte sie darüber nach, ob es wirklich das einzig Richtige sein würde, die Konsequenzen zu ziehen und ihrem Mann die Scheidung vorzuschlagen – nicht im wilden Zorn, sondern in aller Ruhe. Vielleicht würde er erleichtert sein und diese Lösung begrüßen. Sie wollte ihm den Weg frei machen – zu einem Mädchen, das in der Lage war, ihm Kinder zu schenken.

Professor Overhoff hatte ihr zwar versichert, daß sie gesund sei und Kinder bekommen könne, aber im tiefsten Herzen zweifelte Kirsten immer noch an sich selber; um so mehr, als sie jetzt wußte, daß ihr Mann schon ein Kind von einer anderen hatte. Vielleicht war seelisch mit ihr etwas nicht in Ordnung?

Sie hätte gern mit einem Menschen über alle diese Fragen gesprochen. Die einzige Person, die für ein solches Gespräch in Frage käme, war ihre Schwester Astrid – aber Astrid, das wußte sie nur zu gut, würde sie nie verstehen.

Als das Telefon klingelte, wußte sie, schon bevor sie den Hörer abnahm, daß ihr Mann am Apparat sein würde, und sie hatte sich nicht geirrt. »Entschuldige bitte, daß ich dich erst jetzt verständige«, sagte er sehr formell, »aber ich werde zum Essen nicht hinüberkommen. Ich habe heute abend noch eine Besprechung.«

Sie schluckte schwer. »Wie lange?«

»Das kann ich noch nicht mit Bestimmtheit sagen, aber es wird wohl spät werden.«

Sie fühlte in diesem Moment, wie sehr sie ihren Mann liebte, trotz allem! »Hugo...«

Aber da hatte er schon eingehängt.

Kirsten zweifelte keinen Augenblick daran, daß diese ›Besprechung‹ nur ein Vorwand war. Er wich ihr aus, er wollte nicht mit ihr sprechen, nicht mit ihr zusammensein. Sie würde wieder allein warten, grübeln, sich zerfleischen – und nicht einmal wissen, wohin er gegangen war, ob es nicht bereits eine andere Frau in seinem Leben gab, bei der er Trost suchte.

Plötzlich ertrug sie es nicht länger und lief auf den Flur hinaus. Schon hatte sie die Tür geöffnet, als ihr einfiel, daß sie ja noch die Schürze umgebunden hatte. Sie nahm sie ab, warf sie über den Garderobenhocker, rannte hinüber in die Kanzlei ihres Mannes.

Fräulein Schalke, die Kanzleivorsteherin, verbarg ihr Erstaunen hinter respektvoller Höflichkeit.

Dann stand Kirsten ihrem Mann gegenüber und – wußte plötzlich nichts mehr zu sagen. Sein Gesicht war unbewegt und zeigte weder Erstaunen noch Freude. Nicht einmal das kleinste Lächeln der Ermunterung zwang er sich ab. Er hatte sich steif hinter seinem Schreibtisch erhoben, das war aber auch alles.

»Hugo«, sagte Kirsten plötzlich atemlos, »ich möchte dich um Verzeihung bitten!«

In seinem Gesicht zuckte es. »Du?!« fragte er ehrlich verwundert.

»Ja. Ich. Ich habe mich schauderhaft benommen ... völlig hysterisch. Ich weiß wirklich nicht, was in mich gefahren ist.«

»Vielleicht darf ich dich erinnern«, sagte er. »Der Grund war der: Ich habe dich jahrelang belogen!« Er sah in ihr vor Liebe und Erregung glühendes Gesicht, und endlich, endlich tat er das, wonach sie sich so bitter gesehnt hatte. Er nahm sie in seine Arme, ganz fest, drückte sein Gesicht in ihr weiches Haar. »Es war meine Schuld«, flüsterte er, »ganz allein meine Schuld ... du darfst dich nicht so demütigen!«

»Demütigen?« wiederholte sie, halb weinend, halb lachend.

»Ja«, sagte er. »Ja, indem du mich jetzt auch noch um Verzeihung bittest!«

»Was sollte ich denn sonst anderes tun?« fragte sie und hob ihr Gesicht zu ihm. »So konnte ich es doch nicht länger aushalten!«

»Braves Mädchen«, flüsterte er, »mein liebes kleines braves Mädchen ...«

»Hugo!« Sie rieb ihre Wange an dem rauhen Stoff seines Jacketts. »Ich habe eine Idee ...«

»Ja?«

»Einen Wunsch ... einen wirklichen Wunsch!«

»Nun sag schon!«

»Könnten wir nicht zusammen verreisen?«

»Wohin?«

»Das ist doch gänzlich gleichgültig. Irgendwohin, wo es schön ist.«

Er ließ sie los, schwang sich auf die Schreibtischkante, sagte nachdenklich: »Also, weißt du ... gerade jetzt habe ich ein paar sehr wichtige Termine ...« Er wollte sich eine Zigarette anzünden, besann sich aber und reichte erst ihr das Päckchen.

Sie schüttelte stumm den Kopf.

»Du rauchst nicht?« fragte er irritiert.

Sie lächelte schwach. »Professor Overhoff hat es mir nahegelegt ...«

»Ach so!« Er ließ sein Feuerzeug aufspringen, steckte die Zigarette an, nahm einen tiefen Zug und stieß den Rauch durch die Nase. »Dann war es wohl auch der Professor, der dir zu einer gemeinsamen Reise geraten hat?«

Sie errötete leicht. »Ja, das auch. Aber das ist nicht der Grund, sondern ...«

Er unterbrach sie. »Du kannst nicht von mir verlangen, daß ich dir ein Kind auf Befehl zeuge.«

»Hugo!« rief sie entsetzt.

»Ich weiß, das klingt nicht fein, aber es ist besser, wenn wir endlich die Dinge beim Namen nennen. Sei doch ehrlich! Am liebsten möchtest du doch jetzt wieder, daß ich vor der Reise noch zum Dermatologen gehe?«

»Daran habe ich wirklich nicht gedacht.«

»O doch, das hast du!« Er drückte seine halbgerauchte Zigarette aus. »Kirsten, ich liebe dich ... und du liebst mich auch, ich weiß es. Wir passen zusammen, wir könnten glücklich sein. Auch ohne Kinder. Müssen wir uns das alles selber zerstören, nur weil bei dir der Wunsch nach einem Kind zur Besessenheit, zur fixen Idee geworden ist?!«

»Du verstehst das nicht«, sagte sie mit starren Lippen, »weil du Vater bist.«

»Vater eines Kindes, das ich zwei-, dreimal flüchtig gesehen habe! Wenn du das Vaterschaft nennst!«

»Hätten wir eigene Kinder, wärst du nie auf die Idee gekommen, es zu adoptieren!«

Er ließ sich vom Schreibtisch gleiten. »Ich dachte, dieses Kapitel hätten wir endgültig ad acta gelegt.«

»Nein«, meinte sie, »das werden wir niemals können ... nicht, solange wir nicht selber Kinder haben. Dieses fremde Kind wird immer zwischen uns stehen.«

»Kirsten ...«, sagte er und packte sie bei den Schultern. Sie sah ihm flehend in die Augen. »Verreise mit mir«, bat sie, »ich muß hier heraus! In einer anderen Umgebung ... unter anderen Menschen ... werde ich wieder zu mir selber finden. Ich fühle es, daß ich das brauche.«

»Ich kann mich jetzt nicht frei machen, es ist im Augenblick unmöglich, glaub mir das! Aber warum verreist du nicht allein?«

»Allein?«

»Ja, warum nicht? Schließlich sind wir ja keine siamesischen Zwillinge.«

Ihre Augen verdunkelten sich. »Gut, wenn du es so willst«, sagte sie spröde, »werde ich allein fahren.«

Erleichtert nahm er sie in die Arme und wußte nicht, daß sie sich in dieser Minute meilenweit von ihm entfernt hatte, daß ein gefährlicher Entschluß in ihr gereift war.

Sie mußte und wollte Antwort auf die Frage finden, ob sie wirklich zur Unfruchtbarkeit verflucht war oder ob ein anderer Mann ihr das Kind schenken konnte, nach dem sie sich sehnte.

8

Es war fünf volle Tage her, seit Dr. Schumann sein Haus und seine Frau Astrid im Zorn verlassen hatte. Aber sein Herz hatte sich nicht von ihr gelöst, und seine Gedanken kreisten unentwegt um das Problem seiner mißglückten Ehe.

Wenn er arbeitete, war es nicht so schlimm – und er arbeitete jetzt mehr denn je zuvor, weil besonders die jüngeren Ärzte seine ständige Anwesenheit dazu ausnutzten, ihn zu jeder Tag- und Nachtzeit zu Rate zu ziehen. Aber die langen Stunden, in denen er allein in seinem kleinen Zimmer in der Klinik saß, wurden ihm zunehmend zur Qual. Weder Fachzeitschriften noch spannende Kriminalromane vermochten ihn dann abzulenken. Immer wieder gingen seine Gedanken in die Vergangenheit zurück. Immer wieder grübelte er darüber nach, ob die Trennung von Astrid wirklich unvermeidlich war oder ob er nicht den endgültigen Bruch hätte vermeiden können.

Was trieb Astrid ohne ihn? Vermißte sie ihn? Bereute sie? Oder war sie erleichtert, ihn los zu sein?

»Verdammt!« rief er laut, als er sich wieder einmal bei solch nutzlosen Überlegungen ertappte. Impulsiv griff er zum Telefon, zog es näher an sich heran und wählte die Nummer seiner Wohnung. Er gab sich keine Rechenschaft darüber, ob es richtig oder falsch war, was er jetzt tat. Er wollte mit Astrid reden – worüber, das war ihm im Augenblick ganz gleichgültig.

Der Apparat läutete dreimal, bevor am anderen Ende der Leitung der Hörer abgenommen wurde. »Ja?« meldete sich Astrid – sie sagte es gelassen und ohne eine Spur von Spannung oder Erwartung.

»Ich bin's, Rainer ...«

»Ja?« fragte Astrid noch einmal, und ihre Stimme blieb kühl und spröde, zeigte weder Freude noch Abwehr.

Er mußte schlucken. »Ich habe eine Bitte ... könntest du mir ein paar Sachen zusammenpacken und in die Klinik schicken? Ich brauche einen zweiten Anzug ... vielleicht den hellgrauen, und Hemden, Socken, Schlafanzüge ...«

»Natürlich«, antwortete sie sehr ruhig.

Es entstand eine lange, quälende Pause.

»Hallo«, sagte er endlich, »Astrid ... bist du noch da?«

»Ja.«

»Kann ich die Sachen morgen früh bekommen?«

»Ja.«

»Ich danke dir ...« Dr. Rainer Schumann legte auf, stützte den Kopf in die Hände. Ich bin wirklich der letzte Idiot, dachte er; was habe ich mit diesem blödsinnigen Anruf bezweckt? Hatte ich wirklich gehofft, Astrid würde mich anflehen zurückzukommen? Er seufzte schwer, holte die Kognakflasche aus dem Schrank, goß sich ein Wasserglas halb voll, zog seine Pfeife unter einem Stoß Zeitschriften hervor, stopfte sie umständlich und zündete sie an. Nachdem er sich wieder in den ziemlich ausgeleierten, aber sehr bequemen

Sessel gesetzt hatte, versuchte er sich einzureden, daß es ihm an nichts fehle und daß er allen Grund habe, mit sich und seinem Leben zufrieden zu sein.

Da klopfte es an der Zimmertür.

Er hob den Kopf in der freudigen Erwartung, zu einer Patientin gerufen zu werden. »Herein!«

Eine junge Dame in einem tief dekolletierten, buntbedruckten Seidenkleid wirbelte ins Zimmer. Es dauerte einige Sekunden, bis er in ihr die junge Schwester Patrizia von der Säuglingsstation erkannte.

»Nanu?« staunte er. »Wie kommt solcher Glanz in meine Hütte?«

Patrizia zeigte mit einem lächelnden Erröten ihre Grübchen und fuhr sich verlegen über das blonde, sorgfältig frisierte Haar. »Es ist eine Frechheit, ich weiß«, sagte sie, hielt seinem Blick aber mit mutwilliger Koketterie stand.

»Ich hoffe nur, Sie sind mir nicht allzu böse!«

»Warum? Bisher haben Sie mich ja noch nicht geärgert!« Er steckte sich die Pfeife zwischen die Zähne, musterte die Schwester amüsiert und nicht ohne Wohlgefallen.

»Ich bin nicht von mir aus gekommen«, sagte sie und strich über die glatte Seide, die ihre runden Hüften umspannte, »man hat mich geschickt ... ich komme sozusagen als Abordnung!«

»Von wem?«

»Von allen! Dr. Leopold gibt doch heute abend seine Geburtstagsparty ... jeder, der frei hat, ist eingeladen. Und alle sind gekommen. Außer Ihnen.«

»Na, man wird mich nicht allzusehr vermißt haben.«

»O doch. Deshalb bin ich ja da. Um Sie zu holen.«

Dr. Schumann hatte Zeit gehabt, sich die Sache zu überlegen. Auf der einen Seite reizte ihn die Gelegenheit, der Einsamkeit seiner vier Wände zu entrinnen, auf der anderen Seite sträubte sich alles in ihm dagegen, in den festlichen Kreis der Kollegen und der Schwestern einzubrechen. Sicherlich gab es keinen in der Klinik, dem es nicht aufgefallen war, daß er sein altes Zimmer wieder bezogen hatte, und er zweifelte nicht daran, daß die tollsten Gerüchte über ihn im

Umlauf waren. Er wollte sich nicht freiwillig neugierigen Blicken und plumpen Anspielungen aussetzen.

»Tut mir leid«, sagte er lächelnd, »nichts zu machen. Ich habe noch zu arbeiten.«

»Oh«, meinte Schwester Patrizia enttäuscht und zog einen Schmollmund, »schade!«

Er zog an seiner Pfeife, stieß eine dicke Rauchwolke aus.

»Sie lieben wohl solche Partys?«

»Und wie!« bekannte sie freimütig. »Kommen Sie doch mit, bitte! Es ist so lustig! Alle Schwestern in Zivil, die Ärzte ohne Kittel...« Sie lachte. »Irgendwie sehen sie alle wie maskiert aus.«

»Das kann ich mir vorstellen... im ersten Augenblick habe ich ja nicht einmal Sie erkannt! Aber Sie sehen reizend aus... ohne Tracht und Häubchen!«

»Ich habe mich extra schön gemacht«, sagte Patrizia, »für Sie!«

»Für die Party, meinen Sie wohl!« Er wußte, daß es albern war, aber die offenkundige Anbetung tat ihm gut. »Laufen Sie«, sagte er rauher, als er es beabsichtigt hatte. »Sie versäumen sonst noch etwas!«

»Störe ich Sie?« fragte sie erschrocken.

»Ach woher!«

Sie blickte auf die Spitzen ihrer grasgrünen hochhackigen Pumps. »Ohne sie traue ich mich nämlich gar nicht zu den anderen zurück.«

»Dann müssen Sie wohl bleiben«, sagte er und lächelte sie an.

»Wenn ich darf?«

Er wies mit einer Kopfbewegung zum Waschbecken. »Bringen Sie bitte das Glas her... ja, das! Nehmen Sie die Zahnbürste raus und spülen Sie es durch. Ich schenke Ihnen einen Schluck ein...« Er hielt die Kognakflasche in der Hand, als sie mit dem Glas zu ihm trat, goß ihr ein.

»Danke« sagte sie. »Ist eigentlich noch niemand auf die Idee gekommen, Ihnen anständige Gläser zu schenken?«

»Glücklicherweise nicht! Zu Hause habe ich...« Er stockte, weil er merkte, daß er ausgerechnet das Thema zu berühren im Begriff war, das er unter allen Umständen umgehen wollte. »Setzen Sie sich!« sagte er fast grob.

Sie setzte sich auf den einzigen Stuhl im Zimmer, kerzengerade, die Beine sorgsam nebeneinandergestellt – ganz das wohlerzogene junge Mädchen. Verlegen schnupperte sie an ihrem Glas und nahm einen kleinen Schluck. »Es . . . es muß sehr ungemütlich hier für Sie sein«, meinte sie, ohne ihn anzusehen, »ich meine . . . nachdem Sie es doch so ganz anders gewohnt sind.«

»Meine Frau ist verreist«, sagte er kurz.

»Ach!?« Es klang ungläubig.

Eine unbehagliche Pause entstand. Schon bereute er es, sie zum Bleiben aufgefordert zu haben, und überlegte, wie er sie so schnell wie möglich wieder loswerden könnte.

»Na ja«, korrigierte sie sich, »es wird eben viel geredet. Vielleicht hat Dr. Gerber sich geirrt . . . oder er flunkert ganz einfach.«

Überrascht sah er sie an. »Wovon sprechen Sie eigentlich?«

Sie lächelte, nahm noch einen Schluck. »Nichts von Bedeutung.«

»Also wissen Sie«, knurrte er ärgerlich, »solch geheimnisvolle Andeutungen liebe ich gar nicht. Wer einmal anfängt, muß auch aussprechen, was er auf dem Herzen hat!«

»Ach, es ist wirklich nichts«, sagte sie und warf mit einer anmutigen Bewegung eine kleine blonde Locke aus ihrer Stirn. »Dr. Gerber behauptet nur, er hätte Ihre Frau gesehen . . . gestern abend in einer Bar. Aber wenn sie verreist ist, kann das natürlich nicht stimmen.«

»In einer Bar?«

»Ja – ›Bei Toni‹ heißt sie. Ganz in der Nähe des Theaters. Sie soll dort in Begleitung des Schauspielers Paul Neumann gewesen sein.«

»Neumann? Ach so. Das ist ein guter Bekannter von uns.« Erst zu spät wurde es Dr. Schumann bewußt, daß er sich mit diesem Zugeständnis verraten hatte.

»Na schön«, erklärte er, »sie ist nicht verreist. Warum soll ich lügen. Wir haben uns gestritten. So etwas kommt wohl in den besten Familien vor.«

»Ja«, sagte Patrizia leise, »ich habe es gefühlt!«

»Gefühlt?« Er sah interessiert auf. »Was haben Sie gefühlt?«

»Daß Sie unglücklich sind, allein, einsam ... daß Ihre Frau Sie nicht versteht ...«

»Ja aber ...«, stotterte er hilflos, »Sie kennen Astrid ... meine Frau, Sie kennen sie doch gar nicht!«

»Ich brauche Ihre Frau nicht zu kennen. Es genügt mir, zu sehen, wie Sie leiden ... wie Sie sich abquälen ...« Plötzlich fing sie an zu schluchzen. »Verzeihen Sie mir bitte, ich weiß, ich hätte das nie sagen dürfen ... es geht mich ja gar nichts an ... aber ich, ich ...« Sie wischte sich mit der Hand über die Augen.

Dr. Schumann legte seine Pfeife in den Aschenbecher, stand auf und ging zu der jungen Schwester. »Patrizia«, sagte er – es sollte väterlich klingen, aber der rechte Ton gelang ihm nicht –; »Mädchen, wein doch nicht ... doch nicht meinetwegen! Du verdirbst dir nur deine hübschen Augen ...« Er spürte, daß er dabei war, lauter Unsinn zu reden.

»Aber ...«, rief sie verzweifelt, »es ist schrecklich ... ich kann es dir gar nicht sagen ... ich meine natürlich: Ihnen ... ach ...«

Plötzlich lag sie in seinen Armen. Er zog sie fest an sich und streichelte ihre kühle Haut, spürte ihren schmiegsamen Körper.

»Wenn du nur glücklich wärst«, schluchzte sie, »ich hätte nie etwas gesagt ... wenn du nur glücklich wärst!«

»Patrizia«, sagte er mit einem letzten Rest von Beherrschung, »ich kann dir nichts versprechen ... du weißt ...«

»Aber das brauchst du doch auch nicht! Ich verlange nichts von dir ... gar nichts! Nur, daß du mich ein bißchen lieb hast ... ein ganz kleines bißchen!«

»Das habe ich doch!« flüsterte er dicht an ihrem Ohr.

Sie küßten sich, als das Telefon klingelte.

Er brauchte einige Sekunden, um sich von ihr zu lösen, dann trat er an den Tisch, nahm den Hörer ab, meldete sich, lauschte. Patrizia beobachtete ihn nervös.

»Verstanden«, sagte er endlich, »ich komme sofort!«

Er hängte ein.

»Du mußt runter?« fragte sie.

Er lächelte ihr liebevoll zu. »Ja. Leider.«

»Wird es lange dauern? Ich meine . . . soll ich auf dich warten?«

»Lieber nicht. Geh zu den anderen, sie haben dich sicher schon vermißt.«

»Gut«, sagte sie entschlossen und legte die Handrücken kühlend auf ihre glühenden Wangen, »du hast recht. Sie brauchen nicht gleich etwas zu merken.«

Er küßte sie noch einmal mit großer Zärtlichkeit.

»Bitte, tu das«, sagte er, »ich werde auf dich warten!«

Sie verließen das Zimmer nicht gemeinsam. Sie blieb zurück, bis er den Lift erreicht hatte. Er dankte ihr im stillen für ihr Taktgefühl. Dieses Mädchen hatte mit einem Schlag sein Leben verändert. Ihre Liebeserklärung, ihre bedingungslose Hingabe empfand er als ein Geschenk des Himmels. Es war gut, nicht mehr allein zu sein; wunderbar, nicht mehr nur der Werbende, Fordernde, Erobernde sein zu müssen. Begehrt und geliebt zu werden – dieses schöne Gefühl hatte er schon lange nicht mehr gekannt.

Leise pfiff er vor sich hin, während der Lift abwärts fuhr. Seine Gedanken begannen sich nur widerwillig mit der Patientin zu beschäftigen, und auch erst dann, als er die Glastür zur Privatstation aufstieß.

Es handelte sich um Frau Breuer, eine allzu tüchtige 38jährige Mutter, die vor einigen Wochen wegen einer drohenden Frühgeburt eingeliefert worden war. Damals hatte er die Shirodkarsche Operation an ihr durchgeführt, bei der um den Uterushals ein starker Faden geschlungen und verknotet wird, und ihr äußerste Ruhe zudiktiert. Aber sobald die Patientin beschwerdefrei gewesen war, hatte sie die Untätigkeit nicht mehr ertragen. Einmal war es ihm noch gelungen, sie zur Vernunft zu bringen, aber schon wenige Tage später hatte sie verlangt, entlassen zu werden. Alle Warnungen waren an ihr abgeprallt.

Und nun war sie wieder da, mit stärkeren Unterleibsschmerzen als zuvor, und noch ehe Dr. Schumann sie untersucht hatte, war er ziemlich sicher, daß das eingetreten war, was er das letztemal noch hatte verhüten können: die Wehen hatten vorzeitig eingesetzt. Er rechnete kurz nach – die Patientin mußte im achten Monat sein.

»Bitte, helfen Sie mir«, jammerte Frau Breuer, »bitte, Herr Doktor ... das Kind! Ich darf das Kind nicht verlieren!« Ihm lag ein hartes Wort schon auf der Zunge, aber er verschluckte es. Es war nicht seine Aufgabe, die Patientin zurechtzuweisen, abgesehen davon, daß jeder Vorwurf jetzt ohnehin zu spät gekommen wäre. So lächelte er Frau Breuer ermutigend zu, sagte: »Entspannen Sie sich ... bitte, versuchen Sie, sich zu entspannen, damit ich sie untersuchen kann!«

Frau Breuer atmete tief durch, während er mit dem Stethoskop die Herztöne des Kindes abhorchte. Er war noch nicht fertig, als sie sich schon wieder zusammenkrampfte und leise aufstöhnte.

»Diese Schmerzen«, rief sie, »sie kommen immer wieder ... alle paar Minuten! Was ist bloß los mit mir?« Mit angstgeweiteten Augen sah sie zu Dr. Schumann auf.

»Es sind die Wehen«, antwortete er ruhig.

»Aber ... doch nicht jetzt schon! Das Kind ist doch noch gar nicht ... es kann doch nicht ...«

»Es hat eine gute Chance, am Leben zu bleiben«, sagte Dr. Schumann.

Das Gesicht der Patientin war totenblaß, kalter Schweiß stand auf ihrer Stirn. »Wenn ihm etwas passiert«, stöhnte sie, »mein Mann würde es mir nie verzeihen! Nach fünfzehn Jahren das erstemal ... wir brauchen doch einen Erben!«

Dr. Schumann sah die Oberschwester an, die mit fest zusammengepreßten Lippen und bösen Augen auf die Patientin starrte. »Schwester«, sagte er mahnend, »bitte ...«

Sie fuhr zusammen und wurde rot, weil sie sich ihren Unwillen allzu deutlich hatte anmerken lassen. Frau Breuer gehörte zu den wenigen Patientinnen, mit denen die Oberschwester nicht zurechtgekommen war. Ihr egoistisches, allzu herrschsüchtiges Wesen war ihr von Anfang an ein Dorn im Auge gewesen.

»Lassen Sie die Patientin sofort in den kleinen OP bringen«, ordnete Dr. Schumann an. »Sorgen Sie dafür, daß ein Wärmebettchen und ein Sauerstoffzelt bereitstehen ...«

»Jawohl, Herr Oberarzt!«

Dr. Schumann beugte sich noch einmal über die Patientin. »Nur ruhig«, sagte er, »es besteht kein Grund zur Aufregung. In wenigen Minuten haben wir alles überstanden!« Er lächelte die Patientin noch einmal an, dann eilte er davon, um sich im Waschraum des kleinen Operationssaales die Hände zu säubern.

Zehn Minuten später war es soweit.

Die Patientin lag auf dem Operationstisch. Die Hebamme, Fräulein Liselotte, saß neben ihr, hielt ihre Hand und sprach beruhigend auf sie ein.

Dr. Fischer, ein junger Anästhesist, hatte eine Infusionsnadel an die Vene ihres rechten Armes gelegt, die durch einen Schlauch mit dem Behälter verbunden war, in dem sich Blutersatz befand. Noch hatte er kein Narkosemittel gegeben, um das ohnehin bedrohte Leben des Kindes nicht noch mehr zu gefährden.

Dr. Schumann wartete noch einen Augenblick, bis Schwester Selma die Patientin mit einer desinfizierenden Lösung gewaschen und mit Tüchern bedeckt hatte. Dann begann er. Mit Erleichterung stellte er fest, daß der Uterus noch intakt war, löste das Band, das er vor einigen Wochen angelegt hatte. Die Gefahr einer Uterusruptur war damit behoben. Der Kopf des Kindes stand schon im Becken. Wenige Minuten später war die Frucht ausgestoßen. Die Geburt war so schnell und leicht vor sich gegangen, daß Dr. Fischer gar nicht hatte in Aktion treten brauchen.

Dr. Schumann nabelte das Kind ab, reichte es der Hebamme. Sie hielt es mit dem Kopf nach unten, bräunlicher Schleim floß ihm aus Mund und Nase. Dann begann es zu schreien. Es war nur ein schwächliches Quäken, aber dennoch Musik für die Ohren des Arztes und der Hebamme. Das Kind lebte, und es hatte seine Chance – wenn auch nur eine sehr geringe, denn es war winzig klein.

Dr. Schumann wandte sich wieder der Patientin zu. Sie

blutete stark. Er gab Dr. Fischer ein Zeichen – jetzt war der Augenblick zur Narkose gekommen. Er wartete, bis der Anästhesist ihm zu verstehen gab, daß die Patientin eingeschlafen war. Dann löste er die Nachgeburt und beendete den Eingriff.

Schwester Selma wusch die Patientin, gab saubere Tücher. Dr. Fischer entfernte die Infusionsnadel. »Blutdruck und Puls befriedigend«, meldete er.

Fräulein Liselotte hatte das Kind versorgt. Es lag unter dem Sauerstoffzelt.

»Gewicht?« fragte Dr. Schumann.

»970 Gramm«, erklärte die Hebamme, »Länge 32 Zentimeter . . .« Sie lächelte schwach. »Ein kleines Mädchen.«

»Benachrichtigen Sie die Funkstreife«, sagte Dr. Schumann, »es muß sofort auf die Frühgeburtenstation der Kinderklinik verlegt werden!«

Er ging in den Waschraum, drehte die Hähne auf, zog den blutbespritzten grünen Kittel aus. Er dachte an Patrizia und spürte eine heftige Sehnsucht. Am liebsten wäre er gleich nach oben gegangen.

Aber sein Pflichtgefühl war stärker. Er mußte warten, bis die Patientin aus der Narkose erwacht war. Er wollte ihr persönlich sagen, wie die Dinge standen. Er zündete sich eine Zigarette an und rauchte, bis Schwester Selma ihn rief.

Das kleine Segelboot schaukelte im Wellengang, während es langsam an den gischtumschäumten Höhlen der spanisch-iberischen Insel Ibiza vorbeiglitt.

Kirsten Winterfeld lag lang ausgestreckt unter dem Sonnensegel auf den warmen, rauhen Planken, die Hände unter dem Kopf verschränkt, und blinzelte in den tiefblauen Himmel hinauf. Ihre Haut hatte einen schönen goldbraunen Ton bekommen, ihr blondes Haar war noch um einige Nuancen heller geworden. Sie wirkte sehr jung und sehr mädchenhaft in den knappen weißen Shorts und dem strahlendblauen Matrosenblüschen. Aber sie fühlte sich weder glücklich noch entspannt.

Es war alles viel schwerer, als sie es sich vorgestellt hatte.

Sie war nach Ibiza geflogen, um einen netten Mann kennenzulernen. Sie hätte auch jeden anderen Ort auf der weiten Welt wählen können, aber ihre Schwester war im vorigen Jahr hier gewesen und hatte Wunderdinge von der romantischen Insel erzählt.

Aber jetzt weilte sie schon zehn Tage hier und hatte immer noch nicht gefunden, was sie suchte. Die Tage waren heiß und die lauen Nächte erfüllt von dem aufreizenden Konzert der Zikaden, von leidenschaftlichen Gitarreklängen, dem Seufzen und Lachen der Verliebten in der Dunkelheit. Die Insel schien voller Verheißung für Menschen, die Liebe ersehnten – aber Kirsten dachte nicht einmal an Liebe, sondern hielt mit dem Trotz der enttäuschten Frau nach einem Mann Ausschau, der als Vater ihres ersehnten Kindes in Frage käme.

Zwar hatte sich ein Amerikaner, dessen Jacht vor dem Hafen lag, sehr um sie bemüht, aber sie war ihm ausgewichen. Sie spürte, daß ihr Herz in seiner Gegenwart heftiger zu schlagen drohte, und sie wollte sich nicht verlieben – alles, nur das nicht. Dann gab es die schönen spanischen Jungen, die sie mit Blicken verschlangen – aber Kirsten wollte kein Kind von einem Südländer. Ihr Wunschkind sollte nichts Fremdländisches an sich haben, sondern so sein wie sie selber, wie ihr Mann – ein Kind, das zu ihnen paßte. Hugo sollte nie erfahren, daß er nicht der Vater des lang ersehnten Kindes war.

Schon hatte sie fast ihren Plan aufgegeben, als eine Gruppe junger Studenten nach Ibiza kam. Unter ihnen war ihr sofort ein blonder, sportlicher junger Mann aufgefallen. Zufällig lernte sie ihn am Strand einer der zahllosen kleinen Buchten kennen. Hans Wolff hieß er, und Kirsten bemerkte die freudige Überraschung in seinen Augen, als sie ihm von sich aus ein Treffen für den nächsten Tag vorschlug. Fünf Tage waren sie von früh bis spät zusammen – auf dem Segelboot, das Kirsten gemietet hatte, beim Wasserski, beim Schwimmen und bei ausgedehnten Spaziergängen. An den langen Abenden tanzten sie im Licht der Lampions im ›El Corsario‹, tranken Wein und lauschten den schwermütigen Klängen einer Gitarre.

Hans Wolff war ein gescheiter und anständiger Junge –

vielleicht sogar zu anständig für das, was sie von ihm wollte. Sie mochte ihn gern, weil er sie auf eine schwer definierbare Weise an ihren Mann erinnerte, aber verliebt war sie nicht in ihn. Glücklicherweise.

Während eines neuen Ausflugs mit dem Segelboot beobachtete sie ihn verstohlen, wie er über das Deck turnte, die Segel richtete, das Steuerruder bediente. Er schien ihren Blick sofort zu fühlen, denn er wandte sich zu ihr um. »Habe ich dir heute eigentlich schon gesagt, daß ich dich liebe?« fragte Hans Wolff lächelnd.

»Hm, hm«, murmelte sie nur und schloß die Augen, aus Angst, er könnte die Wahrheit darin lesen.

»Es scheint dich nicht sehr zu beeindrucken«, meinte er.

Du Dummkopf, dachte sie, kannst du denn immer nur reden! Tu doch endlich etwas! Nimm mich in die Arme! Aber er tat etwas anderes.

»Kirsten«, sagte er mühsam, »möchtest du meine Frau werden?«

Sie war so überrumpelt, daß sie im ersten Augenblick gar nicht begriff, was er gesagt hatte, und ihn nur aus weit aufgerissenen Augen ansah.

»Bitte, lach mich nicht aus«, fuhr er fort, »ich . . .«

Sie atmete tief. »Aber ich lache ja gar nicht!«

»Kirsten!« Er riß sie in die Arme, bedeckte ihr Gesicht, ihren Mund, ihren Hals, ihre Schultern mit leidenschaftlichen, ein wenig ungeschickten Küssen. »Ich liebe dich! Ich liebe dich!«

Sie empfand nichts in seinen Armen, nichts als das leise Gefühl eines Triumphes, dessen sie sich im innersten Herzen schämte. »Aber deshalb brauchst du mich doch nicht zu heiraten!« sagte sie gezwungen.

Er packte sie bei den Schultern mit einem wilden, schmerzhaften Griff. »Doch«, sagte er, »doch, Kirsten! Wenn man die Frau seines Lebens gefunden hat, dann muß man sie heiraten!«

Sie lächelte, während würgende Tränen ihr in die Kehle stiegen. »Du weißt doch gar nichts von mir . . .«, flüsterte sie hilflos.

»Du bist mir so vertraut, als würden wir uns schon ein ganzes Leben lang kennen!«

Sie versuchte sich aus seinem Griff zu befreien. »Hans, aber hör mal, findest du nicht selber, daß du noch ein bißchen zu jung zum Heiraten bist?«

»Jung?« wiederholte er. »Ich bin vierundzwanzig, ein Jahr älter als du . . . ich promoviere in einem halben Jahr . . .«

»Und was dann?«

»Dann werde ich in die Firma meines alten Herrn eintreten. Bitte, Kirsten, bitte, sag ja . . . ich werde alles tun, um dich glücklich zu machen!«

»Ja«, flüsterte sie, »ja, ich weiß . . .« Sie wagte nicht, ihn anzublicken.

»Du willst also?« rief er. »Du willst?!« Er riß sie in seine Arme.

Aber in diesem Augenblick, den sie so lange ersehnt hatte, spürte sie, wie ihr ganzer Körper in Abwehr erstarrte. Sie war nicht fähig, seine leidenschaftliche Zärtlichkeit zu erwidern.

Er merkte es sofort und ließ sie los. »Was ist?« fragte er erschrocken. »Was hast du?«

»Nichts«, erwiderte sie, »gar nichts!« Trotz der glühenden Sonne schauderte sie, ihre Zähne schlugen aufeinander. »Laß uns umkehren«, bat sie, »bitte!«

Er erfüllte ihren Wunsch, stumm und verstört. Erst als er das Segelboot in dem kleinen Jachthafen vertäut hatte und ihr die Hand reichte, damit sie überspringen konnte, fragte er: »Wann sehen wir uns wieder?«

Sie hatte nicht die Kraft, ihm etwas zu erklären. »Heute abend«, sagte sie mit einem kleinen verzerrten Lächeln, »ich erwarte dich . . .«

In den ersten Tagen nach Kirstens Abreise hatte sich Dr. Hugo Winterfeld erleichtert gefühlt. Die Spannung, die in der letzten Zeit zwischen ihnen geherrscht hatte, war nahezu unerträglich gewesen. Er empfand es als eine Wohltat, nach Hause zu kommen, ohne die fragenden Augen seiner Frau auf sich gerichtet zu sehen und ohne ständig vor einem neuen Ausbruch zittern zu müssen.

Er war überzeugt, daß alles wieder ins Lot kommen und Kirsten sich in den Ferien wirklich erholen würde. Wenn sie zurückkam, wollte er noch einmal in aller Ruhe mit ihr über seinen kleinen Sohn sprechen. Er hatte nach wie vor die Absicht, ihn zu adoptieren.

Der Rechtsanwalt war weder gläubig noch abergläubisch; er tat sich viel darauf zugute, ein durchaus intellektueller Mensch zu sein, überzeugt, daß das Leben durch das Gesetz von Ursache und Wirkung und nicht von Schuld und Strafe regiert wurde. Dennoch ertappte er sich hin und wieder bei dem fantastischen Gedanken, die Kinderlosigkeit seiner Ehe könnte eine Strafe dafür sein, daß er sich um den Sohn, der ohne seinen Wunsch zur Welt gekommen war, nicht gekümmert hatte. Natürlich würde er dies niemals offen zugeben, aber tatsächlich war es diese untergründige Furcht, die seine Handlungsweise beeinflußte.

Er traf sich noch einmal mit Gina Franke; diesmal nicht verstohlen an einem neutralen Ort – denn das war jetzt ja nicht mehr nötig –, sondern in seiner Kanzlei.

Gina kam. Sie trat herausfordernd auf und gab sich besonders selbstbewußt und sicher, weil sie seine Vorwürfe fürchtete.

»Ich habe inzwischen mit deiner Frau gesprochen«, sagte sie und schlug mit Bedacht ihre langen, schlanken Beine übereinander, wobei sie sehr sorgfältig den Rock so zurechtzog, daß er eben noch die schmalen Knie freigab, »und ich muß dir sagen, sie hat einen sehr guten Eindruck auf mich gemacht!«

Sie nahm sich eine Zigarette. Er dachte jedoch nicht daran, ihr Feuer zu geben, sondern beobachtete sie nur schweigend. Sie hob leicht die Schulter, zündete sich die Zigarette selbst an, schnippte das Streichholz in den Papierkorb. »Es wird dich sicher freuen, daß ich keine Bedenken mehr habe, dir den Jungen zu überlassen ... allerdings nur unter der Bedingung, daß du mir zu einer Aussteuer verhilfst. Eine Hand wäscht die andere. Du wirst zugeben, daß meine Forderungen durchaus gerechtfertigt sind.« Sie warf den Kopf mit dem hochtoupierten schwarzen Haar in den Nacken, sah ihn herausfordernd an.

»Sprich dich nur aus«, sagte er sarkastisch.

»Wieso ich? Ich habe schon zuviel geredet . . . schließlich hast du mich kommen lassen. Ich hoffe, wir können die Sache heute perfekt machen.«

»So! Hoffst du das?«

»Ja, natürlich! Oder . . .« – plötzlich erbleichte sie – »legst du etwa keinen Wert mehr darauf, den Jungen zu dir zu nehmen?«

»Doch, Gina«, sagte er ruhig, »nach wie vor. Aber leider hat sich die Angelegenheit inzwischen kompliziert . . . durch deine idiotische Einmischung!«

»Erlaube mal!« protestierte sie, doch ihre Stimme klang nicht sehr sicher. Sie wußte sofort, worauf er anspielte.

»Was ist dir eigentlich eingefallen, meine Frau aufzusuchen? Ihr die alten Geschichten aufzutischen? Forderungen zu stellen?« fragte er böse.

»Ich weiß gar nicht, was du willst. Schließlich war es mein gutes Recht. Niemand kann mir verwehren, mir die Frau einmal anzusehen, der ich mein Kind anvertrauen soll.«

Er hob die Hände und ließ sie mit einer resignierenden Geste wieder auf die Schreibtischplatte fallen. »Sicher war es dein gutes Recht. Wir leben in einer Demokratie. Du bist ein freier Mensch. Niemand kann dir verwehren, einen gut durchdachten Plan durch einen einzigen blödsinnigen Schritt in Frage zu stellen.«

»Soll das heißen . . .?«

»Genau das. Ich freue mich zu hören, daß meine Frau auf dich einen guten Eindruck gemacht hat . . . umgekehrt war es aber leider nicht der Fall. Meine Frau schaudert bei dem Gedanken, dein Kind aufziehen zu sollen . . . und ich habe kein Mittel, sie dazu zu zwingen.«

Gina Franke zog heftig an ihrer Zigarette, sagte dann kleinlaut: »Es war dumm von mir, das gebe ich zu. Ich hatte . . . gleich ein sehr schlechtes Gefühl. Aber da konnte ich schon nicht mehr zurück.« Sie sah ihn bittend an. »Sei mir nicht böse, Hugo.«

»Darauf kommt es nicht an«, sagte er. »Ich habe dir die Sache nicht erzählt, um dich zurechtzuweisen. Nur um dir klarzumachen, wie die Dinge jetzt stehen. Und sie stehen schlecht . . . ausgesprochen schlecht.«

»Aber kannst du nicht ohne deine Frau . . . ich meine, du könntest für den Jungen doch auch eine Erzieherin engagieren . . .«

»Ich kann ihm weder meinen Namen geben noch ihn adoptieren, falls meine Frau nicht zustimmt. Begreifst du jetzt endlich, wo wir stehen?«

»Es tut mir leid«, sagte sie leise.

»Du willst also heiraten?«

»Ja. Ich . . . wir haben das Aufgebot schon bestellt. Ich habe meinem Verlobten gesagt, daß du das Kind zu dir nehmen willst. Es ist nicht so, daß er es auf keinen Fall haben möchte, nur . . .«

»Ich verstehe schon, du möchtest es los haben.«

»Ich habe Thomas lieb«, entgegnete sie heftig, »und gerade deshalb will ich nicht, daß er herumgestoßen wird, verstehst du? Mein Verlobter hat kein Verhältnis zu Kindern, und Thomas mag ihn nicht. Natürlich kann ich ihn noch bei der Oma lassen. Aber das ist keine Lösung für die Dauer.«

»Aber immerhin etwas«, meinte Dr. Winterfeld. »Was ich jetzt brauche, ist vor allen Dingen Zeit . . . Zeit, meine Frau an den Gedanken einer Adoption zu gewöhnen.«

Gina blickte verlegen zu Boden. »Und was ich brauche, weißt du . . .«

»Ach ja«, sagte er, »Geld. Wie konnte ich das vergessen!«

Er schraubte seinen Füllhalter auf. »Also, machen wir eine Art Vorvertrag. Ich gebe dir das Geld als zinsfreies Darlehen. Und du unterschreibst mir, daß du mir den Jungen zur Adoption überläßt. Sollte es zu dieser Adoption nicht kommen, zahlst du mir das Geld zurück.«

»Das kann ich nie!«

»Ich werde es auch nicht von dir verlangen. Diese Klausel dient nur als Sicherheit. Du könntest es dir ja plötzlich wieder anders überlegen!«

9

Kirsten hatte keinen Augenblick die Absicht gehabt, ihre Verabredung mit Hans Wolff einzuhalten. Ins Hotel ›El Corsario‹ zurückgekehrt, packte sie sofort ihre Koffer und ließ sich eines der altertümlichen Taxis bestellen.

Während das Auto sie über die ausgefahrenen Wege zu dem kleinen Flugplatz brachte, wünschte sie sich fort, weit fort, nach Hause, zu ihrem Mann.

Das Flugzeug nach Barcelona startete kurz nach sechs. Sie hatte den Rückfahrschein in der Tasche, und es machte keine Schwierigkeiten, eine Platzkarte zu lösen.

Als sie mit den anderen Passagieren quer über das Rollfeld auf die Maschine zuging, hörte sie ihren Namen rufen.

»Kirsten!«

Unwillkürlich drehte sie sich um und sah, wie Hans Wolff mit einer Flanke den Drahtzaun übersprang und auf sie zugerannt kam.

Den Bruchteil einer Sekunde lang stand Kirsten Winterfeld wie erstarrt, als sie den Studenten Hans Wolff auf sich zukommen sah. Dann drehte sie sich um und rannte auf das wartende Flugzeug zu. Sie stieß ein älteres Ehepaar beiseite, überholte eine junge Mutter mit ihrem Kind, erreichte die Gangway, drückte der Stewardeß die Karte in die Hand, hastete die Stufen empor, stolperte, stieß sich das Schienbein an und fand endlich Zuflucht im Bauch der Maschine.

Keuchend und atemlos sank sie auf einen der hinteren Sitze, während sich die anderen Passagiere einer nach dem anderen hereinschoben.

Hans Wolff hatte keinen Flugschein, sie würden ihn nicht hereinlassen. Oder doch? Kirsten fühlte, wie ihr kalter Schweiß auf die Stirn trat. Es war falsch gewesen, zu fliehen. Dümmer und feiger hätte sie sich gar nicht benehmen können.

Wovor fürchtete sie sich eigentlich? Es war ein Ferienflirt gewesen, nichts weiter. Ein Flirt, der in dem jungen Mann falsche Hoffnungen geweckt hatte – aber wer konnte ihr daraus einen Vorwurf machen?

Unwillkürlich umklammerte Kirsten die Lehnen ihres Sitzes, als ob sie dort Halt finden könnte. Mit einem Schlag erkannte sie die Wahrheit: Sie hätte beinahe ihre Ehe aufs Spiel gesetzt, wäre um ein Haar ein großes Risiko eingegangen.

Obwohl niemand sie beobachtete, niemand auch nur ahnen konnte, was in ihr vorging, errötete Kirsten vor Scham und Reue.

Sie begriff plötzlich, daß es nicht Hans Wolff war, vor dem sie blindlings floh, sondern die lebendige Erinnerung an das Unentschuldbare, das sie beinahe hätte geschehen lassen. Sie hatte ein Kind gewollt – aber um welchen Preis! Sie hatte das quälende Gefühl, ihrem Mann nie wieder in die Augen blicken zu können.

Erst als die Maschine vom Boden abhob, wagte sie einen Blick auf Wolff, wie er mit hängenden Armen am Rande des Flugfeldes stand. Sie ahnte mehr, daß er es war, als daß sie ihn erkannte – die schmale Gestalt in einem blauen, von der Sonne verblichenen Sporthemd verschmolz in ihrer Fantasie mit den Erinnerungen der letzten Stunden. Es war ihr, als träfe sie sein vorwurfsvoller und fragender Blick, und unwillkürlich schloß sie die Augen.

Astrid Schumann war fest überzeugt gewesen, ihr Mann würde es nicht lange ohne sie aushalten. Von Tag zu Tag, von Stunde zu Stunde hatte sie auf seine Rückkehr gewartet. Aber er kam nicht.

Ein einziges Mal hatte er angerufen und sie gebeten, ihm ein paar Sachen in die Klinik zu schicken – und kein privates Wort über die Lippen gebracht. Sie hatte rasch eingehängt; er sollte nicht merken, daß sie mit ihrer Beherrschung am Ende war.

Anfangs hatte sie kaum gewagt, das Haus zu verlassen – aus Angst, sein Kommen zu verpassen. Nach einiger Zeit verfiel sie in das andere Extrem – sie traf Verabredungen, machte Einkäufe, war dauernd unterwegs. Abergläubisch hoffte sie, ihr Mann werde plötzlich vor ihr stehen, wenn sie nur so tat, als warte sie gar nicht mehr auf ihn.

Doch dieser Selbstbetrug zahlte sich nicht aus. Das Schicksal ließ sich nicht an der Nase herumführen. Ob sie einsam in ihrem sehr still gewordenen Haus saß oder ob sie sich in der Gesellschaft vergnügter Menschen befand – ständig dachte sie an Rainer. Alle ihre Gedanken kreisten um ihn, um den Zusammenbruch ihrer Ehe; verfingen sich wieder und wieder in einer Kette sinnloser Fragen.

Eines Morgens, nach einer unruhigen und schlaflosen Nacht, fühlte sie, daß sie diesen Zustand nicht mehr lange ertragen würde. Sie mußte etwas tun, irgend etwas unternehmen, um die Nebelwand zu zerreißen, die alle Dinge um sie so seltsam unwirklich erscheinen ließ. Sie mußte sich befreien, mußte Klarheit schaffen. Schon hatte sie den Telefonhörer in der Hand, um Dr. Winterfeld anzurufen, als sie es sich anders überlegte. Es war viel besser, gleich zu seiner Kanzlei zu fahren. Bestimmt würde ihr Schwager sie auch ohne Anmeldung empfangen. Bei einer persönlichen Unterredung ließen sich die Dinge sicher leichter klären als bei einem Telefongespräch.

Sie zog sich mit besonderer Sorgfalt an, wählte ein elegantes Kostüm aus fliederfarbenem Leinen, setzte einen weißen Strohhut auf, nahm ihn dann doch wieder ab und schlang statt dessen ein Seidentuch um ihr kastanienbraunes Haar.

Noch einmal betrachtete sie sich aufmerksam im Spiegel. Sie war sehr schön – trotz der Schatten, die unter ihren tiefblauen Augen lagen und trotz des müden Zuges um ihren vollen, ein wenig herben Mund. Aber diese Feststellung befriedigte sie nicht. Was nutzte ihr Schönheit, wenn sie nicht die Kraft besaß, den Mann, den sie liebte, an sich zu fesseln?

Rasch wandte sie sich ab, gab dem Mädchen noch einige Anweisungen und verließ das Haus.

Dann saß sie Dr. Winterfeld gegenüber, die schlanken Beine übereinandergeschlagen, den Rock sorgfältig über die Knie gezogen, und blickte den blauen Rauchwolken der Zigarette nach, die er ihr angeboten hatte. Der erfahrene Anwalt sah sofort, daß Astrid sehr blaß war, daß ihre Hand leise zitterte. »Was ist los, Astrid?« fragte er nach kurzen freundlichen Begrüßungsworten. »Ich nehme an, daß du mich aufgesucht hast, weil du dir über irgendwas Sorgen machst?«

Sie sah ihn an, und in ihren Augen lag eine solche Qual, daß er rasch den Blick abwandte. »Ich habe bisher noch mit keinem Menschen darüber gesprochen«, sagte sie mühsam. »Ich ... bitte, halte mich nicht für albern ... aber es fällt mir entsetzlich schwer.«

»Ich verstehe«, erklärte er sehr ruhig. »Vielleicht hilft es dir, wenn ich dich daran erinnere, daß ich Rechtsanwalt bin. Du kannst zu mir ganz offen sprechen. Wie zu einem Beichtvater. Alles, was du mir sagst, bleibt unter uns. Niemand erfährt davon, nicht einmal Kirsten, wenn du es nicht willst.«

»Ja«, sagte sie, »ja, ich weiß ...«

Er lehnte sich zurück, wartete geduldig, ließ sie nicht fühlen, daß das Vorzimmer voller Klienten war.

»Mein Mann«, stieß sie hervor, »Rainer ... er hat mich verlassen!«

»Ach«, sagte er nur, und es klang nicht erstaunt, sondern nur wie eine Feststellung. »Wie lange?«

»Seit ... ich weiß nicht ...« Sie spielte nervös mit ihren Handschuhen. »Auf das Datum habe ich nicht geachtet ... seit etwa vierzehn Tagen ...«

»Und du weißt nicht, wo er ist?«

»Doch. Natürlich weiß ich das. In der Klinik.«

»Dann ist ja die Sache ganz einfach. Ruf ihn an oder geh hin. Ich nehme an, ihr habt euch gestritten, nicht wahr? Oder steckt eine andere Frau dahinter?«

Es war, als ob ihre porzellanweiße Haut noch eine Nuance heller würde. »Eine ... Frau?«

»Ist dir dieser Gedanke noch nie gekommen?«

›Nein ... nein, wirklich nicht!«

»Na, wollen wir hoffen, daß du recht hast. Auf alle Fälle solltest du versuchen, die Sache so schnell wie möglich in Ordnung zu bringen.«

Astrid drückte mit einer ungeduldigen Bewegung ihre Zigarette aus. »Du verstehst mich ganz falsch«, sagte sie hart. »Ich möchte mich scheiden lassen.«

Jetzt war er wirklich überrascht. »Ist das dein Ernst?!«

»Ja«, antwortete sie beherrscht.

»Entschuldige bitte, daß ich einigermaßen aus der Fassung

gerate. Aber ich hatte immer den Eindruck ... Rainer und du ...«

»Wir haben uns bemüht, diesen Eindruck zu erwecken«, sagte sie. »Tatsächlich stimmte es schon längst nicht mehr zwischen uns ... hat es von Anfang an nicht gestimmt.«

Er starrte sie an, die hellen Augenbrauen fragend hochgezogen. »Du willst also Scheidungsklage erheben?«

»Ja.«

»Wegen böswilligen Verlassens?«

»Den Grund mußt du dir schon ausdenken.«

»Mit Ausdenken ist da nichts getan. Betrogen hat er dich nicht, sagst du ... hat er dich ... geschlagen?«

»Nein.«

»Aber dann ...«

Astrid beugte sich vor und sah den Rechtsanwalt flehend an. »Warum machst du es mir so schwer, Hugo? Willst du denn nicht begreifen, daß ... wir passen einfach nicht zusammen, Rainer und ich. Unsere Ehe hat ihren Sinn verloren. Was wir als Scheidungsgrund angeben, ist doch nur eine ... eine rein technische Frage.«

»Über die du dich aber mit deinem Mann einigen müßtest. Bist du überhaupt sicher, daß er einverstanden sein wird?«

»Sonst hätte er mich ja nicht verlassen.«

»Das besagt doch gar nichts. Was glaubst du, wie viele Ehemänner im Zorn die Tür hinter sich zuknallen und sich einmal für eine Weile absetzen! Nein, Astrid, ich habe den Eindruck, du siehst die Dinge entschieden zu schwarz.«

»So? Meinst du?« fragte sie mit einem kleinen bitteren Lächeln.

»Ja«, erwiderte er ruhig. »Vielleicht bin ich befangen ... ich kenne Rainer, und ich kenne dich. Ich kann mir einfach nicht vorstellen, daß man eine Frau wie dich verläßt.«

»Aber Rainer hat es doch getan«, sagte sie hartnäckig.

»Hör mal, Astrid, so kommen wir nicht weiter! Solange ich nicht weiß, was eigentlich zwischen euch vorgefallen ist, kann ich dir beim besten Willen keinen Rat geben. Gib dir also einen Ruck und ...«

Astrid holte tief Atem. »Ich will keine Kinder haben, das ist alles! Ist das wirklich so furchtbar schlimm, Hugo?«

»Nein«, sagte Dr. Winterfeld bedachtsam und legte die Fingerspitzen gegeneinander, »schlimm ist es nicht. Aber Rainer könnte es zum Anlaß nehmen, Gegenklage zu erheben ... und ich fürchte, er würde damit durchkommen.«

»Was soll ich also tun?«

»Versuche dich erst einmal ganz privat und unter vier Augen mit deinem Mann zu einigen ... egal, ob ihr nun trotz allem zusammenbleiben oder euch scheiden lassen wollt.«

Astrid biß sich auf die Lippen. »Und du ... du könntest ihm nicht schreiben? Ihn zu einer Aussprache bitten? Nur um zu hören, wie er überhaupt über die ganze Sache denkt?«

»Das könnte ich natürlich ...«

»Bitte, dann tu es!«

»... aber ich würde es für unklug halten. Bitte, versteh mich richtig, Astrid ... solange noch ein Fünkchen Hoffnung auf Versöhnung besteht, halte ich es nicht für ratsam, einen Rechtsanwalt ... überhaupt eine dritte Person einzuschalten. Dinge, die im engsten Rahmen der Familie geschehen sind, lassen sich meist noch überbrücken ... aber wenn die ehelichen Mißhelligkeiten erst über die eigenen vier Wände hinausgedrungen sind ...« Er ließ das Ende seines Satzes unausgesprochen.

»Du willst mir also nicht helfen«, sagte sie.

»O doch! Wenn du in Ruhe über meine Worte nachdenkst, wirst du feststellen, daß ich dir schon geholfen habe. Glaub mir, mein Rat ist goldrichtig ... sprich dich erst mit Rainer aus. Du wirst sehen ...«

Sie hatte sich erhoben, stand sehr schlank und gerade, mit unbewegtem Gesicht vor ihm. »Ich danke dir, Hugo ...«

Er war ebenfalls aufgestanden, brachte sie zur Tür. »Willst du nicht noch auf einen Sprung Kirsten besuchen? Sie würde sich bestimmt freuen.«

»Nein. Dazu bin ich nicht in der Stimmung. Ich wäre dir übrigens dankbar, wenn du ihr von meinem Besuch bei dir nichts erzählen würdest.«

»Aber das ist doch selbstverständlich ...«

Als Astrid gegangen war, blieb Dr. Hugo Winterfeld eine ganze Weile sehr nachdenklich. Die Eröffnung seiner Schwägerin hatte ihn weit stärker getroffen, als er es sich hatte anmerken lassen. Wieder einmal war eine Ehe ins Wanken geraten, eine Lebensgemeinschaft in Frage gestellt.

Er dachte an Kirsten, an seine eigene Ehe. Schlagartig wurde ihm bewußt, wie egoistisch er seiner Frau gegenüber war. Von ihr verlangte er, das Kind einer anderen Frau als eigenes aufzuziehen – und er selber hatte ihr bisher die Erfüllung eines für sie schwerwiegenden Wunsches verweigert. Warum hatte er sich so heftig dagegen gesträubt, sich von einem Dermatologen untersuchen zu lassen? Aus männlicher Arroganz und Eitelkeit. Wie albern war das gewesen. Wenn einer seiner Klienten diese Einstellung geäußert hätte, würde er bestimmt nur mit dem Kopf geschüttelt haben.

Während Dr. Winterfeld so nachdachte, schmolzen Vorurteile und Eigensinn dahin. Er rang sich zu einem Entschluß durch, trat zum Schreibtisch, nahm den Telefonhörer ab, wählte die Nummer der Frauenklinik und ließ sich mit Professor Overhoff verbinden.

Professor Overhoff hatte sich in seinem neuen Leben, dem Leben ohne seine Frau Susanne, noch immer nicht zurechtgefunden. Die Anforderungen, die man in der Klinik an ihn stellte, besonders die täglichen Visiten, waren ihm zur Qual geworden. Der Anblick all der Frauen, die der Mutterschaft entgegenbangten oder ihre schwere Stunde bereits überstanden hatten und glücklich, erschöpft und stolz in ihren Kissen lagen, riß jeden Tag aufs neue die nie verheilte Wunde in ihm auf. Immer, wenn er sich auf einen Krankheitsfall konzentrieren wollte, schob sich das Bild einer einzigen Frau vor all diese fremden und in Glück und Leid doch so ähnlichen Gesichter: das Bild seiner Frau Susanne, die durch seine Schuld gestorben war.

Dabei sagte ihm sein Verstand, daß es unsinnig war, sich ständig solche Vorwürfe zu machen. Susanne hatte sich ihr Schicksal selber gewählt ... und wahrscheinlich hatte sie sogar gut gewählt. Sie hatte heimgefunden, sie war erlöst, glücklicher als alle Lebenden. Doch dies änderte nichts daran, daß es ihm nicht gelang, ihren Verlust zu verschmerzen. Ihre Liebe, ihre lächelnde aufopferungsvolle Güte waren der Kraftquell seines Lebens gewesen – seines Lebens, das ihm jetzt verpfuscht vorkam und dem zu entfliehen er zuweilen versucht war.

Niemand konnte ihm helfen. Er war überzeugt, mit der Welt abgeschlossen zu haben. Sein Arztberuf bedeutete ihm nicht mehr viel. Seine Tochter Eva lebte wie eine Fremde in seinem Haus. Er fand keinen Zugang zu ihrem Herzen. Sie kam nicht einmal zu ihm herein, wenn sie in der Klinik ihr Brüderchen Hanno besuchte – jenen kleinen Jungen, den er als Stammhalter heiß ersehnt, dann aber verflucht hatte, weil seine Geburt der Tod der Mutter gewesen war.

In diesem Augenblick klingelte das Telefon auf seinem Schreibtisch. Frau Dr. Holger, die Kinderärztin der Klinik, teilte ihm mit, daß sein Sohn Fieber habe und nicht trinke. Der Mandelbelag lasse an Diphtherie denken.

»Diphtherie?« rief Professor Overhoff erschrocken. »Ja, um Gottes willen ... ich komme sofort!«

Kaum hörte er noch hin, als ihm Frau Dr. Holger sagte, sein Sohn sei bereits im Zimmer 2 der Isolierstation; er legte heftig den Hörer auf und eilte hinaus. Während er zum Fahrstuhl lief, kam ihm erst richtig zu Bewußtsein, welcher Schreck ihm in die Glieder gefahren war. Jetzt plötzlich, es war seltsam, spürte er den Unterschied: Nicht um ein fremdes Kind handelte es sich diesmal, sondern um sein eigen Fleisch und Blut. Wenn die Diagnose Diphtherie wirklich zutreffen sollte, waren unter Umständen schwere Schädigungen des Herzens, des Blutkreislaufs und des Nervensystems – ja, es war in diesem Alter sogar plötzlicher Herztod zu befürchten.

Voll innerer Unruhe stand der Professor im Fahrstuhl, der ihm heute viel zu langsam zu fahren schien. Wie war eigentlich die Konstitution seines Sohnes, die Widerstandsfähigkeit? Als er Hanno das letztemal gesehen hatte, war er ihm sehr kräftig und gesund erschienen – aber das, so gab er sich jetzt zu, war nur ein ganz äußerlicher Eindruck gewesen.

Genau gesehen: Ärztlich untersucht hatte er seinen Jungen noch nie. Ein Gefühl der Scham, des schlechten Gewissens schlich sich in sein Herz.

Schon im Gang hörte er Kindergeschrei. Schnell öffnete er die Tür zum Zimmer 2 der Isolierstation. Frau Dr. Holger und Schwester Patrizia, die blaß war vor Schrecken, bemühten sich um das strampelnde und unglücklich quäkende Etwas, das da im Bettchen lag.

Der Professor trat an das Bett und blickte auf das winzige Wesen. Das war nun sein Sohn, das Vermächtnis seiner Frau Susanne. Welche Sorge hätte sie jetzt ausgestanden, wenn sie noch leben würde. Jetzt war er, der Vater, der einzige, der helfen konnte und helfen mußte. Für einen Augenblick war es ihm, als höre er die Stimme Susannes, die ihm zuflüsterte: »Bitte, Paul, denke an mich, kümmere dich um unseren Buben, den wir uns so sehr gewünscht haben . . .«

Um nicht zu zeigen, daß seine Augen feucht wurden, wandte sich Professor Overhoff seitwärts zum Waschbecken und wusch sich gründlich die Hände.

Frau Dr. Holger richtete sich an Hannos Bett auf. »Ich habe einen Abstrich gemacht, er ist bereits unterwegs zum Labor«, informierte sie den Chef.

»Sehr gut«, sagte der Professor und ging, während er sich die Hände trocknete, wieder zum Bett des kleinen Kranken. »Hat er erbrochen?«

»Nein, Herr Professor«, erklärte Schwester Patrizia eilfertig. »Er hat immer geschrien und 38,5 Fieber.«

»Hm«, brummte Overhoff, »so hoch? Na, dann wollen wir einmal sehen!« Er nahm einen Spachtel aus der Schale, die auf dem Tisch neben dem Bett stand, und eine Taschenlampe, die ihm Frau Dr. Holger reichte, setzte sich auf die Bettkante und versuchte seinen Sohn erst einmal zu beruhigen: »Mein kleiner Hanno, was machst du denn für Dummheiten?«

Die Wirkung der sonoren Stimme des Professors in Hannos unmittelbarer Nähe war überraschend. Der Kleine hörte urplötzlich auf zu schreien und sah seinen Vater aus großen verweinten Augen an. Overhoff nutzte diesen kurzen Moment, führte den Spachtel schnell in Hannos Mund, drückte die Zunge nach unten und leuchtete mit der Taschenlampe in den Rachen. Der Kleine schien vor Schreck erstarrt zu sein, schrie dann aber um so lauter los, wobei er den Mund so weit aufsperrte, daß der Professor bis weit in den Hals sehen konnte. Nach wenigen Sekunden gab er Schwester Patrizia den Spachtel, die ihn sofort in den verdeckten Abfalleimer warf, und leuchtete mit der Taschenlampe noch kurz in die Ohren des kranken Kindes. Dann tastete er die Halspartie und den Unterleib Hannos ab, wobei sich dessen Schreien verstärkte, und hörte schließlich mit einem Stethoskop die Herztöne ab. »Und jetzt schreien wir nicht mehr so viel«, sprach er auf den Sohn ein und streichelte leicht das Köpfchen, »sonst strengst du dich viel zu sehr an ... Schwester, geben Sie ihm einen Schnuller!«

Professor Overhoff erhob sich und wandte sich an Frau Dr. Holger: »Ich tippe eher auf Angina – was natürlich auch nicht schön ist, aber immerhin besser als Diphtherie. Warten wir das Labor-Ergebnis ab ...« Er wusch sich erneut die Hände. »Ich würde sagen, Kollegin, auf jeden Fall Penicillin, Vitaminzufuhr und leichtes Beruhigungsmittel. Machen Sie auch einen Halswickel. Wer ist denn in den letzten Tagen mit Hanno in Berührung gekommen?«

»Dank Schwester Patrizia hat Ihr Sohn schon seit langem allein gelegen. Selbstverständlich werden die Kinder im Nebenzimmer trotzdem intensiv beobachtet ... Allerdings ... Ihre Tochter, Herr Professor ... sie war bei Hanno ...«

»Eva? Ach richtig, sie hat ihn ja manchmal besucht ... Wann war sie zuletzt bei ihm?«

»Eva war jeden Tag bei ihrem Brüderchen, Herr Professor«, schaltete sich Schwester Patrizia in das Gespräch ein.

»Jeden Tag?« Professor Overhoff spürte einen leichten Stich in der Herzgegend. Täglich war seine fünfzehnjährige Tochter in der Klinik gewesen, ohne auch nur ein einziges Mal bei ihm hereinzuschauen? Nachdenklich blickte er auf Hanno, der aufgehört hatte zu schreien, an seinem Schnuller sog und die Augen geschlossen hielt. Hoffentlich ist es nichts Schlimmes, mein Sohn, dachte er bei sich; laut aber sagte er zu Frau Dr. Holger: »Lassen Sie doch bitte sofort einen Krankenwagen zu mir nach Hause fahren und meine Tochter abholen. Ich möchte ihr vorsichtshalber eine Spritze geben ... ich rufe Eva selbst an und sage ihr Bescheid.«

»Du brauchst keine Angst zu haben!« sagte Professor Overhoff eine halbe Stunde später zu seiner Tochter, die ihn mit schreckgeweiteten Augen ansah. Prüfend hob er die Spritze gegen das Licht und lächelte Eva dann beruhigend zu. »Es ist gleich vorbei; am besten guckst du gar nicht hin.« Eva war so aufgeregt, daß sie den Einstich tatsächlich kaum spürte.

»Na, hat es weh getan, Eva?« Professor Overhoff legte die Spritze beiseite.

»Ach, nur ein bißchen«, meinte sie, »wenn es weiter nichts ist!«

Der Fahrer des Krankenwagens hatte Eva zu Hause angetroffen und sofort zur Klinik gebracht. Als der Professor, allein mit ihr in seinem Zimmer, von der Krankheit des kleinen Hanno berichtete, war sie ganz bleich geworden. Bei der Untersuchung konnte Overhoff keinerlei Anzeichen einer Infektion der Atemwege feststellen.

»Weißt du, es kann ja sein, daß unser Hanno dich angesteckt hat ... und nun möchte ich nicht, daß du auch krank wirst!« Deutlich hatte er gemerkt, wie Eva ihn staunend, ein wenig ungläubig ansah, als er »unser Hanno« sagte.

»Wann kann ich Hanno denn wieder besuchen?« fragte Eva.

Overhoff nahm eine Hand seiner Tochter zwischen seine Hände und sah ihr zärtlich in die Augen: »Jetzt mußt du erst einmal ein bißchen Geduld haben. Wir müssen abwarten, was der kleine Unglücksrabe da ausbrütet.«

»Ja, aber ...«, stammelte Eva unglücklich, »wer kümmert sich denn nun um Hanno ... Schwester Patrizia hat ja auch nicht immer Zeit, um bei ihm zu sein ... und wenn ich nicht mehr in die Klinik kommen darf ...«

»Doch, doch«, beruhigte Professor Overhoff sie, »Schwester Patrizia darf vorläufig gar nicht zu den anderen Kindern ... und außerdem ...« – er schluckte verlegen; er wußte, daß es jetzt darauf ankam, die richtigen Worte zu finden – »außerdem bin ich ja auch noch da ... Sieh mal, Eva, Gott verlangt von uns, daß wir nicht immer nur traurig und unglücklich sind, weil er Mutter zu sich rief. Und Mutter hat uns ja den kleinen Hanno hier gelassen, damit wir weiter an sie denken können. Wir beide sind dafür verantwortlich, daß es Hanno immer gut geht und er sich freut ... darüber würde sich auch Mutter freuen. Das willst du doch, nicht wahr?«

»Ja, Vater«, sagte Eva leise mit gesenktem Kopf.

»Und wenn Hanno erst wieder gesund ist, dann überlegen wir uns, wann wir ihn mit zu uns nach Hause nehmen können!«

»Ist das wahr, Vati?« rief Eva freudestrahlend und fiel ihrem Vater um den Hals. Sie hatte zum erstenmal nach langer Zeit wieder »Vati« gesagt.

Und zum erstenmal nach langer Zeit war Professor Overhoff glücklich ...

Astrid Schumann dachte einen Tag lang über ihr Gespräch mit Rechtsanwalt Dr. Hugo Winterfeld nach, und sosehr sie sich anfangs gegen den Rat ihres Schwagers sträubte, gelangte sie doch allmählich zu der Überzeugung, daß er recht hatte.

Natürlich war es das Richtigste und das Naheliegendste, sich erst einmal persönlich mit ihrem Mann auszusprechen. Allerdings fiel es ihr schwer, ihren Stolz zu überwinden. Wenn sie ihm schrieb, oder ihn anrief, oder ihn auch gleich aufsuchte – mußte er dann nicht den Eindruck gewinnen, daß sie sich schuldig fühlte? Daß sie ihn um Verzeihung bitten, alles wieder einrenken wollte?

Aber als sie dann wieder ihr verödetes Haus sah, ihr einsames Mittagessen einnahm, durch die mit so viel Liebe und Geschmack eingerichteten Räume ging, die ohne ihren Mann so leer und ohne Leben wirkten, war ihr Entschluß plötzlich gefaßt.

Sie mußte ihren Mann aufsuchen, gleichgültig, ob sie sich durch diesen Schritt ins Unrecht setzte oder demütigte. Sie mußte ihn sprechen, mußte ihm alles sagen, was sie auf dem

Herzen hatte. Selbst die schlimmsten Vorwürfe und die bösesten Worte würden besser sein als dieses tödliche Schweigen und diese beklemmende Ungewißheit.

So fuhr sie schließlich am Nachmittag mit dem Auto zur Frauenklinik und parkte zehn Meter vor dem Eingang. Aber dann, als sie schon aussteigen wollte, verließ sie wieder der Mut. Sie kurbelte das Fenster herunter, zündete sich eine Zigarette an, starrte zu dem großen modernen Gebäude hinauf. Ein Schauder überlief sie, wenn sie an das dachte, was sich hinter diesen stummen Mauern abspielte – das Stöhnen der Mütter, das Wimmern der Kinder. Wie war es möglich, daß Rainer das alles nichts ausmachte?

Sie mußte ihm ein für allemal klarmachen, daß sie nie, niemals Kinder haben wollte. Es mußte vorbei sein mit den Lügen und der Heuchelei. Entweder liebte er sie so, wie sie war, um ihrer selbst willen, oder es gab nur noch eines: die Scheidung!

Die Glocke der kleinen Kapelle auf dem Gelände der Universitätskliniken schlug halb vier, als Astrid den Stummel ihrer Zigarette aus dem Fenster warf. Sie zog den Zündschlüssel ab, wollte aussteigen – da sah sie ihn.

Dr. Rainer Schumann verließ eilig, mit leicht vorgebeugtem Oberkörper, die Klinik. Er trug ein leuchtendblaues, am Hals offenes Buschhemd, das ihn auf seltsame Weise jung und sorglos erscheinen ließ. Er sah sie nicht, überquerte eilig die Fahrbahn.

Astrids Herz zog sich schmerzlich zusammen, qualvoll wurde ihr die Wahrheit bewußt – sie liebte ihn, liebte ihn noch immer.

Sie wollte seinen Namen rufen, aber ihre Stimme versagte. Sie stieß die Autotür auf, ihre Füße berührten schon den Bürgersteig – da entdeckte sie die junge Frau, die ihm entgegenlief. Eine Frau mit blondem, leicht zerzaustem Haar, einem pikanten, nicht einmal hübschen Gesichtchen, sehr einfach gekleidet in einem blau-weiß gestreiften Baumwollkleid.

Sie kam Astrid bekannt vor, aber sie konnte sich nicht entsinnen, wo sie sie schon einmal gesehen hatte. Die beiden – ihr Mann und die junge Frau – eilten aufeinander zu. Fast sah es so aus, als wollten sie sich umarmen, aber kurz voreinander hielten sie in der Bewegung inne, drehten sich um, gingen Seite an Seite in den Park hinein.

Keiner von ihnen hatte Astrid gesehen.

10

Kirsten empfing ihren Mann mit dem schwebenden, ein wenig schüchternen Lächeln, das ihr seit ihrer Rückkehr von Ibiza eigen war. Ihre hellen Augen wirkten leuchtend und übergroß in dem von der Sonne golden gebräunten Gesicht. Dr. Hugo Winterfeld küßte sie zärtlich. »Mein Schmetterling«, sagte er, »habe ich dir eigentlich schon gestanden, wie froh ich bin, daß du wieder da bist?«

Ihr Lächeln vertiefte sich. »Ich bin sehr glücklich...«

»Wirklich? Vermißt du das blaue Meer nicht? Und die romantischen Bauten? Die lauen Nächte auf der Terrasse des ›El Corsario‹?«

Sie schüttelte stumm den Kopf.

»Dann will ich dir zur Belohnung eine Überraschung verraten...«

»Ich bin gespannt«, sagte sie ohne Neugier.

»Ich habe heute mit Professor Overhoff telefoniert«, erklärte Hugo Winterfeld, und es klang fast triumphierend.

»Ja?« fragte sie und verstand immer noch nicht, worauf er hinauswollte.

»Und weißt du auch, weshalb? Ich habe eingesehen, daß du recht hattest Ich werde mich nun doch von einem Dermatologen untersuchen lassen.«

Die Freude, die er erwartet hatte, blieb aus. »Aber wieso?« fragte sie beinahe bestürzt. »Wieso auf einmal?«

»Du hast es dir doch immer gewünscht, Liebling!«

»Ja«, sagte sie, »ich weiß...« Sie spielte an seinen Rockaufschlägen.

»Jetzt verstehe ich gar nichts mehr.«

»Es ist doch so einfach, Hugo! Ich habe begriffen, daß...

ich weiß jetzt, daß es gar nicht so wichtig ist, ob wir Kinder haben oder nicht. Es kommt doch eigentlich nur auf uns beide an ... daß wir uns lieben und verstehen!«

Sie hob den Blick zu ihm, und er sah überrascht, daß in ihren Augen Tränen der Erregung standen.

»Mein Liebling!« Er nahm sie in die Arme und küßte sie zärtlich.

»Du versteht mich, wie ich es meine?« flüsterte sie. »Und lachst mich nicht aus? Du bist für mich der einzige Mann auf der Welt. Auch wenn wir niemals Kinder haben werden.«

»Und du bist für mich die einzige Frau ... das versuche ich dir schon seit langem klarzumachen.«

»Ich weiß!« Sie lächelte ihn unter Tränen an. »Aber manchmal bin ich eben furchtbar schwer von Begriff.« Sie sprachen nicht mehr über die Untersuchung.

Aber am Abend, als sie nebeneinander im Bett lagen und Dr. Winterfeld die Nachttischlampe schon gelöscht hatte, fing er wieder an: »Und ich werde morgen doch zum Dermatologen gehen. Ich möchte einfach wissen, woran wir sind ...« Sie schwieg. Sie fühlte, daß es hierauf nichts mehr zu sagen gab. Schmerzlich war es ihr klargeworden, daß er genauso sich nach Kindern sehnte, wie sie es getan hatte. Es gab für sie nur einen Weg, ihr Versagen gutzumachen ...

Kirsten faßte einen Entschuß – und diesen Entschluß wollte sie in die Tat umsetzen. Morgen! Gleich morgen früh!

In dieser Nacht fand Kirsten Winterfeld lange keinen Schlaf. Sie wußte, der Weg, den sie gehen wollte, würde schwer sein. Sie wußte aber auch, der Weg würde sich lohnen. Der Entschluß, den sie gefaßt hatte, wurde immer stärker in ihr: das Kind ihres Mannes, das nicht ihr Kind war, in das gemeinsame Haus aufzunehmen. Am anderen Morgen, als Dr. Hugo Winterfeld zu Gericht gegangen war, fragte sie in der Kanzlei die Sekretärin ihres Mannes nach der Adresse Gina Frankes. Sie stellte diese Frage so unbefangen wie möglich. Aber sie merkte, wie ihre Stimme zitterte. Sie sah auch den überraschten Blick der Sekretärin, der sekundenlang fragend auf ihr ruhte.

»Bitte, Frau Doktor«, sagte die Sekretärin, nachdem sie aus

einer Kartei die Adresse herausgesucht und auf einen Zettel geschrieben hatte.

Als sie zehn Minuten später im Auto saß, holte sie den Zettel aus ihrer Handtasche und las: »Neue Siedlung, Breslauer Straße 147.« Hier hatte Gina Franke früher gewohnt – bei ihrer Mutter. Und hier war Gina Frankes Sohn.

Sie fuhr los. Noch nie war sie in der Neuen Siedlung gewesen, sie erinnerte sich aber, daß sie im Osten der Stadt lag. Nachdem sie die Außenbezirke der Stadt mit ihren Lagerhäusern, Schuppen, windschiefen Zäunen und grauen Straßen fast hinter sich gelassen hatte und nicht mehr Bescheid wußte, tauchte die Siedlung ganz unvermittelt hinter einer Bodenwelle auf – ein Komplex großer, moderner Miethäuser, Teile einer Großstadt, in die schon ländliche Landschaft gebettet.

Sie gab Gas und hatte in wenigen Minuten die Trabantenstadt erreicht. Die schnurgeraden, sauberen Straßen, Grünflächen, Kinderspielplätze, Läden und Cafés wirkten mit den von einer Kirche überragten Häusern wie ein sehr ansprechendes, hundertfach vergrößertes Siedlungsmodell, das sehr schön hätte sein können, wenn es nicht so kalt und so seelenlos gewirkt hätte.

Sie fuhr langsam, las die Straßenschilder, fand die Breslauer Straße, ohne einen Menschen fragen zu müssen, bog ein. Auch diese Straße war breit und übersichtlich angelegt, und auch sie wirkte seltsam verlassen.

Kirsten stellte ihren Wagen auf einem der Parkplätze ab, entschloß sich, die letzten Schritte zu Fuß zu gehen, schlenderte zögernd an den Gebäuden vorbei, den Blick auf die Hausnummern gerichtet. Ein Rudel Kinder jagte, schreiend und gestikulierend, einem großen Ball nach. Kirsten beachtete sie gar nicht. Ihre Gedanken waren weit vorausgeeilt; sie versuchte, sich auf das schwierige Gespräch vorzubereiten, das jetzt vor ihr lag.

Sie schrie auf, als ein kleiner Junge in seiner Spielbegeisterung sie beinahe umgerannt hätte.

Auch der Kleine stand eine Sekunde lang ganz verstört. Er mochte fünf Jahre alt sein, ein stämmiger Junge mit einem blonden Schopf und trotzigen Augen.

»Na, kannst du nicht aufpassen?« rief Kirsten und packte den Kleinen beim Kragen.

Sie wartete auf ein Wort der Entschuldigung, aber der Junge stand nur breitbeinig da und sah sie verstockt an. Plötzlich mußte Kirsten lachen, denn der Junge wirkte mit seiner Dreckspur auf der Stirn und Sommersprossen auf der kleinen Nase wirklich sehr komisch.

»Was ist los mit dir?« rief sie und packte ihn fester. »Kannst du nicht reden?«

Der Junge schüttelte stumm den Kopf.

»Schade, ich hätte dich nämlich gern etwas gefragt ... wo wohnt Frau Franke?«

Mit sichtlicher Überwindung öffnete der Junge die trotzig zusammengepreßten Lippen, fragte: »Was wollen Sie von der?«

»Sie besuchen, wenn du nichts dagegen hast.« Sie ließ ihn los. »Also ... wo wohnt sie?«

»Da!« sagte der Junge und wies mit seinem unglaublich schmutzigen Zeigefinger auf eines der nächsten Häuser, das sich in nichts von den anderen unterschied, und ehe Kirsten noch ›danke‹ sagen konnte, war er schon seinen Kameraden nachgestürmt.

Kirsten sah ihm nach. Seine stämmigen kleinen Beine mit den verrutschten Kniestrümpfen wirbelten nur so durch die Luft. Dann wandte sie sich um und ging auf das Haus Nr. 147 zu.

Die Namen auf den Türschildern waren mit Tintenschrift geschrieben und von einer Scheibe Plexiglas gegen Witterungseinflüsse geschützt. Frau Gertrud Franke wohnte im vierten Stock. Kirsten klingelte, und es schien ihr, als verginge eine endlose Zeit, bis der Türsummer ertönte. Sie stieß die Haustür auf, trat ins Treppenhaus. Es gab keinen Lift, sie mußte die Kunststeinstufen zu Fuß hinaufgehen. Die Wohnungstür im vierten Stock rechts war geschlossen. Kirsten klingelte noch einmal. Endlich wurde die Tür einen Spaltbreit geöffnet, die Sicherheitskette lag vor.

»Sie wünschen?« fragte eine mißtrauische Stimme.

»Ich möchte zu Frau Gertrud Franke.«

Kirsten konnte nicht in den dunklen Wohnungsflur hineinsehen, aber sie spürte, daß die Frau drinnen sie einer gründlichen Prüfung unterzog, bevor sie die Kette abnahm und die Tür nun ganz öffnete.

»Sie kommen von der Fürsorge?«

»Nein«, sagte Kirsten Winterfeld erstaunt.

»Vom Jugendamt?«

»Auch nicht. Ich bin nur ... ich kenne Gina Franke, und deshalb ...«

»Meine Tochter wohnt nicht mehr hier.«

»Ich weiß. Ich wollte ja auch mit Ihnen sprechen, Frau Franke!«

Jetzt endlich ließ die alte Frau Kirsten eintreten. Sie hatte graues, stumpfes, viel zu stark gekraustes Haar, ein müdes, verhärmtes Gesicht und bewegte sich schwerfällig auf Beinen, die unnatürlich angeschwollen waren.

Kirsten fühlte plötzlich Mitleid. »Es tut mir leid, daß ich Sie so überfalle«, sagte sie. »Wenn Sie Telefon hätten ...«

Die Frau schlurfte voraus in eine unaufgeräumte winzige Küche, in der das gebrauchte Frühstücksgeschirr auf der Abwasche stand, eine zerrissene Bubenjacke auf einem Stuhl lag. Der Fußboden war schmutzig, der Tisch offensichtlich noch nicht abgewischt.

Frau Franke schien Kirstens Gedanken lesen zu können. »Es ist schlimm, wenn man alt wird und sich nicht mehr richtig bewegen kann; niemand weiß, wie das ist«, sagte sie. »Jeder Schritt tut weh. Man hat einfach keine Kraft mehr ... früher, ja, da sah hier alles anders aus. Aber jetzt! Ich muß ins Krankenhaus, hat der Doktor gesagt, aber wie kann ich das denn? Jemand muß sich doch um den Jungen kümmern ...«

Mit einiger Überwindung setzte Kristen sich auf einen der Stühle, während die alte Frau sich schwerfällig auf einen anderen Stuhl niederließ. Vor ihr lag eine Zeitung mit Kartoffelschalen und ein Häufchen ungeschälter Kartoffeln.

»Ich verstehe das alles sehr gut«, sagte Kirsten.

»Na ja«, meinte Frau Franke, nahm eine der Kartoffeln in die Hand und begann sie mit ihren verschwollenen Fingern zu schälen, »Sie vielleicht. Aber die von der Fürsorge sind nie zufrieden. Dabei tue ich, was ich kann, und mehr kann wirklich niemand von mir verlangen.«

»Natürlich nicht«, beruhigte Kirsten sie.

»Ich rede mal wieder zuviel«, brummte die alte Frau, »auch so ein Fehler von mir. Gina hat sich immer darüber aufgehalten. Aber wenn man den ganzen Tag allein ist, dann will man doch abends ein bißchen Unterhaltung haben. Sie war sowieso nur so selten zu Haus. Bloß zum Schlafen, und das nicht mal immer. Und jetzt ist sie ganz fort . . . na, wenn's ihr man bloß gut geht.« Frau Franke seufzte schwer. »Auf mich kommt's ja nicht mehr an. Ich mache es bestimmt nicht mehr lange.« Sie ließ die geschälte Kartoffel in den schwarzen Topf plumpsen, daß das Wasser aufspritzte.

»Eigentlich bin ich wegen des Jungen gekommen«, sagte Kirsten, »Thomas . . .«

»Ach so! Warum haben Sie das nicht gleich gesagt?« Die alte Frau richtete ihren müden Blick auf Kirsten. »Sie sind vom Kindergarten!«

»Aber nein«, versicherte Kirsten. »Ich . . . ich habe Ihnen doch schon gesagt, ich . . .«

»Sie brauchen mich nicht anzulügen, Fräulein, das lohnt nicht. Ich weiß, daß der Junge Ihnen viel Sorgen gemacht hat, er ist ein wilder Kerl, ja, und es ist nicht einfach, mit ihm fertig zu werden. Aber eigentlich sind Sie doch dafür da, um auf ihn aufzupassen, nicht? Sie haben das doch gelernt . . .«

»Nein«, sagte Kirsten, »glauben Sie mir doch. Ich habe mit dem Kindergarten nichts zu tun! Aber erzählen Sie mir, was da passiert ist! Es interessiert mich . . . vielleicht kann ich Ihnen helfen.«

Das Mitteilungsbedürfnis der alten Frau war offensichtlich noch stärker als ihr Mißtrauen. Kartoffelschälend redete sie weiter vor sich hin: »Bis zur vorigen Woche habe ich ihn immer in den Kindergarten geschickt, morgens und nachmittags. Das war eine große Erleichterung, da wußte ich doch, wo er war und daß ihm nichts passieren konnte. Gern ist er nie gegangen, nein, das kann ich nicht behaupten, und beschwert hat sich das Fräulein öfter über ihn. Aber dann, vorige Woche, kam er ganz wild nach Hause. ›Nie mehr geh ich da hin, Oma‹, sagte er, ›nie mehr!‹ – Und am nächsten Morgen, da kam auch schon der Brief. Daß er nicht mehr kommen darf, weil er einem Mädchen die Zöpfe abgeschnitten hat!«

»Aber«, sagte Kirsten unsicher, »das war doch nur ein Streich!«

»Die haben es eben anders aufgefaßt. Weil er die Schere nämlich von zu Hause mitgenommen hatte, haben sie geschrieben, wäre es die reinste Boshaftigkeit gewesen. Und natürlich hat sich die Mutter des Mädchens beschwert, und die anderen Mütter auch, und sie haben gesagt, sie schicken ihre Kinder nie mehr, wenn Thomas noch kommen darf.«

Kirsten holte tief Atem. »Frau Franke«, sagte sie, »ich bin Ihnen für Ihre Offenheit sehr dankbar ... ich meine dafür, daß Sie mir das alles erzählt haben. Sie wissen sicher, der Vater des Jungen, Rechtsanwalt Dr. Winterfeld, plant schon seit einiger Zeit, Thomas zu adoptieren ...«

»Ach was«, sagte die alte Frau, »das bildet Gina sich doch nur ein. Immer bildet sie sich solche Sachen ein. Erst war sie fest überzeugt, daß er sie heiraten würde, und jetzt ...«

Kirsten fiel ihr ins Wort. »Es stimmt aber doch, nur ...« Sie spürte, daß sie endlich zur Sache kommen mußte, »ich bin Frau Winterfeld, verstehen Sie? Und ich möchte erst wissen, ob der Junge und ich ... also ob wir uns überhaupt vertragen könnten, denn sonst hätte es ja keinen Zweck, nicht wahr? Dann wäre weder ihm noch seinem Vater damit geholfen.«

Die alte Frau sah sie lange und mit unverhohlener Neugier an. »Sie sind das also!« sagte sie. »Nein, der Junge paßt nicht zu Ihnen, da bin ich sicher. So ein wilder Kerl. Nicht mal versohlen kann man ihn noch, er läßt sich einfach nichts mehr gefallen ...«

Kirsten mußte lächeln. »Vielleicht könnte man ihn auch ohne Prügel erziehen!«

»Den? Nie! Zureden hilft bei ihm überhaupt nicht. Alles, was man ihm sagt, geht zu einem Ohr hinein und zum anderen hinaus.«

»Ich möchte ihn mir aber trotzdem wenigstens ansehen. Wo ist er denn? Könnten Sie ihn nicht rufen?« Frau Franke zögerte sichtlich. »Wenn Sie es wünschen«, sagte sie dann, »versuchen kann ich es ja. Aber Zweck hat das doch nicht. Der kommt nur heim, wenn er Hunger hat.«

Sie erhob sich schwerfällig, trat ans Fenster und rief mit überraschender Lautstärke hinaus: »Thoomas! Thooomas! raufkommen!«

Im gleichen Augenblick klingelte es an der Wohnungstür. »Na so etwas«, sagte die alte Frau, »wer ist denn das schon wieder?«

Sie schlurfte aus der Küche.

Kirsten hörte, wie sie draußen die Tür öffnete und wie eine rauhe Jungenstimme fragte: »Ist sie weg?« Wenige Sekunden später kam Frau Franke wieder herein mit dem kleinen Thomas an der Hand – Kirsten erkannte in ihm den Jungen, der sie vorhin unten auf der Straße fast umgerannt hätte. Er war inzwischen, so schien es Kirsten jedenfalls, noch schmutziger geworden.

»Wir haben Besuch bekommen«, erklärte Frau Franke. »Gib der Dame schön die Hand und mach einen Diener!«

Aber Thomas stand wie ein Stock und verbarg seine kleine Faust auf dem Rücken.

»Da sehen Sie selber«, schimpfte seine Großmutter nun, »nichts ist mit ihm anzufangen!«

»Schade«, sagte Kirsten, »ich wollte ihn eigentlich einmal abholen und mit in den Zoo nehmen. Aber er sieht nicht aus, als ob er sich dafür interessieren würde.« Das wirkte. Thomas öffnete den Mund und stieß hervor: »In den Zoo? Jetzt gleich?«

»Nein, nicht jetzt«, antwortete Kirsten. »Jetzt muß ich nach Hause. Aber nächste Woche ... wie wäre es mit Donnerstag?«

Das Gesicht des Jungen hatte sich schon wieder verdüstert.

»Magst du nicht?« fragte Kirsten.

»Ach, du kommst ja doch nicht.«

»Aber natürlich komme ich. Wenn ich's dir verspreche! Was man verspricht, muß man auch halten, das weißt du doch.«

»Mutter verspricht auch immer. ›Sonntags komme ich‹, sagt sie, ›ganz bestimmt!‹ Und dann läßt sie sich wer weiß wie lange überhaupt nicht sehen.«

»Du hast schon schlechte Erfahrungen gemacht«, meinte Kirsten, »das tut mir leid. Aber ich gebe dir mein Wort, daß ich komme. Donnerstag nachmittag, Punkt zwei. Du mußt mir versprechen, daß du dann frisch gewaschen und sauber angezogen hier auf mich wartest. Suchen will ich dich nicht und auch nicht auf dich warten.«

»Wenn Sie ihn wirklich abholen wollen«, sagte seine Großmutter, »wird er um zwei Uhr fertig sein. Nur versprechen Sie sich nicht zuviel davon, er ist . . .«

Kirsten schnitt der alten Frau das Wort ab. »Also, wie ist es? Willst du? Dann gib mir die Hand darauf!«

Zögernd kam die Bubenhand hinter dem Rücken hervor. Kirsten ergriff sie und drückte sie fest – aber sie kam sich dabei wie eine Verräterin vor.

Konnte sie es überhaupt verantworten, den Jungen aus der ihm vertrauten Umgebung zu reißen, wenn auch nur für einen Nachmittag? Würde sie ihn je liebhaben können? Und würde sie wirklich die Kraft haben, ihm die Mutter zu ersetzen?

Dr. Hugo Winterfeld betrat mit Unbehagen die Dermatologische Klinik.

»Ich möchte zu Dozent Dr. Müller«, sagte er dem Pförtner, »ich bin angemeldet!«

»Im Parterre . . . den Gang entlang, und dann dritte Tür links!«

Auf dem Gang huschten Schwestern und Ärzte in kurzen Kitteln hin und her, Türen klapperten, es roch nach Äther und Desinfektionsmitteln.

Dr. Winterfelds Unbehagen wuchs. Er mußte gegen die Vorstellung ankämpfen, daß er vielleicht krank wäre, ohne es zu wissen. Aber das war natürlich Unsinn. Er war ja nur gekommen, um Gewißheit zu finden, daß er seiner Frau Kinder schenken konnte. Wie das Ergebnis auch immer ausfallen sollte – er wollte es mit Fassung tragen. Es war nichts

Schmerzliches dabei, es war einfach nur peinlich – ja, peinlich, weiter nichts.

Er las das Schild ›Dozent Dr. G. Müller, Anmeldung‹, klopfte an, trat ein, sagte noch einmal, weswegen er komme. Die Schwester war jung und reizend, er errötete unter ihrem Blick und kam sich wie ein alter Esel vor.

»Wenn Sie sich fünf Minuten gedulden möchten, Herr Doktor«, sagte sie, »gehn Sie bitte so lange in den Warteraum ... oder nein, bleiben Sie doch lieber hier. Der Dozent wird Sie sicher nicht lange warten lassen ... Sie sind doch wohl in einer privaten Krankenversicherung?«

»Ja«, antwortete er und wich unwillkürlich ihrem Blick aus. »Dann nehmen wir schon einmal Ihre Personalien auf.«

Während er seine Angaben machte, gewann er langsam die Selbstsicherheit zurück. »Darf man hier rauchen?« fragte er.

»Ja, bitte«, lächelte die Schwester. »Der Herr Dozent sieht es zwar nicht sehr gern ...« – ihr Lächeln vertiefte sich –, »aber er raucht selber!«

Dr. Winterfeld hatte kaum die ersten Züge gemacht, als die Tür hinter dem Schreibtisch aufging und ein hagerer dunkler Mann mit langen Schritten hereinkam. »Schwester...«, begann er, dann sah er den Patienten, und seine grauen, tiefliegenden Augen leuchteten auf:

»Mensch, Hugo ... du bist es also wahr und wahrhaftig! Als ich den Namen hörte, habe ich natürlich sofort an dich gedacht, aber es wäre ja auch eine Namensgleichheit möglich gewesen ...« Er kam mit ausgestreckten Händen auf Dr. Winterfeld zu.

Der schlug ein wenig zögernd ein. »Gerhard?« fragte er, »Gerhard Müller?«

»Eben der! Menschenskind, erkennst du mich etwa nicht? Fünf Jahre bin ich auf der Schule dein Hintermann gewesen!«

»Natürlich erkenne ich dich«, sagte Dr. Winterfeld und wußte nicht, ob er sich über dieses unverhoffte Wiedersehen freuen sollte. Würde es die Peinlichkeit der ganzen Angelegenheit nicht noch verstärken? »Älter bist du geworden!«

Dozent Dr. Müller lachte schallend. »Du etwa nicht? Altes

Haus, weißt du, daß es fast zwanzig Jahre her ist, seit wir uns zuletzt gesehen haben? Aber mein Gedächtnis ist in Ordnung ... ich hätte dich sofort erkannt, auch wenn ich deinen Namen nicht gewußt hätte!« Er legte ihm den Arm um die Schulter und schob ihn in seine Praxis hinein, nötigte ihn in einen der bequemen Sessel in der Sitzecke, zündete sich selber eine Zigarette an.

Eine Minute später war Dr. Winterfeld in ein Gespräch über die guten alten Schulzeiten verwickelt, über die längst vergessenen Lehrer und Klassenkameraden, von denen er die meisten schon seit Jahren aus den Augen verloren hatte. »Na«, meinte Gerhard Müller selbstzufrieden, »wir beide jedenfalls haben es geschafft. Ich bin Dozent an der Dermatologischen und habe ... bitte, das muß natürlich unter uns bleiben ... gute Aussichten auf den Professor. Und du hast, wie ich hörte, eine florierende Praxis als Rechtsanwalt ... nur mit dem Kindersegen hapert's, wie?«

»Ja«, sagte Dr. Winterfeld. Wieder war das Unbehagen da.

»Professor Overhoff hat mit mir über den Fall gesprochen. Ich nehme an, daß es in deinem Sinne war. Ich muß schon sagen, alle Hochachtung, daß du dich entschlossen hast, einen Dermatologen aufzusuchen. Aber du warst ja immer schon ein vernünftiger Junge.«

»Glaub nur nicht, daß mir das leichtgefallen ist«, bekannte Dr. Winterfeld gepreßt und drückte seine Zigarette aus.

»Kann ich mir lebhaft vorstellen. Geht gegen die männliche Eitelkeit, wie? Aber vor mir brauchst du dich wirklich nicht zu genieren ... nichts Menschliches ist mir fremd!« Er reichte dem Schulfreund aus längst vergangenen Tagen sein Zigarettenpäckchen über den Tisch. »Hier, steck dir noch eine an ... das beruhigt. Ich muß jetzt erst mal mit ein paar sehr dummen Fragen kommen. Dir als Rechtsanwalt brauche ich ja nicht zu erklären, daß ich mir nur dann ein klares Bild machen kann, wenn du ganz aufrichtig antwortest.«

»Ja, sicher.« Hugo Winterfeld verbrauchte bei dem Versuch, seine Zigarette anzuzünden, drei Streichhölzer; endlich brannte sie. »Aber ich wüßte wirklich nicht ...«

»Also fangen wir mal mit dem Rauchen an!« Dozent Dr. Müller stand auf, holte sich einen Notizblock von seinem Schreibtisch. »Wieviel pro Tag?«

»Etwa dreißig ...«

»Sagen wir vierzig?«

»Manchmal schon.«

»Alkohol?«

»Regelmäßig. Jeden Abend eine Flasche Wein ... das heißt natürlich, eine halbe, meine Frau trinkt mit. Tagsüber nicht. Manchmal abends auch ein Bier, gelegentlich einen Schnaps.«

»Also keine richtigen Saufereien?«

»Bestimmt nicht.«

»Da bist du solider als ich. Warst du ja schon immer.« Dozent Dr. Müller machte sich Notizen. »Krankheiten?«

»Alle Kinderkrankheiten. Masern, Röteln, Keuchhusten ... sehr oft Halsschmerzen, vereiterte Mandeln. Bis ich sie mir vor fünf Jahren habe rausnehmen lassen.«

»Erkältungskrankheiten? Harnröhrenkatarrh?«

»Nie!«

»Sonst etwas von Bedeutung?«

Dr. Winterfeld schien zu zögern. Dann sagte er langsam: »Ich habe einen Sohn, einen Jungen von fünf Jahren.«

»Dann verstehe ich dich überhaupt nicht, daß du zu mir kommst, um dich untersuchen zu lassen.«

»Es ist ein unehelicher Sohn«, sagte Dr. Winterfeld.

»Ich verstehe. Wie lange bist du verheiratet?«

»Drei Jahre.«

»Und in diesen drei Jahren – ihr habt immer ein Kind haben wollen, deine Frau und du?«

»Wäre ich sonst hier?«

Dozent Dr. Müller trommelte mit dem Bleistift auf die Schreibtischplatte. Prüfend sah er den ehemaligen Schulfreund an. Dann fragte er: »Ihr liebt euch also, das ist klar. Ist deine Frau für dich immer noch anziehend ... ich meine ... in erotischer Hinsicht?«

»Ja.«

»Bist du freiwillig gekommen, oder hat dich deine Frau mehr oder weniger dazu gezwungen, daß du dich einmal von einem Dermatologen untersuchen läßt?«

»Sie hat mich nicht gezwungen. Sie hat sich auch selbst von Professor Overhoff untersuchen lassen. Ich gehöre nicht zu den Männern, die nur ihren Frauen die Schuld geben, wenn eine Ehe kinderlos bleibt. Auch wenn so eine Untersuchung bei einem Dermatologen alles andere als angenehm ist...«

Dr. Müller zeigte auf einen Wandschirm in der Ecke des Zimmers und sagte: »Na, dann zieh dich mal aus...«

Dr. Winterfeld verschwand hinter dem Wandschirm. Dr. Müller hörte ihn sagen: »Das verstehe ich nicht. Ich habe doch schon ein Kind. Ist es denn medizinisch möglich, daß ein Mann einmal ein Kind haben und daß dann... daß es dann so kommt, wie es zwischen Kirsten und mir gekommen ist?«

»Es ist möglich.«

Eine gute halbe Stunde später atmete Dr. Winterfeld erleichtert auf. Es war alles vorüber. Dr. Müller schob das Mikroskop, über das er lange gebeugt war, zur Seite und zündete sich eine Zigarette an.

»Na und?« fragte Dr. Winterfeld.

»Endgültiges kann ich noch nicht sagen, aber ich bin so gut wie sicher, daß deine Befürchtungen unbegründet sind.«

»Das habe ich gewußt!«

»Wissen, mein Lieber«, schränkte der Dozent ein und legte seinem Schulfreund die Hand auf die Schulter, »wissen kann man so etwas nie. Einige sehr selbstbewußte Herren haben hier bei mir die größte Überraschung ihres Lebens erfahren.« Er wollte den Patienten zur Tür begleiten.

Doch Dr. Winterfeld blieb stehen. »Schön und gut«, sagte er, »aber jetzt verstehe ich überhaupt nichts mehr. Professor Overhoff hat festgestellt, daß Kirsten vollkommen in Ordnung ist, ich bin es auch... was nutzt uns eure ganze verflixte Wissenschaft, wenn wir trotzdem keine Kinder bekommen können?«

»Wäre ich sehr fromm, würde ich antworten, die Entscheidung darüber liegt letztlich doch in Gottes Hand. Das stimmt im Grunde genommen auch. Wir Ärzte suchen seit Jahrhunderten dem Geheimnis des Lebens auf die Spur zu kommen, wir bilden uns eine Menge ein ... aber dann gibt es eben immer wieder Fälle, bei denen wir einfach machtlos sind.«

»Das heißt also auf gut deutsch, daß ihr mit eurem Latein am Ende seid!« sagte Dr. Winterfeld, der sich endlich wieder als Herr der Situation fühlte.

Der Dozent verstand und lächelte. »Noch nicht, mein Lieber, noch lange nicht. Ich werde mich, sobald ich das Ergebnis des Labors schwarz auf weiß vor mir liegen habe, noch einmal mit Professor Overhoff in Verbindung setzen. Jetzt wissen wir ja, daß die Sterilität also doch bei deiner Frau liegen muß, und es ist immerhin noch möglich, daß sie auf zervikalen Ursachen beruht. Es kann sich möglicherweise auch um eine Leukozytenvermehrung handeln ... kurz und gut: Wir haben noch eine Menge Eisen im Feuer, wie du siehst. Sprich jedenfalls mit deiner Frau. Es wäre gut, wenn sie in den nächsten Tagen noch einmal Professor Overhoff anrufen würde!«

Mehrmals täglich besuchte Professor Overhoff seinen kleinen Sohn, und er wurde ihm immer vertrauter. Besonders freute es ihn, daß Hanno beim Eintritt seines Vaters über das ganze Gesicht strahlte und oft sogar jauchzte, wenn er ihn auf den Arm nahm.

Das Untersuchungsergebnis der vorgenommenen Abstriche hatte bestätigt, was Overhoff von vornherein vermutete und erhoffte: Hanno hatte keine Diphtherie, sondern Angina. Zudem war es kein schwerer Angina-Fall: die Erscheinungen und das Fieber waren bereits zurückgegangen, Komplikationen wie Otitis media acuta oder Sepsis nicht aufgetreten.

Auch Eva, seine Tochter, hatte sich nicht infiziert. Jeden Tag, sobald sie aus der Schule gekommen war, hatte sie ihren Vater angerufen und sich nach dem Befinden ihres Brüderleins erkundigt. Gelegentlich kam sie sogar persönlich und unterhielt sich mit Profesor Overhoff über die Schule, über ihre Freundinnen und alles, was sie interessierte. Overhoff konnte es noch gar nicht glauben, daß jetzt das Eis tatsächlich gebrochen sein sollte. Er fühlte, daß dieser Erfolg zum Teil auch auf das veränderte Verhältnis zurückzuführen war, das er selber zu seiner Tochter gefunden hatte. Woran es lag, wußte er nicht; es war eben ganz plötzlich und unvermutet da. Die Krankheit seines Söhnchens Hanno hatte gewissermaßen als Katalysator gewirkt. Hanno verdankte er es, daß er jetzt wieder eine Familie besaß.

Heute konnte er Eva eröffnen, daß sie Hanno in Zukunft wieder besuchen dürfe. Er freute sich schon wie ein kleines Kind auf ihren glücklichen Ausruf. Sicherlich würde sie aber auch sofort fragen, wann denn nun Hanno nach Hause kommen könne, in Overhoffs Wohnung, wie er es versprochen hatte – etwas voreilig, das mußte er sich jetzt eingestehen; denn wer sollte auf Hanno aufpassen? Seinem Hausmädchen konnte er seinen Sohn nicht gut anvertrauen. Da kam Professor Overhoff eine gute Idee: Vielleicht würde sich sogar Schwester Patrizia bereit finden, diese Aufgabe wenigstens vorübergehend zu übernehmen?

Laut klapperten die hohen Absätze des auffällig geschminkten Mädchens mit dem silberblond getönten Haar auf dem Flur des Polizeipräsidiums. Vor dem Zimmer Nr. 112 blieb die etwa Sechzehnjährige stehen, klopfte, trat ein.

»Guten Tag!« sagte sie nach dem Eintreten, »ich bin hierherbestellt ... zu Herrn Kriminalobermeister Wagner ...«

»Guten Tag!« erwiderte der an seinem Schreibtisch sitzende KOM ziemlich unfreundlich. »Ihre Vorladung bitte! ... Nehmen Sie Platz!«

Die jugendliche Besucherin kramte die Vorladung aus ihrer eleganten Handtasche, überreichte das Papier dem Beamten, der kurz daraufschaute, und setzte sich, wartete.

»Also, Sie sind Fräulein Sylvia Süder aus der Immermannstraße 4 B?«

»Ja«, antwortete Sylvia Süder, »das bin ich ... Warum hat man mich eigentlich hierherbestellt, ich habe doch schon alles genau in meinem Brief geschrieben, und ...«

»Einen Augenblick!« unterbrach sie der Kriminalobermeister, zog einen Ordner aus einem Regal seitlich des Schreibtisches, suchte unter dem Buchstaben ›S‹ und entnahm einen Vorgang, bestehend aus einem handschriftlichen Brief und einem einseitigen Protokoll nebst Durchschriften. Er überflog das Protokoll, sah dann die Sechzehnjährige ernst an und sagte:

»Sie haben Anzeige erstattet gegen Herrn Dr. Rainer Schumann, Oberarzt in der Privatklinik Overhoff. Nach Ihren Angaben hat sich Dr. Schumann der Abtreibung schuldig gemacht, vorsätzlich begangen an der minderjährigen Angelika Schneider, geboren 2. März 1949, wohnhaft Obere Bahnhofstraße 28 . . . stimmt das so?«

»Ja, das stimmt!« erklärte Sylvia betont forsch.

»Pflichtgemäß habe ich Sie darauf aufmerksam zu machen, daß Ihre Angaben der Wahrheit entsprechen müssen. Sofern es aufgrund eines Ermittlungsverfahrens der Staatsanwaltschaft zur Anklageerhebung kommen sollte, werden Sie notfalls als Zeugin vernommen. Das ist Ihnen wohl klar?«

». . . Ja . . .«, sagte Sylvia zögernd. Sie fühlte sich jetzt doch nicht mehr ganz so wohl in ihrer Haut, aber nun war es für eine Rücknahme zu spät.

»So, Fräulein Süder«, meinte der Kriminalbeamte, »dann lesen Sie einmal das Protokoll durch, das wir nach Ihrem Brief vorbereitet haben . . .« – er legte das Original des Protokolls und zwei Kopien vor sie hin – ». . . wenn alles richtig ist, dann unterschreiben Sie bitte dreimal!«

Sylvia las die Niederschrift durch, unterschrieb dreimal ihren Namen und sah dann den Kriminalbeamten fragend an.

»Das wäre es«, sagte der Beamte, stand auf und gab dem Mädchen, das sich ebenfalls erhob, die Hand. »Halten sie sich bitte zur Verfügung für den Fall, daß noch Rückfragen auftreten sollten . . . und wenn Sie in der nächsten Zeit verreisen, wäre es zweckmäßig, uns Ihre Anschrift mitzuteilen!«

»Jawohl . . .«, stammelte Sylvia verwirrt und ging aus dem Zimmer. Den Abschiedsgruß hatte sie ganz vergessen . . .

11

Astrid Schumann ertrug es nicht mehr in dem Haus, in dem alles sie an ihren Mann erinnerte; in dem sie auf ihn gewartet, mit ihm gestritten hatte und so oft glücklich gewesen war. In der ersten Zeit nach der Trennung hatte sie der Gedanke getröstet, Rainer leide genauso unter der Einsamkeit wie sie selber – ja, mehr noch: Mit einem leisen Triumphgefühl hatte sie sich eingebildet, daß sie nach wie vor Macht über ihn besäße und daß es ihm unmöglich sein würde, sich innerlich völlig von ihr zu lösen.

Aber nun hatte sie mit eigenen Augen gesehen, wie er sich mit einer attraktiven jungen Frau im Park traf. Sie hatte die glückliche Erwartung in seinen Augen bemerkt – und begriffen, daß ihr Ehemann ihr bereits entglitten war.

Diese Tage, die diesem bitteren Erlebnis folgten, waren schrecklich. Sie weinte oder lief wütend durch die Zimmer. Sie steigerte sich in einen wilden Haß – um ausweglos verzweifelt zu sein, sobald ihr Blick auf Rainers Foto fiel und ihr Zorn im gleichen Moment wie eine Seifenblase zerplatzte, weil sie ihn noch immer liebte.

Schließlich entschloß sie sich, zu ihrer Mutter zu fahren. Dieser Entschluß brachte ihr Erleichterung. Noch glaubte sie, vor ihren Erinnerungen fliehen zu können. Während sie im Zug saß, malte sie sich aus, wie Rainer vergeblich versuchen würde, sie telefonisch zu erreichen; wie er schließlich, von unbezähmbarer Unruhe getrieben, sich aufmachte, um sie aufzusuchen; wie er dann das Haus abgeschlossen finden und außer sich geraten würde. Sie klammerte sich an diese Illusion, die ihr die Kraft gab, die Begrüßung durch ihre Mutter mit einem Lächeln zu überstehen.

Indessen dachte Dr. Rainer Schumann nicht daran, seine Frau Astrid anzurufen oder sie gar zu besuchen. Er hatte sie nicht vergessen und sich durchaus nicht mit dem Zusammenbruch seiner Ehe abgefunden, aber im Gegensatz zu ihr konnte er die Trennung besser überstehen, weil ihm seine Arbeit als Oberarzt der Frauenklinik geblieben war, in die er sich jetzt mit doppelter Kraft stürzte.

Und dann gab es Patrizia, die junge Schwester!

Nicht ein einziges Mal verglich er Astrid und Patrizia miteinander. Er genoß das Glück, das Patrizia ihm bot, fühlte sich wohl in ihrer Gegenwart und auf seltsame Weise um viele Jahre jünger. Patrizia stellte keine Forderungen materieller oder geistiger Art. Sie versuchte nicht, ihn in anspruchsvolle Gespräche zu verwickeln, zu denen er in seiner karg bemessenen Freizeit nicht mehr die Kraft besaß. Sie war einfach da, sie war jung, sie war lieb, sie war hingebend. Astrid hatte er nie durch seine Arbeit imponieren können; Patrizia bewunderte ihn rückhaltlos. Astrid gegenüber hatte er sich immer zusammennehmen, Haltung bewahren müssen; in Patrizias Gesellschaft durfte er sich gehenlassen. Astrid war überempfindlich gewesen; Patrizia nahm es ohne mit der Wimper zu zucken hin, wenn er seine schlechte Laune an ihr ausließ.

Aber Dr. Rainer Schumann war sich darüber im klaren, daß dieser Zustand nicht von Dauer, nie ein Ziel sein konnte, sondern nur eine Entwicklungsstufe. Früher oder später mußte eine Entscheidung fallen. Jeden Morgen durchwühlte er mit der gleichen Nervosität die Post in der Hoffnung und Befürchtung, ein Brief von Astrid oder gar von ihrem Anwalt könnte darunter sein. Jeden Morgen mußte er sich erneut eingestehen, daß seine Ehe so oder so gescheitert war, daß eine Scheidungsklage Astrids nur der Schlußstrich unter eine längst abgeschlossene Entwicklung sein würde – und dennoch: Der Gedanke, sie für alle Zeiten verloren zu haben, quälte ihn; deshalb war er auch bemüht, so wenig wie möglich an sie zu denken.

Mit Patrizia sprach er niemals über seine Frau.

Eines Abends – sie wollten zusammen ins Kino gehen, er stand vor seinem Spiegel in seinem kargen Junggesellenzimmer in der Klinik und band sich die Krawatte – kam Patrizia herein. Jung, hübsch und strahlend wie immer, wenn auch nicht so unbefangen wie sonst.

»Nanu«, meinte er lächelnd, »bist du schon fertig? Diese Überpünktlichkeit kenne ich gar nicht an dir! Solltest du neue Talente entwickeln?«

»Rainer«, sagte sie gepreßt, trat von hinten an ihn heran und legte ihre Hand auf seine Schulter, »ich muß mit dir sprechen . . .«

Er zog sich den Knoten seiner Krawatte zurecht.

»Na, dann schieß los!« rief er, ohne den Blick von seinem Spiegelbild zu wenden.

»Ich habe Angst.«

Er lachte, drehte sich jetzt endlich um. »Vor mir etwa?!«

»Ja. Wie du es aufnehmen wirst.«

Plötzlich stieg eine böse Ahnung in ihm auf.

»Was?« fragte er verhalten.

»Ich bekomme ein Kind!«

Dr. Schumann starrte Patrizia entgeistert an. Er sah aus, als habe er soeben einen schmerzhaften Tiefschlag erhalten.

»Es ist wirklich wahr, Rainer«, sagte sie leise, »ich . . . ich bekomme ein Kind!«

Nach einem würgenden Atemzug hatte er sich wieder gefangen. »Seit wann weißt du es?« fragte er mit einer Stimme, die fast tonlos war vor unterdrückter Erregung.

»Seit zwei Wochen.«

»Und du sagst es mir erst heute?«

»Ich wollte ganz sicher sein.«

Er wandte sich ab und begann nach seiner Pfeife zu suchen – wie immer, wenn er fürchtete, eine Situation nicht zu meistern. Er fand die Pfeife, begann sie umständlich zu stopfen und stellte mit Erleichterung fest, daß wenigstens seine Hände ihn nicht verrieten – sie zitterten nicht.

»Hast du dich untersuchen lassen?« fragte er, ohne sie anzusehen.

»Natürlich nicht!« Sie machte einen Schritt auf ihn zu.

»Rainer, du glaubst doch hoffentlich nicht, daß ich dich in Schwierigkeiten bringen will?!

»Niemand hat dir einen Vorwurf gemacht.«

»Da bin ich aber dankbar«, sagte sie mit einem Zynismus, der ihn unangenehm berührte.

»Das war eine ziemlich unpassende Bemerkung«, erklärte er scharf.

»Entschuldige!« Sie senkte die Wimpern – aber in ihrem

lieblichen, herzförmigen Gesicht entdeckte er einen Ausdruck von Härte, den er noch nie an ihr bemerkt hatte.

»Komm, setz ich«, bat er versöhnlich. »Ich glaube, wir beide müssen den Fall in aller Ruhe durchsprechen.«

»Wir wollten doch ins Kino gehen«, widersprach sie mit starrem Gesicht.

»Findest du das wirklich richtig? Ich habe jetzt nicht den Nerv, mir nach deiner Eöffnung ruhig und gelassen einen Film anzusehen.«

Sie schwieg, stand mit blassem, verbissenem Gesicht vor ihm. Er legte seinen Arm um ihre Schultern, wollte sie zum Sessel führen. Aber sie schmiegte sich nicht wie sonst zärtlich an ihn, sondern hielt sich steif wie eine Puppe. Mitleid und Schuldbewußtsein überwältigten ihn.

»Weißt du was?« schlug er mit erzwungener Heiterkeit vor. »Da wir uns schon einmal fein gemacht haben, gehen wir auch aus . . . zu ›Tonino‹, wie wäre es damit? Bei einer guten Flasche Wein lassen sich die meisten Probleme sehr viel leichter lösen.«

»Wie du meinst«, sagte sie gepreßt.

Er steckte Pfeife und Tabaksbeutel in seine Jackentasche und schob Patrizia mit sanfter Gewalt aus dem Zimmer.

Bei ›Tonino‹, einer italienischen Weinstube in der Altstadt, war um diese frühe Zeit wenig los. Das Musik-Trio hatte seinen Dienst noch nicht angetreten, und nur auf vereinzelten Tischen brannten die Kerzen. Alles andere war jedoch wie immer – die blankgescheuerten Tische, die weißgekalkten Wände, die schimmernden Kupferkessel, die ganze heitere und gemütliche Atmosphäre, von der Dr. Schumann und Patrizia in der ersten Zeit ihres Zusammenseins sich so gerne hatten verzaubern lassen. Auch der würzige rote Landwein war der gleiche, aber für Dr. Schumann, der sehr rasch zwei Gläser hintereinander trank, hatte er einen bitteren Nachgeschmack. Patrizia nippte kaum an ihrem Glas. Seit dem Verlassen der Klinik hatten beide kaum ein Wort miteinander gesprochen.

»Es tut mir leid, wenn ich dich verletzt haben sollte«, begann er die Aussprache. Seine Hand umklammerte die Pfeife in der Jackentasche, aber er spürte, daß jetzt nicht der geeignete Moment war, sie anzuzünden.

»Schon gut.« Sie vermied es hartnäckig, ihn anzusehen.

»Liebling...« Er berührte ihre Hand, die auf der Tischplatte lag; eine tüchtige, saubere Schwesternhand mit kurzen, rund geschnittenen Nägeln.

Sie zuckte unter seiner Berührung zusammen. Dann, ganz unvermittelt, brach es aus ihr heraus: »Es ist ganz meine Schuld... ganz allein meine Schuld... ich hätte wissen müssen...«

Sie stockte; ihr Gesicht verzerrte sich bei dem krampfhaften Versuch, aufsteigende Tränen zu unterdrücken.

»Unsinn!« widersprach er rasch. »Du hast dir nichts vorzuwerfen. Mir scheint, wir haben uns beide benommen wie die Kinder.«

»Ach, Rainer, liebst du mich denn wirklich?« fragte sie. »Du hast mir nie gesagt... ich hoffte so sehr, dein Herz zu erobern... ich habe dir alles gegeben, was ich hatte, ich...«

»Du hast mich sehr glücklich gemacht«, sagte er, »das weißt du! Warum verlierst du dich in so dumme Gedanken...«

»So sehr habe ich mir gewünscht... natürlich hatte ich Angst, es dir zu sagen«, fuhr sie mit stockender Stimme fort, »ich wußte ja nicht, wie du es aufnehmen würdest... aber ganz tief im Herzen glaubte ich fest daran, du würdest dich freuen... du hast doch immer Sehnsucht nach einem Kind gehabt, nicht wahr?«

»Nun höre endlich auf, Patrizia! Ich freue mich ja, glaub es mir! Nur... es ist nicht leicht für mich, das mußt du verstehen... ich bin verheiratet!«

»Kannst du immer nur daran denken? An deine Frau? An deine Karriere?«

»Um Gottes willen, Patrizia!« rief er. »Jetzt fang nicht an, die Dinge zu verdrehen. Wir müssen den Tatsachen gerecht werden, dürfen uns nicht in romantische Märchen verlieren. Und Tatsache ist nun einmal, daß ich verheiratet bin!«

»Ich kann das Baby... ich kann es wegbringen lassen!« Sie

sah ihn herausfordernd an. »Du brauchst mir nur ein Wort zu sagen ...«

»Das hast du doch wohl nicht im Ernst gesagt, Patrizia!« entgegnete Dr. Schumann ärgerlich. »Ich verstehe nicht, wie du so etwas auch nur denken kannst!«

»Was also dann? Wir wollen uns nichts vormachen, du hast es selber erklärt. Es wird nicht mehr lange dauern, dann haben es die ›lieben Kollegen‹ heraus, daß etwas mit mir nicht ... nicht in Ordnung ist. Und wenn der Chef es erfährt, fliege ich in hohem Bogen.«

»Du mußt eben vorher kündigen.«

»Das ist leicht gesagt. In diesem Zustand bekomme ich keine andere Stellung ... und wenn ich jetzt freiwillig wechsle, erhalte ich keine Unterstützung während der Schwangerschaft und für die Entbindung.«

»Darüber brauchst du dir keine Sorgen zu machen. Selbstverständlich werde ich für dich sorgen.«

»Und du glaubst, es wird mir Spaß machen, in einem kleinen Zimmerchen zu sitzen, Däumchen zu drehen und von deiner Gnade abhängig zu sein?«

»Patrizia, was ist nur plötzlich in dich gefahren! Das ist doch alles dummes Zeug, was du da redest! Im übrigen geht es nicht um unseren Spaß, sondern um unsere Pflicht!«

»Aha!« rief sie. »Und du hältst es für meine Pflicht, mich in ein Mauseloch zu verkriechen, bis alles vorüber ist?«

»Verdammt noch mal, nun hör auf mit diesem Quatsch!« schimpfte er. »Was sollen wir denn tun? Es ist die einzige Möglichkeit, daß du dich zunächst zurückziehst.«

»Die einzige Möglichkeit!« lachte sie bitter auf. »So einfach ist das also! Warum habe ich mir eigentlich Sorgen gemacht? Ihr Männer macht es euch leicht. Ein unangenehmer Zwischenfall, nichts weiter. Alles wird bestens arrangiert, und dann geht man wieder zur Tagesordnung über. Eine ledige Mutter mehr, ein Kind ohne Vater ... was macht das schon! Hauptsache, die Karriere wird nicht gefährdet und die Ehefrau braucht sich nicht zu beunruhigen.«

Dr. Schumann sah sie ernst an. »Ich finde, dieser Ton paßt nicht zu dir.«

»O ja, ich weiß«, sagte sie heftig, »in deinen Augen bin ich ein zartes Seelchen, das jeden Fußtritt mit einem sanften Lächeln quittieren muß!«

Plötzlich war sie mit ihrer Kraft am Ende und fing an zu schluchzen. »Sei mir nicht böse, Rainer«, stammelte sie, »es... tut mir leid, daß ich mich so aufführe. Ich glaube, ich bin verrückt geworden. Es muß an meinem Zustand liegen, und dann... die ganze Situation. Ich... ich bin einfach verzweifelt.«

»Dazu hast du keinen Grund«, sagte er beherrscht. »Wenn alles gut geht, können wir heiraten, noch bevor das Kind da ist.«

Ihre Augen weiteten sich. »Du willst...?« fragte sie fassungslos. »Ist das... dein Ernst?«

»Natürlich. Ich werde dich doch nicht im Stich lassen... und unser Kind.«

»Ja, aber...« In ihrem Gesicht zuckte es, als wisse sie nicht, ob sie weinen oder lachen solle. »Warum hast du mir das denn nicht gleich gesagt?«

»Weil ich es albern finde, einen Heiratsantrag zu machen, noch bevor ich geschieden bin... Ich muß erst das alte Leben... mit dem alten Leben muß ich erst abschließen, bevor... Astrid wird ja sicher froh sein, mich loszuwerden...«

Patrizia bemerkte in ihrer aufgeregten Freude nicht die Bitterkeit in Dr. Schumanns Stimme. »O Rainer!« rief sie, »Liebster...« Sie umklammerte mit beiden Händen seinen Arm. »Wie habe ich mich nur so aufführen können! Jetzt verstehe ich alles... deshalb hast du mich aus der Klinik haben wollen. Wenn deine Frau etwas davon erfährt, dann könnte das die Scheidung erschweren und alles verzögern, nicht wahr?«

»Schon möglich.«

»Ich werde alles tun, was du von mir verlangst«, versprach sie mit Tränen des Glücks in den Augen, »alles! Ach, Rainer, wir werden ja so glücklich miteinander sein! Mit unserem Kind!«

»Warst du schon bei Professor Overhoff, Kirsten?« fragte Dr. Hugo Winterfeld seine Frau. »Der Dermatologe hat dich sicher bereits längst angemeldet.«

Sie saßen nach dem Mittagessen beim Kaffee zusammen, und Kirsten war, wie so oft in letzter Zeit, sehr schweigsam. Die Frage ihres Mannes riß sie aus ihren Gedanken.

»Bei . . . ach ja, natürlich«, stotterte sie, »vorige Woche . . . habe ich dir das nicht erzählt?«

»Nein.«

»Entschuldige bitte, das muß ich ganz vergessen haben.«

»Und?«

Sie verstand ihn offenbar nicht, blickte ihn nur mit einem kleinen verwirrten Lächeln an. Er sah sich deshalb veranlaßt, deutlicher zu werden.

»Das Ergebnis, Kirsten! Der Professor muß dir doch irgend etwas gesagt haben!«

»Nein. So schnell geht das nicht. Das Ergebnis müssen sie erst im Labor ausknobeln.«

»Und wann bekommst du Bescheid?«

»Also, Hugo, ich weiß wirklich nicht . . . diese oder nächste Woche. Du fragst so komisch . . .«

»Wenn ich ehrlich sein soll: Komisch finde ich nur dein Verhalten. Erst quälst du dich mich monatelang damit, daß du ein Kind willst . . . dann gehe ich dir zuliebe zum Dermatologen, und plötzlich scheint dir das Ganze geradezu unwichtig geworden zu sein.«

Ihr schöner Mund verzog sich zu einem rätselhaften Lächeln, dessen Grund er sich nicht erklären konnte.

»Es war mir schon vorher unwichtig, Hugo«, sagte sie, »schon bevor du zum Dermatologen gingst . . . erinnerst du dich nicht? Ich habe mich damit abgefunden, keine Kinder zu bekommen, das ist alles.«

»Aber wenn diese neue Untersuchung ergibt . . .«

Sie legte ihre Hand auf seinen Arm. »Was auch immer sie ergeben mag: Ich habe inzwischen gelernt, daß man nichts gegen den Willen des Schicksals erzwingen darf.«

»Tut mir leid. Für dergleichen Fatalismus habe ich wenig Verständnis.«

»Es ist kein Fatalismus, Hugo«, sagte sie sanft, »wir lieben uns, ist das nicht das Allerwichtigste?«

»Bestimmt«, bestätigte er, »nur ... weißt du, was ich mir eben gerade überlege? Es tut mir direkt leid, daß ich mit Gerhard Müller ... mit dem Dermatologen, meine ich ... nicht über diese Sache gespochen habe ...«

»Ja ... was denn?« fragte sie ohne sonderliches Interesse.

»Bitte, erschrick nicht. Was ich dir jetzt sage, klingt ein bißchen ... ich meine, es ist zumindest unkonventionell. Hast du eigentlich noch nie an eine künstliche Befruchtung gedacht?«

Ihre Augen wurden dunkel. »Ich will dem Schicksal kein Kind abtrotzen.«

»Ja, schon, das verstehe ich, und ich ehre deinen Standpunkt. Aber ...«

»Hugo«, flehte sie ihn an, »bitte! Warten wir doch erst einmal das Ergebnis der Untersuchung ab. Dann können wir immer noch mit Professor Overhoff darüber sprechen ... und mit deinem Schulfreund.«

»Gut«, sagte er, »einverstanden. Du bist ein vernünftiges Mädchen!«

Er trank seine Tasse Kaffee aus, stand auf, küßte sie auf die Stirn.

Sie begleitete ihn zur Tür, gab ihm noch einen Abschiedskuß, begann dann nachdenklich das Kaffeegeschirr auf ein Tablett zu räumen, trug es in die Küche.

Merkwürdig, überlegte sie, daß mich das alles gar nicht mehr interessiert. Künstliche Befruchtung! – Sie erschauerte. – Grauenhaft. Aber es wird ja gar nicht dazu kommen. Und wenn! Wir werden kein Kind haben, wenn Gott es nicht will. Ich werde bestimmt keins bekommen. Das ist meine Strafe.

Der Gedanke an das, was auf Ibiza geschehen war – beinahe geschehen war, trieb ihr die Schamröte ins Gesicht.

Wie konnte ich nur! Unvorstellbar, dachte sie, daß ich beinahe so weit gegangen wäre! Ich muß verrückt gewesen sein. Besessen.

Sie blickte auf ihre Armbanduhr. Es war zwanzig Minuten

nach eins. Sie hatte keine Zeit zu verlieren. Der kleine Thomas erwartete sie. Sie ging ins Bad, band sich ein hellblaues Seidentuch um, zog eine weiße Leinenjacke an, nahm Handschuhe und Tasche und verließ die Wohnung.

In den letzten Tagen hatte sie mit sich gekämpft, ob sie ihr Versprechen wahr machen und den unehelichen Sohn ihres Mannes zu einem Zoobesuch abholen sollte. Tausend Gründe sprachen dagegen. Es war gefährlich, den Jungen aus der ihm vertrauten Umgebung zu reißen und ihn nachher wieder zurückzustoßen. Thomas war allem Anschein nach ein schwer erziehbares Kind, nicht einmal die staatlich geprüften Kindergärtnerinnen wurden mit ihm fertig. Sie selber hatte überhaupt keine Erfahrung mit Kindern und fürchtete sich fast vor diesem Wildling. Wohin sollte das alles also führen?

Und doch: Als die Stunde gekommen war, erschien es ihr seltsamerweise ganz selbstverständlich, ihr Versprechen zu halten. Dabei war es gut möglich, daß der Junge sie schon längst vergessen hatte. Sie fuhr nicht aus Anstand oder Pflichtgefühl in die Neue Siedlung hinaus. Nein, das war es nicht. Es war, als zöge eine magnetische Kraft sie dorthin ...

Drei Stunden später standen Kirsten Winterfeld und der kleine Thomas vor dem Raubtierkäfig und beobachteten eine Löwenfamilie.

Sie hatten beide schon allerlei hinter sich, und man sah es ihnen an. Als Kirsten den Jungen abgeholt hatte, war er sozusagen frisch gescheuert gewesen. Sein sommersprossiges Gesichtchen hatte vor Sauberkeit geradezu gebrannt, und sein blonder Schopf war mit Wasser und Pomade zu einer artigen Frisur gebändigt gewesen. Er trug ein nagelneues Buschhemd in schreienden Farben, das ihm zwei Nummern zu groß war, so daß es von den Schultern weit herabhing und das graue, geflickte Höschen fast verbarg. Die Schuhe waren blank gewichst gewesen, die Söckchen hatten tadellos gesessen – aber inzwischen war von all dieser Pracht kaum noch etwas übriggeblieben.

Sein Schopf stand so wild und unternehmungslustig in die

Höhe wie eh und je, die Söckchen hingen schief, das eine war halb in die Schuhe gerutscht, die Knie waren aufgeschrammt, und das Gesicht des Jungen war fast so schmutzig wie bei Kirstens erster Begegnung mit ihm. Das überwältigende Buschhemd war mit Eis bekleckert. Thomas hatte es nicht gelernt, auf seine Sachen achtzugeben. Er faßte alles an, fuhr sich mit den schmutzigen Fingern durch das Haar und das Gesicht, rannte wie ein Wilder los, sobald ihm etwas gefiel. Wenn er stolperte oder hinfiel, machte er sich überhaupt nichts daraus, sondern sprang sofort wieder auf und rannte weiter. Alle Versuche Kirstens, ihn bei der Hand zu nehmen, waren an seinem entschlossenen Widerstand gescheitert. Er war kein Junge, mit dem man Staat machen konnte.

Kirsten fühlte sich nach diesen zwei Stunden Zoobummel so erschöpft, daß sie nichts sehnlicher wünschte, als sich irgendwo hinzusetzen, eine Tasse Kaffee zu trinken, eine Zigarette zu rauchen und endlich, endlich nicht mehr aufpassen und nicht mehr antworten zu müssen.

Jetzt, vor dem Löwenkäfig, war er plötzlich ganz still geworden. Er stand breitbeinig, die Hände auf dem Rücken, und starrte die Löwenmutter mit ihren beiden reizenden Babys an. Ein mächtiger Löwe im Nebenkäfig strich unentwegt an dem trennenden Gitter entlang, mit zornigem und forderndem Gebrüll.

Kirsten nahm an, daß es die kleinen Löwen seien, die vor allem das Interesse des Jungen erregten. »Sie sind lieb, nicht wahr?« fragte sie. »Schau nur, wie sie spielen ... da, siehst du, das eine hat den Schwanz seiner Mutter gepackt ... na, und so was! Jetzt hat es eine Ohrfeige bekommen!« Thomas aber nahm die Hand vom Rücken und zeigte mit seinem schwärzlichen Zeigefinger auf den grollenden Löwen: »Was hat denn der?«

»Das ist der Vater«, erklärte Kirsten, »er möchte gern zu seiner Familie.«

»Und warum darf er nicht?«

»Ja, weißt du ... Löwenväter sind oft recht grob. Er könnte seinen Kinderchen weh tun.«

»Warum denn?«

»Weil er eifersüchtig ist.«

Thomas schwieg.

Kirsten sah ihn von der Seite an. Die Stirn in nachdenkliche Falten gelegt, nagte er an der Unterlippe. Sie begriff, daß sie etwas gesagt hatte, was ein Fünfjähriger unmöglich verstehen konnte.

»Bei Tieren kommt so etwas vor«, fügte sie hinzu, »besonders bei Tieren, die im Käfig leben müssen. Bei Menschen ist so etwas ganz anders. Menschenväter haben ihre Kinder immer lieb und sind stolz auf sie.«

Plötzlich brach es aus Thomas heraus: »Ich habe keinen Vater!«

Sie bereute, das Gespräch auf eine so gefährliche Bahn gebracht zu haben. Aber jetzt gab es kein Zurück mehr. »Ach, Unsinn!« sagte sie und legte ihm ihre Hand in den Nacken. »Wer hat dir denn das weisgemacht?! Alle Kinder haben einen Vater.«

»Ich nicht.«

»Das gibt es ja gar nicht.«

»Doch. Ich habe keinen. Und deshalb . . .« Er schluckte. »Deshalb lachen mich auch immer alle aus«, bekannte er mühsam.

»Dieses Mädchen, dem du die Zöpfe abgeschnitten hast?« fragte Kirsten behutsam.

»Ja, die auch.«

»Haben denn die Schwestern im Kindergarten nie gesagt, daß das gar nicht stimmen kann?«

»Ach, die!« meinte er nur und wandte sich zum Gehen. Er marschierte mit festen, entschlossenen Schritten weiter wie ein kleiner Soldat, und plötzlich erkannte Kirsten, welch ungeheure Last auf diesen geraden Kinderschultern ruhte.

»Schade, daß wir uns nicht früher getroffen haben«, sagte sie und machte wieder einmal den Versuch, seine verschwitzte kleine Hand zu nehmen – es gab ihr einen freudigen Stich ins Herz, daß er es sich diesmal gefallen ließ. »Ich weiß nämlich ganz genau, daß du einen Vater hast . . . ich kenne ihn sogar.«

»Glaub ich dir nicht.«

»Kannst du aber. Hat dir deine Mutter denn nie von ihm erzählt? Oder deine Oma?«

»Nö.«

»Na, so etwas.« Sie hatte den Jungen unmerklich zum Zoo-Restaurant dirigiert. Im Schatten einer mächtigen Ulme fand sie einen freien Tisch, bestellte eine große Portion Frucht-Eis für den Jungen, für sich selber die ersehnte Tasse Kaffee. Sie war froh, das verfängliche Gespräch auf diese Weise abbrechen zu können und versuchte, ihm all das in die Erinnerung zurückzurufen, was sie zusammen gesehen hatten, erzählte von Affen, Giraffen, Elefanten, Seerobben und Krokodilen. Aber Thomas blieb einsilbig. Er schob einen Löffel Eis nach dem anderen in den Mund und malte gleichzeitig mit dem schmutzigen Zeigefinger der Linken seltsame Figuren auf die weiße Tischplatte.

»Du kennst ihn wirklich?« fragte er ganz plötzlich. Sie wußte sofort, was er meinte, fragte trotzdem:

»Wen?«

»Meinen Vater.«

»Ja.«

»Wie heißt er denn?« forschte Thomas, ohne sie anzusehen.

»Hugo Winterfeld. Er hat . . . er ist . . . Rechtsanwalt.«

Der Hoffnungsschimmer in den Augen des Jungen war schon wieder erloschen. »Aber wenn er mein Vater ist . . . warum heiße ich dann Thomas Franke und nicht . . . Thomas Winterfeld? Alle anderen Kinder heißen so wie ihr Vater . . .«

»Ja, das stimmt«, sagte Kirsten unbehaglich. »Meistens ist das so. Aber nicht immer. Bei dir ist es eben anders.«

»Und wenn ich einen Vater habe, warum wohnt er dann nicht bei uns? Die Väter der Kinder, die ich kenne . . .«

»Das hängt eben alles zusammen«, erklärte Kirsten hastig, »daß du nicht denselben Namen trägst wie dein Vater und daß er nicht bei euch wohnt . . .«

». . . und daß meine Mutter fortgegangen ist?«

»Ja. Das auch.«

»Es ist also wie bei den Löwen«, sagte Thomas. Er steckte seine Nase tief in den Eisbecher, um den letzten Rest aufzulecken, und tauchte mit einer weißen Nasenspitze und verschmiertem Kinn wieder daraus hervor. »Es gibt auch Menschenväter, die ihre Jungen nicht liebhaben!«

»Vielleicht... aber dein Vater hat dich lieb!« sagte Kirsten mit fester Stimme. »Er hat oft Sehnsucht nach dir.«

»Dann darf er wohl nicht zu mir, weil die Leute Angst haben, er könnte mir was tun?«

»Nein, nein, so ist das nicht!« Kirsten zündete sich mit nervösen Fingern eine Zigarette an. »Das ist nicht wie bei den Löwen, schlag dir das doch aus dem Kopf.«

»Aber wie denn?«

Kirsten machte einen tiefen Zug. »Also paß auf«, erläuterte sie, »dein Vater und deine Mutter haben sich sehr lieb gehabt. Deshalb hat deine Mutter ein Kind bekommen. Das Kind bist du. Aber sie haben nicht geheiratet... deshalb heißt deine Mutter wie deine Oma und du wie deine Mutter. Nur wenn man heiratet, kriegt die Frau den Namen ihres Mannes und die Kinder heißen wie der Vater. Hast du das verstanden?«

»Ja«, sagte Thomas, und sein verschmiertes Gesichtchen war ganz verrunzelt vor lauter Aufmerksamkeit.

»Deine Mutter und dein Vater wollten natürlich heiraten. Aber dann haben sie sich verzankt... so etwas kommt auch bei erwachsenen Leuten vor. Und deshalb haben sie eben nicht geheiratet. Und weil sie so zerstritten waren, daß sie sich überhaupt nicht mehr sehen wollten, konnte dein Vater dich natürlich auch nicht besuchen.«

»Aber jetzt ist sie doch weg.«

»Wer?«

»Meine Mutter. Sie brauchten sich gar nicht zu zanken, wenn mein Vater mal käme. Sie ist nie da... und ich, ich würde mich bestimmt nicht mit ihm zanken.«

Kirsten ertrug es nicht länger. »Möchtest du deinen Vater gern kennenlernen?« fragte sie impulsiv.

Seine Augen leuchteten auf.

»Gut«, sagte Kirsten entschlossen, »dann nimm die Papierserviette, wisch dir dein Gesicht ab... ich bringe dich zu ihm.«

Thomas reagierte überhaupt nicht. Er riß nur die großen Augen auf, starrte sie ungläubig an.

»Hörst du nicht, was ich dir sage? Es ist mir Ernst damit. Ich bring' dich hin, aber du mußt dich sehr beeilen.«

Jetzt erst hatte Thomas ganz begriffen. Er nahm das Papiertuch, fuhr sich damit wild durchs Gesicht, so daß er die Eisreste bis auf die Stirn und in den Haaransatz verrieb, rutschte von seinem Stuhl und streckte ihr die Hand entgegen – zum erstenmal gab er sie ihr freiwillig.

In der Wohnung neben der Kanzlei angekommen, wusch Kirsten den Jungen gründlich und bürstete ihm die Haare.

Dann telefonierte sie in die Kanzlei hinüber, ließ sich mit ihrem Mann verbinden.

»Hugo«, sagte sie, »bitte, komm auf einen Sprung zu mir herüber ... ja, jetzt sofort. Es ist sehr wichtig.«

Dann warteten sie beide, Kirsten entschieden nervöser als der Junge, der mit den Händen auf dem Rücken in dem großen Raum hin und her spazierte und all die vielen seltsamen Dinge, die es hier gab – den Globus, die Bücher, die Bilder –, mit großer Aufmerksamkeit betrachtete.

Als Kirsten den Schlüssel in der Wohnungstür hörte, sprang sie auf und lief ihrem Mann entgegen.

»Was ist denn los?« fragte der Rechtsanwalt nicht besonders liebenswürdig. »Du solltest eigentlich wissen, wie wenig ich es liebe, während der Arbeitszeit gestört zu werden. Ich hatte gerade einen Klienten bei mir, der ...«

»Schimpf nicht, Hugo!« bat sie und stellte sich auf die Zehenspitzen, um ihm einen Kuß zu geben. »Wir haben Besuch ... ein junger Mann, der dich dringend kennenlernen möchte!« Sie zog ihren Mann mit sich ins Wohnzimmer.

Auf der Schwelle blieb er wie angewurzelt stehen, starrte den kleinen Jungen mit gerunzelten Augenbrauen an – und Thomas begegnete diesem Blick mit der gleichen abschätzenden Skepsis. Zum erstenmal wurde es Kirsten klar, wie ähnlich die beiden sich waren.

Der Junge öffnete als erster den Mund. »Bist du wirklich mein Vater?« fragte er.

»Ja«, sagte Hugo Winterfeld, »ja ...«

Und dann war er mit ein paar raschen Schritten bei seinem Sohn, packte ihn mit beiden Händen um die Hüften und schwenkte ihn hoch durch die Luft.

Astrid Schumanns Mutter hatte sich, so schien es, über den überraschenden Besuch ihrer Tochter keineswegs sehr gefreut. Jedoch stellte sie keine neugierigen Fragen, sondern öffnete einfach das Gästezimmer und ließ Astrid in Ruhe. Astrid erwartete keine andere Reaktion. Sie kannte ihre Mutter; zärtlich war sie nie gewesen – dennoch hatte sich Astrid bei ihr immer geborgen gefühlt. Und welche andere Zuflucht blieb ihr denn nun noch, nachdem ihr Mann sie verlassen hatte?

Sie war jetzt zu Hause, mehr wollte sie im Augenblick nicht. Die Nähe ihrer Mutter beruhigte sie ein wenig.

Frau Karlson, die Witwe eines Hamburger Reeders und Senators, war eine überaus lebendige Dame Anfang der Fünfzig, deren angeborene Abscheu gegen Sentimentalitäten und Indiskretionen sich im Laufe der Jahre noch verstärkt hatte. Es war ein offenes Geheimnis, daß ihr verstorbener Mann jahrelang in leidenschaftlichen Beziehungen zu einer Tänzerin stand. Aber seine Frau hatte diese Situation einfach dadurch gemeistert, daß sie niemals Notiz von diesem Verhältnis nahm, sich den Anspielungen guter Freundinnen und böswilliger Neider gegenüber taub stellte und ihrem Mann niemals die Möglichkeit zu einer Aussprache gab.

Ihre Töchter waren mit unnachgiebiger Strenge erzogen, behütet, bewacht und jener allzufrühen Anfechtung entzogen worden – bis zu dem Augenblick, da sie flügge wurden. Beiden hatte Frau Karlson am achtzehnten Geburtstag den Haustürschlüssel mit einer sachlichen kleinen Ansprache übergeben, die mit den Worten endete: »Du bist jetzt ein erwachsenes junges Mädchen, und ich würde mich lächerlich machen, wenn ich weiter auf dich aufpassen wollte. Von heute an kannst du tun und lassen, was du willst, zu jeder Tag- und Nachtzeit ausgehen oder nach Hause kommen. Du trägst jetzt allein die Verantwortung für dein Leben. Sei dir aber darüber klar, was das bedeutet. Du wirst auch die Konsequenzen deiner Handlungsweise allein tragen müssen.«

Ihre Erziehungsmethode hatte sich bewährt. Beide Töchter, Astrid wie Kirsten, hatten auf sich achtgegeben und nach einigen Flirts und einigen Enttäuschungen, die nicht allzu tief gegangen waren, gute Partien gemacht. Astrid hatte den Frauenarzt Dr. Schumann geheiratet, Kirsten den Rechtsanwalt Hugo Winterfeld. Beide waren kurz nacheinander mit ihren Männern nach München gezogen.

Frau Karlson war damals seit langem innerlich auf die Trennung von ihren Töchtern vorbereitet gewesen. Die Einsamkeit des Alters empfand sie nicht als etwas Schreckliches. Ohne Zögern hatte sie das große Haus vermietet und für sich eine kleine, aber angenehme Wohnung am Alsterweg gefunden. Hier konnte sie sich endlich ohne Sorgen und ohne drückende Verantwortung den eigenen Interessen widmen. Sie spielte leidenschaftlich Golf, war Mitglied eines Bridge-Clubs, hatte ein Premieren-Abonnement für die Kammerspiele, ging häufig in Konzerte, las viel und fand jetzt auch die Zeit, ihren Lieblingswunsch zu erfüllen, nämlich ihre nahezu verkümmerten Talente als Malerin zu entwickeln. Die Zeit, die ihr neben all diesen Hobbys noch blieb, verbrachte sie bei der Kosmetikerin, beim Friseur, bei der Masseuse und bei der Schneiderin. Ihr Leben war bis zum Rand ausgefüllt.

Astrid fand bei ihr, was sie suchte: absolute Ruhe, Geborgenheit und einen völlig anderen Lebenskreis. Aber die erhoffte Wirkung blieb dennoch aus. Es verging kein Tag, ja, keine Stunde, ohne daß sie an ihren Mann dachte. Wieder und wieder grübelte sie über die unglückliche Entwicklung ihrer Ehe nach, führte in Gedanken lange und zermürbende Auseinandersetzungen mit ihrem Mann, schreckte nachts aus dem Schlaf, lag stundenlang wach, starrte mit brennenden Augen ins Dunkel und fühlte sich wie eine verdammte Seele.

Dazu kam, daß ihr körperliches Wohlbefinden zu wünschen übrig ließ. Sie litt unter Schwindelanfällen, besonders morgens, und hatte häufig gegen Übelkeit zu kämpfen.

Als sie einmal, von würgendem Unwohlsein gepackt, vom Frühstückstisch aufspringen mußte und erst zehn Minuten später wieder zurückkam, blickte ihre Mutter sie prüfend über die Zeitung hinweg an.

»Na, wann ist es soweit?« fragte sie ruhig.

Astrid verstand gar nichts.

»Du weißt, daß ich es mir zum Prinzip gemacht habe, mich nicht in die Angelegenheiten anderer Menschen zu mischen«, erklärte ihre Mutter, »aber da ich den Eindruck habe, du willst dein Kind hier bei mir zur Welt bringen, ist diese Frage doch wohl berechtigt.«

Astrid errötete bis an die Haarwurzeln. »Du irrst dich, Mutter. Ich bekomme kein Kind.«

»Um so besser«, erklärte Frau Karlson, und ihr Gesicht verschwand wieder hinter der Zeitung.

Astrid trank ihre kalt gewordene Tasse Tee leer, schenkte sich frischen ein. »Das kommt nur von den Anti-Baby-Pillen«, sagte sie, »die Übelkeit, die Schwindelanfälle und das alles . . .«

Jetzt legte Frau Karlson die Zeitung zusammen, sah ihre Tochter an. »Du nimmst so ein Zeug?«

»Ja.«

»Wünscht dein Mann das?«

»Nein. Aber ich . . . ich will keine Kinder haben. Deshalb.«

»Du solltest aber trotzdem, glaube ich, damit aufhören«, riet Frau Karlson. »Wenigstens für eine Weile.«

»Das habe ich ja schon. Seit . . . seit sechs Wochen.«

Tatsächlich hatte sie die Pillen nicht mehr genommen, seit sie die Hoffnung auf die Rückkehr ihres Mannes verloren hatte.

»Dann solltest du Doktor Ehrenfeld anrufen und einen Termin mit ihm ausmachen.«

»Aber wozu? Ich bin gesund.«

»Das eben bist du nicht, und du weißt es selber. Führ dich nicht auf wie ein unvernünftiges Kind, das Angst vor dem Onkel Doktor hat. Solange du hier bei mir wohnst, mußt du dich wohl oder übel meinen Wünschen fügen. Du gehörst in ärztliche Behandlung.«

12

Dem Klinikpersonal war es schnell aufgefallen, daß Professor Overhoff sich verändert hatte. Er ging nicht mehr teilnahmslos und mit verschlossenem Gesicht umher. Man konnte ihn wieder ansprechen, ohne mit einer unfreundlichen und heftigen Antwort rechnen zu müssen. Alle atmeten auf. Es bestand Hoffnung, daß die frühere vorbildliche Arbeitsatmosphäre wiederhergestellt würde.

Besonders Oberarzt Dr. Schumann fand Overhoffs Wandlung erstaunlich. In den letzten Wochen und Monaten hatte er sich mehr und mehr daran gewöhnen müssen, dem Professor jede Entscheidung abzunehmen. Immer stand er dicht bei seinem Chef, legte ihm die notwendige Antwort in den Mund, gab ihm das Stichwort. Professor Overhoff agierte geradezu wie eine Puppe; wie ein Schauspieler auf der Bühne, der seinen Text nur unzulänglich beherrscht und deshalb auf den Souffleur und den guten Willen der Mitspieler angewiesen ist.

Selbstverständlich hatten die Patienten die ganze Zeit über nichts von alledem bemerkt. Für sie war er nach wie vor die Autorität, die große Persönlichkeit geblieben, von der allein Hilfe erwartet werden konnte und die sie bei den täglichen Visiten mit vertrauenden Augen anblickten.

Overhoff saß allein in seinem Arbeitszimmer und dachte darüber nach, wie doch das Schicksal mit den Menschen spielt und wie sehr man durch ein seelisches Erlebnis von heute auf morgen verwandelt werden konnte. Nach dem Tod seiner Frau war er lange Zeit felsenfest davon überzeugt gewesen, daß ihm das Leben nichts mehr zu bieten habe und daß es gleichsam ein göttlicher Irrtum sei, wenn er noch nicht von dieser Welt abberufen würde. Heute wußte er, daß er selbst es war, der geirrt hatte. Und der erbärmlich versagt hatte! Jetzt erkannte er, daß Gott ihn läutern wollte, um ihn für die Aufgabe zu stärken, die zu bewältigen er berufen war: den Menschen in ihrer Hilflosigkeit zu helfen – und seinen beiden Kindern ein guter Vater zu sein. Er dachte an seine Frau Susanne und gelobte ihr im stillen: Von nun an werde ich nicht mehr schwach werden und will das mir auferlegte Schicksal meistern!

Es klopfte an der Tür. Schwester Ruth trat in das Zimmer.

»Ja? Was gibt es?« fragte er verstört.

»Zwei Herren möchten Sie sprechen, Herr Professor!«

»Muß das jetzt sein?« Er fuhr fahrig mit der Hand über den Schreibtisch. »Sie sehen, ich habe zu arbeiten.«

»Das sagte ich den Herren schon... aber sie bestanden darauf...« Schwester Ruth stockte. »Ich glaube, die Herren sind von der Polizei...«

»Was!?« Professor Overhoff richtete sich auf. »Na schön. Führen Sie sie herein.«

Die beiden Herren waren korrekt gekleidet, hatten ruhige, beherrschte Gesichter, in denen nur die Augen sehr lebendig und sehr neugierig waren.

Der ältere der beiden, ein schwerer, ein wenig aufgeschwemmter Mann, stellte sich vor: »Kriminalrat Meussig...«, und mit einer kurzen Handbewegung, »mein Assistent...«

»Wir kommen in einer ziemlich heiklen Angelegenheit, Herr Professor«, sagte der Kriminalrat. »Ich bedaure außerordentlich, Sie stören zu müssen, und ich hoffe, Sie werden mir glauben, daß wir die Sache so diskret wie möglich behandeln werden...«

»Ich versteh' immer noch nicht... worum handelt es sich?«

»Es liegt eine Anzeige vor, der wir nachgehen müssen. Paragraph 218. Aus der Anzeige geht hervor, daß hier in dieser Klinik Abtreibungen vorgenommen worden sind.«

»Ausgeschlossen!«

»Die Anzeige richtet sich speziell gegen...«, der Kriminalrat zog ein Notizbuch aus der Jackentasche, »... gegen Dr. Rainer Schumann!«

Professor Overhoff erhob sich hinter seinem Schreibtisch und trat auf die beiden Herren von der Kriminalpolizei zu – hochaufgerichtet und mit einer Würde, die nicht ohne Eindruck blieb. Er war mit jedem Zoll der ehrfurchtgebietende und verantwortungsbewußte Chef einer großen Klinik.

»Oberarzt Dr. Schumann«, sagte er mit Nachdruck, »genießt mein volles Vertrauen. Es kann sich bei der Anzeige gegen ihn nur um einen Irrtum oder eine Verleumdung handeln.«

»Ihr Wort in Gottes Ohr, Herr Professor«, erklärte der junge Kriminalassistent dann schnoddrig, »aber immerhin ... Sie wären nicht der erste Chef, der von einem Untergebenen enttäuscht worden ist.«

»In Ihrem Ressort mag so etwas möglich sein«, erwiderte Professor Overhoff scharf, »in meiner Klinik ist es ausgeschlossen. Ich bin nicht nur über die Lebensauffassung meiner Kollegen in der Klinik orientiert, sondern auch über ihre privaten Verhältnisse. Mit Dr. Schumann arbeite ich seit zwölf Jahren zusammen, und er ist für mich fast so etwas wie ein ... ein Sohn, ein treuer und verläßlicher Freund.«

»Dürfen wir uns setzen?« fragte Kriminalrat Meussig mit einer Bewegung zur Sprechecke hin.

»Ja, bitte«, sagte der Professor kühl. Er nahm als erster Platz. »Ich hoffe, diese Unterredung wird nicht allzulange dauern, ich habe heute morgen noch einiges zu erledigen. Sie wissen, meine Patienten sind Mütter und ...«

»Selbstverständlich, Herr Professor«, unterbrach ihn der Kriminalrat, »wir werden Sie nicht länger aufhalten, als es nötig ist. Apropos private Verhältnisse ... wir haben Erkundigungen über die Ehe Dr. Schumanns eingezogen. Es stimmt doch wohl, daß er sich von seiner Frau getrennt hat?«

»Sie ist zu ihrer Mutter gefahren«, sagte Professor Overhoff abwehrend.

»Ja, aber erst nachdem Dr. Schumann die eheliche Wohnung verlassen und ins Krankenhaus gezogen ist. Ich nehme an, Sie sind auch darüber orientiert ...«

»Ja.«

»Welche Gründe haben den Herrn Doktor zu diesem Schritt veranlaßt?«

»Ich glaube, es wäre doch wohl zweckmäßiger, wenn Sie diese Frage an ihn persönlich richten würden. Ich werde Dr. Schumann holen lassen ...«

»Er hat also nicht mit Ihnen darüber gesprochen?« fragte der Assistent lauernd.

»Ich lehne es ab, mich mit Dritten über Dinge zu unterhalten, die mir anvertraut worden sind.« Professor Overhoffs schlanke Chirurgenfinger trommelten nervös auf die Tischplatte.

Der Krimalrat zückte ein Notizbuch, begann darin zu blättern. »Ich zweifle weder an Ihrer Ehrenhaftigkeit noch an Ihrer Aufrichtigkeit. Trotzdem werden Sie mir erlauben, Herr Professor, Sie auf etwas aufmerksam zu machen . . .«

»Ja, bitte?«

»Es wäre sehr unklug von Ihnen, sich aus falsch verstandener Kollegialität vor Ihren Oberarzt zu stellen. Halten Sie sich, bitte, einmal ganz klar vor Augen: Sollte in dieser Klinik irgend etwas nicht ganz sauber sein, wird die Verantwortung auf Sie als den Chef zurückfallen. Es wäre mir sehr unangenehm, wenn aus dem Fall Dr. Schumann ein Fall Professor Overhoff würde . . .«

Der Professor beugte sich vor, sein Gesicht war völlig unbewegt. »Ich verstehe Sie wohl nicht recht . . .«

»Das glaube ich doch. Aber lassen wir das. Jedenfalls sind Sie gewarnt.« Kriminalrat Meussig zückte seinen Kugelschreiber. »Nun zu den Tatsachen . . .«

»Mir scheint es wirklich besser, Sie würden mit Dr. Schumann persönlich sprechen.«

Der Kriminalrat winkte ab. »Augenblick noch. Ich möchte zunächst feststellen, wie weit die Kompetenzen Dr. Schumanns reichen. Ist es üblich, daß er sich vor einem chirurgischen Eingriff, also einer Schnittentbindung oder einer Schwangerschaftsunterbrechung, mit Ihnen, Herr Professor, bespricht? Oder auch mit einem seiner Kollegen?«

»Ja, selbstverständlich; Notfälle ausgenommen.«

»Würden Sie uns das wohl, bitte, etwas näher erläutern?«

»Wenn eine Frau auch nur einen Tag, bevor eine solche Entscheidung nötig wird, in der Klinik liegt, wird der Fall – Diagnose, Therapie und selbstverständlich auch der eventuell notwendige Eingriff – vorher besprochen. Ich mache ja täglich die Visite durch das ganze Haus, dabei werden mir die Fälle vorgestellt. Anschließend findet eine Besprechung zwischen mir und dem Oberarzt statt, an der auch die übrigen

Ärzte teilnehmen. Oft auch die Hospitanten, denn sie sind ja bei uns, um etwas zu lernen.«

»Sehr gut.« Der Kriminalrat machte sich Notizen. »Das ist mir soweit klar. Aber, wenn ich Sie richtig verstanden habe, Herr Professor, gibt es auch eine andere Möglichkeit.«

»Nennen Sie es lieber . . . Notwendigkeit. Wenn eine Frau mit Wehen oder Wehenschwierigkeiten in die Klinik eingeliefert wird . . . meist geschieht das abends oder nachts . . . wenn also eine rasche Entscheidung und ein sofortiger Eingriff notwendig sind, muß der diensthabende Arzt selbständig handeln. Ist der Fall sehr prekär, wird der Kollege versuchen, mich oder den Oberarzt vorher zu erreichen.«

»Der Oberarzt selber würde also in jedem Zweifelsfall völlig selbständig entscheiden können?«

»Ja. Warum auch nicht? Er besitzt große Erfahrungen und ein hohes Verantwortungsgefühl, ist darüber hinaus der geborene Chirurg. Wenn die Zahl der Müttersterblichkeit, der Tot- und Fehlgeburten an unserer Klinik besonders niedrig ist . . . falls es Sie interessiert, kann ich Ihnen das anhand statistischen Materials beweisen . . . so ist das in hohem Maße dem Kollegen Dr. Rainer Schumann zu verdanken.«

»Nicht Ihnen, Herr Professor?« fragte der Assistent schnell dazwischen.

»Nicht nur mir.«

»Um nun auf die Schwangerschaftsunterbrechungen im besonderen zu kommen . . .«, drängte Kriminalrat Meussig.

»Sie werden nur im Falle einer medizinischen Indikation vorgenommen. Es ist geradezu lächerlich, daß Sie daran zweifeln. Für mich ist der Paragraph 218 nicht nur ein menschliches Gesetz, sondern ein göttliches Gebot. Ich bin gläubiger Katholik, und meine Kirche verbietet mir . . .«

»Ich verstehe. Und Dr. Schumann . . . besitzt er die gleiche religiöse Überzeugung?«

»Jedenfalls die gleiche Ehrfurcht vor dem keimenden Leben und eine unerschütterliche ethische Haltung.«

»Na schön. Dann wollen wir ihn mal selber hören.« Der Kriminalrat klappte sein Notizbuch zu. »Wenn Sie die Freundlichkeit haben, ihn rufen zu lassen?«

Professor Overhoff stand auf, ging zum Schreibtisch, hob den Hörer des Haustelefons ab und ließ sich mit Dr. Schumann verbinden.

»Würden Sie, bitte, gleich einmal zu mir herüberkommen ... ja, jetzt sofort. Es ist dringend.« Er hängte ein, kam an den Tisch zurück.

»Es war gut, daß Sie Herrn Dr. Schumann nicht gewarnt haben«, sagte der Kriminalrat. »Ich hatte vergessen, Sie darauf aufmerksam zu machen.«

»Ein Mensch, der ein gutes Gewissen hat, braucht keine Warnung«, erwiderte der Professor ruhig. »Vielleicht haben Sie jetzt endlich die Liebenswürdigkeit, mir mitzuteilen, um welchen speziellen Fall es überhaupt geht. Wer hat Dr. Schumann angezeigt?«

»Eine gewisse Sylvia Süder. Sagt Ihnen der Name etwas?«

Professor Overhoff schüttelte den Kopf.

»Und Angelika Schneider?«

Professor Overhoff dachte nach. »Warten Sie mal, diesen Namen kenne ich. Über diesen Fall hat Dr. Schumann mit mir gesprochen ...«

»Ah. Wirklich?« sagte der Kriminalrat ungläubig.

»Doch. Ein etwa fünfzehnjähriges Mädchen. Die Kleine hat eine gute Woche in der Klinik gelegen.«

»Nach dem Eingriff«, sagte der Assistent, »ja, das ist richtig.«

»Sie wurde eines späten Abends, das genaue Datum weiß ich allerdings nicht mehr ...«

»Es war der achtzehnte Mai ...«

»Schon möglich. Jedenfalls hat mir Dr. Schumann gleich am nächsten Tag den Fall genau geschildert!« Der Professor sah dem Kriminalrat in die Augen.

»Sind Sie ganz sicher?«

»Vollkommen.«

Wenige Minuten später wurde an die Tür geklopft, und Schwester Ruth ließ den Oberarzt Dr. Rainer Schumann eintreten. Er stutzte ein wenig, als er die beiden Herren sah, kam dann aber rasch näher.

Der Assistent stand auf, Kriminalrat Meussig erhob sich nur andeutungsweise.

»Wir sind gekommen, Ihnen einige Fragen zu stellen, Herr Doktor...«

»Ja?« fragte Dr. Schumann. Seine Verständnislosigkeit wirkte ungeheuchelt.

»Die beiden Herren sind von der Polizei«, erklärte Professor Overhoff, »Kriminalrat Meussig und sein Assistent. Eine Sylvia Süder hat Anzeige gegen Sie erstattet. Wegen Abtreibung.«

Dr. Schumann wurde erst rot, dann blaß. »Das ist ja lächerlich!« stieß er hervor.

»Das habe ich den Herren auch gesagt!«

»Sylvia Süder war ein einziges Mal in meiner Sprechstunde. Es ist dabei nicht einmal zu einer Untersuchung gekommen.«

»Erstaunlich, daß Sie sich trotzdem noch an sie erinnern«, sagte der Kriminalrat zynisch.

»Durchaus nicht, denn sie versuchte, mich zu erpressen. So etwas kommt bestimmt nicht jeden Tag vor. Ich habe eine entsprechende Notiz auf ihrer Krankenkarte machen lassen.«

»Sehr vorausschauend, Herr Doktor!«

»Wollen Sie mir etwa vorwerfen, daß ich mich gegen Erpressungen zu schützen versuche!?«

»Nein. Das ist Ihr gutes Recht. Darf ich jetzt einmal fragen, was Fräulein Süder gegen Sie in der Hand hatte?«

»In der Hand zu haben glaubte, wäre wohl genauer gesagt.« Dr. Schumann zog sich einen Sessel heran, setzte sich. »Sie spielte auf den Fall Angelika Schneider an und behauptete, von ihr meine Adresse bekommen zu haben.«

»Und daraufhin haben Sie sie fortgeschickt?«

»Ja. Das heißt nein. Ich wollte sie untersuchen und entsprechend ihres Zustandes beraten, aber das lehnte sie ab. Offensichtlich hatte sie gehofft, einen Abtreibearzt in mir zu finden. Im Fortgehen stieß sie dann noch einmal Drohungen aus.«

»Haben Sie dafür Zeugen?«

»Eine Schwester ist während der Sprechstunden immer zugegen. Soweit ich mich erinnere, war die Schwester allerdings bei dem betreffenden Gespräch zufällig nicht im Zimmer. Jedenfalls habe ich ihr aber unmittelbar danach die erwähnte

Eintragung diktiert und noch am gleichen Tag mit Herrn Professor Overhoff über die Sache gesprochen.«

»Und bei dieser Gelegenheit haben Sie ihm auch zum erstenmal den Fall Angelika Schneider geschildert?«

Es war eine Fangfrage. »Nein!« warf Professor Overhoff ein, noch ehe Dr. Schumann sich äußern konnte. »Dieser Fall lag ja Wochen vorher.«

»Und Sie wußten schon Wochen vorher davon, Herr Professor?«

»Das habe ich jetzt bereits zum zweitenmal bestätigt!«

»Wie kommt es dann aber, Herr Professor Overhoff«, fragte der Kriminalrat lauernd, »daß Sie sich vorhin, als Herr Dr. Schumann noch nicht im Zimmer war, an den Namen Sylvia Süder keineswegs erinnern konnten? Immerhin doch ein Erpressungsversuch, wie er nach Mitteilung Dr. Schumanns nur selten vorkommt!«

»Ich bin und war über diese böse Geschichte genauestens informiert. Lediglich der Name dieses Mädchens, dieser Erpresserin, war mir entfallen. Bedenken Sie doch, wie viele Namen ich hier in der Klinik tagtäglich aufnehmen muß!«

»Na schön.« Kriminalrat Meussig seufzte leicht. »Dann teilen Sie uns doch jetzt bitte einmal, Herr Dr. Schumann, die Einzelheiten über den Fall Angelika Schneider mit!«

»Ich müßte das entsprechende Krankenblatt zu Rate ziehen...«

»Ihre Krankenkartei werde ich mir nachher noch selber anschauen. Erzählen Sie einfach, woran Sie sich erinnern... Ich nehme doch an, daß Ihnen dieser Fall nicht ganz aus dem Gedächtnis entschwunden ist?«

»Ich habe an Angelika Schneider in Gegenwart eines Anästhesisten und einer Operationsschwester eine Schwangerschaftsunterbrechung vorgenommen«, berichtete Dr. Schumann in sachlichem Ton, »und zwar aufgrund einer medizinischen Indikation, die ich jederzeit und vor jedem Gremium verantworten kann.«

»Würden Sie sich bitte etwas deutlicher ausdrücken!« forderte der Kriminalrat. »Sie wissen, daß Sie mit Laien sprechen.«

Dr. Schumann hätte sich gern eine Zigarette angesteckt, aber er fürchtete, die Unruhe seiner Hände könnte Nervosität verraten. »Sie wurde eines Abends mit leichten Uterusblutungen eingeliefert«, erklärte er. »Die Untersuchung ergab eine Gravidität – das heißt also eine Schwangerschaft – im dritten Monat. Das Mädchen befand sich in einem nahezu hysterischen Zustand. Pulsschlag und Herztöne waren unregelmäßig, der Kreislauf gestört. Ich ließ ihr beruhigende und kreislaufstützende Medikamente geben und wies ihr ein Bett in der Klinik an ...«

»Augenblick mal«, unterbrach der Assistent, »was war das mit diesen Blutungen? Wollen Sie sagen, daß ein Abort auch ohne Ihren Eingriff unvermeidlich gewesen wäre?«

»Von den Blutungen her bestand bei Einlieferung der Patientin keine akute Gefahr für die Schwangerschaft. Weit mehr Sorgen machte mir der Allgemeinzustand.«

»Aha.« Jetzt war es der Assistent, der sich Notizen machte.

»Kurze Zeit später ging ich noch einmal zu ihr«, berichtete Dr. Schumann weiter. »Ich mußte feststellen, daß sich der Zustand der Patientin verschlechtert hatte und daß sie keinen Schlaf finden konnte. Sie war sehr unruhig und sah ausgeblutet aus. Ich mußte auf einen bedenklichen Kreislaufkollaps schließen. Um das Leben des jungen Mädchens nicht zu gefährden, entschloß ich mich zum Eingriff.«

»Alles ganz gut und schön«, sagte der Kriminalrat, »aber: Hätten Sie die Unterbrechung auch dann vorgenommen, wenn es sich nicht um ein blutjunges, verzweifeltes Mädchen, sondern um eine verheiratete Frau gehandelt hätte? Eine Frau, die sich dieses Kind wünschte?«

»Ich kann eine Schwangerschaftsunterbrechung ja nur mit Einwilligung der Patientin vornehmen.«

»Hätten Sie in jenem angenommenen anderen Fall versucht, die Einwilligung zu bekommen?«

»Ich würde mich selbstverständlich bemühen, der jungen Mutter jede Hilfe zu geben, damit sie ihr Kind austragen könnte.«

»Na also. Da haben wir es ja«, sagte der Kriminalassistent befriedigt und klappte sein Notizbuch zu.

»Sie scheinen die Tatsachen vollkommen mißzuverstehen«, erklärte Professor Overhoff scharf. »Dr. Schumann hat nicht behauptet – und er kann das auch gar nicht behaupten –, daß ein Wunschkind unter den gegebenen Umständen hätte ausgetragen werden können. In einem solchen Fall würde man lediglich einen verzweifelten, voraussichtlich aber vergeblichen Versuch dahingehend unternehmen.«

»Das Kinderkriegen«, ergänzte Dr. Schumann, »ist immer noch nicht die Sache von uns Ärzten. In erster Linie kommt es auf die Mutter an. Eine werdende Mutter, die den Willen zum Kind hat, die entschlossen ist, Vorsichtsmaßnahmen auf sich zu nehmen, Strapazen, Unbequemlichkeiten, Beschränkungen ... die hat natürlich eine weit größere Chance, ihr Kind auch unter ungünstigen Voraussetzungen zur Welt zu bringen. Bei Angelika Schneider war das alles nicht gegeben. Ich hätte sie die nächsten Wochen, vielleicht sogar Monate unter strenger Aufsicht in der Klinik halten müssen ... und selbst damit wäre die Gefahr nicht gebannt gewesen. Das Leben der Mutter stand in diesem Fall in unmittelbarer Gefahr.«

»Bei einer Frau, die das Kind unbedingt zur Welt bringen wollte, würden Sie aber abgewartet haben!«

»Ich hätte ihr das Für und Wider auseinandergesetzt und sie insbesondere auf die damit verbundene Gefahr aufmerksam gemacht. Bei der Patientin Angelika Schneider hat tatsächlich während des Eingriffs der Kreislauf versagt, und wir konnten sie nur mit Mühe über die Runden bringen.«

»Beweist das nicht«, wandte der Kriminalrat ein, »daß Sie den Eingriff eben doch nicht hätten vornehmen dürfen ... ganz gewiß nicht zu jenem Zeitpunkt?«

»Um das zu beurteilen«, sagte Dr. Schumann heftig, »fehlen Ihnen doch wohl die notwendigen medizinischen Vorkenntnisse.«

Der Kriminalrat zuckte die breiten Schultern. »Mag sein. Ich pflege mich in solchen Fällen lediglich auf meinen gesunden Menschenverstand zu verlassen.«

»Der dürfte kaum ausreichen, um eine ärztliche Diagnose zu stellen. Wenn das so wäre, könnten wir Ärzte ja abtreten und Ihnen und Ihren Leuten die Behandlung unserer Patienten überlassen.«

Der Kriminalrat lachte. »Sie fahren scharfes Geschütz auf, Herr Doktor«, sagte er ungekränkt, »aber ich nehme Ihnen das nicht übel. Es geht für Sie ja um einiges . . .«

»Darf ich Ihnen jetzt die beiden fraglichen Krankenblätter holen lassen?«

Der Kriminalrat wuchtete sich aus dem Sessel, und sein Assistent folgte seinem Beispiel. »Nicht nötig. Wir werden uns jetzt in Ihre geheiligten Räume begeben und Ihre gesamte Kartei selber prüfen . . .«

»Soll das heißen . . .?!« Dr. Schumann sprang auf.

»Ja. Wir haben Vollmacht, sämtliches Material sicherzustellen.«

»Nein«, erklärte Professor Overhoff entschlossen, »nicht in meiner Klinik!« Seine Stimme war klar und beherrscht.

Die Polizisten schwiegen einen Augenblick, verwirrt durch diesen harten Widerstand, mit dem sie nicht gerechnet hatten. »Wenn Herr Dr. Schumann nichts zu verbergen hat«, sagte Kriminalrat Meussig endlich, »braucht er auch nichts zu befürchten!«

»Darum geht es nicht!« rief Dr. Schumann aufgebracht. »Was wir verteidigen, ist unsere ärztliche Schweigepflicht! Die Geheimnisse unserer Patientinnen sind uns so heilig wie ihr Leben, und wir werden nicht dulden . . .«

»Das sind große Worte, Herr Doktor«, unterbrach ihn der Kriminalrat, »sehr große Worte. Sie scheinen zu vergessen, daß gegen Sie der Verdacht eines Verbrechens besteht.«

»Bisher, meine Herren«, sagte Professor Overhoff, »hat sich dieser Verdacht in keiner Weise bestätigt, und er wird auch nicht bestätigt werden. Sie können doch nicht der verleumderischen Aussage eines rachsüchtigen Mädchens mehr Wert beimessen als unserem Wort! Dem Wort zweier unbescholtener Ärzte! Ich erkläre Ihnen hiermit, daß ich die Sicherstellung der Krankenblätter unter keinen Umständen zulasse. Da müßten Sie uns schon mit Gewalt dazu zwingen. Lassen Sie eine Polizeitruppe vor der Klinik aufmarschieren, lassen Sie Ihre Leute sämtliche Räume besetzen! Dann wis-

189

sen unsere Patientinnen wenigstens, daß wir sie nicht verraten haben. Dann weiß die ganze Stadt, mit welchen Methoden Sie und Ihre Leute arbeiten!«

»Überlegen Sie sich, was Sie sagen, Herr Professor ... das kann Sie teuer zu stehen kommen!«

»Was soll dieser plumpe Hinweis«, konterte Profesor Overhoff mit flammenden Augen, »ich werde niemals bereit sein, meine Ehre preiszugeben ... meine Ehre, die sich auf das Vertrauen meiner Patientinnen gründet!«

»Ich könnte Herrn Dr. Schumann festnehmen«, sagte der Kriminalrat nachdenklich.

»Tun Sie das nur. Das wird die größte Blamage Ihrer Laufbahn werden!« rief Dr. Schumann dazwischen.

»... aber ich verzichte darauf!« Der Kriminalrat ließ sich nicht aus der Ruhe bringen. »Wir gehen jetzt. Aber glauben Sie nicht, daß der Fall damit abgeschlossen ist. Sie hören von uns!«

Nachdem die beiden Beamten gegangen waren, trat Professor Overhoff zum Fenster, öffnete es weit. Dann ging er an den Wandschrank, nahm eine Flasche Kognak und zwei Gläser heraus, schenkte ein.

»Kommen Sie, Kollege. Trinken Sie einen Schluck. Das wird Ihnen guttun.«

Dr. Schumann hob sein Glas, sagte, ohne seinen Chef anzusehen: »Ich weiß gar nicht, wie ich Ihnen danken soll, Herr Professor ...«

»Papperlapapp, kein Wort davon.«

»Trotzdem, ich ...«

»Sie machen sich noch immer Gedanken über die Geschichte. Kann ich sehr gut verstehen. Aber versuchen Sie, sich jetzt einmal ganz ehrlich die Frage zu beantworten: Hätte die Patientin ohne Ihren Eingriff das Kind zur Welt gebracht?«

Dr. Schumann zögerte. »Nein«, sagte er dann, »nach menschlichem Ermessen nicht ...«

»Na, sehen Sie. Dann haben Sie sich ja auch nichts vorzuwerfen ...« Professor Overhoff nahm einen tiefen Schluck.

»Wenn Sie der Kleinen nicht geholfen hätten und heute erfahren müßten, daß sie – wie auch immer – ums Leben gekommen wäre, würden Sie sich mindestens so elend fühlen. Es gibt Entscheidungen – und gerade von uns Ärzten werden sie immer wieder gefordert –, die über die menschliche Kraft hinausgehen. Darüber werden wir uns eines Tages vor dem obersten Richter verantworten müssen, das bleibt nicht aus. Aber doch nicht vor dem Gesetz! Diese Polizeimenschen haben ja keine Ahnung!«

Dr. Schumann hatte die Stirn in sorgenvolle Falten gelegt. »Wenn sie nun wirklich mit einer ganzen Truppe anrücken...«

»Das werden sie nicht. Sie haben nur versucht, uns einzuschüchtern. Dieser Kriminalrat fürchtet den Skandal noch mehr als wir selber. Ein solcher Fehlgriff vor den Augen der Öffentlichkeit, und er ist seinen Posten los.« Professor Overhoff leerte sein Glas. »Und ohne Gewalt bekommen sie die Unterlagen nicht von uns. In diesem Punkt müssen wir hart bleiben. Wir werden sämtliche Schwestern und Ärzte noch einmal informieren müssen, keinem Unbefugten ... auch keinem Polizisten in Zivil, Einblick zu gewähren.«

Dr. Schumann trank ebenfalls sein Glas aus und stellte es ab. »Das kann ein harter Kampf werden.«

»Ja. Und wissen Sie, was das Merkwürdigste ist?« Professor Overhoff lächelte in sich hinein. »Mich freut er. In der letzten halben Stunde habe ich mich so wohl gefühlt wie schon seit Monaten nicht mehr. Es ist gut, sich zur Wehr setzen, zuschlagen zu können; einen Feind vor sich zu sehen, den man packen kann.«

Dr. Schumann sah seinen Chef an und stellte fest, daß er tatsächlich energiegeladen und geradezu unternehmungslustig aussah.

»Noch eines«, sagte Professor Overhoff, »dieser Kriminalrat erkundigte sich bei mir nach Ihrer Frau. Er spielte darauf an, daß sie Sie verlassen hätte. Er schien sehr genau orientiert zu sein ... mich hat es gewundert, daß er Sie nicht persönlich danach gefragt hat.«

»Meine Frau ist in Hamburg. Bei ihrer Mutter.«

»Ja, ich weiß. Aber es wäre wohl gut, wenn Sie sie bald zurückholen würden.«

Dr. Schumann schwieg. »Das möchte ich nicht«, erklärte er endlich. »Meine Frau und ich . . . wir haben uns auseinandergelebt.«

»Also tatsächlich Streit? Dann sollten Sie sich schleunigst wieder mit ihr versöhnen. Sie wissen, daß ich mich niemals in Ihre Privatangelegenheiten gemischt habe . . . aber jetzt geht es nicht mehr nur um Ihre Person. Sollte es zu einer Verhandlung kommen, wird es einen denkbar ungünstigen Eindruck machen, wenn Ihre Ehe nicht intakt ist.«

»Sie haben recht«, gab Dr. Schumann zu.

»Na also.«

»Aber . . . was Sie von mir verlangen, ist unmöglich. Ich habe . . . meine Frau muß heute schon den Brief meines Rechtsanwaltes erhalten haben. Ich habe ihr die Scheidung nahegelegt.«

Professor Overhoff begann mit großen Schritten auf dem dicken Perserteppich auf und ab zu gehen. »Sie kennen meine Einstellung zur Ehe . . .« Er blieb unvermittelt vor seinen Oberarzt stehen. »Sie haben eine bezaubernde und liebenswerte Frau. Mit gutem Willen müßte es doch möglich sein . . .«

»Nein, Herr Professor, wirklich nicht. Wir passen nicht zueinander. Wir haben alles versucht. Und jetzt ist es zu spät.«

»Es ist nie zu spät!« Professor Overhoff war jetzt sehr ernst. »Solange der Partner noch lebt, kann es nicht zu spät sein. Telegrafieren Sie ihr, rufen Sie sie an . . . oder besser noch: Fliegen Sie nach Hamburg. Und wenn es gar nicht anders geht . . . wahren Sie wenigstens den Schein, bis wir diesen Kampf gewonnen haben!«

Dr. Schumann war dabei, einen Schlafanzug, ein frisches Hemd, Zahnbürste, Seife und Rasierzeug in einen kleinen Koffer zu packen, als Schwester Patrizia ins Zimmer stürmte.

»Rainer!« rief sie.

Er drehte sich zu ihr um, versuchte ein Lächeln auf sein düsteres Gesicht zu zwingen.

Aber sie sah nur den halbgepackten Koffer. »Es ist wirklich wahr?!«

»Ja«, sagte er beherrscht.

»Also doch!« rief sie erschüttert. »Das ist schrecklich!«

»Aber...«

Sie ließ ihn nicht zu Wort kommen. »Ich werde zu dir halten, trotz allem. Das weißt du doch.«

Er war darauf gefaßt gewesen, daß sie ihm eine Szene machte, und konnte jetzt seine Erleichterung nicht verbergen. »Du bist ein wunderbares Mädchen, Patrizia!«

Sie schüttelte die blonden Locken, auf denen das Schwesternhäubchen schiefer denn je saß. »Das ist doch selbstverständlich, Rainer... schließlich bist du der Vater meines Kindes.« Sie holte tief Atem. »Wir werden es durchkämpfen, Seite an Seite. Vielleicht wird es gar nicht so schlimm. Wenn sie dir nicht die Erlaubnis zum Praktizieren entziehen...«

»Aber davon kann doch gar keine Rede sein!«

»Bist du sicher?«

»Natürlich. Ich habe nichts getan, was ich nicht verantworten könnte.« Er packte seinen Koffer zu Ende.

»Das weiß ich, Rainer. Du würdest nie etwas Schlechtes tun. Bloß, ich verstehe nicht... warum hat dich der Chef entlassen?«

Dr. Schumann fuhr herum. »Was sagst du da?«

»Beurlaubt«, verbesserte sie sich rasch, »aber das kommt doch auf das gleiche heraus...«

»Weder beurlaubt noch entlassen«, sagte er scharf. »Wer hat dir denn diesen Unsinn erzählt?«

Unter seinem Blick geriet sie in Verwirrung und nestelte verlegen an ihrer gestärkten Schürze herum. »Alle erzählen es... und ich... als ich gesehen habe, du packst, da habe ich natürlich gedacht, es ist doch was Wahres dran. Erst wollte ich es nicht glauben.«

Dr. Schumann war verärgert. »Jetzt möchte ich einmal ganz genau wissen, was in diesem Hause über mich getratscht wird!... Also los, was sagt man? Was sagen sie, diese Klatschmäuler?«

»Na ja, daß die Polizei hier war, weil du angezeigt worden

bist... wegen Abtreibungen angeblich... und daß Professor Overhoff dir nahegelegt haben soll, erst einmal in Urlaub zu gehen.« Patrizia machte einen zaghaften Schritt auf ihn zu. »Ach, Rainer, ärgere dich doch nicht darüber. Laß sie ruhig erzählen. Das kann dich doch gar nicht berühren...«

»Ich ärgere mich aber darüber!« unterbrach er sie heftig. »Es ist eine Unverschämtheit. Zwölf Jahre arbeite ich hier in der Klinik. Zwölf Jahre lang habe ich mein Bestes gegeben... und trotzdem ist jeder sofort bereit, mich zu verurteilen und glaubt widerlichen Gerüchten! Ein Saustall, in den ich da geraten bin!« Wütend warf er das Köfferchen auf den Tisch. Patrizia nahm seine Hand. »Sei doch nicht so böse, Liebster! Ich kann ja nichts dafür, daß die alle so gemein sind! Aber wenn... wenn du nicht beurlaubt bist, wo willst du dann hin?«

Dr. Schumann entzog ihr seine Hand, ging kurz im Zimmer hin und her, atmete tief und faßte Patrizia dann liebevoll bei den Schultern. »Du mußt jetzt stark sein«, sagte er behutsam, »weißt du, die Sache ist so: Ein blödsinniges kleines Frauenzimmer, das vor einiger Zeit in meiner Sprechstunde war, wollte ihr Kind nicht austragen. Weil ich den Eingriff abgelehnt habe, hat sie mich bei der Polizei angezeigt...«

»Ach, so ist das!« rief Patrizia. »Aber daraus brauchst du dir doch nichts zu machen. Das ist doch nur Lüge und Verleumdung.«

»Du hast recht. Leider ist die Polizei immer mißtrauisch und will hier herumschnüffeln. Wenn letzten Endes auch nichts dabei herauskommen wird, müssen wir doch verhüten, daß man die Sache an die große Glocke hängt. Die Klinik könnte in der Öffentlichkeit in ein schiefes Licht geraten, obwohl niemand von uns eine Schuld trägt. Ich bin verpflichtet, dem Chef zu helfen. Und weil es nun einmal um meine Person geht, ist Professor Overhoff der Meinung, es wäre besser, wenn ich... wenn ich Astrid... wenn ich meine Frau aus Hamburg zurückhole.«

Patrizia erblaßte. Sie mußte sich an ihn lehnen, um nicht umzusinken. »Nein«, flüsterte sie erschrocken, »nein...«

Er sah sie an, wie sie verängstigt in seinen Armen Schutz

suchte, und wollte ihr Mut zusprechen. »Ich muß fahren, Patrizia. Ich muß gegen Angriffe gewappnet sein. Auch in meinem Privatleben darf es nichts geben, was meinen Gegnern zugute kommen könnte. Das verstehst du doch, nicht wahr?«

»Aber ich ... dann darf ja auch niemand von uns etwas wissen ... und unser Kind müssen wir verleugnen. Rainer, das ist alles so schrecklich, und ...« Sie schluchzte. »Was wird denn nun mit mir? Wenn du deine Frau zurückholst ... wenn du dich versöhnst ...«

»Weine nicht«, beruhigte er sie und streichelte leicht über ihr Haar, »ich werde dich nicht im Stich lassen. Sei tapfer!« Im tiefsten Grunde seines Herzens aber war Dr. Schumann seiner Gefühle keineswegs so sicher, wie er jetzt behauptete.

13

Der kleine Thomas lebte schon fast drei Wochen bei Winterfelds, aber immer noch stellte seine Anwesenheit ein Problem dar. Der Rechtsanwalt konnte sich nicht von heute auf morgen an seine Vaterrolle gewöhnen, und auch Thomas, an dessen Erziehung alles versäumt worden war, fand sich in den völlig veränderten Verhältnissen schwer zurecht.

Es wurde so viel von ihm verlangt; er sollte deutlich sprechen, anständig essen, seine Spielsachen aufräumen, auf seine Anzüge achtgeben – trotz besten Willens gelang ihm das alles nur mangelhaft.

Die Wohnung, die für das junge Ehepaar einigermaßen ausreichend gewesen war, schien für die jetzt dreiköpfige Familie viel zu klein. Es war unmöglich, den Jungen tagsüber nach unten auf die Straße zu lassen, denn hier in der Innenstadt war der Verkehr viel zu lebhaft, und die Spielmöglichkeiten waren mehr als zweifelhaft. So war er unentwegt um Kirsten herum, und wenngleich sie ihn wider Erwarten von Herzen liebgewonnen hatte, ging ihr seine ungezügelte Lebendigkeit doch manchmal auf die Nerven. Es kostete sie eine ungeheure Anstrengung, niemals ungeduldig oder grob mit ihm zu sein. Sie schaffte es nur aus einem starken mütterlichen Instinkt heraus, der in ihr aufgebrochen war, obwohl sie selber niemals geboren hatte.

Sie saßen beim Mittagessen: Dr. Hugo Winterfeld, Kirsten und der Kleine. Thomas beherrschte wie fast immer die Unterhaltung. Aufgeregt erzählte er von einem schwarzen Pudel, mit dem er morgens beim Einkaufen Bekanntschaft geschlossen hatte. Sein Vater wollte ihn unterbrechen, aber Kirstens bittender Blick hielt ihn davon ab.

»Und dann«, sprudelte Thomas heraus, »dann hat er sich auf die Hinterbeine gestellt... so!« Er machte ein Bewegung, um dieses Kunststück mit den Händen zu untermalen – bums, fiel sein Glas um. Roter Traubensaft ergoß sich über das Tischtuch und spritzte auf sein weißes Hemd.

»Kannst du nicht aufpassen?« entfuhr er seinem Vater, der zornig den Stuhl vom Tisch rückte, um sich vor der roten Flut in Sicherheit zu bringen.

Der kleine Junge brachte kein Wort heraus. Verstört blickte er auf das, was er angerichtet hatte.

»Ist halb so schlimm, Liebling«, beruhigte Kirsten rasch, »das kann jedem passieren!«

Sie stellte das Glas auf und breitete ihr Serviette über den roten Fleck.

»Komm, zieh rasch dein Hemd aus«, sagte sie, »ich werde es einweichen!«

Sie half ihm, das Hemd über den Kopf zu ziehen und brachte es ins Badezimmer.

Dr. Winterfeld rückte seinen Stuhl wieder zum Tisch, aß weiter. Thomas saß wie verdonnert; die Lippen fest aufeinandergepreßt, kämpfte er gegen die aufsteigenden Tränen.

Kirsten kam zurück, setzte sich wieder zu Tisch.

»Iß weiter«, sagte sie freundlich, »du weißt doch, wir haben heute nachmittag noch etwas vor!«

Thomas stocherte auf seinem Teller herum. »Hab' keinen Hunger!«

»Was heißt denn das nun wieder?« empörte sich Dr. Winterfeld. »Der Teller wird leergegessen... aber schnell!«

»Mag nicht.«

»Na schön. Dann bekommst du heute nachmittag auch keinen Kuchen. Auf keinen Fall. Hörst du, Kirsten, was ich gesagt habe?«

»Wenn du nicht mehr essen willst, Thomas«, sagte Kirsten, »dann steh auf, wasch dir die Hände, bürste dir dein Haar und zieh ein frisches Hemd an ... ich habe es schon herausgelegt.«

Wortlos erhob sich Thomas und verließ das Zimmer.

»Du bist viel zu gut mit dem Jungen«, erklärte der Rechtsanwalt. »Thomas ist ein ausgesprochen gefährdetes Kind. Er braucht eine strenge Hand, damit er parieren lernt.«

»Ich glaube«, erwiderte Kirsten ruhig, »er braucht in erster Linie Liebe ... viel Liebe. Das ist es, was ihm am meisten gefehlt hat.«

»Mach nur so weiter! Du wirst dann schon sehen, was du noch mit ihm erlebst ...« Dr. Winterfeld erhob sich brüsk.

»Aber, Hugo, bleib bitte! Wir trinken doch noch Kaffee!«

»Nein, danke! Darauf ist mir die Lust vergangen!«

Mit großen Schritten verließ Dr. Winterfeld die Wohnung, schlug die Tür hinter sich ins Schloß.

Seufzend stand Kirsten auf und begann abzudecken. Thomas kam wieder herein – er strahlte vor Sauberkeit, sein blonder Schopf stand unternehmungslustig in die Höhe, und nur seine gekrauste Nase verriet den überstandenen Schrecken. »Ist er weg, Tante?« fragte er.

»Ja«, sagte Kirsten ruhig, »dein Vater ist schon gegangen.«

Thomas seufzte schwer. »Ich glaube, er ist doch ein Löwenvater.«

Kirsten ließ das Tablett sinken. »Was sagst du da?«

»Ist doch wahr. Er kann mich überhaupt nicht leiden.«

»Ach, Unsinn, red dir das doch nicht ein. Wir beide haben dich sehr lieb, sehr lieb.«

»Du schon. Aber er nicht.«

»Natürlich hat er dich lieb. Du bist ja sein richtiger Junge. Nur ...« Kirsten zog Thomas zu sich heran, »weißt du, es ist nicht ganz einfach für einen Mann, plötzlich einen so großen Sohn zu haben. Das mußt du doch verstehen. Für dich ist es ja auch nicht einfach, daß wir jetzt deine Eltern sind. Wir müssen viel Geduld miteinander haben, bis wir eine richtige Familie werden.«

»Aber du bist gar nicht meine Mutter.«

»Doch. Deine zweite Mutter. Oder . . . möchtest du mich nicht haben?«

Thomas rieb seinen Schopf an ihrem Arm. »Du bist ganz prima. Bestimmt. Bloß, wenn du meine zweite Mutter bist . . . warum muß ich dann Tante zu dir sagen?«

»Brauchst du ja nicht. Sag ruhig . . . Mutti zu mir, wenn du magst. Oder Mammie. Für mich bist du auf jeden Fall mein lieber kleiner Junge.«

Eine Sekunde lang drückte sie ihn ganz fest an sich und spürte ein nie gekanntes, überströmendes Glücksgefühl. Dann ließ sie ihn rasch los, denn sie wußte, daß ungewohnte Zärtlichkeiten den Jungen verlegen machten.

Kurz nach sechs Uhr nachmittags landete die Maschine, die Dr. Rainer Schumann nach Hamburg gebracht hatte, auf dem Flugplatz Fuhlsbüttel. Dr. Schumann war zu ungeduldig, den planmäßigen Zubringerdienst zu benutzen, er nahm sich ein Taxi und ließ sich geradewegs zum Alsterweg fahren.

Erst als er an der Wohnungstür seiner Schwiegermutter klingelte, wurde ihm bewußt, daß er vielleicht doch klüger daran getan hätte, Astrid auf seinen Besuch vorzubereiten. Er fuhr sich nervös mit der Hand über das Kinn, fühlte die sprießenden Stoppeln und bereute, sich nicht wenigstens die Zeit genommen zu haben, sich vor dieser entscheidenden Begegnung noch einmal zu rasieren. Es hätte auch wahrscheinlich nicht geschadet, wenn er sein Hemd gewechselt hätte, und auf die Idee, Blumen zu besorgen, kam er erst jetzt. Er wußte, welchen Wert Astrid auf Äußerlichkeiten legte, und seine energiegeladene Spannung wurde plötzlich zur Vorahnung einer unvermeidlichen Niederlage.

Noch einmal, diesmal sehr energisch, drückte er auf den Klingelknopf, aber fast gleichzeitig wurde die Tür schon geöffnet – er stand seiner Schwiegermutter gegenüber.

Die sehr gepflegte alte Dame hob für den Bruchteil einer Sekunde die sorgfältig gezupften und nachgezogenen Augenbrauen. Dann reichte sie ihrem Schwiegersohn mit einem warmen Lächeln die Hand.

»Rainer, du bist hier! Das ist aber mal eine Überraschung!«

Dr. Schumann räusperte sich. »Entschuldige, Mama, daß ich dir keine Blumen mitgebracht habe...«

Sie unterbrach ihn. »Gott sei Dank! Sonst müßte ich ja glauben, daß du dich völlig verändert hast, seit wir uns zuletzt gesehen haben.«

Er trat hinter ihr in die kleine, sehr geschmackvoll eingerichtete, aber ein wenig düstere Diele. »Das soll wohl heißen, daß ich immer noch der gleiche Büffel geblieben bin, wie?«

»So ähnlich«, gab sie lächelnd zu, »es muß nicht gerade leicht sein, mit dir verheiratet zu sein.«

»Hat Astrid sich über mich beklagt?«

»O nein. Wenn sie es nur getan hätte, dann hätte ich mit ihr reden können, aber so...« Sie machte eine ausdrucksvolle Handbewegung. »Du kennst sie ja, sie schweigt sich aus. Sie war als Kind schon so. Wenn ihr etwas schiefgelaufen ist, ist sie gänzlich unzugänglich.«

Dr. Schumann hatte seine Aktentasche auf einen der kleinen Sessel gestellt, seinen Trenchcoat ausgezogen.

»Darf ich?« fragte er mit einem Blick auf den Garderobenständer.

»Aber natürlich, mein Junge. Du bist ja hier fast zu Hause.«

Dr. Schumann hängte seinen Mantel auf. »Täusch dich nicht, Mama«, sagte er, »aber mit deiner Tochter auszukommen, ist auch alles andere als einfach.«

»Ich hatte dich gewarnt«, erinnerte die alte Dame.

»Stimmt. Aber nur gerade genug, um mich noch verliebter zu machen.«

»Kannst du mir das verübeln? Welche Mutter wünscht es sich nicht, ihre Tochter unter die Haube zu bringen? Astrid braucht einen Mann, der sie beherrscht, und... ganz ehrlich... ich hatte gehofft, du würdest es schaffen.«

Dr. Schumann strich sich glättend mit der Hand über das Haar. »Sieht so aus, als wenn ich völlig versagt hätte, wie?«

»Ach was«, erklärte die alte Dame resolut, »red dir doch

nur so etwas nicht ein! Vielleicht war es ganz gut, daß du sie etwas hast zappeln lassen. Ich habe nicht den Eindruck, daß der jetzige Zustand sie besonders glücklich macht.«

Dr. Schumann konnte die Frage, die ihm von Anfang an auf den Lippen gelegen hatte, nicht länger zurückhalten. »Ist sie da?« fragte er. »Kann ich sie sprechen?«

Astrids Mutter sah ihren Schwiegersohn lange und nachdenklich an, sie öffnete den Mund, als wenn sie noch etwas sagen wollte, entschloß sich aber doch zu schweigen.

»Ich werde sehen«, sagte sie nur, »warte hier solange!«

Sie verschwand durch eine der Türen.

Dr. Schumann nahm seine Aktenmappe vom Sessel, stellte sie auf den Boden, nahm selber Platz. Wie immer in kritischen Situationen fühlte er den heftigen Wunsch, sich eine Pfeife anzuzünden. Aber er verbot es sich, denn er kannte Astrid gut genug, um zu wissen, daß sie allein die Tatsache, ihn pfeiferauchend vorzufinden, aufs äußerste gereizt hätte. So blieb ihm nichts anderes übrig, als zu warten.

Er hatte gehofft, daß Astrid wenige Augenblicke, nachdem ihre Mutter ihr seinen Besuch gemeldet hatte, vor ihm stehen würde, aber tatsächlich verging eine endlos lange Zeit, bevor irgend etwas geschah. Dr. Rainer Schumann blickte gerade zum fünftenmal auf seine Armbanduhr, als die Tür, durch die seine Schwiegermutter verschwunden war, sich wieder öffnete und die alte Dame in die Diele zurückkam.

Er sprang auf.

»Tut mir leid, Rainer«, sagte Astrids Mutter laut, »aber sie will dich nicht sehen!«

»Nicht!?«

»Nein. Sie läßt dir sagen, daß es nichts mehr zwischen euch beiden zu besprechen gibt und daß du am besten mit dem nächsten Zug wieder nach Hause fährst!« Die alte Dame machte eine Kopfbewegung zur Tür hin, die sie einen Spaltbreit offengelassen hatte.

»Aber . . .«

»Kein Aber! Astrid ist mit einer Scheidung durchaus einverstanden, die Formalitäten sollten besser durch eure Rechtsanwälte erledigt werden!« Die alte Dame wies energisch auf die angelehnte Tür. Aber Dr. Schumann verstand nicht. Diese brüske Absage hatte er nicht erwartet, und er suchte vergeblich nach Worten, die jetzt noch nutzen konnten.

»Aber ich muß sie sprechen!« brachte er schließlich heraus.

»Unmöglich! Geh jetzt!« beharrte die alte Dame und nickte ihm, ganz im Gegensatz zu ihren Worten, ermunternd zu.

Jetzt endlich begriff Dr. Schumann.

»Du kannst mich nicht daran hindern, meine Frau zu sehen!« rief er erleichtert und stürmte an seiner Schwiegermutter vorbei.

Astrid war keine Silbe dieses Wortwechsels entgangen. Die Stimme ihres Mannes zu hören, genügte, ihr Herz in heftigen Stößen voranzupeitschen. Sie wurde blaß und rot. Wie gelähmt saß sie auf dem Hocker vor dem kleinen Frisiertisch.

So traf Dr. Schumann sie an.

Sie saß mit dem Rücken zu ihm, wandte sich auch nicht um, als er ins Zimmer stürmte – dennoch verhielt er den Schritt, blieb mitten im Zimmer stehen, gebannt von ihrer Schönheit. Alles, was er sich vorgenommen hatte, ihr zu sagen, war in diesem Augenblick vergessen, er brachte nur ein einziges Wort über seine Lippen. »Astrid!«

Sie trug ein Abendkleid aus goldgetöntem Brokat, das sich um ihre Füße bauschte und ihre runden, milchweißen Schultern freigab. Das volle, kastanienbraune Haar war hochgekämmt und betonte noch die edle Linie ihres Nackens und ihres Halses, die unnachahmlich stolze und zugleich anmutige Art ihrer Kopfhaltung.

Nie zuvor hatte Dr. Schumann so stark gefühlt, wie er sie liebte und wie grausam er unter ihrer Entfremdung gelitten hatte.

Sie rührte sich nicht. »Ich nehme an, du bist gekommen, um über die Formalitäten unserer Scheidung mit mir zu sprechen«, sagte sie mit spröder Stimme. »Du brauchst dir keine Sorgen zu machen. Ich bin natürlich einverstanden und werde gleich morgen Hugo Winterfeld in diesem Sinne schreiben.«

Er atmete schwer. »Astrid, nein ... ich ...« Er trat näher,

sah jetzt ihr Bild im Spiegel, die saphirblauen Augen, die fast schwarz vor Erregung in ihrem blassen, ebenmäßigen Gesicht brannten.

»Das alles«, sagte er unbeholfen, »ist ein furchtbares Mißverständnis!«

»Du hast Hugo also nicht beauftragt, mir zu schreiben?« fragte sie kühl.

»Doch«, gab er zu, »aber inzwischen . . .« Er verlor die Beherrschung. »Herrgott«, schrie er, »warum kannst du mich nicht ansehen, wenn ich mit dir spreche? Warum müssen wir das hier abhandeln? Es wäre doch das mindeste, daß du dich mit mir an einen Tisch setzen würdest.«

»Dein Pech, daß du in einem äußerst unglücklichen Augenblick gekommen bist. Wie du siehst, habe ich mich gerade umgezogen. Ich bin verabredet und habe sehr wenig Zeit.«

»Gut«, sagte er und wandte sich zur Tür, »dann komme ich morgen früh wieder.«

»Das dürfte wenig Zweck haben . . .«

»Du irrst dich!« Er drehte sich abrupt wieder zu ihr um.

». . . weil es zwischen uns nichts mehr zu besprechen gibt.« Sie benetzte die Lippen mit der Zunge. »Du scheinst zu vergessen, daß du es bist, der mich verlassen hat . . .«

»Und warum? Hast du etwa vergessen, warum?!«

»Nein, durchaus nicht«, sagte sie, immer mit der gleichen tonlosen Stimme. »Ich bestehe durchaus nicht darauf, daß du allein schuldig geschieden wirst . . .«

»Aber es handelt sich jetzt doch gar nicht um die Scheidung, warum willst du das nicht begreifen!?«

»Nicht? Nach Winterfelds Brief mußte ich annehmen . . .«

»Vergiß doch endlich einmal diesen blöden Brief. Er ist längst überholt. Er hätte nie geschrieben werden dürfen.« Er holte tief Atem. »Astrid, ich bin gekommen, um dich zu bitten . . . bitte, Astrid, komm zu mir zurück!«

Er war hinter sie getreten, legte seine Hände auf ihre nackten Schultern – aber sie zuckte unter seiner Berührung so heftig zusammen, daß er sie sofort wieder zurückzog.

»Dazu ist es zu spät, Rainer«, sagte sie kalt.

»Soll das heißen ...« Er musterte ihre elegante Erscheinung, begriff jetzt erst, daß sie ein Kleid trug, das er noch nie an ihr gesehen hatte. »Hast du einen anderen gefunden?«

»Vielleicht«, sagte sie.

»Astrid, nein, das ist doch nicht ... das kann doch nicht sein!«

»Und warum nicht? Du hast mich verlassen ... du hast dich wochenlang, ja schon seit Monaten nicht mehr um mich gekümmert ... hattest du etwa erwartet, daß ich mich in Sack und Asche werfen und die reuevolle, verstoßene Frau spielen würde?«

»Ich habe kein Recht, dir Vorwürfe zu machen, nur ...«

»Gut, daß du das einsiehst. Du selber hast dich ja auch getröstet, schneller als ich. Oder ist mit dieser Liaison etwas schiefgegangen? Kommst du deshalb wieder auf mich zurück?«

Er erschrak. Keine Sekunde lang hatte er damit gerechnet, daß Astrid irgend etwas von seiner Verbindung zu Schwester Patrizia ahnen könnte.

»Möchtest du dich nicht etwas näher erklären?« fragte er laut, um sein schlechtes Gewissen zu übertönen.

»Wozu? Du wirst wissen, wovon ich spreche. Zu deiner Beruhigung ... ich habe keinen Privatdetektiv auf dich gehetzt. Ich habe dich und diese Schwester mit eigenen Augen gesehen. Bevor ich mir meine Freiheit wieder nahm. Es wird dich vielleicht interessieren, daß das der letzte Anlaß für mich war, nach Hamburg zu fahren.«

»Es wäre nie dazu gekommen, wenn du nicht ...«

»Ich weiß. Wir haben keine Ursache, einander Vorwürfe zu machen. Unsere Ehe ist gescheitert, das ist alles. Wir sind nicht die einzigen, denen das passiert ist ... wieso also eine Tragödie daraus machen?«

»Ich bin in einer sehr schwierigen Situation«, sagte er, »ich brauche dich, Astrid ...«

Sie senkte die Lider mit den langen, schwarz getuschten Wimpern, verriet mit keinem Zucken ihres sensiblen Gesichts, was in ihr vorging, während er sie an den Fall Angelika Schneider erinnerte und ihr von dem Besuch der Kriminalpolizei berichtete. Nur ihre Hände, die sich unaufhörlich öffneten und krampfhaft wieder schlossen, konnte sie nicht beherrschen.

Sie stellte keine Zwischenfragen und zeigte keinerlei Interesse. Erst als er schwieg, sagte sie, ohne den Blick zu heben: »Ich glaube nicht, daß meine Aussage dir irgendwie nützen könnte ...«

»Du wirst ja auch nicht aussagen müssen, Astrid, darum geht es doch nicht! Nur daß du überhaupt da bist, daß unsere Ehe wenigstens nach außen hin in Ordnung ist ... das wäre ungeheuer wichtig für mich, falls es zu einem Prozeß kommt!«

Jetzt öffnete sie die Lider, und er sah, daß ihre schönen Augen in Tränen schwammen – aber er war weit davon entfernt zu begreifen, was in ihr vorging.

»Also dazu brauchst du mich«, sagte sie voll Bitterkeit.

»Glaub mir, ich würde es dir nicht zumuten, wenn es nicht so wichtig wäre.«

»Tut mir leid, Rainer«, sagte sie, und ihr Lächeln traf ihn tiefer als ihre Tränen, »aber du verlangst Unmögliches.«

»Das kann ich beim besten Willen nicht einsehen. Ein so großes Opfer kann es dir doch nicht bedeuten, noch einmal und für absehbare Zeit in unser Haus zurückzukehren. Oder«, fügte er hinzu und begriff, noch ehe er es ausgesprochen hatte, wie unsachlich und verletzend diese Bemerkung war, »fällt es dir so schwer, deinen Liebhaber zu verlassen?«

Sie hatte ein Tüchlein genommen, betupfte vorsichtig die Augenwinkel, um ihre Wimperntusche nicht zu verschmieren. »Ich will nicht«, sagte sie, »ich will nicht zur ständigen Lüge und Heuchelei gezwungen sein. Ich käme mir schäbig vor, wenn ich etwas vortäuschen würde, was ich nicht empfinde, etwas darstellen müßte, das der Wirklichkeit in keiner Weise entspricht ...«

»Wie sonderbar«, sagte er böse, »wirklich erstaunlich, wie ein Mensch sich so schnell ändern kann! Wenn man dich so reden hört, könnte man glauben, daß es eine Zeit gegeben hat, in der du mich ohne Skrupel und Hemmungen in einem ganzen Netz von Lügen gefangen hast. Aber damals ging es natürlich um deinen Vorteil, während heute ich derjenige bin, der ...«

Sie unterbrach ihn. »Geh jetzt, Rainer«, sagte sie, »Geh, bevor wir uns beide Dinge an den Kopf werfen, die wir später bereuen würden. Wenn wir uns auch nicht mehr lieben, so sollte das kein Grund sein, uns zu hassen. Ich jedenfalls finde keinen Geschmack daran, dich zu demütigen ...«

In diesem Augenblick wurde an die Tür geklopft, und Astrids Mutter steckte den Kopf ins Zimmer. Ein einziger Blick verriet ihr, daß die Situation verfahrener war denn je und von der erhofften Versöhnung keine Rede sein konnte. »Es wird Zeit für dich, Astrid«, sagte sie, »du weißt, du wirst pünktlich abgeholt ...«

Eine Stille entstand, in der es Dr. Schumann erst ganz bewußt wurde, wie überflüssig er hier war.

»Dann«, sagte er beherrscht, »sollte ich mich wohl verabschieden ...«

Astrid antwortete ihm nicht.

Dr. Schumann verbeugte sich und ging zur Tür.

»Leb wohl«, sagte Astrid jetzt endlich.

Aber er drehte sich nicht mehr zu ihr um.

Schwester Patrizia hatte getan, was Dr. Schumann von ihr verlangte – sie hatte gekündigt.

Aber dieser Schritt hatte sie ungeheure Überwindung gekostet. Sie liebte ihren Beruf, sie liebte die Neugeborenen, die sie zu betreuen hatte, und sie konnte sich ein Leben fern der Frauenklinik gar nicht mehr vorstellen. Sie wußte schon jetzt, daß sie das Quäken der Säuglinge, den unverkennbaren Geruch des Babyzimmers, eine Mischung zwischen Desinfektionsmitteln und jungem kreatürlichem Leben, schmerzlich vermissen würde, genauso wie die starke Tasse Tee und den flüchtigen Tratsch im Schwesternzimmer. Der Abschied wäre wohl nicht so schwergefallen, wenn zwischen ihr und dem Oberarzt wenigstens alles in Ordnung gewesen, wenn sie hätte sicher sein können, daß das Ende ihrer beruflichen Laufbahn den ersehnten Schritt in die Ehe bedeutet hätte.

Sie hatte Dr. Schumann geglaubt, als er ihr diese Kündigung nahegelegt hatte, sie hatte jedes seiner Argumente eingesehen. Aber jetzt, da er nach Hamburg gefahren war, um seine Frau zurückzuholen, sahen die Dinge doch plötzlich wesentlich anders aus. Sie konnte sich nicht vorstellen, daß er sie belog, sie zweifelte nicht daran, daß die Versöhnung mit seiner Frau wirklich nur eine äußerliche Angelegenheit war, die nur dazu dienen sollte, seinen Ruf zu festigen. Aber sie besaß Instinkt genug, um zu spüren, daß er innerlich noch nicht ganz von seiner schönen Frau losgekommen war, und wenn sie erst einmal wieder zusammen unter einem Dach lebten, konnte es nur zu leicht zu einer wirklichen Aussöhnung kommen. Was sollte dann aus ihr werden, aus ihr und ihrem ungeborenen Kind?

Mit diesen Fragen quälte sich Schwester Patrizia herum, und so war es kein Wunder, daß sie ihre gewohnte Munterkeit verlor. Bei dem geringsten Anlaß stiegen ihr Tränen in die hübschen braunen Augen, ihre Wangen waren blaß, und sie vermied es ängstlich, von ihren Kolleginnen in ein Gespräch gezogen zu werden – sie hatte eine tödliche Furcht, jemand könnte bemerken, wie es wirklich um sie stand.

Kummervoll räumte sie an diesem Nachmittag in ihrem Zimmerchen unter dem Dach die alte wackelige Kommode aus und begann alles, was sie mitnehmen wollte, in einen Koffer zu packen. Es blieben ihr zwar noch ein paar Tage bis zum Monatsende und zum unvermeidlichen Auszug, aber in den Jahren, die sie in der Frauenklinik verbracht hatte, hatte sich so viel Kram in ihren Schubladen angesammelt, daß sie sich wohl oder übel manches vom Herzen reißen mußte, denn ihre beiden Koffer – der alte, mit dem sie gekommen war, und ein großer neuer, den Dr. Schumann ihr geschenkt hatte – hätten sonst all ihre vielen Habseligkeiten gar nicht zu fassen vermocht.

Eine Weile lenkte diese Beschäftigung sie ab – aber ganz plötzlich ertrug sie das Alleinsein in den vier Wänden, die ihr ein Heim gewesen waren, nicht mehr. Sie lief die Treppen hinunter und ins Babyzimmer.

Es war noch eine gute Stunde bis zu der frühen nachmittäglichen Fütterung. Die Neugeborenen und die Säuglinge schliefen friedlich in ihren Bettchen. Ihr warmes, schnaufendes Atmen durchpulste das lichte Zimmer.

Schwester Patrizia schritt von Bettchen zu Bettchen, zog die Decken zurecht, legte hin und wieder ein unruhiges Kind auf die andere Seite.

Nur der kleine Hanno hatte die Augen offen. Als Schwester Patrizia sich über ihn beugte, lächelte er fröhlich mit seinem zahnlosen Mund. Sie reichte ihm beide Zeigefinger, und mit einer gewaltigen Anstrengung zog er sich zum Sitzen hoch. Er krähte fröhlich, als es ihm gelungen war, patschte nach ihrem Gesicht.

Sie redete zu ihm, in jener nichtssagenden, törichten Babysprache, in der nicht die Worte, sondern der Ton das Wichtige sind. »Mein süßes Kerlchen«, sagte sie, »mein kleiner Goldschatz . . . ach, was ist er tüchtig! Ein so großer tüchtiger Junge ist er schon geworden . . . ein solcher Herzensschatz!«

Sie hob ihn aus dem Bett, schwenkte ihn hoch in die Luft, drückte einen Kuß auf jedes der beiden runden Bäckchen.

»Schwester Patrizia!«

Sie fuhr herum, als sie die Stimme Professor Overhoffs erkannte, drückte unwillkürlich den kleinen Jungen schützend an ihre Brust. »Oh!«

Professor Overhoff stand in der Tür, und es war ihr nicht klar, wie lange er schon die kleine Szene beobachtet hatte. Sein Gesicht verriet nichts von dem, was in ihm vorging.

»Starren Sie mich nicht so an wie ein erschrockenes Kaninchen«, sagte er, »ich habe nicht vor, Ihnen oder dem Jungen ein Leid zu tun!«

»Natürlich nicht, Herr Professor«, stammelte sie.

»Wovor haben Sie also Angst?«

»Ich . . . ich habe keine Angst! Ich . . . war nur erschrocken, weil . . . ich hatte Sie gar nicht kommen gehört.«

»Na schön. Ihnen zuliebe werde ich nächstens anklopfen, wenn ich meinen Sohn besuchen will!«

»Ich . . . ich habe Hanno nur . . . wir haben ein bißchen gespielt!«

»Das habe ich gesehen!« Professor Overhoff trat näher,

umspannte mit der Hand den Kopf des Jungen, drehte ihn, mehr ärztlich prüfend als väterlich liebevoll, von links nach rechts. »Meine Tochter Eva hat mir erzählt, daß Sie sich um den Kleinen immer ganz besonders gekümmert haben . . .«

»Das war doch selbstverständlich!«

»Na, nicht ganz. Immerhin hatten Sie ja mit den anderen Schreiern genug zu tun.«

»Hanno ist mir von Anfang an . . . ganz besonders ans Herz gewachsen.«

»Ja, das hatte ich auch geglaubt«, sagte der Professor, »um so überraschter war ich, als ich von Ihrer Kündigung erfuhr!«

Schwester Patrizia wurde über und über rot.

»Wenn es Ihnen in unserer Klinik nicht mehr paßt oder wenn es in Ihrem Dienst Schwierigkeiten gegeben hat, dann wäre es vielleicht besser gewesen, einmal offen mit mir darüber zu sprechen . . . keine Angst, ich will Sie nicht zurückhalten! Aber vielleicht wären die Dinge doch auch anders in Ordnung zu bringen gewesen.«

Patrizia zwang mühsam die Tränen zurück, die schon wieder in ihr hochstiegen. »Ich war sehr glücklich hier, Herr Professor«, sagte sie leise, »es hat mir an nichts gefehlt, nur . . .«

»Na, reden Sie schon!«

»Es fällt mir selber schwer zu gehen.«

»Na, dann bleiben Sie doch!«

»Das geht nicht«, sagte Schwester Patrizia tödlich verlegen, »ich . . . ich muß fort. Aus privaten Gründen.«

»Ein Krankheitsfall in Ihrer Familie?«

»Nein.«

»Aha. Jetzt verstehe ich. Sie wollen heiraten. Warum haben Sie das nicht gleich gesagt? Da kann man doch nur gratulieren . . .«

»Nicht so bald, Herr Professor.«

»Haben Sie etwa vor, Ihrem Zukünftigen schon jetzt den Haushalt zu führen? Das sollten Sie auf keinen Fall tun. Nicht, bevor der Ring an Ihrem Finger steckt.«

»Nein«, sagte sie, »so dumm bin ich nicht, Herr Professor, nur . . . mein Verlobter möchte nicht, daß ich weiter hier arbeite. Er glaubt, daß es zu . . . anstrengend für mich ist.«

Schwester Patrizia atmete auf. Diese halbe Lüge war ziemlich glaubhaft herausgekommen.

»Und was haben Sie jetzt vor?«

»Ich weiß noch nicht, Herr Professor.«

»Wie lange wird's denn wohl noch bis zur Heirat dauern?«

»Immerhin ... ein paar Monate«, sagte Schwester Patrizia, ohne ihn anzusehen.

»Na, dann will ich Ihnen mal einen Vorschlag machen. Wie wäre es, wenn Sie inzwischen eine private Pflegestelle annehmen würden? Ich kenne da einen nicht mehr ganz jungen, aber sehr verträglichen Witwer mit einem kleinen Sohn ...«

»Herr Professor!« rief Schwester Patrizia, die plötzlich begriff, worauf er hinauswollte.

»... Hausmädchen ist auch vorhanden«, fuhr Professor Overhoff fort, »Freizeit und Lohn wird großzügig geregelt werden.«

»Sie meinen ... ich soll zu Ihnen kommen?«

»Ja. Mit Hanno. Es wird ohnehin höchste Zeit, daß ich den Jungen nach Hause hole. Meine Tochter setzt mir jeden Tag deswegen zu. Also ... wie wär's? Sind Sie einverstanden?«

Schwester Patrizia zögerte. Nur zu gerne hätte sie dieses Angebot angenommen. Aber durfte sie das? Würde Dr. Schumann damit einverstanden sein? Und hätte sie nicht anständigerweise Professor Overhoff gestehen müssen, wie es um sie stand? Dann warf sie alle Bedenken über Bord. »Doch«, sagte sie, »und wie gerne!«

Sie schlug in die Hand ein, die Professor Overhoff ihr bot, und plötzlich begannen die Tränen, die sie so lange krampfhaft zurückgehalten hatte, ihre Wangen zu netzen – aber es waren Freudentränen.

Sie wußte zwar, daß diese Lösung nur vorübergehend sein konnte, aber daß ihr überhaupt in dieser Stunde der Verzweiflung ein Mensch, der sie brauchte, die Hand gereicht hatte, war Wunder genug. Statt einer Zeit bangen, einsamen Wartens lagen jetzt wieder Arbeit und Freude vor ihr, die grauen Schatten waren noch einmal gebannt.

14

Frau Astrid Schumann war am Abend nach jenem unversöhnlichen Gespräch mit ihrem Mann zu einer Gesellschaft gefahren, auf die sie schon Wochen zuvor von einer Jugendfreundin geladen worden war, und auf die sie sich sehr gefreut hatte.

Aber schon als ihr Mann sie verließ, hatte sie keine rechte Lust mehr gehabt. Am liebsten hätte sie noch im letzten Moment abgesagt, sie tat es nicht, weil sie nicht einmal sich selber zugeben wollte, wie unglücklich sie war. Noch weniger wollte sie ihrer Mutter ihre Schwäche verraten.

Aber dieser Abend wurde für sie zur Qual. Sie, die sonst Feste so sehr geliebt hatte, fühlte sich fehl am Platz. Ihre Schönheit fand Verehrer, aber da sie sich kaum zu einem Lächeln, weniger noch zu Anteilnahme oder einem fröhlichen Gespräch zwingen konnte, verliefen sich alle bald wieder. Weder Hummermayonnaise noch Wein bekamen ihr, es war ihr, als wenn ein schwerer Klumpen in ihrem Magen läge. Der Rauch der vielen Zigaretten bereitete ihr Übelkeit, von Lufthunger getrieben, trat sie immer wieder an das einzige weitgeöffnete Fenster, und schon kurz nach elf Uhr zog sie sich – ohne Abschied zu nehmen, weil sie die anderen nicht stören wollte – zurück.

Sie verstand sich selber nicht mehr. Es war doch nicht möglich, daß diese Auseinandersetzung mit ihrem Mann ihr so zu schaffen machte – es war nicht das erstemal, daß sie sich gestritten hatten, und eigentlich hätte sie sich doch erleichtert fühlen müssen, daß es vielleicht das letztemal war.

Nein, es war nicht der Herzenskummer, der ihr so zusetzte, sie war körperlich nicht auf der Höhe. Sie gestand es sich selber ein. Irgend etwas war mit ihr nicht in Ordnung. Schwindelgefühle und Übelkeit hatten zwar in letzter Zeit nachgelassen, aber obwohl sie die Anti-Baby-Pillen schon seit Wochen nicht mehr nahm, war und blieb ihr körperlicher Rhythmus gestört. Sie fühlte sich aufgeschwollen, auch ihre Fesseln waren dicker geworden, bläulich zeichneten sich die Adern ab. Das alles war nicht normal und nicht gesund.

Astrid begriff, daß es höchste Zeit war, zum Arzt zu gehen. Aber sie sprach mit ihrer Mutter nicht darüber, denn sie wollte sich neugierige Fragen ersparen. Noch in dieser Nacht nahm sie das Telefonbuch mit in ihr Zimmer, um die Adresse eines Frauenarztes herauszusuchen, der weder sie, ihre Familie noch ihren Mann kannte.

Sie entschied sich für einen Doktor Paul Leverkühn, der seine Praxis in Hamburg-Altona hatte. Am nächsten Morgen, gleich nach dem Frühstück, fuhr sie zu ihm hinaus.

Eine freundliche junge Sprechstundenhilfe nahm ihre Personalien auf – Astrid gab ihren richtigen Namen an, verschwieg aber, daß ihr Mann selber Frauenarzt war, weil sie nicht als Kollegenfrau angesprochen werden wollte.

Danach wurde sie in ein helles, modern und unpersönlich eingerichtetes Wartezimmer geführt, in dem schon mehrere Frauen saßen, zumeist Schwangere, deren Anblick allein in Astrid Abscheu und Übelkeit hervorrief. Krampfhaft blätterte sie in den Illustrierten, die auf dem kleinen Stahlrohrtisch auflagen, versuchte ihre Ohren und ihr Herz gegen die Gespräche ringsum, bei denen es sich nur um schwere Geburten, Frauenkrankheiten, hin und wieder auch um die Unvernunft der Männer handelte, zu verschließen.

Endlich war es soweit.

»Frau Schumann, bitte«, sagte die freundliche junge Sprechstundenhilfe und öffnete die Tür zum Untersuchungszimmer. Dr. Leverkühn war jung – viel jünger, als Astrid sich ihn vorgestellt hatte –, auch die schwere Hornbrille machte ihn nicht älter, sondern gab ihm höchstens das Aussehen eines braven Musterschülers.

Mit einem einzigen prüfenden Blick nahm er ihre gepflegte Erscheinung in sich auf, von den eleganten Krokodillederschuhen über das goldbraune Kostüm, dessen Rock über den Hüften leicht spannte, bis zu dem üppigen kastanienbraunen Haar, um das Astrid ein maisgelbes Seidentuch gewunden hatte.

»Nehmen Sie Platz, gnädige Frau ...«, sagte er mit einer Handbewegung zu dem lederbezogenen, leicht abgenutzten Sessel.

Astrid Schumann setzte sich, begann, ohne es selber zu merken, nervös an dem Verschluß ihrer Handtasche zu spielen. »Es fehlt mir eigentlich nichts Richtiges«, sagte sie, »und ich weiß auch gar nicht, ob ich ausgerechnet zum Gynäkologen hätte gehen sollen ... nur, im allgemeinen fühle ich mich nicht wohl, und dann ... meine Periode ist ausgeblieben.« Sie sah ihn an. »Nicht daß Sie jetzt glauben, daß ich ein Kind bekäme. Ich habe Anti-Baby-Pillen genommen. Bis vor ... vor etwa sechs Wochen. Aber seitdem hat die Periode nicht wieder eingesetzt.«

»Sie sprachen von allgemeinen Beschwerden«, sagte Dr. Leverkühn. »Würden Sie das wohl ein bißchen näher umreißen?«

Astrid lächelte verkrampft. »Nun, die üblichen Anti-Baby-Pillen-Beschwerden ... Übelkeit, Schwindelgefühl und so. In letzter Zeit hat das natürlich nachgelassen, aber richtig wohl fühle ich mich eben auch nicht. Vielleicht liegt es auch am Magen. Schwere Speisen bekommen mir nicht, auch das Rauchen schmeckt mir nicht mehr so wie früher ...«

Dr. Leverkühn sah sie nachdenklich an. »Sind Sie in letzter Zeit schwerer geworden?«

»Gewogen habe ich mich nicht, aber tatsächlich, meine kleider passen nicht mehr so wie früher.« Plötzlich durchzuckte ein wahnsinniger Schreck Astrids Gehirn. »Glauben Sie, daß ich einen Tumor habe?«

»Bisher, liebe gnädige Frau, glaube ich noch gar nichts«, sagte Dr. Leverkühn beruhigend, »die Symptome, die Sie mir soeben beschrieben haben, lassen alles mögliche vermuten. Das beste wird sein, wenn ich Sie jetzt erst einmal untersuche ...«

Astrid schreckte zurück. »Muß das sein?«

»Ja«, sagte Dr. Leverkühn, »aber haben Sie keine Angst, ich werde Ihnen nicht weh tun. Es ist ganz schnell vorüber. Bitte, legen Sie ab, dort hinter dem Paravent ...«

Wenige Minuten später lag Astrid Schumann, die Beine gespreizt, auf dem Untersuchungsstuhl. Sie mußte die Lippen fest zusammenpressen, um nicht vor Scham und Nervosität zu weinen.

»Sind Sie verheiratet?« fragte Dr. Leverkühn, während er sie untersuchte.

»Ja«, sagte Astrid Schumann gepreßt.

»Keine Kinder?«

»Nein.«

»Keine Fehlgeburten? Keine unterbrochene Schwangerschaft?«

»Nein.«

Mit dem gynäkologischen Spiegel untersuchte Dr. Leverkühn Scheideneingang und Scheide. Die Schleimhaut war livide verfärbt, der Uterus stark vergrößert und aufgelockert.

Er richtete sich auf. »Danke«, sagte er, »das genügt.«

Hastig erhob sich Astrid, streifte den Rock herunter. »Und?« fragte sie. »Was ist los mit mir?«

»Nichts Arges«, sagte Dr. Leverkühn lächelnd, »keine Krankheit...«

»Aber dann...«

»Sie bekommen ein Baby, gnädige Frau!«

»Nein«, sagte Astrid, atemlos vor Entsetzen, »o nein!«

»Natürlich könnte ich noch eine Urinuntersuchung vornehmen«, erklärte Dr. Leverkühn, »aber für notwendig halte ich das nicht. Meiner Berechnung nach sind Sie mindestens im vierten Monat, das heißt, die Schwangerschaft ist so weit vorgeschritten, daß sie ganz klar zu erkennen ist.«

»Aber das ist doch unmöglich! Ich habe doch diese Pillen immer genommen, ganz regelmäßig...«

»Seit wann?«

»Etwa... drei Monate!«

»Da haben wir es. Es muß also ganz am Anfang geschehen sein. Es ist ja bekannt, daß diese Tabletten nicht sofort wirken, wenn man die erste oder die zweite genommen hat, einen hundertprozentigen Schutz bieten sie erst nach dem ersten Zyklus.«

»Mein Gott«, stöhnte Astrid, »o mein Gott.«

»Ein Grund zur Verzweiflung ist das aber doch nicht«, sagte der Arzt, »Sie sind verheiratet, Sie sind jung und gesund... freilich wirft eine unerwünschte Schwangerschaft manche Pläne über den Haufen. Aber so schlimm ist das doch nicht. Ich habe immer wieder die Erfahrung gemacht, daß Frauen, die erst ganz entsetzt waren, sich nachher wie alle anderen Mütter über ihr Kindchen gefreut haben ...«

Astrids Gesicht war zu einer starren Maske geworden. »Ja«, sagte sie tonlos, »ja ...«

»Jetzt werde ich Ihnen mal ein paar Medikamente aufschreiben, wenn Sie die nehmen, werden Sie sich bald wohler fühlen. Eine Schwangerschaft ist ja wirklich keine Krankheit, sondern eher ein Zustand strotzender Gesundheit. Noch ein, zwei Wochen, dann ist das Schlimmste schon überstanden, die Umstellung erfolgt ... Sie werden sehen, ich mache Ihnen nichts vor. Es wird alles genauso, wie ich es Ihnen sage.«

Astrid zog sich an, nahm die Rezepte entgegen, hörte sich die gutgemeinten Ratschläge des Arztes an, aber innerlich war sie unendlich weit entfernt. Sie weinte nicht, sie klagte nicht und sie schrie ihre Opposition gegen das Schicksal auch nicht laut heraus.

Äußerlich wirkte sie vollkommen gefaßt, als sie die Praxis des Gynäkologen verließ.

Auch ihrer Mutter gegenüber ließ Astrid Schumann sich nichts anmerken, im Gegenteil, sie wirkte ausgeglichener und ruhiger als seit langem. Sie wollte niemanden belasten, denn ihr Entschluß war schon gefaßt.

Am nächsten Morgen erschien sie nicht zum Frühstück, sie meldete sich auch nicht, als ihre Mutter an die Tür klopfte. Die alte Dame trat, ohne etwas Böses zu ahnen, ein, näherte sich dem Bett – Astrid Schumann lag bleich und steif in ihren Kissen. Auf ihrem Nachttisch stand ein Glas mit einem Rest Wasser, daneben lag ein leeres Röhrchen, das ehemals ein starkes Schlafmittel enthalten hatte.

Niemand hörte den Schrei der alten Frau.

Minutenlang wurde Frau Karlson von Panik geschüttelt. Der eigene Schrei gellte in ihren Ohren, sie spürte, wie ihre Knie unter ihr nachgaben. Das totenbleiche Gesicht ihrer Tochter, das leere Tablettenröhrchen, die zerwühlten Kissen, alles verschwamm vor ihren Augen, verwischte sich, löste sich auf. Brausende Schwärze kam auf sie zu.

Mit aller Macht wehrte sie sich gegen die in ihr aufkommende Ohnmacht. Sie durfte nicht schwach werden, nicht versagen, jetzt nicht.

Mit unendlicher Anstrengung hielt sie sich auf den Beinen, atmete tief durch, schloß die Augen, öffnete sie wieder. Die Finsternis lichtete sich allmählich, das entsetzliche Bild wurde wieder klar.

Sie drehte sich auf dem Absatz um, stolperte in die Diele hinaus, griff zum Telefonhörer. – Ich muß die Unfallstation anrufen, dachte sie, Unfall ... wo habe ich die Nummer? Nein. Lieber nicht, die Zeitungen, Polizei ... mein Gott, Astrid, wie konntest du so etwas tun?

Mit zitternden Fingern wählte sie die Nummer der Alsterklinik, ließ sich mit Professor Gottschall, ihrem eigenen Arzt, verbinden.

»Herr Professor«, stammelte sie atemlos, »es ist etwas Furchtbares passiert! Astrid, meine Tochter ... ich kann sie nicht wecken!«

Professor Gottschall begriff sofort. »Schlaftabletten?« fragte er. In seiner tiefen Stimme klang nicht eine Spur von Aufregung, ihre Kraft übertrug sich auf die aufgeregte Frau.

»Ja, Herr Professor«, sagte sie, fast erleichtert, »sie muß ... aus Versehen ... sie kann es nicht mit Absicht getan haben!«

»Ich schicke sofort einen Krankenwagen!«

»Ja, Herr Professor, danke!«

Langsam legte Frau Karlson den Hörer wieder auf die Gabel, zerrte ein Taschentuch aus ihrem seidenen Morgenrock, wischte sich den kalten Schweiß von der Stirn.

Es kostete sie Überwindung, in das Zimmer ihrer Tochter zurückzukehren.

Nichts an dem grausigen Bild hatte sich geändert. Wieder spürte die alte Dame Panik in sich aufsteigen. Vielleicht war ja alles zu spät, vielleicht war Astrid ja schon –!

In diesem Augenblick entdeckte sie den Brief, der gegen die Nachttischlampe gelehnt war. Sie griff danach, trat ans Fenster, hielt ihn weit von sich, um die Anschrift auf dem Umschlag besser lesen zu können. Er war an Dr. Rainer Schumann gerichtet.

Eine Sekunde lang zögerte sie, ob sie ihn öffnen sollte, öffnen durfte.

Da schrillte die Klingel.

Sie stopfte den Brief in die Tasche ihres Morgenrockes, stürzte in die Diele hinaus, riß die Wohnungstür auf. Ein junger Arzt stand vor ihr, hinter ihm kamen zwei Sanitäter mit einer Trage die Treppe herauf.

Der Arzt stellte sich mit einer knappen Verbeugung vor, fragte. »Wo ist die Patientin?«

»Bitte, kommen Sie mit!«

Frau Karlson hastete voraus, die drei Männer folgten ihr in das Schlafzimmer ihrer Tochter.

Der Arzt gab den Sanitätern einen Wink. Sie stellten die Trage ab. Er zog sein Stethoskop aus der Brusttasche, schlug die Bettdecke zurück, beugte sich über den leblosen Körper der jungen Frau, lauschte mit angespannter Aufmerksamkeit. Es schien Frau Karlson eine Ewigkeit, bis er sich endlich aufrichtete.

»Sie ist doch nicht, Herr Doktor«, fragte sie, kaum noch ihrer Stimme mächtig, »sie ist doch nicht...!?«

»Nein. Sie lebt.«

»Gott sei Dank!«

Der Arzt gab den Sanitätern einen kurzen Befehl, die daraufhin Astrid auf die Trage betteten. Er nahm das leere Röhrchen vom Nachttisch, las die Aufschrift.

»Hat sie den ganzen Inhalt genommen?« fragte er.

»Ich weiß es nicht...«

»Denken Sie mal nach! Erinnern Sie sich, wann sie die Tabletten gekauft hat... oder wann Sie selber das Röhrchen zuletzt gesehen haben?«

»Ich weiß es wirklich nicht«, sagte die alte Dame verzweifelt.

»Pflegte sie Schlafmittel zu nehmen?«

»In letzter Zeit... ja. Ich glaube wenigstens.«

»Und wann hat sie das hier genommen?«

»Sie hat sich früh zurückgezogen. Aber ich habe sie noch einmal ins Bad gehen hören. Das muß nach Mitternacht gewesen sein. Natürlich habe ich nicht auf die Uhr gesehen.«

Der junge Arzt steckte das leere Röhrchen in die Tasche seines weißen Kittels, drehte sich um und ging mit großen Schritten hinter den beiden Sanitätern her, die die Trage mit ihrer leblosen Last schon ins Treppenhaus transportiert hatten.

»Kann ich mitkommen?« fragte Frau Karlson.

»Das dürfte wenig Sinn haben«, erklärte der junge Arzt über die Schulter zurück, ohne sich aufhalten zu lassen, »es wird Stunden dauern, bis die Patientin wieder zu sich kommt.«

Wie gelähmt blieb Astrids Mutter in der Wohnungstür stehen, starrte ins Treppenhaus hinab, bis die Sanitäter mit der schwankenden Trage ihren Blicken hinter der nächsten Biegung entschwanden.

»Das paßt mir gar nicht«, sagte Dr. Rainer Schumann stirnrunzelnd, als Schwester Patrizia ihm von ihrem Abkommen mit Professor Overhoff erzählte, »also wirklich, Patrizia, ich wünsche, daß du deine Einwilligung rückgängig machst!«

Ihr herzförmiges Gesichtchen nahm den Ausdruck eines trotzigen Schulmädchens an, das man zu Unrecht getadelt hat. »Und warum?« fragte sie.

Sie sprachen leise und hastig, denn das Gespräch fand im Schwesternzimmer neben der Babystation statt, die Tür stand, wie es Vorschrift war, halb offen, und sie konnten jeden Augenblick gestört werden.

»Weil es Betrug ist«, sagte er hart, »du hast Professor Overhoff verschwiegen, was mit dir los ist!«

»Wäre es dir lieber gewesen, ich hätte es ihm gesagt?« erwiderte sie kampflustig.

»Du hättest in netter und höflicher Form ablehnen sollen.«

»Aber warum ... ich bin ja froh, daß er mir dieses Angebot gemacht hat. Etwas Besseres hätte mir ja gar nicht passieren können, und ich ... ich dachte ...«, ihre haselnußbraunen Augen füllten sich mit Tränen, »ich dachte, du würdest dich genauso darüber freuen!«

»Jetzt hör mal zu ... ich bitte dich, Patrizia, fang nicht an zu weinen, das ist doch ganz sinnlos ... wie lange bildest du dir denn ein, daß du diesen Betrug aufrechterhalten kannst?«

»Es ist kein Betrug! Sag doch so etwas nicht immer! Ich schade ihm doch nicht damit.«

»Du schleichst dich unter Vorspiegelung falscher Tatsachen in sein Haus!«

»Das ist nicht wahr! Ich habe ihm ja gesagt, daß ich heiraten werde, er weiß, daß ich nur ein paar Monate bei ihm bleiben kann ... ob ich dann weggehe, weil ich ein Kind erwarte oder weil ich heirate, das ist doch ganz egal.« Sie putzte sich heftig die Nase.

»Könntest du zur Abwechslung nicht auch mal an mich denken, Patrizia?«

»Das tue ich doch die ganze Zeit.«

»Nein, eben nicht. Sonst müßtest du begreifen, wie quälend die Vorstellung für mich ist, daß du ausgerechnet im Haus des Professors ... machst du dir denn nicht klar, in welche Gefahr du dich damit begibst? Professor Overhoff hat unzählige schwangere Frauen behandelt, er hat einen Blick dafür! Vielleicht entdeckt er schon nach acht Tagen, was mit dir los ist. Und was dann?«

»Dann kann er immer noch entscheiden, ob er mich behalten oder mir kündigen will«, sagte sie hartnäckig, »verloren ist damit gar nichts. Oder hast du etwa Angst, er könne erfahren, daß du der Vater bist?«

Unwillkürlich drehte er sich erschrocken zur Tür hin um. »Patrizia! Nimm dich doch zusammen!«

»Ist es das, wovor du dich fürchtest?« fragte sie mit brennenden Augen.

»Ja! Wenn du es genau wissen willst ... ja! Solange ich verheiratet bin, darf es niemand erfahren. Das könnte die größten Komplikationen geben. Hast du dir mal überlegt, wie Astrid reagieren wird, wenn sie davon erfährt? Vielleicht ist sie dann plötzlich nicht mehr mit der Scheidung einverstanden ... sie wäre nicht die erste Frau, der das einfiele.«

»Von mir wird es bestimmt niemand erfahren«, versprach Patrizia, plötzlich kleinlaut geworden.

»Wer sich in Gefahr begibt, kommt darin um ... kennst du

dieses Sprichwort nicht? Wenn du im Haushalt Professor Overhoffs lebst, bedeutet das eine ständige Gefahr ... für dich, für mich, für unsere Liebe! Ich bitte dich, verzichte darauf!«

Jetzt schien sie doch schwankend geworden zu sein. Sie zerknautschte ihr feuchtes Taschentuch zwischen den Fingern, biß sich auf die Lippen.

»Bitte, Patrizia«, drängte er, »bitte!«

Das Haustelefon klingelte, und beide fuhren zusammen.

Schwester Patrizia schluckte, nahm den Hörer ab, meldete sich mit klarer Stimme, lauschte.

»Ich werde mal nachsehen«, sagte sie, »ja, vielleicht im Babyzimmer ... einen Augenblick, bitte!«

Sie legte die Hand auf die Muschel, wandte sich Dr. Schumann zu. »Für dich!« flüsterte sie.

»Was ist los?«

Sie zuckte die Schultern. »Ich weiß nicht ...«

Einen Augenblick standen sie sich stumm und abwartend gegenüber, dann nahm er ihr den Telefonhörer aus der Hand.

»Oberarzt Dr. Schumann!«

Es war Schwester Ruth, die sich am anderen Ende der Leitung meldete. »Es ist für Sie angerufen worden, Herr Doktor, ich habe versucht, Sie zu verbinden, aber ...«

»Wer?« unterbrach er kurz.

»Ein Herr von der Kriminalpolizei. Sie möchten aufs Präsidium kommen. Jetzt sofort.«

»Aber das geht doch nicht. Ich habe ja erst um sieben Uhr dienstfrei. Haben Sie das nicht gesagt?«

»Doch natürlich, aber ... der Herr von der Kriminalpolizei meinte, Sie könnten sich ja vertreten lassen.«

»Na, wenn er das meint, bleibt mir ja wohl nichts anderes übrig. Versuchen Sie also sofort Dr. Gerber zu erreichen ... oder Frau Dr. Holger oder ...«

»Ich werde das schon in Ordnung bringen!«

»Ich verlasse mich auf Sie, Schwester!« Dr. Schumann legte auf, sah Schwester Patrizia mit einem abwesenden Blick an. »Ich muß zur Polizei.«

»Wegen dieser Anzeige?«

»Ja.«

»Ich werde dir beide Däumchen halten.«

»Nett von dir.« Er wollte an ihr vorbei zur Tür.

Sie vertrat ihm den Weg. »Rainer«, sagte sie, »ist es nicht eigentlich sehr dumm von uns, daß wir uns wegen solcher Dinge streiten? Wir haben doch beide allen Grund, glücklich zu sein!«

»Ja, ja«, sagte er zerstreut. Er packte sie bei den Schultern, um sie sanft beiseite zu schieben. »Wir werden noch Gelegenheit haben, darüber zu sprechen. Jetzt habe ich es eilig!«

»Sag nur, daß du mich lieb hast ... nur ein einziges Wort!« flehte sie, ihr Gesicht zu ihm erhoben.

»Aber ja doch, Dummchen«, sagte er hastig.

Er spürte, daß sie einen Kuß von ihm erwartete. Aber dazu konnte er sich nicht überwinden.

Er stieß die Tür auf und jagte den Gang entlang wie ein Verfolgter.

Kriminalrat Meussig empfing Dr. Schumann in seinem kleinen Büro, dessen lange nicht mehr geputzte Fenster die Aussicht auf die Hinterwand des gegenüberliegenden Traktes freigaben.

Der Raum war karg und nur zweckmäßig eingerichtet. Es gab keinen Teppich auf dem abgetretenen Linoleumboden, die Vorhänge zeigten ein trostloses Grau. In der Mitte des Zimmers standen sich zwei Schreibtische gegenüber, die aneinandergeschoben waren. An den Wänden gab es Regale mit Aktenordnern, einen in einem häßlichen Braun angestrichenen Eisenschrank. Eine grüne Topfpflanze vor dem Platz des Kriminalrates und ein bunter Reklamekalender bildeten die einzigen Farbtupfer, die in der allgemeinen Öde aber kaum zur Geltung kamen.

Kriminalrat Meussig stand nicht auf, als Dr. Schumann von einem uniformierten Polizisten hereingeführt wurde, aber er drehte sich im Sessel halb zu ihm um, lächelte mit breitem Wohlwollen. »Guten Tag, Herr Doktor ... ich freue mich, daß Sie gleich gekommen sind!«

Dr. Schumann zuckte die Achseln. »Blieb mir kaum etwas anderes übrig, wie?«

»Sehr richtig!« Der Kriminalrat lachte dröhnend. »Aber es spricht für Ihre Intelligenz, daß Sie das so klar erkannt haben! Bitte setzen Sie sich doch!«

Dr. Schumann zog sich einen der harten, wenig einladenden Stühle herbei, nahm Platz. »Weshalb haben Sie mich kommen lassen?«

»Warten Sie, bitte, noch einen Augenblick! Ich werde es Ihnen gleich erklären!« Er beugte sich vor, fügte vertraulich hinzu: »Mein Assistent muß jeden Augenblick zurückkommen. Ich möchte ihn gerne dabeihaben, wissen Sie!«

»Warum?«

»Er wird mitschreiben, was Sie sagen ...«

»Ach so! Sie wollen mich verhören?«

»Aber nicht doch! Ich möchte nur mit Ihnen sprechen. Das mit dem Mitschreiben ist nur eine Vorsichtsmaßnahme. Ich bin ein alter Mann, und Ihr Fall ist nicht der einzige, den ich bearbeite. Ich will einfach verhüten, daß mir etwas Wichtiges entgeht ... oder daß ich die Dinge durcheinanderbringe.«

»Darf ich mir bis dahin wenigstens eine Zigarette anzünden?«

»Aber unbedingt! Hier, nehmen Sie ... rauchen Sie meine, Herr Doktor!«

Kriminalrat Meussig schob Dr. Schumann ein Zigarettenpäckchen über den Schreibtisch hin. Dr. Schumann bediente sich, gab dem Kriminalrat, der sich ebenfalls eine Zigarette zwischen die Lippen gesteckt hatte, Feuer. Der Kriminalrat stellte einen verbeulten blechernen Aschenbecher auf die Schreibtischkante. Da trat der junge Assistent ins Zimmer.

»Na endlich, Kolbe«, sagte der Kriminalrat, »dann können wir ja wohl ...« Er wandte sich erneut Dr. Schumann zu. »Also, wir haben Sie kommen lassen, Herr Doktor, um die von Ihnen gewünschte Konfrontation durchzuführen. Ich nehme an, daß das nach wie vor in Ihrem Sinne ist?«

»Durchaus.«

»Sie bleiben also bei Ihrer Aussage?«

»Ja.«

»Seien Sie so nett und wiederholen Sie Ihre Stellungnahme doch noch einmal ... in ganz kurzen Worten, es kommt mir nur auf das Grundsätzliche an!«

»Ich habe Sylvia Süder ein einziges Mal in meinem Leben gesehen«, erklärte Dr. Schumann bedachtsam. »Sie kam zu mir in die Praxis, und zwar am 17. Juni ... ich weiß das, weil ich inzwischen auf ihrem Krankenblatt nachgeschaut habe, daran erinnert hätte ich mich natürlich nicht. Sie erklärte mir, daß sie schwanger wäre und wünschte, daß ich ihr das Kind nähme. Als ich mich weigerte, wollte sie sich nicht einmal untersuchen lassen. Sie schien sehr enttäuscht und wütend und stieß, bevor sie ging, Drohungen gegen mich aus.«

»Wie war das mit den Drohungen? Können Sie das etwas näher beschreiben?«

»An den Wortlaut kann ich mich natürlich nicht mehr erinnern. Jedenfalls sagte sie so etwas wie: Das werden Sie mir büßen! – oder: Das werden Sie noch bereuen! – oder so ähnlich.«

Der Kugelschreiber des Assistenten glitt eilig über das Papier.

»Berief sie sich auf den Fall Angelika Schneider?«

»Ja. Das tat sie. Sie behauptete, Fräulein Schneider hätte ihr erzählt, daß ich ihr geholfen hätte ...«

»Und im Falle Angelika Schneider bleiben Sie dabei, daß Sie den Eingriff auf Grund einer medizinischen Indikation vorgenommen hätten?«

»Aber selbstverständlich.«

»Na schön. Beide Mädchen sind heute hier, wir werden sie Ihnen gegenüberstellen. Sie können selber entscheiden, wen Sie zuerst sehen wollen.«

»Sylvia Süder«, erklärte Dr. Schumann ohne Zögern.

»Darf ich wissen, warum?«

»Weil Angelika Schneider die Tatsachen möglicherweise mißverstanden haben kann. Ihr fehlt die klare Erkenntnis der wirklichen Vorgänge, während Sylvia Süder ganz bewußt lügt und deshalb wahrscheinlich wesentlich leichter zu überführen sein wird.«

»Eine ausgezeichnete Definition, Herr Doktor«, sagte Kriminalrat Meussig mit unverhohlener Ironie. »Also ... holen Sie die Süder herein, Kolbe!«

Der Assistent stand auf und ging hinaus.

»Darf ich selber Fragen stellen?« wollte Dr. Schumann wissen.

»Soviel Sie wollen. Allerdings, wenn ich merke, daß Sie die Zeugin einzuschüchtern versuchen ...«

»Das liegt nicht in meiner Absicht.«

Die Tür wurde von außen geöffnet, und der Assistent ließ Sylvia Süder herein.

Dr. Schumann hatte vergessen, wie sie aussah, und er hätte sie auch nicht wiedererkannt, wenn er ihr unvorbereitet begegnet wäre. Ihr Haar, das früher silberblond gewesen war, trug sie jetzt in einem schlichten Braun, ihr Puppengesicht war – wahrscheinlich um einen guten Eindruck auf die Kriminalbeamten zu machen – nur sehr vorsichtig geschminkt. Aber ihr Rock war so eng wie eine zweite Haut und ließ die mageren Knie sehen. Sie trippelte sehr selbstbewußt auf hohen Absätzen ins Zimmer und sagte herausfordernd: »Guten Tag, Herr Doktor!« Dann, an den Kriminalrat gewandt, fügte sie hinzu: »Das ist er, Oberarzt Schumann, der die Abtreibung an mir vorgenommen hat!«

»Ich kann mich an diese junge Dame beim besten Willen nicht erinnern«, sagte Dr. Schumann ehrlich, »das heißt, ich glaube ihr schon, daß sie Sylvia Süder ist ... aber bekannt kommt sie mir nicht vor!«

Sylvia sah ihn haßerfüllt an. »Das habe ich mir gedacht!« zischte sie.

»Na schön, Sie wollen sich also nicht erinnern«, sagte Kriminalrat Meussig gelassen, »nehmen wir das zur Kenntnis. Ich muß Sie aber darauf aufmerksam machen, daß Ihnen solche Tricks sehr wenig helfen werden!«

Als Dr. Schumann protestieren wollte, hob er Ruhe gebietend die Hand. »Ich habe Sie nicht beleidigen wollen, Herr Doktor. Möglich, daß Sie die Wahrheit sagen ... aber manchmal klingt die Wahrheit alles andere als glaubhaft.« Der Kriminalassistent reichte seinem Vorgesetzten Sylvia Süders Paß.

Kriminalrat Meussig schmunzelte, gab das Dokument an Dr. Schumann weiter. »Erkennen Sie sie jetzt?«

Das Paßbild zeigte Sylvia Süder stark geschminkt, mit silberblondem Haar.

»Ja«, sagte Dr. Schumann, »ja, das ist sie!«

»Dann wäre dieser Punkt also geklärt.« Der Kriminalrat nahm den Paß wieder an sich, reichte ihn seinem Assistenten zurück. »Weiter, Fräulein Süder. Herr Dr. Schumann hat ausgesagt, daß Sie am 17. Juni zum erstenmal bei ihm waren. Er kann das durch Ihre Krankenkarte belegen.«

Sie zuckte die Achseln. »Wenn er das beweisen kann, wird es schon stimmen.«

»An welchem Tag, genau, ist nun die Abtreibung durchgeführt worden?«

»Keine Ahnung!«

»Aber das müßten Sie doch wissen!«

»Ich war völlig verzweifelt... ganz durcheinander, sonst hätte ich das doch nie zugelassen... wie soll ich mich da auch noch an das Datum erinnern?!«

»Na, dann will ich Ihrem Gedächtnis auf die Sprünge helfen. Sie wurden genau am 7. Juli todkrank in das Städtische Krankenhaus eingeliefert. Damals gaben Sie an, daß die Abtreibung zwei Tage früher geschehen sei, und die Untersuchung der Ärzte hat dieses Datum auch bestätigt.«

»Wenn Sie es so genau wissen... warum fragen Sie mich dann noch einmal danach?«

»Vielleicht... um Ihr Gedächtnis zu prüfen.«

»Na, es ist schon möglich, daß ich die Daten durcheinanderwerfe oder mich an Einzelheiten nicht mehr genau erinnere. Aber wer es getan hat, das weiß ich doch ganz genau...« Sie wies mit der Hand auf Dr. Schumann. »Der da!«

»Fräulein Süder«, sagte Dr. Schumann, »wie kommt es, daß zwischen Ihrem ersten Besuchstag bei mir und der Kürettage gute drei Wochen vergangen sind?«

»Weil Sie mir erst helfen wollten, wenn ich das Geld hätte!« antwortete sie wie aus der Pistole geschossen.

»Welches Geld?«

»Ach, tun Sie doch nicht so! Die achthundert Mark, die Sie dafür verlangt haben!«

Das kam so überraschend, daß Dr. Schumann einen Augenblick lang sprachlos war. »Das ist...«, brachte er schließlich heraus, »eine unglaubliche und unverschämte Lüge!«

»Sie wollen also behaupten, daß Sie kein Geld für den Eingriff genommen haben?« fragte Kriminalrat Meussig.

»Ich habe es überhapt nicht getan!« Er mußte an sich halten, um nicht auf Sylvia Süder loszugehen. »Ich werde Sie wegen Verleumdung anzeigen, Sie ... Sie ...!«

»So weit sind wir noch nicht«, sagte Kriminalrat Meussig ruhig. »Jetzt erzählen Sie mal, Fräulein Süder, wie haben Sie Dr. Schumann das Geld gegeben?«

»Die Hälfte zwei Tage vor dem Eingriff ...«

»Wie und wann?«

»Er hatte mich in den Park der Frauenklinik bestellt. Dort mußte ich ihm die Anzahlung übergeben. Bar. Den Rest habe ich ihm vor der Operation bezahlt.«

»Haben Sie dafür Zeugen?«

»Ja. Ich habe das Geld von meinen Ersparnissen genommen. Ich kann Ihnen die Kontoauszüge zeigen ... Sie können sich auch bei meiner Bank erkundigen!«

Dr. Schumann hatte sich wieder gefaßt. »Kann schon sein, daß Sie Ihrem Abtreiber haben zahlen müssen«, sagte er so ruhig wie möglich, »aber nicht mir!«

»Kommen wir zum Eingriff selber«, sagte der Kriminalrat. »Wo hat Dr. Schumann ihn vorgenommen?«

»In der Klinik natürlich ... wo sonst?« sagte Sylvia Süder frech.

»Darf ich eben mal eine Zwischenfrage stellen«, unterbrach Dr. Schumann, »was war der 5. Juli für ein Tag?«

Der Kriminalassistent sah auf seinen Schreibtischkalender. »Ein Samstag«, sagte er, »der erste Samstag im Monat!«

»Danke.« Er wandte sich an Sylvia Süder. »Wer hat mir bei der Kürettage assistiert?«

»Das haben Sie ganz allein gemacht!« An dem Ausdruck der Männer merkte sie, daß sie sich vergaloppiert hatte, und fügte rasch hinzu: »Entschuldigen Sie, jetzt fällt es mir wieder ein . . . es war eine Schwester dabei!«

»Wie sah sie aus?«

»Energisch. Nicht mehr ganz jung. Ein Pferdegesicht.«

»Wissen Sie zufällig den Namen?« fragte der Kriminalrat.

»Nein, er hat immer nur Schwester zu ihr gesagt!« Sylvia Süders Augen leuchteten auf. »Doch . . . jetzt fällt's mir wieder ein! Schwester Ruth!«

Dr. Schumann konnte nicht länger an sich halten. »Moment mal«, sagte er, »aber das . . .«

»Ruhe, Herr Doktor«, beschwichtigte der Kriminalrat. »Sie kommen auch noch dran. Ich glaube, es ist besser, wenn wir Fräulein Süders Darstellungen erst mal zu Ende anhören.« Er wandte sich an die Zeugin, fragte in wohlwollendem Onkelton: »Und wie sind Sie nachher nach Hause gekommen? Bleiben Sie dabei, daß es ein Taxi war? Ich muß Sie darauf aufmerksam machen, daß der Taxifahrer, obwohl wir nichts unversucht gelassen haben, bisher nicht zu ermitteln war.«

»Ich habe gelogen«, sagte Sylvia Süder mit gutgespielter Zerknirschung, »wenn Sie mich jetzt fragen, warum, könnte ich es selber nicht mehr sagen.«

»Also?« sagte der Kriminalrat ermunternd.

»Dr. Schumann hat mich im eigenen Wagen nach Hause gebracht. Er . . . er hat mich sogar die Treppen zu meinem möblierten Zimmer hinaufgetragen.«

»Haben Sie dafür Zeugen?«

»Nein, meine Wirtin war noch im Kino.«

»Eine allerletzte Frage«, sagte Dr. Schumann, »wann genau . . . ich meine . . . um wieviel Uhr soll diese Kürettage stattgefunden haben?«

Sylvia dachte kurz nach, man merkte ihr an, daß sie eine Falle witterte. »Sie haben mich um neun Uhr in die Klinik bestellt«, sagte sie weicher.

»Ich denke, das genügt«, sagte der Kriminalrat. »Haben Sie noch fragen, Herr Doktor?«

»Mir langt's auch. Darf ich jetzt Stellung nehmen?«

»Ich bitte darum!«

»Also«, begann Dr. Schumann und holte tief Luft, »alles,

was Fräulein Süder erzählt hat, ist von A bis Z erlogen, jedenfalls soweit es mich betrifft!«

Sylvia wollte aufbegehren, aber er ließ sie nicht zu Wort kommen.

»Erstens einmal läßt sich eine Kürettage innerhalb einer großen Klinik nicht heimlich vornehmen. Der Operationssaal muß vorher und nachher hergerichtet werden und so weiter. Es müßte also ein ganzer Personenkreis darum wissen. Zweitens arbeite ich mit Schwester Ruth zwar seit Jahren eng zusammen, aber sie ist meine Sprechstundenhilfe und hat seit ihrer Lehrzeit, wenn überhaupt, keinen Operationssaal mehr von innen gesehen. Sie käme also als Assistentin bei einer Kürettage nicht einmal im dringendsten Notfall in Frage. Drittens erinnere ich mich zufällig an den ersten Samstag im Juli ganz genau. An diesem Abend, kurz vor neun Uhr, wurde ich zu einer schweren Entbindung im Kreißsaal gerufen. Es war ein besonders komplizierter Fall, ich habe das Kind mit der Zange holen müssen. Bis nach elf Uhr war ich unentwegt bei der Gebärenden. Sie dürfen das gerne nachprüfen, Herr Kriminalrat. Viertens kann ich die Patientin nicht mit dem Auto nach Hause gebracht haben, weil ich immer zu Fuß in die Klinik gehe und den Wagen prinzipiell meiner Frau überlasse. Ich habe ihn seit drei Monaten nicht mehr selber benutzt.« Er trat auf Sylvia Süder zu. »So, das wär's. Wollen Sie sich jetzt endlich zur Wahrheit bequemen?«

Sylvia Süder schluchzte jetzt wirklich. »Ich habe nicht gelogen, ich . . .«

»Fräulein Süder«, sagte der Kriminalrat energisch, »jetzt ist es aber genug! Sie wissen genau, daß Sie sich wegen Abtreibung vor Gericht zu verantworten haben werden. Wenn Sie jetzt weiter versuchen, einen gutbeleumundeten, völlig unbeteiligten Arzt in diese Sache hineinzuziehen, kann sich das für Sie nur strafverschärfend auswirken. Sie wissen, daß Sie sich mit einer Abtreibung strafbar machen können. Wollen Sie das wirklich tun?«

Sylvia Süder schluchzte herzzerbrechend. »Nein, nein, ich . . .«

»Also . . . heraus mit der Sprache! Wer hat es wirklich getan?«

»Das darf ich nicht sagen!«

»Aber ich war es nicht . . . geben Sie das doch wenigstens zu!« rief Dr. Schumann.

Sie wandte ihm ihr tränenüberströmtes Gesicht zu.

»Sie . . . Sie sind doch an allem schuld! Wenn Sie mir geholfen hätten, hätte ich nicht zu diesem schmierigen Kerl gehen müssen! Fast wäre ich daran gestorben, und meine Stellung habe ich auch verloren! Kein Mensch hätte was erfahren, wenn Sie nicht so . . . so gemein und herzlos gewesen wären!«

»Ich denke, das genügt«, sagte Kriminalrat Meussig. »Entschuldigen Sie, daß wir Sie so lange aufgehalten haben, Herr Doktor, und entschuldigen Sie, daß wir Sie überhaupt mit dieser Angelegenheit belästigt haben! Aber unsere Pflicht . . .«

»Ich verstehe durchaus«, sagte Dr. Schumann und verbeugte sich steif, »kann ich jetzt gehen? Oder möchten Sie mich Fräulein Schneider auch noch gegenüberstellen?«

»Wenn Sie eine Verleumdungsanzeige machen wollen, Herr Doktor . . .«

»Nein, danke«, sagte Dr. Schumann und wandte sich zur Tür, »mir liegt nichts daran, im Dreck herumzuwühlen! Leben Sie wohl!«

Als er auf den langen Gang hinaustrat, sah er Angelika Schneider. Sie saß, die Knie fest gegeneinandergepreßt, auf einer Holzbank und starrte ihm mit angsterfüllten Augen entgegen. Sie sah sehr jung, sehr unschuldig und sehr verzweifelt aus.

»Hallo, Angelika«, sagte er freundlich, »die Konfrontation findet nicht statt. Der Fall ist geklärt. Bestimmt wird man dir gleich sagen, daß du nach Hause gehen kannst.«

Sie war aufgesprungen. »Herr Doktor, ich . . . oh . . . ich . . . es tut mir so leid, ich wollte bestimmt nicht . . .«

»Ich weiß es, Angelika, mach dir darüber keine Gedanken.«

»Sie sind mir nicht böse? Ganz bestimmt nicht?«

»Nicht, wenn du dich von jetzt an anständig benimmst. Keine Dummheiten mehr, verstanden? Du hast deiner Mutter genug Kummer gemacht.«

Angelika reichte ihm ihre weiche Hand, die ein wenig feucht vor Aufregung war. »Das verspreche ich Ihnen, Herr Doktor, ganz fest ... mit meinem Freund habe ich längst Schluß gemacht.«

»Das freut mich, Angelika. Ich bin sicher, du wirst es nicht bereuen ... die wirkliche Liebe kommt noch, sie kommt ganz bestimmt!«

Professor Overhoff stand vor dem Untersuchungsstuhl, über den Leib einer Patientin gebeugt.

Hilde Wogand, 27 Jahre, eine tatkräftige, lebensfrohe Frau, war zu ihm in die Klinik gekommen, weil leichte Schmierblutungen im fünften Monat der Schwangerschaft sie erschreckt hatten.

»Das muß doch keine Fehlgeburt werden, Herr Professor?« fragte sie nervös. »Nicht wahr, Sie können das doch verhindern? Mein Mann und ich, wir haben uns schon auf das Kindchen gefreut ...«

»Nur keine Aufregung«, sagte Professor Overhoff, »gleich werden wir wissen, was da los ist ...«

Er setzte in die Scheide einen vorderen und einen hinteren Spiegel ein, um die Portio beobachten zu können. Der Muttermund war fest geschlossen, und aus dem Uterus drang kein Blut.

»Sie haben schon Kinder?« fragte Professor Overhoff, während er weiter beobachtete.

»Ja, zwei Buben, es sind herzige Kerlchen. Diesmal hoffen wir, daß es ein Mädchen wird. Wissen Sie, Herr Professor, meine Freundinnen lachen mich immer aus, weil ich es so eilig mit dem Kinderkriegen habe. Wir sind nämlich erst vier Jahre verheiratet. Sie sagen, das wäre doch eine Plage ... aber mein Mann und ich, wir haben uns vorgenommen, eine große Familie zu bekommen. Kinder kann man gar nicht genug haben; oder finden Sie nicht?«

»Doch. Durchaus«, sagte Professor Overhoff.

Jetzt sah er, daß es tatsächlich blutete, aus einer umschriebenen Stelle an der hinteren Muttermundslippe. »Sonde, bitte!« sagte er leise.

Schwester Klara reichte ihm das Instrument.

»Ist es ... etwas Schlimmes?« fragte die Patientin beunruhigt.

»Sicher nicht«, erwiderte Professor Overhoff.

Vorsichtig tastete er das verdächtige Gebiet ab – da! Die Sonde brach ein. Unter der wenig auffälligen Oberfläche mußte sich also morsches Gewebe befinden.

Professor Overhoff erschrak zutiefst. Er wußte, was das bedeutete – Krebs. Die so frohe, äußerlich blühende Frau war schwer krank.

Konnte er, durfte er, mußte er ihr das sagen?

Nein, noch nicht ... nicht, bevor die histologische Untersuchung eine Erhärtung seiner Diagnose erbracht hatte!

Professor Overhoff fühlte sich elend, er hätte sich gerne aufgerichtet, aber er scheute davor zurück, der ahnungslosen jungen Frau in die Augen zu sehen. Wäre sie nur nicht schwanger gewesen! Dann hätte er sie in der Klinik behalten und sie so bald wie möglich operiert, eine Konisation gemacht oder gar eine Amputation. Es war ja nicht abzusehen, wie weit die Wucherungen schon in das gesunde Gewebe eingedrungen waren.

Hilde Wogand ahnte nicht, was für eine entsetzliche und schwerwiegende Entdeckung Professor Overhoff gemacht hatte. Sie plauderte unbefangen weiter. Erst als er sich endlich aufrichtete, fragte sie:

»Herr Professor ... darf ich mich jetzt wieder anziehen?«

»Einen Augenblick noch, bitte«, sagte er, »ich bin noch nicht ganz fertig. Ich denke, wir werden eine leichte Narkose machen – bitte, Schwester, bereiten Sie alles vor –, damit ich besser untersuchen kann und Sie keine Schmerzen haben.«

Er verschwieg, daß er aus dem verdächtigen Gebiet eine Probeexzision nehmen wollte, um sie zur histologischen Untersuchung zu schicken.

»Wird das meinem Kind auch nicht schaden?« fragte Hilde Wogand ängstlich.

»Ganz bestimmt nicht, gnädige Frau. Seien Sie unbesorgt.« Professor Overhoff fühlte, wie ihm kalter Schweiß auf die Stirn trat. »Das genaue Untersuchungsergebnis muß ich dann erst ausarbeiten. Morgen werde ich Ihnen sagen können, wie es um Sie steht. Es wäre mir sehr lieb, wenn Sie Ihren Gatten mitbringen könnten.«

»Warum das? Mein Mann hat viel zu tun, wissen Sie, er kann sich wegen so etwas doch nicht frei machen ... und helfen kann er doch auch nicht!«

»Ich weiß, ich weiß, gnädige Frau. Trotzdem wäre es mir lieber.« Er suchte nach einer Erklärung. »Möglich, daß Sie ein paar Wochen liegen müssen, um eine Fehlgeburt zu vermeiden.«

Er hatte erwartet, daß sie sagen würde: Nein, das geht nicht ... das ist ausgeschlossen! – Aber Hilde Wogand reagierte anders.

»Das wird natürlich schwierig sein«, sagte sie, »aber wenn es sein muß! Meine Mutter würde sicher zu uns ziehen, um die Buben und den Haushalt zu versorgen ...«

»Das ist ausgezeichnet. Aber ich glaube, daß auch Ihr Gatte ein Wort mitzureden hat.« Er zwang sich zu einem Lächeln. »Wir Männer haben es nicht gerne, übergangen zu werden.«

»Ja, das stimmt schon«, sagte Frau Wogand nachdenklich, »wenn ich es ihm sage, wird er womöglich glauben, ich übertreibe. Müßte ich denn in der Klinik bleiben, Herr Professor? Und wie lange?«

»Das wird sich erst herausstellen. Vielleicht haben wir ja auch Glück, und es ist gar nicht nötig.« Professor Overhoff gab Schwester Klara ein Zeichen, die Rauschmaske auf das Gesicht der Patientin zu legen.

»Machen Sie sich keine Gedanken«, sagte er, »wir bringen das schon in Ordnung. Zählen Sie, bitte ... zehn, elf, zwölf ...«

Während Professor Overhoff wartete, bis die Narkose wirkte, wischte er sich die Stirn mit einem sterilen Tuch ab. Er fühlte sich sehr elend. Er wußte, daß die Entscheidung an ihn herantrat, die er seit dem Tod seiner Frau wie nichts anderes fürchtete.

Das war einer dieser Fälle, in denen nur ein Mensch mit dem Leben davonkommen konnte – entweder die Mutter oder das Kind. Als Katholik hätte er sich für das Kind entscheiden müssen, als Mensch und als Mediziner konnte er es nicht.

»Mein Gott, hilf«, betete er lautlos, während die Schwester ihm das Skalpell zur Exzision reichte, »verschone mich vor dieser Qual! Laß es kein Karzinom sein, laß ein Wunder geschehen!«

Aber im tiefsten Herzen wußte er, daß er, wie jeder Gynäkologe, immer wieder vor diese tragische Entscheidung gestellt werden würde, auch wenn der Kelch diesmal noch an ihm vorüberging.

15

Frau Karlson war um zehn Uhr in die Alsterklinik gekommen, aber man hatte sie fortgeschickt. Sie war eine Stunde in den Anlagen spazierengegangen und hätte es dann noch einmal versucht.

Diesmal hatte Professor Gottschall sie persönlich empfangen. Er hatte beruhigende Worte für sie gefunden, aber zugeben müssen, daß Astrid Schumann immer noch zwischen Tod und Leben schwebte. Er hatte ihr geraten, nach Hause zu gehen, zu Mittag zu essen, sich hinzulegen. Frühestens am Nachmittag bestünde Aussicht, ihre Tochter zu sprechen.

Frau Karlson hatte gehorcht, sie war in ihre Wohnung zurückgekehrt. Aber sie hatte weder einen Bissen heruntergebracht noch ein Auge schließen können.

Um zwei Uhr war sie wieder da. Sie wartete vor der Tür des Einzelzimmers, in das man Astrid Schumann gelegt hatte, wagte nicht, von sich aus einzutreten.

Endlich öffnete sich die Tür, und eine Schwester trat heraus. Frau Karlson stürzte auf sie zu. »Bitte ... kann ich jetzt zu meiner Tochter?«

Die Schwester stutzte. »Zu wem ...?«

»Zu meiner Tochter, Frau Astrid Schumann. Sie ist heute morgen eingeliefert worden. Mit einer Vergiftung. Sie müssen sie doch kennen ... sie liegt da drinnen, in dem Zimmer, aus dem Sie eben gekommen sind!«

»Ach so«, sagte die Schwester, »Sie sind Frau Karlson!«

»Ja, die bin ich, natürlich!«

»Hat man Ihnen denn an der Pforte nicht gesagt, daß Herr Professor Gottschall Sie sprechen möchte!?«

»Nein!«

»Na, so etwas! Bitte, dann kommen Sie mit ... ich bringe Sie zum Herrn Professor!«

Frau Karlson folgte der Schwester. Völlig verstört wagte sie nicht die entscheidende Frage zu stellen. Aber sie wappnete ihr Herz für das Schlimmste.

Professor Gottschall empfing sie sofort, aber als Astrids Mutter dem hageren alten Herrn gegenüberstand, versagten ihr plötzlich die Beine. Er konnte sie gerade noch auffangen und zu einem Sessel führen.

»Na, na, na«, sagte er, »was machen wir denn da für Sachen! Jetzt, wo das Schlimmste überstanden ist, da dürfen Sie doch nicht schlappmachen!«

»Astrid ... sie lebt?«

»Aber ja, gnädige Frau!«

»Warum, aber warum hat diese Schwester ... warum läßt man mich dann nicht zu ihr?«

»Frau Schumann ist nicht mehr dort, wo Sie sie gesucht haben. Wir haben sie auf die psychiatrische Abteilung verlegen müssen.«

»Soll das heißen, sie ist ... verrückt? Sie ist wahnsinnig geworden?«

Frau Karlson sah Professor Gottschall aus weitaufgerissenen Augen an. Sie brauchte einige Sekunden, um mit dieser Mitteilung fertig zu werden.

»Nein, nein, das kann nicht sein«, sagte sie endlich, »meine Tochter ... nein. Ich kenne Astrid besser als irgendein anderer Mensch auf der Welt!«

»Dann werden Sie auch wissen, warum sie diesen Selbstmordversuch unternommen hat«, sagte Professor Gottschall ruhig. »Niemand schluckt aus Versehen ein Dutzend schwere Schlaftabletten, diese Version wollen wir also doch fallenlassen. Ich verstehe, aus welchen Gründen Sie sie erfunden haben, gnädige Frau. Aber wir müssen Ihnen die Wahrheit sagen. Es ist nicht mehr der Ruf Ihrer Tochter oder Ihrer Familie, der auf dem Spiel steht, sondern es geht um das Leben der Patientin.«

»Aber . . . sie ist doch gerettet!«

»Dieses eine Mal noch, ja.« Professor Gottschall schwieg, überließ es Frau Karlson, die Schlußfolgerung aus dieser Behauptung zu ziehen.

»Soll das heißen . . . sie wird es wieder tun?«

»Genau das. Falls es uns nicht gelingt, sie zu heilen. Und das kann nur glücken, wenn wir die Ursachen kennen, die zu dieser Kurzschlußhandlung geführt haben. Gnädige Frau, warum wollen Sie sich nicht entschließen, mir die Wahrheit zu sagen? Glauben Sie etwa, das wäre Verrat an Ihrer Tochter? Aber das stimmt nicht. Wir haben doch nur das eine Ziel, ihr zu helfen . . . und ohne Ihre Mitarbeit wird das sehr schwierig sein.«

»Es ist nur . . .«, sagte Frau Karlson zögernd, »ich weiß eigentlich gar nichts.«

»Erzählen Sie mir das wenige, das Sie wissen. Vielleicht kann uns das schon einen Hinweis geben. Ihre Tochter ist verheiratet, nicht wahr? Wie kommt es, daß sie dann bei Ihnen lebt? Handelt es sich um einen normalen Familienbesuch . . . oder?«

»Sie hat Ihren Mann verlassen.«

»Weshalb?«

»Ich weiß es nicht . . . wirklich nicht.«

»Ist eine andere Frau dabei im Spiel?«

»Das kann ich mir nicht vorstellen, nein, ich glaube nicht.«

»Ein Mann?«

»Ich weiß es nicht. Jedenfalls nicht hier in Hamburg. Das hätte ich merken müssen.« Frau Karlson ließ ihre Handtasche zuschnappen. »Ihr Mann . . . Dr. Rainer Schumann . . . er war vorgestern hier. Er wollte sie zurückholen.«

»Und?«

»Es gab einen furchtbaren Streit.«

»Waren Sie anwesend?«

»Nein.«

»Aber vielleicht haben Sie ... rein zufällig ... das eine oder andere Wort aufgeschnappt? Bitte, versuchen Sie sich zu erinnern. Es wäre sehr wichtig.«

Eine leichte Röte überzog Frau Karlsons zarte, verwelkte Haut. »Sie waren so laut, daß ich ... nun ja, ich habe einiges mitbekommen. Aber ich habe nichts wirklich begriffen. Nur, daß sie beide furchtbar zornig waren ...« Sehr leise fügte sie hinzu: »Als wenn sie sich haßten.«

»Und später?«

»Ja, dann ging er. Sie hat ihn fortgeschickt.«

»Ich meine ... war Frau Schumann nachher verändert? Niedergedrückt ... verzweifelt ... oder gereizt?«

»Nein. Sie war wie immer. Nicht glücklich ... natürlich nicht glücklich. Aber ... verändert schien sie mir erst am nächsten Tag. Als sie mittags nach Hause kam, ja, da schien sie mir sonderbar, ganz geistesabwesend.«

Professor Gottschall strich sich nachdenklich mit der Hand über das glattrasierte eckige Kinn. »Hm«, sagte er, »möglich, daß sie es da erfahren hatte ...«

»Was?«

»Daß sie ein Kind erwartet.«

Eine Sekunde lang war Frau Karlson sprachlos. Dann stammelte sie: »Sie ... erwartet ein ...?! Aber dann ... dann verstehe ich gar nichts mehr ...«

»O doch, gnädige Frau. Das erklärt immerhin einiges. Eine verkorkste Ehe ... der Wunsch, wieder frei zu sein ... und dann die Erkenntnis, nie mehr ganz frei sein zu können. Immerhin, das ist schon eine Spur.«

»Aber, ich verstehe nicht ... wenn man ein Kind erwartet, wie kann man dann so etwas tun!? Keine normale Frau ...«

Sie stockte, biß sich auf die Lippen.

»Sehen Sie, da haben wir es! Sie haben ganz recht ... eine normale Frau spürt in diesem Zustand, daß es jetzt nicht mehr nur noch um sie selber geht, sondern vor allem um das Kind. Daß sie eine Verantwortung trägt. Dieses Verantwortungsgefühl kann natürlich von existentieller Angst überschattet werden, die die werdende Mutter zu einer Verzweiflungstat treibt. Aber die Erfahrung lehrt, daß selbst blutjunge ledige Mütter sich niemals von sich aus dieser Verantwortung entziehen, wenn sie nicht von ihrer Familie und von dem gewissenlosen Liebhaber förmlich dahin getrieben werden.«

»Ich habe niemals ...«
»Aber das weiß ich doch!«
»Und auch Rainer ... er liebt Kinder, er hat sich immer Kinder gewünscht. Wenn er es wüßte, er würde ganz bestimmt ... glauben Sie, daß ich ihn benachrichtigen sollte?«

Professor Gottschall beantwortete diese Frage nicht. »Ihre Tochter«, fragte er, »glauben Sie, daß sie sich ein Kind gewünscht hat? Bevor es zu der Entzweiung kam?«

Frau Karlson zögerte. Sie wußte, daß jetzt der Moment gekommen war, von den Anti-Baby-Pillen zu erzählen. Aber sie schämte sich zu sehr, sie schämte sich für ihre Tochter.

»Ich glaube nicht«, sagte sie, ohne den Professor anzusehen. Dann hob sie den Kopf, fragte noch einmal: »Soll ich ihren Mann benachrichtigen? Ich bin sicher ... was auch zwischen den beiden geschehen sein mag ... er würde sofort kommen!«

»Aber das möchte ich nicht«, erklärte Professor Gottschall, »nein, das möchte ich ganz und gar nicht. Wenn Frau Schumann erst wieder ganz gesund ist, können wir darüber sprechen. Aber wie es jetzt mit ihr steht, wäre es besser, ihr jede Aufregung zu ersparen.«

Astrid Schumann lag in einem Einzelzimmer, das freundlich hätte wirken können, wenn das Fenster nicht eng vergittert gewesen wäre.

Sie lag mit geschlossenen Augen und atmete röchelnd durch den halbgeschlossenen Mund. Ihr schönes Gesicht war verzerrt vor Qual und Erschöpfung, die Lippen blutleer, die Augen lagen tief in den Höhlen. Das kastanienbraune Haar war glanzlos und schweißverklebt.

So darf Rainer sie nicht sehen, dachte Frau Karlson, nein,

so nicht. Nach einem letzten Blick auf ihre Tochter verließ sie, so leise, wie sie gekommen war, das Zimmer.

Astrid hatte sich nicht gerührt.

Aber während die alte Dame heimging, während sie sich einen Tee aufgoß und ein paar Kekse knabberte – die erste Mahlzeit dieses schrecklichen Tages –, gingen ihr das Bild ihrer entkräfteten Tochter und die Worte des Professors nicht aus dem Sinn. Sie fühlte sich plötzlich sehr einsam und sehr alt.

Es war ihr, als wenn sie selber die Schuld daran trüge, daß alles so gekommen war. Warum hatte sie nicht versucht herauszubringen, warum Astrid ihren Mann verlassen hatte? Warum sie diese Anti-Baby-Pillen überhaupt genommen hatte? Eine verheiratete Frau, der es an nichts fehlte!

Sie hatte nicht neugierig sein wollen, nicht aufdringlich, sie hatte sich eingeredet, daß Astrid, wenn man sie in Ruhe ließe, von selber mit ihren Sorgen und Problemen fertig werden wüde.

Aber hatte sie sich da nicht etwas vorgemacht? War es im Grunde genommen nicht so gewesen, daß sie ihre Ruhe haben, daß sie sich nicht mit den Schwierigkeiten ihrer erwachsenen Tochter belasten wollte? Wenn sie es sich selber nicht so bequem gemacht hätte, wäre es vielleicht nicht dazu gekommen. Aber was halfen jetzt alle Selbstvorwürfe! Was geschehen war, ließ sich jetzt nicht mehr rückgängig machen, es war zu spät.

Nein, nicht zu spät!

Frau Karlson setzte die Teetasse, die sie gerade zum Mund hatte führen wollen, klirrend auf den Unterteller zurück. Astrid lebte. Noch war nichts verloren. Sie mußte den Ärzten helfen, sie wieder ganz gesund zu machen.

Aber wie? Was konnte sie tun?

Sie grübelte planlos, bis ihr der Brief einfiel – der Brief, den sie am Morgen auf Astrids Nachttisch gefunden hatte. Wo hatte sie ihn hingetan?

Frau Karlson stand auf, ging ins Zimmer ihrer Tochter hinüber, sah sich suchend um, kam zurück, sah auf dem Büfett nach, auf das sie die eingehende Post zu legen pflegte. Dann fiel es ihr wieder ein – sie hatte den Brief in die Tasche ihres Morgenmantels gesteckt.

Er lag im Schlafzimmer, achtlos über das Bett geworfen. Sie griff in die Tasche, zog ihn heraus.

Ihre Finger zitterten vor Begier, ihn zu öffnen. Aber sie brachte es nicht über sich. Er war ja nicht für sie, er war für Astrids Mann bestimmt.

Eine Weile kämpfte sie mit sich, dann ging sie zum Telefon. Die Nummer der Gynäkologischen Klinik, in der ihr Schwiegersohn als Oberarzt arbeitete, stand in ihrem kleinen privaten Telefonnotizbuch.

Sie wählte durch.

Eine weibliche Stimme meldete sich. »Universitäts-Frauenklinik . . . guten Tag!«

»Würden Sie mich, bitte, mit Herrn Dr. Schumann verbinden?«

»Tut mir leid, der Herr Oberarzt ist nicht im Hause.«

»Ich bin seine Schwiegermutter, Fräulein, es ist dringend, ich rufe aus Hamburg an!«

»Einen Augenblick, gnädige Frau, ich werde nachsehen, ja, der Herr Oberarzt hat hinterlassen, daß er ab acht Uhr abends unter der Nummer 1 58 83 zu erreichen ist!«

»Danke, Fräulein . . .«

Frau Karlson hängte ein. Sie war entschlossen, es abends noch einmal zu versuchen. Sie mußte ihrem Schwiegersohn mitteilen, was geschehen war, mußte ihn bitten, den Brief öffnen zu dürfen.

Professor Overhoff empfing Herrn und Frau Wogand in seinem Arbeitszimmer.

Als Schwester Klara das Ehepaar hereinführte, erhob er sich von seinem Sessel hinter dem Schreibtisch und kam ihnen entgegen. Er reichte beiden die Hand, führte sie in die Sitzecke.

Hilde Wogand bemühte sich, ihre Nervosität hinter einem Lächeln zu verbergen, das aber nicht überzeugend, sondern reichlich verkampft ausfiel. Sie stellte dem Professor ihren Mann vor, der ebenfalls beunruhigt schien und aus dessen hellen Augen ein waches Mißtrauen sprach. Er war der Typ des erfolgreichen, scharf kalkulierenden Geschäftsmannes und schon deshalb Professor Overhoff nicht ganz sympathisch. Trotzdem war er erleichtert, daß Hilde Wogand ihn hatte überreden können mitzukommen, denn seine Anwesenheit würde doch manches erleichtern.

»Liegt das Untersuchungsergebnis jetzt vor, Herr Professor?« fragte Frau Wogand, noch bevor sie sich setzte. »Bitte, machen Sie es nicht zu spannend, wir sind auf das Schlimmste gefaßt!« Ihr erzwungenes Lächeln war jetzt so verkrampft, daß es fast wie eine Grimasse wirkte.

»Ich habe meine Frau nicht davon abhalten können, ihre Mutter zu benachrichtigen«, sagte Herr Wogand und schob seiner Frau einen Sessel hin, »die alte Dame wird einen schönen Schreck bekommen haben, für nichts und wieder nichts.«

»Kann Ihre Frau Mutter kommen?« fragte Professor Overhoff. Er wartete, bis Hilde Wogand sich gesetzt hatte, nahm dann ebenfalls Platz.

»Ja, sie wollte schon gestern abend, aber . . .« Frau Wogand unterbrach sich, fragte mit einer Angst, die sie nicht länger beherrschen konnte: »Steht es wirklich so schlimm, Herr Professor? Muß ich hierbleiben?«

»Nun, ich würde sagen . . . es genügt, wenn Sie morgen kommen.«

»Und wie lange müßte ich bleiben?«

»Nicht allzulange«, antwortete Professor Overhoff ausweichend.

»Wollen Sie uns nicht endlich klipp und klar sagen, um was es eigentlich geht?« fragte Herr Wogand hart.

Seine Frau legte beschwichtigend ihre Hand auf seinen Arm.

»Aber das weißt du doch, Henry . . . diese Blutungen! Wir wollen doch keine Fehlgeburt riskieren, nicht wahr?«

»Das ist es nicht«, sagte Professor Overhoff.

»Nicht?« fragte Hilde Wogand verständnislos, »aber dann . . .«

»Möchtest du den Herrn Professor nicht erst einmal ausreden lassen, Hilde?« mahnte ihr Mann.

»Oh, entschuldige . . .« Hilde Wogand schwieg verwirrt.

»Ich hatte schon gestern diesen Verdacht«, erklärte Professor Overhoff, »aber ich wollte das Ergebnis der histologischen Untersuchung abwarten, bevor ich meine endgültige Diagnose stellte. Leider hat sich meine Befürchtung bestätigt. Es handelt sich um eine . . . Unterleibserkrankung.«

»Krebs?!« Hilde Wogands Lächeln war wie weggewischt, nichts war übriggeblieben als kalte, nackte Angst.

»Leider . . .« Professor Overhoff hob die langen, schönen Chirurgenhände, ließ sie mit einer resignierenden Geste sinken.

»Aber . . . ist das denn überhaupt möglich? Wenn man schwanger ist, meine ich. Ich dachte immer . . .« Sie biß sich auf die Lippen, um die Tränen zurückzuhalten.

»Für Ihr Leben, gnädige Frau, besteht keine Gefahr . . . wenn wir sofort operieren.«

»Aber das Kind?« Hilde Wogand schrie es entsetzt hinaus. »Was wird mit meinem Kind!?«

Herr Wogand hatte sich eine Zigarette angezündet. Jetzt fragte er: »Sind Sie auch ganz sicher, Herr Professor? Kann kein Irrtum vorliegen?«

»Nein. Leider nicht. Das Ergebnis der histologischen Untersuchung ist eindeutig.«

»Und eine Operation ist die . . . die einzige Möglichkeit?«

»Nein«, sagte Professor Overhoff. »Die Entscheidung, ob wir operieren sollen oder nicht, liegt ganz bei Ihnen . . . bei Ihnen und Ihrer Frau.« Er zwang sich, Hilde Wogand nicht anzusehen, die jetzt haltlos schluchzte. »Ihre Frau ist jetzt im sechsten Monat. Wenn wir noch einen Monat . . . vielleicht sechs Wochen warten, hat das Kind eine echte Chance. Allerdings wissen wir nicht – es gibt niemanden, der Ihnen das sagen könnte –, wie schnell der Krebs und wieweit er in dieser Zeit wachsen würde. Es gibt auch keine Möglichkeit, zu kontrollieren, ob nachher eine Operation überhaupt noch den gewünschten Erfolg bringen könnte.«

»Das heißt also«, sagte Herr Wogand und nahm einen tiefen Zug aus seiner Zigarette, »Sie können entweder das Leben des Kindes . . . oder das meiner Frau retten?«

»Ganz so kraß würde ich es nicht ausdrücken«, erklärte Professor Overhoff, »es besteht eine gewisse, allerdings winzige Chance, beide zu retten ...« Mit einiger Überwindung fügte er hinzu: »Im Prinzip allerdings haben Sie recht.«

Hilde Wogand hob ihr tränenüberströmtes Gesicht. »Ich will mein Kind nicht verlieren! Ich kann es doch nicht ... umbringen lassen, um mich zu retten!«

»Das ist doch Unsinn, Hilde«, sagte Herr Wogand, »das Kind lebt ja noch gar nicht, es ist doch noch kein wirklicher Mensch ...«

»O doch, Henry, doch! Ich kann es strampeln fühlen ... hier in meinem Leib! Es lebt, und es will leben!« Sie wandte sich an Professor Overhoff. »Helfen Sie mir! Ich flehe Sie an ... lassen Sie nicht zu, daß man es mir wegnimmt!«

»Wenn du tot bist«, sagte ihr Mann brutal, »was nutzt dir dann noch dieses Kind?!«

»Aber Kinder sollen doch nicht nutzen! Sie sollen einfach leben ... sie haben ein Recht auf ihr Leben!«

»Willst du ein Waisenkind in die Welt setzen? Ein Kind, das niemals Mutterliebe kennenlernen wird?«

»Es hat doch dich. Und seine Geschwister. Es wird niemals allein sein.«

»Ja, wir sind auch noch da! Aber an uns denkst du gar nicht ... nicht an mich, nicht an Putzi oder Leo! Für dich gibt es nur noch dieses ungeborene Kind! Was aus uns wird, ist dir vollkommen gleichgültig!«

»Henry, nein! Wie kannst du so etwas sagen!«

»Dann, finde ich, gibt es überhaupt nichts zu entschuldigen. Die sofortige Operation ist die einzig mögliche Lösung!«

Professor Overhoff hatte dieser Auseinandersetzung schweigend gelauscht, während schmerzliche Erinnerungen sein Herz durchzuckten. Warum hatte er selber nicht einmal, nicht ein einziges Mal so energisch mit Susanne gesprochen? Warum hatte er sie nicht gezwungen, auf dieses Kind zu verzichten, dessen Geburt ihr den Tod gebracht hatte? Dann wäre ihm alles erspart geblieben – diese ausweglose Einsamkeit, dieses unerträgliche Schuldgefühl.

Er fuhr zusammen, als Herr Wogand ihn ansprach. »Nun sagen Sie doch auch etwas, Herr Professor! Machen Sie meiner Frau klar, daß ich recht habe!«

»Sie haben einen Mann und zwei Kinder, Frau Wogand«, sagte er, »Ihre Familie braucht Sie!«

»Und Gott braucht mich, damit ich dieses Kind zur Welt bringe!«

»Hilde, was redest du denn da?« rief ihr Mann aufgebracht. »Was hat denn Gott damit zu tun?! Ja, ja, ich weiß, du wirst wieder damit ankommen, daß Kinder von Gott gegeben sind. Bitte schön, von mir aus. Aber diese Krankheit? Wo kommt denn die her? Das ist doch alles Unsinn. Ich habe nie viel vom Kirchengehen gehalten, das weißt du. Aber wenn ich geahnt hätte, daß deine Pfaffen dir so den Kopf verdreht haben, dann hätte ich es dir überhaupt verboten!«

Hilde Wogand wischte sich die Tränen ab.

»Ach, Henry«, sagte sie, »versuch doch, bitte, mich zu verstehen! Dieses ungeborene Kind, es ist für mich so lebendig wie Putzi und Leo, und es steht meinem Herzen genauso nahe. Stell dir doch nur vor, du kämst abends heim und unser Haus würde brennen, du wüßtest, eines von den Kindern wäre noch drinnen ... würdest du dich nicht in die Flammen stürzen, um es zu retten? Sag nichts, ich weiß, du würdest es tun. Du würdest dich nicht fragen, ob es sinnlos wäre ... oder ob du selber vielleicht dabei umkommen könntest. Du würdest dir auch nicht überlegen, was aus uns ohne dich werden würde ... ohne Besinnen würdest du dein Leben aufs Spiel setzen, um das Kind zu retten.«

»Aber das ist doch etwas ganz anderes«, sagte Henry Wogand, aber es klang sehr unsicher.

»Es ist das gleiche, Henry, glaube mir. Sieh mal, wir müssen alle sterben. Jedem von uns kann jeden Tag etwas zustoßen. Was geschehen soll, geschieht. Aber weder du noch ich würden jemals versuchen, unser Leben auf Kosten der Kinder zu retten.«

Henry Wogand seufzte, es klang fast wie ein Ächzen. »Hör auf, Hilde, du machst mich noch ganz verrückt! Du hast eine Art, die Dinge zu verdrehen! Haben Sie so etwas je gehört, Herr Professor?«

»Doch«, sagte Professor Overhoff, »meine Frau hat ganz genauso gedacht. Sie ist bei der Geburt ihres Kindes gestorben.«

»Da hast du es, Hilde!«

»Es ist schwer, seine Frau zu verlieren«, sagte Professor Overhoff, »es geht kein Tag vorbei, an dem ich sie nicht schmerzlich vermisse.«

»Und das Kind?« fragte Hilde Wogand.

»Es lebt, und es ist gesund. Aber ein Kind kann niemals dasselbe für einen Mann bedeuten wie eine Frau.«

»Ist das nicht ein sehr egoistischer Standpunkt, Herr Professor?« fragte Hilde Wogand. »Oder glauben Sie, daß auch Ihre Frau es bereut hat ... als sie fühlte, daß sie sterben mußte?«

»Nein«, mußte Professor Overhoff zugeben, »nein, sicher nicht.«

»Dieses ganze Gerede bringt uns doch nicht weiter«, sagte Herr Wogand, »ich will dich nicht verlieren, Hilde, um keinen Preis der Welt. Ich will nicht als Witwer mit drei Kindern zurückbleiben. Ich will es nicht. Ich könnte es nicht ertragen.«

Hilde Wogand wandte sich an den Professor, als wenn sie ihren Mann gar nicht gehört hätte. »Krebs ist doch nicht ansteckend, nicht wahr?« fragte sie.

»Nein.«

»Das Kind wird also gesund sein?«

»Ja. Wahrscheinlich. Die Chance dazu ist genauso groß wie bei einer ganz gesunden Mutter.«

»Ich müßte also nur sechs Wochen durchhalten?«

»Ja. Aber wir wissen nicht, wie schnell der Krebs in dieser Zeit wachsen wird. Je später wir operieren, desto geringer wird die Aussicht, daß der Krankheitsherd vollkommen beseitigt werden kann.«

»Es ist aber doch auch durchaus möglich, daß eine Operation auch noch nach sechs Wochen Erfolg haben kann?«

»Ja.«

»Dann möchte ich noch warten. Bitte, Herr Professor, verstehen Sie mich! Glauben Sie nicht, daß ich keine Angst habe . . . o doch, ich habe sogar schreckliche Angst! Aber wenn ich mich jetzt operieren lassen würde . . . ich würde mich wie eine Mörderin fühlen. Ich würde nie mehr glücklich werden können, ich weiß es.«

Professor Overhoff wandte sich an Henry Wogand. »Und was sagen Sie dazu?«

Herr Wogand zuckte die Schultern. »Hat es überhaupt einen Zweck, daß ich noch länger etwas sage? Sie sehen ja, wir sind überstimmt. Was kann man da machen?«

Als die beiden gegangen waren, fühlte Professor Overhoff sich zu seiner eigenen Überraschung innerlich so befreit wie schon seit langem nicht mehr. Es war alles anders gelaufen, als er erwartet und gewollt hatte. Und dennoch!

Hilde Wogand hatte ihn gelehrt, daß es Situationen im Leben einer Frau gibt, in denen die Männer keine Rolle mehr spielen. Susanne hatte ihren kleinen Sohn nicht seinetwegen zur Welt gebracht, das wußte er jetzt. Wenn er versucht hätte, sie an ihrem Entschluß zu hindern, hätte er nur ihr Vertrauen verspielt. Mehr nicht. Sie hätte genausowenig auf ihr Kind verzichtet wie Hilde Wogand.

Bisher hatte er sich immer wieder gegen sein Schicksal aufgebäumt. Jetzt endlich erkannte er, daß alles so hatte kommen müssen und daß es vielleicht gut war, daß es so gekommen war. Susannes Tod war eine Prüfung, die größte Prüfung seines Lebens, aber er konnte nicht damit fertig werden, indem er sie ablehnte, sondern nur, indem er sie bewältigte.

Arzt zu sein war eine große und verantwortungsvolle Aufgabe. Aber sie gab niemandem das Recht, Gott die Entscheidung aus der Hand zu nehmen. Nur Gott durfte über Leben und Tod des Menschen bestimmen. Die Mütter wußten das. Und dieses Wissen gab ihnen die Kraft, sich in Demut zu fügen.

Wenn Gina Müller, geborene Franke, glücklich geworden wäre, wäre alles anders gekommen. Aber sie war nicht glücklich. Jetzt, nachdem sie über einen Monat verheiratet war, wurde ihr das von Tag zu Tag klarer. Das Bewußtsein, eine verheiratete Frau zu sein, es endlich geschafft zu haben, konnte sie nicht darüber hinwegtäuschen, in eine Tretmühle geraten zu sein. Anfangs hatte es ihr noch Spaß gemacht, in dem kleinen Elektrogeschäft, das sie sich hatten einrichten können, hinter dem Verkaufstisch zu stehen und die Kunden zu beraten. Aber sie verlor sehr rasch die Freude an dieser Tätigkeit.

Sie hatte einen ordentlichen, fleißigen, tüchtigen und hochanständigen Mann geheiratet, das sagte sie sich immer wieder – aber leider fehlte Alfons Müller, wie vielen Männern seiner Art, die Fähigkeit, eine Frau glücklich zu machen. Vor der Hochzeit hatte er sich wenigstens nach Kräften um sie bemüht, jetzt aber, da sie verheiratet waren, kam ihm gar nicht der Gedanke, noch länger um sie zu werben. Er machte nicht einmal den Versuch, sie zu beherrschen. Für ihn lag der Sinn der Ehe ganz selbstverständlich darin, Seite an Seite zu arbeiten, das Errungene zu bewahren, vorwärtszukommen. Kinder, das hatte er genau vorausgeplant, sollten dann erst in Frage kommen, wenn das eigene Haus Wirklichkeit geworden war.

Für Alfons Müller hatte sich ein lang gehegter und heißersehnter Traum darin erfüllt, sich selbständig zu machen. Aber das schien ihm nur der erste Schritt zum wirklichen Erfolg. Er liebte das kleine Elektrogeschäft, das ihnen beiden gehörte, mehr noch aber liebte er seine kleine Werkstatt, in der er in jeder freien Minute, oft bis in die Nacht hinein, bastelte, reparierte, experimentierte und von einer großen Erfindung träumte, die ihm eines Tages gelingen sollte.

Gina saß dann in der kleinen Wohnung hinter dem Laden – Küche und Schlafzimmer – und wußte nicht, was sie mit sich anfangen sollte. Sie drehte den Fernseher auf, versuchte sich abzulenken, aber sie hatte weder Interesse an Politik noch an Sport oder an fremden Schicksalen. Für sie gab es nur einen Menschen, der ihr etwas bedeutete, und das war sie selber. Ihr fehlte der Tratsch mit den Freundinnen und Kolleginnen, die flüchtige Anbetung ihrer Verehrer, die

Spannung des Abenteuers. Aber sie wagte nicht, ihr altes Leben wieder aufzunehmen, denn ihr graute vor dem Schicksal der schuldig geschiedenen Frau – denn daß ihr Alfons Müller keinen Fehltritt verzeihen würde, darüber täuschte sie sich nicht.

So geschah es ganz unwillkürlich, daß sie sich eines Tages bei dem Gedanken ertappte: Wenn Thomas hier wäre, dann wäre ich nicht so allein!

Sie verbot sich diesen Gedanken sofort. Aber die Erinnerung an den kleinen Jungen, sein sommersprossiges Gesicht, sein ungebärdiges blondes Haar, den forschenden, zweifelnden Blick seiner blauen Augen, ließ sich nicht vertreiben. Sie mußte Tag und Nacht daran denken, wie es ihm ging, und immer tiefer verstrickte sie sich in der Vorstellung, daß er todunglücklich war und sich nach ihr, seiner wirklichen Mutter, sehnte.

Sie mußte ihn besuchen, ja, das wenigstens mußte sie, sie mußte sich überzeugen, wie es ihm ging und ob er es gut getroffen hatte.

Mit der Ausrede, beim Friseur bestellt zu sein, überließ sie ihrem Mann den Laden und fuhr in die Innenstadt. Als sie die Treppe des alten Geschäftshauses, in dem Wohnung und Kanzlei Dr. Winterfelds lagen, emporkletterte, klopfte ihr Herz so erregt, als wenn sie zum Stelldichein mit einem Geliebten ginge. Die Zeit, bis die Wohnungstür geöffnet wurde, erschien ihr unendlich lang. Würgende Angst überfiel sie, Thomas nicht anzutreffen. Aber dann tat sich die Tür auf, und Kirsten Winterfeld erschien auf der Schwelle, in einem einfachen hellblauen Hausfrauenkittel, das lichte blonde Haar leicht zerzaust, die Wangen gerötet.

»Sie wünschen?« fragte sie.

Dann erst erkannte sie, wen sie vor sich hatte, und machte eine unwillkürliche Bewegung, als wenn sie die Tür rasch wieder zuschlagen wollte.

»Ich möchte zu meinem Jungen«, sagte Gina heftig.

Kirsten zögerte. Sie hätte gerne ihren Mann geholt. Aber sie wußte, daß er eine wichtige Besprechung hatte und wagte nicht, ihn zu stören.

»Mammi! Mammi! Wo bleibst du denn!?« schrie Thomas aus dem Wohnzimmer.

»Kommen Sie herein«, sagte Kirsten mit Überwindung. »Leider haben Sie für Ihren Besuch einen sehr ungünstigen Moment gewählt. Bei uns geht's heute drunter und drüber!« Sie ging den düsteren Gang voraus, stieß die angelehnte Wohnzimmertür auf. »Da, sehen Sie selber!« Gina mußte zugeben, daß Kirsten wirklich nicht übertrieben hatte. Das Wohnzimmer glich einer Räuberhöhle. Der große Teppich war zusammengerollt, der abgetretene Parkettboden lag dicht voller Holzwolle, Sägespäne und zerknülltem Papier, dazwischen standen große offene Kisten.

»Mammi, guck doch mal! Habe ich es so recht gemacht?« rief Thomas voller Eifer. Er trug ein kurzes graues Höschen, ein strahlendblaues Leinenhemd, sein zerstrubbeltes Haar war voller Sägespäne. Er war dabei, sein Spielzeug in die kleinste der Kisten zu verpacken.

Kirsten beugte sich zu ihm hinab und betrachtete sein Werk. »Sehr schön, Liebling«, lobte sie, »tu aber ruhig noch ein bißchen Zeitungspapier dazwischen, damit nichts kaputtgeht.«

Auch Gina trat näher. Sie spürte im Herzen ein stechendes, nie gekanntes Weh. »Willst du mir denn nicht guten Tag sagen, Thomas?« bat sie.

Thomas hatte sie bei ihrem Eintreten nur mit einem kurzen Blick gestreift, sich dann aber gleich wieder Kirsten zugewandt. »Guten Tag«, sagte er jetzt, ganz damit beschäftigt, die einzelnen Wagen einer Spielzeugeisenbahn in Seidenpapier einzuwickeln.

»Begrüß deine Mutter anständig, Thomas, ja?« mahnte Kirsten.

Widerwillig wandte Thomas sich Gina zu, die Eisenbahn fest umklammert, gab ihr die Hand und machte einen artigen Diener. Gina wollte ihn in die Arme nehmen, aber mit einer flinken Bewegung riß er sich los.

»Sie müssen entschuldigen«, sagte Kirsten, »er ist gerade so beschäftigt.«

»Wir ziehen nämlich um!« krähte Thomas.

»Ja, wohin denn?« fragte Gina.

»Mein Mann hat eine hübsche Wohnung am Stadtrand für uns gefunden.«

»Mit Garten!« bestätigte Thomas stolz.

»Hier hat er ja keinen rechten Platz zum Spielen«, sagte Kirsten.

Gina fühlte sich ausgeschlossen, überflüssig, tödlich verletzt. Sie stand mitten im Raum, wußte nicht, was sie tun oder lassen sollte. Sie fühlte sich furchtbar gedemütigt, ohnmächtiger Zorn stieg in ihr auf.

»Fertig, Mammi!« rief Thomas, lief zu Kirsten und zerrte sie zu seiner Kiste. »Ist es schön so?« Seine blauen Augen bettelten um ein Lob.

»Ja, ganz wunderbar«, sagte Kirsten. Sie hätte ihm gerne einen Kuß gegeben, aber sie verbot es sich, um Gina nicht zu reizen, strich ihm nur über das zerstrubbelte Haar.

»Aber du hast ja den Teddybär vergessen«, sagte Gina mit erzwungener Freundlichkeit und legte das Stofftier oben auf die Spielzeugkiste.

Thomas riß ihn heraus. »Nicht! Das ist ... Putzi!« Er preßte den Bären beschützend gegen seine Brust. »Den kann man doch nicht in eine Kiste tun, er würde ja drinnen ersticken!«

»Oh, entschuldige bitte, das wußte ich nicht!«

»Du weißt eben gar nichts«, sagte Thomas ungezogen.

Kirsten begriff, was in ihm vorging, und verzichtete darauf, ihn zu tadeln.

»Geh jetzt ins Badezimmer, wasch dich und kämm dich«, sagte sie und schob ihn zur Tür. Dann waren die beiden Frauen allein.

»Sie sind wohl sehr stolz auf sich, wie?« fragte Gina aggressiv.

Kirsten zog es vor zu schweigen.

»Erst haben Sie mir den Mann genommen und jetzt noch das Kind!« Gina spuckte diese Worte förmlich heraus. »Aber einzubilden brauchen Sie sich darauf nichts! Mit Geld kann man schließlich alles kaufen! Aber ich warne Sie ... freuen Sie sich nur nicht zu früh!«

Kirsten Winterfeld stand noch benommen mitten in dem verwüsteten Zimmer, als die Tür längst hinter Gina ins Schloß gefallen war. Angst hatte sich wie eine eiskalte Hand auf ihr Herz gelegt, Angst um Thomas, um ihr schwer errungenes Glück.

Erst als der Junge sein blankgeschrubbtes Gesicht ins Zimmer steckte, erwachte sie aus ihrer Erstarrung.

»Ist sie weg?« fragte der kleine Thomas. »Gott sei Dank!«

16

Dr. Rainer Schumann und Schwester Patrizia hatten einen langen Spaziergang miteinander gemacht. Dann waren sie in die ›Ritterstube‹ eingekehrt, um zu Abend zu essen. Sie waren beide angenehm müde und sehr hungrig. Zum erstenmal seit langer Zeit schien das alte gute Einverständnis zwischen ihnen wiederhergestellt zu sein.

Patrizia hatte von ihren Erlebnissen im Hause Professor Overhoffs berichtet, und die Zärtlichkeit, mit der sie von dem kleinen Hanno erzählte, der endlich seinen Platz im Hause des Vaters gefunden hatte, rührte Dr. Schumann.

Er streichelte zärtlich ihre Hand und nahm sich vor, sehr gut zu ihr zu sein. Er erinnerte sich an die bedingungslose Liebe, mit der sie ihn nach der Katastrophe seiner ersten Ehe getröstet hatte. Ja, er würde sie heiraten, und es sollte eine gute Ehe werden. Er mußte sich seine hoffnungslose, sehnsüchtige Liebe zu Astrid aus dem Herzen reißen, und er war sicher, daß es ihm gelingen würde. Wenn er erst mit Patrizia verheiratet war, wenn das Kind auf der Welt war, würden die Schatten der Vergangenheit bestimmt verblassen.

»Wird dir die Arbeit nicht zuviel?« fragte er, als sie ihm ihren ausgefüllten Tageslauf im Hause des Professors schilderte.

»Ach woher denn. In der Klinik habe ich doch viel mehr zu tun gehabt.«

»Du darfst dich nicht übernehmen, Patrizia«, mahnte er,

»denk immer daran, daß du nicht mehr nur für dich allein auf der Welt bist.«

»Das tue ich schon, Rainer«, sagte sie dankbar, »sei unbesorgt.«

In diesem Augenblick kam der Kellner an ihren Tisch.

»Ein Anruf für Sie, Herr Dr. Schumann!«

Er stand auf. »Das hat gerade noch gefehlt!«

»Hoffentlich brauchen sie dich nicht in der Klinik«, sagte Patrizia.

Er folgte mit raschen Schritten dem Kellner in das Büro, wo der Apparat stand, ergriff den Hörer, der auf dem Telefonbuch lag, meldete sich.

Er erschrak, als er die Stimme seiner Schwiegermutter erkannte.

»Ich habe hier einen Brief für dich, Rainer«, sagte Frau Karlson, »von Astrid!«

Die Telefonverbindung war schlecht, Dr. Schumann konnte seine Schwiegermutter kaum verstehen. »Sprich lauter, Mama«, rief er, »was hast du gesagt? Ein Brief?«

»Ja, von Astrid!«

»Ist sie denn ... fort?«

»Sie wollte uns verlassen, Rainer, aber ...«

»Ich versteh dich nicht!«

»Sie wollte fort, Rainer! Schlaftabletten!«

Ihm war es, als wenn sein Herz einen Schlag lang aussetzte. Er hielt den Hörer krampfhaft umklammert, unfähig, ein Wort hervorzubringen.

»Rainer!« rief seine Schwiegermutter. »Rainer! Bist du noch da? Hast du mich verstanden?«

»Ja, ja!« Er hatte seine Stimme kaum noch in der Gewalt. »Sie ist doch nicht ... um Gottes willen. Bitte, sag mir die Wahrheit!«

»Sie lebt, Rainer! Sie ist gerettet! Ich wollte dich nicht erschrecken, ich ...«

»Aber wie konnte das geschehen?« rief er. »Warum?«

»Ich weiß es nicht, Rainer ...«

»Ich komme nach Hamburg, Mama! Ich werde sehen, daß ich heute noch ein Flugzeug kriege ...«

»Nein, Rainer, nein! Das sollst du nicht!«

»Aber ich muß doch!«

»Nein! Sie liegt in der Klinik, ich habe heute nachmittag mit Professor Gottschall gesprochen. Die Ärzte wünschen keinen Besuch ... keinerlei Aufregung, verstehst du?«

»Aber dann ...«

»Sie liegt auf der psychiatrischen Abteilung, Rainer ...«

»Es ist meine Schuld«, sagte er erschüttert, »alles ist meine Schuld.«

»Nein, Rainer, du konntest doch nicht wissen ...«

»Laß nur, Mama, du brauchst nicht ...« Seine Stimme versagte.

»Der Brief, Rainer ...«

Er fuhr sich mit der Hand über die Stirn, die feucht von Angstschweiß war. »Ach ja«, sagte er.

»Ich fand ihn auf Astrids Nachttisch, heute morgen, als ich ... als ich in ihr Zimmer kam. Er ist verschlossen. Ich könnte ihn dir natürlich schicken, aber ... ich dachte vielleicht ... er könnte doch eine Erklärung enthalten.«

Dr. Schumann zögerte eine Sekunde. Dann sagte er entschlossen: »Lies ihn mir vor, bitte ...«

»Ich soll ihn öffnen?«

»Ja.«

Er hörte das scharfe Geräusch zerreißenden Papiers.

»Mein Geliebter«, las Frau Karlson, »wenn ich dich noch so nennen darf. Aber ich glaube, ich darf es, denn ich habe dich immer geliebt. Ich liebe dich auch heute noch. Deshalb schreibe ich dir. Damit du es weißt. Und damit du nicht glaubst, daß dich eine Schuld trifft an dem, was ich jetzt tun muß. Ich muß es tun, es war mir wohl vorausbestimmt ...« Tränen erstickten Frau Karlsons Stimme.

»Lies weiter, Mama! Ich bitte dich!«

Frau Karlson unterdrückte ihr Schluchzen, las mit gequälter, halberstickter Stimme: »Ich habe immer Angst gehabt, schreckliche Angst. Vor dem Leben, und auch vor der Ehe, ja, ganz besonders vor der Ehe. Aber ich hatte geglaubt, ich könnte damit fertig werden. Weil ich dich so sehr liebte. Aber ich hatte nicht die Kraft dazu. Ich habe dich unglücklich gemacht, ich weiß es. Ich habe versagt, vom ersten Tag an. Bitte, verzeih mir alles, auch was ich dir jetzt antue. Ich nehme dein Kind mit mir in den Tod ...«

»Mein Kind!?«

»Ja«, sagte Frau Karlson, »so schreibt sie.« Astrids Mutter schluchzte verzweifelt.

Ein entsetzlicher Gedanke schoß durch Dr. Schumanns Kopf: War Astrid geistesgestört? War es das? Wie sonst könnte sie von einem Kind schreiben, das gar nicht existierte?

»Entschuldige«, sagte Frau Karlson, »ich ... also, ich werde jetzt ...« Sie putzte sich kräftig die Nase, las weiter: »Ich habe dieses Kind nicht gewollt, du weißt es. Ich bin unfähig, es zur Welt zu bringen. Ich kann es nicht. Verachte mich nicht zu sehr, Geliebter, verachte mich nicht über den Tod hinaus. Ich war deiner Liebe nicht wert. Diese Angst, diese grauenvolle Angst. Sie wird erst enden, wenn mein Leben ausgelöscht sein wird. Bald wird es soweit sein. Nur noch Stunden. Ich bin nicht unglücklich, ich bin froh. Vergiß mich. Mehr will ich nicht. Vergessen und vergessen werden. Schlaf, Ruhe, ewiger Schlaf. Das Ende aller Angst.« Frau Karlson weinte.

»Nichts mehr?« fragte Dr. Rainer Schumann.

»Nur noch die Unterschrift. Der Brief ist ... zum Schluß ... fast unleserlich.«

Dr. Schumann dachte nach. »Bring diesen Brief dem behandelnden Psychiater, Mama. Er könnte ein Anhaltspunkt sein.«

»Wenn du es erlaubst ...«

»Natürlich. Es kommt jetzt nicht mehr auf unsere privaten Gefühle an, sondern nur noch darauf, daß Astrid wieder gesund wird. Völlig gesund.«

Als Dr. Schumann an seinen Tisch zurückkehrte, hatte der Kellner den Rotwein gebracht und eingeschenkt. Patrizia hatte ihr Glas zur Hälfte geleert. Ihre Wangen hatten Farbe bekommen – aber ihr Lächeln erlosch, als sie den Ausdruck in Dr. Schumanns Gesicht sah.

»Ist etwas passiert?«

»Ja«, sagte er kurz.

»Mußt du fort?«

»Nein.« Er setzte sich, zündete sich eine Zigarette an – seine Hände waren nicht ganz sicher.

»Der Anruf kam also nicht von der Klinik?«

Dr. Schumanns angestaute Erregung machte sich in einer Explosion Luft. »Zum Donnerwetter ... nein!«

»Warum schreist du so mit mir?« sagte Patrizia gekränkt.

»Der Anruf«, sagte er mühsam, »kam aus Hamburg.«

»Von Astrid!?«

»Nein. Von meiner Schwiegermutter.«

»Ach, schaltet die sich jetzt ein?«

Er sah sie an, und plötzlich war sie für ihn eine Fremde. Er begriff nicht, daß es jemals etwas gegeben haben sollte, was ihn mit ihr verbunden hatte.

»Meine Schwiegermutter«, sagte er, »ist eine wunderbare alte Dame. Ihr Klatschhaftigkeit oder Indiskretion zuzuschreiben, ist ...«

»Aber das habe ich doch gar nicht getan! Ich kenne sie ja gar nicht. Ich wundere mich nur, daß sie dich anruft ... und ich kann mir nichts anderes vorstellen, als daß das irgendwie mit eurer Scheidung zusammenhängt.«

Dr. Schumann sah sie aus verengten Augen an. »Astrid hat einen Selbstmordversuch gemacht!«

Die Wirkung dieser brutalen Eröffnung blieb aus.

»Ach«, sagte Patrizia nur und betrachtete ihre rund geschnittenen Fingernägel.

»Das ist alles?« fragte er. »Mehr fällt dir dazu nicht ein, als ... ach?«

Sie zuckte die Schultern. »Was erwartest du denn jetzt von mir? Daß ich in Tränen ausbreche? Oder was?«

»Ein bißchen Anteilnahme und Mitgefühl. Aber das wäre wohl zuviel verlangt.«

»Du tust mir leid, Rainer«, sagte sie, »ganz ehrlich ...«

»Ich? Wieso ich?«

»Aber, Rainer, sei doch nicht dumm! Selbstmordversuch ... wenn ich das schon höre! Sie ist doch wirklich nicht die erste, die es versucht, sich auf diese Weise interessant zu machen.«

»Patrizia! Nie hätte ich geglaubt . . .«

»Du kennst eben die Frauen nicht, Rainer. Sonst würdest du auf einen so uralten Trick nicht reinfallen.«

»Es war kein Trick, Patrizia! Sie hat es ernst gemeint . . . todernst!«

»Komisch, daß sie es nicht geschafft hat, wie? Als Frau eines Arztes dazu noch, die doch wirklich Bescheid wissen sollte.«

»Pfui Teufel«, sagte er angewidert, »oh, pfui Teufel!« Er sprang auf, um sich gleich darauf wieder zu setzen. Er mußte dieses Gespräch beenden. Patrizia sah ihn aus spöttischen Augen an. »Rainer, bitte, nimm doch Vernunft an! Ich kann mir ja vorstellen, daß das ganze Theater dir einen Schock verpaßt hat. Das war ja schließlich auch der Sinn der Sache. Aber wenn du dir einmal alles in Ruhe überlegst . . . der Fall liegt doch sonnenklar. Deine Frau ist wahrscheinlich darauf gekommen, daß es doch nicht so ganz angenehm für sie sein wird, als geschiedene Frau herumzulaufen . . . vielleicht hat sie auch herausgekriegt, daß wir beide uns lieben, und das hat sie auf die Palme gebracht. Auf normale Weise hätte sie dich nicht zurückerobern können, das war ihr klar. Also mußte sie sich schon was Besonderes einfallen lassen . . . Selbstmord! Da hast du die ganze Geschichte.«

Er zerstieß seine Zigarette im Aschenbecher. »Wie du dich irrst, Patrizia . . . wie sehr du dich irrst! Ich selber habe ihr in Hamburg von dir erzählt . . .«

»Na, da haben wir es ja schon«, erklärte Patrizia. »Ihr Selbstmordversuch ist die Antwort darauf.«

»Möchtest du, bitte, mich jetzt einmal reden lassen?«

Er sah sie so zornig an, daß sie erschrak. »Astrid erwartet ein Kind.«

»Nein!« – Dieser Schlag hatte gesessen. Patrizia wurde totenblaß, sie preßte die Hände vor die Brust.

»Vielleicht hast du auch jetzt eine banale Erklärung bei der Hand«, sagte er böse.

Patrizia rang nach Worten. »Aber . . . das ist doch unmöglich«, sagte sie endlich, »sie hat doch niemals Kinder gewollt. Das war es doch, weshalb ihr euch entfremdet hattet. Du hast mir doch erzählt . . .«

»Sie hat trotzdem empfangen.«

»Woher weißt du das?«

»Sie hat es mir geschrieben. In ihrem Abschiedsbrief.«

»O mein Gott«, sagte Patrizia erleichtert, und ihre Verkrampfung löste sich, »mein Gott, und ich hatte schon geglaubt . . .!« Sie lachte auf.

»Du findest das komisch?«

»Ja, Rainer, ja . . . ungeheuer komisch sogar! Daß ich mich so habe ins Bockshorn jagen lassen! Ich hatte geglaubt, man hätte sie untersucht und . . .«

»Das wird inzwischen wohl auch der Fall sein.«

»Dann rufe in dem Krankenhaus an, in dem sie liegt. Erkundige dich! Aber ich kann dir jetzt schon sagen, was du erfahren wirst . . . von einem Kind kann keine Rede sein.«

»Du machst es dir sehr bequem, meine Liebe. Was dir nicht paßt, das schiebst du einfach von dir weg.«

»Du wünschst dir also, daß sie die Wahrheit geschrieben hat?« Patrizia stieß mit einer unbeherrschten Bewegung ihr Glas um. Der rote Wein ergoß sich über das Tischtuch, bespritzte ihr Kleid, ohne daß sie es beachtete. »Gib es doch zu! Du möchtest wohl haben, daß es so wäre, wie sie es sich zurechtfantasiert hat!«

»Nein, Patrizia, nein . . .«

»Wünsch dir das nicht, Rainer«, sagte sie drohend, »ich warne dich! Du kannst nicht zu ihr zurück und mich sitzenlassen . . . mich und mein Kind! Mich wirst du nicht wieder los, versuch es erst gar nicht. Du kannst mich in den Tod treiben . . . ja, das kannst du. Und verlaß dich drauf, wenn ich mich umbringen will, dann gelingt es mir auch. Bei mir gibt es keine halben Sachen . . .«

»Patrizia, bitte, beruhige dich doch!« sagte er. »Alle Leute sehen sich schon nach dir um! Nimm dich doch zusammen!«

Doch sie war viel zu sehr außer sich, um seine Worte überhaupt aufzunehmen. »Aber glaub bloß nicht«, schrie sie unbeherrscht, »daß du deines Lebens nachher noch froh werden könntest ... du und deine bezaubernde Astrid. Ich wüßte schon, an wen ich meine Abschiedsbriefe richten würde ... nicht an dich, o nein! An die maßgebenden Stellen. Wenn das, was du mir angetan hast, erst ans Licht kommt, bist du erledigt. Keine Frau der Welt würde sich so einem, wie du es bist, noch anvertrauen!«

»Wie gut du mit ihm umgehen kannst, Eva!« lobte Professor Overhoff.

Er hatte sich auf die Fensterbank des Kinderzimmers geschwungen und sah zu, wie seine Tochter den kleinen Hanno badete.

»Es macht mir ja Spaß, Vater«, sagte sie lächelnd, ohne den Kleinen auch nur für eine Sekunde aus den Augen zu lassen. Sie hatte ihre rechte Hand unter den Nacken des Jungen gelegt, der vergnügt krähend im Wasser panschte, mit der Linken seifte sie den strammen kleinen Körper zärtlich ab.

Professor Overhoff genoß dieses hübsche Bild. Er fühlte sich fast glücklich in diesem Augenblick. Der Schmerz um Susanne war zwar noch da, und er würde ihn wohl sein ganzes Leben nicht wieder verlassen. Aber es war ihm, als ob auf dem dunklen Hintergrund seines Leidens das Bild seiner Kinder nur um so leuchtender hervorträte. Seit der kleine Junge im Haus war, war die Entfremdung zwischen Vater und Tochter gewichen, und nicht nur das – Eva hatte mit ihrer Liebe zu dem Brüderchen den Kleinen dem Herzen seines Vaters nähergebracht.

Jetzt spülte sie ihn ab, um ihn endlich mit Schwung hochzuheben und auf das auf der Wickelkommode ausgebreitete Badetuch zu setzen.

»Wenn man dich so ansieht«, sagte Professor Overhoff nachdenklich, »sag mal, ist dir eigentlich selber noch nicht der Gedanke gekommen, Kindergärtnerin zu werden?«

»Nein, Vater«, sagte Eva, und ihr Lächeln vertiefte sich, wurde geheimnisvoll.

»Aber das wäre doch eine Idee, Eva! Kindergärtnerin oder auch Säuglingsschwester, wenn dir die kleinen Kinder lieber sind ... Ich will dich ja zu nichts überreden, Eva, aber das sind sehr weibliche Berufe, und alles, was du in der Ausbildung lernst, wirst du später als Mutter gebrauchen können.«

Eva zog dem Kleinen das Schlafhemdchen über den Kopf, steckte die unruhig strampelnden Händchen durch die Ärmel.

»Ich habe eigentlich andere Pläne, Vater.«

»Du willst nicht heiraten?«

»Na, in diesem Punkt möchte ich mich jetzt noch nicht festlegen.«

Eva knöpfte das buntgemusterte Hemdchen, das wie ein Schlafsack gearbeitet war, unten zu, bürstete zärtlich das flaumige Haar des kleinen Jungen, reichte ihn dem Vater.

»Willst du ihn, bitte, einen Augenblick halten?«

Professor Overhoff blieb nichts anderes übrig, als seinen kleinen Sohn in die Arme zu nehmen. Aber er fühlte sich recht unbehaglich dabei. Der Junge hörte sofort auf zu lächeln und herumzupatschen, sah ihn mit einem ernsthaft forschenden unausweichlichen Kinderblick an.

»Na, guck mich nur an!« sagte Professor Overhoff. »Es wird höchste Zeit, daß wir beide mal richtig Bekanntschaft miteinander schließen. Ich bin dein Vater.«

Wie auf ein Stichwort riß Hanno den zahnlosen Mund weit auf und begann aus Leibeskräften zu brüllen. Sein Köpfchen wurde purpurrot dabei, seine runden Augen verengten sich zu Schlitzen.

»Komm, komm, komm ... ich beiße ja nicht«, sagte Professor Overhoff beruhigend, »was ist denn los mit dir? Hör auf zu brüllen, es hat dir ja niemand etwas getan.«

Eva hatte das Wasser aus der Plastikwanne gelassen, Wanne und Eimer ins Bad gebracht. Jetzt kam sie mit der Milchflasche in der Hand ins Kinderzimmer zurück.

Professor Overhoff schritt, den kleinen Jungen fest im Arm, auf und ab, wiegte ihn leicht hin und her – aber nichts half, Hannos Geschrei wurde eher noch lauter.

»Mir scheint, du magst mich nicht, mein Kleiner«, sagte Professor Overhoff irritiert.

Eva lachte. »Unsinn, Vater! Er kann es einfach nicht mehr abwarten, bis er sein Fläschchen kriegt. Bei Patrizia und mir macht er das genauso. Gib du ihm die Flasche . . . komm, setz dich daher! Dann wirst du schon sehen, wie schnell er wieder ganz friedlich wird!«

Sie drängte den Vater zu dem kleinen, mit buntem Kretonne bezogenen Sessel, gab ihm die Flasche. Hanno griff mit beiden Händen danach, zog sich den Sauger zum Mund.

»Halt die Flasche ein bißchen zurück«, sagte Eva, »so . . . halb schräg und immer ein bißchen zurückziehen . . . na, siehst du, du hast es ja schon raus!«

Sie schwang sich auf die Sessellehne, schlang ihren Arm um die Schulter des Vaters.

»Wir hatten eben über deinen zukünftigen Beruf gesprochen, Eva«, sagte Professor Overhoff, »ich mache mir wirklich Gedanken . . .«

»Das brauchst du gar nicht, Väterchen!« Sie beugte sich herab und wischte mit einem Tüchlein die herabtropfende Milch von Hannos Mündchen. »Ich weiß schon, was ich werden will . . . Kinderärztin!«

»Nein!« sagte Professor Overhoff impulsiv.

Eva löste sich von ihm, sprang auf. »Und warum nicht?« rief sie kampfeslustig. »Etwa weil die Ausbildung zu lang ist? Oder zu teuer? Willst du mir erzählen, ich würde mittendrin aufgeben und heiraten . . .«

»Nichts von alledem, Eva«, unterbrach Professor Overhoff sie, »und damit wir uns von vornherein richtig verstehen: Wenn du tatsächlich Kinderärztin werden willst, werde ich es selbstverständlich erlauben.«

»Aber?«

»Ich fürchte, du machst dir nicht ganz klar, was der Arztberuf wirklich bedeutet. Es geht nicht nur ums Heilen und Helfen, wie man sich das als junger Mensch vorstellt. Man kommt als Arzt in Situationen, die . . . ach, Eva, mach es mir doch nicht so schwer. Denk doch nur an Mutter.«

»Ja, und?«

»Sie hätte dein Brüderchen nicht bekommen sollen. Als Arzt wußte ich, daß sie ihr Leben damit aufs Spiel setzte. Und dennoch konnte ich es nicht verhindern.«

Eva blickte auf ihre Fußspitzen herab, ihre Gesicht war

plötzlich sehr ernst geworden. »Hättest du es wirklich nicht gekonnt?« fragte sie.

»Ich hätte ihr das Kind nehmen können, ganz zu Anfang der Schwangerschaft. Das ist richtig, jedenfalls in der Theorie. Aber eine Schwangerschaftsunterbrechung bedeutet immer einen körperlichen Schock für eine Frau. Selbst wenn sie das Kind im Grund gar nicht haben will. Aber deine Mutter ... du weißt es selber, wie sehr sie sich unseren Jungen gewünscht hat. Und gegen ihren Willen ... was konnte ich da tun?!«

»Wenn du ihr die Gefahr ganz klargemacht hättest ...«

»Ach, Eva, glaubst du denn nicht, daß wir hundertmal über alles gesprochen haben? Jede Nacht und jeden Tag? Vielleicht hätte ich ihren Willen brechen können. Aber damit hätte ich ihr Vertrauen verloren. Sie hätte es mir nie verziehen.«

»Ich mache dir keinen Vorwurf«, sagte Eva leise.

»Aber ich selber ... wenn du wüßtest, wieviel Vorwürfe ich mir gemacht habe! Und deine Mutter ist noch nicht einmal ein Einzelfall. Gerade jetzt habe ich wieder eine Patientin ...« Er stockte.

»Bitte, Vater, sag es mir! Ich bin ja schließlich kein Kind mehr!«

»Schwangerschaft im sechsten Monat«, sagte Professor Overhoff, »und Krebs. Aber sie will es riskieren, will das Kind behalten. Und ich hatte nicht die Kraft ... die moralische Kraft ... sie umzustimmen. Weil ich einfach nicht weiß ... ja, ich weiß es nicht ... was richtig und was falsch ist.«

»Ist es ihr erstes?«

»Nicht einmal das. Sie hat zwei gesunde kleine Jungen.«

»Aber dann ...«

»Ich bin nicht der liebe Gott, Eva ... das ist es. Wie kann ich über Leben und Tod entscheiden! Verstehst du ... wenn ich ihr das Kind jetzt nehmen würde, wäre ihr Leben wahrscheinlich gerettet, wahrscheinlich, aber auch nicht mit hundertprozentiger Sicherheit. Wenn ich noch fünf oder sechs Wochen zuwarte, kann ich das Kind retten, und die Mutter ist verloren ... aber auch das ist nicht sicher. Möglich, daß eine Operation auch dann noch Erfolg haben kann.«

»Und ihr Mann«, fragte Eva nachdenklich, »was sagt er dazu?«

»Er will die sofortige Operation. Er ist ein krasser Egoist.«

»Weil er seine Frau behalten will?!«

»Nicht deshalb. Überhaupt. Ich habe den Eindruck, sie ist die wertvollere von den beiden ... und die liebendere. Auch das hat mir die Entscheidung so schwer gemacht. Wenn ich ihr das Kind nähme, würde sie gewiß in eine seelische Krise geraten. Ob dieser Mann dann genügend Geduld mit ihr haben würde? Sie könnte wahrscheinlich keine Kinder mehr bekommen. Ob ihn diese ... Unfruchtbarkeit nicht doch stören würde? Oder ob nicht die Versuchung sehr naheläge, diese Situation als Vorwand zu nehmen, sich einer andern zuzuwenden? Es wäre nicht der erste Fall.«

Eva hob den Kopf. »Ganz ehrlich, Vater ... ich finde, du machst dir zu viele Gedanken!«

»Es geht um Leben und Tod!«

Hanno hatte sein Fläschchen ausgetrunken. Sie nahm es ihm fort, hob den Kleinen vom Schoß des Vaters und hielt ihn hoch, damit er sein Bäuerchen machen konnte.

»Ich begreife schon, warum du mir das erzählst. Aber ... Kinderärztin, das ist doch etwas ganz anderes. Ich würde doch nie vor solche Entscheidungen gestellt werden.«

»O doch, Eva, du würdest. Es gibt sehr arme Kinder, verkrüppelte Kinder, schwachsinnige, deren Existenz für die Familie nur Qual bedeutet. Stell dir vor, so eines würde krank, und du weißt, die Mutter wäre froh, wenn es erlöst wäre ...«

»Ich würde niemals töten«, sagte Eva.

»Nein, das würdest du nicht. Aber würdest du es wirklich für richtig halten, mit allen Mitteln ... mit den teuersten Medikamenten und dem größten Maß an Aufopferung um das unerwünschte Leben dieses Kindes zu kämpfen?«

Evas Augen waren sehr dunkel geworden. »Ich weiß es nicht, Vater«, sagte sie ehrlich.

»Da siehst du! Das ist der Grund, warum ich dich vor dem Arztberuf warnen möchte.«

»Ich danke dir, Vater«, sagte Eva. »Ich weiß, du meinst es gut. Aber ist es nicht so, daß wir Menschen ... besonders wir jungen ... es uns nicht so leicht machen dürfen? Wenn alle versuchen würden, sich vor den Entscheidungen zu drücken, damit wäre doch nicht geholfen.« Sie tat einen leichten Seufzer. »Aber ich werde mir das, was du mir gesagt hast, durch den Kopf gehen lassen.«

Astrid Schumann saß, durch Kissen im Rücken gestützt, aufrecht in ihrem Krankenbett. Sie hatte das kastanienbraune Haar aus der Stirn und hinter die Ohren zurückgebürstet, und diese schlichte Frisur brachte die Schönheit ihres ebenmäßigen Gesichtes wunderbar zur Geltung. Sie hatte ihre Lippen in einem zarten Pastellrot getönt, die langen, seidigen Wimpern getuscht. Das hellblaue Seidennachthemd, das ihr die Mutter ins Krankenhaus gebracht hatte, wurde hoch oben am Hals mit einem teefarbenen Spitzenkragen abgeschlossen. Sehr gefaßt und sehr damenhaft lächelnd sah sie dem Arzt entgegen.

»Guten Morgen, gnädige Frau«, sagte der Psychiater, »ich bin Dr. Leuthold, Ihr Arzt ...«

Sie reichte ihm die schmale Hand. »Guten Morgen, Herr Doktor ... nett, daß Sie nach mir schauen.«

»Wie fühlen Sie sich heute morgen?«

»Danke, sehr gut ...«

»Das ist fein.« Dr. Leuthold zog sich einen Stuhl an das Bett der Patientin, setzte sich.

»Ich möchte gern so bald wie möglich wieder nach Hause«, sagte Astrid.

»Ein bißchen Geduld, liebe gnädige Frau. Noch bedürfen Sie der Pflege.«

»Meine Mutter könnte mich genausogut zu Hause pflegen.«

»Aber das wollen wir ihr doch nicht zumuten, nicht wahr?«

»Und warum nicht? Schließlich ... Sie können mich doch nicht wie eine Gefangene behandeln!«

»Aber, aber ... gnädige Frau!«

»Doch, ich bin eingesperrt. Glauben Sie, ich merke das

nicht? Ständig werde ich beobachtet! Das ist einfach grauenhaft! Sehen Sie sich nur meine Hände an . . . da! Der Nagellack ist abgeblättert, zwei Nägel sind gebrochen . . . und die Schwester weigert sich, mir mein Nagelnecessaire zu geben! Dabei weiß ich genau, daß meine Mutter es mir mitgebracht hat!«

»Ich werde veranlassen, daß unsere Maniküre Ihre schönen Hände wieder in Ordnung bringt«, sagte Dr. Leuthold ruhig.

»Und warum darf ich es nicht selber tun? Nicht einmal das?«

»Gnädige Frau . . .«

»Sie fürchten doch nicht im Ernst, daß ich meinen . . . diese Dummheit . . . wiederholen könnte?«

»Wir wollen es nicht hoffen.«

Astrid lachte gezwungen. »Kein Mensch tut so etwas ein zweites Mal. Ich jedenfalls bestimmt nicht. Ich begreife überhaupt nicht mehr, warum ich es getan habe.«

»Haben Sie darüber nachgedacht?«

»Natürlich. Es muß . . . ein seelischer Kurzschluß gewesen sein. Anders kann ich es mir nicht erklären.«

»Sehen Sie, gnädige Frau, und wir wollen verhüten, daß es noch einmal zu einem solchen . . . Kurzschluß, wie Sie es nennen . . . überhaupt kommen kann.«

»Da kann ich Sie beruhigen, Herr Doktor . . . ich bin geheilt, für alle Zeiten.«

»Nun«, sagte Dr. Leuthold freundlich und faltete die Hände, »wenn ich Sie wirklich entließe . . . was für Pläne haben Sie sich für die Zukunft gemacht? Wollen Sie zu Ihrem Gatten zurückkehren?«

Eine fiebrige Röte stieg in Astrids bleiche Wangen. »Ich . . . nein. Das nicht. Das nicht. Wir haben uns auseinandergelebt und . . . also, ich glaube, das wäre wirklich nicht das Richtige.«

»Sie wollen also Ihr Kind alleine aufziehen?«

Astrids blaue Augen wurden schwarz vor Entsetzen. »Ich . . . mein . . .«, stammelte sie, »woher wissen Sie?«

»Vielleicht«, sagte Dr. Leuthold, »hat der Vater doch ein

gewisses Recht auf sein Kind ... und das Kind auf seinen Vater.«

»Ich ... nein, nein!« Astrids Fassung zerbrach wie eine tönerne Maske. »Ich will es nicht ... ich will kein Kind! Ich könnte es nicht ertragen!«

»Ich verstehe«, sagte Dr. Leuthold sehr ruhig.

»Nichts verstehen Sie!« schrie Astrid. »Sie sind ein Mann! Wie können Sie verstehen, was es bedeutet, ein Kind zur Welt zu bringen? Diese Qual, dieses Blut, dieses Grauen! Nein! Nein! Nein! Ich will es nicht!«

»Haben Sie denn schon einmal eine Geburt miterlebt?«

»Ich!? Nein! Glauben Sie, ich könnte mir so etwas ansehen?! So etwas Grauenhaftes?!«

»Woher wissen Sie dann ...«

»Jeder weiß es! Jeder! Gehen Sie doch einmal in eine gynäkologische Abteilung. Sie werden sehen ...«

»Gnädige Frau«, sagte Dr. Leuthold, »ich habe als Assistent auch auf der Gynäkologischen gearbeitet. Ich weiß über das Kinderkriegen wahrscheinlich sehr viel besser Bescheid als Sie. Und ich kann Ihnen versichern, daß eine Geburt für die meisten Frauen der größte Augenblick ihres Lebens ist. Sie haben völlig falsche Vorstellungen. Ich werde Ihnen erzählen ...«

Astrid preßte die Hände vor die Ohren, ihr Körper wurde von konvulsivischen Stößen geschüttelt. »Nein!« schrie sie. »Ich will nichts hören. Ich will nicht, will nicht ... schweigen Sie!«

Dr. Leuthold stand auf. »Nun, ganz wie Sie wollen ...« Er blieb abwartend stehen, bis sich Astrids Erregung ein wenig gedämpft hatte. Dann reichte er ihr ein Glas Wasser und zwei Tabletten. »Da, nehmen Sie das ... das wird Ihnen guttun!«

Astrid schluckte gehorsam. »Herr Doktor«, sagte sie flehend, »helfen Sie mir. Bitte. Ich will dieses Kind nicht. Ich könnte es nicht ertragen ... ich würde daran sterben, ich weiß es. Bitte, bitte, helfen Sie mir!«

»Wir werden sehen, gnädige Frau. Sie dürfen sich nicht so aufregen ... seien Sie gewiß, ich werde für Sie tun, was in meinen Kräften steht.«

Als die Sekretärin Dr. Hugo Winterfeld meldete, daß Gina Müller, geborene Franke, ihn zu sprechen wünschte, wußte er, daß dieser Besuch nur Unheil bedeuten konnte. Aber er hatte gelernt, sich zu beherrschen, und ließ sich nicht anmerken, was diese Nachricht bedeutete.

»Führen Sie sie herein«, sagte er sehr ruhig und lehnte sich in seinen Sessel zurück.

Er stand auch nicht auf, als Gina eintrat – sehr schick in einem reichlich kurzen großblumigen Seidenkleid, weißem offenen Mantel und weißem breitkrempigen Hut.

»Setz dich«, sagte er und wies mit der Hand auf den Sessel vor dem Schreibtisch.

Sie hob die schmal gezupften Augenbrauen. »Bessere Manieren scheinst du in deiner Ehe auch nicht bekommen zu haben, Hugo!«

»Es ist ein Zeichen meiner guten Erziehung, daß ich dich überhaupt ohne Voranmeldung empfange.«

»Ah, wirklich?« Sie setzte sich, schlug die zart bestrumpften Beine übereinander, ohne sich darum zu kümmern, daß ihr enger Rock dabei über die Oberschenkel hinaufrutschte.

»Komm zur Sache«, sagte Dr. Winterfeld. »Also ... was führt dich zu mir?«

»Kannst du dir das nicht denken?«

»Nein. Und ich habe auch weder Zeit noch Lust, Rätselraten zu spielen.«

»Es ist mir sehr peinlich, Hugo«, begann sie mit gespielter Zurückhaltung, »ich meine ... dir und vor allem deiner Frau gegenüber. Es war eine große Dummheit, daß ich mich überhaupt darauf eingelassen habe ... und euch gegenüber nicht fair. Ich weiß das selber ....«

Er trommelte ungeduldig mit dem stumpfen Ende seines Kugelschreibers auf die Schreibtischplatte. Aber er stellte keine Zwischenfrage, weil er vollkommen sicher war, was er jetzt zu hören bekommen würde.

»Ich möchte meinen Jungen wiederhaben«, sagte Gina.

»Aha«, sagte er ruhig.

»Du bist nicht überrascht?«

»In keiner Weise. Ich kenne dich ziemlich genau, Gina. Ich

hatte damit gerechnet, daß du . . . solange das Adoptionsverfahren noch läuft . . . früher oder später deine Muttergefühle entdecken würdest.«

»Du bist mir also . . . nicht böse?«

»Überhaupt nicht. Hast du das Geld, das ich dir vorgestreckt habe, gleich mitgebracht . . . oder willst du es in Raten zurückzahlen?«

»Also das Geld, weißt du . . .«, sagte sie zögernd, »also, ich finde, das hat mit der Adoption doch gar nichts zu tun. Es ist doch bestimmt nicht rechtlich zulässig, daß man sein eigenes Kind verkauft, oder?«

Dr. Winterfeld schwieg.

»Du kriegst das Geld bestimmt zurück, sobald das Geschäft erst besser geht«, sagte sie eifrig, »aber mein Junge, Thomas, gehört mir.«

»Ich kann es einklagen, Gina«, sagte er.

»Ja, das kannst du. Ich weiß. Aber das Geld, das du mir geliehen hast, gibt dir keinerlei Recht auf meinen Jungen.«

»Stimmt auffallend. Also . . . wieviel?«

Gina machte große Augen. »Was meinst du damit?«

»Wieviel verlangst du dafür, daß du deine Einwilligung in die Adoption nicht zurücknimmst?«

»Aber . . . du mißverstehst mich vollkommen! An so etwas habe ich gar nicht gedacht. Ich will meinen Jungen. Sieh mich nicht so an . . . ich weiß, ich habe mich bisher nicht genügend um ihn gekümmert. Aber jetzt bin ich verheiratet, ich habe Zeit, ich könnte ihm ein Heim bieten . . .«

»Ja, ja, ja«, sagte er, »geschenkt. Sind zehntausend genug?«

Gina dachte nach. Sie war tatsächlich ohne Nebenabsichten gekommen, nur von dem Wunsch beseelt, ihrem Leben einen Inhalt zu geben und, wie sie sich selber eingestand, Hugo Winterfeld und vor allem seiner Frau einen Schlag zu verpassen.

Jetzt plötzlich sah sie die Dinge in einem anderen Licht. Zehntausend Mark waren viel Geld, besonders wenn ihr Mann nicht erfuhr, daß sie es erhalten hatte. Sie würde eine wundervolle Reise davon machen können, sich von der Ehe erholen, etwas erleben. War ein ungezogener kleiner Junge wert, auf dieses Geld zu verzichten? Aber Hugo Winterfeld schien so viel an ihm zu liegen, vielleicht sogar noch mehr.

»Zwanzigtausend«, sagte sie kurz entschlossen.

Dr. Winterfeld stand auf. »Danke«, sagte er, »das genügt mir.«

»Gibst du mir das Geld?«

»Hältst du mich für einen Idioten? Bildest du dir wirklich ein, ich ließe mich von dir erpressen! Ausgeschlossen. Außerdem habe ich so viel Geld gar nicht zur Verfügung.«

»Dann gib mir die zehn, die du mir angeboten hattest.«

»Keinen Pfennig!«

»Fünftausend... und du wirst nie mehr etwas von mir hören.«

»Nein, Gina, nein! Hol dir den Jungen, wenn du willst...«

»Aber ich wollte doch nur...«

»Vergiß nicht deine Muttergefühle, das schöne Heim, das du ihm bieten kannst«, sagte er schneidend. »Hol ihn dir, verdammt noch mal. Aber laß dich nie wieder hier blicken!«

Gina sprang auf, funkelte ihn an. »Also so ist das! Du wolltest mich bluffen, mich für dumm verkaufen! Aber du hast dich verrechnet, so blöd bin ich nicht. Ja, ich werde meinen Jungen holen, gleich morgen früh, und versuch bloß keine Mätzchen. Ich werde ihn holen... und wenn es sein muß mit der Polizei!«

17

Seit Dr. Winterfeld für seine kleine Familie die neue Wohnung am Stadtrand gemietet hatte, war jede abendliche Heimkehr für ihn ein kleines Fest gewesen. Kirsten und der kleine Thomas empfingen ihn stets mit stürmischer Begeisterung, und da er sie nicht mehr jede Stunde des Tages in seiner Nähe wußte, hatte sich sein Gefühl für seine Frau und seinen Sohn noch mehr verstärkt. Die Heimkehr war zur Krönung des Tages geworden, der Beginn eines glücklichen Feierabends.

Aber heute war alles anders. Dr. Winterfeld wußte, daß er seiner Frau den schwersten Schlag ihres Lebens versetzen mußte. Die Eröffnung, die er ihr zu machen hatte, stand wie ein drohendes, unüberwindliches Hindernis vor ihm. Dennoch kehrte er früher als sonst nach Hause zurück, weil er es hinter sich bringen wollte und weil er, seit seiner Auseinandersetzung mit Gina, zu keiner wirklichen Konzentration auf seine Arbeit mehr fähig war.

Er fand Kirsten und den Jungen im Garten. Sie hatten Äste und dürre Zweige zusammengetragen, Unkraut aufgeschichtet und den kleinen Scheiterhaufen entzündet. Mit wilder Freude umtanzte Thomas das Feuer, während Kirsten immer wieder den Flammen Nachschub gab. Sie waren beide ihrem Tun so hingegeben, daß sie seine Ankunft gar nicht bemerkten. Erst als er in den Feuerkreis trat, wurden sie ihn gewahr. Kirsten sprang aus ihrer hockenden Stellung auf, und Thomas rannte ihm mit einem solchen Anlauf in die Arme, daß er ihn beinahe umgerissen hätte.

»Nur nicht so stürmisch, junger Mann«, sagte er mit einem gezwungenen Lächeln.

»O Vati, Vati!« rief Thomas, »sieh nur, was wir alles gemacht haben ... Unkraut gerupft und umgegraben und ... und ... und ...«

»Na, ich denke, die Hauptarbeit wird wohl deine Mutter getan haben!«

»Sag das nicht, Hugo!« Kirsten küßte ihn zärtlich auf die Wange. »Thomas hat tüchtig mitgeholfen!«

»Das Feuer!« schrie Thomas. »Mammi, das Feuer geht aus!«

Dr. Winterfeld legte ihm die Hand auf das zerstrubbelte Haar. »Und das ist gut so, mein Sohn«, sagte er, »denn ich habe Hunger ... und für dich ist es Zeit, in die Klappe zu verschwinden!«

»Oh, schon?!« schrie Thomas.

Kirsten bückte sich zu ihm herab und küßte ihn zärtlich. »Morgen machen wir weiter, mein Liebling!«

Dr. Winterfeld wandte sich rasch ab. Er konnte es kaum ertragen. Die Frau, die er liebte, und sein kleiner Sohn, beide so ahnungslos und unbefangen. Und er war es, der ihr Glück zerstören mußte.

»Hallo, warte doch auf uns!« rief Kirsten, als er die Terrasse schon erreicht hatte.

Er mußte sich wohl oder übel umdrehen. Sie flogen über den Rasen auf ihn zu, beide mit dem gleichen blonden zerzausten Haar, beide in Blue jeans, die Kirstens jungenhafte Schlankheit noch betonten. Sie wirkten viel eher wie Geschwister als wie Stiefmutter und Sohn.

»In zwei Minuten steht das Essen auf dem Tisch«, versprach Kirsten ein wenig atemlos, als sie ihn eingeholt hatten, »wir waschen uns nur eben noch die Hände . . .« Sie half Thomas, die erdigen Stiefel auszuziehen, verschwand mit ihm zusammen im Haus.

Das Abendessen wurde für Dr. Winterfeld eine Qual. Sosehr er sich auch beherrschte, fühlte Kirsten doch, daß etwas nicht in Ordnung war.

»Hat es Ärger gegeben?« fragte sie.

Er zögerte, sagte: »Ja.«

»Du Ärmster!« Sie lächelte ihm ermunternd zu. »Aber du wirst schon damit fertig werden . . . tüchtig wie du bist.«

»Wenn der Junge im Bett ist, werde ich es dir erzählen.«

Ihre klaren blauen Augen wurden groß vor Schrecken. »Es ist doch nicht . . . wegen Thomas?«

»Doch«, sagte Dr. Winterfeld.

»Aber . . .«

Dr. Winterfeld warf einen Blick auf den Jungen. »Nicht jetzt, Kirsten«, mahnte er.

Aber Thomas hatte schon mit dem Instinkt eines kleinen Tieres begriffen, daß etwas in der Luft lag, was ihn anging. Er schob seinen Teller mit einem trotzigen Ruck von sich. »Mag nicht mehr.«

Kirsten und Dr. Winterfeld tauschten einen Blick.

Dann sagte der Vater, der sonst immer so streng darauf bestand, daß der Teller leergegessen wurde: »Dann laß es sein, mein Sohn . . . verschwinde und wasch dich!«

Der Junge sah ihn herausfordernd an. »Ich will nicht!«

Kirsten stand auf. »Dann werde ich dich waschen und ins

Bett bringen, ja?« Sie nahm den Jungen bei der Hand, zog ihn von seinem Stuhl hoch.

»Aber du bist ja selber noch nicht fertig mit Essen«, sagte Dr. Winterfeld.

Kirsten lächelte schwach. »Ich mag auch nicht mehr!«

Dr. Winterfeld wartete nicht ab, bis die beiden verschwunden waren, er stand auf, ging ins Herrenzimmer hinüber, zündete sich eine Zigarette an, schenkte sich ein Glas Kognak ein. Er versuchte, sich die Worte zurechtzulegen, die er Kirsten sagen wollte, als wenn es sich um ein entscheidendes Plädoyer handelte. Aber es gelang ihm nicht. Hier ging es nicht um ein fremdes Schicksal, sondern um sein eigenes Fleisch und Blut, das er nicht vor dem unerbittlichen Zugriff einer feindlichen Gewalt zu schützen vermochte.

Es dauerte eine gute Stunde, bis Kirsten wieder erschien. Sie hatte sich umgezogen, trug einen langen grauen Kaminrock mit einer weißen Spitzenbluse. Sie wirkte darin sehr lieblich und sehr verletzbar.

»Endlich ist er im Bett«, sagte sie, »und seinen Nachtisch hat er auch noch gegessen ...«

»Was für ein Glück«, sagte er bitter.

Sie trat zu ihm, und er legte seinen Arm um ihre Schulter, zog sie an sich. »Kirsten«, sagte er, »ich habe eine Frage ...«

»Ja?«

»Liebst du mich?«

»Aber Hugo!«

»Liebst du mich noch so wie in der Zeit, als Thomas noch nicht bei uns war?«

Sie bot ihm ihre Lippen. »Mehr, Hugo, viel mehr! Ich liebe dich und deinen Sohn!«

Er küßte sie flüchtig, führte sie zu einem Sessel. »Ich bin dein Mann, Kirsten«, sagte er, »und Thomas ist das Kind einer anderen Frau.«

»Daran denke ich nie«, sagte Kirsten, »ich habe ihn nicht geboren, das ist wahr ... aber er ist mein Junge geworden. Und jetzt erzähl mir endlich, was du auf dem Herzen hast!«

»Wir können den Jungen nicht behalten«, sagte er.

Sie sah ihn an, und er begriff, daß sie ihn gar nicht richtig verstanden hatte. Er ließ ihr Zeit.

»Macht das Vormundschaftsgericht Schwierigkeiten?« fragte sie endlich.

»Nein«, sagte er. »Seine Mutter. Sie war heute bei mir. Sie will Thomas zurückhaben.«

Noch immer war sie nicht wirklich beunruhigt. »Aber du wirst doch wohl mit ihr fertig werden!«

»Nein«, sagte er. »Ich sehe keine Möglichkeit.«

»Du siehst keine...« Sie lachte fast. »Aber Hugo, erzähl mir doch nichts! Du willst mich bloß erschrecken! Schließlich bist du Rechtsanwalt, der beste Rechtsanwalt...«

»Kirsten«, sagte er, »willst du es denn nicht begreifen?! Es gibt Fälle, in denen auch der beste Rechtsanwalt versagen muß. Jede Mutter hat ein natürliches und gesetzlich verankertes Recht auf ihr Kind. Gina will Thomas wiederhaben. Wir können da gar nichts machen.«

Jetzt endlich ging ihr die ganze Tragweite des Geschehens auf. Sie wurde blaß bis in die Lippen hinein. »Nein!« stieß sie hervor und preßte die Hände gegen ihr Herz, »nein!«

»Komm, nimm einen Schluck Kognak!«

Er reichte ihr das Glas, aber sie stieß es so heftig zurück, daß der Inhalt überschwappte und klebrig über seine Finger tropfte.

»Nein!« schrie sie. »Ich gebe ihn nicht her! Niemals!«

»Kirsten«, sagte er, »ich bitte dich, Kirsten...«

»Du willst ihn mir wegnehmen«, schrie sie außer sich, »du... nur du bist schuld! Er stört dich... du bist eifersüchtig auf ihn! Ja, das ist es! Glaubst du denn, ich hätte es nicht gemerkt?! Aber du kannst ihn mir nicht wegreißen... du kannst es nicht!«

»Kirsten«, sagte er, und sein Herz wand sich vor Qual, »du mußt mir glauben... für mich ist es genauso fürchterlich wie für dich...«

»Es kommt doch nicht auf uns an«, schluchzte sie, »es geht doch bloß um ihn! Mein armer Junge, mein armer tapferer Liebling! Er ist so glücklich hier, endlich hat er ein

Elternhaus gefunden ... und jetzt ... und jetzt ... nein, nein, Hugo, du darfst es nicht zulassen!«

Er setzte sich zu ihr auf die Sessellehne und zog ihr tränennasses Gesicht an seine Brust. »Es gibt kein Mittel, es zu verhindern«, sagte er mit belegter Stimme.

»Biete ihr Geld, Hugo! Wahrscheinlich ist es nur das, was sie will! An dem Jungen hat ihr doch nie etwas gelegen!«

»Nein«, sagte er.

»Aber warum nicht? Du könntest es doch wenigstens versuchen!«

»Es ist sinnlos, Kirsten, glaub mir doch. Selbst wenn sie das Geld nähme ... wir könnten höchstens eine Gnadenfrist damit erkaufen. Sie würde wieder kommen, mit neuen Forderungen. Bis die Adoption durch ist, kann es Monate dauern.«

»Tu es trotzdem«, flehte sie unter Tränen, »wenn wir nur Zeit gewinnen ...«

»Ich verstehe deine Verzweiflung, Kirsten. Aber auch dir wird nichts anderes übrigbleiben, als vernünftig zu sein. Wenn Gina erst begreift, daß sie uns nicht erpressen kann ... wer weiß, vielleicht wird sie den Jungen freiwillig zurückbringen. Ich bin sicher, es dauert nicht lange, und er wird ihr zur Last geworden sein.«

»Diese Aussicht«, sagte sie und ging mit steifen Schritten zur Tür, »ist wirklich ungeheuer tröstlich!«

Am nächsten Morgen erschien Kirsten bleich, mit tiefen Schatten unter den Augen, am Frühstückstisch. Sie hatte die ganze Nacht wach gelegen.

Thomas war unruhig. Er spürte die Gefahr, ohne sie zu kennen. Er stieß seinen Becher mit Kakao um, schmierte Butter über das Tischtuch. Aber niemand tadelte ihn. Das war für ihn erschreckender als alles andere.

Dr. Winterfeld trank nur eine Tasse Kaffee, rauchte eine Zigarette. »Ich werde in der Kanzlei anrufen«, sagte er und erhob sich, »daß ich heute morgen nicht komme.«

»Das wird nicht nötig sein«, sagte sie kalt.

Er sah sie fragend an.

»Ich werde auch ohne dich fertig!«

Er wollte ihr widersprechen, aber sie schnitt ihm das Wort ab. »Geh!« sagte sie. »Laß uns alleine!«

Er wußte, daß sie recht hatte, daß er ihr nicht wirklich helfen konnte. Er nahm die Demütigung hin und verließ sie. Ohne Abschied. Denn er fand keine Worte, seinem Sohn Lebewohl zu sagen.

Kirsten hatte sich alles genau überlegt. Sie ließ Thomas ein Bad einlaufen, steckte ihn in die Wanne, gab ihm sein Segelboot. Während er so beschäftigt war, packte sie seinen kleinen Koffer. Ihre Augen brannten, als sie Stück für Stück die kleinen Hosen und Hemden, Schlafanzüge, Jäckchen und Pullover in die Hände nahm, die sie so liebevoll ausgesucht und mit so großer Freude für ihn gekauft hatte. Jetzt war alles in ihr erloschen. Sie hatte keine Tränen mehr.

Dann stellte sie den Koffer beiseite, holte den kleinen Jungen aus dem Bad, blieb bei ihm, während er sich anzog.

»Thomas«, sagte sie, »du weißt, daß ich dich sehr lieb habe...«

»Ja, Mammi!«

»Und ich werde dich immer liebhaben. Immer, was auch geschieht.«

Er sah sie aus großen, angsterfüllten Augen an, und das Herz brach ihr, während sie schonend versuchte, ihm die Situation zu erklären.

»Deine Mutter«, sagte sie, »deine richtige Mutter hat wieder geheiratet. Einen sehr hetten Mann, der dein neuer Vater sein wird...«

»Ich brauche keinen neuen!«

»Ja, ich weiß... aber deine Mutter braucht dich. Sie... fühlt sich allein ohne dich. Sie hat Sehnsucht nach dir.«

»Dann kann sie uns doch mal besuchen.«

»Sie hat jetzt ein richtiges Zuhause für dich, Thomas. Deshalb will sie dich wiederhaben.«

Er schmiegte sich an sie. »Aber du gibst mich doch nicht her?« fragte er. »Ich bin doch jetzt dein Junge?«

Sie fuhr ihm mit den Fingern durch das störrische Haar. »Ja, das bist du, mein Liebling. Ich würde dich für alle Zeiten behalten ... aber ich bin nicht deine richtige Mutter. Ich habe kein Recht auf dich.«

»Ich will bei dir bleiben.«

»Das geht nicht, Thomas ... es geht wirklich nicht. Du bist doch schon groß und vernünftig, ein tapferer kleiner Mann ... wir müssen beide sehr tapfer sein. Deine Mutter kommt gleich, um dich zu holen ... und sie hat dich auch lieb, genauso lieb wie ich.«

Sie war fast erleichtert, als es an der Wohnungstür klingelte. Gina Müller, geborene Franke, stand draußen.

Die beiden Frauen musterten sich haßerfüllt, als wenn sie sich gegenseitig an die Kehle springen wollten.

»Ich bin gekommen ...«, sagte Gina endlich.

»Ich weiß«, sagte Kirsten, »treten Sie ein!« Sie ging voraus in das Kinderzimmer.

Sie hatte vorgehabt, noch einen letzten Versuch zu machen. Sie hatte Gina anflehen, ihr ihren Schmuck anbieten wollen – aber ein einziger Blick in das Antlitz dieser Frau, die ihre Feindin war, hatte genügt, ihre letzten schwachen Hoffnungen zu zerstören. Sie begriff, daß es Gina nicht um den Jungen ging, sondern daß sie nicht mehr und nicht weniger wollte, als ihr, Kirstens, Glück zu zerstören. Hugo hatte recht gehabt. Nur wenn sie Gina nicht den Gefallen tat zusammenzubrechen, wenn sie sich so gelassen wie möglich gab, konnte sie hoffen, den Jungen vielleicht doch noch wiederzubekommen.

»Thomas«, sagte sie gefaßt, »deine Mutter ist ...« Sie stockte mitten im Satz, denn der Junge war verschwunden.

Sie drehte sich zu Gina um. »Wo ist er denn?« sagte sie. »Er war eben noch da!«

Gina lachte. »Das haben Sie sich fein ausgedacht, ich muß schon sagen ...«

Kirsten hörte das Ende des Satzes nicht mehr. Sie war ins Bad gelaufen, sah sich in der Küche um, im Herrenzimmer, lief durch die ganze Wohnung.

»Er ist fort«, sagte sie atemlos, als sie zu Gina zurückkam, »aber das ist doch nicht möglich!«

»Bestimmt nicht«, sagte Gina ungerührt. »Denken Sie mal

gut nach, dann wird Ihnen schon wieder einfallen, wo Sie ihn versteckt haben.«

»Sie wollen doch nicht behaupten...!?«

»Soll ich etwa glauben, daß der Junge sich in Luft aufgelöst hat?«

In diesem Augenblick drang ein erstickter Laut aus dem Einbauschrank. Kirsten stürzte hin, riß die Tür auf – der kleine Thomas fiel ihr fast entgegen, puterrot im Gesicht vor Atemnot. Sie riß ihn in die Arme, drückte ihn an ihr Herz. »Mein armer kleiner Dummkopf, wie konntest du nur!«

»Lassen Sie das Theater. Ich habe keine Zeit«, sagte Gina scharf, »mein Taxi wartet draußen.« Sie packte den Jungen beim Handgelenk, wollte ihn mit sich fortziehen.

»Ich will nicht!« schrie er. »Ich will nicht!« Er klammerte sich an Kirsten, versuchte seine Mutter zu treten. »Geh weg, du... geh weg!«

»Na, dem Bengel haben Sie aber ganz schön eingeheizt!« sagte Gina spöttisch. Aber ihr war nicht wohl in ihrer Haut. Sie hatte vorgehabt, die Situation zu genießen. Aber die erwartete Genugtuung blieb gänzlich aus. Sie war durchaus nicht so abgebrüht und hartherzig, wie sie sich gab, und es erfüllte sie mit tiefer Beschämung, daß es einer anderen Frau gelungen war, das Herz des Jungen zu erobern, zu dem sie selber bisher nie einen Zugang gefunden hatte.

Kirsten brauchte Kraft, um die Ärmchen des Jungen aus ihrem Nacken zu lösen. »Sei tapfer, Thomas, ich habe dir doch erklärt...«

»Du bekommst was Schönes von mir«, sagte Gina, »was Wunderschönes... eine elektrische Eisenbahn...«

»Will ich nicht!« schrie der Junge und trat und boxte in blindem Zorn nach ihr. »Geh weg, du... geh weg!«

»Aber, Thomas, bitte«, sagte Kirsten, »jetzt sei nicht schlimm! Ich komme dich bald besuchen... ganz bald!« Ihr fiel etwas ein, sie lief ins Bad, holte das kleine Segelboot, reichte es ihm. »Da... nimm es mit! Und dein Spielzeug kriegst du auch! Ich pack es wieder in die Kiste, du weißt es ja, und schick sie dir zu!«

»Der braucht kein Spielzeug«, sagte Gina, die darum

kämpfte, des zornigen Kindes Herr zu werden, »ein paar hinten drauf, das ist es, was ihm fehlt!«

Kirsten sah sie entsetzt an. »Sie werden ihn doch nicht schlagen?«

»Was geht Sie das an? Schließlich ist es mein Kind!«

Aber selbst dieser letzte Giftpfeil machte ihr keine rechte Freude. – Ich bin eine Idiotin, dachte sie, daß ich mich darauf eingelassen habe! Ich hätte froh sein sollen, daß der Bengel gut untergebracht war! – Sie zerrte den fauchenden kleinen Jungen, der das Segelboot fest an sich gepreßt hielt, in den Flur hinaus, schleifte ihn über den Gang zur Wohnungstür.

»Mammi!« schrie er. »Mammi!«

Und Gina wußte, daß nicht sie es war, die mit diesem Hilferuf gemeint war.

Das Arbeitszimmer, in dem der Psychiater Dr. Leuthold Frau Karlson empfing, war so eingerichtet, daß man schon nach wenigen Minuten vergaß, überhaupt in einer Klinik zu sein. Ein leuchtendblauer dicker Teppich bedeckte den Boden, goldgelbe Vorhänge umrahmten die Fenster, die mit duftig weißen Tüllgardinen bespannt waren. Es gab eine breite einladende Couch, bequeme, nicht zu moderne Sessel mit hellen Bezügen. Der elegante Schreibtisch des Arztes mit seinen schön geschwungenen Beinen wirkte in dieser Umgebung kaum wie ein Arbeitsplatz.

Dr. Leuthold, der Frau Karlson an der Tür begrüßt hatte, führte sie sofort in die anheimelnde Sitzecke.

»Ich habe Sie zu mir gebeten«, sagte er, »damit Sie mir von Ihrer Tochter erzählen. Auf die Gefahr hin, mir selber damit ein Armutszeugnis auszustellen, muß ich zugeben, daß es mir bis jetzt noch nicht gelungen ist, einen wirklichen Zugang zu ihr zu finden ...«

»Das wundert mich nicht«, sagte Frau Karlson, »sie war immer schon ... sehr verschlossen.«

»Schwierig?« fragte der Arzt.

»Eigentlich nicht. Ich meine, sie hat mir niemals Schwierigkeiten gemacht, auch in der Schulzeit nicht.«

Frau Karlson setzte sich, und Dr. Leuthold nahm ihr gegenüber Platz. »Sie war nur immer . . . sehr wenig zugänglich anderen Menschen gegenüber.«

»Eine Einzelgängerin?«

»Nein, so kann man es auch nicht nennen. Sie war beliebt, unbedingt, hatte Freundinnen. Aber mir kamen diese Freundschaften doch recht einseitig vor. Astrid war die Nehmende, wenn Sie verstehen, was ich damit meine . . . sie ließ sich die Freundschaft der anderen sozusagen gefallen. Etwas zugänglicher war sie wohl nur ihrer Schwester gegenüber, obwohl sie sie wohl nicht ganz für voll nahm. Aber sie fühlte sich doch für die Jüngere sehr verantwortlich.«

»Und wie war es mit den Jungen?«

»Genauso. Astrid wurde umschwärmt, schon vor der Tanzstundenzeit.«

Dr. Leuthold rieb nachdenklich sein glattrasiertes Kinn. »Wie war das nun mit ihrer allerersten Liebesbeziehung . . . einmal muß sie ja wohl doch begonnen haben, sich für einen jungen Mann zu erwärmen.«

»Ja. Für Dr. Rainer Schumann, den sie dann ja auch geheiratet hat.«

Dr. Leuthold zeigte sich erstaunt. »Und vorher war nichts?«

»Gar nichts.«

»Sind Sie sicher? Ich neigte nämlich bisher zu der Annahme, daß der Grund zu ihrem seltsamen Verhalten in einer vorehelichen Liebesbeziehung liegen könnte.«

»Nein, nein, gewiß nicht! Das müßte ich als Mutter doch wissen, Astrid lebte ja bis zu ihrer Verheiratung bei mir. Es gab keinen anderen Mann in ihrem Leben, ganz im Gegenteil, sie war, bis sie Dr. Schumann kennenlernte, fest entschlossen, überhaupt nicht zu heiraten. Sie wollte Innenarchitektin werden und hatte schon mit dem Studium begonnen. Sie interessierte sich überhaupt nicht für Menschen, nur für die Kunst . . . aber auch nur für die harmonische Seite der Kunst, für die schönen Dinge des Lebens, denen sie einzig Bedeutung beimaß.«

»Aha! Und in diese etwas abseitige, aber festgefügte Vorstellungswelt brach ihr künftiger Gatte dann ein . . .«

»Nein, nein!« protestierte Frau Karlson, »so war es auch nicht. Rainer hat um sie geworben, mit sehr viel Geduld und Zähigkeit. Aber natürlich, er hätte sein Ziel nie erreicht, wenn sie selber ihn nicht ... vom ersten Augenblick an ... gewählt hätte.«

»Eine etwas heikle Frage, gnädige Frau ... Sie sind sicher, daß Ihre Tochter völlig aufgeklärt in die Ehe getreten ist?«

»Sie war immerhin schon zwanzig!«

»Bitte, weichen Sie mir nicht aus! Haben Sie ... Sie als Mutter ... Ihre Tochter über die Grundtatsachen der geschlechtlichen Beziehungen informiert?«

»Ich wollte es«, sagte Frau Karlson und errötete leicht, »aber sie wich mir aus, wenn ich das Gespräch auf diese Dinge bringen wollte. Offensichtlich lag ihr nichts an diesem Wissen ... ich schloß daraus, daß sie aus irgendeiner anderen Quelle heraus im Bilde wäre.«

»Wie alt war sie zu dieser Zeit?«

»Etwa dreizehn. Ich merkte, daß sie langsam zur Frau wurde ... ja, ich erinnere mich, es war um die Zeit, als zum erstenmal ihre Periode eintrat.«

»War sie ... erschrocken darüber?«

»Entsetzt. Ich wollte sie beruhigen, sie trösten, ihr erklären ... aber sie stieß mich zurück.«

»Hatte sie später ... Schwierigkeiten mit der Periode?«

»Nein. Jedenfalls keine Schmerzen. Es verlief alles ganz unauffällig.«

»Und früher«, fragte der Psychiater, »als sie noch ein kleines Kind war, da hat sie doch sicher die üblichen kindlichen Fragen gestellt? Woher kommen die Babys und so weiter. Erinnern Sie sich, wie Sie darauf geantwortet haben? Bitte, seien Sie ehrlich. Es gibt auch heute noch sehr viele Mütter, die solchen Fragen ausweichen. Niemand macht Ihnen daraus einen Vorwurf, wenn Sie ...«

»Astrid hat nie gefragt«, sagte Frau Karlson mit Bestimmtheit.

»Sind Sie ganz sicher?«

»Ja. Meine andere Tochter, Kirsten, war neugierig. Sie fragte nach allem und jedem, auch danach ... aber schließlich nur noch, wenn wir beide allein waren. Wenn sie nämlich in Astrids Gegenwart eine dieser ganz unbefangenen Fragen stellte, fuhr Astrid ihr regelmäßig scharf über den Mund.«

»Das ist sehr sonderbar«, sagte Dr. Leuthold, »ist Ihnen selber niemals aufgefallen, wie sonderbar dies Verhalten war?«

»Nein. Es paßte zu Astrid ... ihrem ganzen Charakter, ihrem Benehmen.«

»Nun, ich persönlich könnte mir sehr gut vorstellen, daß ihr Charakter von diesem Punkt aus geformt worden ist.«

»Wie meinen Sie das?«

Der Psychiater überging diese Frage. »Wie war Astrids Verhältnis zu ihrem Vater?«

»Gut. Vielleicht ein wenig distanziert. Mein Mann hatte sehr wenig Zeit für die Familie. Als Astrid geboren wurde, war er im Krieg, und später war er vollauf damit beschäftigt, seine Firma wieder aufzubauen. Den Kindern war er dadurch ein wenig fremd ... Kirsten, mit ihrer offenen und herzlichen Art, gelang es eher, diese Kluft zu überbrücken. Trotzdem war Astrid, so merkwürdig es klingt, der eigentliche Liebling des Vaters. Die beiden respektierten und bewunderten sich, wenn man das so sagen kann.«

»Sie waren also während des Kriegs mit Ihren beiden Kindern allein?«

»Ja. Das heißt ... Kirsten ist erst im Herbst 1944, kurz vor dem Zusammenbruch, geboren worden.«

»Ist es möglich«, fragte Dr. Leuthold, »daß Astrid in dieser Zeit irgendein gravierendes Erlebnis hatte ... Bombenangriff, Tod, was weiß ich ... was ihre merkwürdige seelische Einstellung ausgelöst haben kann?«

»Aber ich bitte Sie, Herr Doktor ... Astrid war damals doch noch ein Baby!«

»Gerade deshalb ...«

»... und außerdem«, fuhr Frau Karlson fort, »wir waren gar nicht in Hamburg während der Kriegszeit, sondern auf dem Gut einer entfernten Verwandten in Pommern. Dort war nichts vom Krieg zu spüren, jedenfalls für ein so kleines Kind nicht. Alles war reichlich da. Überdies konnten wir uns so rechtzeitig absetzen, daß wir auch mit den Russen überhaupt nicht in Berührung kamen. Wir kehrten unter den allerersten in den Westen zurück, und zwar in ein Dorf im Holsteinischen, wo ein befreundeter Arzt uns aufnahm.«

»Dort wurde dann auch Ihre zweite Tochter geboren?«
»Nein, früher schon. Auf der Flucht, wie man heute sagt.«
»Wo war Astrid während dieser Geburt?«
»Ja, ich weiß nicht«, sagte Frau Karlson, »ich war so mit mir selbst beschäftigt ... ich glaube, sie war dabei.«
»Während Sie das Kind zur Welt brachten?«
»Ja. Wir hatten in einer Scheune Unterkunft gefunden, es gab viel Heu, und die Nächte waren noch warm genug. Wir waren nur Frauen ... eine Cousine, deren Freundin, ein junges Mädchen und ich. Und natürlich Astrid. Die Frauen halfen mir.«
»Und Astrid wurde Zeuge des Vorgangs?« forschte der Psychiater weiter.
»Ich weiß es nicht. Ganz ehrlich nicht. Ich habe während dieser Stunden gar nicht auf sie geachtet. Aber es ist möglich ... ja, möglich ist es schon.«
»Und später ... wie hat sich Astrid nach dieser Nacht verhalten?«
»Sie müssen verstehen, wie das war. Ich bekam Fieber, ich hatte keine Milch für das Kleine, ich wurde ernstlich krank. Wir konnten nicht, wie vorgesehen, weiterfahren, sondern mußten fast drei Wochen in dieser Scheune bleiben. Tatsächlich war ich viel zu schwach, um mich auch noch um Astrid zu kümmern.«
»Und später? Als Sie an Ihrem Ziel ankamen? Ist Ihnen da eine Veränderung des Kindes aufgefallen?«
»Sie war wie immer. Nein, doch nicht ... ein paarmal schreckte sie nachts aus dem Schlaf auf, schrie. Aber der Arzt meinte, es hinge mit ihren Zähnen zusammen. Es ging auch ganz rasch wieder vorbei.«
»Frau Karlson«, sagte Dr. Leuthold, »ich danke Ihnen. Sie haben mir sehr geholfen. Ich glaube, wir haben des Rätsels Lösung gefunden. Damit sind wir immerhin einen großen Schritt weiter.«
»Sie meinen ...?« Frau Karlson lächelte ungläubig. »Aber

selbst wenn sie bei der Geburt anwesend war ... sie war doch viel zu klein, um irgend etwas zu begreifen. Noch keine zwei Jahre war sie alt, Herr Doktor!«

»Gerade deshalb. Sie war einem solchen Erlebnis in keiner Weise gewachsen, vermochte es nicht wirklich zu begreifen ... sie konnte Ihre Schmerzen nur mitempfinden. Und das war zuviel für ihre sehr empfängliche junge Seele.«

Frau Hilde Wogand war seit einigen Tagen Patientin auf Zimmer 7. Durch ihr heiteres Wesen und ihre Anspruchslosigkeit wurde sie rasch zum Liebling der Schwestern. Auch die Ärzte bewunderten sie um ihrer stillen Tapferkeit willen. Nur Dr. Gerber setzte hinter dem Rücken Professor Overhoffs ein vielsagendes, zynisches Lächeln auf, das der Patientin jedoch glücklicherweise entging.

»Na, wie fühlen wir uns heute?« fragte Professor Overhoff. Frau Wogand lächelte. »Danke. Sehr gut, Herr Professor.«

»Das höre ich gerne.«

»Ich habe mal nachgerechnet«, sagte Frau Wogand, »genau gestern bin ich in den achten Monat gekommen ...«

»Ja, ich weiß«, sagte Professor Overhoff, »und deshalb sollten wir jetzt auch nicht länger zuwarten ...«

»Schon?« fragte Frau Wogand, nun doch mit leichtem Schrecken.

»Genau, wie wir es uns vorgenommen haben«, erklärte der Professor. »Ihr Kindchen ist bestimmt lebensfähig. Und unnötig riskieren wir doch nichts.«

»Natürlich nicht«, sagte Hilde Wogand leise. »Also wann?«

»Heute nachmittag. Möchten Sie Ihren Gatten vorher noch einmal sprechen?«

»Lieber nicht. Es würde ihn nur aufregen. Besser, er kommt, wenn alles vorüber ist.«

Dr. Schumann fühlte noch einmal den Puls der Patientin.

»Sie brauchen keine Angst zu haben«, sagte er, als der Professor und der übrige Stab sich schon abgewandt hatten, »es wird bestimmt alles gut gehen ...«

Sie lächelte tapfer. »Ich hoffe es von ganzem Herzen!«

Nach der Visite hielt Professor Overhoff seinen Oberarzt noch zurück.

»Sie halten meine Entscheidung im Fall Wogand doch für richtig?«

»Unbedingt«, sagte Dr. Schumann.

»Und wenn unser Rechenexempel nicht stimmt?«

Dr. Schumann zuckte die Achseln. »Ein Tag mehr oder weniger bedeutet für die Lebensfähigkeit des Kindes nichts. Für die Mutter aber kann jede weitere Verzögerung der Operation zum Verhängnis werden. Wenn das Karzinom erst auf die Lymphknoten übergegriffen hat...«

»...ist die Krankheit in ein inoperables Stadium übergegangen, ja, ich weiß«, ergänzte Professor Overhoff. »Ich werde erst wieder Ruhe finden, wenn ich es hinter mir habe.«

»Ich werde alles zur Operation vorbereiten«, sagte Dr. Schumann, »und dafür sorgen, daß alles für den Transport in die Kinderklinik bereit ist und das Wärmebettchen rechtzeitig angeheizt wird.«

»Sie werden mir, bitte, assistieren, Kollege.«

»Selbstverständlich, Herr Professor.«

»Und stellen Sie auch den weiteren Stab zusammen.«

Dr. Schumann spürte die Nervosität des Professors, und er begriff auch, daß diese Operation für ihn eine sehr persönliche Bedeutung hatte. Er war nahe daran, seinem Chef anzubieten, ihn zu entlasten und an seiner Stelle zu operieren. Aber er wagte es nicht, weil er fürchtete, die Empfindlichkeit des Professors zu verletzen.

Aber als Professor Overhoff den ersten Schnitt tat, zitterten seine Hände nicht. Glatt und gerade führte er ihn quer durch den oberen Bereich der Schamhaare. Die Patientin Hilde Wogand lag in tiefer Narkose, Gesicht und Körper mit sterilen Tüchern abgedeckt. Nur das Operationsgebiet lag nackt und bloß im schattenlosen Licht der Operationslampen.

Dr. Schumann stand zwischen den Beinen der Patientin. Jetzt setzte er die Haken ein, zog die Haut auseinander. Professor Overhoff durchtrennte mit einem zweiten Schnitt das Fettgewebe, dann, mit einem glatten Längsschnitt, die Muskulatur. Dr. Schumann setzte die Hauthaken neu. Das gespannte Bauchfell wurde sichtbar. Professor Overhoff eröffnete es mit einem Scherenschlag. Die Därme quollen heraus. Professor Overhoff und Dr. Gerber griffen zu den sterilen Tüchern, die die OP-Schwestern ihnen reichten, drängten die Gedärme zurück. Die eröffnete Bauchhöhle gab den Blick auf die Gebärmutter frei. Die OP-Schwester reichte dem Operateur ein sehr feines Skalpell. Er tat einen kleinen Querschnitt durch den unteren Bereich der Gebärmutter, erweiterte den Schnitt sehr vorsichtig mit dem Finger. Das Fruchtwasser spritzte heraus.

Professor Overhoff fuhr mit der rechten Hand in die Gebärmutter hinein, griff nach dem kindlichen Kopf. In Sekundenschnelle war das Frühgeborene entwickelt, ein kleines Mädchen, winzig, mit schrumpeliger bläulicher Haut, ohne Fettpolster, mit weiß-gelblicher Vernix caseosa bedeckt. Es schrie maunzend, strampelte mit Ärmchen und Beinchen.

Frau Dr. Holger, die nur auf diesen Moment gewartet hatte, nahm das Kind in Empfang. Ihre Aufgabe war es, die sofortige Überweisung in die Kinderklinik zu überwachen.

Dr. Gerber tauschte seinen Platz mit dem Dr. Schumanns, übernahm die Hauthaken.

»Puls normal«, meldete der Anästhesist, »... Blutdruck befriedigend.«

Professor Overhoff hatte sich an die Blutstillung des gefäßreichen schwangeren Uterus gemacht. Dr. Schumann unterstützte ihn dabei.

Dann erst war das Operationsgebiet zu übersehen.

Die Lymphknoten waren gesund.

Professor Overhoff überprüfte sorgfältig beide Adnexe. Beim rechten war die Diagnose klar. Er zeigte Spuren kranken Gewebes. Der linke schien gesund. Dr. Schumann machte eine Exzision, reichte sie der OP-Schwester, die ihm ein Glasplättchen hinhielt. »Sofort zur histologischen Untersuchung!«

Professor Overhoff nickte. Wenn es möglich war, wenigstens diesen Eierstock zu erhalten, würde das von entscheidender Bedeutung für den biologischen Zustand der Patientin sein. Ohne Eierstöcke war die hormonale Versorgung gestört, eine schwere Belastung für eine Frau von 29 Jahren.

Aber jetzt blieb keine Zeit zu Hoffnungen oder Überlegungen. Dr. Schumann faßte mit großen Klemmen die seitlich zur Gebärmutter liegenden Bänder, Professor Overhoff trug den rechten Adnex ab.

Zwei Stunden lang arbeiteten beide Ärzte verbissen und ohne sich auch nur eine Atempause zu gönnen.

Dr. Schumann präparierte die Harnblase ab, Professor Overhoff hob den Uterus mit der Uterusfaßzange an, präparierte ihn Schritt für Schritt frei. Dann mußten die großen Blutgefäße der Uteringefäße unterbunden werden, die seitlich in die Gebärmutter eintreten. Das gesamte Bindegewebe um die Gebärmutter wurde radikal entfernt, um sicherzugehen, daß nicht ein Fetzchen kranken Gewebes zurückblieb. Beiden Ärzten trat dabei kalter Schweiß auf die Stirn, denn es galt, die Harnleiter, die in gefährlicher Nähe verlaufen, nicht zu verletzen.

Dann war der Uterus freipräpariert, und Professor Overhoff eröffnete den oberen Abschnitt der Scheide, um auch den Zervix, den Gebärmutterhals, freizubekommen. Auch er mußte entfernt werden. Die obere Scheidenmanschette wurde blind verschlossen. Dr. Schumann nahm eine letzte Blutstillung vor.

Noch einmal überprüfte Professor Overhoff den linken Eierstock. Das Gewebe war glatt und fest, zeigte eine gesunde Färbung. Es wäre unverantwortlich gewesen, ihn zu entfernen.

Er gab seinem Assistenten das Zeichen, das Operationsgebiet zu peritonealisieren. Schicht für Schicht wurde die Bauchdecke verschlossen. Die Operation war beenet.

»Ich gratuliere, Herr Professor«, sagte Dr. Schumann, als die beiden Ärzte später nebeneinander an den Waschbecken standen.

»Nicht zu früh, bitte«, wehrte Professor Overhoff ab, »noch wissen wir nicht, ob die Patientin durchkommen wird.

Und ob unsere Entscheidung, ihr den linken Eierstock zu belassen, wirklich richtig war.«

»Aber die Operation ist doch gelungen«, sagte Dr. Gerber.

»Nach menschlichem Ermessen, ja . . . aber ich vermag unserem Ermessen nicht mehr so ganz zu trauen.«

Eine junge Schwester kam in den Waschraum, näherte sich, ein wenig verlegen, Dr. Schumann. »Herr Doktor . . . Sie möchten sofort Hamburg anrufen, . . . man hat schon mehrmals versucht, Sie telefonisch zu erreichen!«

18

Eine halbe Stunde später saß Dr. Schumann in einem Taxi und war auf dem Weg zum Flugplatz. Noch war der Aufruhr in seinem Herzen so groß, daß er nicht fähig war, einen klaren Gedanken zu fassen.

»Astrid ist gesund, Rainer«, hatte Frau Karlson gesagt, »sie wird morgen entlassen. Du kannst sie nach Hause zurückholen.«

Und ohne Überlegung hatte er geantwortet: »Ich nehme das nächste Flugzeug!«

Erst als er das Flugticket schon in der Tasche und sich einen Platz in der Maschine, die um 17.35 Uhr startete, reserviert hatte, begann ihm allmählich klarzuwerden, welche Konsequenzen diese Veränderung der Lage für ihn haben würde. Er mußte mit Patrizia Schluß machen, und er wußte, daß das nicht einfach sein würde. Es quälte ihn, ihr weh tun zu müssen, denn sie hatte das nicht um ihn verdient. Aber da gab es nichts zu entscheiden. Vor die Wahl zwischen Patrizia und die eigene Frau gestellt, würde er in jeder Sekunde seines Lebens zu Astrid gestanden haben. Und wieviel mehr jetzt, in dieser Situation, da er wußte, daß sie ein Kind von ihm erwartete und ihr Gemüt sicher immer noch überschattet war.

Konnte sie denn überhaupt ganz gesund sein? Würde das nicht ans Wunderbare grenzen?

Dr. Schumann war zu sehr Arzt, um an Wunder zu glauben. Eine Frau, die, ohne äußere Not, in der Erwartung eines Kindes einen Selbstmordversuch verübte, mußte seelisch krank sein, und eine solche Krankheit, deren Wurzeln gewiß weit zurückreichten, war auch von dem besten Psychiater nicht von heute auf morgen zu heilen.

Astrid brauchte Liebe, sie brauchte Schonung, sie brauchte Geborgenheit. Vor allem durfte es niemals zu einem Zusammentreffen zwischen ihr und Patrizia kommen – bei dem bloßen Gedanken an diese Möglichkeit trat Dr. Schumann der kalte Schweiß auf die Stirn.

Jemand mußte Astrid behüten, sie umsorgen, und das konnte nicht er selber sein, denn seine Verpflichtung als Oberarzt der Frauenklinik ließ ihm nicht genügend Zeit dazu.

Dr. Schumann grübelte über dieses Problem. Dann kam ihm ein Gedanke. Wäre nicht Kirsten Winterfeld die geeignete Person, sich um ihre Schwester zu kümmern? Er hatte erfahren, daß man ihr den Jungen ihres Mannes genommen hatte, er konnte sich vorstellen, daß sie sehr unglücklich und mit ihren eigenen Problemen beschäftigt war. Aber vielleicht würde die Sorge um die Schwester auch ihr weiterhelfen können.

Dr. Schumann blickte auf seine Armbanduhr, ihm blieb eben noch Zeit für ein kurzes Gespräch. Er stand auf, suchte eine Telefonzelle, wählte die Nummer von Winterfelds neuer Wohnung am Stadtrand. Kirsten meldete sich.

»Hier ist Rainer«, sagte er, »dein Schwager Rainer! Guten Tag, Kirsten! Deine Mutter hat mich vor einer halben Stunde aus Hamburg angerufen...«

»Mich auch«, sagte Kirsten, »ist es nicht wunderbar, daß Astrid zurückkommt?«

»Ja«, sagte er. »Ich fliege nach Hamburg, um sie zu holen.«
»Ist sie wirklich wieder ganz gesund?«

»Kirsten«, sagte er, »das weiß ich nicht. Jedenfalls glaube ich, daß sie immer noch einer gewissen... Betreuung bedarf. Und gerade deshalb rufe ich an. Könntest du nicht...«

Er zögerte weiterzusprechen, denn es wurde ihm bewußt,

daß der Wunsch, den er Kirsten vortragen wollte, eigentlich eine Zumutung darstellte.

Aber sie hatte ihn schon verstanden. »Ja«, sagte sie, »ich werde mich gerne um Astrid kümmern. Wenn es das ist, um was du mich bitten wolltest.« Mit leichter Bitterkeit fügte sie hinzu: »Dann hätte ich wenigstens wieder eine Aufgabe . . .«

»Wird dein Mann damit einverstanden sein?«

»Ich werde es ihm schon beibringen«, sagte sie leichthin.

»Ist das Haus in Ordnung?«

»Also wahrhaftig . . . daran habe ich gar nicht gedacht.«

»Typisch Mann. Ihr habt doch beide seit Monaten nicht mehr dort gelebt. Wahrscheinlich wird es ungelüftet und gänzlich verstaubt sein. Oder wohnt das Mädchen noch dort?«

»Ich habe es entlassen«, mußte er zugeben.

»Ich werde sofort hinfahren und nach dem Rechten schauen«, erbot sich Kirsten, »sag mir bloß, wie ich hineinkomme.«

»Ich habe die Schlüssel.«

»Bei dir?«

»Ja.«

»Dann hinterlege sie auf dem Flughafen. Vielleicht am Schalter der Lufthansa. Ich werde dorthin fahren und sie abholen.«

Als Dr. Schumann die enge Telefonzelle verließ, fühlte er sich etwas erleichtert. Kirstens Hilfsbereitschaft, ihr sachliches Eingreifen, ließen ihn einen kurzen Augenblick das ganze Problem in einem helleren Licht sehen.

Aber seine Erleichterung verflog so schnell, wie sie gekommen war. Ihm wurde bewußt, daß es ihm bisher nur gelungen war, eine rein äußerliche Regelung der Dinge zu treffen. Das Hauptproblem lag immer noch ungelöst vor ihm, und die Last der Verantwortung legte sich wie ein schweres Gewicht auf seine Schultern.

Der Psychiater Dr. Leuthold empfing Dr. Rainer Schumann noch am selben Abend in seinem anheimelnden Behandlungszimmer. Die beiden Ärzte begrüßten sich, obwohl sie sich zuvor nicht gekannt hatten, mit herzlicher Kollegialität.

»Ich freue mich, daß Sie gleich gekommen sind«, sagte Dr. Leuthold.

»Wie geht es meiner Frau?« fragte Dr. Schumann, noch bevor er sich gesetzt hatte. »Kann ich zu ihr?«

»Sie erwartet Sie. Ich möchte mich vorher nur noch ganz kurz mit Ihnen unterhalten...« Dr. Leuthold öffnete den Bücherschrank. »Darf ich Ihnen einen Kognak anbieten?«

»Ja, gern...« Dr. Schumann ließ sich in einen der bequemen Sessel fallen, »ich bin einigermaßen...« Er strich sich mit der Hand über das dunkle Haar. »Der Anruf meiner Schwiegermutter kam sehr überraschend.«

Dr. Leuthold stellte zwei Gläser auf den Tisch, schenkte ein. »Wenn ich mir eine sehr offene Frage erlauben darf... wie stehen Sie zu Ihrer Frau?«

»Ich liebe sie«, erwiderte Dr. Schumann einfach.

»Sehr schön. Sie sind sich sicher darüber klar, daß Ihre Frau in der nächsten Zeit ganz besonders viel Liebe... nicht körperliche Liebe, sondern Geduld, Verständnis, vielleicht auch manchmal Nachsicht nötig hat?«

»Ja«, sagte Dr. Schumann, »was ich nicht weiß... wie ist es überhaupt zu dieser Kurzschlußhandlung gekommen? Hat sie diesen Selbstmordversuch tatsächlich nur begangen, weil wir, als sie sich ihrer Schwangerschaft bewußt wurde, zerstritten waren? Eine Nachricht von ihr, das leiseste Entgegenkommen hätte doch genügt...«

»Wirklich?« fragte Dr. Leuthold. »Ihre Frau scheint überzeugt zu sein, daß Sie eine Freundin haben.«

Dr. Schumann fuhr hoch. »Hat sie deshalb...«

»Nein, nein, so einfach liegen die Dinge nicht. Es würde mich nur interessieren, zu erfahren... war diese Freundin Ursache Ihrer ehelichen Entfremdung?«

»Nein, nein«, sagte Dr. Schumann, »die Folge. Ich möchte meine Frau nicht anklagen, ich möchte mich selber auch nicht besser machen, als ich bin, aber ich wäre niemals an dieses Mädchen geraten, wenn das Zerwürfnis mit meiner Frau nicht vorausgegangen wäre.«

»So ähnlich habe ich mir das auch vorgestellt«, sagte Dr. Leuthold, »es fällt Ihnen also nicht allzu schwer, sich von der anderen zu trennen? Verstehen Sie mich richtig! Ihre Frau braucht jetzt Ihre ganze Liebe ... kein Mitleid, keine halbherzige Sympathie oder Gewogenheit aus schlechtem Gewissen! Sie müssen mir gegenüber jetzt ganz ehrlich sein ... wenn Sie nicht wirklich aus innerstem Herzen heraus die Wiederherstellung Ihrer Ehe wünschen, wäre es besser, gar nicht erst den Versuch zu unternehmen. In diesem Fall würden wir Ihre Frau bis zur Geburt hier bei uns behalten und ...«

»Nein«, sagte Dr. Schumann, »ich bin gekommen, um sie nach Hause zu holen.«

Er hatte es kaum ausgesprochen, als ihm klar wurde, daß er die Gelegenheit verpaßt hatte, Dr. Leuthold sein wirkliches Problem zu gestehen, nämlich, daß auch die andere, Schwester Patrizia, ein Kind von ihm erwartete.

Aber er kam nicht mehr dazu, seine Bedenken zu äußern. Dr. Leuthold redete schon weiter.

»Ich bin sehr froh, daß Sie sich so entschieden haben ... trinken wir darauf!« Er hob sein Glas, nahm einen kräftigen Schluck.

Dr. Schumann folgte seinem Beispiel. Er fühlte sich sehr unbehaglich, die innere Beklemmung bereitete ihm geradezu Atemnot.

Wäre es unter den gegebenen Umständen nicht doch besser gewesen, Astrid in der Obhut des Psychiaters zu lassen, wenigstens so lange, bis er zwischen sich und Patrizia Klarheit geschaffen hatte?

»Für Ihre Frau«, sagte Dr. Leuthold in seine Gedanken hinein, »wäre es ein schwerer Schlag, wenn Sie anders denken würden. Sie ist fest überzeugt, daß ihr Leben sich ändern wird, wenn sie nur imstande ist, sich selber zu ändern. Und ich muß zugeben, daß ich sie darin bestärkt habe.«

»Das war ja auch sehr richtig«, sagte Dr. Schumann lahm. Er zündete sich eine Zigarette an.

»Wissen Sie, warum Ihre Frau in den Tod gehen wollte?« fragte Dr. Leuthold.

»Ich warte immer noch auf Ihre Erklärung.«

»Weil sie sich vor dem Kind fürchtete. Genauer gesagt, vor der Geburt dieses Kindes.«

»Deshalb?« fragte Dr. Schumann, fast ungläubig.

»Ja. Das herauszubekommen, war übrigens ganz einfach. Ist Ihnen selber nie aufgefallen, Kollege, daß Ihre Frau schon immer eine tatsächlich krankhafte Angst vor allem zeigte, was mit dem Kinderkriegen zusammenhing?«

»Sie wollte keine Kinder. Aber ich habe die Gründe, die sie zu dieser Ablehnung trieben, niemals für krankhaft gehalten. Sondern eher für . . .« Dr. Schumann stockte.

»Egoismus, Feigheit, weibliche Eitelkeit, nicht wahr?« ergänzte Dr. Leuthold. »Sprechen Sie sich ruhig aus, Kollege! Schließlich sind Sie kein Seelenarzt und brauchen sich einer Fehldiagnose auf psychiatrischem Gebiet nicht zu schämen.«

»Aber wenn es wirklich so ist«, sagte Dr. Schumann, »warum hat sie sich mir dann nie anvertraut? Warum hat sie nicht wenigstens versucht, mir klarzumachen . . .«

»Weil sie sich selber über die Urgründe ihres Verhaltens nicht klar war. Wahrscheinlich hätte selbst ich viele Monate gebraucht, um die Wurzel dieser Angst auszugraben. Glücklicherweise konnte mir die Mutter der Patientin helfen. Sie erinnerte sich, daß Frau Astrid als Kleinkind Zeugin einer Geburt wurde. Sie war dabei, wie ihre jüngere Schwester zur Welt kam. Dieser Eindruck, der ihr kindliches Verständnis weit überfordern mußte, hat sich in ihrem Unterbewußtsein festgesetzt und zu jener geradezu triebhaften Angst geführt.«

»Das . . . habe ich nicht geahnt«, sagte Dr. Schumann erschüttert.

»Konnten Sie auch nicht, Kollege. Sie brauchen sich gar keinen Vorwurf zu machen.« Dr. Leuthold leerte sein Glas.

»Ich habe der Patientin den Sachverhalt klargemacht, und als sie die Ursache ihrer Angst erst einmal bewußt begriffen hatte, war der erste Schritt zur Heilung schon getan. Der letzte Schritt wird die glücklich bewältigte Geburt sein.«

Dr. Schumann drückte seine Zigarette aus. »Also«, sagte er, »war doch alles meine Schuld. Ich habe meine Frau verkannt, ich habe sie in ihrer Not allein gelassen, statt ihr zu helfen...«

»Aber nicht doch«, widersprach Dr. Leuthold, »nur keine Selbstvorwürfe. Nicht jeder Ehemann kann gleichzeitig ein Psychiater sein.«

»Besser wäre es bestimmt gewesen, wenn ich mich meiner psychiatrischen Kenntnisse erinnert hätte.«

»Ich bin sicher«, sagte Dr. Leuthold mit einem kleinen Lächeln, »wenn Ihre Theorie stimmt, müßten die Ehen der Psychiater samt und sonders außergewöhnlich glücklich sein. Aber dergleichen ist mir nicht bekannt. Wenn man einen Menschen liebt, wird es immer schwierig sein, seine Seele zu sezieren, wahrscheinlich nicht einmal wünschenswert. Wichtig ist in der Ehe nur die ehrliche Liebe und das Gefühl unwandelbarer innerer Verbundenheit.«

Astrid Schumann erwartete ihren Mann in dem kleinen Krankenzimmer der psychiatrischen Abteilung, in dem sie die letzten Wochen verbracht hatte. Sie trug ein leuchtendblaues, reich plissiertes Umstandskleid mit einem großen weißen Kragen und wirkte, obwohl ihr Zustand nicht mehr zu übersehen war, auf geheimnisvolle Weise fast mädchenhaft jung. Ihr ebenmäßig schönes Gesicht war bleicher geworden, der Mund üppiger, und auf dem Grund ihrer tiefblauen Augen stand ein stilles Leuchten. Dr. Schumann schnürte es das Herz ab, als er sie so stehen sah, erwartungsvoll, mit leicht geöffneten Händen. Er hatte sich sorgfältig zurechtgelegt, was er ihr sagen wollte, aber bei ihrem Anblick war alles vergessen.

Nur ein einziges Wort brachte er heraus: »Astrid«, und immer wieder: »Astrid!«

Er nahm sie zärtlich in die Arme, und sie schmiegte sich so vertrauensvoll an ihn wie in der allerersten Zeit ihrer Liebe.

»Kannst du mir verzeihen?« flüsterte sie dicht an seinem Ohr.

»Ich dir? Es war meine Schuld, ganz allein meine Schuld, ich hätte wissen müssen...«

»Wie konntest du denn«, sagte sie rasch, »ich wußte es ja selber nicht!«

»Ach, Astrid«, sagte er, »wieviel hätten wir beide uns ersparen können!«

Sie löste sich von ihm, strich sich mit einer sehr weiblichen Geste über das kastanienbraune Haar. »Ich weiß es nicht, Rainer«, sagte sie, »ich weiß es nicht, ob du recht hast. Wahrscheinlich mußte alles so kommen. Sag nicht, wir wollen jetzt wieder ganz von vorne anfangen. Vergessen können wir nicht. Keiner von uns. Es ist besser, wir suchen unsere Ehe auf unseren Erfahrungen aufzubauen.«

»Meine wichtigste Erfahrung ist«, sagte er, ohne den Blick von ihr zu lassen, »daß ich nie aufhören kann, dich zu lieben.«

Sie nahm ihre Handtasche auf, fragte, ohne ihn anzusehen: »Hast du mit deiner kleinen Schwester Schluß gemacht?«

»Sie hat mir niemals wirklich etwas bedeutet.«

Sie hob die Augen zu ihm, sagte fast erstaunt: »Merkwürdigerweise glaube ich dir das sogar.«

»Weil es die Wahrheit ist, Liebling.« Er bückte sich, hob ihren Koffer auf.

»Bringst du mich jetzt nach Hause?«

»Heute nacht schlafen wir noch bei deiner Mutter. Sie erwartet uns. Aber morgen . . .« Plötzlich kam ihm ein Einfall.

»Wie wäre es, Astrid, wenn wir ausbrechen würden? Wenn wir irgendwo hinfahren würden, wir beide, ganz allein? Wenn wir uns den schönsten Platz auf der Welt suchen würden, wo wir auf unser Kind warten können?«

Sie lächelte. »Der schönste Platz ist und bleibt für mich unser Zuhause.«

»Du verstehst mich nicht, Astrid«, sagte er fast heftig, »wir könnten später dorthin zurückkommen, wenn alles vorüber, wenn das Kind erst da ist!«

»Ich möchte es nicht irgendwo zur Welt bringen, Rainer, sondern nur in der Frauenklinik . . . in deiner Klinik. Mich lockt weder eine Mittelmeerinsel noch ein Dorf in den Alpen . . .«

»Und . . . wenn ich dich darum bitte?«

Ihre Augen wurden plötzlich sehr ernst. »Wovor willst du weglaufen, Rainer?« fragte sie. »Vor was fürchtest du dich?«

Er zwang sich zu einem Lachen. »Ich?! Vor gar nichts. Ich dachte nur an dich. Daß es für dich leichter wäre . . .«

»Nein, nein«, sagte sie, »ich bin jetzt lang genug von zu Hause fort gewesen. Es kommt mir fast wie eine kleine Ewigkeit vor. Du ahnst ja nicht, wie ich mich auf diese Heimkehr freue . . . es ist ja fast ein Wunder, daß ich sie überhaupt erleben darf.«

Er fand nicht den Mut, weiter in sie zu dringen, fürchtete, daß ihn jedes Wort verraten könnte.

Am frühen Nachmittag des nächsten Tages kehrten Dr. Schumann und seine Frau in ihr Heim zurück. Es regnete, und Astrid schmiegte sich während der Fahrt vom Flugplatz fröstelnd in seine Arme. Er hielt sie ganz fest, lauschte ihrem glücklichen Geplauder. Er selber wußte wenig zu sagen. Sein Herz war von Bangnis erfüllt.

Astrid wäre gerne mit dem Wagen zurückgefahren, aber er wollte ihr die lange Autofahrt nicht zumuten. So hatte er das Auto und ihr großes Gepäck noch in der Frühe in Hamburg zum Bahnhof gebracht. Sie selber waren geflogen.

»Ich bin so froh«, sagte sie immer wieder, »ich kann dir gar nicht beschreiben, wie froh ich bin.«

»Fühlst du dich auch wohl?« fragte er besorgt.

»Aber ja! Das mußt du doch merken!«

Wie bei allen werdenden Müttern eilten ihre Gedanken immer wieder weit voraus, der Zeit entgegen, wenn das Kind da sein würde. Sie malte sich aus, wie sie das Kinderzimmer einrichten, wie das Kind heißen sollte – Kirsten, wenn es ein Mädchen war, Michael, falls es ein Junge würde –, wie sie es kleiden und erziehen würde.

Er mußte sich zwingen zuzuhören, Interesse zu zeigen, aber es war ihm, als wenn jedes ihrer Worte wie ein Messer in sein Herz schnitt. Er wußte, daß er ihr eigentlich die ganze Wahrheit hätte sagen müssen, die Wahrheit über Patrizias Zustand. Aber sie war ahnungslos, so glücklich, und nach allem, was ihm der Psychiater gesagt hatte, war ihm klar, wieviel Kraft und Tapferkeit sie dieses Glück kostete, wie gefährdet sie immer noch war.

»Ich liebe dich sehr«, sagte er plötzlich in ihre Zukunftsträume hinein, »wirst du das nie vergessen?«

Sie lächelte, strich ihm mit dem Zeigefinger zart über die Stirn, in die die Sorgen tiefe Falten gezogen hatten. »Natürlich nicht«, sagte sie, »wir lieben uns doch beide!«

Als das Taxi vor dem kleinen Haus in der Nähe der Frauenklinik hielt, öffnete sich die Haustür und Kirsten, einen großen Regenschirm in der Hand, eilte auf die Straße. Sie geleitete die Schwester ins Haus, während Dr. Schumann den Fahrer bezahlte und das Gepäck hineintrug.

Drinnen war es behaglich warm. Im offenen Kamin züngelten die Flammen eines hellen Feuers, in den schweren silbernen Leuchtern brannten honiggelbe Kerzen, eine schimmernde Kristallvase mit eben erblühten Teerosen stand auf dem niedrigen Tischchen. Kirsten hatte das Haus nicht nur geputzt und auf Hochglanz gebracht, sie hatte auch alles genauso arrangiert, wie ihre Schwester es liebte.

Astrid küßte Kirsten dankbar und zärtlich. »Wie schön es hier ist ... ich danke dir! Und wie gut, daß du da bist!«

Sie ließ sich in dem tiefen, bequemen Sessel vor dem Kamin nieder. Dr. Schumann zog einen kleinen Lederhocker heran, setzte sich neben sie.

Sie tastete nach seiner Hand. »Ich begreife nicht mehr, wie ich damals habe weglaufen können«, sagte sie mit einem tiefen Seufzer des Behagens.

Er küßte ihre schmale schöne Hand, zog jeden Finger einzeln an seine Lippen, ließ sie erst los, als Kirsten den Servierwagen hereinschob. Sie hatte hauchdünne Schnitten mit Pumpernickel und Weißbrot zurechtgemacht, einen großen bunten Teller mit Gurken, Tomaten und Oliven garniert, vielerlei appetitliche Salate. »Du bist ein Engel!« rief Astrid begeistert. »Woher wußtest du, daß ich gerade auf so etwas Lust habe?«

Sie griff nach einem Gürkchen, steckte es rasch in den Mund.

Dr. Schumann und Kirsten lachten.

Während der kleinen Mahlzeit unterhielten sich die beiden Schwestern so lebhaft, daß Dr. Schumann kaum etwas zur Unterhaltung beisteuern mußte. Sein Schweigen fiel nicht auf, und er war dankbar dafür. Die beiden schönen jungen Frauen vor dem Kamin, für die der in allen Einzelheiten erlesen und kostbar eingerichtete Raum, das lodernde Feuer, das warme Licht der Wachskerzen einen prächtigen Rahmen abgaben, die Helle und Gemütlichkeit hier drinnen wurden durch den Regen, der gegen das Fenster prasselte, noch betont; das alles hatte etwas Unwirkliches.

Die Realitäten des Lebens, Schmutz und Blut, Leid und Unglück, Härte und Kampf schienen verbannt – aber für Dr. Schumann waren sie jeden Augenblick gegenwärtig. Er spürte, wie künstlich dies alles war, wie Theaterkulisse, in der er selber, Astrid und Kirsten ihre Rollen spielten, die mit der Wirklichkeit gar nichts zu tun hatten.

Aber die beiden Frauen schienen nichts von alledem zu merken, während er selber fast körperlich litt. Ihm war es, als wenn ihm die Luft abgeschnürt würde. Er mußte an sich halten, um nicht aufzuspringen, die Kerzen zu löschen, die Fenster aufzureißen – sich zu stellen und endlich Klarheit zu schaffen.

»Ich glaube, Astrid«, sagte er und seine Stimme klang rauh vor Anstrengung, »es wird langsam Zeit, daß du dich hinlegst...«

»Aber wieso denn?« widersprach sie. »Ich fühle mich ganz munter!«

Er stand auf. »Tu nur schön brav, was der Onkel Doktor dir rät.«

»Und du? Was hast du vor? Willst du etwa weg?«

»Nur für einen Sprung in die Klinik, Liebes...«

Er küßte seine Frau, verabschiedete sich von seiner Schwägerin, nahm Mantel und Schirm und verließ das Haus.

Der Regen peitschte ihm in das Gesicht, als er vorwärtsschritt, aber es kümmerte ihn nicht.

Er atmete tief, füllte seine Lungen mit der kühlen frischen Luft.

Von der nächsten Telefonzelle aus versuchte er Patrizia zu erreichen. Aber in der Wohnung Professor Overhoffs kam nicht sie, sondern Eva an den Apparat.

»Ich möchte, bitte, Schwester Patrizia sprechen«, sagte er, ohne sich vorzustellen.

Er spürte förmlich die Befremdung des jungen Mädchens – hatte sie seine Stimme etwa erkannt?

Dann aber sagte sie, zu seiner Erleichterung: »Augenblick, bitte...«

Ein kleines Geräusch zeigte an, daß sie den Hörer neben die Gabel legte, er hörte sie rufen, und dann war Patrizia selber am Apparat.

»Hallo«, rief sie atemlos, »wer spricht denn dort?«

»Rainer Schumann...«

»Das ist aber lieb, daß du mich anrufst!«

»Ich muß dich unbedingt sprechen, Patrizia...«

»Aber wir waren doch für morgen abend sowieso verabredet!«

»Morgen werde ich keine Zeit haben. Ich muß dich heute sehen. Jetzt sofort.«

»Aber ich kann doch nicht so einfach fort! Ich habe keinen Ausgang, und der Kleine...«

»Bitte Eva, sich um ihn zu kümmern. Du wirst nicht lange ausbleiben. Höchstens eine Stunde. Ich erwarte dich an der Endstation der Linie 17.«

»Aber... es regnet doch so!«

»Macht nichts. Bis zum Restaurant ›Eule‹ sind es ja nur zehn Minuten zu Fuß.«

Sie schwieg, schien zu überlegen.

Er ließ ihr keine Zeit, sich irgendwelche Gegenargumente auszudenken, sagte kurz: »Ich warte auf dich«, hängte ein. Er wußte, daß sie dieser Aufforderung nicht würde widerstehen können.

Während er im Wartehäuschen an der Endstation stand, in den Regen hinausstarrte und eine Zigarette rauchte, stieg ein Gedanke in ihm auf, der so böse und gleichzeitig so faszinierend war, daß er vor sich selber erschrak.

Er gestand sich den unverhüllten Wunsch, Patrizia zu töten, sie und ihr ungeborenes Kind. Erst wenn sie nicht mehr lebten, würde er wieder frei atmen können. Er wußte, das war Mord – aber war dieser Mord nicht gerechtfertigt, wenn er Astrid dadurch schützte, ihr Glück, das Glück seiner Ehe, seiner Familie dadurch erhielt?

Die Gelegenheit war günstig, und es würde bestimmt die letzte sein, sich Patrizias zu entledigen. Der Weg durch den Wald war schon an sonnigen Tagen einsam. Bei diesem Regenwetter würde niemand außer ihm auf die Idee kommen, hier draußen spazierenzugehen, niemand außer ihm und seinem Opfer.

Er bemühte sich, die Versuchung von sich abzuschütteln, aber es gelang ihm nicht. Alles schien so einfach, geradezu zwangsläufig, er wunderte sich, daß er nicht schon eher daran gedacht hatte. Ja, er würde es tun. Es gab keinen anderen Weg. Er blickte auf seine Hände, diese starken, geschickten Hände, mit denen er unzähligen Kindern im ersten Kampf ums Leben geholfen hatte. Jetzt sollten sie als Mordwerkzeuge dienen. Er schauderte, verbarg sie tief in den Taschen seines Regenmantels, zog die Schultern hoch.

Dann sah er die Straßenbahn. Sie fuhr in weitem Bogen auf die Haltestelle zu, hielt mit quietschenden Bremsen.

Patrizia stieg aus, ein wenig unförmig in ihrem weiten Lodenmantel. Sie blickte sich suchend um, und sofort war ihr herzförmiges Gesichtchen von Regentropfen übersprüht. Dann entdeckte sie ihn, und ihre Augen leuchteten auf. Er blieb im Schutz des Wartehäuschens, denn er wollte nicht von einer dritten Person entdeckt werden.

»Rainer!« rief sie und bot ihm die Lippen.

Aber er küßte sie nicht. »Wir müssen miteinander sprechen, Patrizia!«

»Ja, das hast du mir schon am Telefon gesagt!«

Er beobachtete durch die Scheibe, daß die Bahn immer noch nicht abgefahren war. »Hast du Schwierigkeiten gehabt fortzukommen?« fragte er.

»Nein, gar nicht. Eva ist ganz versessen auf den Jungen. Sie ist froh, wenn sie ihn für sich allein haben kann.«

»Hast du ihr gesagt, wohin du gehst?«

»Natürlich nicht.« Patrizia lachte unbefangen. »Sie versteht doch nichts von Liebe!«

Jetzt endlich klingelte der Schaffner. Niemand war zugestiegen. Die Straßenbahn setzte sich in Bewegung.

»Komm«, sagte er und faßte sie unter den Arm.

»Du machst so ein komisches Gesicht«, sagte sie, während sie neben ihm herschritt. »Ist wieder etwas mit deiner Frau?«

»Ich habe sie heute nach Hause geholt.«

Sie riß sich von ihm los. »Nein«, sagte sie, »nein. Das ist nicht wahr!«

»Du machst es dir leicht, wie?« sagte er. »Alles, was dir nicht in den Kram paßt, willst du nicht wahrhaben. In deinen Augen war Astrids Selbstmordversuch nur gespielt, und daß sie ein Kind bekommt, wolltest du ihr auch nicht glauben...«

»Du... hast dich mit ihr versöhnt?«

Sie standen noch am Waldrand, und das war nicht der richtige Platz für das, was er vorhatte.

»Komm«, sagte er, »gehen wir zur ›Eule‹. Dort können wir alles in Ruhe besprechen!«

Da sie keine Anstalten machte, sich in Bewegung zu setzen, sondern stehenblieb und ihn weiter nur fassungslos anstarrte, wandte er sich ab und ging alleine weiter, mit großen Schritten, ohne sie zu beachten. Er wußte, sie würde ihm nachkommen, und wirklich war sie schon nach wenigen Minuten wieder an seiner Seite.

»Rainer«, rief sie, und Hysterie schwang in ihrer Stimme, »hast du vergessen, was du mir versprochen hast? Du wolltest dich scheiden lassen, mich heiraten...«

»Das wollte ich wirklich, Patrizia«, sagte er, »aber versuch doch zu verstehen. Es hat sich eben alles geändert.«

»Du machst dir das sehr einfach.«

»Nein, durchaus nicht. Es fällt mir schwer, sehr schwer, dich zu enttäuschen. Ich hätte dir das weiß Gott gerne erspart. Aber du mußt doch verstehen, daß ich in erster Linie meiner Frau und meinem Kind verpflichtet bin.«

»Und was ist mit meinem Kind? Mit unserem Kind?«

»Ich werde selbstverständlich für euch beide sorgen.«

»Du läßt mich also im Stich! Für dich bin ich plötzlich nicht mehr als ein gewöhnliches Flittchen, das du von der Straße aufgelesen hast! Aber ich sage dir ...« Sie schrie, schluchzte, schimpfte weiter, und ihre Tränen vermischten sich mit den Regentropfen auf ihren Wangen.

Plötzlich ertrug er es nicht mehr. Er mußte handeln, und er wollte handeln. Er legte seine Hände, seine schlanken, starken Chirurgenhände um ihren Hals.

Sie sah ihn an, aber in ihren Augen stand kein Schrecken, nicht der leiseste Funken eines Verdachtes. Sie hielt diese Berührung für eine Liebkosung, und ein Lächeln brach durch ihre Tränen. »O Rainer«, sagte sie, »ich weiß ja, es ist nicht deine Schuld!«

Und in diesem Augenblick begriff er, daß er es nicht konnte, jetzt nicht und niemals. Er war kein Mörder, er konnte nicht töten.

Er gab sie frei, und schluchzend sank sie an seine Brust. »Es ist deine Frau, diese Hexe ... sie will dich nicht loslassen, und du kannst dich nicht wehren. Du bist zu gut, Rainer, ich habe es immer gewußt. Verzeih mir, daß ich so zu dir war, ich weiß ja, wie du leidest. Du liebst mich, nicht wahr ... nur mich?«

Er löste sich aus ihrer Umarmung. »Verzeih mir, Patrizia«, stammelte er, »verzeih ...«

Und dann drehte er sich auf dem Absatz um und rannte in den Wald hinein. Er hörte sie noch lange rufen, aber er blieb nicht stehen, stürzte, stolperte vorwärts, über Baumwurzeln und Farnkraut, immer weiter voran, auf der Flucht vor sich selber.

Professor Overhoff war im Krankenzimmer von Hilde Wogand und beobachtete, wie Schwester Helga ihr mit einem Sauger die Milch abnahm. Er wendete nur kurz den Kopf, als Dr. Schumann eintrat, schenkte dann schon wieder seine ganze Aufmerksamkeit der Patientin.

Hilde Wogand war trotz der Bluttransfusionen, die sie bekommen hatte, immer noch sehr blaß. Ihre Nase wirkte spitz in dem eingefallenen Gesicht.

»Und es geht meiner Kleinen gut, Herr Professor?« fragte sie. »Geht es ihr wirklich gut? Sie machen mir doch nichts vor?«

»Aber, aber, Frau Wogand«, sagte Professor Overhoff, »ich werde Sie doch nicht anschwindeln! Die Kleine macht sich sogar ausgezeichnet. Man hat sie schon aus dem Sauerstoffzelt herausnehmen können.«

»Ja, wirklich? Ach, Herr Professor, warum darf ich sie nicht sehen . . . nicht einmal für eine winzige Minute?«

»Das wissen Sie doch, Frau Wogand! Ihr Töchterchen ist gesund, aber es ist eben doch winzig klein. Es muß vor jeder Infektion geschützt werden. Deshalb bleibt es vorläufig in der Kinderklinik. Es liegt dort in einem Raum, der durch ultraviolettes Licht keimfrei gehalten wird.«

Frau Wogand hatte Tränen in den Augen.

»Ich weiß gar nicht, wie ich Ihnen danken soll, Herr Professor!«

»Nicht mir«, sagte der Professor, »dem da oben!«

Er verließ das Zimmer, und Dr. Schumann folgte ihm.

»Ich bin sehr glücklich«, sagte Professor Overhoff, »wirklich sehr glücklich. Das war eine riskante Sache.«

»Liegt das Untersuchungsergebnis der histologischen Abteilung schon vor?« fragte Dr. Schumann.

»Ja. Und es ist negativ ausgefallen.«

»Ich gratuliere, Herr Professor.«

Professor Overhoff sah seinen Oberarzt an. Es entging ihm nicht, wie zerquält das Gesicht des jüngeren Kollegen war.

»Was ist denn mit Ihnen los?« fragte er. »Haben Sie Ihre Frau wieder nicht mitbringen können?«

»Doch. Sie ist zu Hause.«

»Irgendwelche Komplikationen?«

»Nicht, was die Schwangerschaft betrifft.«

»Aber . . .?«

»Herr Professor, ich muß Ihnen ein Geständnis machen!«

»Na, dann kommen Sie mal mit in mein Zimmer.«

Eine Viertelstunde später wußte Professor Overhoff alles. Dr. Schumann hatte ihm erzählt, wie es zu seinem Zerwürfnis mit Astrid gekommen und wie Schwester Patrizia sich seiner angenommen hatte, wie es geschehen konnte, daß er jetzt zwischen zwei Frauen stand, die beide ein Kind von ihm erwarteten.

Professor Overhoff unterbrach ihn mit keinem Wort. Erst als er geendet hatte, sagte er sehr ruhig: »Hm, das ist natürlich eine schlimme Geschichte!«

»Ich weiß, Herr Professor, und ich weiß auch, daß ich nicht länger für die Klinik tragbar bin!«

»So schnell geht's bei mir nicht, junger Freund, ich muß mir den ganzen Fall erst mal durch den Kopf gehen lassen.«

»Schwester Patrizia wird nicht aufgeben. Sie wird Himmel und Hölle in Bewegung setzen, um sich an mir . . . mehr noch an meiner Frau . . . zu rächen.«

»Ich glaube, ich werde sie mir mal vorknöpfen . . .«

»Aber . . .«

»Ich kann Ihnen nicht versprechen, daß das etwas nutzt. Ich will sie auch keinesfalls einschüchtern. Aber bevor ich irgendeine Entscheidung treffe, möchte ich den ganzen Fall doch einmal aus ihrem eigenen Munde hören . . .«

Etwas von der gelassenen Ruhe des Professors übertrug sich auch auf Dr. Schumann. Plötzlich schien es ihm, als wenn es doch eine anständige Lösung geben könnte. Selbst wenn er die Klinik verlassen mußte, konnte er sich immer noch eine Privatpraxis aufbauen. Astrid und ihr Kind würden ihm bleiben, und das war mehr, als er verdient hatte.

Er ahnte nicht, daß – noch während er mit Professor Overhoff sprach – Patrizia auf dem Wege zu seiner Frau war.

19

Astrid Schumann und ihre Schwester Kirsten waren in der kleinen, sehr modernen Küche damit beschäftigt, das Abendessen vorzubereiten, als es an der Haustür klingelte.

»Wer kann das sein?« fragte Astrid erstaunt. »Es weiß doch noch niemand, daß ich zurück bin!«

»Vielleicht ein Vertreter... oder jemand, der für einen Wohltätigkeitsverband sammelt!« Kirsten trocknete sich die Hände an der Küchenschürze ab.

»Jetzt? Um diese Zeit?« Astrid warf einen Blick auf ihre Armbanduhr. »Es ist sechs vorbei...«

Es klingelte noch einmal, diesmal heftiger.

»Gleich werden wir die Lösung des Rätsels wissen«, sagte Kirsten, »ich werde sofort gehen und nachschauen!«

Astrid blieb in der Küche zurück, während Kirsten zur Haustür lief. Aber schon Sekunden später hörte sie heftige Stimmen.

»Nein«, hörte sie Kirsten sagen, »das geht nicht. Meine Schwester empfängt keinen Besuch!«

Astrid legte das Salatbesteck in die Schüssel, in der sie die Soße bereitet hatte, trat in die Diele hinaus. Sie sah die Besucherin nicht, die noch in der geöffneten Tür stand, denn Kirstens Rücken verdeckte sie. Aber sie hörte ihre Stimme, sehr erregt und seltsam gepreßt.

»Aber ich muß Frau Dr. Schumann sprechen, verstehen Sie denn nicht? Ich komme von Herrn Doktor!«

»Guten Abend!« sagte Astrid laut.

Kirsten wich zur Seite, und jetzt konnte Astrid die unerwartete Besucherin erkennen, eine junge Frau mit vom Regen gelöstem Haar und völlig durchweichtem Lodenmantel. Sie wußte, daß sie sie schon einmal irgendwo gesehen hatte, aber sie erinnerte sich nicht, wo und wann es gewesen war.

»Wer sind Sie?« fragte sie.

»Schwester Patrizia!«

Kirsten legte ihren Arm um die Schwester. »Sei friedlich, Liebes, geh in die Küche zurück! Laß mich mit dieser Schwester sprechen.«

»Aber warum denn?« sagte Astrid. »Ich stehe doch wohl nicht unter Kuratel.«

»Ich habe Rainer versprochen...«

»Ich weiß, du meinst es gut. Aber wir wollen doch nicht unhöflich sein.« Astrid lächelte Patrizia an. »Legen Sie Ihren Mantel ab, Schwester! Sie sind ja ganz naß.«

Patrizia folgte dieser Aufforderung, während Kirsten die Haustür schloß.

»Und nun kommen Sie mit ins Wohnzimmer. Da können Sie mir in Ruhe alles erzählen!« sagte Astrid.

Die Kerzen waren gelöscht, aber das Feuer im Kamin brannte noch mit züngelnden Flammen. Astrid bückte sich, legte zwei neue Scheite auf. Dann drehte sie sich zu Patrizia um. »Also, was gibt's, Schwester? Setzen Sie sich doch!«

Noch als Patrizia vor der Haustür gestanden und darauf gewartet hatte, daß man ihr öffnen würde, hatte sie ganz genau gewußt, was sie sagen wollte. Aber jetzt war sie verwirrt. Sie hatte nicht mit Kirstens Anwesenheit gerechnet, und die damenhafte Überlegenheit Astrids machte sie unsicher.

»Ich . . . ich möchte mit Ihnen allein sprechen«, sagte Patrizia.

»Kirsten, bitte . . .«, sagte Astrid.

»Aber ich sehe nicht ein . . .«, protestierte Kirsten.

»Was ich Ihnen zu sagen habe, geht nur uns beide an!« erklärte Patrizia, die durch Astrids Entgegenkommen neuen Mut gefunden hatte.

»Also, geh schon, Kirsten«, bat Astrid.

Sehr widerwillig und mit einer bösen Vorahnung zog Kirsten sich zurück.

»Mein Mann hat Sie also geschickt?« fragte Astrid die Besucherin.

Patrizia kämpfte mit sich, entschloß sich dann doch zur Wahrheit. »Nein. Ich bin aus eigener Initiative gekommen . . .« Sie stockte.

Astrid war in den letzten Minuten zu der Erkenntnis gelangt, wen sie vor sich hatte, und so war sie auf Patrizias Erklärung durchaus gefaßt.

»Ich liebe Ihren Mann!« sagte Patrizia, und ihre Stimme schwankte dabei vor Erregung.

Astrid wandte sich vom Feuer ab und sah sie an. »Nun, so haben wir beide also etwas gemeinsam . . . ich liebe ihn auch!«

»Dann hätten Sie ihn nicht so behandeln dürfen!«

»Hat er sich über mich beklagt?« Astrid lächelte schwach.

»Ich kann es ihm nicht einmal verdenken. Ich habe mich wirklich fürchterlich aufgeführt...«

»Und trotzdem wollen Sie ihn jetzt zurückhaben?«

»Sie irren sich«, sagte Astrid ruhig, »ich hatte ihn niemals verloren.«

»Er liebt mich ... nur mich!«

Astrid schüttelte sanft den Kopf. »Wieder ein Irrtum, Schwester Patrizia. Er hat sich bei Ihnen nur getröstet.«

»Er hat mir versprochen, mich zu heiraten!«

»Ein etwas seltsames Versprechen aus dem Mund eines verheirateten Mannes, finden Sie nicht auch?«

»Es ist seine Pflicht, mich zu heiraten!«

»Eben, liebe Schwester, sprachen Sie noch von Liebe«, sagte Astrid, »und das war ein Argument, für das ich mehr Verständnis hatte...«

»Aber er muß mich heiraten, verstehen Sie denn nicht? Er muß! Ich erwarte ein Kind von ihm!«

Das hatte Astrid nicht erwartet. Sie wurde sehr blaß. Aber sie verlor auch nicht für eine Sekunde die Haltung.

»Dann haben wir einander also nichts voraus«, sagte sie gefaßt und ließ sich Schwester Patrizia gegenüber in den hochlehnigen Gobelinsessel sinken, »oder doch ... ich bin mit ihm verheiratet. Und ich bin sehr froh darüber.«

»Sie wollen ihn also nicht freigeben?«

»Nicht, solange er mich liebt.«

»Aber er hat Sie betrogen ... begreifen Sie doch endlich! Er hat Sie mit mir betrogen! Er wollte sich scheiden lassen, er wäre längst geschieden, wenn Sie nicht ... er bleibt ja nur des Kindes wegen bei Ihnen!«

Jedes von Patrizias Worten war wie ein Messerstich in Astrids Herz. Dennoch hatte sie ihre Stimme vollkommen in der Gewalt, als sie jetzt sagte: »Und Sie wollen, daß er Sie Ihres Kindes wegen heiratet. Oder wollen Sie etwa allen Ernstes behaupten, daß er je auf die Idee gekommen wäre, Sie zur Frau zu nehmen, wenn er nichts von Ihrer Schwangerschaft gewußt hätte?«

Patrizia sprang auf. »Wie gemein ... oh, wie gemein Sie sind!«

Astrid begriff, daß sie die Situation richtig erkannt hatte, und dieses Wissen war Balsam für ihr schwerverletztes Herz.

»Sie wünschen, daß ich meinen Mann freigebe«, sagte sie, »nun gut, ich bin dazu bereit. Falls er selber seine Freiheit wünscht. Bleiben Sie hier, bis er zurückkommt, dann können Sie ihn fragen.«

»Das ist . . . teuflisch!«

»O nein. Nur menschlich. Ich habe Ihnen ein faires Angebot gemacht . . .«

»Aber er darf doch gar nicht wissen, daß ich hier war!«

Astrid atmete tief durch. »Ach so«, sagte sie, »so ist das also. Sie haben ihn mit mir aushandeln wollen, wie einen . . . einen Gegenstand. Aber er ist ein Mann, und es ist nicht unsere Aufgabe, zu bestimmen, was er zu tun und zu lassen hat. Er muß sich selber entscheiden, und er wird es tun.«

Sie erhob sich. »Ich denke, damit ist unsere Unterhaltung beendet. Ich danke Ihnen für Ihren Besuch.«

»Nein!« schrie Patrizia. »Nein, so können Sie mich nicht abschieben . . .«

»Aber ich bitte Sie . . .«

»Wenn Rainer mich nicht heiratet, wird er es bereuen . . . ja, und Sie auch! Es wird einen Skandal geben . . . ich werde ihn unmöglich machen, ich werde es dem Herrn Professor sagen, und ich werde mich auch an die Zeitungen wenden. ›Oberarzt verführt Säuglingsschwester‹ . . . wie gefällt Ihnen das? Er wird nicht Oberarzt bleiben, er wird entlassen werden, er wird in der ganzen Stadt unmöglich sein, in ganz Deutschland . . .« Patrizia schnappte nach Luft.

»Und was nutzt Ihnen das? Ihnen und Ihrem Kind?«

»Mir!« sagte Patrizia verblüfft. »Nein, natürlich nichts . . . aber ich werde meine Rache haben!«

»Ich bezweifle sehr, ob Sie das glücklich machen wird«, sagte Astrid, »es wird eine sehr klägliche Rache sein. Ich gehe mit meinem Mann und meinem Kind auch in das letzte Dorf von Hinterindien, wenn es sein muß . . . und ich werde auch zu ihm halten, wenn er als Arzneimittelvertreter sein Brot verdienen muß. Für mich ist nur eines wichtig . . . mit ihm zusammen zu sein.«

Sie ging an Schwester Patrizia vorbei, öffnete weit die Tür. »Kirsten«, rief sie, »die Schwester möchte gehen.«

Sie blieb nahe der Tür stehen, während Kirsten Schwester Patrizia in die Garderobe und hinausbegleitete. Erst als sie die Haustür ins Schloß fallen hörte, war es plötzlich mit ihrer Kraft zu Ende. Rote Ränder flammten vor ihren Augen, dann wurde es dunkel. Die Beine gaben unter ihr nach. Sie sank lautlos zu Boden.

So fand sie Kirsten, als sie Sekunden später ins Zimmer trat.

Der kleine Thomas kniete auf dem Küchenstuhl vor dem Spülbecken, das bis obenhin mit Wasser gefüllt war, und ließ sein Segelboot schwimmen. Er blies die Backen auf, pustete in die Segel, machte mit den Händen erst kleine, dann immer größere Wellen, bis das kleine Fahrzeug nahezu kenterte.

Er schien ganz in sein Spiel vertieft, aber seine blanken Augen blickten todernst, die Stirn unter dem blonden Schopf war gekraust, und er lächelte nicht ein einziges Mal. Er hörte, daß die Tür vom Laden her geöffnet wurde, wußte, daß seine Mutter kam, spürte ihren Blick in seinem Rücken. Aber er drehte sich nicht um, spielte mit seltsam unkindlicher Verbissenheit weiter.

»Thomas!« schrie Gina, »was machst du denn da!? Wie oft habe ich dir schon verboten, mit Wasser zu spielen!? Du planschst nur alles voll und machst dich überall naß!« Sie riß ihn mit einem Ruck vom Stuhl herunter.

Der kleine Junge starrte seine Mutter böse an. »Ich bin gar nicht naß«, murmelte er.

»Widerworte auch noch!« Gina schüttelte Thomas bei den Schultern. »Du glaubst wohl, du kannst mich ärgern, wie? Aber da bist du bei mir an die falsche Adresse gekommen!« Sie stieß den Jungen beiseite, zog den Stöpsel aus dem Spülbecken, ergriff das Schiffchen.

»Gib her!« schrie Thomas erbost.

»Dieses blöde Ding«, sagte Gina, »schau nur, wie es aussieht! Findest du es denn schön?!« Sie hielt das Spielzeug mit spitzen Fingern, drehte es von links nach rechts.

Es war wirklich nicht mehr ansehnlich. Der Lack war allenthalben abgesplittert, die ehemals weißen Segel waren grau von schmutzigen Kinderhänden geworden, der Mast, schon einmal gebrochen, war mit einem Streichholz und Bindfäden geflickt.

»Gib es her! Es gehört mir!«

Thomas wollte es seiner Mutter entreißen, aber sie hielt es hoch über den Kopf, so daß er nicht daran kommen konnte. »Ich weiß schon, warum du so versessen auf das alberne Ding bist«, sagte sie, »weil es dir deine liebe Frau Winterfeld geschenkt hat! Sehr lieb ist sie, wirklich! Wenn sie dir die Kiste mit dem Spielzeug geschickt hätte, wie sie versprochen hat, brauchtest du nicht immer nur mit diesem scheußlichen Ding zu spielen.«

»Mammi hat sie geschickt«, sagte Thomas wütend.

»Was du nicht sagst!« Gina lachte spöttisch.

»Doch. Hat sie. Aber du ... du hast die Kiste gleich auf den Speicher gestellt!«

Gina holte tief Luft. »Wenn ich nicht wüßte, daß du nur ein dämlicher kleiner Junge bist, der nicht weiß, was er redet, würde ich dir jetzt eine schmieren ... aber ich weiß eine viel bessere Strafe!« Sie ging zum Herd, riß das Feuertürchen auf.

»Nein!« schrie Thomas. »Nein!«

Er stürzte sich auf seine Mutter, aber sie hatte das kleine Boot schon auf die glühenden Kohlen geschoben, warf das Türchen wieder zu, drehte sich zu ihrem Sohn um und musterte ihn triumphierend.

Aber Thomas weinte nicht. Sein kleines Gesicht war verzerrt vor Schmerz und Zorn, doch seine Augen blieben trocken. Plötzlich schämte Gina sich. Sie hatte das Herz des Jungen zurückgewinnen, seinen Willen brechen wollen. Aber weder das eine noch das andere war ihr bisher gelungen. Sie hatte mit falschen Mitteln gekämpft und die Kluft zwischen ihnen beiden immer tiefer aufgerissen, anstatt sie zu überbrücken. »Sei nicht traurig, Thomas«, sagte sie sanft, »mit dem Boot war wirklich nichts mehr los. Morgen gehen wir beide in die Stadt und kaufen ein neues ... ein viel schöneres und größeres!«

Aber Thomas antwortete nicht. Die geballten Hände tief in die Taschen gebohrt, wandte er sich ab.

Sie legte ihre Hand auf seine Schulter. »Du, Thomas, weißt du... ich habe eine Idee! Wollen wir zusammen mit der schönen Eisenbahn spielen, die ich dir geschenkt habe? Sei nicht verstockt, das nutzt doch nichts. Das Segelboot wird davon doch nicht wieder heil...«

Sie trat an den Wandschrank, schloß ihn auf, holte die Eisenbahn herunter – eine Lokomotive mit Kohlentender und drei Personenwagen. Sie stellte alles auf den Boden, nahm die Schachtel heraus, die die Schienenteile enthielt.

»Da«, sagte sie, »steck mal die Schienen zusammen...«
Thomas tat, was sie von ihm verlangte, sein Gesicht zeigte keine Spur von Freude, aber immerhin, er tat es.

Na also, dachte Gina, wäre doch gelacht, wenn ich mein eigenes Kind nicht behandeln könnte! Ich möchte den Jungen sehen, der so einer hübschen Eisenbahn widerstehen könnte!

»Los, jetzt gib das Signal zur Abfahrt«, sagte sie.

Thomas pfiff gellend auf zwei Fingern. Gina lachte und ließ den kleinen Zug laufen. Er sauste rund um die Schienenbahn.

Die Ladenglocke schepperte.

Gina, die neben ihrem Jungen auf dem Fußboden gekniet hatte, stand auf, klopfte ihren Rock ab. »Da hast du es«, sagte sie, »deine Mutter muß schon wieder arbeiten. Spiel jetzt schön brav und mach mir nicht wieder Ärger. Ich bin gleich zurück.«

Sie verließ die Küche in dem Gefühl, in der Erziehung ihres Jungen einen ganzen Schritt weitergekommen zu sein.

Der kleine Zug lief und lief. Thomas verfolgte ihn eine Weile mit den Augen. Dann stand er auf, ging zum Herd, riß das Feuertürchen auf. Aber von seinem Segelboot war nichts mehr zu sehen.

Er wandte sich wieder der Eisenbahn zu. Die Feder war abgelaufen. Die Lokomotive stand.

Der Junge schlüpfte in die Werkstatt, wo Alfons Müller, der Mann seiner Mutter, damit beschäftigt war, ein recht altertümliches Radio zu reparieren.

Herr Müller hob nur kurz den Kopf, als Thomas hereinkam, sagte: »Na, Kleiner!« und wandte sich dann wieder seiner Arbeit zu.

Thomas strich, scheinbar ohne besondere Absicht, durch die Werkstatt und fand bald, was er suchte: Schraubenschlüssel, Zange und Hammer. Er stopfte diese Schätze in die Hosentaschen, ohne darauf zu achten, daß er das Futter dabei zerriß, drückte sich wieder hinaus.

Er kniete sich neben der Eisenbahn auf den Boden und begann sehr systematisch sein Zerstörungswerk. Er verbog die Schienen, bis sie zu unentwirrbarem Schrott geworden waren, montierte die Räder der Lokomotive und jedes einzelnen Wagens ab, knackte das Gestänge und dann, immer noch nicht zufrieden, begann er mit dem Hammer kräftig auf das bereits demolierte Spielzeug einzuschlagen.

So fand ihn Gina, und der Anblick, der sich ihr bot, verschlug ihr für Sekunden den Atem.

Dann schrie sie auf. »Was machst du denn da?!«

»Ein Eisenbahnunglück«, sagte Thomas ruhig, »alles kaputt. Alle Menschen tot.«

Gina stürzte auf ihn zu, entriß ihm den Hammer. »Alfons!« schrie sie schrill. »Alfons!«

Herr Müller stürzte in die Küche, sah die Bescherung. »Hast du Worte!« sagte er, mehr überrascht als entsetzt.

Gina fauchte ihn an. »Ist das alles, was du dazu zu sagen hast?«

»Was denn sonst? Es war deine Idee, ihm die Eisenbahn zu kaufen.«

»Verhau ihn! Nimm den Riemen und hau ihn durch.«

»Er ist dein Sohn, Gina.«

»O Thomas«, rief Gina, »wie konntest du das tun!? Weißt du denn nicht, wieviel Geld die Eisenbahn gekostet hat?«

Thomas war aufgestanden. Er stieß mit dem Fuß gegen die Trümmer. »Du hast sie mir ja geschenkt!«

Gina verlor die Nerven. Sie stürzte auf den Jungen zu, versuchte ihn zu verhauen.

Aber Thomas war stark. Er wehrte sich mit Händen und Füßen, trat und stieß nach der Mutter, kratzte und fauchte. »Hilf mir doch, Alfons, hilf mir doch!« rief Gina.

»Der ist ja kriminell«, sagte Herr Müller, »der gehört nicht in ein anständiges Haus, sondern in Fürsorgeerziehung!«

»Da! Hast du gehört?!« schrie Gina und zerrte den Jungen bei den Haaren. »In die Fürsorge gehörst du, und ich stecke dich auch hinein!«

»Tu's nur! Tu's nur!« brüllte Thomas. »Mein Vater ist Rechtsanwalt, der holt mich schon wieder heraus!«

»Dein Vater! Daß ich nicht lache! Der ist ja froh, daß er dich los hat!«

Das war zuviel.

Mit aller Wucht stieß Thomas seinen Kopf in den Leib der Mutter, so daß sie vor Schmerz aufschrie und ihn losließ.

Jetzt aber war es auch mit Herrn Müllers Ruhe vorbei. Er löste seinen Ledergürtel, packte den Jungen, legte ihn über das Knie, riß ihm die Hose herunter, schlug auf ihn ein. Er schlug, bis ihm der Arm lahm wurde und das Hinterteil des Jungen mit dicken Striemen bedeckt war.

Aber Thomas gab nicht einen einzigen Laut von sich.

Als Dr. Schumann heimkehrte, fiel ihm sofort die sonderbare Stille im Hause auf.

»Astrid!« rief er. »Astrid!«

Aber seine Frau kam ihm nicht, wie er erwartet hatte, entgegen, sie gab auch keine Antwort.

Beunruhigt trat er ins Wohnzimmer. Es war leer. Das Feuer im Kamin war nur noch verlöschende Glut. Er ging in die Küche. Auch hier war nichts von Astrid oder Kirsten zu sehen. Auf dem Tisch stand eine Schüssel mit Salatsoße. Eine Platte des elektrischen Herdes war eingestellt, aber die Pfanne mit dem Fett stand daneben. Es herrschte eine Unordnung, als wenn die beiden Frauen mitten in den Vorbereitungen zum Abendessen gestört worden wären. Dr. Schumanns Unruhe steigerte sich. Mechanisch schaltete er die Herdplatte aus, ging zur Treppe, eilte die Stufen hinauf.

»Astrid!« schrie er. »Astrid!«

Kirsten erschien daraufhin auf dem obersten Treppenabsatz. Eine Sekunde lang war er erleichtert, sie zu sehen, dann, als er merkte, wie blaß und verstört ihr Gesicht war, erfaßte ihn namenloser Schrecken.

»Was ist geschehen?!«

Kirsten legte den Finger auf den Mund. Er wollte an ihr vorbei ins Schlafzimmer seiner Frau stürmen, aber sie hielt ihn zurück.

»Bitte«, sagte sie, »Rainer, reg dich nicht auf . . .«

»Aber was ist . . .?!«

»Sie ist ohnmächtig geworden. Aber es geht ihr jetzt schon wieder besser. Ich habe sie hier heraufgebracht.«

Er stieß seine Schwägerin beiseite, stürzte ins Schlafzimmer. Auf der Schwelle verhielt er seinen Schritt, straffte die Schultern. Er zwang sich zu berufsmäßiger Gelassenheit.

»Astrid, Liebling«, sagte er mit einer Stimme, die fremd in seinen eigenen Ohren klang, »was machst du denn für Sachen?«

Sie lag in ihren Kissen, bleich und erschöpft, hob mühsam die Lider.

»Es ist alles in Ordnung«, sagte sie schwach.

Mit wenigen Schritten war er am Bett, fühlte ihren Puls.

»Wie fühlst du dich, Liebling?«

»Ganz gut.«

»Schmerzen?«

Sie schüttelte stumm den Kopf.

Er sah, daß die beiden Frauen einen raschen Blick wechselten.

»Raus mit der Wahrheit«, sagte er, »was habt ihr angestellt? Hat Astrid sich etwa überanstrengt? Zu schwer gehoben?«

»Nein«, sagte Kirsten zögernd.

»Also . . . was war? Macht mir nichts vor. Irgend etwas muß geschehen sein. Man fällt nicht aus heiterem Himmel in Ohnmacht, auch nicht, wenn man im sechsten Monat ist.«

»Wir hatten Besuch«, sagte Kirsten.

Dr. Schumann hob den Kopf und starrte sie an. »Besuch?« Astrid tastete nach seiner Hand. »Ja, Lieber«, sagte sie, »Schwester Patrizia . . .«

Dr. Schumann war es, als wenn sein Herz einen Schlag lang aussetzte. »Nein«, sagte er dumpf, »o nein ...«

»Rainer, bitte ...«, sagte Kirsten hilflos.

»Und du hast das zugelassen!« schrie er. »Wie konntest du?! Hatte ich dir denn nicht gesagt ...«

»Kirsten hat keine Schuld«, erklärte Astrid ruhig, »schimpf nicht mit ihr. Damit machst du nichts besser. Ich wollte mit ihr sprechen ... und ich bin froh, daß ich es getan habe!«

Er sank an ihrem Bett in die Knie, barg sein Gesicht an ihrer Brust. »O Astrid ... Astrid ...«, stöhnte er.

Kirsten verließ auf Zehenspitzen das Zimmer.

»Es ist vorbei«, sagte Astrid, »sie ist weg, und sie wird nie mehr wiederkommen!« Sie streichelte sanft sein dunkles Haar. »Jetzt weiß ich das Schlimmste, und nichts kann uns mehr passieren ...«

»Ich hätte es dir sagen müssen ...«

»Du konntest es nicht, du wolltest mich schonen ... ich verstehe alles, Rainer, ich mache dir keinen Vorwurf!«

Er hob den Kopf und sah seine Frau an. Tränen der Erschütterung standen in seinen Augen. »Auch ... daß ich es getan habe?«

»Ja, Rainer«, sagte sie leise, »es war meine Schuld. Ich hatte dich von mir getrieben ... wir sind beide schuld, und wir müssen es gemeinsam tragen.«

»Ich schäme mich, Astrid ... wenn du wüßtest, wie ich mich schäme. Ich habe sie nie geliebt, glaub mir, und ich hatte niemals vor, sie zu heiraten. Aber dann, als sie mir sagte, daß sie ein Kind erwartete ...«

»Du brauchst mir nichts zu erklären, Rainer ...«

»Sei nicht so gut zu mir ... nicht zu gut! Ich werde dir nie mehr in die Augen sehen können.«

»Doch, du wirst. Du hast mir verziehen ... und auch ich habe dir verziehen. Es ist vorbei und abgetan. Was vergangen ist, ist vergangen. Jetzt kommt es nur darauf an, daß wir die Gegenwart meistern ... und die Zukunft.«

»Ich fürchte, ich werde von jetzt ab keine Zukunft mehr haben ...«

»Vielleicht nicht als Arzt, aber als mein Mann, als der Vater unseres Kindes. Wenn wir beide nur ganz fest zusammenhalten, kann niemand uns etwas anhaben. Das habe ich auch Patrizia gesagt ... vielleicht wird sie es einsehen. Vielleicht wird sie darauf verzichten, sich an dir zu rächen.«

Er erhob sich. »Nein«, sagte er, »das wird sie nicht. Sie ist verletzt, tief verletzt, und sie schlägt jetzt um sich, um die eigene Wunde nicht so schmerzhaft zu spüren.«

»Rainer«, sagte sie sanft.

Er wandte ihr sein dunkles, zerquältes Gesicht zu.

»Wäre es dir fürchterlich, wenn du von der Frauenklinik fort müßtest?«

Er zwang sich zu einem Lächeln. »Mach dir meinetwegen keine Sorgen, Liebling. Du mußt auf dich selber achten. Das Wichtigste ist, daß du durchhältst und dein Kind gesund zur Welt bringst.«

»Ich möchte dir so gerne helfen«, sagte sie, »meinst du, ich sollte einmal mit Professor Overhoff sprechen?«

»Er weiß alles«, sagte Dr. Schumann.

Er beugte sich über seine Frau und küßte sie, und beide spürten, daß sie sich nie zuvor so geliebt hatten wie in diesem Augenblick.

Professor Overhoff trat leise ins Kinderzimmer, wo Schwester Patrizia dabei war, den kleinen Hanno frisch zu wickeln. Sie lächelte dem Kleinen zu, sprach in zärtlichen Tönen auf ihn ein, aber ihre Augen waren von Tränen gerötet.

»Guten Abend, Schwester!« sagte Professor Overhoff.

Sie zuckte zusammen. »Oh! Ich hatte Sie gar nicht kommen hören!«

Er musterte sie mit dem prüfenden Blick des Frauenarztes, konnte aber selbst jetzt, da er wußte, daß sie ein Kind erwartete, keine Anzeichen von Schwangerschaft an ihr feststellen. Sie war vielleicht ein wenig stark um die Taille, aber ihre Beine waren schlank, die Fesseln zart, das Gesicht keineswegs gedunsen, sondern eher schmaler geworden.

»Kommen Sie doch bitte, wenn Sie den Jungen zu Bett gebracht haben, mal zu mir herunter«, sagte er, »ich möchte etwas mit Ihnen besprechen.«

In Schwester Patrizias Augen flackerte es. »Jawohl, Herr Professor!«

Er lächelte ihr ermutigend zu, dann ging er hinaus.

Es fiel ihm schwer aufs Herz, daß er eigentlich nicht recht wußte, was er ihr sagen wollte. Es kam zwar in der Frauenklinik wie in jedem anderen Unternehmen nicht selten zu Schwierigkeiten mit den Angestellten, zu persönlichen Beziehungen, die über das erwünschte Maß hinausgingen, zu Intrigen und Unterströmungen, aber er selber hatte sich schon seit Jahren mit diesen Dingen nicht mehr befaßt, sondern er ließ sie gewöhnlich durch seinen Oberarzt in Ordnung bringen – aber ausgerechnet Dr. Schumann selber war es ja jetzt, der in eine Krise geraten war. Die Aufgabe, die vor ihm lag, gefiel Professor Overhoff nicht. Doch er wußte, daß er sich ihr nicht entziehen konnte. Er verurteilte die Handlungsweise Dr. Schumanns, aber andererseits hatte er doch auch Verständnis für ihn, für ihn und für Schwester Patrizia, und das machte die Lage nicht einfacher. Er wollte Dr. Schumann nicht verlieren. Er war ein qualifizierter und hochbegabter Arzt, darüber hinaus stand er ihm menschlich sehr nahe. Es ging ihm gegen den Strich, ihn wegen einer törichten Liebesgeschichte fallenzulassen, noch dazu zu einem Zeitpunkt, wo seine sehr sensible Frau ein Kind erwartete. Aber es widerstand ihm genausosehr, Schwester Patrizia allein zur Verantwortung zu ziehen, sie womöglich einzuschüchtern und mundtot zu machen. Sie hatte die gleichen menschlichen Rechte wie der Vater ihres Kindes.

Er hatte seinen eigenen Raum im Erdgeschoß gerade betreten, als Schwester Patrizia ihm nachkam. »Herr Professor«, sagte sie unsicher, »Sie wollten mit mir sprechen...«

»Stimmt, ich nehme an, daß Sie mir etwas zu sagen haben.«

Schwester Patrizia warf den Kopf in den Nacken und sagte herausfordernd: »Ich bekomme ein Kind.«

»Hätte ich das nicht eigentlich schon früher wissen sollen?«

»Sie haben mich nicht danach gefragt.«

»Na, na, na«, sagte Professor Overhoff, »so etwas erklärt man doch vor Antritt eines neuen Arbeitsverhältnisses aus freien Stücken. Ich muß ehrlich sagen, ich bin einigermaßen enttäuscht von Ihnen, Schwester.«

»Ich hätte es Ihnen ja gesagt«, verteidigte sich Patrizia, »ganz bestimmt! Aber Dr. Schumann hatte es mir verboten.«

»Sie sind ein erwachsener Mensch, Schwester. Ich finde es ein bißchen merkwürdig, daß Sie jetzt alle Verantwortung auf Herrn Dr. Schumann abschieben wollen.«

»Er hat mich verführt! Und er hat mir eingeredet, daß alles geheim bleiben müßte, weil es sonst Schwierigkeiten geben könnte. Wegen unserer Heirat.«

»Ich finde es immerhin anerkennenswert, daß Sie nicht behaupten, er hätte Sie vergewaltigt.«

»Er hat mir gesagt, er würde sich scheiden lassen und mich heiraten!« trumpfte Schwester Patrizia auf.

»Sie haben sich also verführen lassen, weil Sie hofften, seine Frau zu werden.«

»Ganz so war es nicht«, sagte Schwester Patrizia, die merkte, daß sie die Sache in ein schiefes Licht gerückt hatte.

»Das hoffe ich für Sie«, sagte der Professor. »Sie wissen, daß Dr. Schumanns Frau zurückgekehrt ist und daß von einer Scheidung keine Rede mehr sein kann. Die Frage ist nun . . . was werden Sie jetzt anfangen?«

»Auf keinen Fall werde ich mich einfach abschieben lassen!«

»Also . . . was haben Sie vor?«

»Ich will nichts als mein Recht.«

»Einem verheirateten Mann gegenüber haben Sie kein Recht und haben auch nie eines gehabt, Schwester.«

»Ach so«, sagte Patrizia, »das hätte ich mir denken können. Sie halten natürlich zu Dr. Schumann. So ist es ja immer. Die Ärzte halten zusammen, und was uns Schwestern passiert, das soll einfach nichts bedeuten.«

»Sie sind verbittert, das verstehe ich«, sagte Professor Overhoff, »aber das berechtigt Sie immerhin noch nicht, in einem solchen Ton mit mir zu sprechen.«

»Sie können mich ja entlassen, wenn Sie wollen!«

»Das werde ich nicht, wenn Sie sich einigermaßen anständig aufführen.«

»Und worin soll diese anständige Aufführung bestehen? Daß ich mir alles gefallen lasse? Daß ich den Mund halte? Daß ich zusehe, wie Dr. Schumann weiterhin Oberarzt bleibt, den Ehrenmann spielt...«

»Ist er das in Ihren Augen nicht?« fragte der Professor.

»An mir jedenfalls hat er schäbig gehandelt, und ich denke gar nicht daran, mir das gefallen zu lassen.«

Professor Overhoff trat an seinen Schreibtisch, zündete sich sehr sorgfältig eine Zigarre an. »Na schön«, sagte er dann, »Sie haben mir Ihren Standpunkt klargemacht, Schwester. Ich will nicht behaupten, daß ich ihn gutheiße, aber schließlich müssen Sie selber wissen, was Sie tun. In erster Linie, meine ich aber, sollten Sie jetzt an Ihr Kind denken.«

»Sie wollen mir einreden, daß ich mich durch einen Skandal unmöglich machen würde? Das ist mir egal. Ich finde immer irgendwo Arbeit, Sie können mir keine Angst einjagen.«

»Das war auch gar nicht meine Absicht. Ich habe den Eindruck, Schwester...« Professor Overhoff paffte eine dicke Wolke, »daß Sie mich absichtlich mißverstehen. Wenn ich von Ihrem Kind spreche, dann als Frauenarzt. Im wievielten Monat sind Sie... Ihrer Berechnung nach?«

»Im fünften.«

»Haben Sie schon Kindsbewegungen gespürt?«

Schwester Patrizia zögerte. »Ich bin nicht sicher...«

»Soll das heißen, Sie haben nicht darauf geachtet?«

»Doch.« Schwester Patrizia biß sich auf die Lippen. »Ich habe darauf gewartet, aber...«

»Bei welchem Arzt sind Sie in Behandlung?«

»Dr. Schumann wollte mich untersuchen, aber dann... dann kam das mit seiner Frau dazwischen.«

»Schnüren Sie sich sehr eng?«

Patrizia nickte. »Es sollte doch niemand merken, wie es um mich steht.«

»Jetzt passen Sie mal auf, Schwester. Ihre Privatfehde mit Dr. Schumann interessiert mich nicht. Jedenfalls nur halb so stark, wie Sie glauben. Ich trenne mich nur ungern von ihm, aber wenn es sein muß, werde ich ihm auch nahelegen zu kündigen. Wichtiger aber, viel wichtiger erscheint mir die

Gesundheit Ihres Kindes und Ihre eigene. Alles ist wieder in Ordnung zu bringen, so oder so. Das Leben geht immer weiter. Aber ein verlorenes Menschenleben ist nicht zu retten. Haben Sie mich verstanden?«

»Ja, Herr Professor.«

»Sie werden mich also morgen nachmittag, wenn Eva von der Schule zurück ist und auf Hanno aufpassen kann, in meiner Praxis aufsuchen.«

Patrizia nickte.

»Und wenn Sie inzwischen Ihre Einstellung Dr. Schumann gegenüber revidiert haben sollten, würde es mich freuen.«

»Das kann ich nicht.«

»Überschlafen Sie es noch mal. Und machen Sie sich ganz klar, daß er der Vater ihres Kindes ist. Jeden Schaden, den Sie ihm zufügen, fügen Sie auch Ihrem Kind zu. Durch den Haß in Ihrem Herzen schaden Sie auch Ihrem Kind!«

20

Der kleine Thomas lag schon seit zwei Stunden in seinem Bett, aber er schlief nicht. Seine Mutter saß nebenan vor dem Fernseher, und jedes Wort, das aus dem Lautsprecher kam, war deutlich zu hören.

Aber das war es nicht, was ihn störte. Die Verzweiflung war es, die ihn wach hielt, der Kummer seines kleinen Herzens und die heiße Sehnsucht nach seiner »Mammi«.

Er war zu jung, um zu begreifen, warum ihn seine Mutter zu sich geholt hatte und warum seine Mammi ihn nicht hatte behalten dürfen. Er fühlte nur, daß er es nicht mehr aushielt und daß er zu ihr mußte. Er wollte fort, und er wollte zu ihr. Wenn er erst wieder bei ihr wäre, so schien es ihm, würde alles gut sein.

Leise stieg er von der Couch, die seine Mutter ihm als Bett hergerichtet hatte, zog sich an – Schuhe, Strümpfe und Anzug. Der Kleiderschrank knarrte, als er ihn öffnete, und erschrocken hielt er mitten in der Bewegung inne. Aber die

Musik im Fernseher war sehr laut, bestimmt hatte seine Mutter nichts gehört. Er zog seinen Regenmantel heraus, den neuen, den seine Mammi ihm gekauft hatte, schlüpfte hinein, lief zum Fenster, stieß es weit auf.

Die Wohnung seiner Mutter lag im Erdgeschoß. Das nasse Pflaster des Hinterhofs schimmerte im Licht der Fenster. Vorsichtig ließ Thomas sich hinuntergleiten. Geduckt huschte er an der Werkstatt, in der Alfons Müller immer noch bei der Arbeit saß, vorbei, rannte durch den Torweg und hinaus auf die Straße.

Es regnete in Strömen, und er hatte keine Mütze auf. Aber es störte ihn nicht. Er wußte die Adresse, Rosenstraße 17, aber mehr auch nicht, nicht den Stadtteil und nicht die Richtung. Aber er war ganz sicher, daß er nach Hause finden würde.

Er rannte blindlings in die Regennacht hinein.

Gina Müller, geborene Franke, bemerkte das Verschwinden des kleinen Thomas erst fast zwei Stunden später, nämlich als das Fernsehprogramm zu Ende war, und das war genau um 23 Uhr 45 Minuten.

Als sie die Couch leer fand, glaubte sie zuerst, daß der Junge sich versteckt hätte, um sie zu ärgern. Eher böse als beunruhigt rief sie wiederholt seinen Namen, durchsuchte jeden Winkel der kleinen Wohnung. Dann erst fiel ihr auf, daß auch sein Anzug, Schuhe und Strümpfe verschwunden waren, und ganz plötzlich begriff sie.

»Alfons!« rief sie gellend und stürzte in die Werkstatt.

Er blickte nur flüchtig auf. »Komme ja schon«, brummte er, »will nur eben dieses Ding hier noch fertig machen.« Er wandte seine Aufmerksamkeit wieder dem Transistor zu, an dem er gerade arbeitete.

Sie stürzte zu ihm hin, schüttelte ihn bei den Schultern. »Alfons! Der Junge ist weg! Ausgerissen . . . durch das Fenster!«

»Reg dich doch nicht auf, er wird schon nicht . . .«, begann Alfons Müller, dann unterbrach er sich, als wenn ihm erst jetzt die ganze Tragweite dieser Mitteilung aufgegangen wäre. »Was sagst du da?!«

»Er ist fortgelaufen!«

»Verdammt!« Alfons Müller stieß den Transistor beiseite und sprang auf. »Das hat gerade noch gefehlt!«

»Was machen wir nun?« fragte Gina mit weißen Lippen. »Sag doch, Alfons . . . was sollen wir jetzt bloß tun?«

Er zuckte die Achseln. »Warten, bis er wiederkommt.«

»Das wird er nie . . . niemals freiwillig! Wir müssen die Polizei verständigen.«

»Kommt gar nicht in Frage!«

»Aber irgend etwas müssen wir doch tun! Stell dir bloß vor . . . der Kleine! Mitten in der Nacht! Bei diesem Regen!«

»Er wird's aufgeben.«

»Nein, das wird er nicht!« Gina schluchzte hysterisch auf.

»Nun nimm dich mal zusammen, Gina«, sagte ihr Mann, »denk mal in aller Ruhe nach. Wie weit kann so ein Stöpsel schon auf eigene Faust kommen. Sie werden ihn aufgreifen und zurückbringen.« Er runzelte die Stirn. »Warte mal, das darf natürlich nicht sein . . .« Plötzlich brach es aus ihm heraus. »Verflucht! Warum mußtest du diesen Bengel überhaupt hier anschleppen!«

»Er ist mein Sohn, Alfons!«

»Ein feiner Sohn, das muß ich schon sagen. Machst du dir auch klar, daß er uns in des Teufels Küche bringen kann?! Wenn die Polizei ihn aufgreift, sind wir dran . . .«

»Aber . . . wieso denn?«

»Nimm doch gefälligst mal für fünf Minuten deinen Grips zusammen! Du kennst diesen Bengel doch! Also kannst du dir auch ausmalen, was er der Polizei über uns erzählen wird!«

»Wer wird einem Kind schon glauben, was es über seine Eltern erzählt!«

»Hast du die Striemen vergessen!?«

Sie starrten sich an, und einer las das schlechte Gewissen in den Augen des anderen.

»Du hättest ihn nicht so schlagen dürfen«, sagte Gina endlich.

»Nur zu! Geh auf mich los! Das hatte ich erwartet! Wer hat mir denn dauernd zugerufen: Hilf mir doch, prügle ihn durch! – Ich habe es nicht gewollt, weiß Gott, ich hätte es nie getan, wenn du mir nicht so zugesetzt hättest!«

»Bitte, Alfons«, sagte sie, »hör auf damit! Es hat keinen Zweck, wenn wir uns gegenseitig Vorwürfe machen!«

»Du scheinst dir nicht ganz darüber klar zu sein, was du mir eingebrockt hast.« Alfons Müller wischte seine öligen Hände an einem Knäuel Putzwolle ab. »Man wird uns vors Vormundschaftsgericht zitieren, verlaß dich darauf... wir können uns auf eine Anzeige wegen Kindsmißhandlung gefaßt machen...«

»Aber...«, versuchte sie ihn zu unterbrechen.

»... und weißt du, was das für mich bedeutet?!« schrie er. »Kein Mensch wird auch nur eine Batterie noch von mir kaufen wollen! Man wird mit Fingern auf mich zeigen!«

»Wie wäre es, wenn du zwischendurch auch mal an mich denken würdest! Schließlich bin ich die Mutter!«

»Eine feine Mutter, das kann man wohl sagen! Die feine Mutter eines sehr feinen Sohnes!«

Sie drehte sich schweigend um, ging zum Telefon.

Mit wenigen Schritten war er bei ihr. »Was willst du tun?«

»Die Polizei anrufen. Was bleibt uns schon anderes übrig?«

»Kommt gar nicht in Frage.«

»Aber dann...«

»Sag mal, der Vater des Jungen ist doch Rechtsanwalt? Vielleicht könnte der uns helfen?«

»Hugo Winterfeld? Ausgerechnet. Da würden wir aber an die falsche Adresse kommen. Der will den Jungen doch haben.«

»Und warum läßt du ihn ihm nicht, du verfluchtes Frauenzimmer?! Ja, ja, ich weiß, weil er nicht nett genug zu deinem süßen Thomas war, weil seine Frau den Jungen verzogen hat! Was habe ich mir nicht alles von dir einreden lassen! Aber das ist doch Quatsch, absoluter Wahnsinn! Sollen sie doch mit ihm machen, was sie wollen... Hauptsache, wir sind ihn los!«

Er nahm Gina den Hörer aus der Hand. »Weißt du die Nummer von Dr. Winterfeld?«

»Ja. Aber in der Kanzlei wird er nicht mehr sein.«

»So blöd bin ich nun auch nicht, daß ich das erwartet hätte. Rufen wir also die Wohnung an . . .«

Gina sagte ihm die Nummer an, und er wählte. Er lauschte lange auf das Freizeichen, aber niemand meldete sich. »Die scheinen einen tiefen Schlaf zu haben«, sagte er, »oder sie sind nicht zu Hause.«

»Vielleicht versuchen wir es mal in seiner früheren Wohnung.«

»Was soll das für einen Sinn haben?«

»Ich glaube, er hat sie nicht aufgegeben. Und vielleicht wohnen sie unter der Woche dort . . .« Gina nahm ihrem Mann den Hörer aus der Hand, wählte.

»Zünd mir eine Zigarette an . . .«

Dr. Hugo Winterfeld meldete sich in dem Augenblick, als sie den ersten Zug gemacht hatte.

»Hugo«, sagte sie hastig, »hier spricht Gina. Es ist etwas Scheußliches passiert . . .«

Der Regen hatte nachgelassen. Kirsten Winterfeld stand in der Haustür, als der Wagen ihres Mannes vorfuhr. Sie lief die Stufen hinunter und stieg ein. Gina saß schon auf dem Rücksitz, hinter Dr. Winterfeld.

»Seit wann ist er fort?« fragte Kirsten.

»Ich weiß es nicht genau«, mußte Gina zugeben, »ich habe ihn nach acht Uhr zuletzt gesehen.«

»Aber wie ist es denn möglich . . .«

»Kirsten«, sagte Dr. Winterfeld, »bitte!«

»Haben Sie wenigstens die Polizei benachrichtigt?« fragte Kirsten.

»Nein.«

»Aber das wäre doch . . .«

»Kirsten«, sagte Dr. Winterfeld, »Gina hat sich aus sehr wohlerwogenen Gründen an mich gewandt. Es ist jetzt nicht der Moment, dir das zu erklären oder die Schuldfrage zu erörtern. Es geht jetzt nur darum, den Jungen zu finden . . . und ich glaube, in diesem Punkt sind wir uns wohl alle einig.«

»Er hat zu mir gewollt«, sagte Kirsten mit bebender

Stimme. »Sicher. Aber er wußte nicht, wo du warst, und ich zweifle sogar daran, daß er ganz allein in der Nacht zu unserem Haus gefunden hat.«

»Wir müssen trotzdem dort hinfahren ...«

»Wir sind schon auf dem Wege.«

»Und wenn er nicht da ist?«

»Werden wir systematisch weitersuchen. Ich weiß schon, was du jetzt sagen willst, Kirsten ... aber die Polizei zu verständigen, hat gar keinen Sinn. Auch ohne jede Meldung wird jeder Polizist einen sechsjährigen Buben, der mitten in der Nacht allein herumstreunt, aufgreifen. Wahrscheinlich ist er schon gefunden und längst in Sicherheit.«

»Nicht nur die Polizei interessiert sich für herumstreunende kleine Jungen«, sagte Kirsten, und sie konnte das Schluchzen, das ihr in die Kehle stieg, nur noch mühsam unterdrücken.

»Kirsten«, sagte Dr. Winterfeld, »das hat doch keinen Zweck. Wir dürfen uns auf keinen Fall verrückt machen. Nur wenn wir klaren Kopf behalten, können wir auch das Richtige tun.«

»Vielleicht«, sagte Gina, »sollte ich Ihnen jetzt schon sagen ... ich will den Jungen nicht mehr. Ich gebe ihn Ihnen zurück. Für immer.«

»Auch das hat Zeit für später, Gina«, sagte Dr. Winterfeld, »erst müssen wir ihn gefunden haben.«

Die beiden Frauen schwiegen, jede mit ihren eigenen Gedanken beschäftigt.

Das Haus Rosenstraße 17 lag dunkel und verlassen.

Dr. Winterfeld bremste, schaltete den Motor ab. »Sieht nicht sehr hoffnungsvoll aus«, sagte er, »es sei denn, du hättest versehentlich ein Fenster offengelassen, Kirsten.«

»Ganz bestimmt nicht.«

Sie stiegen aus, standen unentschlossen im Regen, sahen sich an und dann wieder auf das Haus.

»Nachschauen müssen wir auf alle Fälle«, sagte Dr. Winterfeld.

»Du hast doch eine Taschenlampe im Wagen?« fragte Kirsten.

»Ja!« Er öffnete die Wagentür, holte die Lampe aus dem Handschuhfach.

Kirsten nahm sie ihm ab. »Ich werde um das Haus herumgehen...«

Sie schritten hintereinander durch den Vorgarten, und Kirsten ließ den Lichtkegel über regennasse Büsche und Sträucher gleiten. Sie ging nicht in die Wohnung, sondern durchsuchte den Garten. Aber sie hatte kaum Hoffnung. Ihr fiel kein Platz ein, an dem sich ein kleiner Junge hätte verstecken können.

Drinnen gingen die Lichter an, warfen ihren Schein in die Finsternis.

Kirsten stieg die Terrasse hinauf. Die Gartenmöbel waren dicht an der Wand, unter dem vorspringenden Dach, zusammengestellt. Kirsten leuchtete sie mit der Taschenlampe ab. Vergebens.

Dann kam ihr ein Gedanke. Sie lief die Stufen hinunter. Unter der Terrasse war ein Hohlraum, in dem sie in glücklicheren Tagen mit Thomas die Gartengeräte zu verstauen pflegte. Er war nur einen Meter hoch, aber ihre Hoffnung wurde plötzlich so stark, daß sie es nicht wagte, sich ihr hinzugeben, aus Angst vor der möglichen Enttäuschung.

Sie leuchtete unter die Treppe. Der Lichtstrahl glitt über den Rasenmäher, Harke, Schaufel, zwei Eimer und traf – im hintersten Winkel – auf einen blonden Schopf.

»Thomas!« rief Kirsten.

Der Junge lag, zusammengerollt wie eine Katze, und schlief. Die Tränen hatten helle Spuren über sein schmutziges kleines Gesicht gezogen.

Kirsten räumte so lautlos wie möglich die Gartengeräte beiseite, zog den Jungen behutsam aus seinem Versteck. Er murmelte etwas im Schlaf, schlug um sich, aber er wurde nicht wach.

Sie nahm ihn auf die Arme, trug ihn die Treppe hinauf, stieß mit dem Fuß mehrmals gegen die Terrassentür, bis ihr von innen geöffnet wurde.

»Dem Himmel sei Dank«, sagte Dr. Winterfeld erschüttert.

»Ob ich ihm ein heißes Bad machen soll?« fragte Kirsten.

»Nur nicht. Er muß todmüde sein. Weck ihn nicht auf. Steck ihn so, wie er ist, ins Bett.«

Kirsten schritt, den Jungen auf den Armen, ohne Gina anzusehen, ins Kinderzimmer.

»Ich bin sehr froh«, sagte Gina und spürte ein Würgen im Hals.

»Du weißt, warum ich meine Frau gebeten habe, den Jungen nicht mehr zu waschen. Ich möchte nicht, daß sie die Striemen noch heute nacht entdeckt. Sie hat genügend mitgemacht.«

»Es tut mir leid, Hugo«, sagte Gina leise.

»Das will ich hoffen. Komm jetzt mit in mein Arbeitszimmer. Ich möchte, daß du ein paar Zeilen für mich schreibst...«

»Daß ich mit der Adoption einverstanden bin? Du kannst dich darauf verlassen, Hugo, ich werde...«

»Mit leeren Versprechungen erreichst du bei mir nichts mehr, meine Liebe!« Er ging voraus in sein Arbeitszimmer.

Die Luft war verbraucht, er öffnete das Fenster. Ein Schwall feuchter, frischer Nachtluft drang herein.

»Bitte, setz dich an den Schreibtisch«, sagte er, »hier ist ein Briefblock, nimm dir den Kugelschreiber... bist du soweit?«

Sie hatte sich auf den Platz gesetzt, den er ihr angewiesen hatte, sah zu ihm auf, nickte.

»Dann schreib: Ich, Gina Müller, geborene Franke, geboren dann und dann und so weiter... hast du's?«

»Ja.«

»... erkläre hiermit freiwillig, ohne daß der geringste Zwang auf mich ausgeübt worden ist, folgendes: Ich habe eingesehen, daß ich unfähig bin, meinen Sohn Thomas zu erziehen. Ich habe es zugelassen, daß er von seinem Stiefvater Alfons Müller schwer mißhandelt wurde...«

Gina setzte den Kugelschreiber ab. »Nein, Hugo, das kann ich nicht schreiben!«

»Ist es dir lieber, wenn ich die Mißhandlungen von einem Arzt untersuchen und bestätigen lasse?« Dr. Winterfeld griff zum Telefonhörer. »Ich brauche bloß anzurufen...«

»Aber es handelt sich doch nur um Prügel!«

»Wenn du willst, werden wir darüber den Arzt entscheiden lassen!« Er legte den Hörer wieder auf. »Gina, begreife doch, ich will dich nicht anzeigen oder euch irgendwelche Schwierigkeiten machen. Ich will deine Erklärung nur für den Fall haben, daß du es dir plötzlich mit der Adoption wieder anders überlegst. Am Tag, an dem sie durchgeführt ist, zerreiße ich diesen Wisch vor deinen Augen.«

»Hugo, ich verspreche dir . . .«

»Ich kann auch die Polizei hinzuziehen! Also, bitte, hör auf mit dem Theater. Schreib!«

Sie tat, was er von ihr verlangte. »Es ist wirklich nur passiert«, sagte sie, »weil . . . wir konnten einfach nicht mit ihm fertig werden.«

»Vielleicht hättet ihr es mal mit Liebe und Verständnis versuchen sollen«, sagte er sarkastisch. »Deine Unterschrift, mehr brauche ich nicht. Und laß dir nur nicht noch einmal einfallen, Mätzchen zu machen. Diesmal beißt du auf Granit. Ich werde mit allen Mitteln kämpfen, die mir zur Verfügung stehen.«

Gina stand auf. »Von mir hast du nichts mehr zu befürchten. Mir sitzt jetzt noch der Schreck in allen Gliedern.«

Er bestellte ihr ein Taxi, half ihr in den Mantel, brachte sie zur Wohnungstür.

»Soll ich mich nicht noch von deiner Frau verabschieden?« fragte sie.

»Ich kann mir nicht denken, daß sie Wert darauf legt.«

Er sah ihr nach, wie sie auf ihren hohen Stöckelabsätzen durch den Vorgarten schritt, und hoffte von Herzen, ihr nie mehr zu begegnen. Er schloß die Haustür, ging hinüber ins Kinderzimmer.

Thomas lag in seinem Bettchen, die Nachttischlampe ließ seinen zerzausten blonden Schopf aufleuchten. Kirsten beugte sich über ihn und versuchte behutsam, sein verschmutztes Gesichtchen mit einem Schwamm zu säubern.

Er schlug die Augen auf, murmelte ganz verschlafen: »Mammi!«

»Ja, du bist bei mir, mein Liebling«, sagte Kirsten sanft,

»du bist zu Hause. Und ich werde dich nie, nie mehr fortlassen!«

Dr. Winterfeld trat hinter sie und legte seinen Arm um ihre Schultern. »Das brauchst du auch nicht, Kirsten, ich glaube, wir haben es geschafft. Niemand kann uns drei mehr auseinanderreißen.«

Sie blickte aus glücklichen Augen zu ihm auf, schmiegte sich eng an sein Herz.

Am nächsten Tag schien die Sonne. Sie erfüllte selbst das nüchterne Behandlungszimmer Professor Overhoffs mit ihrem Glanz, ließ die Glasscheiben des Instrumentenschranks aufblitzen.

Schwester Patrizia lag auf dem Untersuchungsstuhl und starrte mit weitgeöffneten Augen zur Decke. Professor Overhoff stand zwischen ihren Beinen und versuchte, den Scheidenspiegel einzuführen, den Schwester Ruth ihm gereicht hatte. Aber es gelang nicht.

»Versuchen Sie doch, bitte, sich zu entspannen«, sagte er, »es tut ja nicht weh, das sollten Sie doch wissen!«

»Ich bin ... ganz entspannt«, behauptete Schwester Patrizia. Aber die Scheidenmuskeln waren nach wie vor krampfhaft zusammengezogen.

»Tut mir leid, Patrizia«, sagte Professor Overhoff, »so kann ich nicht untersuchen. Wir müssen Ihnen eine leichte Narkose geben ...«

»Aber mein Kind ...«

»Nur keine Sorge. Es dauert höchstens ein paar Sekunden.« Während Schwester Ruth der Patientin die Maske vor Nase und Mund hielt, richtete Professor Overhoff sich auf, blieb abwartend stehen.

»Einundzwanzig, zweiundzwanzig, dreiundzwanzig ...«, zählte Patrizia. Ihre Stimme wurde schwächer und schwächer, versagte schließlich ganz. Gleichzeitig geschah etwas Sonderbares. Ihr vorgewölbter Leib fiel zusammen, wurde flach. Auch Schwester Ruth hatte es beobachtet. »Na, so etwas«, sagte sie.

Jetzt ließ der Scheidenspiegel sich ohne Mühe einführen.

Der Uterus zeigte eine normale Färbung, war nur ein wenig vergrößert. Keinerlei krankhafte Veränderungen waren feststellbar.

Patrizia kam wieder zu sich, richtete sich auf. »Alles in Ordnung?« fragte sie.

»Sie können sich anziehen«, sagte Professor Overhoff kurz. Er setzte sich an seinen Schreibtisch. Als Schwester Patrizia hinter dem Paravent vorkam, bot er ihr einen Platz an.

»Also ... was ist?« fragte sie und nestelte nervös an ihrer Handtasche.

»Seit wann haben Sie Ihre Periode nicht mehr bekommen?«

»Ich bin im fünften Monat ... Ende des fünften Monats, das wissen Sie doch!«

»Hm«, sagte Professor Overhoff, »nun mal ganz ehrlich. Sie haben sich dieses Kind sehr gewünscht, nicht wahr? Weil Sie hofften, dadurch den Vater des Kindes an sich zu binden?«

»Warum fragen Sie mich das?«

»Schwester, bitte, bleiben Sie ganz ruhig, ja? Was ich Ihnen jetzt sage, wird Sie wahrscheinlich sehr überraschen ... ich habe keinerlei Anzeichen für eine Schwangerschaft festgestellt.«

Patrizia sah ihn fassungslos an.

»Sie ... Sie haben mir das Kind genommen!«

»Immer mit der Ruhe, Schwester. Überlegen Sie sich mal, was Sie da behaupten. Das ist doch eine Unmöglichkeit. Sie sind eine ausgebildete Kraft und sollten wissen, daß man einen fünf Monate alten Fötus nicht eins, zwei, drei auf dem Untersuchungsstuhl und ohne Blutvergießen entfernen kann ... nicht wahr, das wissen Sie doch?«

»Aber ... dann bin ich noch schwanger. Ich weiß es genau, ich fühle es doch und habe seit Monaten schon meine Periode nicht mehr gehabt.«

»Das letztere glaube ich Ihnen gerne. So etwas kann vorkommen, auch ohne daß man schwanger ist. Sie haben allerhand Aufregungen mitgemacht in der letzten Zeit. Ich werde Ihnen jetzt zwei Tabletten geben, die nehmen Sie schön brav, und Sie werden sehen, innerhalb von zehn Tagen haben Sie Ihre Periode wieder.«

»Herr Professor«, sagte Patrizia, »Sie müssen sich irren, anders kann es gar nicht sein. Ich bin doch auch dicker geworden...«

»Nein, das sind Sie nicht wirklich, Schwester. Das haben Sie sich nur selber suggeriert, weil Sie glaubten und hofften, schwanger zu sein. In der Narkose waren Sie wieder schlank... schlank wie ein ganz junges Mädchen.«

»Aber... Sie können mir doch nicht einreden, daß ich hysterisch bin!«

»Nein, das sind Sie nicht, Schwester. Sie sind das Opfer einer hysterischen Reaktion geworden, so etwas kann auch einem völlig gesunden Menschen passieren. Es trafen zwei Momente zusammen: Sie wünschten sich dieses Kind, und gleichzeitig blieb Ihre Periode aus. Dadurch hat sich in Ihnen die Vorstellung festgesetzt, schwanger zu sein, und diese Vorstellung war so stark, daß sie... ohne daß Sie selber es bewußt wollten... alle Schwangerschaftssymptome hervorgerufen hat... Übelkeit, Erbrechen, Anschwellen des Leibes...«

Schwester Patrizia zerrte ein weißes Tüchlein aus ihrer Handtasche, hielt es sich vor den Mund, um ihr Schluchzen zu ersticken.

»Nun weinen Sie nicht, Schwester«, sagte Professor Overhoff, »so ganz von ungefähr trifft diese Diagnose Sie ja nicht. Wenn Sie nicht selber noch einen gewissen kleinen Zweifel gehabt hätten, wären Sie ja längst von sich aus zum Arzt gegangen.«

»Ich bin keine Lügnerin!« schluchzte Patrizia.

»Natürlich sind Sie das nicht. Niemand hat das behauptet. Aber schwanger sind Sie eben auch nicht.«

Professor Overhoff gab Schwester Ruth einen Wink, die daraufhin das Zimmer verließ.

»Eigentlich und bei Licht besehen haben Sie doch gar keinen Grund zum Weinen, Schwester«, sagte er. »Den Vater des mutmaßlichen Kindes haben Sie ja so und so verloren. Seien Sie doch glücklich, daß alles so gekommen ist. Sie bleiben bei mir, bis Hanno aus dem Säuglingsalter heraus ist, und dann werde ich persönlich für Sie irgendwo anders eine gute Stelle suchen. Oder sind Sie etwa nur verzweifelt, weil Sie Dr. Schumann keinen Stein mehr in den Weg werfen können?«

Schwester Patrizia schüttelte stumm den Kopf.

»Na also«, sagte Professor Overhoff, »das hatte ich mir doch gedacht. Sie hatten sich da in eine ganz dumme Geschichte verrannt, Schwester Patrizia. Seien Sie froh, daß Sie sie nicht bis zur letzten Konsequenz durchstehen müssen. Schließen Sie Frieden mit Ihrem Schicksal. Ich bin sicher, schon morgen oder übermorgen werden Sie begreifen, wieviel Glück Sie gehabt haben.«

Astrid nahm die Tatsache, daß Schwester Patrizia einer Selbsttäuschung zum Opfer gefallen war, mit merkwürdiger Gelassenheit auf.

»Ich bin sehr froh für dich«, sagte sie nur und drückte die Hand ihres Mannes. »Und natürlich auch für das Mädchen«, fügte sie nach einer kleinen Pause hinzu.

Im ersten Augenblick war Dr. Schumann enttäuscht, daß sie seine unendliche Erleichterung nicht teilte. Dann begriff er, daß sie völlig von ihrer eigenen Aufgabe, Mutter zu werden, erfüllt war, daß keine Nachricht von außen, sei sie nun böse oder gut, sie mehr wirklich berühren konnte. Auch daß Kirsten nun nicht, wie geplant, bei ihr bleiben konnte, weil der Sohn ihres Mannes zurückgekommen war, bereitete ihr keine Enttäuschung.

»Ich freue mich für Kirsten«, sagte sie, »sie hängt ja wahnsinnig an dem Kleinen.«

»Na ja«, sagte Dr. Schumann, »aber mir wäre es schon lieber gewesen, diese Wendung der Dinge wäre zu einem anderen Zeitpunkt eingetreten. Es paßt mir gar nicht, daß du jetzt den ganzen Tag allein bist.«

»Ich bin doch nicht mehr wirklich allein«, erwiderte sie lächelnd.

»Trotzdem«, sagte er. »Ob wir nicht doch deine Mutter bitten sollen, bis zur Geburt zu uns zu ziehen?«

»Mama? Nur ja nicht!« rief Astrid. »Nein, das möchte ich wirklich nicht. Mein Besuch in Hamburg war Strapaze genug für die alte Dame. Nein, nein, Rainer, mach dir keine Sorgen. Ich wünsche mir nichts anderes, als endlich wieder bei dir zu sein, ohne einen störenden Dritten im Haus!«

Dr. Schumann beugte sich dem Entschluß seiner Frau. Er setzte alle Hebel in Bewegung, um wenigstens eine Hausangestellte zu finden. Nach vielen vergeblichen Versuchen meldete sich eine nette Frau aus der Nachbarschaft, selber Mutter von drei, allerdings schon schulpflichtigen Kindern, die die schwerere Arbeit übernahm. Astrid war zufrieden mit dieser Lösung, es machte ihr neuerdings Spaß, sich im Haushalt zu beschäftigen, und Dr. Schumann war ganz einverstanden mit diesem Tätigkeitsdrang, denn Beschäftigung und Ablenkung waren gerade das, was sie jetzt brauchte.

Schon in der psychiatrischen Abteilung hatte Dr. Leuthold angefangen, sie Atem- und Entspannungsübungen zu lehren. Jetzt meldete Dr. Schumann sie zusätzlich zu einer Gymnastikstunde für werdende Mütter an. Sie besuchte einen Kurs für Babypflege und eine Vortragsreihe, in der ihr genaue anatomische Kenntnisse über alle Vorgänge bei der Geburt vermittelt wurden. Mehr und mehr überwand Astrid ihren krankhaften Widerwillen, und es gelang ihr, sich sachlich mit dem Problem der Menschwerdung auseinanderzusetzen. Es kam Dr. Schumann vor, als wenn er selber jetzt mehr Angst hätte als seine Frau. Täglich aufs neue fand er beruhigende Worte für sie, und sie war bereit, ihm zu glauben. Aber in seinen Ohren klangen alle diese Argumente hohl. Er wußte aus Erfahrung, was für Komplikationen bei einer Geburt eintreten können, daß das Herz der Gebärenden versagen, ihr Kreislauf zusammenbrechen, daß die Kindeslage sich noch in den letzten Stunden ungünstig verschieben konnte. Alles, was er je an verzweifelten Situationen im Kreißsaal erlebt hatte, erschien wieder in grausigen Einzelheiten vor seinen Augen. Er liebte Astrid so sehr, er liebte sie mehr denn je, und nie zuvor war es so schön zwischen ihnen beiden gewesen. Das Kind, das er sich einmal so sehr gewünscht hatte, schien ihm ganz unwichtig, er verfluchte sich selber, daß er seine Frau wider ihren Willen einer solchen Gefahr ausgesetzt hatte.

Er beherrschte sich gut, spielte die Rolle des hoffnungsvollen Ehemannes ausgezeichnet, ließ Astrid nichts von seiner Beunruhigung ahnen. Aber Ende des neunten Monats, als sie die Zeit der Atemnot überwunden und das Kind in ihrem Leib sich schon gesenkt hatte, schickte er sie zu einer gründlichen Untersuchung zu Professor Overhoff. Er konnte und wollte die Verantwortung nicht alleine tragen.

»Waren Sie mit meiner Frau zufrieden?« fragte er, sobald er Gelegenheit hatte, mit seinem Chef allein zu sprechen.

»Aber sehr«, erklärte Professor Overhoff, »sie ist ausgewogen und sehr heiter, Kreislauf, Blut, alles in bester Ordnung. Ich glaube, wir können mit einer ganz glatten Geburt rechnen.«

»Nun, ich weiß nicht...«, sagte Dr. Schumann zögernd.

»Was wissen Sie nicht?«

»Vielleicht täuscht sie diese Gelassenheit nur vor. Wenn sie während der Geburt nun die Nerven verliert...«

»Damit werden wir schon fertig. Sie wäre ja nicht die erste, die durchdreht. Dann wird unsere gute Hebamme Liselotte sie halt ein bißchen zurechtstauchen müssen. Sie wissen ja, das kann sie wie keine zweite.«

»Ob man ihr die Geburt nicht besser ersparte?«

»Jetzt verstehe ich Sie wirklich nicht...«

»Ich dachte an eine Schnittentbindung.«

»Kaiserschnitt? Bei einer völlig gesunden, gutgebauten Frau? Ohne jeden zwingenden Anlaß? Na, hören Sie mal, Kollege, das halte ich für absurd.«

»In Amerika...«

»Wir sind hier nicht in Amerika, mein Lieber. Was ist mit Ihnen? Bisher haben Sie doch immer, genau wie ich, die gute alte, von der Natur vorgesehene Methode für die beste gehalten.«

»Ich bin in Sorge, Herr Professor«, gestand Dr. Schumann leise.

»Verstehe ich ja, verstehe ich«, sagte Professor Overhoff begütigend. »Bei der eigenen Frau sieht man eben alles mit anderen Augen. Apropos sehen... ich habe Ihrer Frau schon einen Vorschlag gemacht, von dem sie sehr begeistert war. Wir werden eine Spiegelentbindung durchführen.«

Dr. Schumann war nicht sehr überzeugt von dieser Idee, aber er fühlte sich innerlich zu unsicher, um zu widersprechen.

Am 3. Dezember, eine gute Woche vor dem Termin, den Dr. Schumann auf Grund der ersten Kindsbewegungen für die Geburt ausgerechnet hatte, weckte Astrid ihn mitten in der Nacht. »Du«, sagte sie, »ich glaube, die Wehen haben eingesetzt...«

»Seit wann?«

»Schon seit ein paar Stunden. Ich wollte dich bloß nicht wecken.«

»Und in welchem Abstand?«

»Ungefähr alle sieben Minuten.«

Dr. Schumann knipste die Nachttischlampe an.

»Dann dauert's noch eine Weile. Aber wenn du willst, bringe ich dich natürlich gleich in die Klinik.«

»Ich bleibe lieber hier.«

Er sah auf die Uhr. Es war zwei vorbei. »Komm in meine Arme und versuch noch ein bißchen zu schlafen«, sagte er.

Sie kuschelte sich eng an ihn. »Kann ich nicht.«

»Schmerzen?«

»Nein. Aber ich muß doch dauernd atmen, wie ich's gelernt habe.«

»Mein braves Mädchen.«

Sie lagen beide wach bis zum Morgengrauen, eng beieinander, und empfanden das Glück einer wunderbaren inneren Verbundenheit.

»Jetzt kommen sie alle fünf Minuten«, sagte Astrid, als die nahe Kirchturmuhr die sechste Stunde schlug. »Aber ich möchte trotzdem noch nicht in die Klinik.« Sie lachte leise. »Das ist der Vorteil, wenn man mit einem Gynäkologen verheiratet ist, man hat den Geburtshelfer im Haus. Es kann also gar nichts passieren.«

Um sieben Uhr standen sie auf, zogen sich an. Astrid packte ein Köfferchen mit dem Notwendigsten.

»Willst du nicht den Wagen aus der Garage holen?« fragte sie.

»Es ist besser für dich, wenn du zu Fuß gehst.«

Als sie aus der Haustür traten, hängte sie sich bei ihm ein.

»Ein seltsames Gefühl, das alles verlassen zu müssen«, sagte sie.

»Du kommst ja wieder.«

»Natürlich, ich weiß ...« Ihr Körper war unförmig geworden in den letzten Monaten, aber ihr Gesicht war schön, ihre dunkelblauen Augen von einem inneren Leuchten erfüllt. »Etwas wollte ich dich noch fragen«, sagte sie.

»Ja?« Er versuchte, seine Schritte den ihren anzupassen.

»Wenn du dich entscheiden müßtest ... das Kind oder ich, wen von uns beiden würdest du retten?«

»Das kann in deinem Fall gar nicht passieren!«

»Nehmen wir aber einmal an ...«

Er blieb stehen und sah sie an. »Du bist mir das Wichtigste auf der Welt, und das weißt du.«

»Ich wollte es gerne von dir hören«, sagte sie lächelnd.

»Alle Männer denken so«, sagte er, »es sind immer die Frauen, denen die Kinder mehr bedeuten. Einer Mutter, und besonders einer werdenden, ist der Mann oft plötzlich gar nicht mehr wichtig.«

Eine Wehe kam, Astrid atmete tief ein, blies die Luft heftig durch die Zähne aus, bevor sie antworten konnte. »Ich liebe dich sehr«, sagte sie dann, »du hast keinen Grund, eifersüchtig zu sein.«

Er zwang sich zu einem Lachen.

Es war ein seltsamer Gang durch die Frühe des grauen Wintertages. Ihre Schritte hallten auf dem Pflaster.

»Eigentlich ganz hübsch«, sagte sie, »wir sollten das öfters machen.«

»Wird vorgemerkt«, sagte er.

»Und wenn das Kind da ist, dann wirst du doch alles besorgen, nicht wahr? Das Kinderzimmer einrichten und ...

ich habe alles auf einem langen Zettel aufgeschrieben. Er liegt unter der Schreibmappe in deinem Zimmer, bitte, sieh ihn dir einmal an.« Wieder kam eine Wehe, und sie mußte ihre Rede unterbrechen.

Sie hatte eigensinnig darauf beharrt, keine Vorbereitungen für das Kind zu treffen, weil sie das Schicksal nicht herausfordern wollte. Er hatte das verstanden und es auch dabei belassen.

»Aber selbstverständlich«, sagte er jetzt, »du wirst noch Gelegenheit genug haben, mir Anweisungen zu geben.«

Sie hatten die Klinik erreicht. Der Pförtner meldete sie telefonisch im Entbindungszimmer an. Oben erwartete sie schon Fräulein Liselotte. Die beiden Frauen kannten sich.

Die Hebamme führte Astrid ins Untersuchungszimmer, bat sie, sich hinzulegen. Sie kontrollierte die kindlichen Herztöne, orientierte sich mit Hilfe verschiedener Handgriffe über Größe, Lage und Haltung des Kindes und darüber, wie weit der Kopf schon in das mütterliche Becken eingetreten war. Zum Abschluß untersuchte sie rectal.

»Sehr schön«, lobte sie, »der Muttermund ist schon erheblich geöffnet.«

»Es wird also nicht mehr lange dauern?« fragte Astrid.

»Nicht allzulange.« Die Hebamme maß den Blutdruck. »Jetzt nehmen Sie erst einmal ein schönes Bad zur Entspannung, dann kriegen Sie einen Einlauf ... und dann werden wir weiter sehen.«

Sie half Astrid sich aufzurichten, führte sie zur Tür.

Astrid drehte sich zu ihrem Mann um. »Und du? Was machst du jetzt? Du läßt mich doch nicht allein?«

Er lächelte ihr ermutigend zu. »Ich warte auf dich ...«

»Wir brauchen den Herrn Oberarzt gar nicht«, sagte Fräulein Liselotte, »das wird eine ganz normale Geburt, die schaffen wir beide schon allein. Der Herr Doktor wird nur als werdender Vater zugelassen ... und wenn er uns verspricht, sehr brav und tapfer zu sein.«

Dr. Schumann zwang sich, in das Lachen der Frauen einzustimmen.

Zwei Stunden später kam Astrid in das Entbindungszimmer. Die Wehen kamen jetzt in immer kürzeren Abständen, aber sie war durchaus noch frohen Mutes.

»Es tut gar nicht weh, Rainer«, sagte sie, fast über sich selbst erstaunt, »wirklich nicht!«

Sie betrachtete mit neugierigen Augen den Spiegel, der am Fußende des Bettes aufgestellt war, atmete jetzt in ganz kleinen und regelmäßigen Stößen.

»Soll ich dir eine Spritze geben?« fragte Dr. Schumann.

»Es geht auch so.«

»Natürlich, Herr Doktor«, tadelte die Hebamme, »Sie sind nicht als Arzt hier ... unterhalten Sie sich ein bißchen mit Ihrer Frau, das ist vernünftiger!« Und zu Astrid gewandt fügte sie hinzu: »Legen Sie sich nur bequem auf die Seite. Zu sehen gibt es jetzt noch nichts.«

Astrid rollte sich zur Seite, ergriff die Hand ihres Mannes.

»Wie lange dauert es noch?« fragte sie.

»Also doch ... Schmerzen?«

»I wo. Ich bin bloß müde. Schrecklich müde.«

»Ich werde dir was erzählen, damit die Zeit vergeht ...«

Es dauerte noch drei Stunden, drei endlose Stunden, bis die Wehen endlich stärker wurden, in ganz kurzen Abständen kamen. Die Hebamme hatte inzwischen das Abnabelungsbesteck bereitgelegt, eine Schere für den Fall, daß ein Entlastungsschnitt notwendig werden sollte, sterilen Zellstoff, Tücher und Handschuhe. Wiederholt hatte sie die Herztöne des Kindes überprüft.

»Ich glaube, jetzt geht's wirklich los«, sagte Astrid. Feine Schweißperlen bildeten sich auf ihrer Stirn.

Fräulein Liselotte prüfte durch Handauflegen die Wehenstärke. »Stimmt«, sagte sie fröhlich, »das ist fabelhaft schnell gegangen.«

»Schnell?« rief Astrid.

»Und ob. Jetzt legen Sie sich auf den Rücken, ziehen Sie die Beine an ... Herr Doktor, Sie können sich nützlich machen, geben Sie Sauerstoff!«

»Darf ich pressen ...?« fragte Astrid.

»Sie müssen sogar! Tüchtig mitpressen ... so, jetzt! Tief einatmen, heftig ausatmen, noch einmal einatmen ... blockieren und ... pressen!«

Dr. Schumann gab Sauerstoff, unterstützte den Rücken, kontrollierte in den Pausen die Entspannung der Muskeln.

Weiter und weiter öffnete sich der Muttermund. Die Fruchtblase sprang, ein Schwall klaren Fruchtwassers ergoß sich. Die Hebamme wechselte die Tücher, lagerte das Becken der werdenden Mutter höher.

Nach der zwölften Wehe schrie Astrid – es war ein Freudenschrei. »Ich sehe das Köpfchen!«

Tatsächlich war in diesem Augenblick zarter blonder Flaum sichtbar geworden.

Astrid atmete, preßte, atmete, preßte – wenn sie Schmerzen hatte, so wurden sie ihr gar nicht bewußt. Ihr ganzer Wille, ihre ungeteilte Aufmerksamkeit galt dem Kinderköpfchen, das Zentimeter um Zentimeter weiter vordrang. Die Hebamme führte es mit ihrer linken Hand, mit der rechten schützte sie die gespannte Dammuskulatur vor dem Einreißen.

Dann war das Köpfchen durch. Mit zwei sterilen Tüchern wischte die Hebamme die Augen aus. Jetzt kamen die Schultern. Das Kind, noch halb im Mutterleib, begann zu schreien.

Astrid beugte sich vor, faßte es um den Leib, zog es mit eigenen Händen behutsam ins Leben. Es war ein Mädchen. Mit geübten Griffen nabelte die Hebamme es ab, hüllte es in eine Windel, legte es, so wie es war, mit bräunlicher Schmiere bedeckt, in die Arme der Mutter.

Astrid hielt es fest, ganz fest. »Unser Kind«, stammelte sie, überwältigt von Glück hob sie den Blick zu ihrem Mann, »unser Kind! Mein Gott, es war herrlich ... das Herrlichste, was ich je erlebt habe!«

WICHTIGER ALS LIEBE

Niemand außer Claudia Mennersdorfer konnte das Verlagshaus Togelmann schön finden. Sie tat es.

Es war ein Kasten mit quadratischem Grundriß, auf den sich zehn quadratische Stockwerke türmten; in den Augen der Elmroder war es ein Hochhaus. Daneben erstreckten sich, erdgeschossig, Druckerei, Packerei und Lagerhalle, so daß die Anlage alles in allem wie eine überdimensionale moderne Kirche wirkte, bei der das Verlagshaus den Turm bildete. Im obersten Stockwerk war die kleine Redaktion der neuen Zeitschrift »Blitzlicht« untergebracht, und »Blitzlicht« schrien von allen vier Seiten des Turms riesige Buchstaben in die Welt hinaus; von Beginn der Dämmerung bis Mitternacht flammten sie in regelmäßigen Abständen gen Himmel.

Hier arbeitete Claudia seit einem halben Jahr als Sekretärin in der Romanabteilung, und obwohl es ihr noch nicht gelungen war, einen Fuß in die Tür zur Redaktion zu schieben, war sie doch sicher, daß es ihr früher oder später gelingen mußte. Sie war sich ihrer überdurchschnittlichen Fähigkeiten bewußt, und Elmrode, eine kleine Stadt im Zonenrandgebiet, schien ihr gerade der richtige Platz, um vorwärtszukommen. Menschen, die mehr vom Leben erwarteten als berufliche Erfolge, würden immer Redaktionen in München, Hamburg, ja sogar in Offenburg vorziehen.

Es war früher Morgen.

Claudia fuhr ihr kleines, kompaktes Auto auf den riesigen betonierten Parkplatz. Grund und Boden war am Rande von Elmrode billig gewesen und war es noch. Der alte Togelmann, Paul Togelmann senior, hatte ihn, als er aus den ersten Anfängen heraus war, großzügig eingekauft.

Wie immer war Claudia eine der ersten, die die Halle des

Verlagshauses betrat. Es steckte keine Berechnung dahinter, sie wollte sich nicht durch besonderen Arbeitseifer beliebt machen, sondern es trieb sie einfach, morgens so früh wie möglich an ihrem Arbeitsplatz zu sein — Pech für ihre Freundin und Kollegin Elke Kramer, die nicht so mühelos aufstand und deshalb den Weg von der Wohnung, in der sie zusammen lebten, meist zu Fuß machen mußte. Claudia brachte es nicht über sich, untätig zu warten, bis die andere fertig war.

Sie begrüßte Herrn Kaspar, den Pförtner, mit einem liebenswürdigen Lächeln und einer Bemerkung über den immer noch schönen Herbst. Er war ein unfreundlicher Mann, der sich gern aufplusterte und sich eine Macht anmaßte, die ihm nicht zustand. Aber Claudia wußte, daß er, den niemand außer dem alten Togelmann schätzte, für ein herzliches Wort besonders empfänglich war. Es befriedigte sie, daß sie ihm ein verzerrtes Lächeln entlockte.

Gnädig schloß er ihr den Lift 6 auf, dessen Benutzung eigentlich nur Mitgliedern der Redaktion zustand und der den Vorteil hatte, daß er ohne anzuhalten in den zehnten Stock hinaufglitt.

Oben angekommen, hängte Claudia ihren gestrickten korallenroten Mantel der gleichzeitig elegant und salopp wirkte, sorgfältig über einen Bügel in den Garderobenschrank und warf, bevor sie ihn schloß, einen Blick in den Spiegel.

Mit der Tatsache, daß sie nicht hübsch war, hatte sie sich seit langem abgefunden. Ihre Nase war zu groß, das Kinn zu energisch in dem schmalen Gesicht, und ihre blauen Augen mit dem sehr intensiven, manchmal geradezu stechenden Blick waren zu klein. Aber sie hatte gelernt, das Beste aus ihrer Erscheinung zu machen. Sie pflegte ihre Augen kunstvoll zu ummalen, um sie größer scheinen zu lassen, und hatte sich angewöhnt, die Lider leicht zu senken, um nicht hart zu wirken. Das schwarze schulterlange Haar wusch und fönte sie häufig, so daß es sich wie eine Woge um ihr Gesicht bauschte. Jetzt kämmte sie es, da es vom Wind ein wenig zerzaust war, noch einmal durch.

Dann trat sie einen Schritt zurück. Sie war groß, flachbusig, schmalhüftig und schlaksig und hatte in einer Zeit, die sie bei sich selber ihr »früheres Leben« nannte, mit Vorliebe sportliche Röcke, wenn nicht gar Hosen, Blusen und Pullis getragen. Noch bevor sie nach Elmrode kam, hatte sie ihren Typ ganz bewußt geändert und sich für die warmgetönten, weichen, fließenden Gewänder eines teuren italienischen Modehauses entschieden, eine Wahl, die ihr durch eine kleine Erbschaft erst ermöglicht worden war. Dazu trug sie elegante Pumps mit mittelhohem Absatz.

In dieser Aufmachung fühlte sie sich immer noch verkleidet, aber nicht sich selbst entfremdet, sondern angenehm verwandelt wie eine Schauspielerin in ihrer Bühnengarderobe.

Sie schloß den Garderobenschrank und suchte ihren Schreibtisch auf, der nur durch einen halben Wandschirm und einen Kübel mit einer Zimmerlinde von den anderen Arbeitsplätzen getrennt war. Der große Raum wurde von Neonlicht künstlich erhellt. Die Redakteure hatten Kabinen entlang der Fenster mit Trennwänden, die so leicht gebaut waren, daß man schweigen mußte, wenn nebenan telefoniert wurde.

Bevor Claudia sich zeigte, überzeugte sie sich, daß die Hydrokultur ihrer Zimmerlinde feucht genug war; das gehörte nicht zu ihren, sondern zu den Aufgaben der Putzfrauen, die es damit aber nicht sehr genau nahmen. Claudia hätte es als deprimierend empfunden, ihre Pflanze dahinkränkeln zu sehen, wie sie es bei anderen schon mehr als einmal erlebt hatte. Sie steckte ihre große, weiche Handtasche in den Schreibtisch und holte ein Kästchen mit Zigaretten heraus, das sie offen hinstellte. Den lederbezogenen Flachmann, den sie leicht schüttelte, um festzustellen, daß er noch halb voll war, verstaute sie wieder an seinem Platz. Es war ihr selbstverständlich geworden, für die Kollegen immer eine Zigarette, ein Bonbon, eine Kopfschmerztablette und — unter besonderen Umständen — auch einen Schluck Kognak bereit zu haben. Das förderte, wie sie glaubte, ihre Beliebtheit und trug ihr sehr rasch Gerüchte und Klatschereien als Gegenleistung zu, denn wortlos wagte sich niemand zu bedienen.

Während die anderen, einer nach dem anderen, eintraten und der Fernschreiber zu ticken begann, machte sie sich daran, einige schwierige Briefe, für die sie einen ausgeruhten Kopf hatte haben wollen, herunterzuhämmern.

Die Unterschriftenmappe unter dem Arm, betrat sie die Kabine, offiziell »Büro«, unter den Angestellten nur »Kabäuschen« genannt, von Frau Elsbet Gottschalk, ihrer unmittelbaren Vorgesetzten.

Frau Gottschalk sah zum Fenster hinaus, als sie eintrat.

Claudia, die der Meinung war, daß sie die Aussicht bewunderte — von ihrem Fenster aus konnte man die westlichen Höhenzüge des Harzes sehen, dessen Wälder sich herbstlich bunt zu verfärben begannen —, grüßte und sagte munter: »Ein schöner Tag, Chefin, nicht wahr?«

Frau Gottschalk zuckte zusammen und wandte sich ihr zu. Sie war eine nicht mehr junge Dame mit vollem Haar, dessen weiße, leicht geblauten Töne ihre rosige Gesichtsfarbe sonst angenehm unterstrichen — aber heute wirkte sie grau, um Jahre gealtert, und ihre Falten zwischen Mundwinkeln und Nasenflügel schienen sich über Nacht vertieft zu haben.

»Ist Ihnen nicht gut?« fragte Claudia spontan und dann, als sie nicht sogleich eine Antwort erhielt: »Soll ich Ihnen eine Tablette bringen?«

»Nein, danke«, sagte Frau Gottschalk schwach.

Aus dieser Antwort schloß Claudia, daß sie über ihren Zustand nicht sprechen mochte und legte ihr wortlos die

Unterschriftenmappe, die sie gleichzeitig öffnete, auf den Schreibtisch. Frau Gottschalk setzte ihre Brille auf, die sie an einer Kette um den Hals trug, und begann zu lesen. Es schien ihr schwerzufallen, denn sie bewegte dabei die Lippen — gewöhnlich pflegte sie die Briefe rasch zu überfliegen.

»Sie brauchen nur zu unterschreiben, Chefin, die sind ganz in Ordnung«, sagte Claudia munter, »ich stehe dafür gerade.«

»Aber das weiß ich doch!« Frau Gottschalk schraubte ihren dicken Füllhalter auf — Geschenk der Firma zum letzten Weihnachtsfest und Statussymbol — und versuchte ihre Unterschrift zu setzen. Aber ihre Finger gehorchten ihr nicht, und es wurde ein unleserlicher Krakel daraus. »Entsetzlich!« sagte sie.

»Das macht doch nichts!« tröstete Claudia. »Das Diktatzeichen steht ja oben.«

»Aber wie sieht das aus!«

»Wenn es Sie stört, lassen Sie mich unterschreiben ... ›im Auftrag‹ oder ›nach Diktat verreist‹.«

»Das klingt so unhöflich.«

»Ach was, das ist allgemein üblich.« Claudia nahm das unterzeichnete Blatt, faltete es und steckte es in den Umschlag.

Frau Gottschalk saß nur da, ohne umzublättern, versuchte das Zittern ihrer Hände unter Kontrolle zu bekommen und schwieg.

»Wenn Sie mich fragen«, sagte Claudia, »Sie brauchen eine Beruhigungstablette, und Sie gehören ins Bett.«

»Ich bin nicht krank.«

»Einen gesunden Eindruck machen Sie jedenfalls nicht.«

»Es ist nur ... meine Tochter ...« Frau Gottschalks Stimme klang brüchig, »Sie wissen, daß meine Tochter verheiratet ist ...«

»Ja«, sagte Claudia — wie jeder im Betrieb und wahrscheinlich in ganz Elmrode wußte sie, daß Frau Gottschalks

Tochter mit einem Hemdenfabrikanten in Bielefeld eine gute Partie gemacht hatte.

»Sie erwartet ein Baby.«

Auch das war Claudia bekannt, aber sie sagte nichts.

»Ich weiß nicht, warum ich Ihnen das alles erzähle ...«

Für Claudia war das ganz offensichtlich: Frau Gottschalk stand unter schwerem Druck und mußte einfach ein Ventil öffnen.

»Sie ist gestern abend in den Kreißsaal gekommen ... in das Kreißzimmer, wollte ich sagen, sie ist natürlich Privatpatientin ... und heute früh war das Baby immer noch nicht da!«

Der letzte Satz war nicht laut gesprochen und hatte doch wie ein Aufschrei geklungen.

»Das will doch nichts besagen«, behauptete Claudia.

»Um sieben Uhr haben die Wehen begonnen, und heute morgen um neun ist immer noch nichts passiert ... nach vierzehn Stunden!«

»Rufen Sie doch einfach noch mal an!«

»Das haben die nicht gern. Es ist ihnen lästig.«

»Na und? Nebbich.«

»Sie haben mir versprochen, mich sofort zu benachrichtigen.«

»Na also. Dann kann der Anruf doch jede Minute kommen.«

Frau Gottschalk seufzte tief und blickte Claudia an, als würde sie sie jetzt erst wirklich wahrnehmen. »Das verstehen Sie nicht. Sie können nicht verstehen, wie einer Mutter zumute ist ...«

»Wahrscheinlich nicht«, gab Claudia zu.

»... und Sie kennen meinen Schwiegersohn nicht. Er ist so sensibel. Ich fürchte, er steht's nicht durch.«

»Frau Gottschalk, ich habe noch nie gehört, daß ein werdender Vater die Geburt nicht überstanden hätte.«

»Sie verstehen das nicht.«

»Wissen Sie, was ich an Ihrer Stelle tun würde?« sagte Claudia mit einem plötzlichen Einfall. »Mich in mein Auto setzen und schnurstracks nach Bielefeld fahren.«

»Aber das geht doch nicht! Gerade heute, wo wir die Konferenz wegen der Weihnachtsnummer haben.«

Claudia zählte bis drei, um sicher zu sein, daß ihre Stimme ganz gleichgültig klang, und senkte die Lider, um sich nicht durch einen Blick zu verraten. »Ich könnte Sie ja vertreten.«

»Unmöglich!«

Diese heftige Ablehnung traf Claudia und kränkte sie, aber sie ließ es sich nicht anmerken. »Wie Sie denken«, sagte sie ruhig, »sonst kann ich wohl kaum etwas für Sie tun.«

»Fräulein Mennersdorfer, bitte, gehen Sie nicht ... lassen Sie mich überlegen ... Sie würden das wirklich tun?«

»Ihnen zuliebe«, sagte Claudia heuchlerisch, »ja. Ich könnte auch Protokoll führen ... alle die Punkte berücksichtigen, von denen wir wissen, daß Frau Tauber sie gern unter den Tisch fallen läßt.«

Der Köder war zu saftig. Frau Gottschalk hatte ihn schon halb geschluckt, ehe sie es selber merkte. »Aber wie würde das denn aussehen?!« protestierte sie schwach. »Der Junior hat es nicht gern, wenn jemand ausfällt!«

Claudia stimmte mit dieser Auffassung Paul Togelmanns junior ganz überein; dennoch sagte sie: »Seien Sie doch ehrlich, Chefin! Ihre Anwesenheit bei der Konferenz würde doch ohne jede Effektivität sein. Sie sind doch heute außerstande zuzuhören, geschweige denn einen kreativen Anstoß zu geben.«

»Vielleicht ...«

»Bestimmt sogar! Und Sie wissen das besser als ich.«

»Aber wie könnte ich mich entschuldigen?«

»Legen Sie dem Chefredakteur einfach ein paar Zeilen auf den Schreibtisch ... daß Sie plötzlich erkrankt sind und ich Sie vertreten soll.«

»Das wäre eine Lüge, und dann ... er würde es mir übelnehmen.«

Es amüsierte Claudia, daß Frau Gottschalk solche Manschetten vor dem sehr viel jüngeren Mann hatte, aber sie ließ es sich nicht anmerken. »Dann rufen Sie ihn an!« riet sie, erkannte aber, kaum daß sie es ausgesprochen hatte, daß dies keine gute Idee war; Frau Gottschalk war nicht in der Verfassung, überzeugend zu argumentieren.

»Das kann ich nicht!« erklärte sie denn auch prompt.

»Dann rufen Sie den alten Herrn an oder, besser noch, fahren Sie hinunter und sprechen Sie mit ihm.« Nach einem Blick auf ihre elegante goldene Armbanduhr mit dem kobaltblauen Zifferblatt fügte sie hinzu: »Um diese Zeit ist er bestimmt längst im Verlag.«

»Soll ich wirklich?« fragte Frau Gottschalk noch, machte aber schon Anstalten aufzustehen.

»Aber ja doch. Ihm können Sie die Wahrheit sagen. Er wird die Situation bestimmt verstehen.«

In der Redaktion kursierte das Gerücht, daß Frau Gottschalk ihren Posten durch Protektion Paul Togmanns senior bekommen hätte. Ihre berufliche Laufbahn — sie war in jungen Jahren Bibliothekarin gewesen, dann aber hatte sie eine lange Pause gemacht — prädestinierte sie wohl kaum dazu. Es hieß, daß sie einige Jahre die Geliebte des alten Herrn gewesen war, der ihr, als sie nach dem plötzlichen Tod ihres Mannes unversorgt dagestanden hatte, auf diese Weise hatte helfen wollen.

Frau Gottschalk, eine sehr harmlose Person, ahnte nicht, was und wie über sie geredet wurde, und so wurde sie durch Claudias Bemerkung irritiert. Fragend und erschrocken blickte sie auf. Aber Claudia, die schon fürchtete, zuviel gesagt zu haben, machte ein ausdrucksloses Gesicht.

Die Redaktionskonferenz sollte um zwei Uhr beginnen. Wenige Minuten davor betrat Claudia den Konferenzsaal, der eigentlich das Arbeitszimmer des Chefs, Paul Togelmann junior, war. Sein Vater hatte für die Redaktion von »Blitzlicht« nur ein Stockwerk zur Verfügung gestellt, alle anderen waren dem juristischen Verlag »Togelmann & Sohn« verblieben, der das finanzielle Rückgrat des Unternehmens bildete. Der Senior wollte, daß die Zeitschrift, das Lieblingskind seines Sohnes, so kostenarm und bescheiden wie nur möglich gestartet wurde. Den Sohn aber verlangte es nach Repräsentation, und so hatte man sich darauf geeinigt, ihm einen großen Raum zu geben mit einem riesigen Fenster, das den Blick über Elmrode bis zu den Ausfallstraßen freigab. Um diese Pracht zu rechtfertigen, nahm etwa die Hälfte des Zimmers ein langer, rechteckiger Tisch aus Eichenholz ein, um den sich die Redakteure bei Besprechungen auf gepolsterten, mit grünem Leder bezogenen Eichenstühlen zu scharen pflegten. Togelmann junior thronte im anderen Teil an einem Schreibtisch, der ebenfalls aus dunkler Eiche und nicht sehr viel kleiner als der Konferenztisch war.

Heute jedoch war er noch abwesend. Claudia, die sich darüber informiert hatte, hätte sonst nicht gewagt, als erste zu erscheinen. So aber hatte sie sich zu eben diesem Vorgehen entschlossen. Es schien ihr besser, als durch einen späteren Auftritt Aufsehen zu erregen und womöglich provozierende Fragen beantworten zu müssen.

Als sie eintrat, einen Schnellhefter unter dem Arm, war Frau Hedda Tauber, die Sekretärin des Chefredakteurs, noch damit beschäftigt, Papierstöße und Schreibutensilien auf dem Konferenztisch zu verteilen.

Sie blickte auf und fragte scharf: »Sie wünschen?!« Frau Hedda Tauber war eine Frau von etwa fünfunddreißig Jahren, wegen ihrer unerbittlichen Strenge und ihrer scharfen Zunge allgemein gefürchtet, aber ihrer Tüchtigkeit wegen unersetzlich; sie trug das dunkle Haar kurz geschnitten, hatte eine attraktive Figur und war immer, meist mit Röcken, Hemdblusen und Westen, tipptopp gekleidet.

Claudia mußte sich zwingen, dem durchbohrenden Blick der dunklen, glänzenden Augen standzuhalten. »Aber wissen Sie denn nicht?« erwiderte sie in sanftem Plauderton, »Frau Gottschalk hat sich entschuldigen lassen und mich mit ihrer Vertretung beauftragt.«

»Ach wirklich?« Frau Tauber tat nichts, um ihre Ungläubigkeit zu verhehlen.

»Doch!« behauptete Claudia und konnte nur hoffen, daß Frau Gottschalk sie trotz ihrer Aufregung vorgeschlagen und sie nicht einfach vergessen hatte.

Frau Tauber ließ sich durch ihre entschiedene Haltung beeindrucken. »Jedenfalls ganz gut, daß Sie da sind«, meinte sie, »dann können Sie gleich einen Kaffee kochen.«

Claudia hätte unter normalen Umständen nichts dabei gefunden, diesen Wunsch zu erfüllen, sie hatte das auch bei »Blitzlicht« oft genug getan, und es gehörte mit in ihr Programm, sich angenehm zu machen. Aber jetzt durchschaute sie sofort den Trick, mit dem Frau Tauber sie auf die Ebene der Schreibkraft festnageln wollte.

»Der Chef und Herr Hilgers wünschen bestimmt gleich Kaffee!« fügte die Tauber hinzu.

»Das tut mir wahnsinnig leid, Frau Tauber, aber ... unmöglich!« erklärte Claudia. »Ich muß mich noch vorbereiten. Der Auftrag kam so plötzlich. Aber ich könnte Fräulein Kramer bitten ...«

»Die wird wohl auch anderes zu tun haben!«

»Schon möglich!« Claudia hatte den Tisch überschaut, nahm an seinem unteren Ende Platz und schlug ihren Schnellhefter auf.

Sie wußte, daß sie Frau Tauber gegen sich aufgebracht hatte, aber das hatte sie riskieren müssen. Die Chefsekretärin war ihr ohnehin nicht gewogen, und Claudia sah keine Möglichkeit, ihre Gunst zu gewinnen. Es hieß, daß Frau Tauber alle jüngeren weiblichen Kräfte im Haus ein Dorn im Auge wären. Also war es wohl besser, die Konfrontation zu wagen. Außerdem glaubte Claudia dem Gerücht, daß zwischen dem Chefredakteur und seiner Sekretärin eine latente Spannung bestand. Sie war ihm von seinem Vater empfohlen oder sogar aufgezwungen worden als eine Person, die das Geschäftliche beherrschte, aber auch, wie man munkelte, weil sie die Gewähr dafür bot, daß nichts in der Redaktion geschehen konnte, ohne daß es der alte Herr erfuhr.

Frau Tauber betrachtete Claudia mißbilligend. »Sie sind reichlich anmaßend, Fräulein Mennersdorfer!«

»O nein!« erwiderte Claudia fröhlich. »Das kommt Ihnen nur so vor! Was würden Sie denn tun, wenn man Sie bäte, Ihren Chef zu vertreten?«

Claudia entschied sich, daß es doch besser war zu stehen, wenn die anderen hereinkamen, und so erhob sie sich wieder.

Da erschienen sie auch schon, einer nach dem anderen, in sehr kurzen Abständen.

Zuerst trat Frau Brehm ein, eine Frau in den Fünfzigern, ungeschminkt und streng frisiert. Sie wirkte wie eine Gewerbelehrerin und hatte einen männlichen, kräftigen, weit ausholenden Schritt. Frau Brehm war verantwortlich für Mode, Kosmetik und Handarbeiten. Sie begrüßte Frau Tauber und sah kalt über Claudia hinweg, ohne ihr freundliches Lächeln zu erwidern, das Claudia jetzt selber vorkam wie das Wedeln eines Hündchens.

Ihr auf den Fersen folgte breit, behäbig und selbstsicher Herr Anderson, der mit einem freundlichen »Hallo« grüßte und allen, auch Claudia, die Hand schüttelte. Er machte die Rezeptseite für »Blitzlicht«, aber da er hauptberuflich als Chefkoch im »Goldenen Hahn« fungierte, dem besten Restaurant in Elmrode, hatte er es nicht nötig, sich um Betriebsintrigen zu kümmern, und tat es auch nicht.

Hinter ihm schob sich Hans Jürgen Hilgers, der politische Redakteur, durch die Tür. Er bewegte sich wie der schwergewichtige Mann, der er einmal gewesen war, und schien vergessen zu haben, daß er längst abgemagert war. Der Hemdkragen schlotterte um seinen faltigen Hals, das Jackett um seinen schmalen Oberkörper, und die Hose wurde, weit über der Taille, von Trägern gehalten. Selbst seine Haut war ihm zu groß geworden; seine schlaffen Hängebacken reichten ihm bis zum Kinn. Nur seine Nase war noch mächtig, und seine kleinen Augen blitzten listig. Er war ein Mann von profundem Wissen, und Claudia mochte ihn, weil er eine Fundgrube von Geschichten war. Als schwerer Säufer hatte er immer wieder durch Entziehungskuren versucht, Herr seiner Krankheit zu werden.

Claudias Anwesenheit entging seiner Aufmerksamkeit nicht.

»Tag, Kindchen!« sagte er schmunzelnd. »Welch glücklicher Zufall bringt Sie in diese hehren Hallen?«

Claudia betete ihr Sprüchlein herunter.

»Da sieh mal einer an! Die gute Gottschalk in einer Seelenkrise!«

»So würde ich das nicht nennen«, verteidigte Claudia ihre persönliche Vorgesetzte, »es war einfach so ...«

Hilgers winkte mit seiner großen, schlaffen Hand ab. »Ersparen Sie uns Einzelheiten aus dem Nähkästchen, Kind!«

Kurt Schmidt, der sich an die Seite von Hilgers drängte, beachtete sie überhaupt nicht; er war ein junger Mann in Claudias Alter, wirkte aber immer noch eine Spur pubertär, was wohl von seiner unreinen Haut und dem schwachen, flaumigen Bartwuchs herrührte. »Ich ahne Fürchterliches!« sagte er. »Passen Sie auf, Hilgers, man wird eine sentimentale weihnachtliche Reportage von mir verlangen! Aber woher nehmen, wenn nicht stehlen?«

Schmidt pflegte in Gegenwart des Chefredakteurs immer und bedingungslos auf dessen Seite zu stehen, bei anderen Gelegenheiten aber abfällige Bemerkungen über ihn zu produzieren, die er ihm dann immer brühwarm weitererzählte.

Hilgers wußte das wie alle anderen, und so blieb er stumm.

Claudia konnte den Mund nicht halten. »Es gibt doch in der Weihnachtszeit immer Katastrophen«, sagte sie, »entgleisende Züge, Flugzeugabstürze. Man könnte doch die Hinterbliebenen interviewen nach dem Motto: Das erste Weihnachten ohne ihre Lieben!«

Kurt Schmidt drehte den Kopf, als würde er eine Mücke suchen, von der er sich belästigt fühlte. »Hab' ich da was gehört?« fragte er.

Zwei Fotografen eilten herein und stellten erleichtert fest, daß sie nicht die letzten waren.

Sämtliche Gespräche verstummten, als Paul Togelmann junior den Raum betrat. Nachdem er den Blick flüchtig über die Anwesenden hatte schweifen lassen, wobei er kurz auf Claudia verweilt hatte — mit einem Ausdruck der Irritation, bei dem Claudia fast der Herzschlag ausgesetzt hatte —, sagte er: »Ich bitte doch, Platz zu nehmen.«

Aber als einziger tat es Hilgers, der glaubte, sich als alter Herr das herausnehmen zu können. Außerdem hatte er das Privileg, vom jungen Chef geduzt und als »Onkel Hans« angesprochen zu werden, wie auch er ihn duzte und »Frank« nannte, den Vornamen, mit dem man ihn in der Familie anredete, um Verwechslungen zu vermeiden.

Die anderen setzten sich erst nach Togelmann junior.

Er war ein schlanker Mann, Mitte dreißig, gut gebaut, mit einem schmalen Schädel, aschblondem Haar, gerader Nase und einem breiten, etwas schlaffen Mund. Die grauen Augen waren hell bewimpert und konnten blitzen, wenn er sich begeisterte, aber auch tödlich kalt blicken.

Jetzt sah er in die Runde und wartete darauf, bis auch der letzte Räusperer und leiseste Huster verstummt war, dann eröffnete er das Gespräch. Wie immer gab er sich kameradschaftlich, fast kumpelhaft, tat so, als wären sie alle gleichberechtigt und gleichmäßig am Erfolg von »Blitzlicht« beteiligt. Aber alle hatten die Erfahrung gemacht — Claudia wußte darum vom Hörensagen —, daß es sehr unratsam war, auf seinen Ton einzugehen. Sobald jemand mit der gleichen Lässigkeit antwortete, ging Togelmann junior auf Distanz.

Das A und O seiner Rede war, daß »Blitzlicht« zwar eine hervorragende Zeitschrift sei, in Anbetracht der geringen Mittel, die der Redaktion zur Verfügung stünden — ein Seitenhieb auf Papa —, daß sie aber noch besser, sehr viel besser werden müsse. Die Verkaufsziffern stiegen zwar in erfreulicher Weise, mußten aber noch sehr viel schneller und höher hinaufschnellen, wenn »Blitzlicht« endlich aus den roten Zahlen kommen sollte. Er dankte allen Anwesenden herzlich für die gute Zusammenarbeit und ihren Eifer, warnte sie aber davor, nachzulassen, sondern — Claudia hatte es schon nicht anders erwartet — erklärte: »Wir alle müssen unsere Anstrengungen noch steigern, uns geradezu selber übertreffen, um ein Blatt zu gestalten, das jeder Konkurrenz standhält!«

Claudia hatte das Gefühl, daß sie die einzige war, die zuhörte. Die anderen bemühten sich nur, interessierte Gesichter zu machen, aber ihre Augen blieben leer. Hilgers gähnte sogar einmal verstohlen, was ihm einen eisigen Blick des Chefs zutrug. Daraufhin wechselte der alte Mann schleunigst die Haltung und straffte die Schultern.

»Wir haben nicht das Geld, und wir verfügen auch nicht über die Routine eingefleischter Illustriertenmacher«, fuhr Togelmann fort, »aber wir sind auch noch nicht festgelegt. Wir gleiten nicht wie eine veraltete Straßenbahn auf ausgeleierten Gleisen dahin, sondern wir sitzen in einem rassigen Rennwagen, aus dem wir das Beste an Tempo, Glanz und Glamour herausholen wollen!«

Unwillkürlich blickte Claudia zu Hilgers hin, und er verriet ihr mit einem Wimpernzucken, daß auch er diesen Vergleich für ziemlich weit hergeholt, wenn nicht gar unzutreffend hielt.

»Die Weihnachtsnummer muß etwas ganz Besonderes werden!« tönte Togelmann. »Darüber sind wir uns wohl alle einig. Sie ist unsere erste Weihnachtsnummer, das ist unsere Chance. Wir müssen sie so gestalten, daß unser Publikum sie frißt! Vorschläge?« Er blickte in die Runde.

Kurt Schmidt hob seinen Zeigefinger wie ein Schuljunge. »Da war doch voriges Jahr kurz nach Weihnachten dieser Unfall auf der B 6 kurz vor Nienburg. Erinnern Sie sich, Chef? Eine junge Familie wollte zu den Großeltern. Auf der eisig glatten Fahrbahn gab es einen Zusammenstoß. Der Vater und die kleine Tochter waren auf der Stelle tot. Die Mutter und zwei Söhne überlebten.«

Claudia traute ihren Ohren nicht.

»Na und?« fragte Togelmann. »Das klingt alles andere als festlich!«

»Ich dachte, ich könnte eine Reportage darüber machen, so etwa: ›Ihr erstes Weihnachtsfest nach dem schweren Unglück! Wie leben sie heute?‹«

Claudia war drauf und dran, ihren Anspruch auf diese Idee, die Kurt Schmidt so gewissenlos usurpiert hatte, anzumelden. Aber die ausdruckslosen Gesichter ringsum verrieten ihr, daß keiner sich für sie einsetzen würde. Selbst Hilgers, den sie bisher fast als väterlichen Freund betrachtet hatte, sah durch sie hindurch. Kurt Schmidt, das wußte sie, würde glatt leugnen.

»Klingt gut«, sagte Togelmann.

Claudia schwor sich, nie wieder einen Einfall zwischen Tür und Angel fallenzulassen.

Die Konferenz ging weiter. Für Claudia wurde sie zu einer Enttäuschung. Sie hatte sich vorgestellt, daß die Redakteure vor Einfällen nur so platzen würden. Aber alle verhielten sich sehr zurückhaltend, wenn nicht sogar vorsichtig. Togelmann schien nicht die Gabe zu haben, die Geister zu animieren. Die meiste Zeit redete er selber. Die anderen schienen lieber zu schweigen, als sich in Gefahr zu begeben, etwas Falsches oder Unerwünschtes zu sagen. Claudia selber hatte sich von Anfang an vorgenommen, nicht zu sprechen. Sie wußte, daß sie in diesem Kreis nur geduldet wurde. So blieb sie stumm, obwohl ihr manches ein- und auffiel. Aber sie beschränkte sich darauf, Notizen zu machen.

Als Frau Brehm ihren Vorschlag für die Weihnachtsnummer vorbrachte, hätte Claudia fast etwas gesagt. Sie öffnete den Mund, schloß ihn dann aber wohlweislich gleich wieder. Frau Brehm wollte Tips für ein festliches Silvester geben: Abendkleider, Abendfrisuren, großes Make-up. So weit, so gut. Aber im Handarbeitsteil wollte sie zu einer bunten Decke für den Silvestertisch anregen, sehr hübsch und sehr kompliziert, im Kreuzstichmuster.

›Wenn eine Frau damit vor Weihnachten beginnt‹, hätte Claudia beinahe gesagt, ›wird sie frühestens Ostern fertig!‹

Aber den Herren gefiel diese Idee, und Claudia war froh, den Mund gehalten zu haben. Sie suchte Frau Taubers Blick, doch die Chefsekretärin stenografierte mit ausdruckslosem Gesicht.

Endlich wendete sich das Interesse ihrem Ressort zu. »Und was hat sich die Romanabteilung Schönes für die Weihnachtsnummer ausgedacht?« fragte Togelmann; er sah Claudia kurz an und fügte hinzu: »Oder lassen wir das besser für heute ...?«

»Nein! Warum denn?« sagte Claudia. »Ich habe die Unterlagen da! Unser Roman geht Weihnachten in die fünfte Folge ... es wird ein Höhepunkt der Story. Wir ...« Sie verbesserte sich: »Frau Gottschalk hat an eine doppelseitige Zeichnung gedacht. Ich habe den Entwurf des Grafikers dabei ... hier, bitte!« Sie stand auf und legte ihn vor Togelmann hin.

Der Entwurf zeigte eine Familienszene, die erstaunlich

echt wirkte und die Frau Gottschalk und ihr sehr zugesagt hatte.

»Ganz hübsch«, urteilte Togelmann säuerlich, »aber dann müßte die Folge selber noch stärker eingestrichen werden.«

»Noch stärker?!« rief Claudia entsetzt. »Wir haben ohnehin nur acht DIN-A4-Seiten!«

»Fünf!« berichtigte Togelmann.

»Aber das wäre doch ein Jammer! Der Text ist wirklich interessant ... rührend und packend!«

»Sie scheinen nicht zu wissen, daß die Ausgabe ziemlich dünn werden wird. Bedauerlicherweise läßt das Interesse der Inserenten nach, sobald das Weihnachtsgeschäft gelaufen ist.«

»Natürlich weiß ich das! Aber ich sehe nicht ein, warum ausgerechnet unser Roman darunter leiden soll!«

»Weil er das Uninteressanteste ist«, ließ sich Kurt Schmidt vernehmen.

»Wie können Sie das sagen!« fuhr Claudia ihn an. »Ich möchte wetten, daß Sie Ihre Nase noch nie hineingesteckt haben!«

Schmidt grinste. »Was nicht gerade eine Empfehlung für ihn ist, oder?«

»Für Leute wie Sie ist er nicht geschrieben worden!«

»Schmidt hat recht!« behauptete Togelmann. »In der fünften Folge springt kein Leser mehr in einen Roman ein. Die ihn kennen und mögen, werden ihn weiterlesen, egal, wie stark er gekürzt ist.«

»Aber es gibt Menschen, die sich ›Blitzlicht‹ kaufen, gerade an den Feiertagen, weil sie sich auf eine saftige Portion Lesefutter freuen. Sie werden enttäuscht sein ... vielleicht sogar abspringen ...«

»Da bin ich ganz und gar nicht Ihrer Meinung«, verkündete Togelmann abschließend.

Claudia mußte einsehen, daß sich jedes weitere Wort erübrigte; sie griff über Togelmanns Schulter und nahm den

Entwurf an sich. »Dann wird Frau Gottschalk wohl lieber auf ein festliches Layout verzichten wollen«, sagte sie, kehrte zu ihrem Platz zurück und faltete im Gehen das Blatt zusammen.

»Wie steht es mit der Kurzgeschichte?« fragte Togelmann hinter ihr her.

Claudia sah noch eine letzte Chance; sie drehte sich um. »Könnte man die nicht weglassen und statt dessen den Roman ...?«

Er fiel ihr scharf ins Wort: »Nein! Eine Geschichte und eine Folge ... das ist eine Grundsatzentscheidung!«

»Ich dachte nur, ausnahmsweise ...«

»Das heißt also, Sie haben keine?«

»O doch! Wir haben drei in die engere Auswahl genommen! Wenn Sie sie lesen möchten ...«

»Nun, ich nehme doch an, daß Frau Gottschalk schon ihre Entscheidung getroffen hat.«

»Ja«, sagte Claudia, nahm ein Blatt aus ihrem Schnellordner und fügte den Entwurf wieder ein, »es handelt sich in der Erzählung um ein alleinstehendes Mädchen und einen Junggesellen, die beide, unabhängig voneinander und ohne sich zu kennen, dem Londoner Trubel und den Feiertagen entgehen wollen und sich aufs Land zurückziehen. Dabei lernen sie sich natürlich kennen und, nachdem sie noch eine Weile mit dem Schicksal gehadert und ihre Wunden geleckt haben, auch lieben.«

»Na ja«, sagte Kurt Schmidt.

Claudia mußte an sich halten, keinen wütenden Blick auf ihn abzuschießen, der ihr ja auch nichts geholfen hätte.

»Frau Gottschalk fand die Geschichte gerade für die Feiertage sehr passend. Die Autorin ist Evely Worthy.«

»Nur?« fragte Hilgers augenzwinkernd.

»Wieso nur?« gab Claudia verwirrt zurück.

»Sie sagten das eben so, als wollten Sie eine Einschränkung hinzufügen.«

»Tat ich das? Ist mir gar nicht bewußt geworden. Aber da Sie mich daran erinnern...« Claudia hatte diese Sache gar nicht auf das Tapet bringen wollen, entschloß sich jetzt aber vorzupreschen, anstatt zurückzuweichen. »Frau Gottschalk meint«, sagte sie, »daß die Geschichte sicher besser ankäme, wenn man sie auf deutsche Verhältnisse adaptieren würde.«

»Wie das?« fragte Togelmann.

»Eine deutsche Großstadt anstatt London nehmen...«

Togelmann hob die dichten, blonden Augenbrauen. »Und dadurch, glauben Sie, würde der Plot besser?«

»Nein, nicht dadurch. Frau Gottschalk meint, daß die ausgesprochen englischen Gebräuche auf unsere Leserinnen verwirrend wirken könnten... die ewigen Teestunden zum Beispiel. Wenn man statt dessen einen Nachmittagskaffee...«

Kurt Schmidt, der auf den Hinterbeinen seines Stuhls schaukelte, unterbrach sie unhöflich: »Sagen Sie mal, für wie einfältig halten Sie unsere Leserinnen eigentlich? Wir leben in einer Zeit, in der jeder Hauptschüler Englisch als Pflichtfach hat und jeder auch nur einigermaßen beschlagene Mensch die Vorliebe der Engländer für Teepausen kennt!«

»Das wissen wir auch!« parierte Claudia. »Aber Frau Gottschalk meint, daß das typisch Englische in der Geschichte eben doch einen Entfremdungseffekt bewirken... daß die Leserinnen sich nur schwach mit der Heldin identifizieren könnten!«

Man sah, daß Kurt Schmidt, der seinen Stuhl unvermittelt auf alle vier Beine plumpsen ließ, im Begriff stand, Claudia noch einmal anzugreifen. Aber Togelmann brachte ihn mit einer Handbewegung zum Schweigen. »Und wer soll diese Adaption durchführen?« fragte er.

»Frau Gottschalk natürlich.«

»Aber sie ist ja im Augenblick nicht greifbar. Apropos...

haben Sie eine Ahnung, wann wir wieder mit ihr rechnen können?«

»Ich weiß es nicht!« gab Claudia zu und verbesserte sich rasch: »Aber sicher bald!«

»Und wenn nicht, sitzen wir in der Klemme. Soviel ich weiß, handelt es sich um eine Familienangelegenheit.« Togelmann blickte auf seine eigenen Notizen. »Frau Brehm, könnten Sie vielleicht im Notfall . . .?«

»O nein!« wehrte die Redakteurin hastig ab. »Ich nicht!«

»Was ist mit dir, Onkel Hans?«

Ehe Hilgers noch antworten konnte, rief Claudia: »Warum fragen Sie nicht mich? Ich bin durchaus imstande, Frau Gottschalk zu vertreten . . . sehr gut sogar!«

Kurt Schmidt schlug die Augen gen Himmel. »Hört, hört! Sie ist imstande! Sehr gut sogar!«

Alle lachten.

»Ich arbeite seit einem halben Jahr auf der Roman-Redaktion!«

»Als Schreibkraft!« sagte Kurt Schmidt höhnisch.

»Ich assistiere Frau Gottschalk!« Claudia wandte sich an Togelmann. »Sie wird es Ihnen bestätigen!«

»Womit wir wieder zum Angelpunkt zurückgekehrt wären«, stellte Togelmann fest, »sie ist zur Zeit nicht greifbar. Vertagen wir das Problem.«

Claudia war wütend. Ihr erster Auftritt bei einer Redaktionskonferenz, von dem sie sich so viel erhofft hatte, war ein Mißerfolg geworden. Es gab kaum jemanden unter den Anwesenden, für den sie nicht einmal oder öfter etwas getan hatte, was über ihre beruflichen Pflichten hinausging: einen eiligen Artikel abgeschrieben, Kaffee gekocht, Zigaretten angeboten oder sich von einer privaten Geschichte hatte langweilen lassen. Und doch hatte keiner sie unterstützt.

Kurt Schmidt hatte es sogar darauf angelegt, sie zu verhöhnen und zu blamieren. Sie kannte den Grund. Es hatte eine Zeit gegeben, wo er sich an sie heranzumachen versucht hatte. So höflich und taktvoll und behutsam, wie es ihr nur möglich war, hatte sie ihn abgewiesen. Das hatte er ihr übelgenommen. Aber sie konnte doch nicht mit einem solchen Schnösel ins Bett gehen, nur um ihn bei guter Laune zu halten!

Dabei gab sie sich zu, daß sie das sogar erwogen hatte. Falls sie sich Erfolg davon versprochen hätte, hätte sie es vielleicht auch getan. Aber sie wußte, daß es zwischen ihnen beiden nie auch nur zu einer noch so äußerlichen Harmonie gekommen wäre, und die unausbleiblichen Kräche und Zerwürfnisse hätten ihre Situation noch verschlechtert.

Nur noch mit halbem Ohr hörte sie, was um sie herum vor sich ging; sie kaute an ihrer Niederlage wie an einem schwer verdaulichen Knochen.

»Übrigens hat Döberer mich um Hilfe gebeten«, sagte Togelmann, »er hat keine passende Anfrage für die Festtage in seiner Korrespondenz.«

Felix Döberer bearbeitete den Fragekasten »Dr. Stephan weiß Rat«. Er war noch als Hauptschullehrer tätig und deshalb bemüht, die Rubrik zwar am Leben zu halten, die Anfragen aber nicht so zahlreich werden zu lassen, daß er sich zwischen seinem einen und seinem anderen Beruf hätte entscheiden müssen. Claudia fand ihn sympathisch, hielt ihn aber für den falschen Mann.

»Also müssen wir etwas türken«, sagte Hilgers.

Das wäre eine Aufgabe für Claudia gewesen; einen interessanten Leserbrief schreiben konnte sie allemal. Aber sie war zu deprimiert, um sich noch einmal einem Angriff Kurt Schmidts aussetzen zu mögen. Also schwieg sie wie die anderen.

»Machst du das, Onkel Hans?« fragte Togelmann. »Wir brauchen zwei.«

»Ja, sicher, Frank«, sagte Hilgers, »aber erwarte nicht, daß ich das so einfach aus dem Ärmel schüttele. So etwas muß gefeilt sein.«

Claudia fand, daß er ohnehin zu viel an seinen Artikeln polierte, um über eine gewisse alters- oder gesundheitsbedingte Einfallslosigkeit hinwegzutäuschen.

Aber Togelmann schien das noch nicht aufgefallen zu sein.

»Du hast Zeit«, sagte er.

Als der Chefredakteur die Konferenz beendete, war es acht Uhr geworden. Die anderen blieben noch eine Weile beieinander stehen und tauschten Bemerkungen aus. Claudia mochte keinen mehr sehen. Sie stürmte hinaus, brachte ihren Schreibtisch in Ordnung, packte ihre Handtasche, wickelte sich in ihren Mantel und fuhr hinunter.

Elke war längst nach Hause gegangen.

Claudia versuchte sich vorzustellen, daß die Freundin sie mit einem netten kleinen Abendbrot empfangen würde — oder hatte sie heute etwas vor? Sie war außerstande, sich selber auf angenehme Gedanken zu bringen.

Das Lächeln, mit dem sie Herrn Kaspar bedachte, war gequält.

Er merkte es sofort. »Hat es Ärger gegeben, Fräulein?«

»Ich bin schrecklich abgespannt.«

»Kein Wunder! Schlafen Sie sich morgen mal aus!«

»Ich werd's versuchen.«

Sie startete ihren kleinen, maisgelben Sportwagen, ein Cabriolet mit Schiebedach, gab vor Nervosität zuviel Gas, so daß ihr der Motor beinahe abgestorben wäre, scherte rückwärts aus der Parklücke und brauste los.

An der Kreuzung Achim-/Adenauerstraße spürte sie einen heftigen Schlag, zugleich gab es einen gewaltigen Krach, so daß sie glaubte, das Auto löse sich in seine Bestandteile auf. Zitternd vor Entsetzen nahm sie Gas weg und konnte den Wagen noch einige Meter weiter an den Straßenrand fahren. Dann stellte sie den Motor ab, saß da, holte Luft und versuchte sich zu fassen.

Jemand klopfte an das Seitenfenster.

Sie sah in ein junges, braungebranntes Gesicht, Lippen bewegten sich, ohne daß sie ein Wort verstand. Endlich hatte sie sich soweit in der Gewalt, daß sie darauf kam, das Fenster herunterzukurbeln.

»Alles in Ordnung?« fragte eine männliche Stimme.

»Ich weiß nicht«, erwiderte sie hilflos.

»Steigen Sie aus, und prüfen Sie Ihre Knochen.«

»Das wird nicht nötig sein.«

»Tun Sie es trotzdem.«

Claudia gehorchte; sie stellte fest, daß sie sich nichts verstaucht oder gebrochen hatte.

»Na, Gott sei Dank!« sagte der junge Mann, der ihr herausgeholfen hatte. Er war einen guten Kopf größer als sie, hatte braunes, lockiges, unfrisiert wirkendes Haar und glänzende braune Augen.

»Was ist passiert?«

»Der Kotflügel!«

Benommen ging sie um ihr Auto herum und sah, daß der rechte Kotflügel demoliert war; allmählich gingen ihr die Zusammenhänge auf. »Sie sind mir hinten reingefahren!« sagte sie mit schwacher Empörung.

»Stimmt! Aber Sie haben doch die Vorfahrt nicht beachtet.«

»Unmöglich.«

»Doch. Sie kamen aus der Achim-, ich aus der Adenauerstraße. Adenauerstraße hat Vorfahrt.«

»Bestimmt waren Sie zu schnell.«

»Zum Glück nicht. Sonst wäre Schlimmeres passiert.«

»Eine Schweinerei ist es trotzdem.«

»Ich bin versichert. Sie auch, nehme ich an.«

»Natürlich.«

»Dann sollten wir das ganze nicht zu tragisch nehmen. Oder wollen Sie die Polizei holen?«

Claudia dachte nach. »Das hätte wenig Sinn.«

»Ganz meine Meinung.« Er legte sanft den Arm um ihre Schultern. »Sie zittern ja. Können Sie überhaupt noch fahren?«

»Aber sicher.« Es kostete sie eine ungewohnte Willensanstrengung, sich freizumachen.

»Dann fahren Sie, bitte, hinter mir her. Aber ganz langsam, ja?«

Wie hypnotisiert setzte sie sich wieder hinter das Steuer und wartete, bis sein Auto, ein hochrädriger Jeep, sie überholte. Er fuhr so umsichtig, daß es ihr nicht schwerfiel, ihm zu folgen. Keinen Augenblick fragte sie sich, wohin die Fahrt ging. Sie stand immer noch unter Schockeinwirkung. Das einzige, was ihr durch den Kopf ging, war die Frage, wie ein so kleiner Zusammenstoß einen solchen Schlag und einen so irrsinnigen Krach hatte verursachen können.

Als die Bremslichter des Jeeps aufleuchteten, brachte auch sie ihr Auto zum Stehen. Der Fremde half ihr aus dem Wagen.

»Was ist an Ihrem Auto?« fragte sie.

Er lächelte auf sie herab. »Nichts. Der ist solide.«

Sie sah sich um und fand sich in einer Straße mit kleinen Reihenhäusern und Laternen wieder. »Ich dachte, Sie hätten mich zu einer Reparaturwerkstätte gebracht!« sagte sie vorwurfsvoll.

»Sie haben eine Stärkung dringender nötig als Ihr Auto. Sie zittern ja immer noch. Kommen Sie.« Er reichte ihr seinen Arm.

Es war ihr ganz ungewohnt, sich unterzuhaken, und ihr Körper versteifte sich. Er führte sie über einen kurzen, mit Platten belegten Weg und schloß eine Haustür auf.

»Sie wohnen hier?«

»Ja«, sagte er, »und zwar allein.« Er sah sie prüfend im Licht der Hausbeleuchtung an. »Aber ich nehme an, Sie haben keine Bedenken, die Wohnung eines Mannes zu betreten?«

»Aus dem Alter bin ich heraus!« behauptete sie, empfand die Situation aber doch als recht sonderbar.

»Ausgezeichnet!« Er schloß die Tür auf, knipste Licht an und zog sie herein. »Es ist zwar geheizt, aber Sie sollten Ihren Mantel trotzdem noch anbehalten.«

Sie folgte ihm in einen großen Raum, der mit sehr viel Holz und bequemen, mit naturfarbenem Leinen bezogenen Sesseln angenehm eingerichtet war. Es herrschte eine gewisse Unordnung; Bücher, Zeitschriften und Schallplatten lagen überall herum, aber das machte das Zimmer nur um so gemütlicher.

»Setzen Sie sich irgendwo hin«, sagte er, »ich werde Ihnen einen Drink einschenken. Was bevorzugen Sie?«

»Egal!« sagte sie und merkte, daß ihre Zähne klapperten.

»Ein Kognak dürfte das Richtige sein!« Er machte sich an einem eingebauten Schrank neben einer unverputzten, aus rötlichen Ziegeln errichteten Mauer zu schaffen und kam gleich darauf, ein Glas mit braungoldener Flüssigkeit in der Hand, zu ihr zurück. »Da, trinken Sie!«

»Und Sie?«

»Mir ist der Schreck ja nicht in die Glieder gefahren.«

Sie nahm einen Schluck und noch einen und spürte, wie ihre Verkrampfung sich löste. »Der ist gut!« sagte sie.

»Über fünfzig Jahre alt! Ich bewahre ihn für besondere Fälle.«

»Und meiner ist einer?«

»Ja, ganz bestimmt. Nun setzen Sie sich endlich. Machen Sie es sich bequem!« Er strich ein langes Zündholz an, hielt es an das Holz des offenen Kamins und wartete einen Augenblick, bis es brannte. »Ich bin gleich zurück«, sagte er dann.

Claudia ließ sich in einen Sessel nahe dem Feuer sinken und hielt ihre Hände den Flammen entgegen. Wärme begann ihren Körper zu durchfluten. Sie streifte ihren Strickmantel ab und warf ihn über ein Polster.

Er war bald zurück und trug jetzt, statt des korrekten grauen Anzuges mit Hemd und Krawatte, eine braune Cordhose mit einem beigen Rollpulli; er sah sehr gut aus.

»Ich habe gar nicht gewußt . . .« sagte sie und stockte.

»Ja, was?«

»Diese Häuser sehen von außen so einfach aus. Ich wußte nicht, daß sie innen so schön sind.«

»Ich habe das alles umgebaut«, berichtete er mit leisem Stolz, »Wände eingerissen, den Kamin gemauert . . .«

»Gehört das Haus Ihnen?«

»Leider nicht. Aber ich hatte die Erlaubnis des Besitzers.« Er trat wieder an den Schrank und kam dann mit einem Glas in der Hand zurück. »Whisky mit Wasser«, erklärte er.

»Sie sind sehr nett.«

»Irgendwie muß man doch versuchen gutzumachen, was man angerichtet hat.«

»Aber Sie hatten die Vorfahrt!«

Er lachte. »Seien Sie froh darüber! Sonst wäre ich nicht so gut gelaunt.«

»Ein Glück, daß Ihrem Jeep nichts passiert ist.«

»Wäre auch nicht so tragisch. Die Dinge haben nun mal die Eigenschaft in sich, kaputtzugehen. Früher oder später. Wer darüber jammert, verpatzt sich sein Leben.« Er nahm einen kräftigen Schluck. »Sie sehen aus, als fühlten Sie sich schon wohler.«

»Ja«, sagte sie, »aber ich komme mir sonderbar vor. Wie verwunschen.«

»Wahrscheinlich haben Sie heute noch nicht viel gegessen«, sagte er nüchtern.

»Ja, das stimmt. Nur einen Salat. Heute mittag.«

Er sprang auf. »Du lieber Himmel! Dann müssen Sie ja halb verhungert sein!«

»Nicht so schlimm. Ich esse immer nur wenig.«

»Wenn Sie mir das gleich gesagt hätten, hätte ich Ihnen keinen Kognak gegeben!«

»Aber der hat mir ja gerade gutgetan.« Sie leerte ihr Glas. »Jetzt fahre ich nach Hause...«

»Auf keinen Fall! Mit einem Salat und einem Kognak im Magen sind Sie nicht fahrtüchtig.«

»Mein Auto ist ja schon zerdellt.«

»Es geht mir nicht um das Auto, sondern um Sie!« Plötzlich fiel ihm etwas ein. »Entschuldigen Sie, bitte! Sie müssen mich für ziemlich ungehobelt halten. Ich habe ganz vergessen, mich vorzustellen. Ich heiße Herbert Kranich. Meine Freunde nennen mich Herb, was ich ziemlich albern finde. Meine Mutter nannte mich Bert.«

»Herb gefällt mir«, sagte sie und hielt ihm ihre Hand hin, »erinnert an Herbarium. Als Kind habe ich mal eine Blättersammlung angefangen, aber es ist leider nicht viel daraus geworden. Ich heiße Claudia Mennersdorfer.«

Er behielt ihre Hand zwischen seinen starken, warmen Fingern. »Claudia... ein sehr schöner Name!«

»Ja«, sagte sie, »deshalb habe ich ihn mir auch ausgesucht!«

Als es heraus war, zog sie ihre Hand zurück und schlug sich erschrocken auf den Mund.

Er fragte nichts, blieb vor ihr stehen und blickte mit einem Ausdruck leichter Belustigung in den Augen auf sie herab.

»Ich glaube, jetzt möchte ich noch einen Kognak!« bat sie.

»Sind Sie sicher? Wissen Sie, ich möchte nicht in den Ruf kommen, junge Damen in mein Haus zu verschleppen und betrunken zu machen.«

»Keine Sorge.«

Er nahm ihr das Glas ab und trat zum Schrank.

Als er mit dem Rücken zu ihr stand, sagte sie: »Ich habe das noch niemandem verraten.«

»Mir brauchen Sie nicht zu beichten... nicht, wenn Sie nicht wollen. Ich bin nicht neugierig.«

»Kein bißchen?«

»Nicht sehr.« Er schenkte ein und brachte ihr das Glas zurück.

»Danke.« Sie nahm einen Schluck. »Im allgemeinen bin ich nicht geschwätzig.«

»Dann seien Sie es auch heute nicht.« Er setzte sich in einen Sessel ihr gegenüber und streckte die langen Beine aus. »Ich möchte nicht, daß Sie mehr von sich preisgeben, als Sie wollen.« Nachdenklich sah er sie an. »Am Ende würden Sie es morgen bereuen.«

»Das wäre doch mein Problem.«

»Nicht nur. Sie würden mir aus dem Weg gehen. Es könnte das Ende einer Freundschaft sein, die gerade erst begonnen hat.«

Claudia war überrascht. Sie wußte aus Erfahrung, daß sie durchaus nicht der Typ war, auf den Männer flogen. Es fehlte ihr etwas, das sie selber nicht hätte definieren können. Wahrscheinlich wirkte sie nicht weiblich, nicht anschmiegsam genug. Immer hatte sie sich Mühe geben müssen, wenn sie Eindruck machen wollte.

Eine Zahl von Entgegnungen ging ihr durch den Kopf, die sie alle als unpassend verwarf; sie wählte die ehrlichste: »Sie überraschen mich.«

»Das kann ich nicht verstehen. Sie sehen aus wie ein Mädchen, das die Männer verwirrt.«

»Verwirre ich Sie?«

»Ja, sehr.«

»Wie angenehm.« Sie nahm noch einen Schluck. »Es ist alles sehr angenehm hier bei Ihnen. Als wäre ich nach einem anstrengenden Tag nach Hause gekommen und könnte mich endlich gehenlassen. Wahrscheinlich habe ich zuviel getrunken. Aber es ist alles wirklich sehr angenehm.«

»Ich werde Ihnen jetzt etwas zu essen machen.« Er wollte sich erheben.

»Nein, bitte nicht. Ich möchte in dieser Stimmung bleiben. Wenigstens noch eine Weile. Später ... wir werden sehen, was später ist. Haben Sie vergessen, daß ich Ihnen etwas erzählen wollte?«

»Haben Sie vergessen, daß ich Sie davor gewarnt habe?«

»Nein.« Sie warf mit einer hübschen Kopfbewegung — sie hatte sie lange vor dem Spiegel geübt — das schwarze, schimmernde Haar zurecht. »Aber Sie wirken wie ein Katalysator auf mich. Ist das ein passender Vergleich?«

»Ich weiß schon, was Sie meinen.«

»Ich dachte, ich hätte mit meinem früheren Leben Schluß gemacht. Aber ganz kann man das wohl doch nicht.«

»Das klingt geheimnisvoll.«

»Ist es gar nicht. Versprechen Sie mir, mich nicht auszulachen?« Ohne eine Antwort abzuwarten, fuhr sie fort, als könnte sie keine Minute länger schweigen: »In Wirklichkeit heiße ich nämlich Erna Marie.«

»Was ist dagegen einzuwenden?«

»Ich habe ihn immer gehaßt. In der Schule haben sie mich ›Klein Erna‹ genannt. Und ›Marie‹, das klingt doch nach einem Dienstbolzen, nicht wahr?«

»Ein Name ist nur das, was man sich dahinter vorstellt. Für mich ist Marie immer eine zarte, schöne, weißhäutige, blonde Frau gewesen.«

»Also nicht eine wie ich?«

»Nein.«

»Sie werden zugeben, daß Claudia besser paßt. Wenn ich Politiker wäre, würde ich ein Gesetz erlassen, nach dem jeder Mensch zum Zeitpunkt seiner Volljährigkeit den Namen wechseln kann ... sich den Namen aussuchen kann, der ihm wirklich gefällt.«

»Ziemlich viel Arbeit für die Behörden«, sagte er trocken.

»Man kann doch von einem Menschen nicht verlangen, daß er sein ganzes Leben lang unter der Bezeichnung herumläuft, die seine Eltern sich für ihn ausgedacht haben, als er noch ein Säugling war, ja oft sogar schon vor seiner Geburt. Man wird zu etwas geprägt, das man gar nicht sein will.«

»Deshalb nennen Sie sich jetzt einfach anders?«

Sie lachte. »So einfach war das gar nicht. Es gehörte eine ganze Menge Überzeugungskraft dazu, einen sturen Standesbeamten zu der Einsicht zu bringen, daß man unter seinem alten Namen nicht weiterleben will ... zumal, wie Sie mit Recht bemerkten, gegen ›Erna Marie‹ an sich nichts einzuwenden ist.«

»Und das haben Sie geschafft?«

»Ja«, sagte sie schlicht.

»Sie werden es noch weit im Leben bringen.«

»Das hoffe ich.«

Eine Weile schwiegen sie beide, aber es war kein Schweigen, bei dem der eine nervös darauf wartet, daß der andere endlich sprechen sollte. Es war eine Pause, in der sie ihren Gedanken nachhingen und förmlich zu spüren glaubten, wie ihr Vertrauen zueinander wuchs.

Claudia streifte ihre Pumps ab und zog die Füße unter sich.

»Aber Mennersdorfer«, fragte er, »heißt du wirklich?« Es war das erste Mal, daß er sie duzte, aber es wurde ihr gar nicht bewußt.

»Es ist kein so übler Name«, meinte sie, »obwohl es klangvollere und interessantere gibt. Ich habe mir überlegt, ihn zu ändern. Aber dann wollte ich meinen Vater nicht so sehr kränken. Er hat es schwer mit seiner enttäuschten Frau, und im Grunde ist er doch ein ganz netter Kerl.«

»Eine sehr erfreuliche Nachrede auf einen Vater.«

»Meinst du? Ich weiß nicht.« Sie drehte das Glas zwischen den Fingern. »Er war Chauffeur bei Mutters Eltern. Das waren reiche Leute, reich und vornehm. Haus an der Außenalster und alles, was dazugehört. Großvater hatte mit Schiffsbau zu tun. Mutter war jung und dumm, behütet und unerfahren und verknallte sich in den Chauffeur. Als sie schwanger wurde — mit mir, versteht sich —, waren die Großeltern natürlich entsetzt. Mutter wollte nicht abtreiben, also mußte geheiratet werden. Zu Großvaters Ehre muß gesagt werden, daß er Vater in seiner Firma unterbrachte. Es waren die Jahre des wirtschaftlichen Aufschwungs, und er glaubte, etwas aus ihm machen zu können. Aber daraus wurde nichts. Großvater war ein strenger und selbstgerechter Mann. Ich selber kann mich gar nicht mehr an ihn erinnern, aber so muß er wohl gewesen sein. In seiner Nähe konnte ein unsicherer junger Mann wohl kaum das Beste aus sich machen. Vater jedenfalls konnte es nicht, vielleicht hatte er auch einfach nicht das Zeug dazu. Er warf die Arbeit hin, und jetzt verlangten Mutters Eltern, daß sie sich von ihm trennte. Ich heiße übrigens nach Vaters Mutter, einer dummen, betulichen kleinen Frau. Vielleicht konnte ich deshalb den Namen nie ausstehen. Aber Mutter war schon wieder schwanger. Vielleicht liebte sie Vater auch immer noch. Wer weiß. Die Liebesgeschichten der eigenen Eltern sind immer schwer durchschaubar, nicht wahr?« Sie hatte das alles erzählt wie jemand, der sich oft und oft Gedanken über seine Herkunft gemacht hat; es sprudelte aus ihr heraus.

»Wahrscheinlich!« stimmte er zu. »Deshalb machen sich auch nur die wenigsten überhaupt Gedanken darüber.«

»Die meisten haben es ja auch nicht nötig«, sagte sie bitter, »aber für mich war es entscheidend. Ich wuchs in einem Kleine-Leute-Milieu auf, Wohnküche und so weiter.«

»Ist das denn schlimm?«

Sie stutzte, als hätte sie selber sich diese Frage noch nie gestellt. »Vielleicht nicht, wenn man daran gewöhnt ist. Aber Mutter konnte sich nicht gewöhnen, nicht an Vaters harmlose Späße, seine Sorglosigkeit und die vielen, vielen Bierflaschen. Nie war genügend Geld da, kaum für das Notwendigste und darüber hinaus schon gar nichts. Dazu kam, daß sie stolz war. Sie hatte sich mit ihren Eltern überworfen und konnte nicht zugeben, daß sie einen Fehler gemacht hatte. Sie wies jede Hilfe zurück. Wie mich das aufgeregt hat! Dabei war dies vielleicht das einzige Vergnügen, was sie noch hatte, ihre Mutter vor den Kopf zu stoßen.«

»Erzähl mir von dir«, bat er, »du siehst durchaus nicht aus wie ein Mädchen aus einem Kleine-Leute-Milieu.«

»Ich habe mich umstilisiert«, erklärte sie ernsthaft.

»Aber warum? Ich verstehe das nicht. Sinn des Lebens ist es doch, zu sich selber zu finden!«

»Meinst du? Nein. Ich kenne mich ganz gut. Was hätte ich schon davon, mich dauernd zu fragen: Wie bin ich wirklich? Es käme nicht viel dabei heraus, denn ich bin nun mal nicht sehr interessant, weder für mich noch für andere. Aber ich will etwas erreichen. Nicht mein ganzes Leben hinter der Schreibmaschine sitzen und die Gedankenblitze anderer zu Papier bringen. Ich will selber etwas machen.«

»Und du glaubst, das erreichst du leichter als Claudia? Und im Modellkleid?«

»Als Erna Marie in Rock und Bluse habe ich es jedenfalls nicht geschafft. Ich habe geschuftet wie eine Wahnsinnige. Aber über das Vorzimmer des Chefs bin ich nicht hinausgekommen.« Sie nippte. »Ich habe in Hamburg in einem Verlag gearbeitet, weißt du. Das hat mir Spaß gemacht. Alles, was mit Büchern und Manuskripten und so zu tun hat, macht mir Spaß. Die Chefsekretärin stand kurz vor dem Abgang. Sie erwartete ein Kind. Ich war sicher, ich bekäme den Posten. Ich war wirklich die Tüchtigste, das hat sie mir dann auch bestätigt. Aber nicht mich, sondern Susanne hat der Chef dann genommen ... nur weil sie liebenswürdiger, weicher, hübscher war als ich.«

»So was kann passieren.«

»Mir aber nur einmal. Ich habe gekündigt und die Weichen umgestellt.«

»Du bist ein tolles Mädchen.«

»Halb so wild. Wenn ich nicht was von meiner Großmutter geerbt hätte, hätte ich es gar nicht gekonnt. Viele möchten gerne schöne Kleider tragen, aber sie können es sich einfach nicht leisten. Dank Großmutters Hilfe konnte ich es.«

Sie leerte ihr Glas. Ohne daß sie ihn darum bitten mußte, stand er auf und schenkte ihr noch einmal ein.

»Weißt du, die Sache hat mich in einen echten Konflikt gebracht«, gestand sie, »ich hatte das Gefühl, mit dem Geld etwas für meine Familie tun zu müssen. Aber dann habe ich es mir anders überlegt. Mutter hätte ja all die Jahre Geld von zu Hause beziehen können. Dann wäre es uns allen bessergegangen. Ich mußte die Chance einfach ausnutzen, etwas aus mir zu machen. Verstehst du das? Später, wenn ich etwas geworden bin, kann ich immer noch was für die anderen tun.« Sie nahm das Glas aus seiner Hand entgegen. »Danke.«

Er versorgte sich selber mit einem Whisky. »Es ehrt dich, daß du wenigstens mit dir gekämpft hast.«

»Nein, ich weiß nicht. Daran denken, was man eigentlich tun sollte, kann jeder ... eine kranke Tante zu besuchen, meine ich, oder dem Bruder bei den Schularbeiten helfen oder in eine Hilfsorganisation einsteigen. Gewollt hat so etwas bestimmt jeder schon mal. Aber das bringt doch nichts. Entscheidend ist, was man dann wirklich tut, und die meisten denken dann am Schluß doch nur an sich selber, ihre eigenen Vorteile, ihre Bequemlichkeit und so weiter.« Sie sah ihn nachdenklich an. »Du bist womöglich anders.«

»Ich fürchte, nein.«

»Doch. Schon daß du mich mit deinem wunderbaren Kognak labst und dir meine dummen Geschichten anhörst.«

»Ich habe mich seit langem nicht mehr so gut unterhalten«, sagte er lächelnd.

»Das ist so eine Behauptung, die wahrscheinlich auch nur der Güte deines Herzens entspringt!«

»Du überschätzt mich.« Er setzte sich jetzt neben sie. »Aber sag mal, was hat dich eigentlich vorhin so in Rage gebracht? Du bist doch bestimmt nicht die Person, die unter normalen Umständen die Vorfahrt mißachtet.«

»Ach das! Ja, da war ich wirklich wütend.«

Er legte den Arm um ihre Schultern, und sie ließ es ganz selbstverständlich geschehen. »Erzähl's mir!« bat er.

»Also, das war so«, begann sie, um sich sogleich zu unterbrechen: »Hast du bestimmt noch nicht genug von meinem Gequatsche?«

»Ich würde es dir sagen.«

»Wenn du es wirklich wissen willst!« Die Geschichte von der Mitarbeiterkonferenz, die für sie zu einem solchen Fiasko geworden war, brach aus ihr heraus.

»Das klingt so«, sagte er, als sie geendet hatte, »als wolltest du am liebsten die Chefredaktion von ›Blitzlicht‹ übernehmen!«

»Und warum nicht?« Erschrocken über ihre eigene Kühnheit stellte sie richtig: »Nein, jetzt noch nicht. Dafür hätte ich doch noch nicht den richtigen Durchblick. Aber die Romanredaktion, ja. Ich könnte das mindestens so gut wie die Gottschalk, und praktisch mache ich es ja auch schon.«

»Ahnt die Gute, daß du an ihrem Stühlchen sägst?«

Empört löste sie sich aus seinem Arm. »Aber wieso? Das tue ich doch gar nicht! Ich will nur, daß die Romanredaktion mehr Gewicht bekommt und ich als ihre Assistentin anerkannt werde!«

»Als die du aber nicht engagiert bist!«

»Sag mal, willst du mich ärgern?« Sie wurde sich bewußt, daß ihre Augen jenen funkelnden Blick bekommen hatten, durch den sie gefährlich wirkte, und senkte rasch die Wimpern.

»Das war, wie mir scheint, die echte Erna Marie!« Er nahm sie in die Arme und küßte sie.

Sie sträubte sich nur kurz, aber ihr Zorn schmolz rasch dahin. Er war stark, er roch gut, und er war zärtlich. Warum sollte sie sich gegen ihn wehren? Sie war lange nicht mehr mit einem Mann zusammen gewesen, und sie hatte noch nie jemanden gekannt, der ihr so sympathisch gewesen wäre.

»Und was nun?« fragte er, als er sie freigab.

Sie schüttelte sich ihr Haar zurecht. »Ich glaube, das beste wird sein, ich bleibe heute nacht bei dir.«

Er lachte.

»Was ist daran komisch?«

»Gar nichts. Ich freue mich nur.«

»Sieh mal, fahren könnten wir jetzt doch beide nicht mehr ...«

Er fiel ihr ins Wort: »... und ein Taxi zu bestellen, wäre rausgeworfenes Geld.«

»Du machst dich über mich lustig!« Sie wollte aufstehen.

Er nahm ihre Hände und hielt sie fest. »Aber ich möchte doch, daß du bei mir bleibst. Ich habe es mir die ganze Zeit gewünscht. Es überrascht mich nur, daß du dich so gar nicht hast ... bitten und betteln lassen.«

»Aber das wäre doch unfair, da ich es selber will!«

»Du hast recht, Erna Marie!«

»Würdest du so lieb sein und mich bei meinem richtigen Namen nennen? Ich heiße jetzt Claudia ... offiziell und inoffiziell. Es würde dich doch auch nicht freuen, wenn ich dich Fritzchen nennen würde.«

Er grinste. »Ich fänd's lustig!«

»Sei nicht albern!«

»Verzeih mir, aber du wirst noch merken, daß ich voller Untugenden stecke.«

Sie küßten sich wieder, und diesmal wurde es ihr sehr schwer, sich von ihm zu lösen.

»Laß mich«, bat sie endlich, nach Atem ringend, »ich muß telefonieren ... meine Freundin anrufen, damit sie sich keine Sorgen macht.«

»Ist sie es nicht gewohnt, daß du nachts nicht nach Hause kommst?«

Sie verstand, daß er sie nicht kränken, sondern herausbringen wollte, wie sie es mit den Männern hielt. Aber sie mochte ihm nicht verraten, daß sie außer ihm niemanden kannte. Sie wollte sich ihm nicht zu sehr ausliefern. Deshalb sagte sie nur: »Nie, ohne sie zu benachrichtigen!«

Er sah ihr zu, wie sie mit einer Anmut, die angeboren schien, zum Telefon schritt, den Hörer abnahm und wählte.

»Soll ich dich allein lassen?« fragte er.

Sie winkte ab. »Nicht nötig!«

Also blieb er und hörte zu — es wäre ihm schwergefallen, darauf zu verzichten.

»Ich bin's...« sagte sie, und dann, nach einer Pause: »Tut mir leid, Elke, aber ich hatte einen Unfall... nein, mir ist nichts passiert, aber das Auto muß zur Reparatur... bitte, reg dich nicht auf! Dafür ist gar kein Grund vorhanden. Ich rufe dich nur an, weil ich heute nacht nicht nach Hause komme... das erzähl ich dir alles später! Ich fahre von hier aus morgen direkt zum Büro... du weißt doch, daß ich das immer bei mir habe... das wäre nett! Irgendeine Nachricht für mich?« Sie lauschte längere Zeit. »Na, Gott sei Dank! Also, bis morgen, Elke! Blöde Frage! Natürlich ist er das, sonst würde ich doch nicht bei ihm bleiben. Tschau!« Sie legte auf.

Ihn hatte die Erwähnung einer Nachricht, über die sie anscheinend glücklich war, ein wenig eifersüchtig gemacht, und er ärgerte sich über sich selber. Er verstand nicht, wie ein Mädchen, das er gerade erst kennengelernt hatte, ihn so faszinieren konnte.

Unbefangen erzählte sie, während sie sich ihm wieder zuwandte: »Denk dir, das mit dem Baby ist nun doch noch gutgegangen!«

»Mit welchem Baby?«

»Und ich hatte dich für einen so guten Zuhörer gehalten! Mit dem Baby von Frau Gottschalks Tochter und dem übersensiblen Schwiegersohn! Die Klinik hat schon angerufen, während ich noch in der Konferenz war, es ist ein superschwerer Junge, und die Gottschalk hatte die schlaue Idee, sich noch einmal von unterwegs in der Redaktion zu melden. Also haben sich schon seit Stunden die Wogen geglättet.«

Er dachte bei sich, daß es hochanständig von ihr war, sich nicht interessant zu machen oder gar seine Eifersucht zu schüren. Aber er sprach es nicht aus, weil ihm klar wurde, daß sie nicht geahnt hatte, was in ihm vorging.

»Was siehst du mich so an?« fragte sie.

»Wahrscheinlich sehr verliebt! Du magst mich doch auch?«

Sie prüfte ihn mit leicht zusammengekniffenen Augen. »Ich weiß nicht. Ich kenne dich ja noch gar nicht.«

Diese allzu aufrichtige Antwort tat ein bißchen weh, aber er lachte.

»Kann ich ins Bad?« fragte sie.

»Gute Idee!« Er sprang auf. »Inzwischen mache ich uns was zu essen!«

»Ach nein!« wehrte sie ab. »Nicht jetzt. Essen können wir später immer noch!«

Er legte ihr die Hand unter das Kinn und sah ihr lächelnd in die Augen. »Gehörst du zu denjenigen, die danach immer mächtigen Hunger haben?«

»Du hast es erfaßt!«

»Dann passen wir zueinander. Mir geht es genauso.«

Sie paßten wirklich gut zusammen.

Herbert war nicht hart, nicht fordernd, nicht brutal, was manche Frauen lieben mochten, Claudia aber haßte. Sehr zärtlich und geduldig war er darauf bedacht, zuerst sie glücklich zu machen, bevor er selber zum vollen Genuß kam.

Nachher lagen sie, eng umschlungen, nackt und ein wenig erschöpft auf seinem breiten Junggesellenbett.

Claudias Haar war verklebt, und ihr Gesicht schien

eckiger geworden. »Für mich war's noch nie so schön«, gestand sie aufrichtig.

»Ja, das erste Mal ist es manchmal schwierig.«

»Nicht mit dir.«

»Mit dir auch nicht.«

Sie löste sich ein wenig von ihm und streichelte bewundernd die Linien seines bräunlichen, wohlproportionierten und durchtrainierten Körpers nach. »Du bist wundervoll!« sagte sie. »Ein richtiger Adonis! Ein Glück, daß ich dich kennengelernt habe.«

»Ja, zu was ein kleiner Autounfall nicht alles gut sein kann!« scherzte er.

Sie sah an sich herab; sie war weiß und dünn mit flachen, kaum entwickelten Brüsten. »Für dich würde ich gerne schöner sein.«

»Na ja«, sagte er und tat, als unterzöge er sie einer strengen Musterung, »stimmt schon, Twiggy ist außer Mode ...«

Sie gab ihm einen leichten Nasenstüber.

»... aber du gefällst mir trotzdem!«

»Wieso eigentlich?«

»Nun, erst einmal bist du sehr süß ... und zweitens bist du anders als andere Mädchen.«

»Kann ich nicht glauben.«

»Aber ja doch. All die anderen Mädchen ...«

»Es scheint ja eine Menge in deinem Leben zu geben!«

»Halb so wild, ich meine nur ... was man so kennenlernt ... manche tun wer weiß wie emanzipiert, aber sie haben eben doch nur Mode, Kosmetik und den neuesten Klatsch im Kopf.«

»Du Ärmster«, sagte sie mit gespieltem Mitleid, »ausgesprochenes Pech für dich, wenn du nur an solche Typen geraten bist.«

»Nun tu nicht so! Du weißt doch selber ganz genau, daß ich recht habe! Die meisten Mädchen ...« Er stockte.

»Was ist? Sprich weiter!«

»Ich weiß doch gar nicht, ob dich das interessiert!«

»Ich muß es wissen! Deine Analyse des weiblichen Geschlechts...«

»Die gibt es gar nicht! Ich habe mir noch nie Gedanken gemacht über die Frau an sich, ihre guten und schlechten Eigenschaften, ihre Tiefen und Untiefen ... ich wollte dir nur von den Mädchen erzählen, die ich so kenne.«

»Ja, bitte!«

»Die sehen in mir, einem Junggesellen mit mittlerem Einkommen, doch immer nur einen möglichen Heiratskandidaten!«

»Kunststück! Du siehst sehr gut aus, bist lieb und intelligent...«

»Aber bei denen allen spielt das gar keine Rolle! Sie würden mich auch nehmen, wenn ich ein Zwerg Nase wäre und abstehende Ohren hätte. Was sie fasziniert, ist lediglich die Tatsache, daß ich noch zu haben bin.«

»Aber das bist du doch nicht wirklich«, sagte sie, »ich meine, du möchtest doch nicht heiraten.«

»Nicht unbedingt. Aber mach das mal einer Frau klar, die ihr Nestchen bauen will.«

»Da hast du mit mir wirklich Glück, denn nichts liegt mir ferner. Mir graust bei dem bloßen Gedanken, mein Leben hinter dem Kochtopf verbringen zu müssen.«

»Da sind wir beim Punkt. Das eben ist es, was mir an dir gefällt ... nicht der negative Aspekt, daß du dich vor der Hausarbeit drückst, sondern daß du etwas erreichen, etwas schaffen, etwas aus dir machen möchtest!«

»Hei, wie fein!«

»Sei bitte jetzt nicht ironisch. Du bedeutest mir sehr viel.«

»Du mir doch auch.«

»Es kommt mir vor, als hätte ich lange Zeit auf dich gewartet!«

»Wie lieb du das sagst!« Sie schlang die Arme um seinen Hals und küßte ihn.

Aber als sie spürte, daß sich sein Verlangen wieder regte, löste sie sich rasch von ihm. »Du hast versprochen, mir etwas zu essen zu geben! Ich habe Hunger!«

»Bitte, Claudia!«

»Ganz im Ernst: Ich kann das nicht dauernd hintereinander. Es nimmt mich zu sehr her, nicht nur körperlich.« Weil sie fühlte, daß dies Geständnis ihn enttäuschte, fügte sie rasch hinzu: »Ist das sehr schlimm?«

»Überhaupt nicht! Normalerweise neige ich auch nicht zu Übertreibungen . . .«

»Dann bitte: Werde wieder normal!«

»Wie du befiehlst!«

Als sie aufstand, nutzte er die Gelegenheit, ihr einen zärtlichen kleinen Klaps hintendrauf zu geben. »Einen süßen Hintern hast du auch!«

Sie lachte ihm über die Schulter zu. »Wirklich? Stell dir vor, den habe ich noch nie gesehen.«

»Dann wird es höchste Zeit.«

Später nahmen sie eine kleine Mahlzeit vor dem offenen Kamin ein. Herbert pflegte gewöhnlich in der Küche zu essen, aber Claudia wollte das lodernde Feuer genießen, und so hatten sie es sich auf Kissen auf japanische Art an dem niederen Tisch so bequem gemacht, wie es möglich war. Herbert hatte frischen grünen Salat, Spiegeleier auf knusprig gebratenem Speck und weißes französisches Stangenbrot serviert; dazu gab es einen samtenen Rotwein Chateau Roudier Montagne St. Emilion.

»Kochen kannst du also auch!« stellte sie fest, als sie die erste Gabel Salat gekostet hatte.

»Das ist doch nur was ganz Einfaches! Das nächstemal, wenn du kommst . . .«

»Nur nicht!«

Er hatte sein Glas zum Mund heben wollen und erstarrte nun mitten in der Bewegung. »Heißt das, du willst nicht...?!«

»Was für ein Gedanke! Natürlich werde ich kommen... oft und oft... so lange, bis du mich rauswirfst!«

»Da fällt mir ein Stein vom Herzen«, sagte er in übertriebener Begeisterung, hinter der er zu verstecken suchte, daß er wirklich sehr erleichtert war.

»Ich mag nur keine großen Kochereien!« sagte sie. »Du darfst dich nicht meinetwegen an den Herd stellen und schnippeln und schneiden, rühren und brutzeln...«

»Ich täte es gern!«

»Sieht dir ähnlich. Aber ich wüßte es gar nicht zu würdigen.«

»Ißt du nicht gern?«

»Doch. Diese Spiegeleier sind für mich ein Höhepunkt.«

»Aber dann...«

»Ich mag bloß keine komplizierten Sachen. So etwas ist doch reine Zeitverschwendung. Wenn man Hunger hat, schmeckt einem auch ein Stück trockenes Brot, und wenn man übersättigt ist, mag man nicht einmal Hummer.«

»Da stimme ich dir zu.«

»Außerdem macht allzu gutes Essen nur satt und träge.«

»Akzeptiert.«

»Gibst du immer so schnell nach?« fragte sie irritiert.

»Nur, wenn ich einsehe, daß der andere recht hat. Mir ist gerade klargeworden, daß ich komplizierte Sachen eigentlich immer nur aus Langeweile zubereitet habe... und um jemandem zu imponieren.«

Sie sah ihn an. Er trug einen kurzen roten Bademantel, der seine glatte braune Brust und seinen starken, geraden Hals freigab; Licht und Schatten des Feuers spielten über sein offenes, sympathisches Gesicht und spiegelten sich in seinen klaren Augen. »Das hast du, weiß Gott, nicht nötig«, sagte sie.

»Danke.«

Sie selber hatte sich in einen großen weißen Frottiermantel von ihm gehüllt und mit viel Mühe und seinem Haarwasser ihr Haar einigermaßen wieder in Form gebracht, so daß es ihr eckiges kleines Gesicht umrahmte. Das Augen-Make-up, das im Bett zu Schaden gekommen war, hatte sie nach innerem Kampf entfernt; sie wollte sich ihm gegenüber so geben, wie sie wirklich war.

»Eigentlich«, sagte sie nachdenklich zwischen zwei Bissen, »weiß ich sehr wenig von dir, nur daß du gut aussiehst, gut kochst, gut ...« Sie wollte nicht zu direkt werden und verschluckte, was sie hatte sagen wollen.

»Da hast du schon meine ganze Charakteristik«, sagte er mit leichter Bitterkeit, »ich war immer ein guter Junge, und ich fürchte, ich bin es noch.«

»Was ist dagegen einzuwenden?«

»Es ist langweilig.«

»Du bist nicht langweilig«, erklärte sie mit Nachdruck.

»Das kommt dir so vor, weil ich ein guter Zuhörer bin ... also schon wieder mal gut.«

»Ist dir noch nicht aufgefallen, daß die meisten Leute das überhaupt nicht können? Sie hören immer nur mit halbem Ohr hin und sind stets auf dem Sprung, ihren eigenen Sermon vorzubringen.« Sie pickte ein Blatt Salat. »Aber ich habe wirklich kein Recht, mich darüber aufzuregen«, sagte sie mit vollem Mund. »Ich habe ja vorhin nur meine eigenen Geschichten aufgetischt und dich überhaupt nicht zu Wort kommen lassen.«

»Ich wollte ja gar nichts sagen.«

»Aber ich möchte jetzt endlich was von dir hören. Ich nehme an, du hast deinen Eltern nie Sorgen gemacht?«

»Kann schon sein.«

»Du hast dich immer gut mit ihnen verstanden?«

»So einfach ist das nicht.«

»Also los! Raus mit der Sprache.«

Er zögerte, und es war ihm anzusehen, daß er es nicht gewohnt war, über sich selber zu sprechen. »Mein Vater starb, als ich noch sehr klein war ...«

»Ein hübscher Anfang«, ermunterte sie ihn.

»... ich kann mich gar nicht mehr an ihn erinnern. Natürlich kenne ich ihn von Fotos und bilde mir manchmal ein ... aber nein, das sind nur Hirngespinste.«

»Wie alt warst du?«

»Drei.«

»Dann kann es doch sein. Ich war erst zwei, als ... aber nein, Schluß damit, du bist jetzt an der Reihe.«

»Was wolltest du sagen?«

»Völlig belanglos. Es sollte dir nur beweisen, daß die Erinnerung ziemlich lang zurückreicht. Es wird ja behauptet, daß man unter Hypnose bis zum Moment der Geburt zurückgeführt werden kann ... glaubst du daran?«

»Nein.«

»Also Thema Papierkorb. Erzähl weiter. Was geschah nach deines Vaters Tod? War deine Mutter sehr traurig?«

»Ja, ich glaube schon. Aber zwei Jahre später hat sie wieder geheiratet.«

»Nur natürlich. Sie war wahrscheinlich noch jung.«

»Nicht älter als du jetzt bist. Aber ich glaube, sie hat deswegen Gewissensbisse gehabt, meinetwegen, meines Vaters wegen und weil sie in ihren zweiten Mann sehr verliebt war. Übrigens war er kein böser Stiefvater, sondern immer nett zu mir. Mutter bekam dann noch zwei Mädchen und zuletzt einen Jungen. Aber ich wurde immer verwöhnt und vorgezogen. Ich kriegte immer alles, was ich mir wünschte ... elektrische Eisenbahn, Fahrrad, Mofa, du weißt schon.«

»Wie schön für dich!«

»Glücklich hat es mich nicht gemacht. Ich hatte das Gefühl, daß sie mir alles an den Hals warfen, weil sie mich nicht wirklich liebhatten ...«

»Kann ich mir nicht vorstellen.«

»Doch. Zu ihren eigenen Kindern waren sie sehr viel strenger. Die wurden an der kurzen Leine gehalten und waren entsprechend neidisch auf mich.«

»Ich glaube, du bist das Prachtexemplar der Familie.«

»Ich kam mir immer wie ein Kuckuck im fremden Nest vor.«

»Du weißt aber, daß die Zieheltern den kleinen Kuckuck mehr lieben als die eigene Brut?«

»Daran habe ich nicht gedacht. Dann war mein Vergleich falsch. Ich hatte immer das Gefühl, daß sie durch ihre Großzügigkeit ihren Mangel an Liebe wettmachen wollten.«

»Auch wenn du dir das nur eingebildet hast ... und davon bin ich überzeugt ..., tut das nichts zur Sache. Du hast gelitten, nur das ist wichtig.«

»Nicht allzu sehr. Es war mehr so ein Gefühl von ... Leere. Ich kann das nicht beschreiben. Aber jedenfalls habe ich die Situation auch ganz schön ausgenutzt.«

»Recht so.«

»Ich habe auch ziemlich lange studiert, auf Kosten der Eltern. Sie haben nie ein Wort deswegen gesagt. Endlich schaffte ich meinen Ingenieur und sollte in Düsseldorf anfangen. Aber plötzlich hatte ich es satt und habe eine Stellung hier in Elmrode angenommen.«

»Weil du hier gut verdienst und verhältnismäßig billig leben kannst.«

»Das auch. Aber vor allem, um möglichst weit von zu Hause fortzukommen. Es hat seine Zeit gebraucht ... ich bin nicht einer von den Schnellen ... aber plötzlich konnte ich die ganze Verlogenheit nicht mehr ertragen.«

»Wo stammst du denn her?«

»Aus Düsseldorf.«

»Na, so weit weg ist das doch gar nicht.«

»Für die liegt Elmrode am Ende der Welt. Sie waren entsetzt, als ich es ihnen sagte. Stell dir vor, ich mußte während meiner ganzen Studienzeit täglich zwischen Düsseldorf und Köln pendeln. Bei aller Großzügigkeit ... freigeben wollten sie mich nicht.«

»Aber das spricht doch auch für ihre Liebe.«

»In meinen Augen nicht. Aber es wäre zu kompliziert, dir das jetzt zu erklären, das heißt, ich kann es nicht. Vielleicht später mal.«

»Und was machst du jetzt? Beruflich, meine ich?«

»Ich arbeite bei Kelling.«

»Elektronische Ersatzteile? Das ist doch interessant.«

»In der Versuchsabteilung.«

»Noch interessanter.«

»Ich weiß nicht.« Er hatte seinen Teller geleert und spielte mit der Gabel. »Es befriedigt mich nicht sehr.«

»Nicht?!« fragte sie erstaunt.

»Nein. Alles, was wir erfinden, nimmt den Menschen doch nur Tätigkeiten ab, die gesund für sie waren, ihnen ein Gefühl von Leistung gaben, kurzum, sie glücklicher gemacht haben, als sie heute sind.«

Sie lachte. »Du Spinner! So was denkst du dir aus?!«

»Es ist wahr.«

»Das kannst du nur sagen, weil du ein verwöhnter Junge bist, der immer alles gehabt hat! Was glaubst du, wieviel glücklicher meine Mutter mit einer elektronisch gesteuerten Waschmaschine gewesen wäre?!«

»Überhaupt nicht. Du weißt selber, daß ihr Kummer viel tiefer liegt.«

»Aber er hätte sich leichter ertragen lassen, wenn sie nicht vollkommen abgearbeitet gewesen wäre!«

»Du siehst das falsch!« behauptete er. »Zum Beispiel hat sich noch nie ein Mensch das Leben genommen, weil er zu viel schuften mußte ... wohl aber, weil er zu viel Zeit hatte, über sich nachzudenken.«

»Arbeit als Betäubungsmittel also? Damit würdigst du sie herab.«

»Arbeit als Sinngebung des Lebens.«

»Ja, so sehe ich es auch. Aber selbst wenn einem ein Computer alle groben Arbeiten abnehmen würde, bliebe immer noch genug, womit man sich beschäftigen kann.«

»Dir sicher. Aber ein normaler Mensch ...«

Sie lachte auf. »Ich bin also in deinen Augen nicht normal?! Danke für die Blumen!«

»Nicht im Sinne von verrückt! Aber du bist wirklich ein ungewöhnliches Mädchen. Habe ich dir das nicht schon einmal gesagt?«

»Ich höre es immer wieder gern. Aber ich glaube, wir sollten jetzt abräumen, sonst kleben die Reste fest.« Sie stellte das Geschirr zusammen. »Ich würde für dich abwaschen ... eine Spülmaschine hast du wohl nicht?«

»Wäre in einem Junggesellenhaushalt wohl fehl am Platze.«

»Sag das nicht! Eine ganz kleine ... aber ich weiß schon, ich kann dich nicht bekehren. Ich wollte auch bloß sagen, abwaschen kann ich nicht, ich muß meine Nägel schonen.« Sie hielt ihm ihre langen, oval gefeilten und in sanftem rosigen Perlmutter glänzenden Nägel vor die Augen. »Sie gehören zu meinem Werkzeug.«

»Den Rivalinnen die Augen auszukratzen?«

»Nein, attraktiv zu sein. Du verkennst meine Methoden!«

Er angelte nach dem Tablett, das hinter dem Tisch stand, und gemeinsam räumten sie das benutzte Geschirr und Besteck zusammen. Dann schwang er sich aus dem Schneidersitz ohne sich aufzustützen auf die Beine.

»Bravo!« rief sie anerkennend. »Sportlich bist du also auch noch?«

»Spotte nur!« Er reichte ihr beide Hände, zog sie hoch, und als sie nun so dicht vor ihm stand, gab er dem Verlangen nach, sie in die Arme zu nehmen. »Ich glaube, wir lassen die Küche für heute!« murmelte er in ihr Haar.

»Nichts da!« wehrte sie ab. »Kommt gar nicht in Frage. Ich will nicht, daß du dich morgen früh zwischen Bergen von schmutzigem Geschirr wiederfindest und an mich als an die Schlampe denkst, die dich damit hat sitzenlassen.«

»Das haben schon viele Mädchen getan.«

»Aber ich bin nicht, wie du weißt, eine von vielen.« Sie machte sich von ihm los, bückte sich, hob das Tablett auf und balancierte es in die Küche, die winzig und technisch gut durchdacht war; es gab sogar einen Klapptisch und zwei Sitzgelegenheiten. »Abtrocknen will ich gerne!« Sie setzte das Tablett ab und krempelte sich die langen Ärmel des weiten, weißen Bademantels hoch. »Das bin ich gewohnt.«

In voller Harmonie arbeiteten sie Hand in Hand miteinander, wobei sie die Finger stets leicht nach außen gebogen hielt, um ihre Nägel nicht zu beschädigen.

›Wie ein altes Ehepaar!‹ schoß es ihm durch den Kopf, aber er sprach diese Bemerkung nicht aus, weil er fürchtete, sie könnte sie falsch verstehen.

Nachher räumte sie fort — es war leicht genug, sich in dem übersichtlich eingeräumten Schrank zurechtzufinden —, während er noch das Becken und die Ablagen abwischte und trockenrieb.

»Wann sehen wir uns wieder?« fragte er.

»Nun«, erwiderte sie lächelnd, »vorläufig bin ich ja noch da. Mir scheint die Frage wichtiger: Was machen wir jetzt? Ich würde gern mit dir vor dem Kaminfeuer kuscheln.«

»Nein, im Ernst!« Er packte sie bei den Schultern. »Ich möchte es wissen!«

»Warum?« fragte sie und sah ihn offen und prüfend an, ohne, wie gewöhnlich, den Blick zu verschleiern.

»Weil ich Angst habe ... Angst, du könntest mir entwischen, so schnell, wie du in meinem Leben aufgetaucht bist.«

»Das habe ich keineswegs vor.«

»Aber?« ergänzte er ihre unausgesprochene Einschränkung.

»Aber ich bin sehr beschäftigt!« gab sie zu. »Ich habe

einen Englischkurs, versuche meine Literaturkenntnisse zu vertiefen und ... was noch? Ja, ich mache Gymnastik, um mich fit zu halten. Dazu kommt, daß es in der Redaktion oft spät wird.«

»Soll das heißen ... keine Zeit für die Liebe?«

»Wenig Zeit«, bekannte sie, »am besten gibst du mir deine Telefonnummer!«

»Und du meldest dich, wenn du Lust hast?«

»Wenn ich Zeit habe«, verbesserte sie.

»Du willst mich in die Rolle des Bittstellers drängen.«

»Das siehst du ganz falsch, Herb!« Sie gab ihm einen raschen Kuß. »Ich möchte dir ersparen, daß du mich anrufst und ich dir absagen muß.«

»Auf jeden Fall: Eine traurige Situation für mich.«

»Du hast doch wohl nicht erwartet, daß ich mein ganzes Leben für dich umkrempeln werde?« fragte sie, ohne Schärfe, nur erstaunt.

»Daß du es ein bißchen ändern würdest ... schon.«

»Ausgeschlossen!«

Sie standen sich eng in dem kleinen Raum gegenüber und blickten sich in die Augen, als wollten sie die Tiefen ihrer Seelen ausloten.

»Schade«, meinte er endlich, »sehr schade.«

»Ist ja gar nicht wahr! Wenn du mich dauernd um dich haben könntest, würdest du mich rasch sattbekommen. Glaub mir, es ist ganz gut so, wie es ist!« Sie schob sich an ihm vorbei in die Diele, die die unteren Räume miteinander verband; Schlafzimmer und Bad lagen auf der gleichen Ebene, in den Wohnraum führten einige Stufen hinab. »So, jetzt gehe ich mir die Hände waschen«, erklärte sie, »und du wirfst noch ein Scheit ins Feuer, ja?«

»Ganz Ihr ergebener Diener, gnädige Frau«, erwiderte er ironisch.

»Wenn es dir nicht paßt«, sagte sie, »ich meine ... wenn ich dir nicht passe, so wie ich bin ... ich kann mich auch rasch anziehen und ein Taxi bestellen. Aufdrängen will ich mich nicht.«

»Wer denkt denn an so was!«

»Dann klopf auch, bitte, nicht so dumme Sprüche, als seist du ein unterdrücktes Mannsbild. Laß mir meine Freiheit, und ich laß dir deine.«

»Du kalkulierst nicht mit ein, daß ich auch einmal keine Zeit für dich haben könnte.«

»Doch. Tue ich.«

»Und was dann?«

»Werde ich wahrscheinlich ein bißchen enttäuscht sein, aber ich werde es akzeptieren. So, wie man das von einem erwachsenen Menschen erwarten kann.«

Er blickte sie schweigend an.

»Also«, sagte sie, »willst du mich loshaben oder soll ich bleiben?« Aber hinter der Keckheit ihres Tones verbarg sich Angst; es wäre ein Schlag für sie gewesen, wenn er sie jetzt fortgeschickt hätte.

»Dummkopf!« sagte er zärtlich.

Sie legte ihm die Arme um den Hals. »Noch nie hat mir ein Schimpfwort so lieblich geklungen!« gestand sie.

Sie setzte sich auch nicht zur Wehr, als er sie aufhob und zum Feuer hinuntertrug, sondern suchte mit ihren Lippen seine nackte Brust; noch nie hatte sie es so genossen, sich klein und hilflos zu fühlen, wenn sie auch wußte, daß dies eine Rolle war, die ihr nicht für immer behagen würde.

Als Herbert Kranich am nächsten Morgen erwachte, breitete er, noch mit geschlossenen Augen, die Arme aus, um Claudia an sich zu ziehen. Aber er tastete ins Leere. Laken und Kissen seines breiten Junggesellenbettes waren zerwühlt, aber die Seite neben ihm schon erkaltet.

»Claudia!« rief er, und dann noch einmal, lauter und drängender: »Claudia!«

Er erhielt keine Antwort.

Noch konnte er es nicht glauben, daß sie ihn verlassen hatte. Er strengte die Ohren an in der Hoffnung, Geräusche aus der Küche oder dem Bad zu hören. Aber das kleine Haus war still; außer einem Knacken in der hölzernen Täfelung gab es keinen Laut.

Er schob sich mit dem Rücken hoch und zwang sich, die Augen zu öffnen; der Blick auf seine Weckuhr zeigte ihm, daß es auf neun Uhr zuging. Also würde er zu spät in die Firma kommen. Aber das bedrückte ihn nicht. Er gähnte ausgiebig und streckte sich.

Dann erst fand er den Zettel, ein Blatt aus dem Notizbuch herausgerissen. Claudia hatte ihn für ihn auf den Nachttisch gelegt.

Er las: »Geliebter! Du schliefst so süß wie ein Baby! Ich hätte Dir gern ein Frühstück gemacht, obwohl ich darin nicht sehr gut bin. Aber ich habe es nicht übers Herz gebracht, Dich zu wecken. Und ich muß fort. Den Wagen zur Reparatur bringen und dann in die Redaktion. Hier meine Telefonnummer. Ruf mich an, wenn Du Lust hast. Dann können wir wenigstens über den Draht miteinander plaudern. Dennoch hoffe ich: bis bald!« Und ihre Unterschrift.

Herbert gab sich nicht damit zufrieden, diese flüchtigen Zeilen zu lesen, sondern er überprüfte sie immer wieder, auch noch, als er bei einer Tasse Kaffee und einem Glas frisch ausgedrücktem Orangensaft in der Küche saß.

Sie schienen ihm burschikos und wenig zärtlich. In der Anrede sah er eine gewisse Ironie, und es fehlten für ihn Beteuerungen der Liebe und der Leidenschaft beim Abschiedsgruß. Gewiß, es war ein Zugeständnis, daß sie ihm ihre Telefonnummer mitgeteilt hatte. Wahrscheinlich hatte sie ihn nicht ganz verärgern wollen. Aber von Leidenschaft war nichts zu spüren.

›Was für ein sonderbares Mädchen‹, dachte er und zerknüllte das Blatt, ›scheut sich nicht, mit einem wildfremden

Mann ins Bett zu gehen, und hat Zahnbürste und Zahnpasta noch gleich bei sich!‹

Aber er gab zu, daß sie ganz gewiß nicht gewohnheitsmäßig mit fremden Männern schlief. Sicher war sie das, was sie vorgab, zu sein: Eine Frau mit Ehrgeiz. Grund zur Eifersucht gab es für ihn also nicht. Dennoch war sie ihm unheimlich.

Seine bisherigen Freundinnen hatten dazu geneigt, sich an ihn zu klammern, und er hatte das oft verwünscht. Nun, da er auf eine getroffen war, die nicht bereit war, die Liebe zum Inhalt ihres Lebens zu machen, paßte es ihm auch nicht.

Schon wollte er das zerdrückte Blatt in den Mülleimer werfen, brachte es dann aber doch nicht über sich. Er glättete es und las es noch einmal, obwohl er den Inhalt bereits auswendig kannte. ›Eine schöne, charaktervolle Schrift‹, dachte er, ›diese festen, wohlgerundeten Buchstaben! Sympathisch.‹

Er gab zu, daß Claudia ihm sympathisch war, mehr noch, daß er sie als Ergänzung seines eigenen, wie er selber wußte, ein wenig indolenten Ichs empfand. Sie war das Mädchen, das er würde lieben können.

Aber er wußte nicht, ob er lieben wollte. Er hatte Frauen oft verletzt, aber er hatte sich keinen Vorwurf daraus gemacht, weil er sich eingeredet hatte, in Notwehr zu handeln. Diesmal, zum erstenmal, fürchtete er, selber verwundet zu werden.

Herbert entschloß sich, nichts von sich hören zu lassen, bis sie sich selber meldete; wenigstens wollte er, solange es möglich war, das Heft in der Hand behalten.

Claudia wurde es gar nicht bewußt, daß Herbert Kranich nicht anrief.

Es gab viel Arbeit auf der Redaktion, und sie nahm abends Stöße von Manuskripten mit nach Hause.

Frau Gottschalk hatte die Geburt ihres ersten Enkelkindes

zum Anlaß genommen, einen Urlaub zu nehmen. Das paßte schlecht in der Vorweihnachtszeit, aber dank ihrer guten Beziehungen zu Paul Togelmann senior hatte sie es durchgedrückt; sie wollte bei ihrer Tochter sein, bis die junge Mutter wieder völlig auf den Beinen war. So blieb die ganze Arbeit in der Romanredaktion praktisch an Claudia hängen. Es war keine Rede mehr davon, sie einem anderen Redakteur zu übertragen. Wer wäre auch schon dafür in Frage gekommen?

»Es läuft ja alles«, hatte der Junior herablassend geäußert, »ich denke, das werden Sie schon schaffen, Fräulein Mennersdorfer. Wenn irgendwelche Probleme auftauchen, wenden Sie sich an mich.«

Sie hatte nicht gewagt, ihn darauf aufmerksam zu machen, daß die Folge für die erste Januarwoche einzurichten und eine Kurzgeschichte auszuwählen war, aus Angst, er könnte ihr diese Aufgabe abnehmen. »Selbstverständlich, Chef«, hatte sie gesagt, »ich werde mein Bestes tun!«

Kurt Schmidt, der das Gespräch mitgehört hatte, konnte sich die Bemerkung nicht verkneifen: »Da können wir nur hoffen, daß Ihr Bestes gut genug ist!«

Claudia warf ihm einen vernichtenden Blick zu, den er mit seinem üblichen Feixen auffing.

»Dieser Schmidt geht mir auf die Nerven!« sagte sie später zu Hans Jürgen Hilgers, als sie mit ihm in der Kantine zu Mittag aß, sie einen Salat und er Hammelkoteletts mit grünen Bohnen.

»Wem nicht?« entgegnete der politische Redakteur freundlich.

»Daß er sich immer so aufspielen muß!«

»Er hat es nötig!«

»Wenn ich ein junger Mann wäre ...«

Er legte ihr die schlaffe, große Hand auf den Arm. »Wann endlich werden Sie sich damit abfinden, daß Sie es nicht sind?«

»Ich bin genausoviel wert ... entschieden mehr als dieser blöde Laffe.«

Er zwinkerte mit seinen verschwollenen Äuglein. »Sie sind mir schon eine! Aber im Ernst ... es paßt Ihnen gut, daß die Gottschalk die Flagge gestrichen hat, was, Kindchen?« fragte er jetzt.

»Sie bleibt höchstens zwei Wochen weg.«

»Ihr Glück, Kindchen, sonst würde man sie ersetzen.«

»Da haben Sie natürlich recht!« Claudia sah ihn mit verhangenem Blick an. »Wissen Sie, was ich möchte, Meister?«

»Nicht schwer zu erraten. Sie haben den heißen Wunsch, sich nicht nur zu bewähren, sondern zu profilieren!«

Sie fühlte sich ein wenig beschämt. »Bin ich so leicht zu durchschauen?«

»Einem alten Mann machen Sie es wirklich nicht allzu schwer.«

»Ich würde so gern einen wirklich guten Roman finden! Nicht, weil ich ehrgeizig bin ...«

»Nein, überhaupt nicht, Kindchen!« warf er mit mildem Spott dazwischen.

»... oder weil ich die Gottschalk austricksen möchte, sondern nur so! Es würde mir Spaß machen, und es käme ›Blitzlicht‹ zugute!«

»Die Zeiten, wo man mit einem spannenden Roman die Auflage steigern konnte, sind vorbei.«

»Mag sein. Aber Sie werden doch zugeben, daß ein interessanter Roman das ganze Niveau der Zeitschrift heben würde. Es kann doch nicht sein, daß es gleichgültig ist, ob wir einen langweiligen Käse bringen oder etwas Gutes. Wenn das so wäre, würde ich gleich aufstecken.«

»Sie doch nicht, Kindchen.«

»Doch. Ich würde mich nach etwas anderem umsehen.«

»Vielleicht sollten Sie das überhaupt. Ich bezweifle sehr,

ob Sie beim ›Blitzlicht‹ Aufstiegschancen haben. Das ist doch ein lahmer Verein.«

»Der Junior nimmt ihn sehr ernst.«

»Er ist ein Dilettant.«

Erschrocken blickte Claudia sich um, aber die Kantine war um diese Zeit — es war schon nach drei Uhr nachmittags — nur noch schwach besetzt, und niemand hatte Hilgers zuhören können. »Sie sollten vorsichtiger sein!« mahnte sie; noch niemals hatte sie eine so vernichtende Bemerkung über den Chef gehört. »Außerdem stimmt es gar nicht. Sie wissen genau, daß er Jahre bei der ›Quick‹ gearbeitet hat.«

»Ja, als Schattenschlabbes.«

»Wie können Sie das sagen!?«

»Weil ich es weiß. Mir imponieren nun mal Leute nicht, die mit Väterchens Geld Karriere machen wollen.«

»Daß er von Haus aus reich ist, können Sie ihm doch nicht vorwerfen.«

»Doch. Kann ich. Ich nehme es niemandem übel, wenn er Geld scheffelt. Aber jede Art von Erbe ist unmoralisch und asozial?«

»Ihrer Meinung nach sollte also jeder Mensch ganz von vorn anfangen?«

»Wer spricht davon? Die Reichen haben den Armen ja ohnehin schon Gesundheit, Bildung und Selbstvertrauen voraus. Das sollte für einen Anfang genügen.«

»Nun ja«, stimmte Claudia halbherzig zu, »theoretisch mag das stimmen. Aber es geht nun mal nicht gerecht zu auf dieser Welt. Sonst hätte ich ja auch schon längst den geeigneten Roman gefunden. Ich lese bis in die Nacht hinein, aber es ist, als wenn man eine Nadel im Heuschober sucht. Lauter fades und ungenießbares Zeug, das uns angeboten wird. Kunststück, die interessanten Sachen kriegen die großen Illustrierten, die anständig blechen können.« Sie seufzte tief. »Es täte mir in der Seele weh, wenn wir wieder auf einen Roman zurückgreifen müßten, der schon als Buch erschienen ist. Er mag so gut sein, wie er will, ich finde, die Luft ist raus.«

»Unsere Leser interessieren sich nicht für Bücher.«

»Ja, das ist das Argument, das mir immer entgegengehalten wird!« Claudia zog mit ihrer Gabel Spuren durch den Rest der Salatsauce. »Aber für mich sticht das nicht.«

»Woher wollen Sie es besser wissen, Fräulein Supergescheit?«

»Keiner weiß es genau, das ist es eben. Es gibt keine Untersuchung, die die Gewohnheiten unserer Leser analysiert ... oder die der Taschenbuchleser ... oder die der Illustriertenleser überhaupt. Man rät einfach drauflos und stellt Behauptungen auf. Wissen kann ich es also auch nicht, aber ich behaupte: Wenn ein Roman schon mal in einer Auflage von hunderttausend auf den Markt geworfen worden ist, dann können möglicherweise schon fünfundzwanzigtausend unserer Leser ihn kennen. Wenn es auch nur zehntausend sind, wäre es schon schlimm genug. Der Reiz einer Illustrierten wie ›Blitzlicht‹ muß doch gerade darin liegen, daß alles frisch ist, neu, überraschend.«

»Na ja«, sagte Hilgers, fast überzeugend, »eine Tiefenwirkung üben wir wohl gerade nicht auf die Gemüter aus.«

»Noch auf den Verstand«, sagte Claudia.

»Aber warum erzählen Sie das alles mir? Warum breiten Sie Ihre Erkenntnisse nicht lieber vor dem Chef aus?«

»Ach, der würde mir doch nie zuhören!« Sie warf einen Blick auf ihre elegante kleine Armbanduhr. »Entschuldigen Sie, Meister, daß ich Sie mit meinem Geschwätz aufgehalten habe ... aber jetzt muß ich!« Sie lächelte ihn um Verzeihung bittend an, nahm ihr Tablett und balancierte es mit der Grazie einer Tänzerin zur Ablage.

Er sah ihr nach und verdeckte sein Schmunzeln, indem er sich mit der großen Hand über Nase und Mund fuhr.

Unverdrossen nahm Claudia auch an diesem Abend einige Manuskripte mit nach Hause.

Elke Kramer kam, eine rot karierte Schürze vorgebunden, aus der Küche und blickte von Claudia auf die Schnellhefter und wieder zurück. »Du bist verrückt!« sagte sie. »Du mußt verrückt sein! Wozu tust du dir das an? Was erwartest du davon?«

Diese Fragen waren schon so oft gestellt worden, daß Claudia sie keiner Antwort mehr für würdig hielt. »Was gibt es zu essen?« fragte sie statt dessen.

»Steaks und Salat.«

»Immer gut. Wirf das Fleisch schon in die Pfanne, ich ziehe mich nur rasch um.«

Die Wohnung, die die beiden jungen Frauen gemeinsam bewohnten, war bescheiden genug. Sie lag unter dem Dach eines der typischen Elmroder Siedlungshäuser. Es gab schräge Wände und wenig Platz; ein Zimmer für jede von ihnen, eine kleine Diele bei der Eingangstür, ein gemeinsames Bad und eine verhältnismäßig geräumige Küche, in der Elke regierte. Sie war, wie immer, vor Claudia nach Hause gekommen, weil sie die Redaktion pünktlich auf den Glockenschlag zu verlassen pflegte.

In Claudias Zimmer war das Bettzeug noch ausgelegt; sie hatte in der Früh keine Zeit gefunden aufzuräumen. Auch jetzt ließ sie alles so, wie es war, schminkte sich ab, duschte kurz und schlüpfte in einen bequemen Hausanzug und wollene Kniestrümpfe. Das Haar band sie sich zurück, wodurch ihr Gesicht sehr klein, kantig und entschlossen wirkte. Aber das kümmerte sie nicht. Besuch war keiner zu erwarten, und vor Elke brauchte sie sich nicht zu maskieren.

Die Freundin war das Gegenteil von ihr: Die Figur war schlank, aber hübsch gerundet, das Gesicht weiß und rosig, ihre Lippen voll und die Augen von einem erstaunlichen Blau. Das Blond ihrer Haare war echt, wenn sie auch mit Spülungen ein wenig nachhalf, aber das war nicht zu merken. Elke war fast eine Schönheit, und auch jetzt, als sie ohne Kleid, die Schürze über die Unterwäsche gebunden, um keine Fettspritzer auf den empfindlichen Stoff zu bekommen, in der Küche hantierte, wäre sie für jeden Mann eine Augenweide gewesen.

Das fand jedenfalls Claudia. »Du machst dich«, sagte sie anerkennend.

»Wieso?« Elke zog die riesigen Asbesthandschuhe über und nahm die vorgewärmten Teller aus der Backröhre.

»Ich finde einfach, du siehst gut aus.«

»In diesem Aufzug?« fragte Elke, die für Komplimente sehr empfänglich war.

»Gerade.«

Elke lachte. »Dann sollte ich mal jemanden zum Essen einladen!«

»Ins Bett kriegst du ihn sofort«, sagte Claudia und nahm am gedeckten Tisch Platz, »aber das ist es doch nicht, was du willst.«

Elke ließ die Steaks auf die Teller gleiten. »Ins Bett kriege ich jeden Mann. Auch ohne Mätzchen.«

»Wie wahr!« Claudia teilte den Salat aus.

»Sollten wir uns nicht ein Glas Wein gönnen?« schlug Elke vor. »Was meinst du?«

»Es muß noch eine offene Flasche im Eisschrank stehen.«

Elke füllte die Gläser. Eine Weile aßen und tranken sie schweigend, mit großem Genuß. Herbstregen trommelte auf das schräge Fenster.

»Sehr gut!« sagte Claudia kauend. »Ein wahrer Genuß. Das ist etwas anderes als der Kantinenfraß. Du bist eine begnadete Köchin.«

»Steaks braten und Salat anmachen kann doch jeder. Sogar du.«

Claudia lachte. »Irgendwie schön. Aber meine Saucen haben, fürchte ich, nicht das gewisse Etwas.«

»Wenn es dich interessiert ...«

»Ach nein. Behalt deine Küchengeheimnisse lieber für dich! Es genügt, wenn du den Bogen raus hast.«

Sie beendeten die kleine Mahlzeit.

»Zigarette?« fragte Elke.

Claudia rauchte gewöhnlich nicht, aber jetzt, der Freundin zuliebe, mochte sie nicht nein sagen. Ohne zu inhalieren, stieß sie den Rauch aus, und es machte ihr Freude, den weißen kleinen Wölkchen nachzusehen.

»Hat dein Beau von sich hören lassen?« fragte Elke.

»Nein.«

»Schade.«

»Was soll daran schade sein?« fragte Claudia, bemüht, ihre Stimme nicht scharf werden zu lassen.

»Du warst doch so begeistert.«

»Bin ich immer noch.«

»Aber du scheinst nicht so viel Eindruck auf ihn gemacht zu haben, wie du dir eingebildet hast.«

Auch dieses Gespräch war nicht neu, und Claudia war seiner überdrüssig. Am liebsten hätte sie die Zigarette ausgedrückt, wäre aufgestanden und hätte Elke sitzenlassen. Aber das konnte sie sich nicht erlauben. Sie war auf die Freundin angewiesen. Elke war es, die, ohne zu murren, den Löwenanteil der Hausarbeit bewältigte.

So sagte sie denn mit erzwungener Sanftmut: »Ich habe dir das schon ein paarmal erklärt, Elke. Wir haben ausgemacht, daß ich ihn anrufe, sobald ich Zeit habe.«

»Aber du hast ihm doch deine Nummer dagelassen!«

»Na und?«

»Dann hätte er sich doch einmal melden können.«

»Hätte er, hat er aber nicht. Ich habe ihn ja gewarnt. Wahrscheinlich will er sich keine Abfuhr holen.«

»Wenn ihm wirklich etwas an dir läge ...«

»Elke, was sind das für Gespräche?! Spekulationen, die jeder Grundlage entbehren. Du kennst ihn ja nicht einmal.«

»Und kannst du sicher sein, daß er nicht schon anderweitig gebunden ist? Eine Freundin hat? Eine Verlobte? Es wäre doch höchst seltsam, wenn ein gutaussehender Mann in seinem Alter solo durch die Weltgeschichte liefe.«

Claudia hatte den Kegel ihrer Zigarette lang werden lassen; jetzt streifte sie ihn höchst sorgfältig in dem Aschenbecher ab, den Elke zwischen sie auf den Tisch gestellt hatte. »Da hast du recht«, sagte sie gelassen.

»Du hast also auch schon daran gedacht?« Elke riß ihre runden blauen Augen auf.

»Aber selbstverständlich.«

»Und das beunruhigt dich nicht?«

»Du weißt, wieviel ich zu tun habe. Es würde die Dinge höchstens erleichtern, wenn er währenddessen andere Spielchen treibt.«

»Ich muß schon sagen ...« Elke stockte, als bliebe ihr die Luft weg. »Du bist kalt wie eine Hundeschnauze!«

»Die Kälte der Schnauze spricht für die Gesundheit des Tieres!«

»Und ich dachte, du wärst verliebt!«

»Deshalb muß ich aber doch nicht meine Sinne für Proportionen verlieren.«

»Soll ich dir jetzt mal etwas sagen, Claudia!?« Elke stützte die Ellbogen auf den Küchentisch, wedelte mit ihrer Zigarette und blickte Claudia vorwurfsvoll an. »Du weißt gar nicht, was Liebe ist!«

»Wer weiß das schon?«

»Eine Menge Menschen. Jeder, der dies Gefühl erlebt hat. Dichter haben darüber gedichtet, Schriftsteller geschrieben ... aber du hast keine Ahnung.« Plötzlich fiel ihr etwas ein, und erfreut rief sie: »Das ist auch der Grund, warum du keinen passenden Roman für unser Blättchen findest! Du würdest eine gute Liebesgeschichte nicht einmal erkennen, wenn du mit der Nase darauf stießest!«

Claudia zählte bis zehn, bevor sie antwortete: »Aber du, ja?«

»Selbstverständlich.«

»Dann kannst du mir helfen. Lies du ...«

Elke durchschaute Claudias Absicht und sprang auf. »Ich denke nicht daran! Mach deinen Quatsch alleine!«

Claudia lachte. »Es tut mir immer weh, wenn ich ein schönes Talent verschleudert sehe.«

»Jetzt machst du dich über mich lustig«, schmollte Elke und drückte ihre Zigarette aus.

»Nicht die Spur! Du könntest mir wirklich helfen, wenn du ...«

»Nein!«

»Na, dann nicht.« Auch sie löschte die Zigarette. »Erlaubst du, daß ich mich zurückziehe? Oder soll ich noch ...?«

»Ach was. Das bißchen Abwasch bewältige ich spielend. Aber du kommst doch nachher noch zu mir? Du weißt, daß es einen Krimi im Fernsehen gibt.«

»Wenn ich es schaffe.«

»Du brauchst doch nur quer zu lesen.«

»Das sagst du so!« erwiderte Claudia mit einem Seufzer; sie hielt es für unklug, der Freundin auf die Nase zu binden, daß ihre Arbeit ihr wesentlich interessanter war als der Fernsehkrimi.

Ein paar Tage später erschien Hilgers im Großraum. Das geschah selten genug, weil er sich die meiste Zeit in seinem Büro aufhielt, dessen Glaswände er mit Plakaten verklebt hatte, so daß man die Tür aufreißen mußte — was Kurt Schmidt gelegentlich tat —, um festzustellen, was er dort drinnen eigentlich trieb. Er pflegte seine Artikel selber zu tippen und benötigte keine Schreibkraft. An diesem Vormittag erschien er also, schritt gravitätisch aus, als müßte er einen schweren Körper schieben, und blieb in Claudias Ecke stehen.

Sie blickte erst auf, als er sich vor ihren Schreibtisch hingepflanzt hatte. »Guten Morgen, Meister!« sagte sie fröhlich und nahm die Hände von den Tasten. »Kann ich etwas für Sie tun?«

Er schüttelte, eine erloschene Pfeife zwischen den zusammengebissenen Zähnen, den Kopf.

»Einen Kognak vielleicht?« Sie bückte sich schon, um das Fach mit dem Flachmann zu öffnen.

Jetzt nahm er die Pfeife aus dem Mund. »Nein, danke.«

»Einen ganz kleinen! Sie könnten eine Aufmunterung brauchen!«

Sie fand, daß sein schlaffes Gesicht noch grauer war als gewöhnlich.

»Nein!« sagte er hart.

»Sie meinen, während der Arbeit...«

Mit einer Handbewegung brachte er sie zum Schweigen.

Sie verstand, daß das, was die Kollegen über ihn sprachen, wohl wahr sein mußte; er war ein trockengelegter Alkoholiker, der keinen Tropfen mehr trinken durfte, wenn er nicht rückfällig werden wollte. »Entschuldigen Sie«, bat sie verlegen, »ich...«

»Schluß damit!«

Ihr fiel nichts mehr ein, was sie noch hätte sagen können, und so wartete sie, die Hände im Schoß, einfach ab. Ringsum brandete das Schnurren der elektrischen Maschinen, skandiert durch das Ticken des Fernschreibers, hin und wieder von Gesprächsfetzen übertönt.

Er legte seine Pfeife in den schweren, gläsernen Aschenbecher, den sie für Kollegen bereithielt. »Hören Sie mal, Kindchen, ich glaube, ich habe etwas für Sie!«

Diese Ankündigung bedeutete ihr gar nichts, und ihr fragendes »Ach, wirklich?« war nichts als eine sinnlose Floskel.

»Einen Roman!« sagte er.

»Ja?«

Für einen Augenblick vergaß sie alle anerzogene Gelassenheit und sprang auf wie eine Feder.

Er schmunzelte. »Ich ahnte, daß Ihnen das Freude machen würde.«

»Wie heißt er?« fragte sie atemlos. »Woher haben Sie ihn? Um was geht's darin? Kann ich ihn lesen?«

»Sie erwarten doch wohl nicht, daß ich all diese Fragen hier und jetzt beantworte?«

»Doch! Ich bin wahnsinnig gespannt.«

»Aber hier kann man doch nicht reden.«

»Gut, dann treffen wir uns in der Kantine.«

»Um zwei?« schlug er vor.

»So lange kann ich nicht warten!« Sie zog ihre große Handtasche aus dem Schreibtisch. »Kommen Sie! Gehen wir jetzt gleich!«

»Und Ihre Arbeit?« fragte er, über ihren Eifer angenehm belustigt.

»Nicht so wichtig! Warum soll ich nicht mal eine kurze Pause machen? Andere gehen ja auch aufs Klo.« Sie packte ihn beim Arm und zog ihn mit sich.

Im Lift waren sie nicht allein, und so verbot sich ein Gespräch von selber. Aber die Kantine lag um diese Tageszeit verlassen. Aus der Küche tönten Geräusche, doch die Essensklappe war noch geschlossen. Die Stühle waren mit den Sitzen auf die Tische gestellt.

Hilgers schnaubte durch die Nase. »Du lieber Himmel! Hier ist es ja noch ungemütlicher als sonst.«

»Seien Sie mir nicht böse, daß ich Sie hierher verschleppt habe, aber ich muß es einfach wissen ...« Sie klammerte sich wieder an seinen Arm.

»Darf ich mich wenigstens setzen?«

»Doch, natürlich!« Sie nahm erst einen, dann einen zweiten Stuhl von einem der kleinen Tische und wuchtete sie zu Boden. »Wissen Sie was? Jetzt hätte ich gern einen Kognak!

Ich bin so aufgeregt!« Sie wartete, bis er sich gesetzt hatte, und schoß dann erneut ihre Fragen los.

»Es handelt sich um einen englischen Roman aus den dreißiger Jahren!« erklärte er endlich.

»Ach so!« Sie setzte ein Lächeln auf, um ihre Enttäuschung zu verbergen.

»Er ist noch nie in deutscher Sprache erschienen«, fuhr er fort, »obwohl er es verdient hätte. Aber da kam wohl der Krieg dazwischen.«

»Und Sie meinen«, fragte sie, vorsichtig, um ihn nicht zu verletzen, »man kann ihn heute noch bringen?«

»Unbedingt. Ein ganz modernes Thema oder, besser gesagt, ein Thema, das nie veralten wird.«

»Um was geht es?«

»Das müssen Sie schon selber herausfinden. Er heißt ›Imogen‹ ... Sie werden natürlich einen attraktiveren Titel finden ... und stammt von einer gewissen Evelyn Willis.«

»Nie gehört.«

»Sie hat nur einen einzigen Roman geschrieben. Wahrscheinlich ist er deshalb so gut. Es steckten wohl eigene Erlebnisse dahinter.«

»Aber wie kann man, wenn man einen guten Roman geschrieben hat, einfach aufhören?«

»Sie war tot, noch bevor er als Buch erschien.«

Claudia hielt die Luft an; dieses Gespräch in dem leeren, nur notdürftig beleuchteten Saal erschien ihr auf einmal gespenstisch.

»Sie hat sich das Leben genommen«, fügte Hilgers hinzu.

»Oh!« machte Claudia, und nach einer kleinen Pause, in der er sie fast lauernd beobachtete, fügte sie hinzu: »Warum?«

»Weil sie das Leben nicht länger ertragen konnte.«

»Das finde ich schwach!« sagte Claudia impulsiv.

»In Ihren jungen Jahren eine natürliche Einstellung, Kindchen, aber werden Sie erst einmal älter ...« Er ließ den Satz bedeutungsvoll ausklingen.

»Ich werde es immer schwach finden, wenn jemand aufgibt! Und Selbstmord ist doch wohl die komplette Bankrotterklärung. Es hat mich auch immer geärgert, daß Hemingway ...«

Er fiel ihr ins Wort: »... und Adalbert Stifter, Virginia Woolf, Jack London, man kann die Reihe beliebig fortsetzen!«

Sie besann sich, wie weit sie vom Thema abgekommen waren.

»Aber natürlich hat das nichts mit der Qualität des Buches zu tun!« sagte sie rasch. »Wo kann ich diesen Roman bekommen?«

»Bei mir.«

»Sie haben ihn?!«

»Ja.«

»Warum haben Sie ihn dann nicht gleich mitgebracht?«

»So einfach wollte ich es Ihnen nun doch nicht machen.«

»Das verstehe ich nicht.«

»Ich dachte, es wäre besser, Sie würden ihn sich bei mir holen.«

Sie sah ihn an, aber sein Gesicht verriet nichts. Wollte er sie auf diese Weise ins Bett locken, überlegte sie sich. Aber damit wäre der Preis für einen fünfzig Jahre alten Roman wohl doch zu hoch angesetzt. Wahrscheinlich machte es ihm nur Spaß, sie zu verunsichern. Das war eine Freude, die sie ihm gerne lassen wollte.

»Wann?« fragte sie.

»Nach Redaktionsschluß?«

»Ich komme.«

»Es scheint Ihnen wirklich ernst zu sein.«

»Haben Sie je daran gezweifelt?«

Es war Claudia nicht angenehm, den alten Herrn in seiner privaten Wohnung aufzusuchen. Ihr schien das ganze Unterfangen anrüchig. Aber ihr Interesse an dem Roman, den Hilgers aufgestöbert hatte, war stark genug, ihr Mißtrauen zu überwinden.

Sie überlegte, ob sie Elke mitnehmen sollte. Aber sie wußte, daß Hilgers dieses Manöver durchschauen würde. Er war boshaft genug, das Buch einfach nicht herauszurücken, wenn sie zu zweit kamen. Sie hatte nur die Wahl, entweder ganz zu verzichten oder das Wagnis auf sich zu nehmen.

»Du bist verrückt, dich mit dem alten Knacker einzulassen«, meinte Elke, als sie ihr sagte, daß sie später nach Hause kommen würde.

»Tu' ich ja gar nicht. Ich will nur das Buch haben.«

Elke betrachtete sie von oben bis unten. »Du bist zu allem fähig.«

»Soll das eine Beleidigung oder ein Kompliment sein?«

»Ganz wie du willst.«

»Ich nehme es als Kompliment.«

Ein eiskalter Nieselregen, der zeitweise in Schnee überging, fiel auf Elmrode nieder. Claudia war froh, daß sie in der Frühe ihren pelzgefütterten Regenmantel gewählt hatte. Obwohl sie die Heizung ihres kleinen Autos hochgestellt hatte, wurde der Wagen erst warm, als sie vor dem Haus hielt, in dem Hilgers lebte.

Es war ein fünfstöckiges Mietshaus im Inneren der Stadt, eines der wenigen, die noch aus der Zeit vor dem letzten Weltkrieg stammten; damals mußte es ziemlich unmotiviert in seiner dörflichen Umgebung gestanden haben.

Claudia fand einen Parkplatz im Hof und stieg aus. Es gab eine Hintertür mit einem Fenster aus gesprungenem Glas, durch die sie eintreten konnte. Ein Lift war nicht vorhanden, und so stieg sie die ausgetretenen hölzernen Stufen hoch. Auf die Wände, die dringend eines neuen Anstrichs bedurften, waren Namen und dumme Sprüche gekritzelt.

Die Türschilder besagten ihr nichts. Endlich, im dritten Stock, fand sie eine Visitenkarte des Redakteurs an einer braungestrichenen Tür. Der Wohnungsbesitzer war ein Postrat Kobelstricker, und als Claudia klingelte, öffnete seine Frau. Erst später erfuhr sie, daß es eine Witwe war, die an Hilgers zwei Zimmer mit Bad- und Küchenbenutzung vermietet hatte. Sie war eine kleine Frau, durch das Alter — sie mochte an die siebzig sein — wohl noch zusammengeschrumpft, kunstvoll geschminkt und frisiert und offensichtlich sehr darauf bedacht, in Tweedrock, Twinset und einer Perlenkette um den Hals ganz den Eindruck einer großen Dame zu machen.

Claudia grüßte höflich und stellte sich vor. »Herr Hilgers erwartet mich!«

»Ja, ich weiß!« Frau Kobelstricker streckte ihr eine Hand entgegen, die sich klauenhaft verkrümmt hatte, eine Deformation, deren Eindruck durch die lackierten, spitz gefeilten Fingernägel noch verstärkt wurde. »Darf ich Ihnen einen Tee bringen? Einen Kaffee? Oder sonst eine kleine Erfrischung?«

»Nein, danke. Ich kann nur ganz kurz bleiben. Meine Freundin erwartet mich zum Abendessen.«

»Dann sind Sie aber doch hungrig?«

»Danke, ich möchte mir meinen Appetit bewahren.« Claudia hängte ihren Mantel über einen Bügel an die Garderobe, die Frau Kobelstricker ihr wies.

Die alte Dame musterte sie. »Ach was, eine kleine Zwischenmahlzeit kann Ihnen bestimmt nicht schaden.«

Claudia hatte keine Lust, das Thema weiter auszuspinnen; sie sah sich suchend um.

»Dort die Tür ... rechts!« sagte Frau Kobelstricker und klopfte auch schon an. »Herr Hilgers ... Besuch für Sie!« rief sie in einer Lautstärke, als sei Hilgers taub oder zumindest schwerhörig.

Er riß die Tür auf und breitete beide Arme aus in einer so

umfassenden Geste, daß Claudia sich kurz an seine Brust schmiegen mußte, wenn sie ihn nicht vor seiner Wirtin blamieren wollte. Er hatte die Krawatte abgelegt und trug eine saloppe Strickjacke über der von Trägern gehaltenen Hose.

»Willkommen in meinem bescheidenen Heim, Kindchen!« dröhnte er. »Kommen Sie herein!« Während er Claudia in sein Wohnzimmer bugsierte, drehte er sich noch einmal um: »Tee, Kobelstrickerin!« ordnete er an.

Claudia verzichtete darauf zu betonen, daß sie nur kurz bleiben wollte. Durch das Hinein und Hinaus der Wirtin, fand sie, wurde die Situation entschärft. Sie sah sich in dem Raum um, der nicht sehr groß, dafür aber hoch war. Vielleicht entstand der Eindruck von Enge aber auch nur durch die schweren, alten Möbel und die Unmenge von Büchern, die sich nicht nur hinter der gläsernen Wand eines altmodischen Schrankes stapelten, sondern auch auf Stühlen und Tischen und sogar auf dem Parkettboden, der von einem schäbigen, gewiß echten, jetzt aber an den Rändern schon zerfetzten Perserteppich fast völlig bedeckt war. Es roch muffig, nach Staub, abgestandenem Essen und kaltem Pfeifenrauch.

»Hier leben Sie also«, sagte Claudia, der nichts Geistreicheres einfallen wollte.

»Ja, das ist meine kleine Höhle!« sagte er mit einer prahlerischen Handbewegung und fügte hinzu: »Man muß sich bescheiden.«

»Sie haben es doch sehr nett hier«, log sie, »gemütlich.«

»Ja, das kann man wohl sagen! Kommen Sie, setzen Sie sich!«

»Wo?« fragte Claudia.

»Zu mir! Auf das Kanapee!« Er befreite das Sofa von einem Stapel Bücher und einem Stoß Zeitungen, die er sorgsam zu einem der kleinen Abstelltische hinübertrug.

»Ach«, sagte Claudia leichthin und machte sich einen

Stuhl auf die gleiche Weise frei, »ich setze mich lieber hierhin.«

»So sind Sie also!« sagte er und blickte sie über den Rand seiner glühenden Pfeife an.

Claudia hatte sich sorgfältig gesetzt, die Beine leicht schräg und eng beieinander, wie sie es in der Mannequinschule gelernt hatte; sie schenkte ihm ihr schönstes Lächeln. »Wie?« fragte sie.

»Ein Mädchen, das mitspielen, aber keinen Einsatz wagen will.«

»Ich ahne nicht einmal, wovon Sie reden.«

»Warum wollen Sie nicht mit einem alten Mann auf dem Kanapee sitzen?«

»Weil ich lieber höher sitze ... auf einem Stuhl mit gerader Lehne. Etwas dagegen einzuwenden?«

»Sie können sich nicht fallenlassen!«

»Das will ich auch gar nicht.«

»Dann werden Sie niemals die Tiefen des Seins ausloten können.«

»Ich glaube, so etwas Ähnliches haben Sie mir schon mal gesagt.«

»Es ist immer wieder wahr.«

»Geben Sie mir das Buch!«

»Wozu die Eile? Sie sind ja gerade erst gekommen.«

»Elke erwartet mich.«

»Soll sie doch. Zuerst wollen wir beide uns doch einmal in aller Ruhe unterhalten.«

»Worüber denn?«

»Über Sie!« Er wies mit dem Pfeifenstiel auf sie. »Was ist für Sie Erfolg?«

»Die Möglichkeit etwas zu leisten und für diese Leistung auch Anerkennung zu ernten.«

»Bravo! Nicht sehr genau, aber schnell geantwortet!«

Frau Kobelstricker brachte, nach kurzem Anklopfen, ein Tablett mit einer Teekanne, zwei Tassen, Zucker und Zitrone und einem Teller mit Gebäck herein. Claudia überlegte schon, wo sie es in dem vollgestopften Zimmer abstellen könnte. Aber Frau Kobelstricker wußte eine praktische Lösung; es stellte sich heraus, daß das Tablett Beine hatte, die sie nur auszuklappen brauchte.

»Ist es recht so?« fragte sie und trat einen Schritt zurück.

»Vorzüglich, gnädige Frau!« tönte Hilgers und erklärte Claudia: »Die Plätzchen sind selbst gebacken! Sie müssen sie probieren. Frau Kobelstricker ist eine begnadete Köchin.«

»Das lernt man mit den Jahren«, erklärte die Wirtin mit gespielter Bescheidenheit.

»Und jetzt, meine Gute, lassen Sie uns allein!« befahl Hilgers. »Keine Störung in den nächsten Stunden! Wir haben zu tun!«

Frau Kobelstricker ging rückwärts bis zur Tür, um dann fast lautlos zu verschwinden.

»Die haben Sie gut erzogen«, sagte Claudia respektlos.

»Ich bin es gewohnt, gute Leute um mich zu haben.«

»Wie schön für Sie!« Claudia goß Tee in die Tassen, verteilte Zucker und Zitrone und zog dann, mit einem plötzlichen Entschluß, ihren Flachmann aus der Tasche und schenkte sich ein paar Tropfen in den Tee. »Sie kann ich wohl nicht verführen?« fragte sie.

»Kognak um diese Tageszeit!? Pfui!«

»Mir ist gerade danach«, erklärte Claudia, und tatsächlich war es ihr, als könnte sie die sonderbare Situation ohne Alkohol nicht durchstehen.

»Sie hoffen, daß er Sie enthemmt?«

»Daß er mich die Dinge in einem rosigeren Licht sehen läßt!«

Hilgers legte die Pfeife beiseite, griff nach einem Schokoladenplätzchen und stopfte es sich in den Mund, während er Claudia den Teller hinhielt.

»Nein, danke«, sagte sie.

»Aber sie sind gut!«

»Das will ich Ihnen gern glauben, aber ich esse niemals Süßigkeiten.«

»Sie kränken Frau Kobelstricker!«

»Ich nehme an, Sie werden meine Portion mit Leichtigkeit auch vertilgen.« Claudia trank einen Schluck Tee.

»Ich hatte mich auf unser Plauderstündchen gefreut, Kindchen, aber ich muß schon sagen, Sie sind ungemütlich«, nörgelte er.

»Mag sein. Ich finde es nun mal nicht lustig, wenn man mich zappeln läßt.«

»Wer läßt wen?«

»Sie mich.«

»Sie können also beim besten Willen nicht etwas freundlicher zu einem alten Herrn sein?«

»Ich finde, daß ich immer sehr freundlich zu Ihnen gewesen bin.«

»Aber Sie wollen sich nicht zu mir auf das Kanapee setzen«, sagte er vorwurfsvoll.

»Na gut, wenn Ihnen so viel daran liegt!« Der Kognak hatte sie mutiger gemacht, sie wechselte den Standort und ließ sich, Tasse und Untertasse balancierend, neben ihm nieder.

Sofort legte er ihr seine große, schlaffe Hand auf das Knie.

Sie ließ ihn gewähren, obwohl ihr die Berührung unangenehm war. »Also, Meister, jetzt haben Sie's erreicht«, sagte sie leichthin, »ich sitze neben Ihnen. Her mit dem Buch!«

»Warum so eilig? Wir haben doch Zeit!«

»Sie vielleicht ... ich nicht!«

»Seien Sie doch nicht zimperlich, Kindchen!« Er begann ihr Kleid hinaufzuschieben, bis zwischen seiner Hand und ihrem Knie nichts mehr war als der dünne, glänzende Strumpf; er tastete sich an ihrem Schenkel hoch.

Mit einer knappen, gezielten Bewegung schüttete sie ihm Tee auf die lüsternen Finger.

»Verdammt!« brüllte er und zog die Hand zurück.

»Oh, verzeihen Sie, wie ungeschickt von mir«, sagte sie heuchlerisch und zog den Rock ihres Kleides wieder hinunter.

Er pustete auf seine Hand. »Sie haben mich verbrüht!«

»Unmöglich. So heiß war der Tee ja gar nicht mehr.«

»Herzloses Biest!«

»Alter Lüstling!«

Sie sahen sich in die Augen, keiner bereit, den Blick vor dem anderen zu senken.

Dann nahm er ihr die Tasse aus der Hand, stellte sie auf das Serviertischchen, umschlang ihre Taille und zog sie an sich.

»Wir wollen uns doch nicht streiten, Kindchen«, sagte er versöhnlich, »alte Freunde wie wir.«

»Ich dachte immer, Sie wären wirklich mein echter Freund.«

»Bin ich ja auch. Ich meine es doch nur gut mit dir.« Seine feuchten Lippen berührten ihren Hals. »Sei nett zu einem alten Mann, der dir sehr viel Schönes zeigen kann. Ich schwöre dir, daß du deine dummen Jungen rasch vergessen wirst.«

Die Situation war so unangenehm wie möglich. Er entwickelte überraschende Kräfte, und Claudia wurde sich darüber klar, daß sie sich mit Gewalt gegen ihn nicht zur Wehr setzen konnte. Sie überlegte fieberhaft, während sie scheinbar nachgiebig in seinen Armen lag. Jetzt führte er ihre Hand an seinen Hosenschlitz.

Ihr fiel ein, was sie über ihn hatte reden hören: daß er eine Vorliebe für ganz junge Mädchen haben sollte. Sie hatte diesem Gerücht keine Bedeutung beigemessen, jetzt aber kam es ihr gelegen. »Sagen Sie mal, Meister«, fragte sie sanft, »bin ich nicht ein paar Jährchen zu alt für Sie?«

Er stieß sie so plötzlich von sich, daß sie fast vom Sofa gefallen wäre. »Was soll das heißen?« grollte er, und sein Gesicht wechselte die Farbe.

»Genau das, was ich gesagt habe. Ich bin vierundzwanzig Jahre, und zu verderben bin ich auch nicht mehr. Also kann ich doch kaum Ihre Kragenweite sein.«

»Was sollen diese unverschämten Anspielungen?!« Er griff zur Pfeife, als suchte er an ihr Halt, schmauchte ein paarmal kräftig; aber sie war ausgegangen.

»Wissen Sie denn nicht, was man Ihnen nachsagt?« fragte sie, erstaunt tuend.

»Alles dummes Gerede. Verbrecherische Verleumdungen.«

»Bis zu dieser Stunde habe ich sie auch nicht geglaubt. Aber jetzt eben kam es mir vor, als verwechselten Sie mich mit einer hilflosen, unerfahrenen Dreizehnjährigen.«

»Sie haben Prügel verdient!«

»Sadismus ... nicht auch das noch!« Claudia stand auf. »Ich glaube nicht, daß einer der Togelmänner Verständnis für Ihr Benehmen hätte, wenn ich es ihnen berichtete.«

»Sie können nichts beweisen.« Er hatte begonnen, mit einer Büroklammer den Pfeifenkopf zu putzen.

»Und Sie würden alles leugnen, na sicher. Aber meinen Sie nicht auch, daß Sie sich schämen sollten, etwas zu tun, zu dem Sie nicht stehen können?! Ein Mann wie Sie ... Haben Sie es denn wirklich nötig, ein Mädchen wie mich umzulegen?!«

»Ich dachte, es würde Ihnen Freude machen«, murmelte er.

»Dann bedank' ich mich auch recht schön ... für die gute Absicht! Aber jetzt möchte ich den Roman.«

Er schaltete auf stur, kratzte in seinem Pfeifenkopf herum und hüllte sich in Schweigen; obwohl er alt und häßlich war, erinnerte seine Haltung an die eines kleinen Jungen, der trotzt, weil er nicht bekommen hat, was er wollte.

Sie mußte lachen. »Meister, ich bitte Sie, nun seien Sie doch nicht albern! Sie haben mir den Titel und den Namen der Autorin verraten. Meinen Sie nicht, daß ich den Roman auch ohne Ihre Hilfe aufstöbern könnte? Für wie blöd halten Sie mich eigentlich?!«

Verbissen schwieg er weiter.

»Es würde nur etwas länger dauern«, gab sie zu, »also seien Sie lieb, und helfen Sie mir. Bisher waren wir uns immer ganz nützlich. Was haben Sie davon, wenn Sie dieses gute Verhältnis jetzt kaputtmachen?«

Mit einer Kopfbewegung wies er in Richtung eines sechseckigen Tischchens mit Kupferplatte, auf der sich Bücher stapelten.

Sie stellte sich davor. »Ist es hier?«

Er nickte.

»Das kommt mir vor wie ein Gesellschaftsspiel auf einem Kindergeburtstag«, sagte sie, »fehlt nur noch, daß Sie mich mit ›warm, lauwarm, kälter‹ und ›heiß‹ dirigieren!« Sie nahm die Bücher, eines nach dem anderen, in die Hand, und es war mehr als ein Titel darunter, der sie zum Lesen oder doch zum Blättern gereizt hätte, aber sie gönnte sich keine Muße. »Das sind ja wahre Schätze«, murmelte sie und rief, wenig später, erleichtert: »Ich hab's gefunden!«

Es war ein beachtlicher Band, mit grünem Lederrücken, Goldbuchstaben und goldenem Schnitt.

Impulsiv lief sie zu Hilgers hin und gab ihm einen flüchtigen Kuß auf die Schläfe. »Danke, Meister, damit haben Sie mir einen großen Gefallen getan! Darf ich es eine Weile behalten?«

»Von mir aus«, knurrte er.

»Ich hoffe, der Verlag wird mir Belegexemplare schikken!« Sie blätterte das Buch auf. »Cunnings & Moor, London ...« las sie und sah ihn dann fragend an. »Ob es den Verlag noch gibt?« — Er nickte.

»Dann werde ich die Adresse aus dem Nachschlagewerk

kriegen! Danke, Meister, Sie waren ein Schatz!« Sie wirbelte zur Tür und warf ihm, ehe sie öffnete, noch eine Kußhand zu. »Bis morgen!«

Es erleichterte sie, daß sich seine Lippen wenigstens zu dem Versuch eines Lächelns verzogen.

Es brannte Claudia auf der Zunge, Elke von dem plumpen Verführungsversuch des politischen Redakteurs zu erzählen und der Geschicklichkeit, mit der sie ihn hatte abblitzen lassen. Aber aus Klugheit verbot sie es sich. Es wäre für sie nicht von Nutzen gewesen, wenn noch mehr über ihn getuschelt worden wäre, denn darauf, daß Elke den Mund halten würde, mochte sie sich nicht verlassen. Hilgers war der einzige, wenn auch fragwürdige Freund, den sie beim ›Blitzlicht‹ hatte.

Mit der Behauptung, daß alles ganz harmlos gewesen wäre, wehrte sie Elkes neugierige Fragen ab. »Du siehst ja, wie schnell es gegangen ist.«

»Aber warum hat er dich dann in seine Wohnung kommen lassen?«

»Nur so. Um sie mir zu zeigen. Er hat mengenweise Bücher. Eine wahre Fundgrube. Und es gab Tee und selbstgebackene Plätzchen.«

»Was!? Er backt?«

»Nicht er. Seine Wirtin. Aber ich habe sie nicht probiert. Ich wollte mir den Hunger fürs Abendbrot nicht verderben. Was gibt es denn?«

»Apfelpfannkuchen.«

»Sehr gut.«

Noch schneller als gewöhnlich brach Claudia das abendliche Zusammensein mit der Freundin ab und zog sich in ihr Zimmer zurück. Sie nahm sich nicht einmal wie sonst die Zeit, jetzt endlich ihr Bett zu machen und aufzuräumen, sondern stürzte sich sofort in die Lektüre. Ihr Englisch war gut genug, daß sie, mit Hilfe eines Wörterbuches, der Story folgen konnte, wenn sie auch einzelne Redewendungen nicht verstand. Aber das machte nichts. Die Feinheiten der Übersetzung hob sie sich für später auf.

Imogen, die Titelheldin, war eine Frau, die von einer leidenschaftlichen Liebe zu Robert, einem jungen Komponisten, verzehrt wurde, der genial, rücksichtslos und brutal ihr Gefühl mißbrauchte.

Die Geschichte war ungemein spannend und schlug Claudia sofort in ihren Bann. Sie hätte Imogen schütteln und ihr zurufen mögen: »Wann merkst du endlich, daß er dich nur ausnützt? Wann wirst du endlich aufhören, ihn zu lieben?« Robert hätte sie am liebsten geohrfeigt, weil er nicht begreifen wollte, wie groß und aufopferungsvoll Imogens Liebe für ihn war und was sie alles für ihn tat und in Kauf nahm.

Aber für ihn war nur die Kunst wichtig, nicht die Frau. Er brachte sie auf geschickte Weise dahin, daß sie sich mit Edwin, einem vermögenden Kunsthändler, einließ, der den Druck seiner Partituren zahlen sollte.

Auch dieses Opfer nahm sie auf sich. Es wurde für sie noch schwerer, weil Robert, statt dankbar zu sein, sie noch beschimpfte und ihr unterstellte, daß sie es auch zu ihrem eigenen Vergnügen getan hätte. Dazu kam ihr Schuldgefühl Edwin gegenüber, dessen ehrliches Gefühl sie nicht erwidern konnte und dem gegenüber sie sich schlecht vorkam. Edwin setzte alles daran, um sie von Robert loszueisen, aber für Robert war sie zu nützlich, als daß er bereit gewesen wäre, sie aufzugeben.

Claudia fürchtete schon, daß der Roman mit einer Katastrophe enden würde, denn Imogens Situation wurde immer verworrener und aussichtsloser. Aber endlich fand sie doch die Kraft, sich von beiden Männern zu lösen und einen neuen, einen eigenen Weg einzuschlagen.

Claudia las bis in die frühen Morgenstunden und kam danach, ausnahmsweise, nur sehr schwer hoch. Sie hatte blaue Schatten unter den Augen, die sie gar nicht erst wegzuschminken versuchte, weil sie, wie sie fand, ihr eine interessante Note verliehen. Kurt Schmidt machte daraufhin, als sie auf die Redaktion kam, eine dumme und anzügliche Bemerkung über ihre ausschweifenden Nächte, die sie geflissentlich überhörte. Sie ließ sich sofort die Adresse von »Cunnings & Moor« heraussuchen und verfaßte in ihrem sorgfältigsten Englisch einen Brief an den Verlag.

Falls »Imogen« tatsächlich noch nicht in deutscher Sprache erschienen sei, bat sie, ihn auszugsweise übersetzen zu dürfen, weil sie die Chance sähe, ihn bei »Blitzlicht« und auch bei einem Taschenbuchverlag unterbringen zu können.

Dies schien ihr der richtige Weg, da Frau Gottschalk, die, nach Rücksprache mit Togelmann junior, ein direkteres Angebot hätte machen können, ihren Platz in der Redaktion noch nicht wieder eingenommen hatte.

Danach überfiel sie bleierne Müdigkeit, aber zum erstenmal, seit sie bei »Blitzlicht« arbeitete, fuhr sie so früh wie möglich nach Hause, und zwar ohne Manuskripte. Es war Freitag, und ein langes, erholsames Wochenende lag vor ihr.

Elke freute sich. »Endlich wirst du vernünftig!«

Claudia lächelte schwach. »Aber nur vorübergehend.«

»Immerhin! Gehen wir aus? Oder willst du deinen Beau anrufen?«

»Weder noch. Ich werde zuerst einmal ›klar Schiff‹ machen. Mein Zimmer hat es nötig. Danach steige ich in die Wanne und pflege meine Schönheit, und dann ... ab in die Falle.«

»Wie langweilig«, sagte Elke enttäuscht.

»Mach dir nichts draus. Morgen bin ich dann topfit und für jeden Spaß zu haben.«

Beim Abendessen fragte Elke und versuchte ihre Bosheit hinter einer Unschuldsmiene zu verstecken: »Meinst du, daß er überhaupt noch an dich denkt?«

»Woher soll ich das wissen?«

»Wissen kannst du es natürlich nicht. Aber du mußt doch eine Meinung darüber haben.«

»Ich habe ihn jedenfalls nicht vergessen«, sagte Claudia langsam, »und deshalb glaube ich, daß zumindest die Erinnerung an mich noch in seinem Hinterkopf spuken muß.«

»Hoffentlich irrst du dich da nicht!« platzte Elke heraus.

»Ja, hoffentlich«, bestätigte Claudia ruhig; tatsächlich bedauerte sie jetzt, daß der Streß fürs erste hinter ihr lag, daß sie ihre Beziehung zu Herbert Kranich nicht besser gepflegt hatte — der Gedanke, daß sie ihn verloren haben könnte, tat unerwartet weh.

Später saß sie, angenehm müde und vor Sauberkeit duftend, bei Elke vor dem Fernseher und führte sich einen alten amerikanischen Spielfilm zu Gemüte, als das Telefon klingelte.

Elke sprang auf. »Paß gut auf, was passiert!« rief sie und lief zur Tür.

Das Telefon stand in der kleinen Diele zwischen den Zimmern, damit es von den Freundinnen gleichermaßen benutzt werden konnte.

»Soll ich nicht lieber ... wenn du Angst hast, was zu versäumen?«

»Nein, laß mich!« Elke war schon zur Tür hinaus.

Wenig später kam sie zurück und verkündete mit einer kleinen Grimasse der Enttäuschung: »Für dich!«

Claudia rappelte sich hoch, ging in die Diele, nahm der Freundin den Hörer aus der Hand, ohne sich aber sogleich zu melden; sie wartete, bis sich Elke in ihr Zimmer zurückgezogen hatte, schloß die Tür hinter ihr und hauchte dann erst ein tiefes, gedehntes »Hallo« in den Hörer.

»Bist du's, Erna Marie?« fragte Herbert Kranich.

Der Ärger darüber, daß er sie mit ihrem ungeliebten, abgelegten Namen ansprach, war gering neben der Freude, seine Stimme zu hören.

Claudia vergaß ihre angelernte Damenhaftigkeit und rief impulsiv: »Wie schön, daß du anrufst!«

»Ich dachte, du hättest das nicht gern.«

»Aber ja doch! Ich meine natürlich, nicht dauernd ... aber du hast genau den richtigen Moment gewählt! Ich habe das Wochenende frei!«

»Und warum hast du dich dann nicht selbst gemeldet?«

»Ich hätte es getan ... spätestens morgen früh!«

»Auf die Gefahr hin, daß ich da schon weg gewesen wäre!«

Claudia wartete ein paar Atemzüge lang, bis sie sicher war, daß ihre Stimme nicht allzu enttäuscht klang: »Du willst verreisen?«

»Hätte ja sein können!«

»Das ist nicht nett von dir, Herb«, sagte sie erleichtert, »ich habe mich so gefreut ... und du versuchst mich zu ärgern.«

Er lachte, wurde dann aber gleich wieder ernst. »Ich habe Sehnsucht nach dir.«

»Ich auch!«

»Warum wirfst du dich dann nicht in deinen Wagen und kommst?«

»Ich bin schon ausgezogen. Ich wollte gleich ins Bett gehen.«

»Das kannst du doch auch bei mir.«

Sie überlegte nur den Bruchteil einer Sekunde, dann sagte sie: »Ich komme!«

»Wunderbar.«

Claudia legte den Hörer auf, behielt ihn aber noch in der Hand und blieb nachdenklich stehen. Dann kam sie zu einem Entschluß, lief in ihr eigenes Zimmer, streifte die Pantoffeln ab und zog sich ihre warmen Stiefel an. Sie griff sich ihre Handtasche, schlüpfte in ihren pelzgefütterten Mantel und ging zu Elke zurück.

»Entschuldige, wenn ich dich störe«, sagte sie und blieb in der Tür stehen.

»Setz dich doch!«

»Ich muß noch einmal fort!« sagte Claudia, und nach einer kleinen Pause fügte sie hinzu: »Und ich bleibe über Nacht!«

Jetzt erst blickte Elke hoch, und zu ihrem Schrecken sah Claudia, daß die großen blauen Augen der Freundin sich mit Tränen gefüllt haben.

»Morgen vormittag bin ich ja wieder da«, sagte sie rasch, »und wir holen dich ab, das ist doch klar.«

»Versprich nicht, was du nicht halten kannst!«

»Das tue ich nie! Wir werden irgend etwas zusammen unternehmen.«

»Mit mir als fünftem Rad am Wagen!«

»Wo sind die beiden anderen?«

»Wer?«

»Das eben weiß ich nicht. Wir werden doch höchstens zu dritt sein.«

»Tu nicht, als ob du mich nicht verstündest. Ich kann euch doch höchstens im Weg sein!«

Claudia trat rasch auf die Freundin zu und küßte sie auf die Wange. »Mir wirst du nie im Weg sein.«

»Dabei aber doch!«

»Ich bitte dich! Man kann doch nicht pausenlos vögeln!«

Elke rang sich ein Lächeln ab und strich sich verstohlen mit dem Handrücken über die Augen. »Entschuldige, Claudia. Ich weiß, ich benehme mich blöd.«

»Nein, gar nicht. Du hattest dich auf ein gemeinsames Wochenende gefreut, und jetzt bist du enttäuscht. Das ist doch nur menschlich.«

»Ich will dir wirklich kein Klotz am Bein sein.«

»Unsinn! Was täte ich denn ohne dich! Also, abgemacht. Morgen vormittag. Nicht zu früh, denn ich möchte mal ausschlafen.«

»Du brauchst wirklich nicht meinetwegen ...«

»Willst du ihn denn nicht kennenlernen?«

»Doch.«

»Wie wäre es, wenn du ein schönes Mittagessen für drei kochen würdest? Ich glaube, Herbert ist für komplizierte Gerichte zu haben! Und danach werden wir weitersehen.«

Elke schniefte. »Wehe, wenn ihr mich hängenlaßt!«

»Bestimmt nicht!« Claudia schlug ihren Mantel auf, unter dem sie nichts als ihren hellblauen Hausanzug trug. »Da, sieh mal, was ich anhabe! Ich muß also einfach wieder nach Hause.« Sie küßte die Freundin noch einmal. »Also dann, bis morgen ... schlaf gut, Liebes!«

Obwohl sie spürte, daß Elke die Unterhaltung gern noch fortgesetzt hätte, lief sie zur Tür. Es war ihr plötzlich, als könnte sie es keine Minute länger als nötig ohne Herbert aushalten. Sie rannte die Treppe hinunter und über die Fahrbahn, schloß ihr Auto auf, startete und nahm sich sehr zusammen, um nicht zuviel Gas zu geben. Als der Motor ansprang, atmete sie auf.

Eine knappe Viertelstunde später hielt sie vor dem Haus, in dem Herbert Kranich lebte. Aus den Fenstern fiel warmes Licht auf die Straße, und ihr Herz schlug höher.

Sie hatte die Hand noch nicht zur Klingel gehoben, als die Tür von innen geöffnet wurde. Er stand vor ihr, und sie warf sich in seine Arme.

»Du hast dir Zeit gelassen«, behauptete er, als der erste Sturm der Begrüßung vorüber war.

»Das ist dir nur so vorgekommen.«

»Ja, vielleicht. Laß dich ansehen.« Er schob sie auf Armeslänge von sich.

»Verändert?« fragte sie lächelnd.

»Gealtert«, behauptete er.

Es gelang ihr, sich die leichte Kränkung, die sie empfand, nicht anmerken zu lassen. »Sag lieber ... überarbeitet!« stellte sie richtig.

»T, t, t!« machte er. »Wie kann man nur!«

»Könnte dir nicht passieren, wie?«

»Bestimmt nicht.«

»Ich würde es an dir, glaube ich, auch gar nicht lieben.« Sie schwankte leicht.

»Dir fallen ja schon im Stehen die Augen zu!« Er hob sie hoch und trug sie in den Wohnraum.

Im Kamin loderte ein Feuer. Er hatte den Platz davor für eine Felldecke freigemacht, auf der er seine Kissen verstreut hatte. Behutsam bettete er sie und streckte sich neben ihr aus, und hier, noch während er sie streichelte, schlief sie ein, den Kopf an seiner Brust.

Zärtlich betrachtete er ihr kleines Gesicht, das auch im Schlaf nicht entspannt wirkte; eine kleine, steile Falte stand zwischen ihren Brauen, als müßte sie sich auf ein Problem konzentrieren, das sie bis in ihre Träume verfolgte.

Später, als das Feuer niedergebrannt war, trug er sie zu seinem Bett. Behutsam schälte er sie aus ihrem Mantel und streifte ihr die Stiefel von den Füßen.

Sie erwachte keine Sekunde.

Erst in den Morgenstunden liebten sie sich, und es war noch schöner als bei ihrer ersten Begegnung, weil sie jetzt ihre Körper, ihre Wünsche und Sehnsüchte kannten.

Danach schliefen sie noch eine Weile, eng aneinandergeschmiegt.

Als sie mit dem Frühstückstablett ins Schlafzimmer kam, mußte sie ihn wecken. »He, Herb!« rief sie vergnügt. »Aufstehen, alter Faulpelz! Die Sonne scheint, der Kaffee dampft ... willst du denn den ganzen Tag verschlafen?!«

Er blinzelte. »Wie spät ist es denn?« fragte er undeutlich, wobei er die Konsonanten schleifen ließ.

»Zeit zum Aufstehen allemal!«

Jetzt öffnete er die Augen ganz und sah sie an. Sie trug seinen großen weißen Frottiermantel, dessen Ärmel sie hochgekrempelt hatte, und war offensichtlich schon im Bad gewesen, denn sie strahlte vor Frische.

»Guten Morgen, Geliebte!« sagte er, gähnte und streckte den Arm nach ihr aus, als wollte er sie zu sich ziehen.

Sie wich zur Seite. »Nichts da, jetzt wird gefrühstückt! Setz dich auf, damit du das Tablett halten kannst!«

Er nahm das Tablett, balancierte es auf seinen Knien und blickte kritisch auf das, was sie ihm gebracht hatte. »Kein Brot? Keine Butter? Keine Eier? Kein Schinken?« monierte er. »Das nennst du ein Frühstück!«

»Orangensaft und Kaffee genügen«, entschied sie und schlüpfte neben ihm in das breite Junggesellenbett.

»Aber ich habe Hunger!«

»Es ist gleich elf Uhr, und wir sind zum Essen eingeladen.«

»Wo? Das ist das Neueste, was ich höre.«

»Meine Freundin Elke erwartet uns.«

Er gab sich keine Mühe, seine Enttäuschung zu verbergen. »Und ich dachte, wir würden das Wochenende für uns haben.«

»Mir wäre es auch lieber«, gestand sie und schenkte erst ihm und dann sich Kaffee ein, »aber der Mensch ist ein soziales Wesen. Man hat Rücksichten zu nehmen.«

»Klingt nicht sehr glaubhaft aus deinem Mund«, sagte er und schlürfte seinen Saft.

»Du scheinst mich noch sehr schlecht zu kennen.«

»Jedenfalls überraschst du mich immer wieder.«

»Sieh mal, Herb, Elke und ich wohnen zusammen ...«

»Ist mir bekannt!«

Sie ließ sich nicht unterbrechen. »... und ich kann sie unmöglich für mich arbeiten und sie dann am Wochenende allein lassen.«

»Du läßt sie für dich arbeiten!?«

»Na ja, sie kocht ... und sie macht den größten Teil der Hausarbeit.«

»Eine etwas sonderbare Einteilung.«

»Gar nicht. Sie hat eben sehr viel mehr Zeit als ich.« Claudia nahm einen Schluck Kaffee. »Sag nicht, daß ich das ändern soll! Ich kann es nicht. Außerdem, auch wenn es anders wäre: Es ist immer frustrierend für ein Mädchen, wenn die Freundin einen Freund hat und sie selber solo bleibt.«

»Verlangst du etwa, daß ich sie mitbedienen soll?«

Claudia blickte ihn mit zusammengekniffenen Augen über den Rand der Kaffeetasse an. »Du bist manchmal unheimlich ordinär!«

»Also, was sonst?«

»Es ist doch wohl nicht zuviel verlangt, daß wir uns mal von ihr bekochen lassen? Außerdem könntest du uns vielleicht auch heute abend ausführen. Wir könnten nach Hannover fahren ... ins Theater gehen.« In verändertem Ton fügte sie hinzu: »Unsere Karten bezahlen wir natürlich selber.«

»Warum hat sie denn keinen Freund? Was ist verkehrt an ihr?«

»Gar nichts. Sie ist ein sehr liebes, ein sehr hübsches, ein ganz unkompliziertes Wesen. Du wirst sie sicher mögen. Aber sie hat einfach Pech gehabt. Als wir uns kennenlernten, war sie so gut wie verlobt. Aber dann hat er eine reiche Ziege kennengelernt und es vorgezogen, sich ins warme Nest zu setzen.«

»Kluger Junge!«

Sie setzte ihre Tasse so heftig auf den Teller, daß es einen kleinen Knall gab. »Das ist doch nicht dein Ernst?!«

»Natürlich nicht. Beruhige dich.«

»Das wäre ja auch wirklich noch schöner. Er wird die Rechnung schon noch präsentiert bekommen. Wenn man nur des Geldes wegen heiratet, muß das ja schiefgehen.«

»Du würdest das nie tun?«

»Für Geld? Nein!« erklärte sie entschieden.

»Aber vielleicht für Macht?«

»Was für ein dummes Gespräch!« sagte sie ärgerlich. »Du weißt genau, daß ich überhaupt nicht heiraten will ... oder hast du das vergessen? Na also. Es geht ja auch gar nicht um mich, sondern um Elke. Ich habe versucht, dir ihre Situation zu erklären und warum ich sie nicht sich selber überlassen kann.«

»Aber sie müßte doch außer dir noch andere Menschen kennen.«

»Tut sie auch. Eine Menge sogar. Sie war im Reitclub, in so einer richtigen vergnügten, ein bißchen versnobten Clique, du kennst das sicher. Aber seit er mit ihr Schluß gemacht hat, mag sie sich dort nicht mehr blicken lassen. Sie fühlt sich gedemütigt. Ich wollte ihr auch nicht zu massiv zureden, weil ich diese Leute ja nur flüchtig kenne ... ich weiß nicht, wie sie sich tatsächlich ihr gegenüber verhalten würden.«

»Arme Elke!«

»Siehst du!« sagte sie erleichtert. »Jetzt tut sie dir wenigstens schon leid. Du wirst sie mögen, Herb, da bin ich ganz sicher.«

»Vielleicht. Schon weil sie deine Freundin ist. Trotzdem geht es mir gegen den Strich, daß ich die wenige Zeit, die du für mich übrig hast, mit jemandem teilen soll.«

Claudia dachte nach; sie merkte dabei selber, daß sich die steile Falte auf ihrer Stirn vertiefte und begann mechanisch, sie mit den Fingerspitzen zu glätten. Er beobachtete sie mit liebevoller Belustigung.

»Was ist denn mit dir?« fragte sie endlich. »Ich meine, du müßtest doch irgendwelche Freunde haben.«

»Habe ich. Natürlich.«

»Dann überleg doch mal: Gibt es da nicht einen, der für Elke in Frage käme? Nicht zum Heiraten natürlich ... es braucht auch nicht die große Liebe zu werden, es genügt schon, wenn jemand sich ein bißchen um sie kümmern würde.«

»Müßte sie das nicht als penetrant empfinden?«
»Aber wieso denn?«
»Wenn ich sie mit einem Freund bekannt machen würde, wäre die Absicht doch nur zu deutlich.«

»Das kommt ganz darauf an, wie wir es anfangen. Sie braucht es ja gar nicht zu merken. Du könntest so tun, als hättest du mit diesem Freund zusammen am Wochenende etwas unternehmen wollen. Du konntest ja nicht sicher sein, daß ich Zeit hatte. Wir geben vor, daß ich dir sozusagen in deine Pläne hineingeplatzt wäre, ja? Das klingt doch plausibel.«

»Du scheinst eine ausgesprochene Begabung für Intrigen zu haben!«

»Aber gar nicht!« protestierte sie. »Was glaubst du, wie oft eine Begegnung auf diese Weise arrangiert wird!« Lächelnd fügte sie hinzu: »Daß man die Vorfahrt nicht beachtet und auf diese Weise den Mann seiner Träume kennenlernt, ist ja nur zu selten.«

»Bin ich der Mann deiner Träume?«

»Ich hätte nicht einmal gewagt, mir jemanden wie dich zu erträumen! Aber jetzt ans Werk! Ich werde die Betten machen und aufräumen, und du hängst dich ans Telefon, um alles zu arrangieren.«

»Du willst dich in die Hausarbeit stürzen?« fragte er amüsiert. »Dann scheint es dir wirklich ernst zu sein.«

»Und ob, Geliebter!« Sie schlüpfte aus dem Bett. »Und denk daran: Wir tun's ja nicht für Elke, sondern für uns selber!«

Der junge Mann, den Herbert dann erreichte und für ein Wochenende zu viert erwärmen konnte, hieß Erwin Böhler. Er war 26 Jahre alt, Assistent des Verkaufsdirektors bei Kelling und erst seit einem knappen Monat in Elmrode, so daß er noch keinen Anschluß gefunden hatte.

»Wie ist er?« fragte Claudia, den Hörer schon in der Hand, um Elke anzurufen.

»Sehr karrierebewußt, aber, ich glaube, fair. Intelligent natürlich und so weiter. Aber für ihn ist Kelling nur ein Sprungbrett.«

»Also auch einer, der lieber eine Frau mit Geld heiraten würde als ohne?«

»Ja.«

»Schade.«

»Sollte ich etwa doch den Heiratsvermittler spielen!?«

»Natürlich nicht. Also dann werde ich sie eben warnen.«

Elke regte sich zuerst auf, als Claudia ihr sagte, daß Herbert einen Freund mitbringen wollte; sie behauptete, daß das Essen nicht reichen würde, aber nach einigem Hin und Her beruhigte sie sich dann wieder.

»Noch etwas, Elke«, sagte Claudia zum Schluß, »Herbert sagt, er ist kein Typ, der sich festnageln läßt.«

»Du tust ja gerade so, als ob ...« empörte sich Elke.

»Nein, natürlich nicht. Aber ich finde, es ist immer besser, wenn man von vornherein weiß, woran man ist.«

»Ich habe nicht die entfernteste Absicht ...«

»Na, dann ist's gut.«

Erwin Böhler klingelte pünktlich an der Haustür; er brachte einen Strauß Blumen mit, der noch eingehüllt war.

Als er das Papier entfernen wollte, sagte Claudia rasch: »Bitte nicht hier! Die geben Sie besser meiner Freundin. Die steht auf so etwas.« Sie nahm ihm den Strauß ab und stellte ihn in der Küche ins Wasser.

Als sie zurückkam, hatte Erwin Böhler sich aus seinem eleganten Kamelhaarmantel gepellt; er trug einen korrekten grauen Flanellanzug mit Hemd und Krawatte und blickte etwas verunsichert von Herbert, der eine braune Cordhose und einen legeren beigen Pullover anhatte, auf Claudia in ihrem Hausanzug. »Ich bin anscheinend overdressed!« stellte er fest.

Claudia lachte. »Mich dürfen Sie sich nicht zum Beispiel nehmen, Herr Böhler . . . ich bin überhaupt noch nicht angezogen!«

Er hob erstaunt die Augenbrauen.

»Ich habe sie gestern abend direkt von einem gemütlichen Abend zu Hause hierhergelockt!« erklärte Herbert.

Erwin Böhler lachte, wobei er spitze Eckzähne sehen ließ. Claudia stellte fest, daß sie ihn mochte. Wahrscheinlich war er früher ein Junge mit knallrotem Haar gewesen; inzwischen war es nachgedunkelt und eher ins Braun übergegangen, wenn auch ein rötlicher Schimmer erhalten geblieben war. Sein Gesicht war scharf geschnitten, und die Augen leuchteten in einem erstaunlichen Grün.

»Legen Sie einfach die Krawatte ab!« riet Claudia. »Wir fahren gleich zu einem ganz informellen Mittagessen.«

»Ja, aber erst trinken wir noch einen Schluck zum Aufwärmen!« schlug Herbert vor. »Was darf's denn sein? Und nehmt doch Platz.«

Sie entschieden sich alle für einen Sherry, und Erwin Böhler zündete sich eine Zigarette an. Er hatte lange Beine und glättete sorgfältig seine Bügelfalten, bevor er sie übereinanderschlug. Sehr schnell kam ein lebhaftes Gespräch in Gang, als er seine angenehme Überraschung bei Herberts Anruf schilderte. Er wollte ihn genau in dem Augenblick erhalten haben, als er soweit gewesen war, sich mit einem dicken Wälzer über Verkaufstechnik ins Bett zu legen. Angeblich war es in seiner Wohnung so kalt, daß sich Eisblumen an den Fenstern bildeten.

»Etwas stimmt nicht mit euch beiden!« sagte Claudia plötzlich. Die jungen Männer sahen sich verwundert an.

»Ihr seid so formell miteinander!« bemängelte Claudia. »Es wirkt wenig glaubhaft, daß ihr das Wochenende miteinander verbringen wolltet, wenn ihr euch siezt!«

»Dem läßt sich abhelfen!« sagte Herbert sofort. »Ich bin der Ältere, also darf ich dir mein Du anbieten . . . Erwin!«

Sie stießen mit Gläsern an, in denen nur noch ein Tropfen Sherry war. »Und was ist mit Ihnen, Claudia?« fragte Erwin. »Wollen wir nicht auch gleich ...?«

»Nein, das würde unnatürlich wirken. Wir haben uns ja gerade erst kennengelernt.«

»Haben Sie jemals daran gedacht, ans Theater zu gehen?« fragte er ernsthaft.

»Nein. Nie.«

»Sie haben aber eine ausgesprochene Begabung für Regie.«

Claudia senkte die Wimpern, um ihn nicht anzufunkeln. »Es gibt Situationen«, sagte sie beherrscht, »in denen ein bißchen Diplomatie nicht schaden kann.«

»Ich habe ja gar nichts dagegen, nur ...«

»Ihr kabbelt euch jedenfalls sehr natürlich!« stellte Herbert fest.

Die leichte Spannung löste sich in Gelächter, und der Frieden war wiederhergestellt.

Erwin Böhler staunte, als Claudia beim Aufbruch ihre Stiefel über die nackten Füße zog und so, wie sie war, in ihren Mantel schlüpfte. »Und ich dachte«, sagte er, »du hättest nur einen Witz gemacht, Herbert.«

»O nein!« sagte Claudia. »Er hat mich tatsächlich zu sich gelockt, als ich gerade schlafen gehen wollte.«

»Beneidenswerte Anziehungskraft!«

»Ja, die hat er!« Claudia hängte sich bei Herbert ein und gab ihm, nicht ohne Besitzerstolz, einen Kuß auf die Wange.

Sie beschlossen, Herberts Wagen in der Garage zu lassen. Claudia fuhr mit Herbert in ihrem Auto voran, und Erwin folgte ihnen in seinem sehr seriösen Mittelklassewagen.

»Er gefällt dir, wie?« fragte Herbert unterwegs.

»Schon. Er ist nicht übel. Bloß, finde ich, paßt er gar nicht zu Elke.«

»Wieso nicht?«

»Er ist so zungenfertig, und dem ist sie nicht gewachsen.«

»Wie erträgt sie dann dich?«

»Ich nehme Rücksicht, aber ich fürchte, das ist wohl nicht seine Art.«

Claudia war beunruhigt, und sie konnte es nicht verbergen.

»Wir hätten allein bleiben sollen«, sagte Herbert.

»Ja, du hast recht, aber andererseits ... ich konnte Elke nicht einfach abhängen.« Sie straffte die Schultern. »Nun kann es vielleicht etwas schwierig werden. Es sind zuviel Unbekannte im Spiel. Aber wir müssen durch.«

Es verlief dann aber doch alles sehr viel harmonischer, als sie erwartet hatten. Die Blumen, die sich als rosa Nelken entpuppten, nahmen Elke sofort für Erwin Böhler ein. Die jungen Männer, die sich vom Betrieb her recht gut kannten, fanden den passenden freundschaftlichen Ton. Elke brillierte als Hausfrau. Sie hatte den Tisch in Claudias Zimmer, der gewöhnlich als Schreibtisch diente, in die Mitte des Raumes gezogen und mit einem weißen Damasttuch bedeckt. Darauf schimmerten poliertes Porzellan und Elkes Aussteuersilber, das sie nur zu ganz besonderen Gelegenheiten aufzulegen pflegte.

Zum Auftakt servierte sie in kleinen, feuerfesten Tassen eine Schildkrötensuppe à la Lady Curzon, die, wie alle ihr bestätigten, nicht besser im besten Feinschmeckerlokal hätte zubereitet sein können. Elke erglühte schon vor Freude, als sie abräumte und den mit Spiritus gefüllten Kocher für den Fonduetopf auf den Tisch setzte. Als sie ihn in Brand setzen wollte, benahm sie sich so zaghaft und zuckte immer wieder zurück, daß Herbert ihr die Streichhölzer aus der Hand nahm und diese Arbeit für sie erledigte.

Mit einem kleinen Stich — nicht von Eifersucht, sondern von Schmerz — wurde es Claudia bewußt, wie gut die beiden zueinander paßten und ein wie schönes Paar sie abgeben würden. Fast bereute sie, daß sie Elke und Herbert zusammengebracht hatte, aber dann sagte sie sich, daß es zwangsläufig früher oder später doch geschehen wäre.

Sie blieb gelassen und stand auf, um den Fonduetopf zu holen.

Sofort fragte Erwin Böhler: »Kann ich Ihnen helfen?«

»Aber ja! Kommen Sie nur mit!«

In der Küche bat sie ihn, den Topf mit dem sprudelnden Öl vom Herd zu nehmen, während sie selber das Tablett mit den Fleischstückchen und den vielen kleinen Beilagen in das Zimmer trug.

Herbert war dabei, eine Flasche Rosé zu öffnen.

Gleich darauf saßen sie alle wieder um den Tisch, spießten ihre Fleischstückchen auf, steckten sie in das kochende Öl, aßen, tranken und waren fröhlich miteinander. Das gute Essen und der Wein hätte auch Menschen, die weniger miteinander harmonierten, in gute Stimmung versetzt. Claudia und die beiden Männer konnten sich nicht genugtun, Elkes Kochkünste zu bewundern.

»Ach, das meiste ist doch aus der Dose!« wehrte Elke mit nicht ganz echter Bescheidenheit ab.

»Nur die Grundsubstanzen!« stellte Herbert richtig. »Sie haben jede einzelne Delikatesse gewürzt und verfeinert!«

Sie schlug die Augen unter seinem Blick nieder und errötete heiß.

›Jetzt ist's passiert!‹ durchzuckte es Claudia, und sogleich mobilisierte sie alle ihre inneren Kräfte, den Schlag gelassen hinzunehmen.

Das Essen zog sich, wie es bei einem Fondue üblich ist, lange hin. Aber das störte die jungen Leute nicht, denn sie hatten ja Zeit. Zum Abschluß gab es einen Weinschaum, dem alle zusprachen, obwohl sie beteuerten, ›eigentlich‹ schon satt zu sein.

Nach dem Kaffee war es ausgemachte Sache, daß man beisammenbleiben würde. Die Frage war nur, was man mit dem angebrochenen Tag anfangen sollte.

In der Nacht war der erste Schnee gefallen, der, obwohl zu früh für die Jahreszeit, auch liegen geblieben war. Die Temperatur war nur wenig über Null gestiegen. An Skifahren war noch nicht zu denken, aber als Herbert einen Ausflug in die weiß gepuderten Wälder vorschlug, waren alle einverstanden. Claudia zog sich um, während die anderen abräumten und Ordnung schafften.

Als sie dann auf der Straße standen, fragte Elke: »Wer fährt jetzt mit wem?«

Claudia fand diesen Vorschlag reichlich keck, aber sie hielt sich zurück.

Erwin erbot sich: »Ich würde die beiden Damen gerne mitnehmen!«

Herbert lachte. »Das könnte dir so passen! Aber in meinem Revier wird nicht gewildert. Claudia kommt mit mir.«

Erwin verstand es, die für Elke etwas peinliche Situation zu überspielen. »Dann habe ich also Fräulein Elke für mich allein!«

Sie dankte es ihm mit einem Blick, während es um ihre Lippen zitterte.

Claudia schwieg, während sie neben Herbert durch die sonntäglich verlassenen Straßen fuhr; sie wollte ihn selber den Anfang machen lassen.

»Elke ist nett«, sagte er endlich, »sie ist genau so, wie du sie beschrieben hast.«

»Du magst sie?«

»Man muß sie mögen.«

»Das habe ich dir ja gesagt.«

»Aber ich habe Dutzende von Mädchen wie sie gekannt.«

»Jetzt übertreibst du aber!« protestierte Claudia, doch sie spürte, wie ein Druck von ihrer Brust wich, und sie mußte lachen, weil ihre Erleichterung so groß war.

»Vielleicht«, gab er zu, »aber etwas Besonderes ist sie jedenfalls nicht.«

»Dann solltest du vorsichtiger sein.«

Er warf ihr einen Seitenblick zu. »Wie meinst du das?«

»Sie ist ein Mädchen, das sich gerne Illusionen macht. Ein Blick, ein Händedruck, ein herzliches Wort genügen schon, um sich in einen ganz unrealistischen Traum einzuspinnen.«

»Und das gönnst du ihr nicht?«

»Ich möchte ihr ein böses Erwachen ersparen ... falls du wirklich so zu ihr stehst, wie du behauptest.«

»Zweifelst du daran?«

»In meinen Augen ist Elke jedenfalls keine Dutzendware.«

»Eifersüchtig?«

»Nicht wie du denkst. Wenn dir ein anderes Mädchen besser gefiele als ich, würde es mir zwar weh tun. Aber ich würde dir bestimmt keine Szene machen, sondern sang- und klanglos aus deinem Leben verschwinden.« Nach einer kurzen Pause fügte sie hinzu: »So sang- und klanglos, wie ich darin aufgetaucht bin.«

Er legte ihr zärtlich die Hand auf das Knie. »Wenn ich mich recht erinnere, geschah das doch mit einem gewaltigen Knall!«

»Auch wieder wahr!« Claudia lachte. »Damit wäre das Thema also erledigt.«

»Einverstanden.«

Claudia schwor sich, nie wieder mit ihm über die Freundin zu sprechen. Er sollte nicht merken, daß Elkes Neigung für ihn sie beunruhigte. Sie hatten beide ihre Meinung gesagt, und es würde keinen Sinn haben zu bohren, ob seine Einstellung sich geändert hatte. Das würde ihm Elke höchstens interessant machen, im besten Falle Zeitverschwendung sein, im schlimmsten zu einer Quälerei werden.

Sie hatten jetzt die Ausfallstraße erreicht. Nach einigen Kilometern bog er in eine Seitenstraße ein, die sich mählich ins Gebirge hinaufschlängelte und in einen dichten Mischwald einbog. Die Sonne brach durch die Wolkendecke, und die Schneekristalle blitzten auf wie Diamanten.

»Wie schön es hier ist!« rief Claudia.

»Ich wundere mich, daß du einen Blick dafür hast!«

»Wieso sollte ich nicht? Ich habe doch Augen im Kopf.«

»Aber du bist so verdammt realistisch.«

»Das hier ist doch auch real. So materialistisch, daß ich in einem wunderbaren Winterwald nur den Holzwert zu errechnen suchte, bin ich nun doch nicht!«

»Zahl's mir nur heim!« Er klopfte ihr zärtlich auf den Schenkel.

Sie legte seine Hand auf das Steuer zurück. »Nicht hier und nicht jetzt. Ich möchte mit dir nicht entgleisen. Die Fahrbahn sieht mir ziemlich glatt aus.«

»Halb so wild.«

»Trotzdem. Getrunken hast du auch.« Sie schaltete das Radio ein, drehte es aber gleich wieder ab, als sie auf einen Schlager stieß, dessen Banalität sie irritierte.

»Was hast du eigentlich die ganze Zeit ohne mich getrieben?« fragte er.

Sie war nur zu bereit, ihm von ihrer Entdeckung zu erzählen. Anders als Elke hörte er ihr voller Interesse zu und verstand, warum sie so darauf versessen war, einen wirklich spannenden Roman für »Blitzlicht« zu finden.

»Jetzt warte ich auf Antwort von London«, endete sie.

»Und wenn sie negativ ausfällt?«

»Werde ich weiter suchen. Aber ich hoffe doch nicht. Was sollte der Verlag dagegen haben, wenn ich versuche, den Roman in Deutschland unterzubringen?«

»Für die bist du ein Niemand.«

»Jeder Niemand kriegt irgendwann mal die Chance, sich zu profilieren.«

»Jedenfalls wünsche ich dir viel Glück.«

»Tust du das wirklich?«

»O ja! Ich liebe es, wenn du entspannt bist.«

»Heute bin ich es wirklich. Es war eine großartige Nacht, ein köstliches Essen, und diese Ausfahrt ist das Pünktchen auf dem i.« Nach einem Augenblick des Nachdenkens fügte sie hinzu: »Aber ich glaube, ich könnte das alles gar nicht so genießen, wenn ich nicht vorher angespannt gearbeitet hätte.«

»Ich schon.«

»Nehme ich dir ohne weiteres ab. Du bist eben der geborene Faulpelz.«

»Na, warte!« Er fuhr in eine Schneise, bremste und stieg aus.

Sie begriff sofort, was er vorhatte, und lief in den Wald hinein. Aber er war schneller als sie, und nach einer kurzen Jagd zwischen den Bäumen hatte er sie erreicht und rieb ihr Gesicht und Nacken mit dem kalten, körnigen Schnee ein. Sie wehrte sich lachend.

Erwins Wagen hielt auf der Straße; er kurbelte das Fenster herunter und rief: »Was treibt ihr denn da?«

»Schneeballschlacht!« rief Herbert zurück. »Kommt! Macht mit!«

Erwin und Elke stiegen aus und liefen zu ihnen hin. Es kam zwar zu keiner richtigen Schneeballschlacht, denn der Schnee war zu dünn und zu hart, als daß sich Bälle daraus formen ließen, aber doch zu einem übermütigen Hin und Her, bei dem jeder versuchte, den anderen zumindest mit den schneekalten Händen zu necken.

Claudia gelang es, einer Fichte einen Stoß zu geben, während Herbert gerade unter ihr stand. Sie sprang sofort beiseite und jubelte, als der Schnee auf ihn herabfiel.

»Jetzt sehen Sie aus wie ein Weihnachtsmann!« rief Elke.

Herbert schüttelte sich. »Schlimme Mädchen! Warum habe ich mich nur mit euch eingelassen!?«

Er griff Claudia, die strampelte und trat, weil sie glaubte, daß er sich rächen wollte. Aber er nahm sie nur fest in die Arme und küßte sie auf den Mund. Es war ein prickelndes Gefühl, als die erstarrten Lippen sich wärmten und die Zungenspitzen sich vorwagten.

»Benehmt euch!« mahnte Erwin. »Ihr seid nicht allein!« Herbert gab Claudia frei. »Aber so gut wie!«

Mit einem Seitenblick nahm Claudia wahr, daß Elke mit hängenden Armen und unglücklichem Gesicht dastand. Aber sie mochte sich jetzt nicht um die Freundin kümmern, sondern nahm Herbert an der Hand und lief mit ihm zum Auto zurück.

Nach einer Fahrt von weiteren zwanzig Minuten, bei der die Straße sehr eng wurde und man eine Ausweichstelle hätte suchen müssen, wäre ein Fahrzeug entgegengekommen, kehrten sie im »Alten Forsthaus« ein.

Das Ausflugslokal war tatsächlich früher ein Forsthaus gewesen und erst, seit die Reviere vergrößert worden waren, aufgegeben worden. Ein kinderloses Ehepaar hatte es aufgekauft, um eine kleine Gastwirtschaft darin zu betreiben, mehr aber wohl noch, um fern von der Hektik der Zeit im Frieden der Wälder hier zu leben. Es wurde nur am Wochenende und nicht einmal an den Feiertagen geöffnet. Im Sommer standen Tische und Stühle draußen auf einem freien Platz unter den Buchen, und es gab auch Eis und Limonade, im Winter wurden nur Kaffee, Kakao und hausgebackener Kuchen angeboten; eine Lizenz für den Verkauf alkoholischer Getränke hatte das Haus nicht.

Aber die große Stube mit dem bullernden Kachelofen und den Geweihen an den holzgetäfelten Wänden war sehr gemütlich. Die Wirtsleute verstanden es, eine private Atmosphäre zu schaffen, so daß man sich nicht als zahlende Gäste, sondern eingeladen fühlte.

Claudia, Elke und Erwin waren noch nie hier gewesen, aber Herbert schien gut bekannt zu sein.

Die Wirtin, eine rundliche, rotbackige Frau, begrüßte ihn mit Handschlag und einem herzlichen Lächeln. »Wie schön, daß du dich mal wieder blicken läßt, Herbert!«

Er gab ihr einen Kuß auf die Wange. »Das Wetter war nicht danach!«

»Wir hatten einen sehr schönen Herbst«, hielt sie ihm, mit leichtem Vorwurf, entgegen.

»Die Pflichten, Anna«, sagte er, »die Pflichten! Schimpf nicht mit mir, sondern bring Kaffee und Kuchen für mich und meine Freunde.«

Sie hatten geglaubt satt zu sein, aber der frische Apfelkuchen, mit Mandeln und Korinthen bespickt, schmeckte ihnen dann doch noch hervorragend.

»Wißt ihr was?« sagte Claudia und streckte die Beine unter dem hölzernen Tisch aus. »Ich fühle mich sauwohl!«

»Was für ein burschikoses Wort aus deinem schönen Mund!« neckte Herbert sie.

»Laß mich doch!« gab sie zurück. »Man kann nicht immer fein sein. Muß ich es denn bei dir?«

»Nein, natürlich nicht.«

Nach einer Weile fragte er sie: »Hast du dich inzwischen erholt?«

Sie sah ihn erstaunt an. »Wovon?«

»Ich meine ... würdest du mich begleiten, wenn ich dich darum bitte?«

»Aber ja!« Sie stand auf, wenn auch mit einiger Überwindung.

»Wir gehen ein bißchen nach draußen«, sagte Herbert zu den anderen.

»Wohin?« fragte Elke.

»Nur so.«

Es war ihr anzusehen, daß sie am liebsten gefragt hätte, ob sie nicht mitkommen könnte; sie verbiß es sich nur mühsam.

Erwin kam ihr zu Hilfe. »Wir sind nicht so naturverbunden«, sagte er, als hätte Herbert sie aufgefordert, »wir bleiben lieber beim warmen Ofen.«

Herbert half Claudia liebevoll in den Mantel, wickelte ihr

den wollenen türkisfarbenen Schal zweimal um den Hals und zog ihr die dazu passende Mütze tiefer in die Stirn.

Sie lachte ihn an. »Man könnte glauben, wir gehen auf eine Expedition!«

»So etwas Ähnliches wird es«, sagte er ernsthaft.

Die kalte Luft, die ihnen draußen entgegenschlug, nahm ihnen einen Augenblick den Atem, war aber wohltuend.

Claudia stapfte neben Herbert bergan und redete über dieses und jenes; sie glaubte, daß er sie ins Freie geführt hätte, weil er der anderen überdrüssig wäre und mit ihr allein sein wollte, und das machte sie glücklich.

Aber nach einiger Zeit wurde sie müde und blieb stehen. »Meinst du nicht, daß es jetzt genug ist?« fragte sie.

»Wir sind noch nicht am Ziel.«

»Du hast also wirklich eins?«

»Natürlich. Oder glaubst du, ich will dich nur so durch die Gegend schleifen?«

»Ja, das hatte ich gedacht«, bekannte sie.

»Dummchen.«

Sie hakte sich, da der Weg gerade ein wenig weiter wurde, bei ihm ein. »Aber wohin führst du mich denn?«

»Du wirst sehen.«

»Sag's mir schon! Spiel nicht den Geheimnisvollen!«

»Es soll eine Überraschung sein.«

»Mitten im Wald?!«

»Ja, mitten im Wald.«

Die Bäume rückten wieder enger zusammen, und sie mußte sich von ihm lösen. Herbert ging voraus, und es blieb ihr nichts anderes übrig, als ihm zu folgen. Auch ein Gespräch war jetzt nicht mehr möglich, und der Weg — wenn man überhaupt von einem Weg sprechen konnte — wurde immer steiler. Claudia war leicht verärgert, denn sie begriff nicht, was diese Kletterei sollte. Es war ihr, als führe er sie geradewegs in eine Wildnis.

Endlich blieb er stehen.

»Sind wir da?« fragte sie erleichtert.

»Genieß doch mal den Ausblick!«

Sie konnten jetzt hinuntersehen auf eine sich weit dahinziehende Bergkette, dicht bedeckt mit verschneiten Bäumen; der Horizont verlief in einer bläulich verschwommenen Linie, und keine menschliche Ansiedlung war weit und breit zu entdecken.

»Ja, wunderbar!« sagte sie, aber da sie selber merkte, daß es nicht allzu begeistert geklungen hatte, fügte sie hinzu: »Im Herbst, wenn die Bäume bunt sind, muß es noch schöner sein.«

»Ja, das hätte ich dir gerne gezeigt«, sagte er ohne Vorwurf, »aber da hattest du ja keine Zeit.«

»Tut mir leid«, murmelte sie ohne das Gefühl, etwas versäumt zu haben.

»Macht ja nichts«, sagte er, »es wird noch manchen Herbst für uns geben.«

Es war das erste Mal, daß er durchblicken ließ, ihre Beziehung könnte von Dauer sein, und ihre Laune hob sich sofort wieder; er war es wert, die Strapaze einer Bergwanderung auf sich zu nehmen, obwohl sie ihn ein bißchen verrückt fand. Er hatte den Arm um ihre Schultern gelegt, und sie schmiegte den Kopf an seine Schulter und hätte vor Behagen am liebsten geschnurrt.

»Ausgeruht?« fragte er.

»Einigermaßen.«

»Dann komm weiter.«

»Noch weiter?« fragte sie konsterniert. »Ich hatte gedacht...«

»Daß es dies war, was ich dir zeigen wollte? Falsch getippt!«

»Aber ich kann bald nicht mehr!«

»Nur noch ein paar Minuten ... jetzt geht es runter!« Er sprang davon, in großen Schritten und so rasch, als wären sie gerade erst aufgebrochen.

Sie folgte ihm wesentlich langsamer.

Er hatte schon einen beträchtlichen Abstand gewonnen, als er stehenblieb und sich nach ihr umdrehte. »Gleich sind wir da!« rief er ihr zu, wobei er die Hände um den Mund legte, damit sie ihn auch verstehen konnte. »Nur keine Müdigkeit vorschützen!«

Er verschwand ihr aus den Augen, und innerlich fluchend stolperte sie ihm nach.

Überraschend tauchte er dann wieder vor ihr auf, stand breitbeinig da, die Hände tief in die Taschen seines Dufflecoats gestemmt, und pfiff, den Kopf zurückgelegt, vor sich hin, wobei sein Atem winzige Wölkchen bildete.

»Puh!« sagte sie, als sie ihn erreichte. »Mach das nicht noch mal mit mir.«

»Du wirst dich schon gewöhnen.« Er legte ihr die Hand in den Nacken und schüttelte sie leicht. »Du bist ja noch jung. Sieh dich nur um!«

Mitten auf einer Lichtung stand ein kleines, aus Holzstämmen gezimmertes Haus. Es wirkte unbewohnt und — jedenfalls auf Claudia — abweisend. Die Fensterläden waren geschlossen.

»Gefällt's dir?« fragte er und fügte mit einer weiteren Handbewegung hinzu: »Das alles hier gehört mir!«

»Was?« fragte sie und kam sich selber töricht vor.

»Der Boden, auf dem wir stehen, das Jagdhaus ... und der Bach, du siehst ihn jetzt nicht, aber komm mit!« Er tat ein paar Schritte und schob an einer Stelle den Schnee mit dem Fuß beiseite.

Sie folgte ihm und entdeckte jetzt wirklich das Gerinnsel, das unter einer hauchdünnen Eisschicht gluckernd dahinplätscherte.

»Das Wasser ist ganz klar«, sagte er, »es entspringt da oben ... man kann es trinken.«

»Wie schön«, sagte sie ausdruckslos.

»Das ist wichtig, wenn man hier leben will.«

»Hier leben?« fragte sie verblüfft. »In dieser Einsamkeit?!«

»Ich habe es gemacht. Vorigen Frühsommer. In meinem Urlaub. Es war wunderbar ... die Stille, der Duft, der Gesang der Vögel!«

Sie wollte ihn nicht enttäuschen, und so sagte sie: »Das kann ich mir vorstellen.«

»Kannst du nicht! Das muß man erlebt haben!« Er nahm sie bei der Hand und wollte sie mit sich ziehen.

Aber sie stemmte sich dagegen. »Was denn jetzt noch?« fragte sie unwillig.

»Ich will dir nur das Jagdhaus zeigen ... wie es drinnen aussieht!«

Sie begriff, daß sie sich das nicht ersparen konnte, wollte sie nicht riskieren, ihn zu verlieren. »Na denn«, sagte sie und folgte ihm ergeben.

Er zog einen großen, blanken Schlüssel aus der Tasche, steckte ihn ins Schloß und drehte ihn um; die Tür öffnete sich knarrend.

»Warte einen Augenblick! Ich muß erst Licht machen!« Er öffnete von drinnen ein Fenster und stieß die Läden auf. »Jetzt«, rief er. »Das wird genügen!«

Widerwillig trat Claudia über die Schwelle. Das Jagdhaus, wie Herbert es nannte, war nicht mehr als eine Hütte. Es gab einen einzigen, allerdings großen Raum mit einem gemauerten Ofen, der zugleich Kochstelle war, einer hölzernen Eckbank, einem Tisch davor und einem bäuerlichen Bett.

›Und ich dachte immer, wir hätten primitiv gewohnt!‹ hätte sie beinahe gesagt, verkniff sich aber mühsam diese Bemerkung, steckte nur ihre Hände tiefer in die Taschen und zog die Schultern hoch.

»Na, wie gefällt's dir?« fragte er voller Besitzerstolz. »Natürlich ist es jetzt ziemlich klamm, aber wenn wir das Feuer anmachen, wird es in Sekundenschnelle warm.«

»Es scheint mir mehr was für den Sommer zu sein«, sagte sie.

»Im Winter habe ich es noch nicht ausprobiert, aber ich könnte mir vorstellen ...« Er unterbrach sich. »Warum trittst du denn dauernd von einem Fuß auf den anderen?«

»Mir ist kalt.«

»Ich kann einheizen.«

»Aber das lohnt sich nicht, Herb, wir können doch die anderen nicht Stunden warten lassen.«

»Zu dumm, daß du deine Freundin im Schlepp hast. Sonst hätten wir hier übernachten können.«

Obwohl sie sich, so gut sie konnte, beherrschte, verriet ihr Blick, was sie dachte.

Er lachte. »Natürlich nicht einfach so! Wir hätten Proviant mitnehmen müssen und meine Felldecke ...«

»Aber da wir das nicht getan haben, hindert uns doch wohl nichts, diese unwirtliche Stätte so rasch wie möglich zu verlassen.«

Aber ihr Drängen nutzte nichts.

Er ließ sein Feuerzeug aufspringen und zündete die Petroleumlampe an, die auf dem hölzernen Tisch stand. »Ist das nicht romantisch?«

»Hübsch.«

»Natürlich nicht gerade das beste Licht zum Lesen oder zum Knöpfeannähen, aber wenn man hier draußen lebt, richtet man sich ja sowieso nach der Sonne. Man steht mit ihr auf und geht mit ihr ins Bett, verstehst du?«

»Du erwägst doch wohl nicht ernsthaft, hierher zu ziehen?«

»Und warum nicht?«

»Du hättest es viel zu weit bis zur Arbeit.«

»Vielleicht will ich gar nicht mein halbes Leben bei Kelling verbringen!«

»Herb, du spinnst!« Sie ging auf ihn zu und schmiegte sich an seine Brust. »Wärme mich und bring mich fort. Bitte. Du hast mir jetzt dein Häuschen im Grünen gezeigt, ich habe es bewundert ... jetzt laß es gut sein.«

»Könntest du dir vorstellen, hier mit mir glücklich zu sein?«

Zärtlich massierte er ihren Rücken.

»Mit dir ... überall auf der Welt«, sagte sie, und sie meinte es ehrlich.

Als Claudia am Montag die Umschläge mit der eingegangenen Post durchblätterte, fand sie einen Brief von »Cunning & Moor« vor; sie öffnete ihn als ersten.

Obwohl sie sich vor sich selber den Anschein zu geben bemühte, gelassen zu sein, mußte sie zweimal lesen, bevor sie seinen Inhalt verstand. Der Verlag war bereit, der Romanredakteurin von »Blitzlicht« eine Option an dem Roman »Imogen« für tausend englische Pfund, die beim tatsächlichen Verkauf abgerechnet werden sollte, für ein Jahr zu überlassen.

Das war eine gute und zugleich schlechte Nachricht. Da der Verlag zuerst Geld sehen wollte, hatte Claudia nicht, wie sie erhofft hatte, die Möglichkeit, den Roman erst einmal, wenigstens auszugsweise, zu übersetzen und so Togelmann junior für den Stoff zu erwärmen, bevor es ans Zahlen ging. Natürlich hätte sie ihn dennoch ohne Rechte übersetzen können, denn es war mehr als unwahrscheinlich, daß man gleichzeitig an verschiedenen Stellen in Deutschland auf »Imogen« aufmerksam geworden war. Dann hätte sie aber unter dem Druck arbeiten müssen, daß, falls sie den Chef nicht für den Roman würde gewinnen können, alles für die Katz gewesen wäre. Das war eine Vorstellung, die ihr gar nicht behagte.

So würde ihr nichts anderes übrigbleiben, als das Original anzubieten.

Frau Gottschalk war am gleichen Tag aus ihrem Urlaub zurückgekommen. Obwohl sie sich pflichtgemäß nach allen

Ereignissen, Problemen und Entscheidungen aus der Redaktion erkundigte, merkte Claudia doch, daß sie mit ihren Gedanken und im Herzen immer noch in Bielefeld war. Um ihr ein Ventil zu geben, fragte sie erst einmal angelegentlich nach dem Befinden der Tochter und des Enkels und hörte sich all die Wunderdinge an, die Frau Gottschalk über die Geburt, das Kindchen und den feinfühligen Schwiegersohn zu erzählen hatte.

Dann erst, als sie sich in ihren Berichten vorläufig erschöpft hatte, legte sie den Brief aus London vor und schilderte, wie es dazu gekommen war.

Frau Gottschalk war über Claudias selbständiges Vorgehen ein wenig irritiert; sie faßte den Brief mit spitzen Fingern an, als könnte sie sich daran beschmutzen. »Und Sie sagen, der Roman ist gut?«

»Hervorragend. Wenn ich gewußt hätte, daß Sie heute zurückkommen, hätte ich ihn mit auf die Redaktion genommen. Aber ich kann ihn Ihnen am Abend nach Hause ...«

»Nicht so stürmisch!« Frau Gottschalk machte eine ablehnende Handbewegung. »Das hat Zeit.«

»Aber ...«

»Bei mir zu Hause ist eine Menge Arbeit liegengeblieben«, sagte Frau Gottschalk fast entschuldigend, »ich möchte ihn lieber auf der Redaktion lesen.«

»Ach ja, natürlich«, sagte Claudia und war enttäuscht, so wenig Widerhall zu finden, »dann also morgen ...«

»Zuerst wird hier ja auch noch einiges aufzuarbeiten sein.«

»O nein, ich bin ganz auf dem laufenden.«

»Aber ich nicht, und Sie werden mir doch wohl erlauben, mich erst einmal zu orientieren.«

»Ich hatte ›Imogen‹ als Anschlußroman gedacht.«

»Wir werden sehen.«

»Natürlich finde ich es auch ein bißchen happig, für so ein

altes Herzchen, nach dem kein Hahn mehr kräht, gleich tausend Pfund auf den Tisch zu verlangen.«

»Der Verlag möchte sicher sein, daß es sich um ein ernsthaftes Angebot handelt.« Frau Gottschalk legte den Brief beiseite und begann die übrige Post durchzublättern.

»Wenn Ihnen der Roman gefällt«, sagte Claudia, »und ich bin sicher, daß er das wird ... haben Sie denn die Kompetenz, das Geld ohne Rückfrage beim Chef zu zahlen?«

Frau Gottschalk hob den Kopf und blickte sie indigniert an. »Ich bin für die Romanredaktion allein verantwortlich.«

»Natürlich, nur ...«

»Ich weiß Ihren Eifer zu schätzen, Fräulein Mennersdorfer, Ihr persönlicher Einsatz ist anerkennenswert. Sie sind nicht eine von den vielen jungen Dingern, die nur tun, was ihnen gesagt wird, und oft nicht einmal das. Aber ich muß Sie doch bitten, die Pferde ein wenig zu zügeln.« Mit einem versöhnlichen Lächeln fügte sie hinzu: »Wenn unsere Zeitschrift auch ›Blitzlicht‹ heißt, wollen wir uns doch nicht zwingen lassen, Blitzentscheidungen zu treffen.«

Mit dieser Anerkennung, die einen unüberhörbaren Tadel enthielt, mußte Claudia sich für das erste begnügen. Es dauerte Tage, bis sie Frau Gottschalk endlich dazu brachte, »Imogen« zu lesen, und auch dann noch zögerte die Chefin mit ihrem Urteil.

»Er ist gut«, sagte sie endlich, »spannend geschrieben, für Sie und für mich ist er hochinteressant ... aber ob wir unsere Leserinnen für das Problem interessieren können?«

»Ich bin sicher!«

»Aber er liegt doch ziemlich außerhalb des Erfahrungsbereiches ...«

»Jede Frau wünscht sich einen Mann, den sie bedingungslos lieben kann ... jede hat sich schon mehr als einmal von dem Mann, den sie liebt, schlecht behandelt gefühlt ...«

»Ja, das schon.«

»Sie können sich nicht für den Stoff begeistern?« fragte Claudia enttäuscht.

»Für den Stoff ja, aber das ganze englische Drum und Dran...«

»Das können wir in der Übersetzung ändern.«

»Wer soll denn, Ihrer Meinung nach, übersetzen?«

»Ich!«

Frau Gottschalk setzte ihre Brille auf, die sie an einem Kettchen um den Hals trug, und blickte Claudia durch die großen runden Brillengläser mit eulenhaftem Ausdruck an.

»Ja, trauen Sie sich das denn zu?!«

»Ja, warum denn nicht?«

»Vielleicht unterschätzen Sie diese Arbeit. Das ist kein Kinderspiel.«

»Ich habe Fortbildungskurse in Englisch und in Deutsch absolviert.«

»Trotzdem!«

»Bitte, Frau Gottschalk!« Claudia schlug die Augen nieder, um ihrem Gesicht einen sanften Ausdruck zu geben. »Lassen Sie es mich versuchen.«

Frau Gottschalk schwieg eine Weile, nahm ihre Brille ab und wickelte die rechte Seite der Kette um ihren Zeigefinger. »Mal sehen«, sagte sie endlich, »noch ist die ganze Sache ja nicht spruchreif.«

»Was wollen Sie denn London antworten?«

»Vorläufig nichts.«

»Aber Sie hatten doch gesagt...« Claudia merkte, daß sie aufbrauste, und wechselte den Ton. »Ich meine, es fällt doch in Ihre Kompetenz, den Fall zu entscheiden.«

»Ja, natürlich. Aber ich muß den Roman erst noch einmal gründlich studieren und nachprüfen, ob er wirklich für unsere Leser so geeignet ist, wie Sie meinen.«

»Und wenn ja...« fragte Claudia mit neu erwachter Hoffnung.

»Werde ich mit dem Chef darüber sprechen. Sie müssen das einsehen, Fräulein Mennersdorfer. Ich kann nicht einfach tausend Pfund ... wieviel sind das eigentlich?«

Claudia hatte das schon nachgerechnet. »Viertausendfünfhundert Mark, bißchen mehr oder bißchen weniger, der Kurs schwankt ja.«

»Also viertausendfünfhundert Mark! Die kann ich nicht einfach in einen Roman stecken, ohne vorher Rechenschaft darüber abzulegen. Zuerst muß ich den Chef überzeugen.«

»Wie können Sie das, wenn Sie nicht selber überzeugt sind?«

Frau Gottschalk lächelte überraschend. »Ja, das ist die große Frage! Und gerade deshalb will ich mich noch einmal gründlich mit der Story befassen.«

Mit diesem Entscheid mußte Claudia sich zufriedengeben. Sie wußte, daß jedes weitere Drängen zu diesem Zeitpunkt sinnlos gewesen wäre. Aber sie kochte innerlich und wünschte sich brennender denn je, selber einmal das Sagen zu haben.

In der Woche vor Weihnachten wurde eine Redaktionskonferenz einberufen, in der die Nummer 4 von »Blitzlicht« im neuen Jahr in großen Zügen konzipiert werden sollte; die Ausgaben wurden immer vier Wochen vorausgeplant, nur die aktuellen Nachrichten wurden kurz vor Drucklegung hinzugefügt, und manchmal flogen dabei auch ganze Artikel und Fotoberichte wieder hinaus.

»Halten Sie mir Däumchen!« bat Frau Gottschalk, als Claudia ihr die Mappe mit den Unterlagen brachte. »Heute werde ich den Chef wegen ›Imogen‹ angehen.«

»Der Roman gefällt Ihnen also doch?« Claudia konnte ihre Freude nicht verbergen.

»Gefallen hat er mir von Anfang an. Aber erst jetzt bin ich mir sicher, daß er auch die breite Schicht unserer Leserinnen ansprechen wird.«

»Dem Himmel sei Dank!«

»Danken Sie nicht zu früh. Erst muß es noch gelingen, den Chef zu begeistern.«

»Soll ich nicht mitkommen?« fragte Claudia.

»Aber wozu?«

»Um Sie zu unterstützen.«

»Aber Fräulein Mennersdorfer ... in welcher Eigenschaft?«

»Als Ihre Assistentin!« sagte Claudia kühn und senkte gleich darauf den Blick.

»Ich weiß, daß Sie auf der Redaktion viel mehr als die Arbeit einer Sekretärin verrichten«, gab Frau Gottschalk zu, »und ich habe auch schon erwogen, Sie bei günstiger Gelegenheit für eine Beförderung vorzuschlagen. Aber wir können den Chef doch nicht sozusagen vor ein Fait accompli stellen.«

Claudia, die das sehr wohl gewagt hätte, sagte: »Wahrscheinlich haben Sie recht.«

»Sie müssen sich in Geduld üben!« mahnte Frau Gottschalk.

»Oh, davon habe ich jede Menge!« behauptete Claudia, aber innerlich war sie so gespannt und nervös wie ein Rennpferd nach einem Fehlstart.

Es war ihr unmöglich, sich auf ihre Schreibarbeiten zu konzentrieren. Immer wieder flog ihr Blick zur Tür, aus dem die Damen und Herren von der Redaktion aus dem Chefzimmer kommen mußten, und zu der lautlosen elektrischen Wanduhr hinüber. Es vergingen Stunden, ohne daß etwas geschah; der große Raum begann sich allmählich zu leeren.

Elke besuchte Claudia in ihrer Ecke; sie war schon fix und fertig angezogen. »Kommst du mit?« fragte sie.

»Ich kann noch nicht.«

»Aber wieso denn? Du mußt doch längst alles aufgearbeitet haben. Oder willst du dir etwa nachher noch was Neues diktieren lassen?«

»Es geht um den Roman.«
»Soll der heute aufs Tapet kommen?«
»Ja.«
»Aber deshalb brauchst du doch nicht hier hocken zu bleiben. Es genügt doch, wenn du morgen früh erfährst, wie die Sache ausgefallen ist.«
»Mir nicht.«
»Du bist schon ein verrücktes Haus!« Elke wendete sich zum Gehen, drehte sich dann aber noch einmal um. »Bleib, bitte, nicht zu lange! Ich hab' schon Hunger!«
»Dann mach dir besser schon eine kleine Zwischenmahlzeit.«
»Du bist unbelehrbar!« behauptete Elke und ging endgültig.

Claudia genehmigte sich, was sie sonst während ihrer Arbeitszeit nie tat, einen Kognak aus ihrem Flachmann; sie zündete sich sogar eine Zigarette an, die ihr zwar nicht schmeckte, aber doch wenigstens die Zeit verkürzte — um knappe acht Minuten. Zwischen jäher Hoffnung und banger Angst hin und her gerissen saß sie da und wartete, ging sie auf und ab und wartete, kontrollierte sie ihr Aussehen im Spiegel und wartete.

Endlich — es war schon acht Uhr vorbei — öffnete sich die Doppeltür, und herein kamen Herr Anderson, der es eilig zu haben schien und sofort zum Lift ging, Frau Brehm im Gespräch mit einem der Fotografen vertieft und nach ihnen Kurt Schmidt.

Claudia machte sich daran, ihren Schreibtisch aufzuräumen.

Der junge Reporter pflanzte sich vor ihr auf und fragte mit einem breiten Grinsen: »Na, wie fühlt sich denn unser Wunderkind?«

Claudia hob den Kopf und sah sich suchend um. »Ich ahne nicht einmal, von wem Sie sprechen.«

»Aber doch von Ihnen natürlich!«

»Sie müssen sich in der Adresse geirrt haben. Ich bin weder ein Kind, noch vollbringe ich Wunder.«

»Da bin ich aber ganz anders orientiert. Man sagte mir, daß Sie unter die Dichter und Denker gegangen seien.«

»Hört, hört!«

»Ich gratuliere!«

Claudia begann zu hoffen, daß »Imogen« — den sie in Gedanken schon »ihren Roman« nannte — durchgekommen wäre.

»Wozu?« fragte sie so kühl wie möglich, aber mit klopfendem Herzen.

»Zu Ihrem Erfolg!«

Claudia beschäftigte sich angelegentlich mit den Dingen auf ihrem Schreibtisch, denn sie wollte sich nicht anmerken lassen, wie aufgeregt sie war.

»Ja, Sie haben tatsächlich einen vollen Erfolg!« wiederholte Schmidt und setzte hämisch hinzu: »Einen kleinen Lacherfolg! Sie können nicht ahnen, wie wir gelacht haben! Kleine Tipse schlägt Roman vor ... kleine Tipse will sich als Übersetzerin versuchen!« Er hielt sich die Hände vor den Magen und tat, als müßte er sich vor Lachen schütteln. »Nie etwas Komischeres erlebt!«

»Sie haben wohl überhaupt noch sehr wenig erlebt«, schlug Claudia zurück, »jedenfalls sehr viel weniger als Sie möchten!« Damit spielte sie bewußt auf seine vergeblichen Versuche an, sich an Elke und dann auch an sie heranzumachen, und registrierte rachsüchtig, daß er die Farbe wechselte. »Entschuldigen Sie mich jetzt, bitte!« Sie stand auf.

»Luder!« zischte er unterdrückt.

Aber sie tat so, als hätte sie es gar nicht gehört, und marschierte hoch erhobenen Hauptes auf die Kabine von Frau Gottschalk zu; aus den Augenwinkeln hatte sie beobachtet, daß die Romanredakteurin zurückgekommen war.

Die Gottschalk saß hinter ihrem Schreibtisch und war

grau im Gesicht. »Es tut mir leid«, sagte sie matt, »aber ...«

Wenn Claudia eine Sekunde geglaubt hatte, die Chefin hätte ihr den Erfolg vermasselt und sie mit Absicht dem Hohngelächter preisgegeben, so verflog dieser Verdacht jetzt sofort. Frau Gottschalk war keine Schauspielerin; sie hätte es nicht fertiggebracht, so erschlagen dazusitzen, wenn sie nicht selber enttäuscht gewesen wäre.

»Alles halb so schlimm«, sagte Claudia rasch, »nehmen Sie es nicht tragisch. Es war ja nur ein Versuch.«

»Sie wissen schon ...?«

»Schmidt konnte es mir nicht rasch genug aufs Butterbrot schmieren!«

»Dieser entsetzliche Kerl!« Frau Gottschalk, die sonst nie über andere Menschen herzog, konnte ihre Empörung nicht unterdrücken. »Wenn er nicht gewesen wäre ... ich glaube, ich hätte es durchgeboxt!«

»Und Hilgers?« fragte Claudia und ließ sich auf den Stuhl vor ihrem Schreibtisch sinken; sie hatte das Gefühl, daß die Knie unter ihr nachgaben. »Hat der uns nicht wenigstens unterstützt?«

»Ich habe ihn natürlich mit einbezogen ... ich habe den Chef darauf aufmerksam gemacht, daß er es war, der Ihnen den Tip mit ›Imogen‹ gegeben hat. Der Chef hat sich daraufhin direkt an Hilgers gewandt ...« Frau Gottschalk fuhr sich mit einer resignierenden Geste über die Stirn.

»Und? Was hat er dazu gesagt?«

»Er wäre nie auf die Idee gekommen, daß Sie selber den Roman übersetzen wollten.«

»Aber das hat doch mit der Qualität des Romans gar nichts zu tun!«

»Natürlich nicht.«

»Warum hat er darüber kein Wort verloren? Nachdem er mir das Buch so warm ans Herz gelegt hat?«

»Er scheut Verantwortung. Das wissen Sie doch.«

»Verdammte Sauerei!« sagte Claudia aus Herzensgrund und fügte gleich darauf mit einem gezwungenen Lächeln hinzu: »Entschuldigen Sie, ich vergaß meine gute Erziehung.«

»Ich kann Ihnen nachfühlen, wie Ihnen zumute ist. Ich habe auch eine Menge Zeit mit diesem Unglücksprojekt vertan. Nicht, daß ich mich darüber beklagen möchte ... ich hätte mich nicht von Ihnen überreden lassen sollen.«

»Aber Sie waren dann doch selber überzeugt!«

»Ja, schon ... aber ich hätte wissen müssen, daß wir den Roman nicht durchbringen würen.« Frau Gottschalk seufzte. »Wir stehen hier gegen eine geschlossene Phalanx von Männern.«

»Feines Teamwork«, sagte Claudia bitter.

Frau Gottschalk richtete sich auf. »Nehmen Sie es nicht zu schwer, Fräulein Mennersdorfer! Vergessen Sie die ganze Angelegenheit. Machen Sie einen Strich darunter.«

»Ich weiß noch nicht, was ich tun werde«, Claudia erhob sich langsam und stützte sich auf den Schreibtisch, weil sie sich immer noch schwach in den Beinen fühlte, »aber genau das bestimmt nicht!«

Noch von der Redaktion aus wählte Claudia die Nummer von Herbert Kranich.

Sie war erleichtert, als sie ihn erreichte, dennoch klang ihre Stimme, die sie munter klingen lassen wollte, matt. »Hallo, Herbert!«

»Hat es Ärger gegeben?« fragte er sofort.

»Ja.«

»Was ist los?«

»Kann ich zu dir kommen?«

»Du weißt, daß ich mich immer freue.«

»Ich bin noch auf der Redaktion. Würdest du Elke für mich anrufen?«

»Warum machst du das nicht selber?«

»Weil ich jetzt niemanden sprechen möchte!« Claudia merkte, daß ihre Stimme einen hysterischen Unterton bekam, holte tief Luft und fügte beherrschter hinzu: »Nur mit dir, begreifst du? Du bist der einzige, der ...«

Er fiel ihr ins Wort. »Das schmeichelt! Ich darf dich dann also erwarten ... wann?«

»Ich fahre sofort los!«

Nach diesem Gespräch fühlte sie sich schon besser. Es war wunderbar, einen Menschen zu wissen, der bereit war, ihr zuzuhören, und versuchte sie zu verstehen. Das hatte sie bisher nie gekannt.

Als er sie dann mit offenen Armen in der Haustür empfing, konnte sie schon wieder lächeln, ohne sich dazu zwingen zu müssen. Sie warf sich an seine Brust, und plötzlich kamen die Tränen; sie gab sich keine Mühe, sie zurückzuhalten.

»Aber, aber!« sagte er bestürzt und klopfte ihr, unbeholfen vor Mitleid, auf den Rücken. »Mein armer Liebling ... ist es denn so schlimm?!«

»Nein, überhaupt nicht«, schluchzte sie, »eine ganz blöde Geschichte. Aber laß mich ein bißchen weinen, ja? Es tut so gut.«

Er zog ein großes, sauberes Männertaschentuch aus der Hosentasche, entfaltete es und reichte es ihr. »Aber bitte nicht auf Kosten meines Kamelhaarpullovers! Nimm das hier! Ich bin schon ganz naß auf der Brust.«

Jetzt konnte sie lachen, während sie noch gleichzeitig schluchzte, so daß sie ein paar sehr sonderbare Laute produzierte, trocknete sich die Tränen ab und putzte sich kräftig die Nase. »Entschuldige, bitte ... du mußt mich für eine ganz dämliche Heulsuse halten. Aber ... ich weiß nicht mehr, wann ich zuletzt geweint habe.«

»Das bißchen weibliche Schwäche steht dir gut.« Er schälte sie behutsam aus dem Mantel.

Sie nahm ihre Mütze ab und schüttelte sich das Haar zurecht.

»Weinen Männer nie?« fragte sie. »Ich meine ... außer bei Trauerfällen ...«

»Wenn du wissen willst, ob mir schon mal nach Heulen zumute war, dann kann ich dir nur antworten: mehr als einmal. Aber ich habe es nicht getan. Vielleicht nur deshalb nicht, weil keiner da war, der mir seine Brust und sein Taschentuch zur Verfügung gestellt hätte.«

»Wenn es dich nicht gäbe, wäre ich wohl auch nicht in Tränen ausgebrochen. Aber es war gut so. Ich fühle mich schon viel besser.« Sie trat an den Kamin und hielt ihre Hände gegen das Feuer.

»Ich hätte dir gern von meinem guten alten Kognak angeboten«, sagte er, »aber leider ist die Flasche leer. Ich konnte nicht mehr lossausen, einen zu besorgen. Wie wäre es mit einem Whisky mit Eis?«

»Sehr gut!« Sie zog ihre Stiefel aus, brachte sie in die Garderobe und lief in Strümpfen zu seinem Schlafzimmer hinauf, wo sie sich ein Paar Pantoffeln holte, die sie inzwischen bei ihm deponiert hatte.

Als sie wieder herunterkam, stand er schon mit zwei Gläsern in der Hand da und sah ihr erwartungsvoll entgegen. Sie küßte ihn rasch, während sie ihr Glas nahm, und sie machten es sich auf den hellen Polstern bequem.

Er wartete, bis sie einen Schluck getrunken hatte, gab ihr Zeit, sich zu entspannen, und drängte erst dann: »Also, ich höre! Es geht um den berühmten Roman, nehme ich an.«

»Hat Elke dir das gesteckt?«

»Das brauchte mir niemand zu sagen. Ich weiß doch, um was deine Gedanken seit Tagen kreisen. Es ist also schiefgegangen? Man hat ihn abgelehnt?«

»Wenn es nur das wäre! Aber niemand außer Frau Gottschalk ... und die war ja dafür ... hat es für nötig befunden, auch nur einen Blick hineinzuwerfen.« Sie erzählte ihm von der Niederlage, die die Romanredakteurin mit ihrem, Claudias, Vorschlag auf der Konferenz erlitten hatte.

»Vielleicht hättest du den Roman schon übersetzen sollen ... wenigstens auszugsweise ... eine erste Folge vorlegen ...«

»Das habe ich mir inzwischen auch überlegt. Aber das hätte, glaube ich, auch nichts genutzt. Es wäre nur noch mehr Arbeit für die Katz gewesen.«

»Aber damit hättest du die Herren ja auch überzeugen können, daß du die Fähigkeit besitzt ...«

»Ach, Herb, sei doch nicht so naiv! Es geht denen gar nicht um die Sache, sondern darum, mich kleinzukriegen.«

»Bildest du dir das nicht vielleicht nur ein? Was könnte dein Chef denn für ein Interesse daran haben? Er müßte doch für jeden guten Mitarbeiter dankbar sein.«

»Togelmann ist ja nicht derjenige welcher. Er ist bloß jemand, der sich leicht beeinflussen läßt und der, das ist das Schlimmste, das selber nicht weiß. Aber Kurt Schmidt ist eindeutig gegen mich, Hilgers nicht für mich, und Frau Gottschalk ist schwach.«

»Und diesen Schmidt, den hast du mal abblitzen lassen, wie?«

»Habe ich dir davon erzählt?« fragte sie erstaunt.

»Kann sein. Jedenfalls weiß ich, daß er noch verhältnismäßig jung ist, und du bist ein Mädchen mit Sex-Appeal.«

»Ach, Unsinn. Er hat Elke ja auch nachgestellt, und sie ist das Gegenteil von mir.«

»Sie ist auch sexy, wenn auch auf andere Weise.«

»So einfach liegen die Dinge nicht, Herb. Wenn es doch so wäre: Du schläfst mit einem Mann, und er hilft dir weiter! Aber dem ist nicht so. Wenn ich mich seinerzeit mit ihm eingelassen hätte ...«

»Du hast das also doch erwogen?«

»Natürlich! Wenn einem ein Mann nachstellt, dann überlegt man doch, was dafür und was dagegen spricht.«

»Du hättest also wirklich mit diesem Jungen geschlafen, wenn es dir was eingebracht hätte?«

Sie merkte, daß sie sich auf ein gefährliches Gebiet zubewegten und sagte rasch: »Ich habe es ja nicht getan! Warum also darüber theoretisieren?«

»Für mich wäre das interessant ... es würde mir helfen, dich besser kennenzulernen.«

»Oh, du kennst mich ganz gut! Jedenfalls hätte auch das gar nichts genützt, denn inzwischen wären wir Todfeinde geworden. Man kann einem grünen Jungen, der eine Niete ist, auf die Dauer nicht vorspielen, daß man ihn achtet und bewundert. Ich jedenfalls kann es nicht.«

»Vielleicht aber könntest du ein bißchen netter zu ihm sein.«

»Ich bin zu jedem auf der Redaktion nett, verlaß dich drauf, der reinste Sonnenschein. Wenn ich zu ihm noch netter wäre, würde er mich nur auslachen.« Sie hob ihm ihr leeres Glas entgegen. »Krieg ich noch einen Schluck?«

Als er mit dem frisch gefüllten Glas zurückkam, fragte er: »Also ... was willst du jetzt tun?«

»Ich bin mir noch nicht ganz im klaren.«

»Kündigen?«

»Nein. Nicht solange ich mir noch eine Chance ausrechnen kann.«

»Kannst du das denn noch?«

»Wenn ich hier bei ›Blitzlicht‹ in Elmrode nicht vorwärtskomme, dann nirgends auf der Welt.«

Er schwieg.

Sie bewegte kreisend ihr Glas, so daß die Eiswürfel klirrten.

»Außerdem möchte ich von dir nicht weg.«

»Danke.«

»Weißt du, was ich tun werde?« Sie hob den Kopf und sah

ihn an. »Ich werde die Option selber erwerben. Persönlich. Auf meinen Namen.«

»Ja, hast du denn so viel Geld?«

»Gerade. Ich werde meine letzten Spargroschen zusammenkratzen ... Sie waren zwar für etwas anderes gedacht, aber, na, bitte. Der Roman ist mir wichtiger.«

»Du willst alles, was du hast, für die Übersetzungsrechte ausgeben?!«

»Ich gebe es ja nicht aus, Herb, sondern ich lege es an. Wenn ich die Übersetzung verkaufe, bekomme ich mindestens doppelt soviel wieder herein.«

»Ja ... wenn!« sagte er.

»Da bin ich absolut optimistisch.«

»Nein, du bist mutig!«

Sie schob ihr eckiges kleines Kinn vor. »Ohne Mut erreicht man nichts auf dieser Welt.«

Claudia und Herbert hatten beschlossen, Weihnachten in seiner Hütte im Wald zu verbringen, die er so stolz als sein »Jagdhaus« bezeichnete. Sie freute sich darauf und war gerührt, daß er ihretwegen über die Feiertage zum erstenmal nicht zu seiner Familie fahren würde, wenn sie auch das Zusammensein mit ihm in der Stadt wesentlich bequemer und problemloser gefunden hätte. Aber in ihren Augen war er eben ein Romantiker, und sie konnte sich durchaus vorstellen, wieviel Spaß es machen würde, sich ein eigenes Bäumchen im Wald zu schlagen, es aufzustellen und zu putzen. Sie hatte sich für diesen Trip extra bequeme Winterstiefel mit flachen Absätzen zugelegt.

Elke würde die Zeit in Bremen bei ihren Eltern sein, so daß Claudia ganz ungebunden war. Ihre Geschenke hatte sie längst nach Hause geschickt.

Wenige Tage vor dem Heiligen Abend wurde Claudia ins Chefzimmer bestellt; das kam ihr völlig unerwartet, und es war nie zuvor passiert. »Ich?!« fragte sie verblüfft, denn im ersten Augenblick glaubte sie nichts anderes, als daß eine Verwechslung vorliegen müßte.

»Ja, und zwar sofort!« befahl Frau Tauber in einem Ton, der weder Widerspruch noch Aufschub duldete.

Claudia nahm sich nicht einmal die Zeit, ihr Make-up zu überprüfen, nahm Stenoblock und Bleistift — obwohl es ihr sehr unwahrscheinlich schien, daß der Chef sie zum Diktat holen ließ — und machte sich auf den Weg. Ihr Kopf war voll böser Ahnungen, denn daß sie dem Chef angenehm hätte auffallen sein können, war nicht zu erwarten. Sie fühlte sich wie ein Schulkind, das aus dem Unterricht zum Direktor gerufen wird und darauf gefaßt sein muß, wegen einer zerbrochenen Fensterscheibe zur Rechenschaft gezogen zu werden. Nur konnte sie sich nicht vorstellen, was sie angerichtet haben könnte.

Frau Tauber hob weder den Kopf, noch nahm sie die Finger von den Tasten der Schreibmaschine, als sie, nach kurzem Anklopfen, eintrat; Claudias Beklemmung schlug in Ärger um. Erst hatte die Chefsekretärin es so eilig gemacht, und jetzt hielt sie es nicht einmal für nötig, Notiz von ihr zu nehmen.

Das Warten dauerte eine knappe Minute, aber sie kam Claudia wie eine Ewigkeit vor.

Dann endlich ließ sich die Tauber herab, ihre Anwesenheit wahrzunehmen. »Ach, Sie!« sagte sie in einem Ton, der nicht abfälliger hätte sein können.

Claudia quittierte diese Bemerkung mit ihrem süßesten Lächeln.

»Sie können gleich rein!« sagte die Tauber mit einer Handbewegung auf die dick gepolsterte Tür.

»Danke!« Claudia setzte sich in Bewegung.

»Moment!« rief Frau Tauber ihr nach. »Das da können Sie hierlassen!«

Claudia verstand nicht gleich, verhielt aber sicherheitshalber den Schritt.

»Ihren Stenoblock!«

»Ach so!« Claudia legte Block und Bleistift auf den Ablagetisch, und da Frau Tauber immerhin doch menschliches Fühlen gezeigt hatte, wagte sie die Frage: »Haben Sie eine Ahnung, was der Chef von mir will?«

»Fragen Sie ihn doch selber!«

Dabei hätte Claudia es belassen können, aber ihr Wunsch, das letzte Wort zu behalten, war stärker. »Gute Idee!« sagte sie, bevor sie abrauschte.

Togelmann junior saß hinter seinem riesigen Schreibtisch und gab, zu Claudias Überraschung, nicht vor, mit Arbeit überlastet zu sein, sondern hatte den Blick durch das Panoramafenster auf Elmrode gerichtet, das ihm zu Füßen lag. Ohne Hast wandte er sich Claudia zu und musterte sie, als sähe er sie zum erstenmal.

Claudia war nahe der Tür stehengeblieben und bemühte sich in gekonnter Pose — Standbein durchgestreckt, Spielbein vorgeschoben, Schultern zurück und das Kreuz leicht gebogen —, einen gelassenen und anmutigen Eindruck zu machen.

»Kommen Sie her!« sagte er ohne Höflichkeit. »Setzen Sie sich!«

Claudia nahm auf dem mit grünem Leder bezogenen Eichensessel vor dem Schreibtisch Platz, der kleiner und auch kurzbeiniger war als der des Chefs, und sah ihn unter gesenkten Wimpern her an. Er war keine üble Erscheinung, stellte sie fest, mit seinem schmalen Schädel und den grauen, intelligenten Augen, wenn er auch nicht gerade das war, was sie sympathisch nennen würde.

Er räusperte sich. »Sie wissen, warum ich Sie habe rufen lassen«, begann er, »Fräulein, äh ...«, er warf einen Blick auf ein Blatt Papier, das vor ihm auf dem Schreibtisch lag, »... Mennersdorfer?«

›Na, hoffentlich wird er sich jetzt wenigstens meinen Namen merken‹, dachte sie und begann sich sicherer zu fühlen; bewußt verzichtete sie darauf, ihm ein Stichwort zu geben.

»Es geht um die Feiertage«, fuhr er fort.

Claudia verstand gar nichts mehr und schwieg weiter.

Jetzt wurde er direkt. »Was haben Sie in dieser Zeit vor?«

Claudia hob erstaunt die dunklen, gut gezupften Augenbrauen.

Er rang sich ein Lächeln ab. »Ich verstehe, daß diese Frage Sie verwirren muß. Glauben Sie bitte nicht, daß ich mich in Ihr Privatleben einmischen möchte ...«

›Das wäre ja auch noch schöner‹, dachte Claudia, sagte aber immer noch nichts.

»... es geht einfach darum«, fuhr er fort, »daß ich der Ansicht bin, in diesen Tagen müßte jemand hier auf der Redaktion sozusagen die Stallwache halten.«

›Nachtigall, ich hör dir trapsen‹, dachte Claudia, hatte das Gefühl, daß sie endlich auch etwas von sich geben müßte und sagte: »Ah, ja?«

»Bei meinen Redakteuren habe ich mit diesem Vorschlag allerdings wenig Anklang gefunden«, bekannte er, »sie meinen, daß es durchaus genügen würde, die einlaufenden Meldungen am siebenundzwanzigsten zu sortieren und zu bearbeiten. Einige bestehen sogar darauf«, fügte er in einem Ton hinzu, der deutlichmachte, wie unverschämt und unverständlich er diesen Wunsch fand, »bis ins neue Jahr hinein Urlaub zu nehmen.«

»Daran habe ich nie gedacht!« behauptete Claudia, obwohl es genau das war, was Herbert von ihr gewünscht hatte, und sie drauf und dran gewesen war, ihm nachzugeben.

»Ich weiß. Sie sind ein ehrgeiziges Mädchen ... sehr pflichtbewußt, sagte man mir.«

»Wer?«

Diese Frage brachte ihn ein wenig aus der vorbereiteten Rede.

»Wie meinen Sie ...?«

»Es würde mich interessieren, wer sich Ihnen gegenüber positiv über mich geäußert hat.«

»Alle!« behauptete er mit einer unbestimmten Handbewegung. »Ihre Tüchtigkeit ist allgemein bekannt.«

»Freut mich zu hören«, sagte Claudia, obwohl sie ihm durchaus nicht glaubte, und lehnte sich in ihrem Sessel zurück.

»Nur deshalb wage ich Sie zu bitten ... natürlich nur, falls Sie nichts anderes vorhaben ... auch während der Feiertage auf die Redaktion zu kommen.«

Claudia zögerte keinen Augenblick. »Ich hatte zwar etwas anderes vor ... aber ich mach' es!«

»Braves Mädchen«, sagte er, und zum erstenmal schimmerte in seinen kühlen Augen etwas wie Sympathie auf.

»Und was habe ich genau zu tun?«

»Telefon und Fernschreiber zu bedienen. Sie können es sich durchaus gemütlich machen ... mit einem guten Buch zum Beispiel. Es ist nicht anzunehmen, daß Sie allzu oft gestört werden.«

›Du Heuchler‹, dachte Claudia, ›als ob du nicht genau wüßtest, daß es sich hier beim besten Willen nicht gemütlich machen läßt!‹

»Sie bewahren natürlich alles, was durch den Ticker kommt, auf, aber vielleicht wäre es ganz nützlich, wenn Sie besonders Wichtiges schon herausschreiben würden ... soweit Sie das beurteilen können ...«

›Arschloch!‹ dachte Claudia.

»... und natürlich auch Memoranden über eventuelle Anrufe anlegen würden!«

›Für wie bescheuert hält er mich eigentlich?‹ dachte Claudia; laut sagte sie: »Das ganze Arrangement scheint mir nicht sehr nützlich, wenn das, was möglicherweise an mich herangetragen wird, dann doch erst nach den Feiertagen ausgewertet werden kann.«

»Aber wieso denn?!« widersprach er, dachte nach und sagte dann: »Sie haben recht.«

Claudia schwieg und ließ ihn nachdenken.

Endlich sagte er: »Ich bleibe ja in Elmrode ... also könnte ich jeden Tag für einen Sprung auf die Redaktion kommen.«

»Das wäre eine Möglichkeit«, stimmte Claudia ihm zögernd zu — einerseits behagte es ihr nicht sehr, auf diese Weise kontrolliert zu werden, andererseits gab es ihr Gelegenheit, den Chef auf sich aufmerksam zu machen.

»Also ... bleiben wir dabei!« entschied Togelmann junior.

Claudia fühlte sich entlassen und stand auf.

»Noch etwas!« Er hob die Hand. »Es genügt, wenn Sie gegen elf Uhr vormittags kommen. Sie sollten doch wenigstens Gelegenheit haben, sich auszuschlafen.«

»Danke!« sagte Claudia und war durchaus nicht dankbar, denn die meisten Redakteure pflegten auch an Wochentagen erst um diese Zeit zu erscheinen. »Und bis wann?«

»Sechs Uhr?« schlug er ein wenig unsicher vor, denn er schien doch zu fühlen, daß er ziemlich viel von ihr verlangte.

Beinahe hätte sie »okay« gesagt, aber sie hielt sich zurück, weil ein so burschikoser Ausdruck nicht zu ihrem Image paßte.

»Sie können sich auf mich verlassen, Chef«, sagte sie statt dessen mit einem hübschen kleinen Lächeln.

Wenn Claudia gefürchtet hatte, Herbert würde aus der Haut fahren, als sie ihm mitteilte, daß aus ihren Weihnachtsplänen nichts werden konnte, so hatte sie sich geirrt.

Er blieb ganz ruhig. »Ich verstehe«, sagte er, »du willst dir die Chance, dich Liebkind zu machen, nicht entgehen lassen.«

»Ich konnte nicht nein sagen!« verteidigte sie sich.

»Nein, das konntest du wohl nicht.«

»Ich wäre bei ihm für alle Zeiten unten durch gewesen!«

»Dann werde ich mich eben alleine in meine Waldeinsamkeit zurückziehen. Mit dir wäre es natürlich viel schöner gewesen. Aber da kann man nichts machen.«

»Herbert, ich bitte dich! Kannst du denn nicht mir zuliebe in Elmrode bleiben? Wir hätten doch die Abende und die Nächte für uns!«

»Nein«, sagte er.

»Aber warum denn nicht? So gemütlich wird es in deinem Jagdhaus doch gar nicht sein.«

»Nun, vielleicht ...« sagte er, den Blick seiner braunen Augen auf ihr Gesicht gerichtet, »... vielleicht finde ich jemand anderen, der mir Gesellschaft leistet.«

Sie erschrak nun doch. »Das könntest du tun?!«

»Nun, wenn ich mich recht erinnere, hatten wir uns beide zu Beginn unserer Beziehung gegenseitig volle Freiheit zugesichert.«

Mit Mühe hielt sie die Tränen zurück, die in ihre Augen schießen wollten.

»Stimmt!« sagte sie und reckte das Kinn vor.

»Na also. Wenn ich nichts dagegen habe, daß du die Feiertage mit deinem Chef verbringst ...«

»Du verdrehst die Tatsachen!« warf sie dazwischen.

»... kannst du auch nicht von mir verlangen, daß ich allein bleibe!«

»Ich habe niemals etwas von dir verlangt«, sagte sie hart, »und ich werde auch niemals etwas verlangen.«

»Na, dann sind wir uns ja einig!«

Claudia spürte, daß dies nur eine leere Floskel war; sie waren sich noch nie so uneins gewesen wie eben jetzt. »Es wäre mir lieber, du hättest getobt«, bekannte sie.

Er zuckte die Achseln. »Das ist nun einmal nicht meine Art.«

An diesem Abend, zum erstenmal, hatte sie keine Lust, mit ihm zu schlafen. Mit einem Vorwand verabschiedete sie sich früh und fuhr nach Hause.

Elke hatte kein Abendessen gemacht; sie stand zwischen gepackten Koffern, denn sie wollte am nächsten Morgen nach Bremen fahren. »Wenn ich geahnt hätte, daß du kommst!« rief sie. »Ich dachte, du würdest über Nacht bei Herb bleiben.«

»Ich habe es mir anders überlegt.«

»Habt ihr euch gestritten?«

»Nein. Ich mußte nur meine Pläne für Weihnachten kurzfristig ändern, und das hat ihm nicht gepaßt.«

»Du begleitest ihn nicht auf seine Hütte?!«

Claudia hatte vorgehabt, der Freundin nichts zu erzählen, denn sie war sicher, daß sie sie doch nicht verstehen würde; jetzt aber mußte sie einsehen, daß ihr nichts anderes übrigblieb.

»Du mußt verrückt sein!« rief Elke, noch ehe Claudia ihren Bericht beendet hatte. »Einen Mann wie Herb versetzt man doch nicht einfach!«

»Es war nicht einfach für mich, das mußt du mir glauben. Aber ich hatte keine andere Wahl.«

»Ich hätte Togelmann was anderes erzählt!«

»Du sicher, aber ich bin nicht du.«

Elke legte sorgfältig eine Hemdbluse zusammen und fragte, ohne Claudia anzusehen: »Meinst du, daß es jetzt aus ist mit euch beiden?«

»Das will ich doch nicht hoffen.«

»Du glaubst also, daß er dir verzeiht?«

»Es ist noch groß die Frage, wer wem was zu verzeihen hat! Hätte er nicht auf seine blöde Hütte verzichten und in Elmrode bleiben können?«

»Du verlangst ziemlich viel«, sagte Elke und legte die Bluse in den geöffneten Koffer.

»Nein. Wenn es umgekehrt gewesen wäre, wenn er hätte arbeiten müssen ... ich wäre ihm zuliebe geblieben.«

»Aber du wärst ja auch überhaupt nie auf die Idee gekommen, mitten im Winter in den Wald zu ziehen.«

»Das ist doch nicht der springende Punkt, Dummchen! Stell dir vor, Herb und ich, wir hätten über die Feiertage einen Flug in den sonnigen Süden geplant, und er hätte plötzlich von Berufs wegen bleiben müssen ... ich hätte die Reise abgesagt, verlaß dich drauf.«

»Frauen reagieren eben anders.«

»Nein. Herbs Haltung zeigt deutlich, daß er mich nicht so sehr liebt wie ich ihn.« Mit einer resignierenden Geste fügte sie hinzu: »Aber das war ja zu erwarten.«

»Du Ärmste!« sagte Elke, nicht ohne Genugtuung.

Claudia straffte die Schultern. »Kein Grund, Tränen zu vergießen. Man muß sich der Realität stellen, so wie sie ist. Um auf den Boden der Tatsachen zu kommen: Ich habe Hunger. Hast du schon gegessen?«

»Nein! Warte noch fünf Minuten, dann ...«

»Nichts da! Heute bin ich ausnahmsweise mal an der Reihe. Pack du nur weiter. Ich werde dir beweisen, daß ich immerhin ein delikates Rührei zubereiten kann, wenn ich will.« Sie wandte sich zur Küche.

»Endiviensalat ist im Kühlschrank!« rief Elke ihr nach. »Im Gemüsefach!«

»Da hätte ich schon nachgesehen!« gab Claudia zurück. »Ich bin ja schließlich hier zu Hause!«

Am 24. war die Redaktion schon einigermaßen zusammengeschrumpft, und Claudia war froh darüber, denn sie hatte weder Lust noch Geld, für alle möglichen Leute Geschenke zu besorgen. Elke hatte ihres schon bekommen, eine Platte der »Abba«, die sie sich gewünscht hatte, Herb einen selbstgestrickten, überdimensionalen Schal, und für Frau Gottschalk hatte sie ein französisches Parfüm besorgt.

»Das hätten Sie nicht tun sollen!« sagte die Redakteurin, schraubte das Fläschchen auf und schnüffelte daran. »Hm, wunderbar! Es war sicher sehr teuer.«

»Nicht allzu sehr.«

»Und ich habe gar nichts für Sie!«

»Das einzige, was ich mir von Ihnen wünsche, ist Ihre Unterstützung.«

»Die haben Sie, Fräulein Mennersdorfer!« Frau Gottschalk verrieb einen Tropfen Parfüm auf der Handfläche und hielt sie sich unter die Nase. »Voll und ganz.«

»Danke.« Claudia wollte das Büro verlassen, Frau Gottschalk hielt sie zurück. »Sagen Sie, Fräulein Mennersdorfer ... wie lange müssen wir heute bleiben?«

»Bis zum Redaktionsschluß.« Claudia verzog die Nase. »Sie wissen ja ... wir sind ein junger Betrieb, und wir können es uns nicht erlauben zu faulenzen. Unter diesem Motto ist ja auch die Betriebsfeier, die manche sich gewünscht haben, ins Wasser gefallen.«

Frau Gottschalk seufzte.

Claudia wurde sofort aufmerksam. »Was ist? Haben Sie etwas vor?«

»Ich möchte so gern noch am Abend in Bielefeld sein. Bei meiner Tochter und meinem Enkelchen.«

»Aber dann zischen Sie doch einfach los!«

»Ich weiß nicht, ob ich mir das erlauben kann ... nachdem ich schon vor kurzem einen Sonderurlaub genommen habe.«

»Keine Bange. Wie ich den Verein kenne, wird er Ihnen sowieso auf Ihren normalen Urlaub angerechnet werden. Also ... keine Hemmungen!«

»Meinen Sie?«

»Es sollte mich wundern, wenn der Chef hier erscheinen und eine Kontrolle durchführen würde! Und wenn ein Anruf von außen kommt, werde ich mir schon was einfallen lassen.«

»Das würden Sie tun?«

»Aber sicher. Außerdem ist es höchst unwahrscheinlich, daß heute noch etwas Wichtiges anfällt.«

»Ich komme mir so ... so pflichtvergessen vor«, klagte

die Gottschalk, »aber andererseits ... wir haben alles aufgearbeitet, nicht wahr?«

»Auf was warten Sie dann noch? Frau Brehm hat sich heute überhaupt nicht blicken lassen und Herr Anderson sowieso nicht.«

»Wenn ich Sie nicht hätte!« Frau Gottschalk erhob sich.

Mit Belustigung stellte Claudia fest, daß sie ihren Schreibtisch aufgeräumt und ihre Handtasche bereits gepackt hatte. Sie war also entschlossen gewesen aufzubrechen und hatte nur noch gedrängt werden wollen.

»Ein frohes Weihnachtsfest wünsche ich Ihnen!«

»Ihnen auch, Fräulein Mennersdorfer, Ihnen auch!«

Fröhlich wurde dieses Weihnachtsfest für Claudia nun wirklich nicht.

Zuerst einmal mußte sie einen langen, langweiligen, einsamen Abend überstehen, den sie dazu nutzte, die Wohnung zu putzen — auch Elkes Zimmer, denn sie hatte das Gefühl, gute Taten tun zu müssen —, sich zu baden und die Haare zu waschen. Als Begleitmusik legte sie ihre alten Beatles-Platten auf, denn von Weihnachten wollte sie nichts hören und nichts sehen, um nur ja nicht sentimental zu werden.

Obwohl sie darauf brannte, sich an die Übersetzung von »Imogen« zu machen, verbot sie es sich; sie wußte, daß die Enttäuschung, falls der Londoner Verlag doch nicht mitspielen sollte, danach kaum zu ertragen gewesen wäre. Also ging sie mit einem guten Buch früh zu Bett.

Am nächsten Morgen gönnte sie sich ein ausgiebiges Frühstück und bummelte herum, denn nichts zog sie in die verlassene Redaktion. Aber sie erschien dennoch pünktlich, hatte ein längeres Gespräch mit dem Pförtner, der brummte, weil er ihretwegen hatte kommen müssen, und nahm dann versuchsweise am Schreibtisch von Frau Gottschalk Platz. Aber sie mochte sich nicht einbilden, wenigstens vorübergehend, die Romanredakteurin zu ersetzen, denn sie fürchtete, daß eine solche Vorwegnahme der Entwicklung ihr Unglück bringen würde. Also räumte sie sehr rasch wieder den Schreibtisch, der ihr nicht zustand, und setzte sich an ihren eigenen Arbeitsplatz; hier war sie auch näher am Fernschreiber. Sie las alle Nachrichten, die eintrafen, strich die, die ihr wichtig schienen, rot an und vermerkte sie auf einem gesonderten Blatt. Zu ihrer eigenen Schulung versuchte sie die Meldungen für eine Veröffentlichung in »Blitzlicht« zu formulieren.

Zwischendurch las sie in ihrem Roman und gähnte hin und wieder ausgiebig.

Am frühen Nachmittag erschien Togelmann junior, sehr elegant in einem mit Otter gefütterten langen Wintermantel, und wünschte ihr ein frohes Fest. Claudia ärgerte sich kurz, daß er ihr nicht einmal ein paar Pralinen oder Lebkuchen zum Trost mitgebracht hatte, aber dann sagte sie sich, daß es nur nützlich sein konnte, wenn ihre Beziehungen so unpersönlich wie möglich blieben.

»Lassen Sie mal sehen«, sagte er, zog seinen Mantel aus und warf ihn über einen Stuhl, »was gibt es Neues?«

»Eine Lawine in der Französischen Schweiz«, berichtete Claudia, »ein ganzes Dorf soll verschüttet sein! Aber ich glaube, es hat keinen Zweck, das in ›Blitzlicht‹ zu bringen ... ehe das an die Leser kommt, sind die Opfer der Katastrophe entweder längst gerettet oder tot. Man sollte vielleicht einen Reporter dort hinschicken, damit man die Sache groß aufziehen kann, mit Fotos und Erlebnisberichten.«

»Nein!« sagte Togelmann junior, wie immer, wenn sie einen Vorschlag machte, und fügte im gleichen Atemzug hinzu: »Vielleicht gar keine schlechte Idee.« Er machte sich eine Notiz.

Sie war nahe daran, ihm nahezulegen, Kurt Schmidt nach Chamonix zu schicken, hielt sich aber zurück, weil sie keine Veranlassung sah, ausgerechnet ihrem Feind eine Chance zu verschaffen. »So ein Unglück aus heiterem Himmel«, sagte sie statt dessen, »zieht immer. Es ist angenehm zu lesen, wenn man selber hinter dem warmen Ofen sitzt.«

Er musterte sie kühl, und sie hatte das Gefühl, zuviel zu reden.

»Sonst noch etwas?« fragte er.

»Verlobung am englischen Königshof! Prinz Charles hat sich endlich entschlossen, um die Hand seiner Schönen anzuhalten.«

»Wir könnten das vielleicht noch in unserer nächsten Ausgabe bringen«, sagte er, »statt der Geschichte mit den gestohlenen Juwelen, die ich selber nie so gut fand ... aber bis dahin weiß es alle Welt.«

»Wir sollten einen Schritt weitergehen«, schlug Claudia vor.

»Wie das?«

»Wir könnten über die ersten Tränen der jungen Braut berichten ... über einen kleinen Streit des illustren Paares.«

»Aber darüber liegt uns doch gar nichts vor.«

»Wenn wir immer erst warten, bis etwas vorliegt, kommen wir immer zu spät.«

»Aber man kann doch nicht einfach etwas aus der Luft greifen!«

»Warum denn nicht?! Es liegt doch nahe, daß die beiden sich irgendwann mal zanken.« Claudia spürte, daß ihre Fantasie mit ihr durchging, konnte sich aber nicht zurückhalten. »Vielleicht wünscht sie die Trauung ganz in der Stille ... in der kleinen Kapelle des väterlichen Gutes ... aber die königliche Familie besteht darauf, daß sie mit dem üblichen Gepränge in der Westminster Abbey stattfindet.«

»Sie würden also nicht davor zurückschrecken, eine faustdicke Lüge weiterzugeben?«

»Warum denn nicht? Wem würde dadurch geschadet?«

»Lügen an sich sind unmoralisch, und es gibt, gerade im Zeitungsgewerbe, ethische Regeln ...«

Sie vergaß alle Zurückhaltung und fiel ihm ins Wort.

»Niemand würde nachweisen können, daß es nicht stimmt! Und die Tatsachen werden unsere Meldung bestätigen ... nämlich daß die Trauung tatsächlich in Westminster stattfindet. Die Leute wollen über hochgestellte Personen lesen, das wissen wir doch alle ... aber sie wollen auch, daß diese Menschen ihre kleinen Streitereien, ihre Kümmernisse und Enttäuschungen durchmachen. Das bringt sie ihnen näher.«

»Sie sind ziemlich skrupellos, nicht wahr?«

Claudia schob das Kinn vor. »Nein, das kann ich nicht finden.«

»Ich möchte keine Zeitschrift haben, die von Ereignissen berichtet, die gar nicht stattgefunden haben.«

»Ich bin sicher, daß zwischen Prinz Charles und seiner Lady nicht alles nur Liebe und Honig ist. Sie streiten sich wie jedes gewöhnliche Paar, nur erfährt man nichts davon, wenn es nicht zu einem wirklichen Eklat kommt. Also kriegen die Leser einen ganz falschen Eindruck von den wirklichen Situationen, wenn wir nicht wagen, auch mal etwas zu erfinden ... zumal, wenn es auf der Ebene der Wahrscheinlichkeit liegt.«

»Sie haben eine sehr merkwürdige Auffassung vom Wesen des Journalismus!«

Sie senkte ihren Blick nicht und ließ es darauf ankommen, daß ihre Augen brannten. »Es geht mir nur um ›Blitzlicht‹!«

Jetzt war er es, der an ihr vorbeisah. »Sie könnten versuchen, eine solche Meldung abzufassen ...«

»Danke!« sagte sie leidenschaftlich. »Ich danke Ihnen, Chef!«

Er machte eine abwägende Handbewegung. »Ich kann dann immer noch entscheiden, ob wir sie bringen wollen oder nicht.«

Claudia verschwieg, daß die Meldung schon fix und fertig formuliert auf ihrem Schreibtisch lag; es schien ihr besser, Togelmann die Sache erst noch einmal überschlafen zu lassen.

Als er ging, hatte sie den Eindruck, doch wenigstens einen halben Sieg errungen zu haben.

Claudia hatte sich vorgenommen, bis acht Uhr auf der Redaktion zu bleiben; es war ihr gleichgültig, ob sie die Zeit allein in ihrer Wohnung oder hier verbrachte. Immerhin bestand die Möglichkeit, daß noch eine interessante Information über den Fernschreiber kommen würde. Aber es ergab sich nichts, was sie berechtigt hätte, Togelmann zu Hause anzurufen.

Das Telefon klingelte, als sie schon dabei war, aufzuräumen. Sie meldete sich in der Hoffnung, es könnte Herbert sein, der sie vom »Alten Forsthaus« aus anrief. »Redaktion ›Blitzlicht‹ . . .«

»Oh, da bin ich aber froh!« ertönte eine sehr junge Mädchenstimme am anderen Ende der Leitung. »Ich dachte schon . . . in den Feiertagen . . .« Die Stimme verstummte, als müßte die Sprecherin Atem holen.

»Was kann ich für Sie tun?« fragte Claudia.

»Ich möchte, bitte, Herrn Doktor Stephan sprechen!«

»Das wird nicht gut möglich sein«, erklärte Claudia glatt, »Sie sollten ihm schreiben, wenn Sie Sorgen haben. Er wird bestimmt einen Rat für Sie wissen.«

»Aber ich will ihm nicht schreiben . . . ich will ihn sprechen!«

»Ja, das habe ich verstanden. Doch es gehört zu Doktor Stephans festen Gepflogenheiten, keinen persönlichen Kontakt mit Ratsuchenden aufzunehmen.«

»Den persönlichen Kontakt habe ich doch schon. Ich kenne ihn, verstehen Sie?!«

»Nein«, sagte Claudia, wohl wissend, daß es einen Dr. Stephan gar nicht gab, »das kann ich Ihnen nicht glauben!«

»Aber es stimmt! Er hat mich zu Hause angerufen . . . wir haben uns getroffen!«

Claudia überlegte, ob sie es mit einer Verrückten zu tun haben könnte. »Das ist nicht möglich!«

»Aber warum glauben Sie mir denn nicht? Er hatte meinen Brief erhalten, und da er gerade auf der Durchreise war ...«

»Wo?« fragte Claudia.

»In Haldensleben!«

»Aber das ist im anderen Deutschland!«

»Ja, eben, da komme ich her.«

Claudia war verblüfft. »Legal?« fragte sie.

»Nein«, sagte das Mädchen kurz und mit betonter Zurückhaltung.

Sofort bog Claudia das Thema ab. »Darüber können wir später reden. Wo sind Sie jetzt?«

»Warum wollen Sie das wissen?«

»Weil ich mich mit Ihnen treffen möchte. Ich war gerade dabei, hier Schluß zu machen, als Ihr Anruf ...«

»Aber ich will zu Doktor Stephan!« So betont energisch das Mädchen auch sprach, es konnte nicht verhindern, daß seine Stimme zitterte. »Er hat mir fest versprochen ...«

»Was auch immer er Ihnen gesagt hat, es nutzt Ihnen gar nichts«, fiel Claudia ihr ins Wort, »er ist gar nicht da.« Einer plötzlichen Eingebung folgend fügte sie hinzu: »Er ist verreist!«

»Und für wie lange?«

»Kann ich Ihnen nicht aus dem Handgelenk sagen ... wahrscheinlich bis ins neue Jahr.«

An der anderen Seite wurde es ganz still.

Claudia verstand, daß die Enttäuschung für das Mädchen gewaltig sein mußte. »Hören Sie!« rief sie. »Sind Sie noch da?«

»Wo sollte ich denn hin?« kam es zaghaft zurück.

»Weiß nicht. Sie könnten versuchen, wieder zurückzugehen ... oder sich an die Polizei wenden!« Sie gab der anderen Zeit, diese Ratschläge zu verarbeiten, und sagte dann: »Wenn Sie sich nicht von mir helfen lassen wollen.«

»Sie wollen mir helfen?«

»Von nichts anderem rede ich ja die ganze Zeit.«

»Aber Sie kennen mich doch gar nicht.«

»Sie sind jung, Sie sind eine Frau, Sie sind von drüben geflohen, und Sie berufen sich auf Doktor Stephan ... das sollte doch wohl genügen, eine Beziehung zwischen uns herzustellen. Also ... wo sind Sie jetzt?«

»Auf einem Platz mit einer Kirche ... einer modernen Kirche.«

Es gab zwei Kirchen in Elmrode, eine katholische und eine lutherische, beide waren erst nach dem Krieg erbaut, und so fragte Claudia: »Da muß doch ein Straßenschild sein! Machen Sie die Tür auf, und sehen Sie sich danach um ... Sie telefonieren doch aus einer Kabine?«

»Ja, aber es stehen Leute davor.«

»Um so besser. Dann fragen Sie einfach, wo Sie sind!«

Zuerst geschah nichts, dann hörte Claudia das Öffnen der Tür, Straßenlärm, der lauter wurde, ein Gemurmel von Stimmen, und dann war das fremde Mädchen wieder am Apparat.

»Auf dem Andreasplatz!«

»Sehr gut. Vom Andreasplatz führt eine breite Straße in Richtung Bahnhof ... sie heißt sogar Bahnhofstraße, ist also nicht zu verfehlen. Halten Sie sich vom Andreasplatz aus auf der rechten Seite, und biegen Sie um die zweite Ecke ein, dann kommen Sie in die Holsteinstraße, und dann sehen Sie schon das Wirtshausschild vom Restaurant ›Goldener Hahn‹. Gehen Sie hinein, bestellen Sie sich was zu essen und zu trinken, und warten Sie auf mich.«

»Ja, aber ...«

»Kein Aber ... ich bin in zehn Minuten dort.«

Claudia beeilte sich, das Haus zu verlassen, kurvte in ihrem kleinen Auto durch die winterlichen Straßen und fuhr durch einen Torbogen in der Holsteinstraße auf den Hinterhof, der als Parkplatz für die Gäste diente. Heute war er ausnahmsweise einmal nicht überfüllt, dennoch schien es genügend Bürger zu geben, die am ersten Weihnachtstag schon genug vom häuslichen Feiern hatten und Zuflucht in dem gemütlichen Restaurant suchten.

Gleich vom Hof aus führte ein Gang zu den eleganten Gasträumen, die nur andeutungsweise weihnachtlich dekoriert waren. Das Publikum bestand vorwiegend aus älteren Ehepaaren. In der Schänke — hier gab es statt weißen Damastdecken nur Tische mit sauber gescheuerten Holzplatten und einen Bierausschank — hatten sich einige weibliche und männliche Singles aus Elmrode zusammengefunden. Claudia grüßte hierhin und dorthin, wurde wiedergegrüßt, bekam Zurufe und die Aufforderung, Platz zu nehmen.

Das Mädchen aus dem anderen Teil Deutschlands oder jedenfalls ein Mädchen, das Claudias Vorstellungen entsprochen hätte, war nicht darunter.

Nachdem sie sogar noch einen Blick in die Waschräume geworfen hatte, kam ihr der Gedanke, daß das Mädchen draußen auf sie warten könnte. Sie trat durch den Haupteingang auf die Straße und — da war sie, ein dünnes Mädchen mit einem Anorak, dessen Kapuze sie hochgeschlagen hatte, Stiefeln und einem kleinen Rucksack über die Schultern gehängt.

»Haben wir eben miteinander telefoniert?« fragte Claudia, trat auf sie zu und reichte ihr die Hand.

Die andere schlug nicht ein, sondern wich sogar einen Schritt zurück. »Kann sein.«

»Sie suchen Doktor Stephan?«

»Ja.«

»Dann sind wir miteinander verabredet. Kommen Sie!«

Das Mädchen zögerte immer noch. »Aber ich habe kein Geld ... kein Westgeld, meine ich.«

»Macht nichts. Für heute sind Sie eingeladen.« Claudia schob die Kleine in den Eingang.

Es ging ein eisiger Wind, und der Gedanke an Herbert und seine Hütte ging ihr durch den Kopf. Sie machte sich vor, es ihm gemütlich zu wünschen; in Wirklichkeit hätte sie durchaus nichts dagegen gehabt, wenn er seine Bude nicht warm kriegen könnte und aufgeben müßte.

Normalerweise wäre sie in der Schänke eingekehrt, aber da sie mit der Fremden allein sein wollte, führte sie sie durch bis zum letzten Gastraum und bat dort den Ober um einen Ecktisch.

»Das war eben komisch«, sagte sie, als sie aus ihrem Mantel schlüpfte, »wie bei einem Agententreff im Kino, nicht wahr?«

Das Mädchen ging nicht auf ihren leichten Ton ein. »Ich kenne ja nicht einmal Ihren Namen.«

»Wahrhaftig, ich habe mich nicht vorgestellt. Ich heiße Claudia Mennersdorfer und arbeite, wie Sie schon gemerkt haben dürften, in der Redaktion von ›Blitzlicht‹.«

»Ihr Name steht aber nicht im Impressum«, sagte das Mädchen überraschend.

›Schlaues Kind!‹ dachte Claudia, aber sie blieb gelassen.

»Stimmt auffallend«, gab sie zu, »so weit bin ich noch nicht.«

Das Mädchen hatte sich inzwischen aus ihrem Anorak gepellt, und langes, sehr blondes Haar kam zum Vorschein, das in einem reizvollen Kontrast zu großen braunen Augen stand.

»Jeder wird Ihnen hier bestätigen, wer ich bin«, sagte Claudia, »wir leben in einer sehr kleinen Stadt. Wovor haben Sie eigentlich Angst?«

»Es könnte eine Falle sein.«

Daraufhin wußte Claudia nichts zu sagen und konnte die andere nur anstarren.

»Das ist so«, sagte das Mädchen, »man erzählt sich bei uns, daß man auch noch nicht endgültig in Sicherheit ist, wenn man über die Grenze ist ... man kann geschnappt und zurückgebracht werden.«

»Habe ich noch nie gehört.« Claudia nahm Platz und schlug die Speisekarte auf. »Sagen Sie, Sie haben doch nicht etwas ausgefressen?«

Das blasse Gesicht des Mädchens wurde über und über rot.

»Nein!« beteuerte sie. »Nein, ganz bestimmt nicht.«

Claudia kam ein anderer Verdacht; das Mädchen war sehr dünn, und unter dem grauen Rollkragenpullover, den sie trug, zeichnete sich kaum ein Ansatz von Busen ab. »Und wie alt sind Sie?«

»Achtzehn! So lange habe ich gewartet. Doktor Stephan hat mir nämlich gesagt, ich könnte sonst Schwierigkeiten bekommen, wenn die Eltern dagegen wären.«

»Wie hat er denn ausgesehen ... Ihr Doktor Stephan?«

»Aber Sie müssen ihn doch besser kennen als ich!«

»Ja, aber ich habe keinen Beweis dafür, daß er es wirklich war. Es ist nämlich absolut nicht üblich, daß man ein Mädchen persönlich aufsucht, das an die Redaktion geschrieben hat.«

»Aber er hatte doch meinen Brief!«

Das war ein Argument, das Schlagkraft hatte. Einer der Redakteure mußte den Brief eingesteckt und eine Gelegenheit gesucht haben, sich an sie heranzumachen. Wahrscheinlich hatte sie auch ein Foto eingelegt, und sie war hübsch genug, Interesse zu wecken.

Aber wer mochte es sein? Döberer selber? Das war so gut wie ausgeschlossen. Gerade Döberer als Lehrer mußte wissen, wie gefährlich der Umgang mit Jugendlichen werden konnte. Er haßte es auch, wenn der eine oder andere Kollege zu ihm in das Büro kam, sich einige der Briefe herausfischte und sich über die sehr oft naiven Anfragen lustig machte. Claudia hatte es schon einmal erlebt, daß er dabei vor Zorn fast aus dem Häuschen geraten war.

Aber ganz verhindern konnte er diese neugierigen Übergriffe nicht. Hilgers lungerte hin und wieder bei ihm herum, und er konnte den alten Mann auf der Suche nach menschlicher Ansprache nicht einfach zum Teufel schicken. Auch Kurt Schmidt schaute immer wieder zu ihm herein. Sogar Togelmann junior hatte Döberer schon einmal aufgesucht. ›Der Chef!‹ dachte Claudia. ›Das wäre ja fantastisch!‹ Aber andererseits war es unausdenkbar.

»Ich muß mal«, sagte das Mädchen in Claudias sich überschlagende Gedanken hinein.

»Über den Flur und zweite Tür rechts«, gab Claudia zerstreut Auskunft.

Da die Kleine sehr lange ausblieb, kam ihr der Gedanke, daß sie schon wieder ausgerissen sein könnte; aber sie verwarf ihn sogleich. Ohne ihren Anorak und ihren Rucksack würde sie bestimmt nicht das Weite suchen.

Da kam sie auch schon wieder. Sie hatte sich gewaschen, gekämmt und Lippenstift aufgelegt, wirkte aber immer noch rührend jung.

Claudia mochte sie nicht der Qual der Wahl vor der sehr ausgiebigen Speisekarte aussetzen. »Ich denke, wir nehmen eine Kraftbrühe mit Eierstich«, bestimmte sie, »und danach Steaks mit Salat. Einverstanden? Oder haben Sie einen besonderen Wunsch?«

»Nein, gar nicht.« Das Mädchen setzte sich wieder.

Claudia gab bei dem Ober ihre Bestellung auf. »Beide Steaks medium und dazu einen halben Liter Wein ... den offenen weißen!« Als der Ober einen Teller mit Butterstückchen auf den Tisch stellte, schob sie dem Mädchen den Brotkorb zu.

»Wenn Sie schon etwas knabbern möchten ...«

Die Kleine versuchte sich zurückzuhalten, zögerte, griff dann aber doch zu, und es war ihr anzumerken, daß sie großen Hunger hatte.

Claudia wartete, bis sie auch die Suppe ausgelöffelt hatte — sie schabte auch noch das letzte Restchen Flüssigkeit zusammen —, und bat dann: »Wenigstens sollten Sie mir jetzt doch sagen, wie Sie heißen.«

»Renate ... Renate Hahn ...«

»Renate also! Ich darf doch Renate sagen?«

Das Mädchen nickte.

Claudia hätte sie am liebsten geduzt, wollte aber nicht Gefahr laufen, ebenfalls vertraulich angesprochen zu werden, und verzichtete darauf. »Und was sind Sie von Beruf?«

»Gelernte Chemie-Laborantin!« Mit einem gewissen Stolz fügte sie hinzu: »Aber ich habe auch Steno und Schreibmaschine gemacht ... in Abendkursen, für den Fall, daß ich im Westen als Laborantin nicht unterkomme.«

»Sie haben Ihre Flucht also von langer Hand vorbereitet?«

Schon überlegte sie, ob man aus dem Abenteuer der Kleinen nicht eine Geschichte für »Blitzlicht« machen konnte.

»Ja, eigentlich wollte ich schon immer fort. Drüben ist ja nichts los, und meine Eltern sind furchtbar streng. Als dann die Sache mit Hugo passierte ...«

Claudia verkniff sich eine Zwischenfrage, weil sie die Kleine, die gerade ins Reden zu kommen schien, nicht unterbrechen wollte.

»Es war eine unglückliche Liebe! Ich bin fast ein Jahr mit ihm gegangen, bis ich herausbekommen habe, daß er verheiratet ist und zwei Kinder hat. Er war auf Montage in Haldensleben. Er wollte sich scheiden lassen, das hat er mir fest versprochen. Aber dann sind meine Eltern dahintergekommen, und mein Vater hat mir ein paar hinter die Ohren gegeben ... regelrecht verprügelt hat er mich!« In die Augen des Mädchens stiegen Tränen, die von der Erinnerung an die Schmerzen, aber auch von neu aufwallender

Empörung herrühren mochten. »Er hat mich eingesperrt und mir den Umgang mit Hugo verboten ... ich wäre überhaupt noch viel zu jung für eine Freundschaft!«

Der Ober kam mit der Karaffe und schenkte Wein ein. Claudia hob ihr Glas und trank Renate zu. Das Mädchen nahm erst einen winzigen Schluck und gleich darauf einen kräftigeren.

»In die Firma mußten sie mich ja gehen lassen, aber nach Feierabend stand er vor dem Tor und hat mich abgeholt! Die Blamage! Ich war fast verrückt vor Verzweiflung, und da habe ich Doktor Stephan geschrieben.«

»Und eine Antwort bekommen?« fragte Claudia.

»Ja. Er schrieb furchtbar lieb und verständnisvoll. Daß Hugo, wenn er mich wirklich liebte, sich scheiden lassen und um meine Hand anhalten würde, und daß ich mich bis dahin mit meinen Eltern aussöhnen sollte, weil sie am längeren Hebel säßen ... was ja auch stimmte.« Renate nahm noch einen Schluck Wein; sie begann allmählich gelöster zu werden. »Und das habe ich dann auch getan ... bei meinen Eltern guten Wind gemacht und alles versprochen, was sie verlangt haben. Mein Vater hat mich dann auch nicht mehr nach Feierabend abgeholt ... aber den Hugo habe ich auch nicht mehr gesehen, der hatte sich inzwischen fortgemacht.«

»Und das haben Sie Doktor Stephan dann wieder geschrieben?«

»Ja. Ich habe mich für seinen schönen Brief bedankt, und er sollte doch auch wissen, wie es mir inzwischen ergangen war. Er hat mir dann auch geantwortet ... wieder sehr lieb ... daß ich Geduld haben müßte und das alles noch gut werden würde, so oder so ... also mit Hugo oder, wenn der nicht der Richtige gewesen wäre, mit einem anderen.« Renate leerte ihr Glas; ihre Wangen hatten jetzt Farbe bekommen, und ihre Augen glänzten. »Und dann rief er mich eines Tages in der Firma an ... es war nach Ostern ... er war in Haldensleben, und ob wir uns treffen könnten, und ich habe ihm einen Platz vor der Stadt vorgeschlagen und bin mit dem Fahrrad hin.« In altklugem Ton fügte sie hinzu: »Man muß bei uns vorsichtig sein mit Beziehungen zu Westlern.«

Claudia bedauerte, daß gerade jetzt das Essen aufgetragen wurde. Aber Renate war so in Fahrt gekommen, daß sie es schaffte, gleichzeitig zu kauen, zu schlucken und zu sprechen. »Ich hatte mir so etwas wie einen lieben, guten Onkel vorgestellt, aber er war viel jünger ... nicht mehr wirklich jung, aber doch so Mitte zwanzig. Sie kennen ihn ja. Er hatte sogar Flaum auf den Wangen, als wenn er noch gar keinen richtigen Bartwuchs hätte.«

›Kurt Schmidt!‹ schoß es Claudia durch den Kopf. ›Sieh mal einer an!‹ — »Ja«, sagte sie laut, »und darüber ist er ein bißchen traurig. Er möchte sich gern einen wachsen lassen, weil seine Haut ja auch nicht so gut ist.«

»Wenn jemand Pickel hat«, erklärte Renate ernsthaft, »macht ein Bart das noch schlimmer!«

Jetzt war Claudia ganz sicher, daß es nur Kurt Schmidt gewesen sein konnte, der sich als Dr. Stephan ausgegeben hatte.

»Aber er hat Ihnen trotzdem gefallen?« fragte sie. »Ich meine, wo er doch nicht besonders aussieht.«

»Ja«, bekannte Renate mit entwaffnender Ehrlichkeit, »weil er aus dem Westen kam! Und er hat ja auch ein tolles Auto ... so ein Sportkabriolett.«

»Und da haben Sie sich mit ihm eingelassen?«

»Eingelassen?« wiederholte das Mädchen, und ihre dunklen Augen wurden noch größer. »Nein, so eine bin ich nicht. Wir haben ein bißchen geschmust ... uns angefaßt, ja, aber da ist doch nichts Schlimmes bei. Es war nicht so wie mit Hugo.«

›Schlimm genug‹, dachte Claudia und sagte: »Er hat Ihnen dann versprochen, Ihnen zu helfen, wenn Sie in den Westen kämen?«

»Ja, er hat mir gesagt, daß ich dort drüben nicht hingehöre und daß eine wie ich im Westen leicht ihr Glück machen kann, aber daß ich warten soll, bis ich achtzehn bin. Ich hab's gemacht, wie er gesagt hat.«

»Aber Sie haben ihm nicht mehr geschrieben?«

»Nein, er hat gesagt, das sähe man auf der Redaktion nicht gern, wenn einer persönliche Beziehungen zu den Lesern anknüpfen würde.«

»Aber er hätte Ihnen doch seine Privatadresse geben können?«

»Daran hat er wohl nicht gedacht, und mir ist es auch nicht eingefallen. Es war ja mit uns nicht so wie mit Hugo und mir ... keine richtige Liebesgeschichte, nur daß er mir helfen wollte eben.«

»Aber wenn Sie ihn nicht kennengelernt hätten, wären Sie nicht gekommen?«

»Na ja«, sagte die Kleine nachdenklich, »ich weiß nicht ... ich hätte mich wohl nicht getraut. Wenn man niemanden drüben hat ...«

Claudia fiel auf, daß Renate die Bezeichnungen »hüben« und »drüben« recht willkürlich gebrauchte, als wüßte sie noch gar nicht recht, wo sie sich eigentlich befand.

»Wenn Sie Doktor Stephan nun nicht finden«, bohrte sie, »werden Sie dann wieder zurückgehen?«

»Aber er ist doch hier! Ich weiß es.«

»Im Augenblick ganz bestimmt nicht. Vielleicht hat er Ihnen auch zuviel versprochen. Außer ihm kennen Sie ja keinen Menschen ... und in Haldensleben ist Ihre Familie, sind Ihre Freundinnen. Sie geben da eine Menge auf, was Sie besitzen, für etwas Ungewisses.«

»Sie wollen mir bange machen.«

»Ich möchte nur, daß Sie die Realität sehen.«

»Sie wissen nicht, wie es bei uns ist.« Renates Gesicht wurde hart, und sie wirkte älter, als sie war. »Ich kriege Strafe.«

»Das würde sicher nicht so schlimm werden. Sie sind ja noch so jung.«

»Das ist denen schnuppe. Außerdem: Ich will nicht zurück. Jetzt, wo ich es geschafft habe, zurück zu denen? Ich müßte ja verrückt sein!« Sie schob den leeren Teller von sich. »So ein Stück Fleisch kriegen Sie drüben nicht, in keinem Lokal, und auch nicht so einen Salat ... da ist wohl Sahne dran?« Sie spießte das letzte Blättchen auf.

»Ich freue mich, daß es Ihnen geschmeckt hat!« sagte Claudia und fand selber, daß diese Bemerkung angesichts der Situation allzu formell klang. »Möchten Sie noch ein Dessert?«

»Nachtisch, meinen Sie?« Renate hielt sich die Hände vor den Bauch. »Ich platze zwar fast ...«

»Vielleicht einen Karamelpudding?«

»Klingt gut.«

»Ist auch gut. Jedenfalls hier im ›Goldenen Hahn‹. Sie dürfen nicht denken, daß man überall so ißt. Das hier ist ein erstklassiges Restaurant.«

»Sehr teuer?« fragte die Kleine erschrocken.

»Geht so. Zur Feier des Tages können wir uns das schon erlauben.« Sie winkte dem Ober und bestellte den Pudding für Renate und für sich selber einen Kaffee. »Wie ist Ihnen das überhaupt gelungen? Unbemerkt über die Grenze zu kommen?«

»Ach, wissen Sie, die feiern doch auch! In der Heiligen Nacht, da waren sie wohl nicht ganz so aufmerksam, und jemand hat mir einen Tip gegeben ... wann, wo und wie.« Sehr entschieden fügte sie hinzu: »Aber mehr verrate ich nicht. Die würden sehr leicht rausbringen, wer es gewesen ist, und dann würde er Schwierigkeiten bekommen.«

»Aber man könnte doch vielleicht eine hübsche Geschichte für die Presse daraus machen«, sagte Claudia, obwohl sie selber schon daran zweifelte, »und damit hätten Sie sich schon mal ein kleines Startkapital verdient.«

»Ich weiß, daß sowas gemacht wird, wir kriegen ja das Westfernsehen. Da wird groß was hergemacht von den Schikanen im Osten und der gelungenen Flucht und all das. Aber das möchte ich nicht. Mein kleiner Bruder ist noch drüben und ja auch mein Vater ... der würde sterben, wenn er seinen Posten verlöre ... und dann der, der mir den Tip gegeben hat. Die kann ich doch alle nicht mit hineinziehen. Es wäre was anderes, wenn meine Familie hier wäre ... glückliche Wiedervereinigung und so.«

»Das ist eine Einstellung, die Sie ehrt«, sagte Claudia.

Der Karamelpudding wurde serviert.

Obwohl sie behauptet hatte, satt zu sein, griff Renate sofort zum Löffel, ließ den ersten Happen auf der Zunge zergehen und sagte verzückt: »So was Gutes habe ich noch nie gegessen!« Als sie den Teller geleert hatte — es war ihr anzusehen, daß sie ihn am liebsten ausgeleckt hätte —, fragte sie: »Wäre es sehr unverschämt, wenn ich jetzt noch um etwas bitte?«

»Um was geht's denn?«

»Ich möchte schrecklich gerne eine Zigarette.«

»Sollen Sie kriegen. Was für eine Sorte denn?«

»Am liebsten eine amerikanische.«

Claudia bat den Ober, der ihr den Kaffee brachte, ein Päckchen »Camel Filter« zu bringen, und ließ auch sich selber, zu Renates Gesellschaft, Feuer reichen.

»Ich habe mir alles überlegt«, sagte sie dann, »Sie kommen jetzt erst mal mit zu mir. Meine Freundin ist verreist, so daß ein Bett frei ist. Und morgen werde ich versuchen, Doktor Stephan aufzutreiben.«

»Warum nicht gleich jetzt?«

»Weil die Unterlagen über den Aufenthalt unserer Mitarbeiter auf der Redaktion liegen, und so kann ich heute abend nicht mehr dran.«

»Ach so«, sagte die Kleine enttäuscht.

»Üben Sie sich in Geduld«, mahnte Claudia lächelnd, »wie

der gute Onkel Stephan Ihnen geraten hat! Es wird schon alles gut werden ... mit ihm oder ohne ihn!«

Jetzt, da Claudia alle Informationen gegen Kurt Schmidt beisammen hatte, war sie fest entschlossen, sie gegen ihn zu verwenden. Das Schicksal hatte ihr eine Waffe in die Hand gegeben, mit der es ihr gelingen mußte, ihn aus dem Feld zu schlagen. Die Vorstellung, ihn nicht nur beim »Blitzlicht« unmöglich zu machen, sondern sogar seine ganze Karriere zu vernichten, bereitete ihr nicht nur Genugtuung, sondern mehr noch — eine wilde Freude.

Aber am nächsten Morgen, als sie erwacht war, blieb sie noch einige Zeit im Bett liegen, die Hände unter dem Kopf verschränkt, und dachte nach. Plötzlich schien es ihr nicht mehr so günstig, den jungen Reporter zu vernichten. Außer einem kurzen Triumph würde es ihr wenig einbringen. An seine Stelle würde ein neuer Mann treten, von dem sie nicht wissen konnte, ob er ihr wohlgesonnen sein würde. Wenn sie jemanden gekannt hätte, den sie an seine Stelle hätte schieben können, wäre es etwas anderes gewesen. Aber so mußte sie damit rechnen, daß nur das eine Übel durch ein anderes ersetzt wurde. Außerdem konnte sie sicher sein, daß sich die Angelegenheit, auch bei größter Geheimhaltung, auf der Redaktion herumsprechen würde. Damit würde ihr Image als liebenswürdige und verständnisvolle Kollegin vernichtet sein, denn wenn auch alle über Schmidts Verhalten empört sein würden, so würde man trotzdem sie, die es ans Licht gebracht und dem Chef gemeldet hatte, möglicherweise verachten, ihr bestimmt jedoch von nun an mißtrauen.

Claudia kam zu dem Entschluß, daß sie es anders anpacken mußte. Sie wusch sich, zog sich an und machte sich für den Tag zurecht. Das Mädchen aus dem anderen Deutschland schlief noch fest. Claudia wußte, daß sie einen schweren Tag hinter sich gehabt hatte — einen Marsch durch Schnee und Kälte, Warten am Straßenrand auf einen

Autofahrer, der gewillt war, sie ein Stück mitzunehmen, Belästigungen und wieder Warten; Renate hatte fast zwanzig Stunden gebraucht, ehe sie Elmrode erreicht hatte. So weckte sie sie erst kurz bevor sie selber aufbrach, brachte ihr ein Frühstück ans Bett und riet ihr, es sich in der Wohnung bis zum Abend gemütlich zu machen. Auf der Redaktion prüfte sie zuerst die Nachrichten, die aus dem Fernschreiber kamen. Eine Cessna, von ihrem Besitzer, einem Fabrikanten, gesteuert, wurde in den Alpen vermißt. Das konnte etwas für »Blitzlicht« sein. Claudia nahm sich vor, sich mit dem Familienleben des Mannes zu befassen, herauszubringen, ob er Kinder hatte und wie es mit seiner Ehe stand, denn der bloße Absturz eines Flugzeuges tat es nicht — wenn die Maschine überhaupt verunglückt war, sonst konnte man die Geschichte sowieso vergessen.

Dann rief sie Kurt Schmidt an, und nach mehrmaligem Durchläuten — sie fürchtete schon, er wäre verreist — meldete er sich. Seine Stimme klang undeutlich und verschlafen, als hätte das Telefon ihn gerade erst geweckt.

»Hallo, Kurt!« sagte sie munter. »Ihnen scheint das Feiern schlecht zu bekommen!«

»Wer spricht denn da überhaupt?« fragte er gähnend.

»Erkennen Sie mich denn nicht? Claudia Mennersdorfer.«

»Was wollen Sie von mir?« fragte er und schien mit einem Schlag hellwach geworden zu sein.

Claudia kam der Gedanke, daß seine Beziehung zu Renate Hahn nicht sein einziger Verstoß gegen das Ethos des Journalistenberufs war, denn anders war es nicht zu erklären, daß er so geschockt reagierte. »Ein bißchen mit Ihnen plaudern!« sagte sie leichthin. »Was ist daran so ungewöhnlich?«

»Das wissen Sie genau.«

»Ich sitze hier auf der Redaktion ...«

»Ach, lecken Sie mich doch ...«

»Nicht auflegen, Kurt! Das wäre ein schwerer Fehler!«

»Sie sind ja verrückt!«

»Sie sollten sich einen netteren Ton mir gegenüber angewöhnen, Kurt, Sie werden es nötig haben.«

»Was ist denn eigentlich los?«

»Das möchte ich Ihnen nicht am Telefon erzählen. Kommen Sie zu mir auf die Redaktion, und wir können alles in Ruhe besprechen. Ich bin sicher, wir werden eine Lösung Ihres Problems finden.«

»Verdammt noch mal, ich habe ja gar keins.«

»Vielleicht wissen Sie es noch nicht.«

»Auf jeden Fall sehe ich keinen Grund, mich mit Ihnen zu unterhalten.«

»Ganz wie Sie wollen. Ich habe Ihnen einen Vorschlag zur Güte gemacht, und Sie haben abgelehnt. Vergessen Sie das nicht, wenn Sie in der Tinte sitzen.« Claudia legte auf; sie war nicht ganz sicher, ob er kommen würde, aber sie rechnete doch damit.

Auf alle Fälle rief sie Herrn Kaspar in seiner Wohnung an, avisierte Schmidts Besuch und bat mit überströmender Liebenswürdigkeit, ihn einzulassen. Der Pförtner machte keinen Hehl daraus, daß er das nicht gerne tat, konnte es ihr aber, da sie vorgab, mit Schmidt arbeiten zu müssen, nicht abschlagen.

Dann begann das Warten. Claudia überlegte, ob sie sich eine Tasse Kaffee machen oder um die Lebensgeschichte des vermißten Piloten kümmern sollte. Sie entschied sich für die Arbeit, denn sie wußte aus Erfahrung, daß nichts sie mehr ablenken konnte.

Als sie aus dem Archiv zurückkam, war Kurt Schmidt da; er hatte sich einen Sessel herangezogen, in den er sich, die Beine weit von sich gestreckt, vor ihrem Schreibtisch flegelte. »Na, da sind Sie ja!« sagte er herablassend. »Ich dachte schon, ich wäre einer Mystifikation zum Opfer gefallen.«

»Unbesorgt! Ich war es, die Sie angerufen hat.«

»Und was wollen Sie von mir?« Er schob den Ärmel seines Pullovers zurück und warf einen Blick auf seine Armbanduhr. »Ich habe wenig Zeit.« Mit einem Grinsen fügte er hinzu: »Eine Dame erwartet mich ... ein ganz besonders flotter Käfer.«

Claudia tat er fast leid, wie er dasaß und den Unbekümmerten zu spielen suchte; dabei hatte er doch schon allein durch die Tatsache, daß er gekommen war, sein schlechtes Gewissen verraten. »Ich habe nicht vor, Katz und Maus mit Ihnen zu spielen.«

Sein Grinsen wurde noch breiter. »Ich würde dem Mäuschen auch nicht raten, den großen Kater zu reizen!«

»Sehr witzig. Aber diesmal sind die Rollen umgekehrt verteilt. Ich habe Sie erwischt, Kurt. Sie haben sich Adressen aus Döberers Kartei herausgeschrieben.«

»Blödsinn! Das ist einfach nicht wahr!« Sein Gesicht lief rot an, und er sprang auf.

»Wahrscheinlich haben Sie sich Fälle herausgesucht, bei denen leicht etwas zu machen war ... bei denen Sie es jedenfalls annehmen konnten.«

»Unverschämte Lüge! Was fällt Ihnen ein!?«

»Bleiben Sie lieber ruhig. Herumzubrüllen nutzt Ihnen gar nichts. Noch versuche ich ja, Ihnen zu helfen. Aber treiben Sie es nicht auf die Spitze.«

»Ich brauche Ihre Hilfe nicht!«

»Doch. Sehr nötig sogar. Erinnern Sie sich an eine Renate Hahn ... aus Haldensleben?«

»Sie Kanaille! Sie haben mir nachspioniert!« Er nahm den schweren Aschenbecher von ihrem Schreibtisch und machte eine Bewegung, als wollte er ihn ihr an den Kopf werfen.

Claudia blieb ganz ruhig. »Nur zu! Schlagen Sie mir den Schädel ein! Dann sind Sie dran. Nur Sie und ich sind in diesem Gebäude, und Kaspar weiß es. Niemand anderer kann herein. Was glauben Sie, wie schnell man Sie erwischt.«

Schmidt konnte ihrem Blick nicht standhalten; er ließ den Aschenbecher sinken und setzte sich.

»So ist's recht!« sagte sie. »Wir wollen die Sache doch in Ruhe besprechen. Wenn ich auf alle Emotionen verzichte, werden Sie es wohl auch können. Im übrigen tun Sie mir unrecht. Ich habe Ihnen nicht nachspioniert. Ich war nur zufällig allein auf der Redaktion, als die Kleine anrief.«

»Das ... nein, das glaube ich nicht ... sie hat doch nicht ...« stammelte er.

»Doch sie hat. Sie hat angerufen und nach Doktor Stephan verlangt.«

»Ach so ... aber ... woher wollen Sie wissen?«

»Sie ist in Elmrode. Wundert Sie das? Sie haben ihr doch selber zugeredet.«

»Aber wie hätte ich wissen können ...?«

»Ihnen scheint es an Menschenkenntnis zu fehlen, lieber Kurt. Das Mädchen war unglücklich, sie wollte von zu Hause fort, der goldene Westen lockte ... da brauchte es nicht viel, sie in ihrem Entschluß zu bestärken.« Claudia schlug die Beine übereinander. »Jedenfalls ist sie jetzt hier.«

»Und was nun?!«

»Gerade darüber wollte ich mit Ihnen sprechen. Begreifen Sie endlich, daß ich bereit bin, feurige Kohlen auf Ihr Haupt zu sammeln.«

»Das nehme ich Ihnen nicht ab!« Mit fahrigen Händen zündete er sich eine Zigarette an.

»Weil Sie selber mich mit größtem Vergnügen hereinlegen würden, nicht wahr?«

»Ich habe nie etwas gegen Sie gehabt.«

»Aber Sie haben sich so benommen. Das jedenfalls muß von jetzt an aufhören.«

»Ich verstehe gar nicht, was Sie wollen.«

»Stellen Sie sich nicht dümmer als Sie sind! Also passen Sie auf: Ich helfe Ihnen jetzt aus dieser heiklen Angelegenheit heraus, und Sie werden mich in Zukunft auf der Redaktion unterstützen.«

»Ein Geschäft also?«

»So können Sie es nennen.«

»Das klingt schon besser. An edle Menschenliebe konnte ich bei Ihnen beim besten Willen nicht glauben.«

»Da haben Sie ganz schön recht. An so etwas glaube ich bei niemandem. Sie sind also einverstanden?«

»Wenn's weiter nichts ist.«

»Ein bißchen Geld werden Sie zusätzlich ausspucken müssen ... nicht für mich, sondern für Renate. Sie braucht zumindest eine Fahrkarte nach Hamburg und ein paar Hunderter für den Anfang. Ich würde es ja selber auslegen, aber ich bin total blank.«

»Ich auch.«

»Es ist Ihr Fall, Kurt. Pumpen Sie sich was. Ohne Geld läuft gar nichts.«

»Aber was soll sie in Hamburg?« Seine Zigarette war so tief herabgebrannt, daß er sich beinahe die Finger verbrannt hätte; er drückte sie aus und zündete sich gleich darauf eine neue an.

»Sich einen Arbeitsplatz suchen.«

»Das könnte sie doch auch hier.«

»Wenn es Sie nicht stört, daß sie in Elmrode bleibt ... bitte. Von mir aus. Ich habe gar nichts dagegen. Aber sie könnte Ihnen früher oder später zufällig über den Weg laufen, und dann platzt die ganze Geschichte doch noch. Aber ganz wie Sie wollen.«

»Nein, das will ich natürlich nicht. Sie haben recht.«

»Na also. Wieviel können Sie lockermachen?«

»Dreihundert«, sagte er mit einem tiefen Seufzer.

»Sagen wir fünf. Das dürfte genügen. Und wann kriege ich das Geld?«

»Über die Feiertage kann ich es nicht auftreiben.«

»Je länger es dauert, desto teurer wird es. Die Kleine ist

bei mir in der Wohnung. Ich denke nicht daran, sie tagelang auf meine Kosten zu verpflegen. Wie käme ich denn dazu?«

»Sie sind verdammt hartgesotten.«

»Das nehme ich als Kompliment. Ich würde vorschlagen: Sie machen sich sofort auf die Socken und beschaffen die Moneten. Aber vorher unterschreiben Sie mir ein paar Zeilen, die ich für Sie aufgesetzt habe.« Sie hielt ihm das Blatt hin.

»Ich ... Ihnen?! Was denn?«

»Den Sachverhalt. Glauben Sie, ich verlasse mich auf Ihr Wort? Für so blöd können Sie mich doch nicht halten!«

Mit Widerwillen nahm er das Blatt und überflog den Text.

»Aber dann bin ich doch ganz in Ihrer Hand!«

»Genau so möchte ich es auch haben. Ich will in Zukunft auf Ihre Unterstützung bauen können.«

»Und wenn ich mich weigere?«

»Werde ich die Angelegenheit dem Chef unterbreiten. Er kommt übrigens im Laufe des Tages hierher. Schon deshalb sollten Sie sich beeilen.«

Er stand auf, legte das Blatt auf ihre Maschine und begann vor ihrem Schreibtisch auf und ab zu gehen. »Sie wollen Geld von mir ...«

»Nicht für mich! Für das Mädchen!«

»... und ein Geständnis! Und was ist der Gegenwert?«

»Ich schaffe Ihnen die Kleine vom Hals. Aber wenn Ihnen das zu teuer ist, mache ich Ihnen einen anderen Vorschlag: Sie unterschreiben nur und reden selber mit ihr. Vielleicht gelingt es Ihnen ja, sie mit guten Worten loszuwerden.«

»Wie soll ich ihr denn erklären ...?!«

»Das ist Ihr Bier.«

Er sagte eine Weile gar nichts und lief nur weiter unruhig hin und her; er kam ihr vor wie ein Tier in der Falle, und das war ein Anblick, der ihr durchaus nicht schlecht gefiel.

»Ich verstehe, daß Sie überlegen, wie Sie da am billigsten

herauskommen«, sagte sie, »aber viel Zeit bleibt Ihnen nicht.«

Er blieb vor ihr stehen. »Wenn ich Sie plötzlich unterstützte, das würde doch auffallen! Es würde ganz unnatürlich wirken!«

»Ich erwarte gar nicht von Ihnen, daß Sie liebenswürdiger als früher zu mir sind. Behalten Sie ruhig Ihren berühmten hämischen Ton bei. Um so eindrucksvoller wird es sein, wenn Sie mir keine Knüppel mehr zwischen die Beine werfen.«

»Das kann ich Ihnen nicht versprechen.«

»Um so schlimmer für Sie.«

Er warf den Zigarettenstummel in den Aschenbecher. »Sie halten sich wohl für superschlau. Aber eines haben Sie nicht bedacht: Wenn ich mich jetzt auf ein Abkommen mit Ihnen einlasse, sitzen Sie selber mit drin. Heute noch können Sie mich vielleicht beim Chef madig machen ... aber in vierzehn Tagen? In drei Monaten? Wie wollen Sie dann erklären, daß Sie mich nicht gleich angezeigt haben?«

»Aus meiner angeborenen Gutmütigkeit heraus. Sie haben mir leid getan. Ich wollte Ihnen noch eine Chance geben.«

»Auf so was fällt der Chef nicht herein.«

»Vielleicht nicht. Vielleicht würde er mich wirklich auch an die Luft setzen. Aber was würde das Ihnen nutzen? Ich würde immer wieder eine Stellung kriegen. Aber Sie? Nach einer solchen Geschichte? Sie müssen ...« Claudia verstummte mitten im Satz.

Sie hatten beide das Geräusch des haltenden Lifts gehört.

»Verdammt!« sagte er.

»Ich an Ihrer Stelle würde jetzt unterschreiben!« sagte sie sehr ruhig und reichte ihm einen Kugelschreiber.

Er zögerte immer noch, und eine quälende Sekunde lang glaubte sie, er würde wagen, es darauf ankommen zu lassen. Aber dann unterschrieb er doch, und sie konnte das Papier gerade noch in ihrem Schreibtisch verschwinden lassen, bevor Togelmann junior eintrat.

Er sah Kurt Schmidt an. »Sie hier?« fragte er erstaunt.

Der Reporter war noch so durcheinander, daß er nicht sofort eine Erklärung fand.

Dafür redete Claudia. »Herr Schmidt wollte gern wissen, was es Neues gibt«, sagte sie, »deshalb ist er auf einen Sprung hereingekommen.«

»Sehr lobenswert!« sagte Togelmann beeindruckt. »Was halten Sie denn von der Sache in Chamonix?«

Wieder antwortete Claudia an Kurt Schmidts Stelle. »Er würde gern hinfliegen.«

»Das kann ich mir denken!« Togelmann lächelte, erfreut über seine Menschenkenntnis. »Ein paar Tage Wintersport auf Kosten der Redaktion!«

Jetzt fand der Reporter die Sprache wieder. »Aber daran habe ich gar nicht gedacht ... bestimmt nicht!« Er warf Claudia einen giftigen Blick zu.

»Lassen Sie nur!« sagte Togelmann gnädig. »Vielleicht wird doch was daraus! Aber ehe sich die Rettungsmannschaften nicht durchgebuddelt haben, hat es wohl wenig Sinn. Ist was Neues über das Lawinenunglück hereingekommen?«

»Nur daß alle möglichen Versuche gemacht worden sind, um zu dem Dorf durchzukommen.«

Kurt Schmidt begriff endlich, um was es ging. »Aber das zu beobachten, könnte doch auch schon ganz interessant sein!«

»Jedenfalls ist es gut, daß Sie heute hier aufgetaucht sind!« sagte Togelmann. »Ich nehme an, daß Sie zu Hause zu erreichen sind?«

»Ich könnte noch einmal hereinschauen.«

»Sehr gut.« Togelmann wandte sich an Claudia. »Wie lange werden Sie bleiben?«

»Bis sieben, dachte ich. Ich habe Besuch.«

»Gut.« Togelmann überflog die Fernschreiben, die Claudia auseinandergeschnitten und gesammelt hatte. »Dann rufen Sie mich kurz vor sieben an ...« Er wandte sich an Kurt Schmidt: »... und Sie können sich inzwischen schon nach den besten Flugverbindungen umhören.«

»Das kann ich, glaube ich, von hier aus besser«, sagte Claudia.

»Soll mir auch recht sein. Also dann ... bis heute abend!« Togelmann ging; er hatte diesmal seinen Pelzmantel gar nicht ausgezogen.

»Kanaille!« sagte Kurt Schmidt, als sie allein waren.

»Aber wieso denn? Sie müssen doch zugeben, daß ich die Situation gemeistert habe ... und zudem habe ich Ihnen möglicherweise einen sehr hübschen Auftrag verschafft. Aber lassen Sie mich jetzt, bitte, allein. Ich habe noch einiges zu erledigen.«

»Immer wichtig machen, wie?« sagte er, griff aber doch nach seinem Mantel.

»Ich finde es schon recht wichtig, die Ankunft der Kleinen in Hamburg zu avisieren. Oder soll sie da mutterseelenallein auf dem Bahnhof stehen?«

»Was haben Sie vor?«

»Ich werde meinen Teil unseres Abkommens erfüllen ... die Einzelheiten dürften Sie nicht interessieren. Bisher haben Sie auch nur an sich selber und überhaupt nicht an das Wohl und Wehe Renates gedacht.«

»Das mußte ja noch kommen! Auf diesen Vorwurf hätte ich gefaßt sein müssen!«

»Aber sicher, denn Sie haben ihn ja auch verdient!«

Bis zum Abend war alles geregelt.

Kurt Schmidt würde noch in der Nacht nach Frankreich fliegen. Er hatte Claudia das Geld für Renate Hahn gebracht, allerdings nur 300,— DM, mehr hatte er nicht auftreiben können. Aber das war Claudia ganz recht so. Die 500,— DM hatte sie eigentlich nur verlangt, um ihn zu ärgern. Wenn man dem Mädchen zu viel Geld gab, hätte sie womöglich Verdacht geschöpft, daß etwas faul war.

Auf der Fahrt nach Hause überlegte Claudia, ob es nicht leichtsinnig von ihr gewesen war, Renate allein in der Wohnung zu lassen, in der die Schränke voller Kleider hingen — eine große Versuchung für ein Mädchen, das nur einen Rucksack mit dem Notwendigsten bei sich hatte. Aber sie setzte darauf, daß Renate zu intelligent war, sich den Start in ein neues Leben mit einer Straftat zu verbauen.

Schon als sie die Wohnungstür aufschloß, hörte sie den Lautsprecher des Fernsehers auf vollen Touren laufen. Renate lag bäuchlings davor, das Kinn in die Hände gestützt, und starrte auf die Mattscheibe.

Aber als Claudia eintrat und »Hallo, da bin ich wieder!« rief, sprang sie sofort auf und stellte den Apparat ab.

»Ich hoffe, Sie haben sich nicht zu sehr gelangweilt«, sagte Claudia.

»Nicht die Spur!« erklärte Renate, und im gleichen Atemzug fügte sie hinzu: »Was haben Sie herausgebracht?« Gebadet und gepflegt, mit Claudias seidenem blauen Morgenmantel angetan, das silberblonde Haar frisch gewaschen, wirkte sie noch hübscher als am Abend zuvor.

Claudia überlegte, daß sie Erfolg haben mußte, wenn sie es nur ein wenig geschickt anfing. »Erst einmal habe ich Hunger!« sagte sie und hängte ihren Mantel über einen Bügel.

»Und wie steht's mit Ihnen!«

»Ich habe die Pralinen aufgegessen.«

»Alle?« fragte Claudia verblüfft, denn es war eine große Schachtel gewesen, die sie von Herbert zum Fest bekommen hatte.

»Sie haben sie mir doch geschenkt«, erklärte Renate ein bißchen schuldbewußt.

»Ja, natürlich. Das geht ganz in Ordnung. Solange Ihnen nicht schlecht davon wird.«

»Es waren ja Schweizer Pralinen«, erklärte Renate, als würde diese edle Herkunft jede Möglichkeit von bösen Folgen auch bei Massenverzehr ausschließen.

»Ich freue mich, daß sie Ihnen geschmeckt haben«, sagte Claudia und fühlte sich der Kleinen unendlich überlegen.

»Soll ich Ihnen was zu essen machen?«

»Können Sie kochen?«

»Nicht sehr gut.«

»Aber immerhin werden Sie eine Dose öffnen können, nicht wahr? Im Regal müßte noch eine Dose Gulaschsuppe stehen. Schütten Sie den Inhalt in einen Topf, und stellen Sie ihn auf den Herd. Vorher heizen Sie den Backofen ein, nehmen ein Brötchen aus dem Gefrierfach, bestreichen Sie es mit kaltem Wasser, und geben Sie es in den Ofen. Ich mach's mir inzwischen bequem.«

Als Claudia wenige Minuten später in die Küche kam, abgeschminkt und in ihrem Hausanzug, begann die Suppe schon zu duften.

Renate stand neben dem Herd. »Soll ich Ihnen auftun?« fragte sie, den Suppenteller in der Hand.

»Das Brötchen wird noch nicht gut sein!« Claudia nahm eine Flasche Bier aus dem Eisschrank, schenkte sich ein Glas voll ein und nahm einen tiefen Zug. »Stellen Sie die Flamme klein, und setzen Sie sich zu mir.«

Renate befolgte die Anweisung und richtete ihre großen, dunklen Augen erwartungsvoll auf Claudia.

»Also«, begann Claudia, »ich habe gute und ich habe schlechte Nachrichten ... welche wollen Sie zuerst hören?«

»Die schlechten, bitte! Aber darf ich rauchen? Ich glaube, ich werde dann besser damit fertig.«

»Ja, tun Sie nur! Aber so schlimm wird's gar nicht werden, denn im Grunde haben Sie sich aus Doktor Stephan doch nichts gemacht.«

Renate hatte sich eine ihrer amerikanischen Zigaretten angezündet und inhalierte nervös. »Er will mir also nicht helfen?!«

»Er kann es nicht, er ist nämlich gar nicht da. Er ist auf Urlaub. In Chamonix.«

»Wo?«

»An einem Wintersportort in Frankreich.«

»Aber da kann er doch nicht ewig bleiben!«

»Auf alle Fälle bis ins neue Jahr. Ich habe mit ihm telefoniert. Er hat mir alles bestätigt, was Sie erzählt haben, und es tut ihm furchtbar leid. Aber er hat sich am Heiligen Abend verlobt.«

»Verlobt!?« Das mußte die Kleine erst einmal verarbeiten.

»Aber er hat mir gar nicht erzählt ...«

»Aber nun hören Sie mal! Es ist doch immerhin ein halbes Jahr her, seit Sie ihn getroffen haben. Sie wollen doch jetzt nicht etwa behaupten, daß er Ihnen einen Heiratsantrag gemacht hat.«

»Nein, das nicht gerade, aber ... er schien so interessiert.«

»Das müssen Sie doch gewöhnt sein, daß die Männer sich für Sie interessieren. Daran ist also doch nichts Besonderes.«

»Nein, das nicht, nur ...«

»Sie wollen ihm doch wohl keine Schwierigkeiten machen? Oder sind Sie deshalb gekommen?«

»Nein. Das nicht. Aber ich dachte, er würde mir helfen! Sonst hätte ich es ja gar nicht gewagt.«

»Sie wollten ihn als Sprungbrett benutzen«, sagte Claudia ihr hart auf den Kopf zu, »und sich dann nach was Besserem umsehen.«

»Nein«, verteidigte sich die Kleine, »ich fand ihn ... nett, ehrlich.«

»Nett und nichts weiter. Also, was soll der ganze Scheiß? Sie haben sich verspekuliert. Er ist nicht da und außerdem anderweitig gebunden. Wollten Sie zu ihm ... oder in den Westen?«

»Zu ihm in den Westen«, beharrte Renate hartnäckig.

»Erwarten Sie von mir, daß ich Sie hier mit durchziehe, bis er wieder kommt, und Sie ihm dann eine Szene machen können?«

»Nein, nein!« Renate hob abwehrend die Hände.

»Oder daß ich Ihnen ein Ticket kaufe und Sie auf den Weg nach Chamonix bringe?!«

»Nein, das natürlich nicht!« Renate drückte ihre Zigarette aus und sagte ruhiger: »Das hätte ja auch gar keinen Zweck.«

»Gut, daß Sie das einsehen. Damit hatte ich auch gerechnet, denn Sie sind doch ein kluges Kind.«

»Aber was soll ich jetzt tun?«

»Das werde ich Ihnen genau erklären.« Claudia stand auf.

»Das Brötchen müßte jetzt übrigens gut sein. Wenn Sie mir die Suppe auftun würden ...« Sie stellte den Ofen aus und holte das Brötchen mit einer Gabel heraus.

Während sie aß — jeden Löffel erst kühler blasend, denn die Gulaschsuppe war sehr heiß geworden —, berichtete sie: »Ich habe schon alles für Sie geregelt. Morgen früh fahre ich Sie zum Bahnhof und setze Sie in den Zug nach Hannover, dort müssen Sie umsteigen und den nächsten Eilzug nach Hamburg nehmen ...«

»Aber ich habe doch gar kein Geld, und was soll ich in Hamburg?« Renate zündete sich eine neue Zigarette an.

»Lassen Sie mich doch erst mal zu Ende reden ... es ist gar nicht so einfach, gleichzeitig zu essen und zu sprechen, wissen Sie! Also, Geld kriegen Sie von mir. Dreihundert Mark. Davon werden Sie die Fahrkarten, kaufen, und den Rest können Sie behalten. Am Hamburger Hauptbahnhof wird mein Vater auf Sie warten und Sie zu uns nach Hause bringen. Sie werden in meinem alten Zimmer wohnen, bis Sie was Besseres gefunden haben. Mein Vater wird sich um alles kümmern. Er wird mit Ihnen zusammen zur Polizei gehen, wegen der Anmeldung, und zum Arbeitsamt und so weiter und so fort. Er ist zwar kein großes Kirchenlicht, aber das sind die auf den Ämtern ja auch nicht. Vor allem hat er Zeit, viel Zeit, er ist nämlich Frührentner. Er wird Ihnen zur Seite stehen, bis Sie sich eingewöhnt haben.« Claudia brach ein Stück Brötchen ab und warf es in die Suppe. »Einverstanden? Oder haben Sie einen besseren Plan?«

»Warum tun Sie das alles für mich?«

»Weil ich mir sehr gut vorstellen kann, wie einem zumute ist, wenn man in einem fremden Land eintrifft, wo man niemanden kennt.«

»Aber das Geld...«

»Das können Sie mir später zurückzahlen. Aber es eilt nicht damit. Zuerst sollten Sie sich ein paar Klamotten anschaffen.«

»Verdienen Sie denn so gut?«

»Ich habe eine kleine Erbschaft gemacht. Von meiner Großmutter. Fragen Sie meine Mutter danach. Sie wird es Ihnen bestätigen. Übrigens freut sie sich sehr auf Ihren Besuch. Lassen Sie sich bloß nicht ausnützen... Geschirr spülen und so weiter.«

»Aber Ihre Familie! Warum...?«

»Weil wir im Westen alle so liebe Menschen sind!« Claudia lachte auf. »Nein, sie tun es natürlich mir zuliebe. Es sind noch zwei von meinen Brüdern im Haus. Ich wette, Sie werden sich mit allen gut verstehen, und wenn nicht... es soll ja nur ein Übergang sein.«

Als der Eilzug nach Hannover aus dem Bahnhof fuhr und mit der winkenden Kleinen am Fenster ihren Augen entschwand, fühlte Claudia sich erleichtert. Sie sah in Renate eine explosive Mischung aus Naivität, Altklugheit und Egoismus, und sie hatte bis zum letzten Augenblick befürchtet, daß sie störrisch werden oder ihr eine dumme Idee einfallen könnte, die sie unbedingt hätte verwirklichen wollen.

Jetzt war Claudia die Verantwortung los, und der Fall war für sie erledigt, wenn auch noch nicht ganz; sie war gespannt, wie das junge Mädchen sich in der westlichen Welt zurechtfinden würde. Renate war hübsch genug, um etwas aus sich machen zu können, und Claudia hatte ihr geraten, ihr Glück doch auch einmal bei einer Fotoagentur zu versuchen. Sollte sie eines der beneidenswerten Mädchen in den Modezeitschriften und vielleicht sogar auf einem Titelblatt werden, würde aus ihrem Leben — ihrer Flucht, ihrer jämmerlichen Ankunft und ihrem Aufstieg — vielleicht doch eine Geschichte zu machen sein. Auf der Redaktion ging es zwischen Weihnachten und Neujahr wesentlich lockerer zu als gewöhnlich. Kurt Schmidt war in Chamonix, Frau Gottschalk und einige andere machten noch Urlaub, so daß man in kleinem Kreis beisammen war. Öfter als gewöhnlich ließ Togelmann junior sich in den Büros seiner Mitarbeiter blicken, sei es um Kontakte zu pflegen oder das Häuflein Standhafter zu Leistungen anzuspornen, die das Fehlen der anderen wettmachten.

Claudia wünschte, er würde eine Konferenz einberufen, auf der sie die Gottschalk mit Fug und Recht hätte vertreten können. Aber er tat es nicht.

Die Abende verbrachte sie allein. Herbert fehlte ihr sehr, und sie dachte oft an ihn, sehnsüchtig und zornig zugleich. Sie vermißte auch Elke, ihre gemeinsamen kleinen Mahlzeiten und Klatschereien, und sogar Erwin und seinen amüsanten Zynismus. Aber sie bemitleidete sich nicht. Es war ihr, als wäre dies, einsam zu sein, ein Opfer, das sie für ihre Karriere brächte. Sie erwartete vom Schicksal eine Belohnung dafür, daß sie nicht ihrem privaten Vergnügen, sondern ihrer Verpflichtung gefolgt war.

Am Silvesterabend wurde ihr die Wohnung zu eng. Sie ertappte sich dabei, daß sie auf das Läuten des Telefons wartete. Herbert hätte, dachte sie, leicht einen Spaziergang zum »Alten Forsthaus« machen und sie von dort anrufen können.

Wütend über sich selber und wütend auch auf ihn machte sie sich hübsch und ging in die Stadt, zu Fuß, damit sie ohne schlechtes Gewissen trinken konnte. Sollte er doch enttäuscht sein, wenn er doch noch anrief und niemand abnahm!

In der Schänke zum »Goldenen Hahn« traf sie einige junge Leute, die sie oberflächlich kannte. Es wurde ein feuchtfröhlicher Abend, der den bitteren Geschmack von Nichtigkeit in ihr zurückließ.

Am späten Nachmittag des Neujahrstages rief Herbert dann endlich an. Er war zurück in Elmrode. Sie wußte, er wünschte sich, daß sie zu ihm käme, obwohl er es nicht sogleich aussprach. Aber sie wollte nicht das Mädchen sein, das auf Abruf bereitstand.

»Ich würde dich gerne sehen ...« sagte sie zögernd.

Hastig griff er das Stichwort auf. »Aber dann komm doch!«

»Es ist gestern abend sehr spät· geworden, und ich bin müde. Du würdest keine Freude mit mir haben.«

»Bisher hast du immer noch wunderbar bei mir geschlafen!«

»Stimmt. Aber ich erwarte auch Elke.«

»Der du deine neuesten Erlebnisse brandeilig berichten mußt!«

Sie genoß seine eifersüchtige Stichelei und schwieg.

»Entschuldige«, sagte er, deutlich verärgert darüber, daß er sich hatte gehenlassen. »Ich habe natürlich nicht das Recht ...«

»Wozu?« fragte sie mit gespielter Ahnungslosigkeit.

»Zu erfahren, wo und mit wem du dich rumtreibst, wenn ich nicht da bin!« platzte er heraus.

»Das erzähle ich dir gerne, wenn du es wissen möchtest!«

Sie machte eine Pause, um ihm Gelegenheit zu geben, Gleichgültigkeit vorzutäuschen, aber er nutzte sie nicht. »Ich habe im ›Goldenen Hahn‹ gefeiert.«

»Mit wem?«

»Mit völlig belanglosen Leuten.«

»Ich wußte nicht, daß dir so etwas liegt.«

»Tut es auch nicht. Aber es war immer noch besser, als am Jahresende mutterseelenallein zu Hause zu hocken.«

»Das wäre ja auch nicht nötig gewesen.«

»Bestimmt nicht«, sagte sie, ohne zu erklären, wie sie es meinte; sie war sicher, daß er sie auch so sehr gut verstand. Es verging eine bedeutungsvolle Pause.

»Und jetzt hast du also keine Lust, zu mir zu kommen?« fragte er dann.

»Lust schon. Aber, wie gesagt, ich erwarte Elke. Es würde nicht angenehm für sie sein, die Wohnung leer zu finden.«

»Du bist ihr gegenüber äußerst rücksichtsvoll, wie?«

»Ich bin zu allen Menschen rücksichtsvoll oder versuche es wenigstens zu sein ... zu dir doch auch.«

»Kann ich nicht finden.«

»Das ist ein ziemlich dummes Gespräch, Herb, merkst du das nicht auch? Einer von uns scheint drauf aus zu sein, alles kaputtzumachen. Vielleicht haben wir uns einfach zu lange nicht gesehen.«

»Das ist es ja gerade! War dir der Feiertagsdienst wenigstens von Nutzen?«

»Das erzähle ich dir alles beim nächstenmal! Also ... wann? Heute abend auf keinen Fall. Wie wär's mit Mittwoch?«

»Das sind noch drei Tage ...«

»Zeit genug, uns abzukühlen.«

»Nun ja«, sagte er unzufrieden.

»Ich komme dann in alter Frische gleich von der Redaktion aus zu dir!«

Später sollte Claudia es bereuen, nicht ihrem Gefühl nachgegeben zu haben und gleich zu Herbert geeilt zu sein, denn am Mittwoch früh bekam sie die Nachricht aus London, daß der Vertrag für die Option für »Imogen« nun endlich perfekt war. Jetzt brannte sie darauf, sich an die Übersetzung zu machen, und war böse, daß sie statt dessen zu Herbert mußte. Aber sie wußte auch, daß sie ihn nicht versetzen konnte, wenn sie es nicht riskieren wollte, ihn zu verlieren.

Aber als er sie dann in die Arme nahm, leidenschaftlicher, als sie ihn je erlebt hatte, waren der englische Roman, ihr Beruf, ihr Ehrgeiz vergessen. Sie verlor sich in seiner Liebe — wenigstens für eine Weile.

»Und ich dachte schon, wir wären uns fremd geworden«, sagte sie glücklich, als sie, den Kopf an seiner Brust, neben ihm auf seinem breiten Junggesellenbett lag.

»Das können wir nie!« behauptete er.

»Ich weiß nicht!« Sie berührte ihn mit den Fingerspitzen. »Manchmal kommt es mir vor, als lebten wir in verschiedenen Welten.«

»Wie könnte das möglich sein? In diesem kleinen Nest.«

»Du siehst die Dinge anders als ich.«

»Das ist nun mal so. Frauen und Männer erleben die Dinge anders.«

Sie hatte es nicht so gemeint, aber sie verzichtete darauf, sich weiter zu erklären; es war zu wohltuend, die vorübergehende Harmonie zu genießen, wenn sie auch nicht ganz echt war.

»War es schön in deinem Jagdhaus?« fragte sie.

»Wunderbar. Es hat mir gutgetan.« Er spannte die Schultern. »Du hättest mitkommen sollen.«

»Ein andermal werde ich es bestimmt.«

»Man ist dort nicht so eingeengt. Spürst du nicht manchmal auch, daß wir eigentlich nur vegetieren? Aufstehen, arbeiten, essen, schlafen ... dazwischen vielleicht noch ein bißchen lieben, das ist zu wenig. Wir nutzen unsere Chancen gar nicht.«

»Du kannst recht haben!« sagte sie friedfertig. »Jedenfalls ist mir Silvester tatsächlich beinahe die Decke auf den Kopf gefallen. Deshalb bin ich auch ausgegangen.«

»Ich habe dich angerufen!«

Sie empfand bei diesem Geständnis eine tiefe, warme Freude, streckte sich über ihn und drückte ihm einen Kuß auf die Wange. »Wie lieb von dir!«

»Und du warst nicht da!« sagte er vorwurfsvoll.

»Wenn ich es geahnt hätte ...«

»Du hättest es dir denken können.«

»Nein, Herb, ich bin ja keine Hellseherin. Wenn wir es ausgemacht hätten, wäre ich geblieben.«

»Es sollte eine Überraschung sein.«

»Da sagst du es selber! Wer ist schon so kühn, eine Überraschung zu erwarten?!«

»Hast du denn gar keine Sehnsucht gehabt?«

»Dumme Frage. Und ob.«

»Das weißt du aber gut zu verbergen!«

Sie richtete sich halb auf, stützte ihre Ellbogen auf seine Brust und sah ihm tief in die Augen. »Ist das dein Ernst?«

»Nein«, sagte er mit einem sonderbaren Lächeln und strich ihr mit der großen, warmen Hand vom Halswirbel den Rücken hinunter.

Überrascht spürte sie, daß ihr Begehren erneut erwachte, aber sie wollte ihm nicht nachgeben. »Ich habe Hunger!« behauptete sie, rollte sich zur Seite und kam neben dem Bett auf die Füße.

Er blieb liegen, verschränkte die Hände hinter dem Kopf und sah ihr zu, wie sie in seinen Bademantel schlüpfte. »Wie prosaisch!« tadelte er.

»Ich habe nie behauptet, eine Romantikerin zu sein.« Sie blickte absichtlich beiseite, weil sie sich von seiner Männlichkeit nicht beeinflussen lassen wollte. »Ich werde uns was zu essen machen.«

Mit einem Satz war er auf den Beinen. »Nein, laß mich! Ich glaube, ich kann es besser!«

»Auch gut.« Sie verschwand im Bad.

Als sie wieder herauskam, stand er in der Küche am Herd, eine große weiße Schürze vorgebunden. In einer eisernen Pfanne brutzelten Kartoffeln, zu denen er gerade eine kleingehackte Zwiebel schüttete.

Sie schnupperte. »Riecht herrlich!«

»Es gibt Heringe, Bratkartoffeln und Bier. Ich hoffe, du magst das.«

»Alles, was du mir vorsetzt.« Sie trat von hinten an ihn heran und schmiegte sich an seinen Rücken.

»Dazu ist jetzt nicht der rechte Augenblick!« sagte er warnend. »Oder möchtest du, daß alles verbrennt?«

»Nur das nicht!« Sie löste sich sofort von ihm.

»Zündest du inzwischen den Kamin an?«

Schon wollte sie begeistert zustimmen, als sie sich anders besann. »Lieber nicht.«

»Auf einmal?« fragte er erstaunt und blickte sie an, denn er wußte, wie sehr sie das offene Feuer liebte.

»Ich möchte dir das nicht zumuten«, erklärte sie, »wo du doch morgen früh raus mußt.«

Er wollte schon widersprechen, sagte dann aber: »Eigentlich hast du recht.«

Sie aßen und tranken in der winzigen Küche, und sie stellte fest: »Du kochst noch besser als Elke. Sie macht immer zu viel Chi-Chi!«

»Ich weiß ja, daß du es einfach magst.«

Es rührte sie, daß er daran gedacht hatte. »Wie lieb von dir.«

Er stand auf und holte eine Flasche Schnaps. »Trink einen Klaren! Der gehört dazu!«

Erst als sie aufgegessen hatten, begann er, noch am

Küchentisch, sie nach den Erlebnissen während seiner Abwesenheit zu fragen. Er versuchte sich mit ihr darüber zu freuen, daß sie die Option für den englischen Roman endlich bekommen hatte. Sie erzählte auch von dem Mädchen, das aus dem anderen Deutschland herübergekommen war. Doch sie war nicht so offen wie sonst und verschwieg, daß sie sich von Kurt Schmidt ein Geständnis hatte unterschreiben lassen. Sie wußte selber nicht, warum.

Aber Herbert traf sofort den wunden Punkt. »Warum hast du den Kerl nicht angezeigt? Sein Verhalten stinkt doch zum Himmel!«

»Darin gebe ich dir recht, aber ...« Sie zögerte weiterzusprechen.

»Du wolltest ihn schonen? Sag mir bloß, warum! Ich dachte, du mochtest ihn nie.«

»Er war mein spezieller Feind auf der Redaktion.«

»Na also!«

»Jetzt muß er mir dankbar sein und wird sein Benehmen ändern.«

»Wenn du dich da nur nicht täuschst! Dankbarkeit pflegt allzuleicht in Haß umzuschlagen.«

»Das glaube ich nicht.«

»Es ist eine Erfahrungssache. Paß auf, er wird dir früher oder später ein Beinchen stellen, und dann wirst du ganz schön auf die Nase fallen.«

»Nein.« Nach einer kleinen Pause fügte sie hinzu: »Im übrigen käme deine Warnung ja auch zu spät. Die Sache ist gelaufen.«

»Armes Kind. Du bist doch nur halb so gerissen, wie du selber glaubst.«

Sie hatte nicht darüber reden wollen, aber jetzt konnte sie doch nicht länger den Mund halten. »Ich habe mich abgesichert.«

»Wie soll ich das verstehen?«

Als sie es ihm erklärt hatte, veränderte sich sein Gesichtsausdruck auf erschreckende Weise.

»Was konnte ich denn anderes tun?!« versuchte sie sich zu verteidigen. »Du weißt doch, was für ein hinterhältiger Bursche er ist! Du hast mir doch gerade eben selber gesagt ...«

»Du hättest mit Togelmann reden sollen.«

»Aber das hätte mir doch nichts genutzt!«

Er schwieg, und sie suchte vergeblich nach Argumenten, mit denen sie ihn hätte überzeugen können.

»Du schreckst also nicht einmal vor Erpressung zurück«, sagte er endlich.

»Erpressung!« wiederholte sie. »So ein Quatsch! Dann erpreßt also auch eine Mutter ihr Kind, wenn sie verlangt, daß es brav sein soll, weil sie sonst dem Vater von irgendeiner Ungezogenheit oder einer schlechten Note erzählen würde!«

»Ja«, sagte er, »auch das nenne ich Erpressung.«

»Du bist ein Moralist!«

»Ja, nenn mich nur so. Ich jedenfalls hätte Skrupel, so wie du zu handeln.«

»Dann kann ich es auch nicht ändern.« Sie stand auf und machte sich daran, das Geschirr abzuräumen.

»Siehst du denn nicht wenigstens ein, daß es schlecht ist, was du getan hast?«

»Nein«, sagte sie, »ich habe mir die freundschaftliche Haltung eines Menschen erhandelt, der mir übel gesinnt war. Das ist alles.«

»Ja, bildest du dir denn wirklich ein, er würde jetzt freundschaftlicher sein?!«

»Hauptsache, er benimmt sich von jetzt an so. Auf seine Gefühle pfeife ich.«

»Und was ist mit meinen Gefühlen!? Glaubst du, daß ich ein Mädchen lieben kann, das sich so verhält?!«

Sie wandte sich ihm zu, stützte die Hände auf das Spülbecken und straffte den Rücken.

»Ich erwarte ja gar nicht, daß du mich liebst. Das wäre zuviel des Guten.«

»Aber ich könnte dich lieben, wenn du nicht so wärst!«

»Dann wäre ich nicht ich, und deine Liebe gälte also gar nicht mir.«

»Und wenn ich dir nun ein Ultimatum stellen würde? Entweder du bringst diese Geschichte in Ordnung oder ...«

»Sie ist ja in Ordnung, Herb«, sagte sie sanft, »ich habe der Kleinen zu einem guten Start im Westen verholfen, Kurt Schmidt wird bestimmt nicht mehr wagen, sich an Klientinnen von Doktor Stephan heranzumachen, und er wird mich in Zukunft unterstützen ... was verlangst du mehr?«

»Du bist also allen Ernstes der Auffassung, daß der Zweck die Mittel heiligt?!«

»Ich lebe nicht nach einem philosophischen System. Ich tue einfach nur von Fall zu Fall, was ich für richtig halte. Und da du von einem Ultimatum sprichst ... wenn du mich nicht mehr magst, fahre ich jetzt lieber nach Hause. Menschen, die mich nicht verstehen, oder mich nicht verstehen wollen, kenne ich genug.«

Er blieb regungslos sitzen, während sie die Küche verließ.

Sie war schon fast fertig angezogen, als er ihr in das Schlafzimmer nachkam.

»Zieh das wieder aus!« befahl er und griff nach ihrem Kleid.

Sie wich einen Schritt vor ihm zurück, die brennenden Augen auf sein Gesicht geheftet. »Nein!«

Er packte sie bei den Schultern und schüttelte sie. »Ich will nicht, daß du gehst!«

Sein Griff schmerzte sie, aber sie ließ es sich nicht anmerken; ihr gespannter Körper leistete ihm Widerstand.

»Bleib!« bat er. »Ich könnte es nicht ertragen, dich zu verlieren!«

Jetzt gab sie nach und wurde weich. »Ich doch auch nicht«, flüsterte sie.

Er zog ihr das Kleid über den Kopf und warf sie auf das Bett. Sie liebten sich, als hätten sie einen Kampf miteinander auszutragen.

Später sagte er und hielt sie fest umschlungen, als müßte er immer noch fürchten, sie zu verlieren: »Aber du hättest mich verlassen, nicht wahr?«

Sie schwieg und schmiegte sich an ihn.

»Du hättest das Herz dazu gehabt?«

»Es war furchtbar«, gestand sie leise, »aber ich mußte die Kraft aufbringen.«

»Aber warum? Warum wolltest du mir und dir das antun? Warum konntest du nicht einlenken?«

»Dir etwas versprechen, was ich nicht halten kann? Dich begütigen, damit du wieder lieb zu mir bist? Nein, Herb, das hätte doch keinen Sinn. Wenn wir anfangen, uns etwas vorzumachen, zerstören wir alles. Wir müssen uns so nehmen, wie wir sind ... oder wir müssen uns lassen. Einen Kompromiß gibt es nicht.«

»Aber du könntest dich ändern ...«

»Nein, Herb, das kann ich nicht und will ich nicht. Ich will mich nicht selber aufgeben ... auch nicht dir zuliebe.«

In den nächsten Tagen, Wochen und Monaten war Claudia in ihrer Freizeit voll damit beschäftigt, »Imogen« ins Deutsche zu übersetzen. Da sie etwas Ähnliches noch nie getan, nie auch eine eigene Erzählung zu Papier gebracht hatte, machte es ihr entsetzliche Mühe.

Zwar kam sie noch mit Herbert zusammen, verbrachte hin und wieder, ganz sporadisch, die eine oder andere Nacht bei ihm. Aber tagsüber hatte sie keine Zeit, nicht einmal an den Wochenenden, und so mußte sie es hinnehmen, daß Herbert, Elke und Erwin gemeinsam loszogen, zum Skifahren, zu Theaterbesuchen, zu Tanzereien und dann, als das Frühjahr kam, zu Wanderungen, während sie allein in ihrem Zimmer über der Übersetzung brütete.

Es tat weh, immer wieder zurückbleiben zu müssen, stärker noch schmerzte es aber, wenn die drei wieder auftauchten, voll fröhlicher Erlebnisse, die sie hervorsprudelten, und an denen Claudia dennoch nicht teilnehmen konnte.

Hin und wieder drängte Elke sie, die Arbeit Arbeit sein zu lassen und sie zu begleiten. Aber es war ihr nicht besonders ernst damit, und sie gab sich keine Mühe, überzeugende Argumente zu finden.

»Laß doch den Quatsch!« sagte sie zum Beispiel und: »Wozu soll das Ganze gut sein?!«

»Das weißt du doch«, entgegnete Claudia müde.

»Wenn du mich fragst: Du machst es dir viel zu schwer!«

»Es ist schwer.«

»Gerade deshalb wäre es gut, du würdest mal eine Pause einschieben.«

»Nein, es ist besser, wenn ich am Ball bleibe.«

»Ich fürchte, du übernimmst dich einfach. Warum läßt du nicht eine richtige Übersetzerin ran?«

»Weil dies meine Chance ist. Ich habe den Roman gefunden, und ich will, daß er groß in Deutschland herauskommt. In meiner Übersetzung.«

»Dein Ehrgeiz stinkt zum Himmel.«

»Kann sein.«

»Du mußt ja wissen, was du willst«, erklärte Elke leichthin und schminkte sich trällernd für das nächste Unternehmen zu dritt.

Manchmal hatte Claudia das Gefühl, daß ihr die Arbeit buchstäblich über den Kopf wuchs und daß sie nahe daran war, darin zu ersticken. Sie wünschte sich sehnlich, daß jemand sie gewaltsam herausreißen würde, denn aus eigener Kraft konnte sie sich nicht mehr befreien. Aber niemand dachte daran. Elke war es nur zu recht, allein mit den beiden jungen Männern auszugehen. Herbert hatte sich dazu durchgerungen, Claudia an der langen Leine laufen zu lassen und sie zu nichts zu drängen, was sie nicht selber wollte.

Wenn sie im Traum weinte, aus Erschöpfung und einem Gefühl tiefer Hoffnungslosigkeit heraus, das sie am Tage beherrschen konnte, nahm er sie in die Arme und tröstete sie wie ein Kind. Aber nie mehr machte er ihr den Vorschlag, aufzugeben.

Anfang Juni erreichte die Bundesrepublik die Nachricht, daß Thomas Karstein, ein amerikanischer Wissenschaftler, der Bahnbrechendes auf dem Gebiet der Psychologie und Soziologie geleistet hatte, zu einem kurzen Besuch in seine Heimatstadt Bremen kommen würde.

Karstein war dafür bekannt, daß er ausgesprochen publikumsscheu war und niemals Interviews gab.

Als die Nachricht durchkam, war Claudia gerade auf dem Weg in die Kantine, und sie teilte sie brühwarm Hilgers mit, der, wie üblich, allein an einem Tisch saß und den überlegenen Geist spielte. Claudia setzte sich ohne weitere Umstände zu ihm.

»Na sowas, Karstein!« sagte Hilgers. »Ich hätte gute Lust, den alten Jungen mal wiederzusehen.«

»Sie kennen ihn?« Claudia spitzte die Ohren.

»Aber ja doch. Aus den alten Zeiten in Berlin.«

»Dann müssen Sie ihn unbedingt treffen.«

»Er wird kaum Interesse an mir haben.«

»Aber Sie an ihm! Und wenn Sie ihn wirklich kennen, kann er es Ihnen nicht abschlagen.«

»Was heißt da ... wirklich kennen? Wollen Sie unterstellen, daß ich ein Aufschneider bin?!«

»Das wäre immerhin eine Erklärung, warum Sie die Chance nicht mit beiden Händen ergreifen.«

»Weil ich kein junger Tollkopf mehr bin.«

Claudia seufzte. »Nein, das sind Sie wirklich nicht mehr.« Sie stand auf. »Warten Sie hier! Ich hole mir nur etwas zu essen.«

Sie war sicher, daß er ihr nicht davonlaufen würde, weil er wußte, daß sie so leicht nicht abzuschütteln war.

Aber er machte dennoch einen Fluchtversuch.

Als sie mit ihrem Tablett zurückkam, stand er auf. »Entschuldigen Sie mich, Kindchen!« Er vollführte mit seiner schlaffen Rechten eine fahrige Bewegung. »Eine Menge Arbeit ...«

»Dann komme ich nachher zu Ihnen ins Büro!«

»Keine Zeit ...«

»Es dauert nur fünf Minuten.« Sie deutete mit der Gabel auf seine Brust. »Sie müssen mir erklären, warum Sie Karstein nicht treffen wollen ...«

»Aber das habe ich doch schon!«

»Nicht im mindesten.«

Stöhnend ließ er sich wieder auf den Stuhl sinken. »Sie sind eine verdammt hartnäckige Person!«

»Stimmt. Aber ich finde nicht, daß das ein Fehler ist. Also, raus mit der Sprache ... warum weichen Sie der Begegnung aus?«

»Mir liegt es nicht, mich jemandem aufzudrängen.«

»Hört, hört! Und Sie wollen ein guter Journalist sein?«

»Das hat mit meinem Beruf gar nichts zu tun.«

»Ein Gespräch mit Karstein wäre also in Ihren Augen unwichtig?«

»Vom journalistischen Standpunkt ... ja.«

»Aber Sie könnten doch ein Interview daraus machen?«

»Ohne seine Einwilligung? Ausgeschlossen.«

»Dann müssen Sie sich eben um seine Einwilligung bemühen! Erklären Sie ihm von mir aus, daß dieses Interview lebenswichtig für Sie ist ... daß Sie sonst Ihren Posten verlieren ...«

»Nein.«

»Ich verstehe Sie nicht.«

»Dann werde ich Ihnen nachhelfen.« Hilgers erhob sich, blieb aber, die Hände schwer auf den Tisch gestützt, vor

Claudia stehen. »Karstein und ich, wir sind im gleichen Alter ... wir haben unter den gleichen Bedingungen angefangen ... waren beide hoffnungsvolle Burschen, wenn Sie so wollen. Und jetzt ... wo steht er? Und wo bin ich gelandet?«

Claudia begriff sehr wohl, was er meinte, aber ungerührt sagte sie: »Schicksal. Was soll's?«

»Ich will und kann einem alten Kumpel nicht als das gegenübertreten, was ich heute bin.«

»Immerhin sind Sie politischer Redakteur ...«

»... bei ›Blitzlicht‹!« ergänzte er voll Bitterkeit.

»Na und? Wir arbeiten doch alle hier.«

Hilgers richtete sich auf. »Schlagen Sie sich den Gedanken mit Karstein aus dem Kopf.«

»Das werde ich nicht tun!«

»Dann behalten Sie ihn eben! Drehen Sie ihn und wenden Sie ihn in Ihrem kleinen, verrückten Hirn ... aber auf mich müssen Sie verzichten.« Er wandte sich ab.

»Und wenn ich es dem Chef erzähle?«

»Lächerlich. Sie haben ja nicht einmal Zugang zu Togelmann.«

»Das wird mich nicht daran hindern, ihm ein Memo zu schicken.«

Hilgers blieb wie angewurzelt stehen, dann drehte er sich langsam um und sagte in verändertem Ton: »Hören Sie, Kindchen, lassen Sie das! Auch der Junge kann mich nicht zwingen ...«

»Vielleicht doch. Vielleicht hat er die besseren Argumente!«

Sie vergaß ihre angelernte Sanftmut und sah ihm offen in die Augen, mit jenem Blick, von dem sie wußte, daß er zwingend, ja stechend wirken konnte.

»Kanaille!«

»Beschimpfen Sie mich nur, das macht mir nichts aus. Aber Sie sind doch ein kluger Mann. Denken Sie nach: Sie würden weit besser dastehen, wenn Sie sich von sich aus um einen Kontakt mit Karstein bemühten, als im Auftrag des Chefs. Habe ich nicht recht?«

Wortlos ballte er die Hände und preßte die Lippen zusammen.

»Nun haben Sie sich nicht so, Meister! Ich gebe ja zu, Karstein hat es im Leben weit gebracht ... aber gerade deswegen wird es ihn wahrscheinlich freuen, Sie wiederzusehen. Was hat man schon von seinem Ruhm, wenn man ihn nicht denen vorführen kann, die man hinter sich gelassen hat? Den Gleichgestellten macht es ja doch keinen Eindruck.«

»Sie sind ein Biest.«

»Kanaille oder Biest, mir soll's recht sein. Sie, Hilgers, können mich nicht beleidigen. Wollen Sie denn nicht begreifen, daß ich Ihnen nur was Gutes tun will? Ein Interview mit Karstein würde Ihren Ruf gewaltig aufpolieren!«

»Nun behaupten Sie bloß, daß Ihnen was daran gelegen wäre!«

»Nicht so sehr«, gab sie zu, »aber an ›Blitzlicht‹! Ein exklusives Interview mit Karstein würde uns einen guten Schritt weiterbringen. Ich bin sicher, daß der Chef das auch sofort begreifen wird. Also ... so oder so ... es wird Ihnen nichts anderes übrigbleiben, als alle Hebel in Bewegung zu setzen.«

Er schwieg und starrte sie an, mit den Augen eines verprügelten Hundes, der zubeißen möchte, aber es nicht wagt.

»Nun machen Sie nicht so ein Gesicht!« sagte sie freundlich und spießte Salat auf ihre Gabel. »Warten Sie es ab: Sie werden mir noch dankbar sein!«

Es vergingen Wochen, ohne daß etwas passierte — jedenfalls nicht in der Angelegenheit Karstein–Hilgers.

Claudia wurde unruhig. Sie überlegte, ob sie den alten

Mann nicht stärker hätte unter Druck setzen sollen. Es wäre wohl richtiger gewesen, wenn sie den Chef auf alle Fälle über seine Verbindung zu Karstein ins Bild gesetzt hätte. Aber das hatte sie versäumt, und es ließ sich jetzt nicht mehr nachholen.

Wann immer sie Hilgers traf — und er vermied es tunlichst, ihr zu begegnen —, behämmerte sie ihn mit Fragen.

»Ich habe Karstein geschrieben«, pflegte er mürrisch zu antworten, »das wissen Sie doch. Mehr kann ich wirklich nicht tun.«

»Wahrscheinlich haben Sie es nicht dringlich genug gemacht!«

»Wenn er verstehen will, wird er verstehen.«

Einmal sagte sie: »Sie haben doch sicherlich einen Durchschlag. Wenn Sie mich den mal sehen lassen würden ...«

Er musterte sie mit einem Blick, in dem sich Staunen über ihre Unverfrorenheit seltsam mit Verachtung mischte. »Soweit kommt das noch.«

»Ich will Ihnen doch nur helfen.«

»Wenn ich Unterstützung brauche, werde ich mich an Sie wenden.«

Ein andermal fragte sie: »Hat er immer noch nichts hören lassen?«

Hilgers hielt es nicht für nötig, ihr zu antworten, sondern versuchte wortlos, sich an ihr vorbeizudrücken.

»Schicken Sie ihm ein Telegramm!« riet sie.

»Wofür halten Sie mich?!«

»Dann werde ich es tun!« erklärte sie aus einem plötzlichen Entschluß heraus.

»Nur zu!« Um seinen schlaffen Mund zuckte ein böses Lächeln. »Von mir aus. Wenn Sie sich etwas davon versprechen.«

»In Ihrem Namen!« fügte sie provozierend hinzu.

Er konnte nicht verbergen, wie sehr er erschrak. »Unterstehen Sie sich!«

»Wer könnte mich daran hindern?« Sie sah ihm offen in die Augen.

Wieder wurde er unter ihrem entschlossenen Blick unsicher.

»Das wäre eine wirkliche Gemeinheit«, sagte er schwächlich.

»Aber Sie wissen, daß ich dazu fähig bin!«

»Hören Sie, Kindchen«, versuchte er einzulenken, »glauben Sie mir, Sie nehmen die ganze Geschichte zu wichtig. Wenn wir der ›Spiegel‹ wären oder der ›Stern‹ oder die ›Quick‹ ... aber unsere Leser interessieren sich ja gar nicht für Thomas Karstein. Ich möchte sogar wetten, daß denen nicht einmal der Name ein Begriff ist.«

»Es gibt im Journalismus kaum einen schlimmeren Fehler, als die Intelligenz der Leser zu unterschätzen.«

»Stimmt«, sagte er spöttisch, »er rangiert genau hinter dem, sie zu überschätzen.«

»Es ist doch ganz egal, ob unser Publikum ihn kennt oder nicht«, erwiderte sie ungeduldig, »wir werden es eben auf ihn aufmerksam machen! Ganz davon abgesehen ... stellen Sie sich nur mal den Triumph vor, wenn wir ein Interview bringen, um das die wichtigen Magazine sich reißen würden!«

»Triumph für wen?«

»Für Sie, Hilgers ... und für ›Blitzlicht‹!«

»Sie haben Flausen im Kopf, Kindchen«, sagte er und wollte sie mit einer rudernden Bewegung seiner langen Arme beiseite schieben.

Sie ließ ihn nicht vorbei. »Ich werde das Telegramm mit Ihnen zusammen aufsetzen«, entschied sie, »und es selber durchgeben.«

»Verschonen Sie mich!«

»Nein, Meister, genau das werde ich nicht tun ... in Ihrem eigenen Interesse! Sie glauben, daß er noch an seiner New Yorker Adresse zu erreichen ist?«

Er gab nach, weil ihm kaum eine Wahl blieb. Wenn er ihr nicht half, das Telegramm zu formulieren, würde sie es eigenmächtig tun, das wußte er. Also mußte er mitmachen, um sie unter Kontrolle zu halten.

Deshalb erklärte er sich bereit, nach Redaktionsschluß auf sie in seinem Büro zu warten. Der Spaß, sie in seine Wohnung zu locken, war ihm vergangen.

Der Funkspruch, auf den sie sich endlich einigten, lautete: ›muss dich wiedersehen stop es ist wichtig stop warte auf termin stop in alter freundschaft.‹

Hilgers blieb hinter ihr stehen, während sie es durchgab, um zu verhindern, daß sie noch ein Wort daran änderte.

Aber sie fand, daß sie dick genug aufgetragen hatten. »Wenn er darauf nicht reagiert«, sagte sie, als sie den Hörer auflegte, »ist er ein Schwein.«

»Wer sagt Ihnen, daß er das nicht ist?« gab er müde zurück.

»Sie mögen ihn nicht?« fragte sie überrascht. »Ich dachte, er wäre ein Freund!«

»Wer so hoch hinaufkommt, hat meistens einige Leichen hinter sich gelassen.«

»Das ist gut.« Claudia lachte. »Sie bringen mich auf eine Idee. Wissen Sie, was wir tun, wenn er nicht reagiert?«

»Ihm auf der Straße auflauern?« spottete er.

»Das denn doch nicht!« erwiderte sie ernsthaft. »Es hätte wohl wenig Sinn. Er würde uns abwimmeln. ›Kein Kommentar!‹ Man kennt das doch.«

»Wenn Sie das wenigstens einsehen.«

»Ich habe einen ganz anderen Einfall. Sie werden ganz einfach einen Artikel über ihn schreiben. Wie Sie ihn gekannt haben ... irgendeinen Vorfall aus seiner Sünden Maienblüte ... und wie gute Freunde Sie waren. Dann drucken wir den Brief ab, den Sie an ihn geschrieben haben ... und das Telegramm! Damit treffen wir ihn ganz schön in die Nieren. Er wird sich überlegen müssen, ob er sich diese Art von Hochnäsigkeit in Zukunft wird erlauben können.«

Er blickte kopfschüttelnd auf sie herab. »Sie schrecken wirklich vor nichts zurück.«

»Warum auch?« entgegnete sie. »Wenn er reine Fachliteratur schreiben würde, wäre es etwas anderes. Aber er bemüht sich ja um allgemeine Verständlichkeit. Es gibt keinen Studenten, der seine Werke nicht gelesen hat ... nicht gelesen haben muß. Er hat große Auflagen, und das wird ihn wohl kaum ärgern. Wer breites Publikum braucht, kann es sich nicht leisten, es vor den Kopf zu stoßen.«

Dieser neue Plan nahm Claudia so gefangen, daß sie die Hoffnung aufgab, eine Begegnung zwischen Karstein und Hilgers tatsächlich zustande zu bringen.

Zwar schluckte sie nicht, was Hilgers sie glauben machen wollte: daß Karstein ein gewissenloser Karrierist sei. Aber sie zweifelte mehr und mehr daran, daß der Redakteur ihn wirklich so gut gekannt hatte, ja mit ihm befreundet gewesen war, wie er vorgab. Wahrscheinlich, dachte sie, war alles nur Angabe. Das würde auch erklären, warum er sich so sehr scheute, den Kontakt mit ihm aufzunehmen.

Sie ärgerte sich nicht darüber, daß sie viel Zeit damit vertan hatte, wenigstens die wichtigsten Bücher Karsteins zu lesen, um orientiert zu sein — sie hatte nie damit gerechnet, ihr mühsam erworbenes Wissen anwenden zu können. Diese Lektüre hatte sie vorübergehend von ihrer Arbeit an »Imogen« erlöst und hatte ihr einige neue Gedanken gebracht. Aber nun wandte sie sich wieder mit voller Konzentration ihrer Übersetzung zu.

Niemand war überraschter als sie, daß Hilgers eines Morgens auf ihren Schreibtisch zustürmte und mit einem Blatt Papier durch die Luft wedelte.

»Er hat reagiert!« verkündete er, mit vor Erregung gequetschter Stimme. »Kindchen, stellen Sie sich vor ... er hat!« Er war so außer sich, daß er gar nicht merkte, wie sehr sein ungewöhnliches Benehmen auffiel und daß sich viele Gesichter ihm zuwandten.

Claudia stellte sofort, mitten im Wort, ihre elektrische Schreibmaschine aus. »Geh'n wir in Ihr Büro«, sagte sie und stand auf.

Sie schob ihre Hand unter seinen Ellbogen und spürte, wie er zitterte.

»Ich ... hätte nie ... geglaubt ...« stammelte er.

Sie drückte beschwörend seinen Arm. »Wir werden alles in Ruhe besprechen.«

»Aber so lesen Sie doch!«

»In Ihrem Büro!« sagte sie entschieden, und zu den anderen gewandt, die neugierig geworden waren, fügte sie lauter hinzu: »Er hat einen Brief von einem verschollenen Freund bekommen. Das ist alles. Kein Grund zur Aufregung also. Außer für ihn.«

Als sie ihn in sein Büro bugsiert hatte, schloß sie die Tür fest hinter sich, lehnte sich mit dem Rücken dagegen und sagte mit gedämpfter Stimme — sie wußte aus Erfahrung, daß die Wände nicht schalldicht waren: »Wir wollen doch nicht gackern, bevor das Ei gelegt ist.« Sie nahm ihm den Bogen aus der Hand.

Er enthielt nur wenige Zeilen in einer sehr schönen, fast dekorativen Handschrift, die jedoch schwer zu entziffern war.

»Kann ich nicht lesen!« flüsterte sie ungeduldig. »Was schreibt er denn?«

»Er freut sich auf ein Wiedersehen. Im Haus seiner Mutter. Sonntag nachmittag um vier.«

Sie atmete tief durch. »Na, und wem verdanken Sie das?«

Hilgers war sehr blaß geworden; er klammerte sich an den Stuhl vor seinem Schreibtisch und schwankte leicht.

»Was ist denn los mit Ihnen? Um Himmels willen, so setzen Sie sich doch!« Sie drückte ihn auf den Stuhl. »Soll ich Ihnen einen Kognak bringen?«

»Nein, nein, das nicht!« Er wehrte fahrig ab. »Ein Glas Wasser!«

Claudia rannte los, dennoch darauf bedacht, einen damenhaften Gang beizubehalten. ›Das hätte gerade noch gefehlt‹, dachte sie, als sie das Wasser im Waschraum laufen ließ, ›daß er ausgerechnet jetzt zusammenklappt!‹

Als sie mit dem gefüllten Becher in den Schreibraum zurückkam, war sie nahe daran, ein paar Tropfen Kognak hineinzutun. Er hatte gar so elend ausgesehen. Aber dann dachte sie an alles, was sie über seine Suchtkrankheit gehört hatte, und verzichtete darauf.

»Was ist denn los?« rief Elke zu ihr, als sie an ihr vorbeieilte.

»Gar nichts!« gab sie zurück. »Der Ärmste hat einen Schock gekriegt ... glaube ich jedenfalls.«

»Weshalb denn?«

»Vor Freude!«

Hilgers hatte eine rote Kapsel aus seiner Westentasche gefingert; er schluckte sie mit dem Wasser, das Claudia ihm reichte.

»Besser?« fragte sie.

»Noch nicht«, gab er schwer atmend zurück, »wir sind doch nicht im Kino.«

Sie schwang sich auf die Schreibtischplatte und beobachtete ihn schweigend, bis wieder Farbe in sein aschgraues Gesicht stieg. »Haben Sie das öfter?« fragte sie dann.

»Hin und wieder ... hat nichts zu besagen.«

»Hoffentlich! Sie wissen, wie sehr wir Sie brauchen!«

»Wer?«

»›Blitzlicht‹!«

»Du lieber Himmel! Auch ein Grund, am Leben zu bleiben.«

»Ja, ganz sicher. Sie sind der einzige wirkliche Könner hier.«

»Auf gut deutsch: Sie halten alle anderen für Nieten?«

»So unhöflich würde ich es niemals ausdrücken. Sagen Sie, was werden Sie jetzt tun? Werden Sie es dem Chef berichten?«

»Das muß ich wohl.«

»Und ein gutes Wort für mich einlegen? Vielleicht kann ich Sie begleiten.«

»Wozu?«

»Ich könnte das Tonband einstellen. Mit technischen Dingen kommen Sie doch nicht allzugut zurecht. Denken Sie nur, was für ein Jammer, wenn nachher nichts drauf wäre.«

Er pochte sich an die Schläfe. »Vergessen Sie nicht ... ich habe mein Köpfchen!«

»Das genügt nicht. Wenn Karstein später gegen die eine oder andere Formulierung protestiert, können Sie es ihm ohne Tonband nicht beweisen.«

»Er wird mit dem, was ich über ihn schreibe, bestimmt zufrieden sein.«

Ihre Augen verengten sich. »Sie wollen mich also nicht dabeihaben?«

»Ich möchte es lieber allein machen. Das geht nicht gegen Sie, Kindchen. Aber was mir vorschwebt, ist ein Gespräch unter vier Augen.«

»Zu dem es nie gekommen wäre«, sagte sie bitter, »wenn ich Sie nicht getreten hätte.«

»Woraus mir keine Verpflichtung erwächst.«

»Nein, sicher nicht!« Sie rutschte von seinem Schreibtisch.

»Nicht einmal die, dem Chef zu sagen, daß ich die Sache insistiert habe.«

Er streckte die Hand aus und hielt sie am Ärmel fest. Sie blickte auf ihn herab. »Vielleicht sollte ich Ihnen sogar noch dankbar dafür sein?«

Er hörte gar nicht mehr hin. »Aber wie komme ich bloß nach Bremen?« fragte er.

»Mit dem Zug! Es gibt verschiedene Verbindungen.«

»Aber das ist bestimmt umständlich.«

»Ihr Bier. Glauben Sie bloß nicht, daß ich Sie hinfahre!«

Claudia verließ hocherhobenen Kopfes das Büro. Sie war tief enttäuscht und im Augenblick nur von einem Wunsch erfüllt: es sich nicht anmerken zu lassen.

Gleichzeitig schalt sie sich eine Närrin. Wie hatte sie nur erwarten können, daß Hilgers dankbar ihr gegenüber sein würde oder auch nur fair? Er war ein ängstlicher alter Mann, vom Leben allzusehr gebeutelt, und das Interview, an das sie mit Begeisterung herangegangen wäre, bedeutete für ihn eine qualvolle Aufgabe, die ihm Unbehagen bereitete.

Aber gerade das hätte Grund genug für ihn sein müssen, sie mitzunehmen. Sie hätte ihm helfen können, und sie hätte es getan, auch ohne ihren Namen ins Gespräch zu bringen — sie hätte es getan, nur um der Sache willen, weil es ihr Spaß gemacht und weil sie etwas dadurch gelernt hätte.

Aber Hilgers hatte ihr einen Strich durch diese Hoffnung gemacht.

Am Nachmittag wurde Claudia ins Chefbüro beordert. Diesmal nahm sie, obwohl sie nicht wußte, was der Auftrag zu bedeuten hatte, Bleistift und Stenoblock nicht mit. Sie ließ sich Zeit, noch einmal Hand an ihr Make-up zu legen, und brachte ihr glänzendes dunkles Haar zu vollendetem Sitz.

»Na endlich!« sagte Frau Tauber mißbilligend, als sie in das Vorzimmer trat.

»Ich habe mich beeilt«, behauptete Claudia gelassen.

»Davon hat man aber nichts bemerkt!«

Claudia verzichtete auf eine Entschuldigung oder Erklärung und stand abwartend da.

»Der Chef muß gleich fort!« sagte die Tauber. »Sie wissen, wie wenig Zeit er hat.«

Auch dazu sagte Claudia nichts.

Frau Tauber drückte auf eine Taste und verkündete

Togelmann junior: »Fräulein Mennersdorfer!« Dann sagte sie: »Los! Beeilen Sie sich! Gehen Sie hinein!« Mit einer Betonung, als handle es sich um eine Majestätsbeleidigung, fügte sie hinzu: »Der Chef hat schon gefragt, wo Sie denn stecken!«

Claudia öffnete die schalldichten Türen und betrat das Allerheiligste.

Togelmann junior blickte mit betonter Nervosität auf seine Armbanduhr. »Ah, da sind Sie ja endlich!« sagte er. »Setzen Sie sich!« Claudia nahm Platz und stellte die Beine korrekt schräg nebeneinander; sie wartete mit gespielter Gelassenheit ab, bis er das Gespräch eröffnete.

»Es hat sich ... äh, hm ...« begann er, »eine gewisse Schwierigkeit ergeben. Herr Hilgers muß am Sonntag nach Bremen.«

»Ja, ich weiß.«

Togelmann junior blickte erstaunt auf, als nähme er sie jetzt erst wirklich wahr. »Er hat mit Ihnen darüber gesprochen?«

»Ich war es, die ihn dazu bewogen hat, Verbindung mit seinem alten Freund Karstein aufzunehmen.«

»Ausgeschlossen! Einen Journalisten wie Hilgers muß man auf eine solche Chance nicht aufmerksam machen.«

»Leider doch. Es war ihm unangenehm.«

»Jedenfalls hat er mir nichts davon gesagt.«

»Das hatte ich nicht anders erwartet.«

Togelmann junior räusperte sich. »Sie haben also Interesse daran, daß das Interview zustande kommt? Um so besser.« Er drehte einen goldenen Kugelschreiber zwischen den Fingerspitzen. »Es ist nämlich so ... Hilgers besitzt keinen Führerschein ...«

»Er ist ihm vor Jahren entzogen worden ... ja, ich weiß.«

»... und ich kann ihm am Sonntag keinen Fahrer zur Verfügung stellen.«

»Das ist Pech.« Claudia merkte, was auf sie zukam, und

wollte es dem Chef aber nicht unnötig leichtmachen. »Könnte der Fotograf ihn nicht fahren?« schlug sie vor. »Es wird doch ein Fotograf dabeisein, nehme ich an.«

»Ein Fotograf aus Bremen. Sie wissen, daß wir mit unseren Mitteln haushalten müssen.«

Claudia schwieg.

»Deshalb dachte ich ... es hat mir sehr viel Eindruck gemacht, wie Sie im Winter eingesprungen sind ... Sie sind eine der wenigen, denen der Beruf wichtiger ist als das Privatvergnügen ...« Er verhaspelte sich.

Sie dachte nicht daran, ihm weiterzuhelfen.

»Ganz unwillkürlich bin ich da auf Sie gekommen! Hätten Sie nicht Lust, Herrn Hilgers nach Bremen zu kutschieren?«

Ihre Miene blieb ausdruckslos.

»Wir würden Ihnen natürlich das Benzin bezahlen ... und Spesen!« Als sie immer noch nichts sagte, fügte er hinzu: »Es ist doch auch Ihnen wichtig, daß das Interview zustande kommt.«

»Ja. Aber ich glaube nicht, daß meine Hilfe dazu nötig ist. Jedenfalls im jetzigen Stadium nicht mehr.«

»Ich könnte natürlich einen der Herren bitten ... aber ich hatte immer den Eindruck, daß Sie ein besonders gutes Verhältnis zu Herrn Hilgers haben.«

»Hat man Ihnen erzählt«, berichtigte sie, denn er residierte so weit ab, daß er unmöglich wissen konnte, wie die einzelnen Mitglieder der Redaktion und gar des Schreibsaals zueinander standen.

»Stimmt es etwa nicht?«

»Ich hatte gehofft, Herr Hilgers würde mich zu Karstein mitnehmen. Karstein ist ein wirklich bedeutender Mensch. Ich würde ihn gerne kennenlernen.«

»Ausgeschlossen. Wenn ich Hilgers richtig verstanden habe, besteht da eine ganz persönliche, private Beziehung ...«

»Aber der Fotograf ...«

»Wir sind nicht einmal sicher, ob Karstein ihn zulassen wird.«

Claudia atmete durch. »Seien Sie mir nicht böse, Chef, aber nur als Chauffeuse zu wirken, ist mir entschieden zu wenig.«

Er musterte sie, wobei sich seine grauen Augen verdunkelten.

»Sie sind ehrgeizig, Fräulein Mennersdorfer ... verdammt ehrgeizig.«

»Ist das ein Fehler?«

»Ja, wenn Sie übers Ziel hinausschießen. Sie können nicht im Ernst erwarten, daß Hilgers Sie zu einem ... ich möchte sagen ... delikaten Gespräch hinzuzieht.«

»Aber er erwartet, daß ich ihn nach Bremen fahre!«

»Durchaus nicht, Fräulein Mennersdorfer. Er hat Ihren Namen nicht einmal erwähnt. Es war ausschließlich meine Idee. Ich hielt Sie für einen Menschen, der auch einmal freiwillig einspringt, wenn Not am Mann ist.«

Claudia hatte blitzschnell überlegt und änderte ihre Taktik.

»Wenn der Einfall von Ihnen kommt, Chef«, sagte sie, »mache ich es natürlich.«

»Bravo!« sagte er erleichtert. »Ich habe es doch gewußt!« Heuchlerisch fügte er hinzu: »Und ich verpatze Ihnen damit nicht Ihren Sonntag? Ich meine, Sie haben doch nicht etwa etwas Besonderes vor?«

»Das ist nicht so wichtig, wenn ich etwas für ›Blitzlicht‹ tun kann.«

»Eine sehr vernünftige Einstellung. Ich danke Ihnen, Fräulein Mennersdorfer!«

Wieder blickte er auf das Zifferblatt seiner Armbanduhr, und Claudia begriff, daß sie entlassen war.

Am liebsten hätte Claudia ihrer Freundin nichts von dem Auftrag erzählt, den sie sich hatte aufdrängen lassen. Aber sie mußte sich dann doch dazu entschließen.

Elke hatte vor, an diesem Sonntag mit Erwin zum Baden zu fahren — ohne Herbert, er wollte das Wochenende in seiner Hütte verbringen —, und sie hätte beunruhigt sein können, wenn sie vielleicht früher nach Hause kommen und Claudia nicht vorfinden würde.

Elke mißbilligte, wie nicht anders zu erwarten gewesen war, das Vorhaben. »Du mußt verrückt sein!« sagte sie. »Ich dachte, du hättest keine Zeit!?«

»Reg dich nicht auf! Was ist schon dabei? Ein Ausflug nach Bremen ist doch mal was anderes.«

»Ja, wenn du es zum Vergnügen tätest! Aber das ist ja gar nicht wahr. Für jeden Quatsch läßt du dich von Togelmann einspannen.«

Claudia lächelte schief. »Jetzt sag nur noch, daß er mich ausbeutet!«

»Tut er ja auch! Anders kann man das gar nicht nennen. Wer arbeitet schon freiwillig am Sonntag ... außer dir!«

»Freiwillig!« wiederholte Claudia. »Das ist das treffende Wort. Ich glaube, jetzt hast du es endlich kapiert. Ich mache es freiwillig und zu meinem eigenen Nutzen.«

»Ich möchte bloß mal wissen, wo der liegt.«

»Das wirst du schon noch erleben. Wenn man was werden will, muß man auch was Besonderes leisten.«

»Als Fahrerin für Hilgers, den alten Knallkopf!«

»Immerhin handelt es sich um einen Besuch bei Thomas Karstein! Vielleicht kann ich ihn doch sehen ... ein paar Worte mit ihm wechseln.«

»Na, wenn schon. Davon kannst du dir dann auch was kaufen.«

Nachdenklich wickelte Claudia sich eine Strähne ihres dunkel glänzenden Haares um den Finger. »Weißt du, Elke, ich sage es ja nur höchst ungern ... aber manchmal erinnerst du mich an meine Mutter. Die war auch immer dagegen, wenn ich was aus mir zu machen versucht habe.«

»Ach, rutsch mir doch den Buckel runter!«

Elke stürmte in ihr Zimmer und knallte die Tür hinter sich zu.

Claudia war von diesem Ausbruch durchaus nicht beeindruckt. Sie lächelte in sich hinein und dachte, daß die eigentliche Ursache von Elkes Zorn wohl nicht die geplante Fahrt nach Bremen war, sondern die Tatsache, daß Herbert, seit es Sommer wurde, die Wochenenden immer seltener mit ihr und Erwin verbrachte.

Für Claudia selber war das allerdings auch kein Gewinn, denn es gab jetzt keine langen Nächte mehr mit ihm, an deren Morgen man sich gemütlich ausschlafen konnte. Aber sie nahm es mit Gelassenheit. So, wie sich das Verhältnis inzwischen mit ihr und Herbert gestaltet hatte, war sie es zufrieden. Er behinderte sie nicht mehr in ihrem Drang nach oben, und sie vermied es, ihm seine eher lässige Lebenseinstellung ausreden zu wollen.

Trotzdem oder gerade deshalb verstanden sie sich gut und nicht nur im Bett. Die Sehnsucht nacheinander erreichte bei beiden fast immer zur gleichen Zeit ihren Höhepunkt. Dann rief einer von ihnen den anderen an; Claudia warf ihre Arbeit in die Ecke und sauste zu ihm.

Immer noch konnte sie ihm alles — fast alles — erzählen, was sie erlebte, fühlte und dachte, und immer noch war er ein sehr viel anteilnehmenderer und verständnisvollerer Zuhörer als Elke.

Am Sonntagmorgen war Hilgers, schon als Claudia ihn abholte, spürbar nervös. Sie stieg nicht in seine Wohnung hinauf, sondern klingelte nur dreimal kurz an der Haustür.

Als er erschien, in seinem grauen, schlotternden Überzieher, der für die Jahreszeit zu warm war, klopfte er erst einmal alle Taschen ab, stellte fest, daß er seine Lesebrille vergessen hatte, und ging wieder zurück.

»Ein schlechtes Zeichen«, murmelte er, als er sich neben sie setzte.

»Aber, Meister«, sagte sie beruhigend, »Sie werden doch an so etwas nicht glauben!«

»Sie dürfen nicht alles wörtlich nehmen«, verteidigte er seinen Aberglauben verlegen.

Auf der ganzen Fahrt schwadronierte er drauflos. Claudia hörte nur mit halbem Ohr hin. Sie war ganz auf ihre Aufgabe konzentriert, denn der Ausflugsverkehr war stark. Sie erreichten Bremen kurz vor Mittag.

Claudia fuhr, so weit es möglich war, in die Altstadt hinein und bog in eine Seitenstraße, als sie einen Hinweis auf ein Parkhaus fand. Als sie ihr Auto abgestellt hatte, half sie Hilgers hinaus, denn er gab sich noch schwerfälliger als gewöhnlich.

Nebeneinander gingen sie über die Böttcherstraße, und Claudia bewunderte die spitzgiebeligen, mittelalterlich wirkenden Häuser. »Hübsch, nicht wahr?« sagte sie. »Sieht alles ganz echt aus ... man sollte nicht glauben, daß die das erst nach dem Krieg wieder aufgebaut haben.«

»In hundert Jahren ist es auch alt«, kommentierte Hilgers.

Claudia lachte und schob ihre Hand unter seinen Arm. »Wie weise!«

Er blieb stehen. »Was haben Sie eigentlich mit mir vor, Kindchen?«

»Ich dachte, wir tun uns ein wenig um, und dann gehen wir essen. Wir haben ja Zeit genug.«

»Was heißt ... umtun?«

»Es gibt doch in Bremen viel Hübsches zu sehen.«

»Und Sie glauben, daß mir der Sinn danach steht? Ich muß mich auf mein Gespräch mit Karstein konzentrieren.«

»Wenn Sie wollen, laß ich Sie allein. Wir müssen dann nur ausmachen, wo wir uns treffen.«

»Sie haben die Aufgabe, mich zu betreuen!« behauptete er empört.

»Davon ahnte ich nichts. Aber, bitte, wenn Sie es sagen ... bleiben wir also zusammen. Aber was nun? Wenn Sie nicht spazierengehen wollen, bleibt uns eigentlich nur eines: Wir suchen uns ein nettes Lokal.«

»Ich habe durchaus keinen Hunger.«

»Macht nichts, dann sehen Sie mir eben zu. Irgendwie müssen wir uns die Zeit ja vertreiben.«

»Wir sind viel zu früh losgefahren«, nörgelte er.

»Dafür sind wir aber auch sicher angekommen.«

Es gab Restaurants genug, einfache und luxuriöse, und in manche blickten sie hinein, aber Hilgers fand an jedem etwas auszusetzen. Claudia machte es nichts aus. Es war ihr ganz recht, daß sie sich noch die Beine vertreten konnte. Es gefiel ihr in der Stadt mit den heimeligen Backsteinhäusern, über die sich heute ein Himmel wölbte, dessen helles Blau von einigen weißen Wölkchen noch betont wurde.

Endlich hatte er selber von der Sucherei genug, und sie kehrten im »Ratskeller« ein und fanden einen Ecktisch in dem Gewölbe, dessen Wände mit altersdunklem Holz getäfelt waren.

Claudia bestellte sofort ein helles Bremer Bier und leerte das halbe Glas in einem Zug. »Ah, das hat gutgetan!«

Er sah ihr neidvoll zu und nuckelte an seinem Wasser. »Unbekümmerte Jugend!« sagte er. »Sie denken doch hoffentlich daran, daß Sie nachher noch Auto fahren müssen!«

»Keine Bange. Ein Bier kippt mich nicht aus den Pantinen.« Sie vertiefte sich in die reichhaltige, in Leder gebundene Speisekarte und entschied sich für Aal grün.

Er machte aus dem Aussuchen eine Staatsaffäre und schloß sich, nach vielem Hin und Her, ihrer Bestellung an.

»Das hätten Sie einfacher haben können!« entschlüpfte es Claudia.

»Leichtfertig ist die Jugend mit dem Wort«, grollte er.

Sie lachte. »Was ist bloß los mit Ihnen? Sie sind in einer Stimmung, als ginge es zum Schafott. Dabei wollen Sie doch nur einen alten Freund aufsuchen.«

Er war so nervös, daß er ihr fast leid tat, wußte nicht, wohin mit den Händen, spielte sinnlos mit dem Besteck und kaute auf seiner dicken Unterlippe.

Das Essen war sehr gut. Claudia aß mit Appetit. Hilgers stocherte erst auf seinem Teller herum, schlang dann aber, als er auf den Geschmack gekommen war, alles in sich hinein.

Nachher legte er die Hände auf den Magen und rülpste.

»Wohl bekomm's!« wünschte Claudia.

»Sie hätten mich warnen sollen.«

»Wovor?«

»Ich hätte das nicht essen sollen. Viel zu schwer!«

»Ich bitte Sie, Hilgers, Sie sind doch kein Kind mehr, und ich bin nicht Ihre Mutter! Sie müssen doch schon selber wissen, was Ihnen bekommt.«

»Jetzt brauche ich einen Magenbitter, sonst bin ich erledigt.«

Claudia überlegte: Auch im Magenbitter war bestimmt Alkohol. »Dürfen Sie das denn?« fragte sie besorgt.

»Eben haben Sie noch gesagt, daß ich selber wissen muß ...«

»Aber ich dachte ...« Claudia bemühte sich, ihre Warnung so höflich wie möglich zu formulieren, »... ich dachte, daß Sie Alkohol ablehnen.«

»Ein Magenbitter ist etwas anderes.«

Claudia wußte, daß sie jetzt hätte energisch werden müssen. Aber sie tat es nicht. Später war sie sich nie mehr ganz sicher, ob sie Hilgers mit Absicht in sein Verhängnis hatte laufen lassen, oder ob sie die Gefahr nicht erkannt hatte.

Sie ließ es zu, wenn auch unter wirkungslosem Protest, daß er sich das Getränk bestellte.

Er nippte an dem Gläschen, schauderte, nippte noch einmal und leerte es dann bis auf den Grund. Danach schüttelte er sich heftig, aber seine Gesichtsfarbe war besser geworden.

»Hat mir gutgetan, glaube ich«, sagte er, »ich nehme noch einen!« Und ehe Claudia noch protestieren konnte, sozusagen im gleichen Atemzug, rief er, das leere Glas haltend: »Ober, noch einen!«

»Ob das richtig ist?« sagte Claudia zweifelnd.

»Werden Sie bloß nicht miesepetrig, Kindchen!« Er schüttete den Inhalt des zweiten Glases in sich hinein. »Ah! Das ist die reinste Medizin!«

Claudia warf einen Blick auf ihre Armbanduhr. »Ich nehme noch einen Kaffee«, sagte sie, »aber dann sollten wir aufbrechen.«

»Kaffee ist gut ... Kaffee und Kognak!« Wieder winkte er dem Ober, einem schlanken, sehr seriös wirkenden Herrn, den man in Zivil eher für einen Bankkaufmann gehalten hätte, »haben Sie einen guten alten Kognak für mich?«

»Unsere Kognaks sind alle alt! Was darf's denn sein? Ein Armagnac? Ein Rémi? Ein ...«

»Mindestens fünfzig Jahre alt soll er sein!« Die Stimme von Hilgers war nicht mehr ganz klar; die Konsonanten klangen verwaschen.

»Aber, Meister ...« versuchte Claudia sich ins Mittel zu legen.

Er fiel ihr ins Wort. »Trinken Sie einen mit mir, Kindchen, und machen Sie nicht so ein Gesicht!«

Der Ober zog sich zurück.

»Sie gehen mir auf die Nerven!« schimpfte Hilgers. »Um die Wahrheit zu sagen ... Sie sind mir immer schon auf die Nerven gefallen ... Sie mit Ihrem Getue! Was sind Sie denn überhaupt für eine Person? Keinen Arsch und keine Titten, aber ein großes Maul! Sie kotzen mich an, daß Sie es nur wissen.«

Obwohl sie begriff, daß er schon nicht mehr wirklich wußte, was er redete, fühlte sie sich verletzt. Aber sie zeigte es nicht, sondern setzte eine heiter gelassene Miene auf. »Und Sie amüsieren mich, Hilgers ... obwohl Ihr Benehmen eigentlich alles andere als lustig ist!«

»Ach, halten Sie doch den Rand!«

Der Ober näherte sich wieder ihrem Tisch, eine hübsch geformte Flasche fast liebevoll im Arm. »Ich glaube, da habe ich genau das Richtige für Sie ... einen ›Grande fine Champagne‹ vom Château d'Ambleville ...«

»Alt?« lallte Hilgers.

»Unter Garantie fünfzig Jahre.«

»Her damit!«

»Einen Moment, mein Herr!« Der Ober brachte ein bauchiges Glas auf einem silbernen Tablett, zündete eine Kerze an, um es sorgsam zu wärmen und schenkte erst dann die goldbraune Flüssigkeit ein.

Hilgers verfolgte jede seiner Bewegungen mit gieriger, ungeduldiger Aufmerksamkeit.

»Auf Ihr Wohl, mein Herr!«

Mit geschlossenen Augen sog Hilgers den Duft des Kognaks in sich ein, und schon jetzt begann sich die Farbe seiner Wangen noch mehr zu vertiefen.

Dann trank er. »Göttlich!«

Ein jüngerer Kellner hatte inzwischen den Kaffee serviert.

Claudia trank ihn schwarz. »Nehmen Sie Sahne? Zukker?« fragte sie. »Sie sollten Ihren Kaffee trinken, Meister!« Aber sie wußte schon, daß es zu spät war.

»Kennen Sie den Unterschied zwischen einem Säufer und einem Genießer?« fragte er.

»Ich überlege nur, wie Sie Togelmann klarmachen wollen, daß es unbedingt ein uralter Kognak sein mußte!«

»Ach was! Geht auf meine Rechnung. Der Junge versteht doch von den guten Sachen des Lebens nichts!« Mit einer fahrigen Bewegung hätte er fast das Sahnekännchen umgeworfen.

Claudia konnte es im letzten Moment retten.

»Kennen Sie den Unterschied?« fragte er hartnäckig.

»Ich weiß nicht, worauf Sie hinauswollen!«

»Sie scheinen nicht mehr ganz nüchtern zu sein, Kindchen!«

Er drohte ihr mit wackelndem Zeigefinger. »Der Unterschied ist der ... ein Säufer säuft, um zu saufen ... ha, ha, ha! Gut formuliert, was?«

»Sie sind in Höchstform!«

»Ein Genießer niest, um zu genießen ... noch einen Kognak, Herr Ober!«

»Jetzt sollten Sie aber wirklich genug haben, Hilgers!«

»Genug ist nicht genug ... genug ist meist zuwenig! Guter alter Dognak ... Gabe der Götter! Aber was wissen Sie denn schon von den Göttern!«

Der Ober schenkte noch einmal ein.

»Nehmen Sie die Flasche fort!« befahl Claudia.

Der Ober blickte zweifelnd von Claudia auf Hilgers.

»Weg mit der Flasche!« befahl Claudia, jetzt noch schärfer.

»Noch einen kleinen!« bettelte Hilgers. »Seien Sie nicht grausam, Kindchen!«

Zu Claudias Entsetzen füllten sich seine tiefliegenden Augen mit Tränen. »Nein«, sagte sie, »und noch einmal nein! Wenn Sie jetzt auch nur einen einzigen Schluck trinken, stehe ich auf und überlasse Sie Ihrem Schicksal!«

»Haben Sie das gehört, Ober!? Haben Sie das gehört? Die Jugend von heute ... kaum trocken hinter den Ohren und will einem alten Mann verbieten ...«

»Hören Sie auf mit dem Gelaber! Sie wissen genau, daß ich es nur gut mit Ihnen meine ...«

»Sie! Sie ... Sie Kanaille, Sie! Sie meinen es doch immer nur gut mit sich selber!«

»Die Rechnung, bitte! Die beiden Kognaks gesondert!«

»Einen Augenblick noch, Herr Ober ...«

»Keinen Augenblick mehr, Hilgers! Seien Sie vernünftig ... wir müssen das Haus von Karsteins Mutter doch erst noch finden! Wollen Sie, daß wir zu spät kommen?!«

»Ach was! Der alte Karstein kann warten ...«

»Nein, das eben kann er nicht! Reißen Sie sich zusammen! Wie können Sie sich nur so gehenlassen?!«

»Immer schön kühl und klar, was? Cool nennt ihr das wohl heute. Und soll ich Ihnen sagen, warum Sie so cool sein können? Weil Sie keine Ahnung haben. Sie wissen nichts ... nichts vom Leid dieser Welt, nichts vom Elend der Waisenkinder, der Verlassenen, Verstoßenen, Behinderten ... Sie können ja nicht mal über Ihre Nasenspitze hinaus sehen. Sie sind ohne jegliche Fantasie! Mit einem so kleinen Gehirn, wie Sie es haben, da kann man leicht cool bleiben ... mit einem winzigen Hirn und einer Seele, so schwarz wie der Höllenschlund ...«

Claudia war dankbar, daß der Ober sich zurückgezogen hatte und nicht mehr Zeuge dieser Schimpfkanonade wurde.

Jetzt kam er mit den Rechnungen, beide gefaltet auf einem silbernen Tablett. Claudia blickte hinein und stellte fest, daß die beiden fünfzigjährigen Kognaks doppelt so teuer waren wie ihr gemeinsames Mittagessen. Wortlos reichte sie Hilgers die Rechnung.

Er blickte darauf, schloß kurz die Augen, öffnete sie wieder und fragte: »Wieviel? Ich kann schlecht lesen ...«

»Dann nehmen Sie Ihre Brille! Sie haben sie ja bei sich. Sehen Sie in Ihren Taschen nach.«

Hilgers klopfte seinen Anzug ab, fand das Etui, nahm die Brille umständlich heraus und setzte sie sich auf den Nasenrücken.

»Ein hübsches Sümmchen, wie!« spottete Claudia. »Ich kann nur hoffen, daß Ihnen das die Sache wert war.«

Es schien, als habe die Konfrontation mit der rauhen Wirklichkeit ihn fast ernüchtert. Er holte die Scheine aus seiner Brieftasche, zählte sie richtig ab und tat sie auf das kleine Tablett zu dem Geld, das Claudia bereits ausgelegt hatte. Aber als er aufstand, sah Claudia, daß er nicht mehr sicher auf den Beinen war.

»Ich muß mal verschwinden«, sagte er und schwankte davon.

Während seiner Abwesenheit ließ Claudia sich den Weg nach dem Vorort Vegesack erklären und machte sich Notizen. Danach suchte sie ebenfalls die Toilette auf. Als sie an den Tisch zurückkam, war Hilgers immer noch nicht wieder da.

Sie begann sich schon Sorgen zu machen, als er endlich wieder erschien, mit sehr rotem Kopf und einer Fahne, die nicht mehr nur von dem alten Kognak herrührte. Offensichtlich hatte er die Gelegenheit benutzt, an der Bar oder in der Schenke noch ein paar Gläser zu kippen.

Mühsam unterdrückte sie eine Bemerkung darüber; sie sah ein, daß es nichts mehr nützen würde.

Auf der Straße hielt er sich ganz wacker, aber er saß kaum fünf Minuten im Auto, als sein Kopf zur Seite fiel und er laut zu schnarchen begann.

Claudia dachte, daß dies vielleicht das Beste für ihn war und ließ ihn in Ruhe. Aufmerksam folgte sie den Anweisungen des Oberkellners und erreichte den Vorort ohne Schwierigkeiten. Nahe der Unterweser hielt sie und fragte einen Spaziergänger nach der Heinrich-Müller-Straße.

Der kurze Stopp erweckte Hilgers zum Leben; er schrak hoch.

»Wo sind wir?«

»Gleich da.«

»Wo?«

»Bei Thomas Karstein. Sie wollen ein Interview mit ihm machen.«

»Das Interview ... ja, das Scheißinterview, das Sie mir eingebrockt haben.«

»Wenn es Scheiße wird, dann liegt das nur an Ihnen!«

Hilgers versuchte sich gerade zu setzen; er zitterte am ganzen Körper. »Ich kann nicht«, sagte er kläglich, »sehen Sie denn nicht, daß ich nicht kann?«

»Soll ich Sie etwa nach Elmrode zurückfahren? Von mir aus. Aber was wollen Sie Togelmann sagen? Wie wollen Sie die Sache erklären? Sie sind erledigt, wenn Sie unverrichteterdinge zurückkommen.«

»Reden Sie doch nicht so viel! Müssen Sie denn unentwegt quasseln?« Er preßte sich beide Hände an die Schläfen. »Mein Kopf!«

Claudia war weitergefahren. »Da haben wir sie ja, die Heinrich-Müller-Straße, also ... was nun?«

»Ich brauche was zu trinken! Nur einen Schluck ... Sie werden sehen, dann bin ich wieder topfit.«

Claudia blickte ihn von der Seite an. »Meinen Sie wirklich?«

»Ich weiß es. Ich kenne mich doch. Seit fünfzig Jahren kenne ich mich ... nein, sind es nicht schon vierundfünfzig? Egal, ich brauche jetzt was. So kann ich nicht weitermachen.«

Claudia hatte Gas weggenommen. Das Auto rollte jetzt nur noch ganz sachte dahin. Sie wußte nicht, was sie tun sollte. Eines war sicher: In seinem jetzigen Zustand konnte er nicht vor Karstein hintreten. Die Uhr auf dem Armaturenbrett zeigte ihr, daß sie noch zwanzig Minuten Zeit hatten. »Also gut«, entschied sie, »suchen wir zuerst eine Kneipe. Schlimmer kann es mit Ihnen ja nicht mehr werden.«

Die Heinrich-Müller-Straße bestand aus einer geschwungenen Reihe zweistöckiger Einfamilienhäuser mit spitzen Giebeln, die etwa zwei Meter voneinander getrennt waren.

Sie wirkten gepflegt, die kleinen Rasen waren geschoren, und die Fenster blinkten im Sonnenlicht.

Das Haus Nummer 17, in dem Karsteins verwitwete Mutter lebte, unterschied sich von den anderen durch einen üppig blühenden Fliederbusch, dessen Dolden von einem ungewöhnlich tiefen Violett waren. Die geöffneten Fensterläden waren im gleichen Ton gestrichen, was dem Haus etwas Verwunschenes, Märchenhaftes gab. Bei seinem Anblick dachte Claudia, daß es Herbert gewiß gefallen hätte. Man konnte sich vorstellen, daß es sich darinnen ruhig und besinnlich leben ließ. Bienen umschwirrten den Flieder.

Sie half Hilgers, dessen Gesicht stark gerötet war, aus dem Auto, und es gelang ihm, das weiße Törchen zu öffnen und den Vorgarten in einigermaßen guter Haltung zu durchqueren. Daran jedoch, daß er das Tonbandgerät hätte mit sich tragen können, war nicht zu denken. Claudia holte es vom Hintersitz, stellte es auf die Straße, schloß ihren Wagen ab und brachte es ihm nach. Sie hätte sich nicht gewundert, wenn ein adrettes Mädchen in weißem Schürzchen, möglicherweise sogar ein gestärktes Häubchen auf dem Kopf, geöffnet hätte. Tatsächlich machte ein junger Mann in Jeans und einem verwaschenen, am Hals geöffneten Sporthemd die Tür auf, ein Neffe Karsteins, wie sich gleich darauf herausstellte.

Er wollte Claudia das Tonbandgerät abnehmen, aber sie schüttelte verneinend den Kopf; der Apparat war das Alibi, das ihr Zutritt zu dem berühmten Mann verschaffte, und sie wollte es nicht aus den Händen lassen.

Karstein war auch gar nicht erstaunt, daß Hilgers nicht allein kam, wenn er auch zunächst keine Notiz von ihrer Anwesenheit nahm. Er schüttelte Hilgers kräftig die Hand, klopfte ihm auf den Rücken und fand herzliche Worte der Begrüßung. Es war das übliche Ritual zwischen zwei alten Freunden, die sich Jahre nicht mehr gesehen hatten, und er nahm auch keineswegs Anstoß daran, daß Hilgers eine

Alkoholfahne hatte. Das Pfefferminzbonbon, das Claudia ihm an einem Automaten gezogen hatte, konnte sie nicht ganz überdecken.

Danach stellte Karstein seinen Neffen vor, Sohn seiner jüngeren Schwester, der Markus Dreesen hieß, und wandte sich Claudia zu. Da Hilgers es nicht für nötig hielt — vielleicht auch in seinem benebelten Kopf gar nicht daran dachte — sie bekannt zu machen, übernahm sie das selber.

»Claudia Mennersdorfer«, sagte sie und war froh, daß ihr der Apparat die Entscheidung abnahm, ob sie Karstein die Hand reichen sollte oder nicht, »ich arbeite auch bei ›Blitzlicht‹.«

»Reporterin?« fragte er, und das Lächeln auf seinem Gesicht erlosch; er war ein schlanker, gutaussehender Herr, der sich sehr gerade hielt, mit einem schmalen, durchfurchten Gesicht, dessen Intellektualität noch durch eine silbern gefaßte Brille betont wurde.

»Nein«, antwortete Claudia rasch und ärgerte sich, daß es in verteidigendem Ton geschah, »ich gehöre zur Romanredaktion. Ich habe Herrn Hilgers nur nach Bremen gefahren.«

»Und sorgen für das Technische, nehme ich an?« fragte Karstein mit einem Seitenblick auf Hilgers, der verriet, daß er sich über dessen Zustand Sorgen machte.

»Ja, das sollte ich wohl tun.«

»Können Sie mit dem Ding denn überhaupt umgehen?« fragte Dreesen.

Seine flapsige Art ärgerte Claudia, aber sie ließ es sich nicht anmerken. »Ich habe es geübt«, entgegnete sie mit ihrem sanftesten Lächeln.

Es klingelte an der Haustür.

»Das wird Herr Kraatz sein«, sagte Claudia, »der Fotograf.«

Während Dreesen hinausging, um zu öffnen, hatte Claudia Gelegenheit, sich umzusehen. Das helle, freundliche

Zimmer war mit alten englischen Mahagonimöbeln aus dem vorigen Jahrhundert eingerichtet, und sie wußte nicht, ob es sich um Familienstücke handelte oder ob sie erst in einem Antiquitätenhaus gekauft worden waren. Jedenfalls kam sie sich vor wie in dem Haus eines alten Seebären, und sie überlegte, ob Karsteins Vater wohl Kapitän gewesen war. Darüber hatte sie im Archiv nichts gefunden.

Der Fotograf, ein unauffälliger junger Mann in einer Lederjacke, war sehr eifrig. Mit Dreesens Hilfe schleppte er Kameras, Lampen und einen weißen Schirm herein, während Karstein, ohne Notiz von ihm und den anderen zu nehmen, sich mit Hilgers unterhielt.

»So ist's recht!« rief der Fotograf. »Reden Sie nur weiter ... tun Sie so, als wenn ich gar nicht da wäre. Desto natürlicher wird das Bild!«

Aber kaum hatte er es ausgesprochen, als die beiden alten Herren verstummten.

»Ich habe es noch nie fertiggebracht mich vor einer Kamera natürlich zu benehmen«, sagte Karstein entschuldigend, »zum Schauspieler fehlt mir jedes Talent!«

»Das war gut! Bleiben Sie so ... lächeln Sie ... ganz ungezwungen!«

Der Fotograf hatte seine Lampen angeschlossen und sie so aufgestellt, daß die beiden Herren gut ausgeleuchtet waren. Um das Licht noch zu verstärken, hielt Dreesen den weißen Schirm so aufgespannt, wie er es verlangt hatte.

»Das ist zu hell! Ich kann kaum die Augen offenhalten!« beklagte sich Karstein.

»Das geht nicht anders, sonst reflektieren Ihre Brillengläser, Herr Professor! Sind sie entspiegelt?«

»Keine Ahnung.«

Der Fotograf umtanzte die beiden Herren, ließ sie diese und jene Pose einnehmen, rückte seine Scheinwerfer von einem Platz zum anderen und gab auch Dreesen immer wieder neue Anweisungen.

Hilgers ließ alles leicht schwankend und wie betäubt über sich ergehen, während Karstein, allerdings ohne Resultat, immer wieder protestierte.

»Es ist gleich vorbei ... nur noch ein bißchen Geduld, Herr Professor!« bat Kraatz. »Gleich habe ich es im Kasten! Wenn Sie jetzt mal die Hand auf die Schulter von Herrn Hilgers legen würden ... Sie umarmen ihn, das ist auch gut ... eine nette Geste! Ich hab's! Aber jetzt, bitte, nur die Hand auf die Schulter ... etwas distanzierter, wenn Sie wissen, was ich meine!«

»Zum Teufel, wieviel Bilder brauchen Sie denn eigentlich? Soll das etwa eine Foto-Reportage werden?«

»Nein, Herr Professor, keine Sorge!« mischte Claudia sich ein.

»Wir brauchen nur ein einziges ...«

»Und dafür das ganze Theater?«

»Um ein einziges wirklich gutes Bild zu bekommen, muß man hundert schießen«, behauptete der Fotograf.

»Was für eine Materialverschwendung.«

Claudia war sich bewußt, daß er sie, da sie abseits der Lampen stand, nicht sehen konnte, und das gab ihr den Mut zu sagen:

»Die Negative bedeuten nichts, Herr Professor, wenn es um Ihre Persönlichkeit geht!«

Die Prozedur dauerte etwa zwanzig Minuten. Dann sagte der Fotograf: »Das wär's.«

»Dem Himmel sei Dank! Mein Arm ist schon ganz lahm!« sagte Dreesen.

Kraatz knipste nacheinander die Lampen aus. »Jetzt machen wir noch ein paar hübsche Einstellungen im Garten ... es ist so ein herrlicher Tag ...«

Dagegen protestierte Karstein jedoch mit Nachdruck. »Nicht mit mir, junger Freund. Jetzt ist's genug. Sie dürfen mir glauben, daß ich noch nie in meinem bisherigen Leben einem Fotografen so lange gestanden habe.«

»Das ist mir eine große Ehre, Herr Professor.«

»Dann sammeln Sie jetzt, bitte, Ihre Utensilien wieder ein, und lassen Sie uns zur Besinnung kommen.«

»Aber ich soll Sie doch beim Interview fotografieren ... wohin wollen Sie sich setzen? Am besten, Sie dort in den Sessel ... und Herr Hilgers schräg neben Ihnen hier auf dem Stuhl.«

»Wir sollen ernsthaft miteinander reden, während Sie uns knipsen? Wie stellen Sie sich das vor?«

»Es ist allgemein so üblich, Herr Professor ... beachten Sie mich gar nicht!«

Claudia merkte, daß der gute Wille Karsteins überstrapaziert war. »Nein, Herr Kraatz, es ist genug!«

»Aber ich soll doch ...«

»Ich kenne Ihren Auftrag. Aber wenn Sie bis jetzt noch kein anständiges Foto geschossen haben, schaffen Sie es nie!«

»Sie haben mir gar nichts zu sagen! Ich soll ...«

»Ich weiß, was Sie wollen, Herr Kraatz. Es würde Ihnen wohl kaum gefallen, wenn ich Herrn Togelmann berichten müßte, daß Sie die Herren verärgert haben.«

»Das ... das tue ich doch gar nicht ...«

»Wenn Sie es nicht merken, um so schlimmer.«

»Herr Hilgers, bitte, ich ...«

»Verschwinden Sie schon«, sagte Hilgers mit einer schwachen Stimme, die kaum noch zu ihm zu gehören schien.

»Ab dafür!« befahl Claudia.

»Hilf ihm, Markus«, bat Karstein.

Claudia spürte, wie erleichtert die beiden Herren waren, als die jungen Männer endlich die Fotoutensilien hinaus in Kraatzens Auto schafften.

»Ich brauche ... was ... zu trinken«, sagte Hilgers mühsam; er war aschfahl geworden.

»Gute Idee!« stimmte Karstein sofort zu. »Bring uns einen Klaren, Markus! Für Sie auch, Fräulein?«

Claudia haßte diese unpersönliche Anrede, aber sie mußte

zufrieden damit sein, daß er sie überhaupt bemerkte. »Nein, danke, Herr Professor!«

»Also dann ... nur für uns beide!«

Claudia befürchtete Schlimmes, als Dreesen zwei vor Kälte beschlagene Schnapsgläser auf einem kleinen hölzernen Tablett hereinbrachte. Hilgers griff zu, ohne einen Trinkspruch abzuwarten, und schüttete den Inhalt seines Glases in sich hinein. Karstein beobachtete ihn mit einem nachsichtigen Lächeln und nahm dann selber einen Schluck.

Indessen hatte Claudia das Tonbandgerät auf den mit einer schönen alten Kreuzstichdecke belegten Tisch gestellt und es angeschlossen. Sie stellte das Mikrofon daneben, betätigte die Konferenzschaltung und machte eine Sprechprobe. »Eins ... zwei ... drei ... wir sind hier im Haus von Professor Karstein in Bremen-Vegesack ...«

»Das Haus gehört meiner Mutter!« sagte Karstein. »Sie läßt sich übrigens entschuldigen ... sie ist von jeher jedem Trubel aus dem Weg gegangen ...«

Claudia ließ das Band zurücklaufen, hörte es ab und stellte die Anlage erneut auf Empfang. »Ich kontrolliere nur, ob alles in Ordnung ist«, sagte sie, »wir können.«

»Muß ich in das Mikrofon sprechen?« fragte Karstein.

»Um das brauchen Sie sich überhaupt nicht zu kümmern. Der Apparat gibt jedes Geräusch wieder ... auch aus dem hintersten Winkel des Zimmers.«

Dreesen rückte seinem Onkel einen Sessel zurecht. Karstein nahm Platz und legte die Spitzen seiner langen, schön geformten Finger gegeneinander. Erwartungsvoll sah er Hilgers an. Der Redakteur hatte sich in einen anderen Sessel plumpsen lassen. Jetzt räusperte er sich.

Kein anderer Laut war zu hören; es herrschte gespannte Stille.

Hilgers räusperte sich noch einmal und wollte sprechen. Aber er brachte nur völlig unverständliche Laute zustande. Dabei war ihm anzusehen, wie sehr er sich bemühte.

Es war unsäglich peinlich, nicht nur für ihn, sondern für die anderen, die diese Szene miterleben mußten. Selbst Dreesens Grinsen gefror zu einer Grimasse. Claudia wußte nicht, was sie tun sollte, und war dankbar, daß Karstein eingriff.

»Ich sehe, es ist dir nicht gut«, sagte er, »ich glaube, du solltest dich ein bißchen hinlegen.«

Hilgert hatte die Augen geschlossen; seine Stimme war zu einem Krächzen geworden.

»Bring ihn ins Gästezimmer, Markus«, ordnete Karstein an, »und zieh ihm die Schuhe aus, ja?«

»Wird gemacht, Onkel Tom!«

Dreesen brachte Hilgers auf die Beine und bugsierte ihn, mehr tragend als führend, zur Tür.

Hilgers gab noch einen Satz von sich, aus dem man, mit sehr viel gutem Willen, »Wenn Sie mich jetzt entschuldigen wollen ...« heraushören konnte. Vielleicht aber sollte es auch etwas ganz anderes heißen.

»Ist er oft so?« fragte Karstein, als sie allein waren.

»Nein. Ich habe ihn noch nie so erlebt.«

»Ich verstehe das nicht! Er hat ja schon immer gern und viel getrunken ... aber dies jetzt!«

»Seit ich ihn kenne, ist er absolut trocken. Aber er war sehr aufgeregt ...«

»Warum?«

»Er hat großen Respekt vor Ihnen, Herr Professor ... und er kommt sich im Vergleich wohl etwas minderwertig vor. Er wollte sich gar nicht mit Ihnen in Verbindung setzen. Ich habe ihn dazu getrieben. Ich dachte, er würde es schaffen. Es hätte ihm bestimmt beruflich genützt.«

»Schade. Ich hatte mich auf das Wiedersehen gefreut. Er ist ein kluger Kopf.«

»Ja, ich weiß. Ich habe eine Menge von ihm gelernt.«

Eine Weile sah Karstein sie schweigend an, und sie versuchte, so entspannt wie möglich zu wirken, obwohl sie wußte, daß für sie jetzt die Stunde der Entscheidung gekommen war.

Dann sagte er: »Also, mein liebes Fräulein ...« Er zögerte, weil ihm ihr Name entfallen war.

»Sagen Sie einfach Claudia!«

»Es tut mir leid, aber Sie sollten Ihr Gerät jetzt zusammenpacken. Das Beste wird sein, wir lassen ihn ausschlafen ... obwohl er möglicherweise auch dann noch ärztlicher Behandlung bedarf.«

Jetzt wagte Claudia den Vorstoß, den sie seit einigen Minuten geplant hatte.

»Aber ich könnte doch das Interview für ihn machen ... in seinem Namen, meine ich.«

»Ausgeschlossen. Dazu fehlen Ihnen die Voraussetzungen.«

»Ich habe alles über Sie gelesen, Herr Professor ... und einiges von dem, was Sie geschrieben haben.«

»Sie entstammen einer Generation, die durch eine unüberbrückbare Kluft von der meinen entfernt ist.«

»Ich kann nicht glauben, daß das Ihr Ernst ist!«

»Und warum nicht?«

»Sie schreiben doch für Menschen meiner Generation! Für jeden Studenten der Psychologie und der Soziologie sind Ihre Werke Pflichtlektüre.«

»Das habe ich nie gewollt.«

»Für wen sind Ihre Gedanken denn sonst bestimmt? Menschen Ihrer Generation können Ihre Überlegungen doch gar nichts mehr nutzen.«

Karstein änderte kaum merklich seine Haltung. »Darf ich fragen, bei wem Sie studiert haben?«

»Gar nicht. Ich habe nur den Hauptschulabschluß und Handelsschule gemacht.«

»Das kann ich Ihnen kaum abnehmen.«

»Es ist aber so. Ich habe versucht, mich nach der Schule weiterzubilden ... durch Abendkurse und einige Lektüre.«

»Erstaunlich.«

»Kann ich nicht finden. Man lernt mehr, wenn man Interesse an den Dingen hat, als wenn man ein Gymnasium absolviert, weil die Eltern es wünschen ... und weil sie eine längere Ausbildungszeit bezahlen können. Sie halten doch selber Vorlesungen, nicht wahr? An der Columbia-Universität. Da müßten Sie doch wissen ...«

»Meine Hörer sind alle sehr eifrig.«

»Ja, aber die sind ja auch schon eine Elite! Und sind Sie sicher, daß alle Ihre Ausführungen überhaupt verstehen? Sie verstehen können? Oder selbst, wenn sie sie verstehen könnten, Ihnen nicht nur auf den Mund blicken und an ganz andere Dinge denken? Oder träumen?«

Karstein lächelte milde. »Sie scheinen ein Ressentiment gegen die studierende Jugend zu haben.«

»Nein. Keineswegs. Ich wehre mich nur dagegen, daß man auf mich herabblickt, weil meine Eltern mir keine wissenschaftliche Ausbildung verschaffen konnten.«

»Haben Sie nie daran gedacht, das Abitur nachzumachen? Soviel ich weiß, kann man das hier in Deutschland doch auf Abendschulen ...«

»Daran gedacht sicher. Aber wozu? Es wäre für mich doch nur verlorene Zeit. Ob auf dem Gymnasium oder auf der Abendschule ... die meisten büffeln ja doch nur darauf zu ihrer Prüfung hin, nicht um sich Wissen anzueignen, und deshalb haben sie ja auch schon wenige Jahre später alles wieder vergessen.«

»Sie urteilen hart.«

»Nein, nur nüchtern. Natürlich würde es mich reizen, eine Hochschule zu besuchen, Studentin zu sein ... aber ich bin sicher, daß alles, was man wissen will, auch aus Büchern zu lernen ist.«

»Ich würde Ihnen gerne mal Gelegenheit geben, mit meinen Hörern zu diskutieren ... sprechen Sie englisch?«

»Leidlich.«

»Das ist ausgezeichnet ...«

Claudia nahm einen neuen Anlauf.

»Herr Professor, es ist sehr schmeichelhaft, daß Sie mir zuhören ... daß Sie sich für meine Ansichten interessieren. Aber Ihre Studenten würden mich bestimmt in der Luft zerreißen, darüber mache ich mir nichts vor. Was ich sage und denke und fühle, ist doch auch für die Allgemeinheit ganz gleichgültig. Aber unsere Leser .. die Leser von ›Blitzlicht‹ ... möchten etwas über Sie wissen. Es sind keine allzu gebildeten Leute, keine Leute, die je wissenschaftliche Bücher lesen ... aber gerade deshalb wäre es wichtig, ihnen Ihre Erkenntnisse nahezubringen.«

»Und Sie meinen, das könnte Ihnen gelingen?«

»Uns beiden, Herr Professor!«

»Aber Sie haben nicht einmal ein Konzept.«

»Das habe ich im Kopf! Wir können es doch wenigstens versuchen! Sie haben diese Zeit für ein Interview eingeplant ... und ich bin eigens deshalb nach Bremen gekommen. Was verlieren Sie denn, wenn Sie es mich versuchen lassen?«

»Und Sie könnten sich damit Ihre goldenen Sporen verdienen, nicht wahr?«

»Nein. Ich will es im Namen von Hilgers aus der Redaktion einreichen. Das habe ich Ihnen doch schon gesagt.«

»Seien Sie mir nicht böse, wenn ich Selbstlosigkeit gegenüber, besonders wenn sie so betont zur Schau gestellt wird, sehr mißtrauisch bin.«

»Aber wieso Selbstlosigkeit? Ich arbeite ja auf der Romanredaktion ... ich will keine Reporterin werden! Das Interview mit Ihnen würde mir beruflich gar nicht weiterhelfen ... oder nur insofern, als ich mir damit beweisen würde, daß ich das auch kann. Deshalb kann ich die Lorbeeren ohne Bedauern Hilgers überlassen.«

»Sie haben eine sehr überzeugende Art.«

»Freut mich, das zu hören. In meinem bisherigen Leben ist es mir nämlich noch niemals gelungen, jemanden von meinen Fähigkeiten zu überzeugen.« Sie dachte kurz nach und fügte einschränkend hinzu: »Jedenfalls nicht die wirklich wichtigen Leute.«

»Das wird schon noch kommen«, sagte Karstein, »dessen bin ich gewiß. Also, in Gottes Namen, versuchen wir es.«

»Wirklich, Herr Professor!? Das werde ich Ihnen nie vergessen!« Claudia wollte das Tonbandgerät einschalten, als sie, fast erschrocken, merkte, daß es schon die ganze Zeit gelaufen war. Blitzschnell überlegte sie, daß es wohl nicht gut sein würde, Karstein das wissen zu lassen. Also schaltete sie es kurz aus und dann wieder ein und hoffte, daß es ihm nicht auffallen würde.

Seine Miene veränderte sich nicht, und erleichtert schoß sie ihre erste Frage ab, die intelligent genug war, Karstein zu einer Antwort zu veranlassen. Claudia war gut vorbereitet, ihre Fragen kamen präzise, und Karstein formulierte leicht verständlich.

Nach einer knappen Stunde konnte sie abschließend sagen: »Herr Professor, ich danke Ihnen für das Gespräch.« Sie stellte das Tonbandgerät ab.

»Sie sind ein tüchtiges Mädchen«, sagte Karstein anerkennend, aber doch deutlich irritiert.

»Wollen wir das Band noch einmal abhören?«

»Nicht nötig. Ich weiß, was ich gesagt habe.«

»Ich werde nichts ändern«, versprach sie, »höchstens ein bißchen an meinen Fragen herumbasteln, damit sie Hilgersscher klingen.«

»Darauf werden Ihre Leser wohl kaum Wert legen.«

»Aber die Redaktion. Und Hilgers selber.« Claudia stand auf und zog die Schnur aus der Steckdose.

»Ich glaube, jetzt haben wir beide uns auch einen guten Schluck verdient«, meinte Karstein.

»Das ist sehr liebenswürdig von Ihnen, Herr Professor, aber ... danke, nein. Ich muß ja noch fahren. Aber wenn Sie mir erlauben würden, nach Hilgers zu sehen?«

»Der schläft bestimmt.«

»Sie meinen nicht, daß ich ihn mit nach Elmrode zurücknehmen könnte?«

»Vielleicht können Sie es, aber Sie sollten es nicht. Schlaf ist für ihn die beste Medizin. Oder muß er unbedingt morgen früh an seinem Schreibtisch sitzen?«

Claudia dachte nach. »Nein. Ich werde ihn wegen Unpäßlichkeit entschuldigen.«

»Tun Sie das.« Auch Karstein war aufgestanden.

»Ich würde mich gerne überzeugen, wie es ihm geht.«

»Das ehrt Sie. Aber ich werde lieber meinen Neffen schicken.«

Karstein öffnete die Tür und rief in das stille Treppenhaus hinein: »Markus, bitte!«

Dreesens Stimme kam von irgendwo her: »Ja, Onkel?«

»Wirf einen Blick in das Gästezimmer ... und dann berichte!«

Karstein wandte sich wieder Claudia zu. »Er bietet sicher keinen schönen Anblick. Ich möchte Ihnen das ersparen.«

»Oh, ich bin ganz hart im Nehmen.«

»Aber er nicht. Er würde es unverzeihlich finden.«

Dreesen kam herein. »Er schläft, aber er sieht nicht gut aus. Er röchelt so komisch.«

»Dann werden wir einen Arzt kommen lassen«, entschied Karstein.

»Ich weiß gar nicht, wie ich mich entschuldigen soll«, sagte Claudia, »das Ganze ist eine solche Zumutung für Sie!«

»Sie trifft ja keine Schuld ... es sei denn, Sie hätten ihn zum Trinken animiert.«

Dreesen grinste.

»Herr Professor!« wehrte Claudia sich entsetzt. »Das trauen Sie mir doch nicht ernstlich zu!?«

»Doch, ich halte Sie für genau den Typ!«

Claudia schoß das Blut in die Wangen.

»Na, immerhin können Sie noch erröten«, konstatierte Karstein.

»Was auch immer Sie von mir halten mögen, Professor«, sagte Claudia und zwang sich zu einem Lächeln, »für mich war die Begegnung mit Ihnen eine Sternstunde!«

Dreesen war höflich genug, ihr das schwere Gerät zum Auto zu tragen. Sie bedankte sich, winkte noch einmal Karstein zu, den sie hinter der blütenweißen Tüllgardine vermutete, startete und fuhr los.

Weder die Kränkung über Karsteins Verdacht noch die Sorge um Hilgers konnten ihren Triumph mindern. Ihr, Claudia Mennersdorfer, war es gelungen, ein Exklusiv-Interview mit dem berühmten Mann zu machen, und das allein zählte für sie.

Da Claudia das schwere Tonbandgerät und ihre Schlüssel nicht gleichzeitig handhaben konnte, klingelte sie, als sie nach Hause kam.

Elke öffnete ihr; sie hatte sich für den Abend umgezogen.

»Na, hat alles geklappt?« fragte sie uninteressiert. »Wir gehen tanzen! Kommst du mit?«

Da diese Aufforderung nicht sehr ernst gemeint war, fiel es Claudia nicht schwer abzulehnen. »Ich muß das Band noch abschreiben.«

»Am Sonntagabend?!«

»Ja.«

»Des Menschen Wille ist sein Himmelreich!« trällerte Elke und verschwand im Bad.

Claudia hätte jetzt gerne etwas getrunken, aber sie untersagte es sich, weil sie einen klaren Kopf behalten wollte. Sie schminkte sich ab, hängte ihr Kleid zum Lüften aus, wusch ihre Strümpfe und machte es sich bequem, während sie das Band schon zurücklaufen ließ. Als die Wohnungstür hinter der Freundin zuklappte, fühlte sie sich erleichtert. Es hätte ihre Konzentration gestört, wenn nebenan der Fernseher geplärrt oder Elke mit Erwin in ihrem Zimmer herumgeschäkert hätte. So konnte sie in Ruhe arbeiten.

Sie öffnete ihre kleine Reiseschreibmaschine, schob ein Blatt mit einem Durchschlag ein, tippte den Arbeitstitel »Interview Hans Jürgen Hilgers mit Professor Thomas Karstein« und setzte das Datum dahinter.

Das Band war inzwischen zurückgelaufen, und sie stellte es zum Abhören ein.

Ihre eigene Stimme ertönte: »Eins ... zwei ... drei ... wir sind hier im Haus von Professor Karstein in Bremen-Vegesack ...« Sie wollte schon weiter vorspulen bis zum eigentlichen Interview, entschloß sich dann aber doch, es laufen zu lassen, um den Anfang nicht zu verpassen.

Die Stimme von Karstein wurde laut, ihre Stimme, Geräusche und dann — seltsam unartikulierte Töne. Claudia begriff, daß sie den betrunkenen Zusammenbruch von Hilgers mit aufgenommen hatte. Als er sein »Wenn Sie mich jetzt entschuldigen wollen ...« lallte, war seine Stimme unverkennbar.

Claudia drückte auf die Stop-Taste. Die Unterlippe zwischen die Zähne gezogen, saß sie da und dachte nach. Sie wußte, es wäre fair gewesen, den peinlichen Auftritt zu löschen, und sie war auch schon nahe daran. Aber dann entschied sie sich anders.

»Ach was!« sagte sie in die Stille ihres Zimmers hinein. »Wer ist denn schon fair mir gegenüber! Außerdem ist es ein Dokument, und Dokumente soll man nicht vernichten.«

Allerdings hatte sie keineswegs im Sinn, Hilgers mit dieser Aufnahme unter Druck zu setzen. Es würde auch, davon war sie überzeugt, nicht nötig sein. Er war ihr gegenüber jetzt ohnehin in die schwächere Position geraten.

Noch einmal hörte sie sich an, was sie mit Karstein vor dem Interview gesprochen hatte, machte sich den Vorwurf, daß sie zu entschlossen aufgetreten war, statt sich damenhaft und hilflos zu geben. Aber das spielte jetzt keine Rolle mehr, da sie das Interview im Kasten hatte.

Wortgetreu schrieb sie es ab, nur daß sie vor jede ihrer Fragen die Initialen von Hilgers setzte. An die Feinarbeiten — die Beschreibungen, das Kürzen, die Hervorhebungen — wollte sie erst am nächsten Morgen gehen, wenn sie frisch und ausgeschlafen war.

Gegen elf Uhr war sie mit der Abschrift fertig. Herbert hatte nicht angerufen. Sie hatte es erhofft, jetzt aber war sie ganz froh, daß er sich nicht gemeldet hatte — oder sie redete es sich wenigstens mit Erfolg ein. Sie fühlte sich erschöpft.

Immerhin fand sie noch die Kraft, die Seiten auseinanderzulegen. Dann schenkte sie sich einen großen Whisky ein, tat Eiswürfel aus dem Gefrierfach dazu, zündete sich eine Zigarette an, legte die Beine hoch und versuchte sich bei gedämpfter Radiomusik zu entspannen.

Es ging auf Mitternacht zu, als das Telefon klingelte. Das konnte nur Herbert sein. Sein Anruf bereitete ihr eine gewisse Genugtuung, aber er ärgerte sie auch, weil er zu spät kam.

Sie verbot sich, den Hörer abzunehmen. Das war nicht leicht, denn das Klingeln wollte kein Ende nehmen. Aber sie blieb stark. Sie würde einfach behaupten, schon tief und fest geschlafen zu haben. Das konnte er dann glauben oder nicht.

Claudia leerte ihr Glas und ging, sehr mit sich und dem Ergebnis dieses Tages zufrieden, zu Bett.

Erst eine ganze Woche später, am nächsten Montag, erschien Hilgers wieder auf der Redaktion. Er schien noch mehr zusammengeschnurrt, hielt die schweren Lider gesenkt und schlurfte grußlos in sein Büro.

Aber das war man an ihm gewohnt. Claudia hatte den Verdacht, daß er glaubte, selber nicht bemerkt zu werden, wenn er von niemandem Notiz nahm.

Nicht gewohnt war man, daß er wenige Minuten später wieder im Schreibsaal auftauchte, wutentbrannt, den Ausdruck der neuesten Ausgabe von »Blitzlicht« wie einen erbeuteten Hasen in der Rechten schwenkend. »Unverschämtheit!« brüllte er und stürzte auf Claudias Schreibtisch zu. »Ist es denn zu fassen?! Eine solche Unverschämtheit ist mir in meinem ganzen Leben noch nicht begegnet!«

Es war unvermeidlich, daß alle Maschinen verstummten und alle Köpfe zu ihm herumflogen. Auch die Türen der Büros öffneten sich, und mancher Redakteur spähte hinaus.

»Ich ahne nicht einmal, wovon Sie sprechen«, erwiderte Claudia ruhig, und tatsächlich dämmerte es ihr noch nicht, worüber er sich so aufregte.

Hilgers schlug mit der linken Hand auf die bedruckte Seite.

»Das haben Sie verbrochen!«

Jetzt wußte Claudia, ohne hinzusehen, daß er das Interview mit Karstein meinte. »Und was ist falsch daran?« fragte sie.

»Mein Name!« schrie er. »Sie haben meinen Namen mißbraucht!«

»Aber was schadet das denn!? Ich wollte Ihnen doch nur einen Gefallen tun!«

»Wer hat Sie darum gebeten?«

»Professor Karstein, wenn Sie es genau wissen wollen.«

»Das ist nicht wahr! Eine hundsgemeine Lüge! Das könnte er mir nicht antun!«

»Ich habe ihm jedenfalls gesagt, daß ich es unter Ihrem Namen abliefern würde, und er war damit einverstanden.«

»Weil er Sie nicht kennt! Weil er nicht weiß, was Sie in Ihrem gefährlichen kleinen Hirn planen!« Seine Augen waren blutunterlaufen.

»Ich wollte Ihnen nur helfen!« beteuerte Claudia, doch als sie merkte, daß er sie in die Verteidigung drängte für etwas, das sie wirklich nur gut gemeint hatte, wurde auch sie zornig.

»Mich erpressen ... das wollten Sie!« tobte er.

»Wäre es Ihnen lieber gewesen, ich hätte gleich herausposaunt, was passiert ist?!« schleuderte sie zurück.

»Ich bin krank geworden!«

»So kann man es auch nennen!«

Sie sahen sich erbittert in die Augen, und eine Sekunde lang hatte Claudia den Eindruck, er wäre imstande, sie umzubringen. Dann, plötzlich, erschlaffte die Spannung in seinem Körper, und er begann zu zittern. »Ich verlange, daß mein Name da verschwindet«, sagte er schwach.

»Tun Sie das. Von mir aus. Ich habe allen Grund, stolz auf meine Arbeit zu sein, finden Sie nicht?«

»Ich gehe jetzt zum Chef.«

»Dazu würde ich Ihnen raten. Bevor er Sie zu sich zitiert. Nach dem, was Sie hier aufgeführt haben, wird er sowieso innerhalb der nächsten halben Stunde Bescheid wissen.«

Er schwenkte ab, ein geschlagener alter Mann.

Elke stürzte zu Claudia.

Aber Frau Gottschalk kam ihr zuvor. »Ist das wahr?« fragte sie. »Sie haben das Interview geschrieben?«

»Sie haben es gehört.«

»Aber warum haben Sie es dann nicht gesagt? Wenigstens mir? Wenn Sie es selber gemacht haben, dann gehört doch auch Ihr Name darunter.«

»Der hat doch nicht das geringste Gewicht.«

»Jedenfalls bin ich froh, daß es aufgekommen ist! Jetzt muß Ihr Name groß herauskommen!«

»Ach, Frau Gottschalk«, sagte Claudia, »seien Sie doch nicht so naiv. Nichts wird geändert, Sie werden sehen.«

»Das kann ich mir nicht vorstellen«, sagte Frau Gottschalk. — Claudia sollte recht behalten. Hilgers kam zwar zu seiner Unterredung mit Togelmann — nachdem Frau Tauber ihn gebührend lange hatte warten lassen, versteht sich —, aber was dabei besprochen wurde, erfuhr niemand.

Das Interview blieb, wie es war.

»Jedenfalls weiß der Chef jetzt, daß du was kannst!« sagte Elke tröstend.

Es war vierzehn Tage später, die beiden Frauen fuhren in Claudias Auto nach Hause, und Elke hatte die neueste Ausgabe von »Blitzlicht« auf dem Schoß und blätterte darin.

Sie ärgerte sich über Claudias Schweigen. »Allerdings ... ein paar Worte hätte er schon darüber verlieren dürfen«, begann sie zu sticheln, »ein bißchen Lob kostet doch nichts.«

»Ach, Elke«, sagte Claudia nur.

»Sein Verhalten beweist, daß ich mit allem recht hatte. Er nutzt dich nur aus.«

»Nicht auf die Dauer. Warte nur ab. Ich werde schon etwas unternehmen.«

»Du mit deinen großen Sprüchen! Aber ist schon je etwas dabei herausgekommen? Ich kann mich nicht erinnern.«

Claudia ärgerte sich, daß sie sich überhaupt auf eine Debatte eingelassen hatte, und öffnete den Mund erst wieder, als sie ihre kleine Wohnung betraten — und dann auch nur, um der Freundin mitzuteilen, daß sie Lust auf hart gekochte Eier und Salat hatte.

Aber das Interview sollte noch Folgen haben, mit denen niemand gerechnet hatte.

Einige Zeit später — es war immerhin ein guter Monat seit dem Erscheinen des Interviews verstrichen — klingelte das Telefon auf Claudias Schreibtisch, und das Mädchen aus der Zentrale sagte ihr, daß eine Frau Helma Suttner sie zu sprechen wünschte.

Claudia kam der Name bekannt vor, aber sie konnte ihn im Augenblick nirgendwo unterbringen. Sie ließ sich verbinden.

»Sekretariat der Roman-Redaktion«, meldete sie sich.

»Ich möchte Frau Claudia Mennersdorfer sprechen.«

»Am Apparat.«

»Hier spricht Helma Suttner ...«

»Ja ...?«

»Aber Frau Mennersdorfer! Erinnern Sie sich denn nicht? Wir haben zusammen bei Heinzelmann in Hamburg gearbeitet!«

Jetzt ging Claudia ein Licht auf, obwohl die Bezeichnung »zusammen gearbeitet« reichlich euphemistisch war — Frau Suttner war bei dem Hamburger Verlag Lektorin gewesen, als sie selber noch Stenotypistin war. Sie hatte niemals den Eindruck gehabt, daß Frau Suttner sie besonders beachtet hätte. »Ach ja, jetzt weiß ich wieder«, sagte sie.

»Wie geht es Ihnen denn? Irgend jemand hat mir erzählt, daß Sie bei ›Blitzlicht‹ gelandet sind.«

»Ja, das stimmt«, sagte Claudia, und das ganze Gespräch kam ihr ziemlich idiotisch vor.

»Ich bin in Elmrode ...«

»Ach was!«

»Auf der Durchreise!«

Diese Erklärung erschien Claudia noch sonderbarer, denn Elmrode war kein Verkehrsknotenpunkt.

»Hätten Sie nicht Lust, sich heute abend mit mir zu treffen?« fragte Frau Suttner.

Darauf wußte Claudia nicht sogleich eine Antwort, denn sie versuchte noch zu durchschauen, was die Suttner im Schilde führte. Wollte sie sie über irgendwelche Vorgänge auf der Redaktion aushorchen? Unwahrscheinlich, denn es gab hier keine Geheimnisse.

»Ich würde mich sehr freuen«, drängte Frau Suttner liebenswürdig, »es ist nämlich so ... ich war verabredet, um die Wahrheit zu sagen, jedenfalls hoffte ich einen Typen hier zu treffen, aber der hat mich versetzt. Nun hocke ich ganz allein in diesem Kaff und weiß nichts Rechtes mit mir anzufangen. Es wäre reizend von Ihnen, wenn Sie mir Gesellschaft leisten würden.«

So fadenscheinig das alles auch klang, Claudia konnte nicht ablehnen, ohne ausgesprochen unhöflich zu sein. »Ja, gerne«, sagte sie deshalb und versuchte eine Begeisterung in ihre Stimme zu legen, die sie tatsächlich nicht empfand.

»Wo und wann? Ich wohne im ›Goldenen Hahn‹ ... wir könnten zusammen essen.« Ehe Claudia sich noch zu diesem Vorschlag äußern konnte, fügte sie hinzu: »Ich erwarte Sie dann also gegen acht.«

»Ich komme ...« begann Claudia, aber sie kam nicht mehr dazu auszusprechen, denn die Suttner hatte schon aufgelegt; sie hatte ihr sagen wollen, daß sie direkt von der Redaktion aus kommen würde.

Claudia war nicht besonders glücklich über die plötzliche Verabredung. Gerade an diesem Abend hatte sie sich mit Herbert treffen wollen. Aber dann würde sie eben später zu ihm kommen. Sie rief ihn an, und wie sie erwartet hatte, reagierte er ärgerlich. »Was ist das überhaupt für ein Weibsstück?« fragte er.

»Du hast mir nie von ihr erzählt.«

»Ich kenne sie ja kaum.«

»Und trotzdem läßt du mich ihretwegen sitzen?!«

»Ich habe doch schon versucht, dir zu erklären ...«

»Jetzt sag nur nicht, daß dein gutes Herz dir einen Streich gespielt hat!«

»Nein, das nicht, aber immerhin gibt es gewisse Spielregeln ... ich kann niemanden vor den Kopf stoßen, der in Elmrode gestrandet ist und mich um meine Gesellschaft bittet!«

»Schön und gut. Aber ich sehe nicht ein, warum ich dich nicht begleiten kann.«

»Warum denn nicht? Natürlich kannst du. Ich bin nur nicht darauf gekommen, daß du es möchtest.«

Herbert wurde still.

»Willst du es denn wirklich?« fragte sie.

»Wenn ich es mir recht überlege ... nein.«

»Warum fängst du denn erst damit an?«

»Es ist ein Unterschied, ob man selber absagt oder ob man abgeschoben wird.«

»Du bist empfindlich wie eine Mimose! Also dann ... bis heute abend! Ich werde versuchen, mich so schnell wie möglich loszueisen.«

Helma Suttner war noch auf ihrem Zimmer, als Claudia das elegante kleine Foyer — von einer Halle konnte man kaum sprechen — des Hotels betrat. Der Portier läutete zu ihr hinauf und teilte Claudia dann mit, daß Frau Suttner sofort herunterkommen würde.

Claudia ging auf und ab und betrachtete Schmuck vom ersten Juwelier der Stadt, der in einer Vitrine ausgestellt war. Sie dachte, daß sie die Lektorin nicht im Sitzen begrüßen, aber auch nicht aufspringen wollte, wenn sie aus dem Lift stieg.

Frau Suttner war eine Sekunde unsicher, als sie Claudia entdeckte, und machte schon eine Bewegung auf den Portier zu, als wollte sie ihn fragen. Da Claudia aber die einzige junge Frau im Foyer war, entschloß sie sich, auf sie zuzugehen.

»Frau Mennersdorfer ...« sagte sie mit einer kleinen Frage in der Stimme.

Claudia reichte ihr die Hand. »Guten Tag, Frau Suttner!«

»Also sind Sie's wirklich! Sie haben sich sehr verändert.«

»Ich wollte nicht länger eine kleine graue Maus sein.«

Frau Suttner lachte. »Das waren Sie wohl nie.« Sie schob ihre Hand mit einer vertraulichen und zugleich besitzergreifenden Geste unter Claudias Ellenbogen. »Kommen Sie. Ich habe einen Tisch bestellt. Ißt man hier gut?«

»Sie werden zufrieden sein.«

Frau Suttner bestellte als Apéritif einen trockenen Sherry für sie beide und zündete sich, als der Ober kam, eine

Zigarette an. So rasch entschied sie sich für ein Steak mit Salat, daß Claudia klar wurde, wie wenig es ihr tatsächlich auf ein gutes Essen ankam. Claudia selber nahm Nordseekrabben mit Toast, und Frau Suttner wählte einen Chablis.

Als der Ober sich zurückzog, begann die Lektorin erst einmal über belanglose Dinge zu plaudern, erzählte von Hamburg und von den Vorgängen im Verlag und vermied es, wie es Claudia schien, absichtlich, ihr Fragen zu stellen. Auch während des Essens bestritt sie den größten Teil der Unterhaltung. Erst als die Teller geleert waren, kam sie zur Sache. »Ich habe es schon damals für einen Fehler gehalten, daß der Verlag Sie hat ziehen lassen«, behauptete sie und zündete sich eine Zigarette an.

»Ach, wirklich?« fragte Claudia ausdruckslos.

»Doch. Frauen, die Maschine schreiben und Briefe in eine gewisse Form bringen können, gibt es genug, aber die sich für Literatur interessieren, sind selten.«

Claudia dachte, daß vielleicht alles anders gekommen wäre, wenn Helma Suttner schon seinerzeit ein Interesse an ihr gezeigt hätte. Die Lektorin war der Typ von Frau, den sie bewunderte: elegant, selbstsicher und mit einer gewissen intellektuellen Note, die durch die große, moderne Brille noch unterstrichen wurde.

»Es ist schwer vorstellbar, daß Sie sich in Elmrode wohl fühlen«, fuhr die Suttner fort, da Claudia schwieg.

»Doch. Ich habe mich eingelebt. Eine kleine Stadt hat ihre Vorzüge.«

»Bei ›Blitzlicht‹ müssen Sie jedenfalls in großem Ansehen stehen.«

»Wie kommen Sie darauf?«

»Ihr Interview mit Thomas Karstein war doch ein Hammer!«

»Hans Jürgen Hilgers hat es gemacht.«

»Nun hören Sie aber auf! Das können Sie Ihrer Großmutter erzählen. Die ganze Branche weiß, auf wessen Mist es gewachsen ist. Bestimmt hat es sich auch auf die Auflage ausgewirkt. Sie muß gestiegen sein.«

»Ich weiß es nicht.«

»Hat man Ihnen das denn nicht gesagt? Ihr Artikel wurde ja sogar im Radio erwähnt.«

»Ich verstehe nicht, worauf Sie hinauswollen«, sagte Claudia ehrlich.

»Wie gesagt, Sie sind mir schon seinerzeit aufgefallen ... jetzt, nach Ihrem großen Erfolg, möchte ich gerne wissen, wie Sie sich fühlen.«

»Ich habe nichts von einem Erfolg bemerkt.«

»Wie? Was? Sie sind nicht in eine bessere Position aufgerückt? Man hat Ihnen keine Gehaltserhöhung gegeben?«

»Nein.«

»Kaum zu glauben.« Frau Suttner winkte dem Ober. »Sie trinken doch noch einen Kaffee mit mir? Und einen Kognak?«

»Gerne.«

Als der Ober gegangen war, sagte Helma Suttner bedeutungsvoll: »In Hamburg ist man jedenfalls auf Sie aufmerksam geworden.«

»In Hamburg? Wer?«

»Ein bedeutendes Magazin.«

Claudia merkte selber, daß ihr Mund sich vor Überraschung geöffnet hatte, und sofort preßte sie die Lippen zusammen.

»Verstehen Sie mich nicht falsch«, sagte Frau Suttner, »ich bin nicht gekommen, um Ihnen ein Angebot zu machen. Noch sind Sie ja an ›Blitzlicht‹ fest gebunden ... wie lange läuft übrigens Ihr Vertrag?«

»Ich habe normale Kündigungsfrist.«

»Das ist gut. Aber, wie gesagt, ich will und kann Ihnen kein Angebot machen, das sähe ja nach Abwerbung aus ...«

»Was wollen Sie dann?«

»Sie wissen lassen, daß ... wenn Sie eines Tages genug von Elmrode und ›Blitzlicht‹ haben ... bei jener großen Illustrierten eine Stellung für Sie frei wäre.«

Der Ober servierte Kognak und Kaffee.

»Würden Sie mir ... jetzt ... bitte eine von Ihren Zigaretten geben?«

Frau Suttner hielt Claudia die geöffnete Schachtel hin. »Mit dem größten Vergnügen!« Sie gab Claudia und sich selber Feuer.

»Darf ich mal etwas fragen?«

»Aber gewiß doch, meine Liebe, deshalb bin ich ja hier.«

Claudia nahm es zur Kenntnis, daß die Suttner unumwunden den Vorwand von der geplatzten Verabredung fallenließ.

»Das Erscheinen des Interviews«, sagte sie, »liegt jetzt schon mehr als einen Monat zurück ... wieso ist man jetzt plötzlich an mir interessiert?«

»Von ›jetzt‹ und ›plötzlich‹ kann gar keine Rede sein. Es schlug ja wie eine Bombe ein.«

»Aber jetzt erst kommen Sie ...«

»Man wollte nicht unfair sein und erst einmal abwarten, wie sich die Leistung auf Ihre Karriere auswirken würde. Man wollte den Togelmännern sozusagen zuerst einmal Gelegenheit geben, Sie entsprechend zu honorieren und Sie, meine Liebe, womöglich fester an die Redaktion zu binden.«

»Aber das klingt doch paradox!«

»Gar nicht. Wenn Sie jetzt auf einen guten Vertrag hätten hinweisen können, hätte ich Sie nicht einmal andeutungsweise darauf aufmerksam gemacht, daß man in Hamburg an Ihnen interessiert ist. Es gibt gewisse Spielregeln in dieser Branche, die man nur im äußersten Fall verletzt ... und so wichtig sind Sie nun doch nicht ... noch nicht, um es genauer zu sagen.«

Nachdenklich stieß Claudia den Rauch ihrer Zigarette aus.

»Als was könnte ich denn in Hamburg anfangen?«

»Das müßte besprochen werden. Jedenfalls nicht als Sekretärin.«

»Können Sie mir das versprechen?«

»Schriftlich nicht. Ich spiele ja nur eine Vermittlerrolle. Man hat mich gewählt, weil ich Sie kenne.«

Claudia nahm einen Schluck Kognak und war bemüht, ein gleichmütiges Gesicht zu machen. Aber es arbeitete heftig in ihr.

»Man hat mir die Reise und ein Honorar bezahlt«, bekannte die Suttner, »das würde man gewiß nicht tun, wenn man Sie nicht wichtig nähme.«

»Da haben Sie recht.«

»Ich bin sehr froh, daß Sie das begreifen. Eine erhebliche Gehaltserhöhung wäre natürlich auch drin.«

Claudia tat den Mund auf.

Rasch legte die Suttner ihr die Hand auf den Arm. »Sie brauchen jetzt nichts zu sagen. Eine Entscheidung wird nicht von Ihnen verlangt. Lassen Sie sich die Sache in aller Ruhe durch den Kopf gehen. Auch wenn Sie sich erst nach ein paar Monaten oder in einem Jahr entschließen ... eine fähige Mitarbeiterin wie Sie ist immer willkommen.«

Claudia blickte Frau Suttner an, in jener direkten Art, die sie sich so gerne ganz abgewöhnen wollte. »Was würden Sie an meiner Stelle tun?«

»Ich bin nicht an Ihrer Stelle und werde es nie sein.«

»Aber Sie sind eine erfahrene Frau ...«

»Erfahrungen dieser Art habe ich selber nie gemacht«, sagte die Suttner mit leichter Bitterkeit, »man hat sich nie um mich gerissen.«

»Aber Sie stehen doch weit über mir!«

»Wenn Sie erst in meine Jahre gekommen sind, werden Sie eine ganz andere Position einnehmen.«

»Woher wollen Sie das wissen?«

»Man sieht es Ihnen an«, sagte die Suttner lächelnd.

Claudia drückte ihre Zigarette aus. »Könnte ich wohl noch einen Kognak haben?«

»Aber natürlich, ja! Aber wollen wir nicht lieber eine Flasche Champagner köpfen? Man hat mir großzügige Spesen bewilligt.«

»Lieber nicht. Noch gibt es ja nichts zu feiern.«

»Nicht? Der Wink aus Hamburg bedeutet Ihnen also gar nichts?«

»Natürlich, doch. Ich finde es fabelhaft ... und ich finde es auch fabelhaft von Ihnen, daß Sie diese Reise auf sich genommen haben. Aber wir werden heute ja zu keinem Abschluß kommen ...«

»Das war auch nie beabsichtigt!«

»Für Champagner ist es einfach noch zu früh«, beharrte Claudia.

Frau Suttner winkte dem Ober und bestellte noch zwei weitere Kognaks.

»Ich brauche Ihren Rat«, sagte Claudia, als sie wieder allein waren, »vielleicht sogar Ihre Hilfe!«

»Ja?« sagte die Suttner erwartungsvoll und ein wenig überrascht.

»Es ist eine ziemlich lange Story ... ich weiß nicht, wie ich sie Ihnen in wenigen Worten ...«

»Erzählen Sie nur von Anfang an! Wir haben ja jede Menge Zeit.«

»Es ist sehr, sehr nett, daß Sie mir zuhören wollen«, sagte Claudia, und dann berichtete sie von der Entdeckung des englischen Romans, ihrer eigenen Initiative, die Rechte zu bekommen, und ihrer Arbeit an der Übersetzung. »Ich bin jetzt fast damit fertig«, sagte sie, »es fehlen nur noch wenige Seiten, und dann will ich die ersten drei Folgen für einen Vorabdruck zurechttrimmen.«

»Sie meinen, er wäre etwas für den ›Stern‹?«

»Ich weiß es nicht. Auf alle Fälle will ich ihn zuerst ›Blitzlicht‹ anbieten.«

»Warum denn das?«

»Weil ich mich diesem Haus verbunden fühle.«

»Verbinden Sie sich einem anderen und ...«

»Es scheint mir eine Sache der Fairneß. So wie Sie Togelmann Zeit gelassen haben, seine Anerkennung auszudrücken, möchte ich ihm Gelegenheit geben, sich ›Imogen‹ zu sichern.«

»Sie halten es aber für möglich, daß er den Roman nicht nimmt?«

Der Ober servierte, und Claudia wartete mit der Antwort, bis er sich zurückgezogen hatte. »Ja.«

»Aber dann kann die Geschichte doch nicht so gut sein wie ...«

Claudia fiel ihr ins Wort. »Das hat nichts mit der Qualität des Romans zu tun und auch nicht mit der Übersetzung. Es gibt da gewisse Strömungen in der Redaktion ... vielleicht hat sich das inzwischen geändert. Aber ich bin nicht sicher. Es steht mir sehr im Wege, daß ich jung und dazu eine Frau bin.«

»Eine gefährliche Frau«, stellte die Suttner richtig.

»Nur weil ich mich nach Aufgaben sehne, die meinen Fähigkeiten entsprechen?«

»Das genügt, um Sie auch für Kollegen, die selber keinen Ehrgeiz haben, als Bedrohung erscheinen zu lassen.«

»Sie haben wohl recht«, sagte Claudia, aber es klang keineswegs resignierend, sondern eher wie eine Kampfansage, und sie schob das Kinn dabei vor.

»Sie möchten also, wenn es schiefgeht, den ›Stern‹ im Hintergrund haben?«

»Nicht unbedingt den ›Stern‹. Nur irgendeine Illustrierte. Es täte mir in der Seele weh, wenn ich das Manuskript in der Schublade vergammeln lassen müßte.«

»Dazu würden Sie es niemals kommen lassen!«

»Natürlich nicht. Ich würde alles nur Erdenkliche versuchen. Ich war dazu entschlossen, bevor Sie kamen, Frau Suttner. Aber ich wußte immer, daß es nicht einfach werden würde, denn ich habe keine Beziehungen. Deshalb habe ich das Gefühl, daß der Himmel Sie mir geschickt hat!«

»Der hätte viel zu tun, wenn er sich auch noch um die Mauscheleien im Literaturbereich kümmern sollte!«

Claudia lachte. »Sie wissen schon, wie ich es meine. Würden Sie mir einen Gefallen tun?«

»Für entsprechende Prozente ... ja!« sagte die Suttner, ohne zu überlegen. »Aber erst muß ich ihn natürlich selber lesen.«

»Das ist selbstverständlich. Das müssen Sie sowieso, denn ich habe noch ein anderes Attentat auf Sie vor. Ich möchte, daß der Roman nicht nur als Vorabdruck, sondern auch als Taschenbuch erscheint.«

»Und warum nicht als hardcover? Wenn er so interessant ist, wie Sie sagen ...«

»Das ist er! Aber ich muß mein Geld so schnell wie möglich wieder hereinbekommen. Wenn ein Verlag die Hartbuchausgabe übernimmt, wird er auch an den Nebenrechten beteiligt sein wollen ... so ist es doch?«

»In der Regel ja.«

»Aber ich will das Geld für den Abdruck sofort kassieren und ganz.«

»Und das Geld für die Taschenbuchausgabe auch?«

»Ja.«

»Das haben Sie sich schlau ausgedacht!«

»Ich bin kein Krösus, Frau Suttner. Es ist mir schwer genug gefallen, meine letzten Piepen für die Option an ›Imogen‹ zusammenzukratzen.«

»Das sollte auch gar kein Vorwurf, sondern ein Ausdruck meiner Bewunderung sein.«

»Klang aber nicht danach«, sagte Claudia und schüttelte sich ihr Haar zurecht.

»Wir wollen doch ganz offen sein!« sagte die Suttner. »Ich dachte daran, daß für die Autorin das Prestige doch wesentlich größer wäre, wenn der Roman zuerst als Hardcover ...«

»Die Autorin ist tot«, unterbrach Claudia, »und wahrscheinlich sogar im angelsächsischen Sprachbereich inzwischen fast vergessen. Die deutschen Rechte haben jahrzehntelang brachgelegen. Wir sollten die Sachlage doch realistisch sehen.«

»Sie haben recht. Verzeihen Sie mir. Es fällt mir schwer, bestimmte sentimentale Regungen abzustreifen. Ein Fehler in unserer Branche. Wahrscheinlich hängt es mit meinem Alter zusammen.«

Darauf wußte Claudia nichts zu sagen. Frau Suttners Gesicht wirkte noch so jugendlich frisch, daß man annehmen konnte, die weißen Fäden in ihrem dichten braunen Haar seien eingefärbt und nicht natürlicher Herkunft. Aber Claudia mochte ihr das nicht sagen, denn es hätte wie ein billiges Kompliment wirken können. Außerdem empfand sie die Lektorin, die Ende Dreißig, Anfang Vierzig sein mochte, tatsächlich als alt.

Die Suttner bemerkte ihre Befangenheit, zündete sich eine neue Zigarette an und sagte forsch: »Also ... wie wollen wir vorgehen?«

Claudia war erleichtert, daß das Gespräch wieder in sachliche Bahnen kam. »Sobald ich die letzten Seiten übersetzt habe, schicke ich Ihnen ein Manuskript ... und danach die ersten drei Folgen. Vorläufig nur zu Ihrer Orientierung. Wenn Sie sich nach der Lektüre natürlich schon bei einem bestimmten Taschenbuchverlag Interesse vorstellen können, bleibt es Ihnen unbenommen, Fäden zu spinnen. Allerdings sollte die Taschenbuchausgabe erst nach dem Vorabdruck erfolgen, sonst ist die Sache für eine Illustrierte uninteressant. Am besten wäre es, wenn man es so koordinieren könnte, daß nach der letzten Folge ein Hinweis auf das

Taschenbuch gegeben werden könnte ... daß es also genau dann schon greifbar wäre.«

»Zuerst aber wollen Sie es ›Blitzlicht‹ anbieten?«

»Unbedingt.«

»Auch wenn ich Ihnen sagen könnte, daß es ein Stoff wäre, um den sich die großen Illustrierten reißen würden? Natürlich kann ich Ihnen nichts versprechen, bevor ich ihn gelesen habe ... aber wenn es so wäre, könnten wir natürlich auch erheblich mehr an Honorar bekommen.«

»Es geht mir ja nicht darum, Frau Suttner«, sagte Claudia, »dieser Roman ist ein Glücksfall ... eine Eintagsfliege in meinem Leben. Wahrscheinlich werde ich nie wieder so etwas an Land ziehen ... und nie wieder etwas übersetzen. Ich will ja nicht Übersetzerin werden, sondern Journalistin. Der Roman soll mir als Sprungbrett dienen.«

»Das würde er Ihnen auch bei jeder anderen bedeutenderen Zeitschrift.«

»Ein größeres Unternehmen würde mich einschüchtern«, gestand Claudia, »ich bin mir noch nicht sicher genug. Ich hätte Angst, ein Rädchen unter vielen anderen Rädchen zu werden. Bei ›Blitzlicht‹ habe ich bessere Chancen, mich hochzuboxen.«

»Bisher hat sich das aber noch nicht erwiesen.«

»Nein!« gab Claudia zu. »Aber inzwischen habe ich einige Leute auf meine Seite gezogen ... so hoffe ich jedenfalls. Das Interview hat ja auch bestimmt schon einiges bewirkt, wenn Togelmann es auch nicht zugeben mochte. Wenn er den Roman nimmt ... und wenn er ankommt ... habe ich mir eine Position geschaffen.«

»Bei ›Blitzlicht‹!« stellte Frau Suttner mit offenem Sarkasmus fest.

»Ja, bei ›Blitzlicht‹. Sie meinen vielleicht, daß ich meine Ziele nicht hoch genug stecke. Aber da irren Sie sich. Ich will nicht mein ganzes Leben hier bleiben. Es soll nur ein Anfang sein. Wenn ich mich bei ›Blitzlicht‹ bewähre und die nötigen Erfahrungen gesammelt habe, werde ich mich nach etwas anderem umsehen.«

»Jedenfalls scheinen Sie eine Frau zu sein, die weiß, was sie will.«

»Auch nicht immer!« sagte Claudia. »Stellen Sie sich vor, ich hatte erst gar keine Lust, mich mit Ihnen zu treffen ...«

»Das habe ich Ihnen am Telefon angemerkt!«

»... und dabei ist es eine der wichtigsten Unterhaltungen meines Lebens geworden! Wenn ich so berechnend wäre, wie Sie glauben, hätte ich sofort eine Chance gewittert.«

»Aber das haben Sie doch ... sonst wären Sie ja gar nicht gekommen.«

»Ich glaube eher, es geschah aus ...« Claudia überlegte, »... Neugier«, sagte sie dann, »und Höflichkeit.«

»Aber Hoffnung war doch auch dabei!«

»Ja, natürlich. Hoffen tut man doch immer.«

»He, was ist los mit dir?« fragte Herbert, als Claudia sich in seine Arme warf; er packte sie bei den Schultern und hielt sie ein Stück von sich ab. »Bist du beschwipst?«

Ihre Augen funkelten, und ihre Wangen waren gerötet. »Nur beschwingt! Ach, Herb, ich bin so glücklich! Endlich geht's voran!« Sie schleuderte ihre hochhackigen Schuhe von den Füßen.

»Los, berichte!«

»Laß mich erst mal ins Bad, ja? Es ist die Pest, den ganzen Tag mit Strumpfhosen herumlaufen zu müssen ... und das bei dieser Hitze!«

»Warum tust du es dann?!«

Sie lachte und lief die Stufen zum Bad hinauf. »Ich bin es meinem Image schuldig! Immer gepflegt und wie aus dem Ei gepellt! Junge, tut das gut, sich freizumachen!«

»Willst du was essen?« rief er ihr nach.

Sie stoppte im Schritt. »Hast du etwa auf mich gewartet?«

»Nein, ich dachte nur ...«

»Lieb von dir, aber ich hab' schon!«

Als sie zurückkam, in seinen weißen Bademantel gehüllt, hatte er schon zwei Gläser Whisky mit Eis zurechtgemacht und reichte ihr eins davon.

»Eigentlich sollte ich nichts mehr trinken«, sagte sie und nahm es ihm aus der Hand, »ich hatte schon zwei Kognaks.«

»Vielleicht hilft es dir, dich zu entspannen. Du bist aufgedreht wie ein ...« Er suchte vergeblich nach einem passenden Vergleich.

»Ja, ich weiß. Du hast ganz recht. Aber du ahnst ja auch nicht, was passiert ist.«

»Sicher wirst du es mir gleich erzählen.« Er zog sie auf seinen Schoß.

»Komisch!« Sie fuhr ihm mit den Fingern ihrer freien Hand durch das dichte braune Haar. »Wenn ich dich nicht hätte, wüßte ich gar nicht, mit wem ich über alles reden könnte.«

»Mit Elke!« schlug er vor.

»Ach die! Die interessiert sich doch für nichts.«

Seine Hand schlüpfte unter den Bademantel und fand ihre kleine nackte Brust.

»Bitte, jetzt nicht!« protestierte sie. »Wenn du so was machst, kann ich mich nicht konzentrieren!«

Er zog seine Hand zurück und legte den Arm um ihre Taille.

»Also los! Du hast es spannend genug gemacht!«

Sie konnte es jetzt selber nicht mehr erwarten, ihm alles über das unerwartete Auftauchen von Frau Suttner zu erzählen; es sprudelte nur so aus ihr heraus. Als sie geendet hatte, fragte sie: »Ist das nicht fabelhaft?« Erwartungsvoll sah sie ihn an.

In seiner Miene zeigte sich keine Spur von Begeisterung.

»Freust du dich denn nicht für mich?« fragte sie irritiert.

»Du würdest das also wirklich tun?«

»Was?«

»Nach Hamburg zurückgehen.«

»Ich hoffe, soweit wird es gar nicht kommen. Verstehst du denn nicht: Meine Position bei ›Blitzlicht‹ hat sich jetzt vollkommen verändert. Ich bin nicht mehr auf Togelmann angewiesen ... jetzt, wo ich weiß, daß sie mich in Hamburg haben wollen.«

»Du willst also kündigen?«

»Nein! Aber ich werde es Togelmann unter die Nase reiben. Dann wird er endlich kapieren, daß er mich nicht länger als Schreibkraft verbraten kann!«

»Und wenn er es für einen Bluff hält?«

»Hat er Pech gehabt.«

»Das ist genau das, was ich sage: Du würdest ihm alles vor die Füße werfen!«

»Nur im Notfall, Herb! Es wird nicht dazu kommen.«

»Aber du wärst bereit, hier wegzugehen?«

»Das ist doch ganz natürlich! Wenn man solche Chancen hat ...«

»Und an uns denkst du gar nicht?!«

»Ich bitte dich, mein lieber Junge, nun mach nicht so ein Gesicht! Hamburg ist doch wirklich nicht aus der Welt ... es wäre doch nur ein Katzensprung!«

»Da machst du dir was vor.«

»Aber, ich bitte dich, mit dem D-Zug ... oder mit dem Auto ...«

»Du könntest dann nicht mehr so einfach zu mir hereinspringen ...«

»Stimmt. Aber es ließe sich doch organisieren. Selbst wenn ich nach München ginge ... oder nach London ... oder nach New York! Wenn man sich nicht verlieren will, dann schafft man das auch!«

Er schob sie von seinem Schoß und stand auf. »Du bist ein attraktives Mädchen, Claudia ...«

»Ach was, halb so wild!« fiel sie ihm ins Wort.

Er ließ sich nicht unterbrechen; das fast leere Glas in der

Hand, den Kopf zu Boden gesenkt, ging er vor ihr auf und ab.

»... du würdest andere Männer kennenlernen, die sich um dich bemühen würden...«

»Jetzt hör mal zu, Herb!« sagte sie energisch. »Andere Männer kenne ich auch in Elmrode. Aber sie interessieren mich nicht. Du bist der einzige, der für mich zählt.«

»Dann beweise es mir!«

»Das tue ich doch dauernd! Ich bin bei Tag und Nacht auf Abruf für dich zur Stelle!«

Er blieb vor ihr stehen.

»Heirate mich, Claudia!«

Darauf wußte sie nichts zu sagen und fühlte selber, wie sehr es ihn verletzen mußte, daß sie keine Worte fand.

»Also!« sagte er fordernd.

Sie zwang sich zu einem Lächeln. »Das kommt für mich ziemlich überraschend. Natürlich fühle ich mich geehrt und gerührt und erfreut und all das. Aber bisher haben wir doch von Heiraten nie gesprochen.«

»Ich tue es jetzt.«

»Das habe ich schon gemerkt.«

»Willst du meine Frau werden, Claudia? Ich verdiene genug für uns beide. Wir könnten immer zusammen sein ... wenn du mich wirklich liebtest, wäre es das, was du möchtest.«

»Du verdrehst die Dinge, Herb, du bist unrealistisch. Auch wenn wir heirateten, würden wir nicht immer zusammen sein ... auch dann nicht, wenn ich meinen Beruf an den Nagel hängen würde. Du würdest in deine Firma gehen, und ich würde hier zu Hause herumsitzen ... mal ganz davon abgesehen, daß du immer wieder in deine Jagdhütte verschwinden würdest.«

»Du verstehst nicht, wie gern ich da draußen bin.«

»Doch, Herb, durchaus. Es ist wunderschön dort ... still und natürlich und romantisch und das alles. Ich habe dir ja auch nie einen Stein in den Weg gelegt, wenn du fahren wolltest. Ich bin nicht eifersüchtig ... aber wenn ich es wäre, könnte ich es auf deine Hütte sein. Ich finde, du hast mich ziemlich oft deswegen vernachlässigt.«

»Weil du keine Zeit für mich hattest.«

»Wir hätten öfter zusammen sein können, wenn du an den Wochenenden hiergeblieben wärst.«

»Um darauf zu warten, bis du endlich geruhst, deine Arbeit beiseite zu legen?!«

»Ich habe dir nie eine Szene gemacht, Herb ... und ich finde es nicht gut, daß du jetzt mit so was anfängst.«

Er stellte sein Glas aus der Hand. »Claudia, willst du denn nicht begreifen, wie ernst es mir ist? Wir können nicht so weitermachen wie bisher. Es genügt mir einfach nicht mehr!«

»Tut mir leid«, sagte sie spröde.

»Ich liebe dich! Und wenn du mich darum bittest, werde ich die Hütte aufgeben ... um deinetwillen!«

»Und es spätestens in ein paar Monaten bereuen und mir Vorwürfe deswegen machen.«

»Nein! Nicht, wenn wir ein volles, rundes, richtiges Leben miteinander führen würden! Wir sollten Kinder haben, Claudia!«

Sie fühlte sich in die Enge getrieben. »Und das alles ausgerechnet an einem Abend, an dem ich so glücklich war!«

»Du weißt gar nicht, was es heißt, glücklich zu sein. Wir könnten es miteinander werden. Aber wir müssen für unser Glück Opfer bringen. Ich werde mein Jagdhaus aufgeben ...« Er zögerte weiterzusprechen.

Aber sie wußte schon, was er von ihr verlangen wollte.

»... und ich meinen Beruf, nicht wahr? Darauf läuft es doch hinaus?«

»Claudia, wenn wir so weitermachen wie bisher, wird

uns das Leben früher oder später auseinanderbringen. Das passiert zwangsläufig. Schon jetzt verkrieche ich mich ja schon in mein Jagdhaus, weil du keine Zeit für mich hast ... und statt einen Weg zu suchen, wie wir wieder öfter zusammenkommen, planst du nach Hamburg zu gehen.«

»Das stimmt ja gar nicht.«

»Aber du ziehst es zumindest in Betracht! Merkst du denn gar nicht, daß du im Begriff stehst, alles zu zerstören!?«

»Wir wollten uns doch unsere Freiheit lassen.«

»Du warst es, die ihre Freiheit behalten wollte!«

Claudia seufzte schwer und sah ihn an. »Ich liebe dich, Herbert ... bevor ich dich kannte, habe ich niemals geahnt, daß ich so lieben könnte.«

»Dann beweis es mir!«

»Der Preis ist zu hoch. Ich liebe dich, aber ich will meine Freiheit behalten. Ich habe dir niemals etwas vorgemacht.«

»Du weigerst dich also, meine Frau zu werden?«

»Dein Antrag kam zum falschen Zeitpunkt, glaube ich. Ich könnte mir schon vorstellen, mit dir verheiratet zu sein ... aber jetzt noch nicht! Erst muß ich erreichen, was ich mir vorgenommen habe.«

»Und dann, wenn du die große Nummer geworden bist, kannst du sicher einen Mann brauchen, der dir in den Mantel hilft, dir die Drinks mischt, dein Haus in Ordnung hält ...«

»Das ist ja alles gar nicht wahr! Warum redest du dir das ein?! Was ist überhaupt in dich gefahren?! Selbst wenn ich nach Hamburg zöge, würde das nichts zwischen uns ändern ... solange wir uns lieben. Aber ich bin nicht in Hamburg ... ich bin hier, bei dir. Du bist es, der darauf aus ist, alles kaputtzumachen. Du mit deinem Heiratsantrag! Hast du mir nicht immer gesagt, daß du mich magst, weil ich anders bin als die meisten Mädchen!? Und jetzt willst du, daß ich genauso werden soll wie alle anderen! Und weißt du, was dann passieren wird? Du wirst aufhören, mich zu lieben!«

»Aber das ist doch alles Unsinn!«

»Nein, es ist wahr! Wenn du ein anbetungsvolles Hausmütterchen haben willst, warum nimmst du dann nicht gleich Elke? Sie wartet ja nur darauf, daß du endlich die böse, böse Claudia stehenläßt. Dann könnt ihr zusammen über mich herziehen und euch bestätigen, daß ihr die besseren Menschen seid.«

Er mußte lachen.

»Na endlich!« sagte sie erleichtert. »Merkst du, in was für einen Quatsch wir uns hineingesteigert haben?« Sie lief zu ihm hin, schlang die Arme um ihn und schmiegte sich an seine Brust. »Soll ich dir was versprechen, Herb? Wenn ich einmal heirate, dann nur dich ... und dann werde ich dir auch Kinder schenken und das Essen kochen ... wie es wird, kann ich dir leider nicht garantieren ... und die Betten machen und das alles. Weil ich dich liebe. Aber laß mir noch ein bißchen Zeit, ja? Ich bin jetzt auf dem Weg nach oben. Da kann ich nicht einfach stehenbleiben oder gar umkehren ... es würde mich zerreißen, verstehst du? Aber du bist der einzige Mann ... nein, du bist der einzige Mensch auf der Welt, der mir etwas bedeutet!«

Er hob sie wie ein Kind vom Boden. »Ich habe Angst, dich zu verlieren, begreifst du das denn nicht?«

»Ach, Herb!« Sie bedeckte seinen Hals, sein Kinn und sein Ohrläppchen mit kleinen Küssen. »Was für ein Unsinn! Wir gehören doch zusammen ... weil wir uns lieben!«

Claudia ließ sich noch einige Tage Zeit, bis sie um ein Gespräch mit Togelmann junior bat.

Wenn nicht Herbert gewesen wäre und ihr Wunsch, bei ihm und wegen ihm in Elmrode zu bleiben, hätte sie sofort auf den Tisch geklopft. So aber mußte sie so diplomatisch wie nur irgend möglich vorgehen, damit es zu keiner Kündigung, sondern zu der erstrebten Beförderung kam.

Sie rechnete damit, daß die Elmroder Klatschbörse für sie

arbeiten würde, und tatsächlich konnte sie gewissen neugierigen oder auch spitzen Bemerkungen entnehmen, daß ihr Treffen mit Frau Suttner aufgefallen war. Jeder elegante Fremde erregte in Elmrode Aufmerksamkeit, und obwohl die Lektorin keine Persönlichkeit des öffentlichen Lebens und auch nicht in einem offiziellen Auftrag gekommen war, hatten einige Leute sofort Spekulationen an das Auftreten der interessanten Unbekannten geknüpft. Aus dem Gästebuch hatte man entnommen, daß sie aus Hamburg kam und als Beruf Lektorin angegeben hatte, und das genügte, um sie mit dem einen oder anderen Verlag in Verbindung zu bringen, der durch sie seine Fühler nach Claudia ausgestreckt haben sollte. Natürlich drangen diese Gerüchte auch in das Chefzimmer.

»Ich weiß, weshalb Sie mich sprechen wollen«, sagte Togelmann denn auch, als Claudia eintrat.

Das wäre ein Stichwort gewesen, sofort zur Sache zu kommen, aber Claudia beherrschte sich. »Ach ja, wirklich?« fragte sie und setzte ihr harmlosestes Gesicht auf.

»Wie ich höre...« Togelmann spielte, ohne sie anzusehen mit seinem goldenen Kugelschreiber, »... hat man Ihnen von gewisser Seite ein Angebot unterbreitet. Eigentlich hätte ich erwartet, daß Sie sofort zu mir gekommen und mich unterrichtet hätten.«

»Selbstverständlich ... wenn es so gewesen wäre!« Claudia nahm ihm gegenüber vor dem Riesenschreibtisch Platz und stellte die Füße nebeneinander. »Aber es handelte sich nicht um einen Abwerbungsversuch.«

»Wie wolllen Sie es denn anders nennen?«

»Man hat sich nur erkundigt, wie es mir bei ›Blitzlicht‹ gefällt und ob ich die Anerkennung erhalte, die ich verdiene.«

Togelmann räusperte sich; ihm war die Art der Unterhaltung sichtlich unangenehm. »Nun ja ... und?«

»Meine Antwort wissen Sie.«

»Woher? Woher sollte ich? Bin ich ein Hellseher?«

»Nein! Aber Sie müssen doch wissen, wie ich hier behandelt werde.«

»Haben Sie über irgend etwas zu klagen?«

»Nur eben über einen Mangel an Anerkennung. Herr Togelmann, ich bin jetzt fast ein Jahr hier. Man hatte mir zu Anfang versprochen, daß ich in die Position einer Assistentin aufrücken könnte ...«

»Aber die nehmen Sie doch praktisch jetzt schon ein!«

»Wenn wir einmal davon absehen wollen, daß ich weder das entsprechende Gehalt noch die Berufsbezeichnung, noch die Befugnisse besitze!«

»Ist das denn so wichtig?«

»Seien Sie mir nicht böse, Herr Togelmann, aber das ist eine Frage, die ich unmöglich ernst nehmen kann!« Nur mit Mühe beherrschte sie sich, ihm fordernd in die Augen zu sehen.

»Sie sind eine so ausgezeichnete Sekretärin ...«

»Ja, ich weiß. Nur daß die Sekretariatsarbeiten, die ich zu erledigen habe, nicht der Mühe wert sind.« Claudia merkte, daß sie zu energisch wurde, und wechselte den Ton. »Herr Togelmann, ich bin gern in Elmrode ... mir gefällt das Redaktionsklima ... ich setze große Hoffnungen auf ›Blitzlicht‹! Bitte, zwingen Sie mich nicht, das alles aufzugeben!«

»Aber ich denke ja gar nicht daran. Sie sind eine sehr gute Kraft, und wenn Sie Wert darauf legen, werde ich Sie in Zukunft öfter loben.« Sein Lächeln war ohne echte Freundlichkeit.

»Ich bin vierundzwanzig Jahre alt, und wenn mir jetzt nicht der Absprung von der Schreibmaschine gelingt ...«

Er fiel ihr ins Wort. »Jetzt schneiden Sie selber das Problem an. Wenn ich Sie offiziell zur Assistentin des Romanchefs mache, werden Sie über kurz oder lang eine eigene Schreibkraft verlangen, obwohl Sie die im Grund gar nicht brauchen. Ich habe ein beschränktes Budget, Fräulein

Mennersdorfer, und Sie wollen mich in Unkosten hineintreiben, die ich nicht verantworten kann. Wenn Sie mir versprechen würden, weiter die Post zu erledigen ... Sie sagten ja eben selber, das sei kaum der Mühe wert.«

Claudia war nicht bereit auf diesen Kompromiß einzugehen, denn sie wußte, daß damit für sie nichts gewonnen sein würde. »Und Manuskripte lesen? Redigieren? Umarbeiten? Nein, Herr Togelmann, das paßt nicht zusammen. Solange ich Briefe tippe, wird meine Stimme kein Gewicht auf der Redaktion haben.«

»Nun, so oder so werden Sie sich den Entscheidungen von Frau Gottschalk und mir fügen müssen.«

»Ich weiß. Dennoch verlange ich, daß es anders wird und nicht so bleibt.«

»Und wenn ich Ihnen nun sage, daß Sie Unmögliches verlangen?«

Mit einem tiefen Atemzug hielt Claudia sich selber zurück.

»Ich mag Ihnen nicht drohen, Chef, und ich will auch gar nicht von hier weg.«

»Na also. Dann haben wir uns also verstanden.« Er machte eine Andeutung, als wollte er sich erheben, um das Gespräch so zu beenden.

»Nein, das haben wir nicht!« sagte Claudia und rührte sich nicht vom Fleck. »Wenn Sie mir wirklich nicht entgegenkommen können, muß ich gehen. So leid es mir tun würde. Das wäre ich meiner Selbstachtung schuldig.«

Jetzt sah er sie an. Ihre Blicke trafen sich nur für den Bruchteil einer Sekunde. Dann ließ sie die Lider mit den dichten, sorgfältig getuschten Wimpern sinken. Aber sie wußte, daß er in ihren Augen gelesen hatte, wie wild entschlossen sie war.

»Was würde es Ihnen denn nützen«, gab er ihr dann zu bedenken, »anderswo wieder von vorn anzufangen?«

»Das müßte ich nicht.«

»Sind Sie sicher?«

»Ja.«

Wieder trat Schweigen ein.

»Mein liebes Fräulein Mennersdorfer«, sagte der dann, »ich fürchte, Sie machen sich Illusionen.«

»Die kann ich mir über meine Chancen hier bei ›Blitzlicht‹ allerdings nicht mehr machen.«

»Man hat Ihnen einen Floh ins Ohr gesetzt.«

»Nein, Herr Togelmann, man ist auf mich aufmerksam geworden. Eigentlich hatte ich erwartet, daß das hier, auf unserer Redaktion, geschehen würde. Aber hier gelte ich, trotz all meiner Anstrengungen, nach wie vor nichts.«

»Sie reden sich da in etwas hinein. Glauben Sie denn, ich habe ein Brett vor dem Kopf? Natürlich weiß ich, daß Sie mehr leisten, als Sie müßten! Das Interview mit Karstein war, von einigen Schwächen abgesehen, gar nicht mal schlecht...«

»Aber Sie wollen es mir nicht honorieren!«

»Das Interview? Ich dachte, Sie hätten es für Hilgers geschrieben...«

»Meine Leistungen im allgemeinen. Ich mache nicht die Arbeit einer Sekretärin... das heißt, die mache ich zusätzlich... und ich möchte jetzt endlich auch die entsprechende Position haben.«

Wieder wich Togelmann aus. »Das kann ich von einer Minute zur anderen nicht entscheiden.«

»Aber ich dachte, Sie wären auf meine Bitte vorbereitet gewesen!«

»Nein. Ich bin davon ausgegangen, daß man Ihnen ein Angebot gemacht hätte und Sie sich jetzt endlich dazu durchgerungen hätten, Roß und Reiter zu nennen.«

»Ein Irrtum, Herr Togelmann.« Claudia stand auf. »Also überdenken Sie es. Eine positive Lösung wäre für beide Seiten nützlich... für mich und für ›Blitzlicht‹. Ich bin sicher, daß Sie das selber wissen.«

Bewußt verzichtete sie darauf, ihn auf der Stelle festzunageln, weil sie fürchtete, daß er ihr das nie verziehen hätte. In ihren Augen war er ein labiler Mensch, der seine Schwächen hinter einer gewissen Großspurigkeit auch vor sich selber zu verstecken suchte. Mehr als alles andere war es ihm wichtig, das Gesicht zu wahren. Dazu wollte sie ihm Gelegenheit geben. —

Ihr Vorgehen erwies sich als richtig. Am Ende der Woche fand sie in der Frühe einen Brief auf ihrem Schreibtisch, der ihr das Aufrücken in die Position einer Redaktionsassistentin und eine entsprechende Gehaltserhöhung bestätigte. Das bedeutete, daß sie von nun an an den Konferenzen teilnehmen und die Möglichkeit haben würde, ihre Vorschläge durchzusetzen. Eine eigene Schreibkraft wurde ihr nicht zugeteilt, aber damit hatte sie auch nicht gerechnet und entschied, es vorläufig dabei zu belassen — aber auch nur vorläufig, denn sie war entschlossen, die Leiter des Erfolgs bis zur Spitze hinauf zu klettern.

Als Claudia das abschließende »Ende« unter die Übersetzung des englischen Romans tippen konnte, fühlte sie sich glücklich, aber zu ihrer eigenen Überraschung auch ein wenig hohl. Sie spürte, daß die Arbeit, die sie so viele Monate gefangengenommen hatte, ihr doch fehlen würde. Aber das gestand sie niemandem, nicht einmal Herbert, denn sie war sicher, daß man sie nicht verstehen würde.

Noch am gleichen Abend verfaßte sie einen Begleitbrief an Frau Helma Suttner, packte das Manuskript, dem sie den Arbeitstitel »Fluch der Liebe« gegeben hatte, dazu und brachte das Päckchen zur Nachtpost. Sie wollte nicht eine Stunde länger als nötig auf den Erfolg warten.

Am Freitagabend feierte sie mit Herbert, Elke und Erwin ihre Beförderung und den Abschluß des Romans am Seeburger See. Der Sommer neigte sich dem Ende zu, aber noch war es sehr warm. Sie tanzten unter Lampions in einem

Ausflugslokal am Seeufer und waren alle vier sehr ausgelassen.

»Ihr werdet sehen«, versprach Claudia, als sie mit Champagner anstießen, »jetzt wird alles wieder anders!«

»Das glaubst du doch selber nicht!« entgegnete Elke lächelnd, aber nicht ohne Schärfe.

Claudia ließ ihr Glas sinken. »Warum sagst du so was?«

»Ich möchte Herbert vor falschen Hoffnungen bewahren.«

Herbert kam Claudia zu Hilfe. »Ich bin ein großer Junge und kann auf mich selber aufpassen.«

»Na dann ... cheerio!« Elke stieß noch einmal mit Claudia an und nahm einen großen Schluck.

Aber es war ein Mißton in die allgemeine Heiterkeit gekommen, und Claudia war froh, als man aufbrach. Obwohl es ein tüchtiges Stück bis hinaus in Herberts Hütte zu fahren war, hatte sie ihm versprochen, das Wochenende dort mit ihm zu verbringen. Sie kuschelte sich an ihn, als er startete.

»Elke ist eine Gans«, sagte er.

»Sie denkt, du bist für mich zu schade.«

Er lachte. »Aber für sie wäre ich gerade recht, wie?«

»Ja«, bestätigte Claudia ernsthaft.

»Ich denke, sie schläft jetzt mit Erwin?«

»Tut sie. Aber ganz unverbindlich. Jedenfalls behauptet sie das. In Wahrheit geht die Unverbindlichkeit wohl von ihm aus.«

»Vielleicht hätte ich die beiden nicht miteinander bekannt machen sollen.«

»Unsinn! Ein Freund, über den man sich ärgern muß, ist immer noch besser als gar keiner ... jedenfalls für ein Mädchen wie Elke.«

»Für dich nicht?«

»Nein. Ich könnte privaten Ärger nicht auch noch vertragen. Was ich brauche, ist eine tröstende Schulter, und die gibst du mir ja.«

»Ein bißchen wenig, wie?«

»Für mich bist du der bessere Teil der Welt«, sagte sie, und kaum hatte sie es ausgesprochen, war sie auch schon eingeschlafen.

Er streifte sie mit einem zärtlichen Seitenblick und dachte, wie schon so oft, ob sie sich nicht zu viel zumutete. Er brannte darauf, sie vor allem Unbill des Lebens zu schützen.

Nur einmal hatte er gewagt, ihr das zu gestehen, und sie hatte ihn schroff abgewiesen: »Du mit deinem männlichen Beschützerinstinkt! Das ist doch antiquiert!«

Seitdem hatte er darüber geschwiegen, aber an seinen Gefühlen hatte sich nichts geändert. In seinen Augen war sie viel empfindsamer, zerbrechlicher und auch naiver, als sie selber glaubte. —

Ihr erstes gemeinsames Wochenende in der Jagdhütte verlief harmonischer, als sie beide es sich vorzustellen gewagt hatten. Claudia war so überanstrengt gewesen, daß sie es ungeheuer genoß, sich einmal ganz fallenlassen zu können, sich nicht schminken, nicht gescheit sein, nicht tüchtig sein zu müssen. Von früh bis spät lief sie in einem Waschkleid umher, mit bloßen Beinen und in bequemen Bastschuhen. Herbert drängte sie nicht, irgend etwas zu tun, was sie nicht selber wollte. Während er selber die Wälder durchstöberte, ließ er sie auf der Lichtung vor dem Haus in der Sonne schlafen. Gemeinsam grillten sie Fleisch auf einer offenen Feuerstelle und tranken Wein dazu, den sie im Bach gekühlt hatten. Sie liebten sich, ohne sich um die Tageszeit zu kümmern, wann immer sie es wollten. Claudia begriff, daß das primitive Leben viele Dinge sehr vereinfachte, und sie begann es zu mögen.

Erst am Sonntagnachmittag wurde sie unruhig.

Er merkte es sofort. »Was ist los mit dir?«

»Ach, nichts.«

»Hast du etwa schon wieder Sehnsucht nach deiner Redaktion?«

»Ach wo. Ich könnte es Wochen ohne Arbeit aushalten.«

»Was ist es dann? Ich habe dir versprochen, dich Punkt acht Uhr zu Hause abzuliefern, also bleibt dir auch Zeit genug, dein Äußeres wieder aufzupolieren.«

»Deshalb mache ich mir keine Sorgen.«

Sie hatten nebeneinander auf einer alten Decke im Gras gelegen, bevor Claudia aufgesprungen war und ganz unnötigerweise einige Dinge, die sie draußen gebraucht hatten, in die Hütte zu räumen begann.

»Laß das doch!« bat er. »Das hat Zeit!«

»Jetzt habe ich gerade Lust dazu! Vielleicht ... später ...«

»... werde ich es tun!« Er erwischte sie beim Knöchel.

Zuerst versuchte sie, sich loszureißen, wollte ihm aber nicht weh tun und gab nach.

Er zog sie auf seinen Schoß. »Willst du es mir nicht anvertrauen?«

»Du würdest mich für dumm halten ...«

»Für alles mögliche ... nur nicht für das!«

Ohne ihn anzusehen, begann sie mit den Locken auf seiner Brust zu spielen. »Ich habe Angst!« gestand sie.

»Wovor?« fragte er erstaunt.

»Daß meine Übersetzung vielleicht doch nicht so gut sein könnte!«

»Dann müßte sie eben überarbeitet werden ... das wäre doch auch nicht sooo schlimm.«

»Für mich schon. Ich habe alles, was ich konnte, hineingelegt, und wenn sie nun nicht gefällt, bin ich vielleicht überhaupt nicht so gut, wie ich immer dachte.«

»Ein paar richtige oder falsche Adjektive machen doch nicht den Wert eines Menschen aus!«

»Aber meinen Wert als Journalistin.«

Er schwieg und wiegte sie tröstend wie ein Kind.

»Zuerst war ich meiner Sache ganz sicher«, fuhr sie fort,

»aber jetzt plötzlich ... ich habe ja so etwas noch nie gemacht, weißt du.«

»Ich denke, deine Angst ist ganz natürlich. So geht's einem doch meist, wenn man etwas aus der Hand gibt ... sei es nun eine Examensarbeit oder ein Liebesbrief.«

»Meinst du?« Sie blinzelte zu ihm hoch.

»Bestimmt. Erinnere dich nur mal an deine Schulzeit!«

»Es ist viel schlimmer.«

»Weil die Übersetzung für dich ja wichtiger ist ... das Wichtigste, was du je in deinem Leben geschaffen hast. Mach dich nicht verrückt. Spätestens in ein paar Wochen weißt du Bescheid.«

»Ich kann es nicht aushalten!« klagte sie.

»Jetzt hör mal zu, mein Geliebtes! Wie wäre es, wenn du mich dein Opus lesen lassen würdest! Ich verstehe zwar nicht viel von Romanen, aber ich könnte dir doch sagen ...«

»Nein!« Sie schrie es fast heraus. »Nein, bitte nicht!«

»Was hast du dagegen?«

Sie begann Grashalme abzureißen und fand nicht sogleich eine Antwort. »Es wäre mir peinlich!« platzte sie endlich heraus.

»Peinlich!?«

»Ja. Ich kann es dir nicht erklären!« Zögernd rang sie um Worte. »Das wäre für mich das gleiche, als würdest du bei der Geburt dabeisein wollen ... wenn ich mal ein Kind kriege. Die meisten Frauen wünschen sich ja, daß der Mann dabei ist. Das ist der neueste Trend. Ich habe das nie verstanden. Ich will dir mein Kind fix und fertig, gebadet und gewickelt, präsentieren ... und meine Übersetzung erst, wenn sie als Buch herauskommt! Dann schreibe ich dir auch eine Widmung hinein!«

»Ein Kind«, sagte er ernsthaft, »wäre mir in jedem Fall lieber.«

Jetzt konnte sie wieder lachen. »Das sieht dir ähnlich!« Sie öffnete die Hände und ließ die Grashalme fallen.

»Du darfst deine Arbeit nicht zu wichtig nehmen«, mahnte er, »glaube mir, du mußt lernen, Abstand zu wahren. Sonst machst du dich kaputt. Der Roman mag gut sein, deine Übersetzung hervorragend, es wird der ganz große Knüller in ›Blitzlicht‹ und als Taschenbuch ein Bestseller. Nehmen wir das nur einmal an. Aber was bedeutet es wirklich? Nichts. Weniger als nichts. Es gibt Tausende von interessant geschriebenen, erfolgreichen Büchern...«

»Du hast recht«, sagte sie und gab ihm einen Kuß auf die Nase, »ich werde mich nicht mehr verrückt machen!«

Mit dem Verstand sah sie ein, was er ihr klarzumachen versuchte, aber ihr Gefühl wehrte sich dagegen.

Claudia brauchte die Ungewißheit nicht so lange zu ertragen, wie sie befürchtet hatte. Schon am Dienstagabend, als sie die Wohnung betrat, kam ihr Elke mit einem Telegramm entgegen.

»Ich habe es geöffnet«, sagte die Freundin, »es hätte ja was Wichtiges sein können. Es kommt aus Hamburg.«

Claudia riß es ihr aus der Hand.

»Wer ist dieser Suttner?« fragte Elke neugierig.

»Kein der... eine die!« Claudia las: »roman eine entdeckung stop übersetzung fabelhaft stop verspreche mir viel stop suttner.« Claudia ließ das gelbe Papier sinken und sah Elke strahlend an. »Gott sei Dank!«

»Warum freust du dich so? Die telegrafiert doch nur das, was du immer behauptet hast.«

»Eben deshalb! Endlich bestätigt es mir jemand, der was davon versteht!« Claudia streifte ihre hochhackigen Sandalen ab.

»Das werde ich der Suttner nie vergessen.«

»Daß sie den Roman auch gut findet?«

»Nein, daß sie sich aufgerafft hat, mir ein Tele zu schikken. Das hätte nicht jeder getan. Aber sie muß gewußt haben, wie sehr ich gezappelt habe.«

»Du und zappeln?«

»Ja. Jetzt muß ich sofort Herbert anrufen. Der wird sich freuen!« —

Frau Suttners Telegramm gab Claudia den Mut, das Manuskript auch auf den Schreibtisch von Frau Gottschalk zu legen. Die Romanchefin versprach, es so schnell wie möglich zu lesen. Auch sie fand die Übersetzung gut, wenn sie selber auch hie und da eine andere Formulierung vorgezogen hätte. Aber sie war taktvoll genug, das nicht auszusprechen. Sie anerkannte, daß es Claudias Werk war, hatte Achtung vor ihrem Mut und ihrem Fleiß und fand es unangebracht, an dieser großen Arbeit nur herumzumäkeln.

»Bravo, Fräulein Mennersdorfer«, sagte sie, als sie die Lektüre beendet hatte, »da haben Sie wirklich etwas zustande gebracht!«

»Ich habe mich wahnsinnig bemüht!«

»Ja, das merkt man . . . ich meine, das merkt man nicht. Es wirkt alles ganz leicht und selbstverständlich.«

»Ja, das sollte es auch.«

»Der Roman wird sicher das Richtige für ›Blitzlicht‹ sein, wenn er auch anfangs einige Längen hat.«

»Die merze ich aus! Ich bin gerade dabei, die ersten drei Folgen einzurichten.«

»Sie meinen, wir wollen es noch nicht vorlegen? Aber die Zeit drängt. Die Entscheidung über den großen Herbstroman muß jetzt fallen.«

»Lassen Sie uns noch etwas Zeit damit, bitte! Ich schwöre Ihnen, daß drei druckreife Folgen termingerecht vorliegen werden. Versuchen Sie einfach, alle anderen Vorschläge abzublocken.«

»Das wird nicht schwer sein. Allzu viel liegt ohnehin nicht vor.«

»Ich bin Ihnen ja so dankbar!«

Der eigentliche Grund, warum Claudia den Roman noch nicht vorlegen wollte, bestand nicht darin, daß sie den Anfang noch nicht illustriertengerecht hingetrimmt hatte. Jeder, der nur ein bißchen von diesem Handwerk verstand, würde sehen, daß das zu machen war. Claudia hielt es für strategisch besser, den Roman erst zur Debatte zu stellen, wenn er schon das Interesse eines Taschenbuchverlags gewonnen hatte.

Am gleichen Abend rief sie von ihrer Wohnung aus Frau Suttner an. Sie dankte ihr für das Telegramm, bekannte, welchen Stein es ihr vom Herzen genommen hatte und schilderte die Situation im Verlag. Die Suttner hatte das Manuskript an eine Freundin geschickt, die im Lektorat eines Münchner Taschenbuchverlages saß, und erklärte, schon alles getan zu haben, um die Entscheidung zu beschleunigen. Sie versprach aber, nach angemessener Zeit noch einmal nachzuhaken.

»Ist es denn so wichtig, ob der Roman schon jetzt oder erst im Frühjahr kommt?« fragte Elke, die das Gespräch teilweise mitgekriegt hatte.

»Das solltest du schon wissen! Im Herbst haben wir viel Werbung und können schöne lange Folgen bringen.«

»Aber du kriegst deshalb doch nicht mehr Geld.«

Claudia holte eine Flasche Pils aus dem Eisschrank und schenkte sich sehr sorgfältig ein Glas ein. »Ich liebe diesen Roman«, versuchte sie zu erklären, »er bedeutet mir eine Menge, und ich möchte, daß er so gut wie möglich repräsentiert wird.«

»Unter deinem Namen?«

Darüber hatte Claudia noch nicht nachgedacht. »Nein, bestimmt nicht. Mein Name wird nur als Übersetzerin im Taschenbuch erscheinen.«

»Aber dann weiß doch niemand, außer uns, daß er dein Kind ist.«

»Der normale Leser natürlich nicht, aber in der Branche

wird es sich rumsprechen, und das wird meine Position stärken.«

»Wenn ich du wäre, würde ich mich lieber bemühen, Herbert an Land zu ziehen. Die beste Position einer Frau ist noch immer die einer Ehefrau.«

Claudia trank und wischte sich mit dem Handrücken den Schaum vom Mund. »Irgendwann werde ich Herbert sicher mal heiraten.«

»Wenn er dich dann noch will!«

»Ja, natürlich«, sagte Claudia friedfertig, »das ist die Frage.«

Jedes von Elkes Argumenten war ihr im voraus vertraut, und sie wollte eine Diskussion vermeiden, die sie doch einander nicht näherbringen würde. »Bitte, entschuldige mich jetzt. Ich muß noch arbeiten.«

»Schon wieder? Könntest du das nicht jetzt auf der Redaktion tun?«

»Ab Folge vier bestimmt. Wenn alles gutgeht. Halt mir Däumchen!« Ihr fiel auf, daß die Freundin schlecht aussah, und in ihr erwachte das Gewissen, weil sie sich zu wenig um sie kümmerte. »Ich komme nachher noch zu dir«, versprach sie, »dann kannst du mir von Erwin und dir erzählen.«

»Da gibt es nichts.«

»Immer noch ganz unverbindlich?«

»Ja.«

»Wenn du damit zufrieden bist, laß es dabei bewenden ... wenn nicht, würde ich an deiner Stelle mal lucki-lucki nach jemand anderem machen. Erwin ist kein Heiratskandidat.«

»Wie kommst du darauf, daß ich aufs Heiraten aus bin?«

Claudia lachte. »Weil du so oft davon sprichst!« Sie schüttete sich den Rest Bier ein, ging, das Glas in der Hand, auf die Freundin zu und küßte sie auf beide Wangen. »Ich komme trotzdem nachher noch zu dir. So gegen zehn.«

»Wenn ich da noch wach bin.«

Claudia war froh, als sie an ihrem Schreibtisch saß und

sich an die Arbeit machen konnte. Kürzen, Streichen und neue Übergänge finden war ein reines Vergnügen, gemessen an der Qual des Übersetzens.

Als sie die erste Folge fertig hatte, war es elf Uhr vorbei. Sie überlegte, ob sie noch nach Elke sehen sollte, konnte sich dann aber nicht dazu überwinden. Sie war zu müde und hatte keine Lust, sich ihre Geschichten anzuhören.

So entschloß sie sich, zu Bett zu gehen. Mit Elke konnte sie auch noch morgen oder übermorgen oder überübermorgen reden. Sie und ihre Bekenntnisse würden ihr ja nicht weglaufen.

Auf der Redaktion hatte sich der Ton gegenüber Claudia geändert; seit sie Assistentin war, hatte sich bei den anderen der Eindruck verstärkt, sie wäre aus hartem Holz geschnitzt.

In die flapsige Art, die Kurt Schmidt nicht ablegen konnte, mischte sich, wenn er mit Claudia sprach, eine Spur von Respekt, ja Angst.

Claudia bemühte sich, das zu überhören, und sie war freundlicher ihm gegenüber als früher, denn sie wollte ihn ja nicht einschüchtern, sondern brauchte seine Unterstützung. Aber er konnte keinen Augenblick vergessen, daß sie das kompromittierende Geständnis von ihm besaß. Wenn er sie, scheinbar sorglos, um eine Zigarette anschnorrte, mußte er dazu seinen ganzen Mut zusammennehmen. Er tat es nur, um bei den anderen nur ja nicht den Eindruck aufkommen zu lassen, daß irgend etwas zwischen ihm und Claudia nicht stimmte.

Hans Jürgen Hilgers wich ihr mit geradezu besessener Konsequenz aus.

Claudia war inzwischen aus dem Schreibsaal in das Büro von Frau Gottschalk umgezogen, so daß es ihm verhältnismäßig leichtfiel, ihr aus dem Weg zu gehen. Sie hätte das frühere Verhältnis gern wiederhergestellt, denn sie vermißte die langen Gespräche mit ihm und seine guten Ratschläge, mehr noch fürchtete sie, daß er sich gegen sie stellen könnte. Aber sosehr sie sich auch bemühte, ihn in der Kantine oder im Lift, beim Kommen oder Gehen, zu erwischen, sie schaffte es nicht. Auch mit den anderen sprach er kaum noch ein Wort und ließ sich nur blicken, wenn es unumgänglich war.

Endlich entschloß sich Claudia, den Stier bei den Hörnern zu packen und ihn in seinem Büro aufzusuchen, in dem er sich wie ein Einsiedler verborgen hielt.

Ohne anzuklopfen, trat sie mit einem fröhlichen »Guten Morgen, Meister!« ein.

»Raus!« brüllte er sofort, den Kopf zwischen die Schultern gezogen.

»Sie sollten nicht so laut sein«, sagte sie freundlich, »Sie wissen, die Wände hier haben Ohren!«

»Hinaus mit Ihnen!« sagte er, jetzt etwas leiser, aber um so feindseliger.

»Was haben Sie gegen mich?«

»Das wissen Sie genau! Wenn Sie jetzt nicht sofort dieses Kabuff verlassen, werde ich gehen!«

Schwerfällig stemmte er sich in seinem Sessel hoch.

»Nun seien Sie doch nicht so!« mahnte sie sanft, stellte sich aber vor die Tür, um ihm notfalls den Weg zu versperren.

»Können Sie mich denn nicht in Ruhe lassen?« stöhnte er und ließ sich wieder fallen.

»Ich möchte mich mit Ihnen aussöhnen, Meister! Ich bin auch bereit, Sie um Verzeihung zu bitten ... wenn ich auch nicht weiß, wofür.«

Er zog ein riesiges rot-weißes Taschentuch und wischte sich den Schweiß von der Stirn. »Ich hätte kündigen sollen ... gleich damals! Sie haben mich bis auf die Knochen blamiert. Bilden Sie sich ein, daß ich das vergessen könnte?«

Da sie ihn freundlich stimmen wollte, vermied sie es, ihn

darauf aufmerksam zu machen, daß wohl er selber es gewesen war, der sich blamiert hatte. »Niemand hätte es erfahren«, sagte sie statt dessen, »wenn Sie nicht so ein Geschrei darum gemacht hätten.«

»Aber Sie haben es gewußt! Und Karstein! Wie hätte ich damit weiterleben können!?«

»Ich muß Ihnen dankbar sein!« entgegnete Claudia. »Mir hat das Interview Erfolg gebracht. Darf ich Ihnen davon erzählen?«

»Nein.«

»Man ist auf mich ...«

»Nein! Nein! Nein!« Er preßte sich beide Hände auf die Ohren.

Sie wußte, daß er nicht ewig so sitzen bleiben konnte, blieb stehen, wo sie stand, und wartete ab.

Nach einer Weile ließ er die Hände sinken und sagte matt: »Gehen Sie mir aus den Augen!«

»Ich bin mit der Übersetzung von ›Imogen‹ fertig. Wollen Sie sie lesen?«

»Nein.«

»Aber warum nicht? Es müßte Sie doch interessieren ...«

»Nein!«

»Was werden Sie tun, wenn ich ihn für ›Blitzlicht‹ vorschlage?«

»Also, deshalb sind Sie gekommen? Das sieht Ihnen ähnlich.«

»Es ist ein guter Roman. Man hat es mir bestätigt. Ich könnte ihn auch anderswo unterbringen ...«

»Dann tun Sie das doch!«

»Ich hätte ihn lieber in unserer Zeitschrift. Also, was werden Sie tun?«

»Was könnte es schon nützen, wenn ich mich dagegenstemmte? Ich habe mit der Romanredaktion nicht das geringste zu tun.«

»Togelmann ist immer unsicher, das wissen Sie so gut wie

ich. Er hört auf jeden Einwand ... und besonders, wenn er von Ihnen kommt. Er hält große Stücke auf Sie.«

»Jetzt nicht mehr, und das habe ich Ihnen zu verdanken.«

»Aber nicht doch. Sie brauchen nur Ihren Kopf zu wiegen, Ihr Gesicht in skeptische Falten zu verziehen, und schon nutzen alle guten Worte Frau Gottschalks nicht mehr.«

»Die ist also auf Ihrer Seite?«

»Sie will den Roman. Es ist ein guter Roman, und gerade jetzt brauchen wir einen starken Roman ...«

»Nichts könnte mir gleichgültiger sein.«

»Sie werden also wenigstens nicht dagegen opponieren?«

»Warum sollte ich denn?«

»Um mir eins auszuwischen ... zum Beispiel.«

»Ja, das wäre ein Grund.«

»Aber Sie sollten es nicht tun. Es würde nur den Eindruck erwecken, daß Sie sich an mir rächen wollten ... und wenn er dann in einer anderen Illustrierten ein großer Erfolg wird, stehen Sie sehr dumm da.«

»Ach, lassen Sie mich doch in Ruhe.«

»Nicht, bevor Sie mir versprochen haben ... Sie haben ihn doch entdeckt!«

»Verstehen Sie denn nicht, daß das alles hier mich nicht mehr kümmert?! Wie, glauben Sie denn, ist einem Mann zumute, der sein Gesicht verloren hat?! Ich versuche bloß noch durchzuhalten, bis ich meine Pension kassieren kann!«

»Sie sollten wirklich nicht so schreien«, sagte Claudia sanft.

»Sparen Sie sich Ihre Ratschläge, Sie kleine Ratte!« Er griff zu einem Buch — es war ein schwerer Lexikonband — und schleuderte es gegen sie.

Sie konnte gerade noch beiseite springen, so daß er gegen die Tür donnerte und das leichte Holz krachend zersplitterte.

»Dafür werden Sie irgend jemandem eine Erklärung abgeben müssen«, sagte sie, bemüht, sich ihren Schreck nicht anmerken zu lassen.

»Ich bringe Sie um!« tobte er, immer noch ziemlich außer sich.

Sie zog es vor, auf das letzte Wort zu verzichten und ließ ihn mit seiner Wut allein.

Wie nicht anders zu erwarten war, starrten alle im Schreibsaal sie an, belustigt, schockiert oder neugierig, je nach Temperament. Claudia setzte eine lächelnd überlegene Miene auf und zuckte wegwerfend mit den Achseln.

Der Auftritt brauchte ihr nicht peinlich zu sein, denn alle wußten, daß er sich nur aufregte, weil sie sein Interview geschrieben hatte. Man nahm ihn längst nicht mehr ernst. Gelassen und hocherhobenen Hauptes ging sie in ihr Büro zurück.

»Sie hätten Hilgers nicht reizen sollen«, sagte Frau Gottschalk, denn der Krach war bis zu ihr gedrungen.

»Das Gegenteil ist der Fall!« Claudia setzte sich an ihren Schreibtisch. »Ich habe versucht, ihn versöhnlich zu stimmen.«

»Scheint ziemlich danebengegangen zu sein.«

»Trotzdem war es, glaube ich, ganz gut, daß ich mit ihm gesprochen habe. Er weiß jetzt, daß er sich ins eigene Fleisch schneidet, wenn er sich gegen ›Fluch der Liebe‹ stellt.«

»Vielleicht ist ihm das jetzt auch schon egal.«

»Nein, dazu ist er zu klug«, behauptete Claudia optimistischer, als sie wirklich dachte.

»Wie weit sind Sie mit den ersten Folgen?«

»Fast fertig.«

»Das ist sehr gut. Wir müssen den Roman in der nächsten Konferenz vorlegen.«

Claudia wußte, daß Frau Gottschalk recht hatte; sie entschloß sich, Helma Suttner noch am gleichen Abend anzurufen. — Aber die Lektorin wußte nichts Neues zu berichten.

Der Tag der Redaktionskonferenz rückte unaufhaltsam heran.

Kurz, bevor es soweit war, telefonierte Claudia noch einmal mit Frau Suttner, diesmal vom Büro aus. Noch immer lag kein Entscheid des Verlages vor.

»Und wenn ich selber dort anrufen würde?« schlug Claudia vor.

»Tun Sie das nicht, Fräulein Mennersdorfer!« warnte die Suttner. »Sie könnten nur Unheil anrichten.«

»Aber wieso denn?«

»So eine Sache braucht nun einmal ihre Zeit. Wenn die merken, daß es uns allzu eilig ist, könnten sie kalte Füße bekommen.«

»Aber der Roman ist doch gut!«

»Das hat damit nichts zu tun. Man muß sich auch in diesem Geschäft an gewisse Spielregeln halten.«

»Ja, schon, aber . . .«

Die Suttner wurde energisch. »Sie haben mir die Vermittlung überlassen, nicht wahr? Jetzt lassen Sie mich das, bitte, auch zu Ende führen, und mischen Sie sich nicht ein!«

»Aber Sie glauben, daß der Verlag den Roman nehmen wird?«

»Wenn nicht, habe ich auch noch andere Eisen im Feuer.«

»Sie werden mich benachrichtigen?«

»Sobald ich etwas in Erfahrung bringe.«

Damit mußte Claudia sich zufriedengeben.

Obwohl Frau Gottschalk eine Kurzgeschichte redigierte, hatte sie doch mitbekommen, um was es gegangen war. »Schade«, sagte sie, »da kann man nichts machen.«

»Wir müssen den Roman trotzdem heute vorlegen.«

»Das fürchte ich auch.«

»Sie sagen das nicht gerade optimistisch.«

»Mein liebes Fräulein Mennersdorfer«, sagte die Gottschalk seufzend, »man kann nie wissen, wie so etwas laufen wird. Ich habe schon bessere Projekte den Fluß hinunterschwimmen sehen.«

»Das wird mit meinem Roman bestimmt nicht passieren! Wenn ›Blitzlicht‹ ihn nicht nimmt, bringe ich ihn woanders unter.«

»Das täte mir leid für uns.« Frau Gottschalk setzte ihre Brille ab und fuhr sich über die Augen. »Für Sie muß diese Gewißheit aber doch sehr tröstlich sein.«

»Daran will ich gar nicht denken! Ich meine, daß er auch woanders herauskommen könnte. Ich finde, wenn man in eine Verhandlung eintritt, dann ohne Netz und doppelten Boden. Man muß überzeugt sein, daß man Erfolg haben wird. Ich bin es! Und es würde sehr helfen, wenn Sie es auch wären.«

»O ja!« sagte die Gottschalk und zwang sich zu einem Lächeln.

Aber Claudia wußte, daß sie eine schwache Partnerin haben würde.

Eine knappe Stunde später hatten sich die Mitglieder der Redaktion um den langen Eichentisch versammelt. Claudia, als Assistentin von Frau Gottschalk, saß zu ihrer Linken. Die Manuskripte — den Roman und die ersten drei Folgen — hatte sie in einem Aktenköfferchen neben ihrem Stuhl stehen, denn sie wollte nicht sofort die Aufmerksamkeit darauf lenken.

Wie immer führte Togelmann junior den Vorsitz, während über die anstehenden Probleme gesprochen wurde. Claudia verhielt sich schweigend, auch wenn sie etwas zu sagen gehabt hätte. Sie wollte den Eindruck vermeiden, sich hervortun zu wollen. Daß sie jetzt hier sitzen durfte, war schon viel. Sie wußte, daß sie dazu neigte, über ihr Ziel hinauszuschießen. Aber als die Frage des nächsten Romans angeschnitten wurde, war sie hellwach und kampfbereit.

Auch die Gottschalk zeigte Haltung.

»Ja, ich habe mich inzwischen entschieden«, erklärte sie mit fester Stimme, »und zwar für einen ganz ausgezeichneten Stoff: ›Fluch der Liebe‹.«

»Von wem?« fragte Togelmann.

»Von einer Engländerin.« Nach einem kurzen Zögern fügte sie hinzu: »Evelyn Willis.«

Claudia wünschte sich, Frau Gottschalk hätte den Namen selbstverständlicher vorgebracht.

Wie sie befürchtet hatte, schaltete Togelmann sofort. »Kommt mir bekannt vor. Was hat sie sonst noch geschrieben?«

»Nur diesen einen Roman.«

»Aber ich kenne den Namen. Kommt mir vor, als wenn er hier in diesem Raum schon einmal gefallen wäre.«

Claudia wußte, daß Kurt Schmidt drauf und dran war, eine seiner boshaften, vernichtenden Bemerkungen zu machen. Aber diesmal hielt er sich wohlweislich zurück und verzog keine Miene.

»Ja, das ist richtig«, sagte Frau Gottschalk, und in ihrer Stimme war ein verräterisches Beben, »ich habe diesen Roman schon einmal vorgelegt.«

»Also ist er abgelehnt worden?! Und da fällt Ihnen nichts Besseres ein...« Togelmann fand keine Worte, seine Entrüstung auszudrücken.

»Er liegt jetzt in der deutschen Übersetzung vor!« erklärte Claudia mit fester Stimme, und dann, mit dem Mut der Verzweiflung, fügte sie hinzu: »Ich habe ihn übersetzt!«

»Sie?! Also, das ist wirklich ein Witz!«

Togelmann lachte auf und blickte unwillkürlich zu Kurt Schmidt hinüber, von dem er in solchen Situationen Schützenhilfe gewohnt war.

Aber der Reporter reagierte anders. »Och«, erklärte er, »das will ich nicht sagen. Ich habe einen Blick hineingeworfen. Sie hat das ganz ordentlich gemacht.«

»Die Übersetzung ist ausgezeichnet«, sagte Frau Gottschalk mit Nachdruck, »und der Roman selber ... ich darf vielleicht daran erinnern, daß Herr Hilgers ihn für uns ausgegraben hat.«

»Stimmt das, Onkel Hans?«

»Ein sehr ansprechendes kleines Werk!« Hilgers wagte es nicht, irgend jemandem in die Augen zu blicken. »Ich bin zufällig darauf gestoßen.«

»Und du hast Frau Gottschalk darauf aufmerksam gemacht?«

»Nein. Die Mennersdorfer.«

»Warum, um Himmels willen, hast du das getan?! Warum hast du ihn nicht ganz normal auf der Redaktion eingereicht?«

Hilgers zuckte die Achseln. »Das weiß ich heute selbst nicht mehr.«

Claudia nahm einen neuen Anlauf. »Chef«, sagte sie, »das ist doch jetzt ganz unwesentlich. Jedenfalls hat Frau Gottschalk Ihnen diesen Roman auf dem üblichen Weg vorgelegt ...«

»Und ich habe ihn abgelehnt! Wieso bilden Sie sich ein, daß ich plötzlich meine Meinung ändern könnte?!«

»Weil man erst jetzt, in der vorliegenden Übersetzung, einen überzeugenden Eindruck bekommt.«

»Sie haben ihn also übersetzt, obwohl Sie wußten, daß ich weder diesen Roman noch eine Übersetzung von Ihnen haben wollte. Das war sehr töricht von Ihnen. Sie haben sich da eine ganze Menge Arbeit für nichts und wieder nichts aufgehalst.«

»Das möchte ich denn doch nicht sagen.« Claudia entschloß sich, schweres Geschütz aufzufahren. »Als Taschenbuch ist er nämlich schon verkauft.«

Sie spürte, wie Frau Gottschalk neben ihr zusammenzuckte.

»Ist das richtig?« fragte Togelmann.

»Fräulein Mennersdorfer müßte es wissen«, sagte Frau

Gottschalk, die sich nicht zu einer Lüge überwinden konnte, »sie hat die Rechte erworben.«

Eine Sekunde lang war Togelmann sprachlos, dann brachte er mühsam heraus: »Sie ... haben ...!?«

»Nur eine Option auf die Rechte«, erklärte Claudia bescheiden und mit niedergeschlagenen Augen.

»Haben Sie die umsonst bekommen?!«

»Nein. Für zweitausend Pfund. Das Geld schien mir gut angelegt.« Sie besann sich, daß sie den Roman ja schon verkauft haben wollte, und fügte hinzu: »Und so war's ja auch.«

»Wir müßten uns also an den Taschenbuchverlag wenden ...«

»Nein. Die Nebenrechte liegen weiter bei mir.«

»Ich muß schon sagen, Sie haben eine Art!« Fast hilfesuchend sah er sich im Kreis seiner Mitarbeiter um, und als ihm von dort keine Erleuchtung kam, wandte er sich wieder Claudia zu. »Was hat Sie dazu gebracht?«

Nur kurz sah Claudia ihm in die Augen, bevor sie den Blick senkte. »Ich wollte ›Blitzlicht‹ einen Knüller sichern.«

Darauf wußte er nichts mehr zu sagen.

Claudia hoffte, daß jetzt Frau Gottschalk ihr Schützenhilfe geben würde. Aber die Romanchefin schwieg. Anscheinend hatte sie die Lüge immer noch nicht verkraftet.

Also bückte sich Claudia, hob ihr Aktenköfferchen, stellte es auf den Tisch, ließ das Schloß aufschnappen und holte die gelben und roten Schnellhefter heraus. »Hier ist der vollständige Roman ... und hier habe ich die ersten drei Folgen für den Illustriertenabdruck eingerichtet.«

Togelmann konnte nur schlecht verbergen, wie beeindruckt er war. »Und was würden Sie dafür verlangen?«

»Für das Einrichten der Folgen nichts. Das gehört ja jetzt zu meinem Job. Für den Roman das übliche Honorar.« Als sie sah, wie er die Stirn runzelte, fügte sie hastig hinzu: »Ich muß ja mit dem Londoner Verlag abrechnen.« Sie stand auf und trug die Manuskripte an das Kopfende des Tisches zu Togelmann hin. »Bitte«, sagte sie, »lesen Sie! Sie werden überzeugt sein!«

Er nahm die Schnellhefter und wog sie, ohne sie aufzuschlagen, in der flachen Hand, als könnte er so ihren Wert feststellen. »Wenn ich den Roman nun tatsächlich annehme, und es wird ein Reinfall ...«

»Ich stehe dafür gerade!« erklärte Claudia rasch.

Er wandte sich halb zu ihr um. »Sie? Sie haben wenig zu verlieren.«

»Meinen Ruf und meine Zukunftsaussichten.«

»Ich übernehme selbstverständlich die volle Verantwortung«, sagte Frau Gottschalk vom anderen Ende des Tisches her.

»Na schön. Sie beide haben es so gewollt.« Er gab Claudia, ohne sie anzusehen, die Manuskripte zurück. »Skizzieren Sie mal kurz die erste Folge, Fräulein Mennersdorfer, damit wir uns mit dem Layout befassen können.«

Es kostete Claudia viel Überwindung, nicht im Triumph wie eine Siegerin zu ihrem Platz zurückzukehren, sondern mit ausdruckslosem Gesicht, gesenkten Wimpern und anmutig entspanntem Gang. —

Erst als sie später mit Frau Gottschalk wieder in ihrem Büro war, konnte sie ihren Jubel nicht länger unterdrücken. »Es hat geklappt!« rief sie und hätte die gute Dame fast umarmt. »Wir haben es geschafft!«

»Aber um welchen Preis!«

»Sie glauben, die Honorarabteilung wird versuchen, mich runterzuhandeln?« fragte Claudia ein wenig ernüchtert.

»Nein, das nicht. Das würden Sie auch wohl kaum mit sich machen lassen.«

»Dann ist doch alles in Ordnung.«

Beide sprachen, obwohl sie erregt waren, mit gedämpften Stimmen.

»Sie haben mich gezwungen, Togelmann anzulügen.«

»Aber das haben Sie doch gar nicht getan ... im Gegenteil, Sie haben sich sehr geschickt aus der Affäre gezogen. Frau Gottschalk, bitte, machen Sie nicht so ein Gesicht! Verderben Sie mir nicht die ganze Freude! Ich mußte ein bißchen schwindeln, um den Roman aufzuwerten.«

»Und wenn es nun herauskommt!?«

»Wird es nicht. Der Roman findet einen Verlag, dafür garantiere ich. Also war es auch gar keine Lüge ... ich habe die Dinge nur ein bißchen vorweggenommen.«

»Mir ist das Ganze furchtbar peinlich.«

»Muß es doch nicht sein. Es geht uns beiden doch nur darum, ›Blitzlicht‹ aufzuwerten, nicht wahr? Wenn der Chef nur ein bißchen mehr Vertrauen in unsere Urteilskraft und unsere Arbeit hätte, wäre das alles gar nicht passiert. Ist es denn unsere Schuld, wenn man ihn zu seinem Glück zwingen muß?«

»Und wenn wir uns nun geirrt haben? Wenn der Roman nicht ankommt?«

»Das wäre ausgesprochenes Pech.«

»Sie sagen das so leichthin.«

»Man muß was riskieren, wenn man Erfolg haben will. Und im Grunde hat der Chef ja recht: Was habe ich schon zu verlieren? Wenn es schiefgeht, das verspreche ich Ihnen, werde ich alles auf meine Kappe nehmen. Wir werden dann schon einen Weg finden, wie wir Sie völlig entlasten können.«

»Das wäre doch nur durch eine neue Lüge möglich.«

»Na, wenn schon! Sagen wir lieber: eine kleine Korrektur der Wahrheit. Fest steht doch, daß ich es bin, die Sie in die Sache hineingeritten hat.«

»Nein, das möchte ich nicht. Sie ahnen nicht, wie mir so etwas zuwider ist. Lieber nehme ich meinen Abschied.«

»Aber das kann doch nicht Ihr Ernst sein!«

Frau Gottschalk hatte sich gefaßt. »Am Ende wäre es auch gar nicht so schlimm. Mein Schwiegersohn möchte sowieso, daß ich aufhöre. Er will, daß ich nach Bielefeld ziehe. Wegen des Babys, verstehen Sie.«

Die Möglichkeit, daß Frau Gottschalk aufgeben könnte, war Claudia noch gar nicht gekommen. Sie eröffnete ihr ungeahnte Perspektiven. Gleichzeitig erkannte sie aber auch die Gefahr für sie, falls die Gottschalk allzu früh ausscheiden würde. Dann nämlich würde sie damit rechnen müssen, daß ihr eine andere Chefin vor die Nase gesetzt werden würde, die womöglich sehr viel weniger umgänglich war.

»Nur ja nicht!« sagte sie deshalb. »Mit so einem Gedanken dürfen Sie nicht einmal spielen! Der Roman wird ein Erfolg, passen Sie auf, da kann gar nichts schiefgehen, und Ihr Ansehen im Verlag wird noch steigen.«

»Hoffen wir es. Aber manchmal frage ich mich schon jetzt: Wozu das alles?«

»Den Beruf aufgeben, um zu babysitten! Was für eine Idee! Dazu sind Sie doch viel zu jung und dynamisch!«

In Frau Gottschalks Lachen mischte sich Wehmut. »Dynamisch! Das soll wohl ein Witz sein.« Als Claudia widersprechen wollte, brachte sie sie mit einer Handbewegung zum Schweigen. »Lassen wir es für heute gut sein. Es wird Zeit, nach Hause zu fahren. Wir sind, glaube ich, ohnehin die letzten.«

Claudia blickte auf ihre elegante kleine Armbanduhr. »Wie spät ist es denn? Neun Uhr vorbei?! Ach du Schreck!« Siedendheiß fiel ihr ein, daß sie verabredet war und Herbert sie schon längst erwartete. »Dann muß ich telefonieren!«

»Tun Sie das!« sagte die Gottschalk müde und begann ihren Schreibtisch aufzuräumen.

Herbert war sofort am Apparat.

»Du«, begann Claudia ohne Begrüßung, »hör mal, es tut mir furchtbar leid, aber ausgerechnet heute ist es später geworden...«

»Das habe ich gemerkt«, sagte er trocken.

»Ich kann nichts dafür, wirklich nicht! Ich werde dir alles erklären.«

»Hättest du nicht wenigstens anrufen können?«

»Das tue ich ja jetzt! Es ist die erste Gelegenheit, weißt du, wir hatten eine Konferenz...«

»Das kannst du mir alles erzählen, wenn du hier bist! Oder...« seine Stimme klang beherrscht, »... kannst du etwa gar nicht kommen?«

»Doch! Ich mache mich sofort auf den Weg!«

»Also dann...«

»Bitte, leg nicht auf, Herb, ich muß dir was sagen...«

Frau Gottschalk, jetzt in Hut und Mantel, nickte ihr von der Tür zum Abschied zu.

»Bis morgen!«

Claudia deckte die Sprechmuschel zu. »Auf Wiedersehen, Chefin... ich bin Ihnen wahnsinnig dankbar... für alles!«

»Hallo, hallo!« rief Herbert konsterniert. »Was ist denn jetzt schon wieder los?«

»Nichts. Ich habe nur gerade Frau Gottschalk auf Wiedersehen gesagt!« Sie holte tief Atem und verkündete: »Du, Herb, stell dir vor... ich habe es geschafft! Der Roman ist angekommen! ›Blitzlicht‹ bringt ›Fluch der Liebe‹!«

Am anderen Ende der Leitung blieb es still. »Hallo!« rief sie. »Herb! Bist du noch da?«

»Ja.«

»Warum sagst du dann nichts?«

»Schwierig, was dazu zu sagen. Was erwartest du denn?!«

»Daß du dich mit mir freust!«

»Nun denn: Meinen herzlichsten Glückwunsch.«

»Das klingt nicht gerade begeistert. Wäre es dir lieber gewesen, die Sache wäre geplatzt?!«

»Ehrlich gestanden: ja. Dann hätte ich wenigstens als Tröster fungieren können. Wozu brauchst du mich noch, wenn du so tüchtig bist?«

Sie lachte unbekümmert. »Um meinen Größenwahn zu dämpfen!«

Vierzehn Tage später traf der Vertrag des Münchner Taschenbuchverlages bei Claudia ein. Frau Suttner hatte zwar schon vorher angerufen und ihn avisiert. So sehr Claudia sich darüber gefreut hatte, war es doch ein ganz anderes Erlebnis, als sie den Vertrag in den eigenen Händen hielt und ihn unterschreiben konnte. Sie schickte die Kopie sofort zurück.

Am nächsten Tag zeigte sie ihn Frau Gottschalk. »Sehen Sie!« sagte sie triumphierend. »Also habe ich doch gar nicht gelogen!«

Mit dieser Beweisführung war die Gottschalk zwar nicht einverstanden; sie blickte Claudia ein wenig zweifelnd an, lächelte dann aber nachsichtig.

»Zeigen Sie her!« Nachdem sie, etwas umständlich, um Zeit zu gewinnen, ihre Brille aufgesetzt hatte, las sie ihn durch. »Sehr anständig!«

»Sie zahlen zehntausend Mark Vorschuß«, verkündete Claudia, als würde sie den Lesekünsten ihrer Vorgesetzten nicht trauen können. »Fünf für die Rechte und fünf für die Übersetzung! Damit bin ich aus dem Schneider.«

»Das kann man wohl sagen.«

Claudia wollte ihren Sieg voll auskosten. »Alle haben gesagt, daß ich verrückt war, als ich mein eigenes Geld in die Option steckte. Jetzt kriege ich es zurück... und fünftausend für die Übersetzung dazu!«

»Es hätte auch schiefgehen können.«

»Nein, es war eine todsichere Sache!« behauptete Claudia, die ihre eigenen Zweifel schon vergessen hatte. »Jetzt bin ich reich.«

Sie kam sich wirklich so vor. Für den Vorabdruck würde »Blitzlicht« insgesamt 30 000,— DM zahlen, die allerdings immer nur jeweils nach Erscheinen der einzelnen Folgen überwiesen werden würden. Von diesem Geld konnte sie

20 % behalten, das waren immerhin 6000,— DM. Alles andere würde an den Londoner Verlag gehen. —

Inzwischen hatte Claudia drei weitere Folgen von »Fluch der Liebe« für »Blitzlicht« eingerichtet, und ihrem immer wieder verschobenen Urlaub stand nichts mehr im Wege. Sie hatte versprochen, ihn mit Herbert, der sich auch freimachen konnte, in seiner Hütte zu verbringen.

Aber sie hatte keine rechte Lust mehr dazu und wollte lieber etwas unternehmen und erleben. Er teilte ihre Sehnsucht nach der Ferne nicht, mochte ihr aber ihre Bitte, sie zu begleiten, nicht abschlagen, und nach einigem Hin und Her einigten sie sich auf einen Trip in die Vereinigten Staaten.

Claudias Vorfreude war riesengroß.

Weder der acht Stunden lange Flug konnte ihre Begeisterung dämpfen noch das ermüdende Anstehen in den stickig schwülen Räumen der amerikanischen Paßkontrolle. Herbert beobachtete sie mit gerührtem Amüsement.

Als sie endlich vor dem Kennedy Airport in einem Gebrodel von ankommenden Passagieren vieler Nationen auf den Bus in die Stadt warteten, rief sie unternehmungslustig: »Here we are! Amerika, wir kommen!«

In New York war es später Nachmittag, als sie eintrafen. Schon bei der Busfahrt tauchte die berühmte Skyline von Manhattan mit ihren Wolkenkratzern vor ihnen auf, die sich erst dunkel gegen einen platingrauen Himmel abhoben und dann, als ein Licht nach dem anderen in den Fenstern aufflammte, in eine wahre Glitzerwelt verwandelten.

»Oh, Herb!« rief sie immer wieder. »Ist das nicht wunderbar? Das da drüben muß das World Trade Center mit seinen Zwillingstürmen sein ... und das da ist bestimmt die UNO ... Aber wo ist das Empire State Building? Es ist fantastisch! Nie hätte ich gedacht, daß ich das erleben würde!«

Sie hatten Zimmer in einem nicht zu teuren, kleinen Hotel in der Nähe des Broadways gemietet, und obwohl sie wegen der Zeitverschiebung schon 16 Stunden auf den Beinen waren, dachte Claudia nicht daran, sich schlafen zu legen.

»Nein, ich bin nicht müde!« wehrte sie ab. »Wie kann man in New York müde sein?!«

Sie ließ es sich nicht nehmen, mit Herbert die berühmte Straße hinauf und hinunter zu laufen, vorbei an Kinos, Sexshops, Drugstores, Imbißstuben und Spielsalons, bis hinauf zum Times Square, wo ein überdimensionaler Raucher unermüdlich über den Köpfen der Passanten hinweg Kringel in die Luft blies, bis hinunter zum Empire State Building und wieder zurück. Am liebsten wäre sie noch weiter bis zur City Hall gegangen.

Erst kurz vor Mitternacht gelang es ihm, sie ins Hotel zurückzubringen, und während draußen die Sirenen der Überfallwagen und Feuerwehren in unregelmäßigen Abständen schrill die Geräuschkulisse der Weltstadt durchschnitten, liebte sie ihn leidenschaftlicher denn je, um dann endlich in seinen Armen völlig erschöpft einzuschlafen.

Am nächsten Morgen frühstückten sie in einem Coffee Shop, aßen Pancakes mit Ahornsirup, tranken Kaffee, der aus Leitungen unter der Bar gezapft wurde und gar nicht übel schmeckte.

Dann machten sie sich auf, die ungeheure Stadt zu erforschen, liefen die Park Avenue hinauf und hinunter und bewunderten die Auslagen der Geschäfte in der Fünfzigsten Straße. Danach fuhren sie zur Wall Street hinunter und besuchten die Börse, in der eine Hektik herrschte, die kaum zu überbieten war, so daß man sich nicht vorstellen konnte, daß die eine Hand wußte, was die andere tat. Und doch wurden von hier aus die Fäden der Weltwirtschaft gezogen.

Wo sie auch waren, immer wieder blickte Claudia an den überwältigend hohen Skyscrapern hinauf und sagte: »Ich kann mir nicht helfen, die machen mich ganz betrunken!«

Am Nachmittag ließen sie sich nach Liberty Island übersetzen, tranken zu Füßen der Freiheitsstatue im wärmenden

Schein einer strahlenden Herbstsonne Cola, aßen Würstchen mit Ketchup dazu und genossen, mit dem Blick auf Manhattan, den amerikanischen Way of life.

Am Abend besuchten sie das Musical »Oklahoma«. Sie fanden es ziemlich verstaubt — die Darsteller waren wahrscheinlich die zwölfte Besetzung —, aber doch so typisch amerikanisch, daß sie es liebten.

Anschließend liefen sie noch einmal den Broadway hinauf und hinunter. Beide trugen Jeans und T-Shirts, auch im Theater und in der eleganten Bar, in der sie dann landeten. Sie hatten viel von Überfällen und Belästigungen gehört und gelesen und waren sich in der Theorie einig, daß sie, wenn sie einfach gekleidet waren und nicht auffielen, auch nichts zu befürchten haben würden.

Bei einem Side Cup ließen sie die Erlebnisse des Tages noch einmal an sich vorbeigleiten.

Herbert begann aufzuzählen, was sie sich noch alles ansehen mußten: »Harlem«, sagte er, »und China Town ... und aufs Empire State Building müssen wir auch noch ...«

»Morgen«, unterbrach ihn Claudia, »muß ich zuerst einmal telefonieren.«

»Mit wem?«

»Mit einer Agentin!« Sie lachte, als sie sein Gesicht sah. »Keine Angst, es handelt sich nicht um Spionage! Ich muß mich mit einer literarischen Agentin treffen. Sie heißt Yvonne Meyer. Die Telefonnummer habe ich von Frau Suttner.«

»Ich dachte, dies sollte unser Urlaub sein.«

»Ist es ja auch. Eine Stunde wirst du doch wohl auf mich verzichten können ... falls es überhaupt klappt!«

»Aber wozu?«

»Interessiert dich das wirklich?«

»Mich interessiert alles, was du tust.«

»Also gut. Ich will, daß sie versucht, Stoffe für ›Blitzlicht‹ aufzutreiben ... daß sie uns Romane anbietet, verstehst du, die noch nicht als Buch erschienen sind ... nicht in Deutschland. In Amerika macht man alles über Agenten, weißt du. Es hat keinen Zweck, sich direkt an einen Verlag zu wenden, sagt Frau Suttner.«

»Aber diese Agentin wird doch sicher auch verdienen wollen ...«

»Natürlich.«

»Was bleibt dann aber für dich?«

»Ich handle im Auftrag von ›Blitzlicht‹ ... nicht wirklich natürlich. Togelmann hat keine Ahnung. Ich muß es ihm nachher erst schmackhaft machen. Ich will gar nicht daran verdienen.«

»Aber wozu dann das Ganze?!«

»Ja, verstehst du denn nicht?! ›Blitzlicht‹ ist meine Zeitschrift ... ich meine, die Zeitschrift, zu der ich gehöre! Ich will sie hochbringen! Und das einzige, was ich dafür tun kann, ist, gute Romane für sie zu beschaffen!«

»Damit diese Togelmanns noch mehr Geld scheffeln!«

»Das ist doch völlig unwesentlich.«

»Für mich wäre es das nicht!«

Sie starrten sich in die Augen, und beide überfiel für Sekunden ein Gefühl des Fremdseins. Es war ihnen, als würden sie in ein Vakuum hineingerissen. Alles um sie her, die schimmernde Mahagonibar mit den blanken Messingstangen, die lauten, lachenden Stimmen der späten Gäste und die ausdruckslose Miene des Barkeepers, der, da im Augenblick nichts von ihm verlangt wurde, Gläser polierte, bekam etwas Unwirkliches. Sie waren allein, jeder für sich auf einer Insel.

Claudia gelang es als erste, den Bann abzuschütteln. »Ist ja auch egal«, sagte sie mit spröder Stimme, »ich habe immer gewußt, daß du vom Illustriertengeschäft nichts verstehst.«

»Müßte ich das?«

»Natürlich nicht. Ich habe ja auch keine Ahnung von Elektronik.«

»Die Mechanismen sind immer die gleichen.«

»Der Unterschied ist bloß, daß ich meine Arbeit liebe und du ...«

Sie stockte.

»Sprich dich ruhig aus!«

»Du siehst in ihr nur einen Broterwerb.« Sie leerte ihr Glas.

»Ich glaube, wir sollten zahlen und gehen.«

»Ich würde mir meine Brötchen liebend gern auf andere Weise verdienen.«

»Dann tu es doch. Oder versuch es wenigstens.«

»Vielleicht werde ich eines Tages deinen Rat beherzigen.« Er zahlte und half Claudia dann vom Barhocker.

Als sie dann wieder auf der nächtlichen, von Neonlichtern durchzuckten Straße standen, schob sie ihre Hand unter seinen Arm.

»Mächtig dicke Luft da drinnen«, sagte sie, während sie sich bemühte, mit ihm Schritt zu halten.

»Ja, das stimmt!« Er atmete tief das Gemisch von Kohlendioxyd, Benzindünsten und den heißen Schwaden der Würstchenstände ein.

»Mir ist einen Augenblick ganz blümerant geworden.«

»Mir auch.«

»Da lob' ich mir die Bar im ›Goldenen Hahn‹!«

Sie lachten und vergaßen den Zwischenfall, weil sie ihn vergessen wollten.

Am nächsten Morgen versuchte Claudia die Agentin telefonisch zu erreichen. Aber zuerst war die Leitung dauernd besetzt, und dann erklärte ihr eine ihr schwer verständliche Mädchenstimme, daß Missis Meyer erst später im Büro erwartet würde.

»Gehen wir!« drängte Herbert. »Du wirst schon irgendwo ein Telefon finden, von dem aus du es nochmal versuchen kannst.«

»Nein. Ich möchte es erst hinter mich bringen.«

»Gut. Dann gehe ich alleine.«

Sie spürte, daß er darauf wartete, zum Bleiben überredet zu werden. Aber sie tat es nicht. Es war ihr ganz lieb, daß sie nicht in seiner Gegenwart telefonieren mußte. Es war schwer, sich, ohne den Partner zu sehen, in der fremden Sprache zu verständigen, und sie wußte, daß sie sich freier fühlen würde, wenn er nicht dabei war.

»Wann treffen wir uns?« fragte sie also nur.

»Um zwölf im Rockefeller Center?«

»Bis dahin werde ich es geschafft haben!« Sie lächelte ihm mit angestrengter Herzlichkeit zu. »Bis später also, Geliebter!«

Sie kontrollierte die Zeit auf ihrer Armbanduhr und ließ genau eine halbe Stunde vergehen, bis sie das nächstemal anrief. Yvonne Meyer war immer noch nicht erschienen oder ließ sich verleugnen, wie es Claudia plötzlich durch den Kopf schoß.

Noch einmal wartete sie eine halbe Stunde und versuchte es aufs neue. Wieder nichts.

Aber sie war nicht bereit aufzugeben. Nach angemessener Zeit wählte sie noch einmal die Nummer, die sie jetzt schon fast auswendig konnte, und jetzt endlich kam die Agentin an den Apparat. Aber als Claudia um einen Termin bat, erklärte sie, daß sie schrecklich beschäftigt sei, »sorry«.

Claudia ließ sich nicht abwimmeln und machte es so dringend, wie sie es mit ihrem Englisch, das sie als unzulänglicher denn je empfand, konnte.

Während die Agentin sprach, hatte Claudia den Eindruck, daß sie ihren Terminkalender durchforstete. »Da bliebe nur noch der morgige Abend ... gegen sechs«, schlug sie endlich vor, »in meiner Privatwohnung. Aber ich habe wenig Zeit. Ich bin zu einem Dinner eingeladen.«

»Ich werde Sie bestimmt nicht aufhalten!« versprach Claudia und kritzelte Yvonne Meyers Privatadresse in ihr Notizbuch, das sie sich für alle Fälle bereitgelegt hatte.

Noch vor zwölf war sie am Rockefeller Center, lief die Treppen hinunter und fand einen freien Tisch neben der Kunsteisbahn. Sie ließ sich die Speisekarte geben und vertrieb sich die Zeit damit, die Schlittschuhläufer zu beobachten, die sich auf dem Eis tummelten — Kinder, Jugendliche und ein ältliches Paar, das in kunstvollen Pirouetten dahinglitt und wie ein seltsames Überbleibsel aus einer anderen Welt wirkte.

»Du hast's geschafft, nicht wahr?« fragte Herbert, als er sich neben sie setzte.

»Woher weißt du?«

»Man sieht's dir an. Du wirkst entspannt.«

»Schrecklich, daß du in mir wie in einem offenen Buch lesen kannst.«

»Wann?«

»Morgen abend um sechs. Bei ihr in der Wohnung.« Sie legte ihre Hand auf die seine. »Aber jetzt Schluß davon, ja? Wir sind doch im Urlaub!«

An diesem und dem nächsten Tag durchstreiften sie wieder die Stadt, ließen sich mit dem Aufzug auf das Aussichtsplateau des Empire State Buildings fahren und genossen die atemberaubende Aussicht.

Claudia war unermüdlich und schien ganz bei der Sache zu sein. Aber plötzlich erklärte sie: »Du, ich glaube, es wird Zeit für mich!«

»Aber es ist doch noch keine drei Uhr!«

Sie lächelte ihn um Verständnis bittend an. »Ich brauche Stunden für meine Schönheitspflege.«

»Dann hau ab!« sagte er, grober als er es gewollt hatte.

Es schmerzte sie, aber sie ließ es sich nicht anmerken. »Ich erledige das so schnell wie möglich«, versprach sie.

»Meinetwegen brauchst du dich nicht zu beeilen.«

»Aber meinetwegen!« Sie erhob sich auf die Zehenspitzen

und küßte ihn auf die Wange. »Ich will so bald wie möglich wieder mit dir zusammensein.« —

Claudia hatte auf dem Stadtplan nachgesehen. Yvonne Meyer wohnte in einer Seitenstraße der Park Avenue, nahe dem Central Park. Sie hätte zu Fuß hingehen können, aber sie wollte nicht erhitzt oder gar verschwitzt ankommen. So nahm sie sich ein Taxi und war fünf Minuten vor sechs vor dem Haus, einem ehrwürdigen Gebäude aus der Zeit der Jahrhundertwende, mit reich verzierter Sandsteinfassade und einem Baldachin vor dem Eingang.

Wartend, von einem stämmigen Portier in blauer Uniform mißtrauisch beobachtet, ging sie auf und ab und ließ die Zeit verstreichen, da sie nur ja nicht zu früh kommen wollte.

Punkt sechs wollte sie eintreten.

Aber der Portier vertrat ihr den Weg und fragte ziemlich barsch, was sie denn wollte. Als sie ihm erklärte, daß Missis Meyer sie erwartete, rief er erst von der Halle aus nach oben, um sich zu vergewissern, daß das in Ordnung war.

Dann ließ er sie in den Lift einsteigen und drückte eigenhändig den Knopf mit seinem weiß behandschuhten Zeigefinger.

Es gab mehrere Türen auf dem vierten Stock, solide Eichentüren, und Claudia sah sich noch orientierend um, als eine von innen geöffnet wurde, erst nur einen Spalt und dann weit genug, daß sie eintreten konnte. Eine dicke, dunkelhäutige Frau in schwarzem Kleid, eine weiße Schürze vorgebunden und ein weißes Häubchen auf das Haar gesteckt, ließ sie mit einem freundlichen Lächeln eintreten und führte sie in einen hohen Raum, den Claudia in Gedanken als »Salon« bezeichnete. Es gab hier schöne alte Möbel, Sessel mit hohen Lehnen und eine Vitrine, die allerlei Kostbarkeiten enthielt. Die Hausangestellte nahm Claudia den Mantel ab und bat sie zu warten, in einem mühsamen Englisch, das Claudia nur deshalb verstand, weil sie den Sinn erriet.

Wenig später trat Yvonne Meyer ein, eine schlanke, sehr

elegante Erscheinung in einem seidenen Hausgewand. Das schwarze Haar hatte sie sich aus der Stirn gebürstet, es wurde mit einem breiten Band zurückgehalten, aber das nicht mehr junge, ein wenig herbe Gesicht war sorgfältig geschminkt. Sie begrüßte Claudia mit formeller Höflichkeit, bat sie Platz nehmen und klingelte dann nach ihrer Angestellten, um ihr auf französisch einen Auftrag zu geben.

»Sie ist Haitianerin«, erklärte sie, zu Claudia gewandt, »eine gute Seele ... man muß ja froh sein, wenn man jemanden bekommt. Es ist nur ein wenig anstrengend mit ihr, weil sie nur französisch spricht. Dabei habe ich sie schon über zwei Jahre.«

Sie redeten tastend über dieses und jenes, über Helma Suttner und über Claudias Eindruck von New York, bis die Haitianerin zwei eisbeschlagene Gläser auf einem Tablett hereinbrachte.

»Sie trinken doch einen Martini mit mir?« fragte Yvonne Meyer.

»Ja, gerne!«

Die Agentin bot ihr eine Zigarette aus einer elfenbeinernen Tischdose an. Claudia überlegte, ob es die Atmosphäre entspannen würde, wenn sie zugriff, lehnte dann aber doch ab.

»Sie rauchen nicht? Sehr vernünftig!« Yvonne Meyer zündete sich eine Zigarette mit dem schweren, ziselierten Tischfeuerzeug an. »Sie sind also ganz allein in Amerika?«

Claudia berichtete, daß sie mit ihrem Freund unterwegs war.

»Warum haben Sie ihn nicht mitgebracht?«

»Er hat einen ganz anderen Beruf. Er ist Ingenieur.«

»Ein Grund mehr, ihn mitzubringen!«

»Auf die Idee bin ich gar nicht gekommen«, gestand Claudia, »und, ich muß ehrlich sagen, jetzt bin ich froh darüber. Sie hätten ihn sicher sehr beeindruckt.«

Yvonne Meyer lachte, weil ihr die Schmeichelei gefiel.

Dann kam sie gleich zur Sache und erkundigte sich nach Claudias Anliegen. Claudia, die sich ihre Worte schon vorher zurechtgelegt hatte, erklärte es ihr. Erst danach wagte sie es, sich mit einem tiefen Schluck zu entspannen. Der Cocktail war sehr stark und sehr gut.

»Sie möchten also, daß ich Romane, die ich deutschen Taschenbuchverlagen vorlege, gleichzeitig Ihnen anbiete?« vergewisserte sich die Agentin, nachdenklich rauchend.

»Ja. Der Romanredaktion von ›Blitzlicht‹.«

»Wäre es nicht einfacher, Sie würden sich mit den deutschen Verlagen direkt in Verbindung setzen?«

»Das werde ich auch. Aber je früher ich die Stoffe prüfen kann, desto besser. Dann könnten Sie die Verträge koordinieren. Wir würden die Übersetzung, die der Verlag erstellt, gern übernehmen, aber der Roman müßte bei uns zuerst erscheinen ... vor der Taschenbuchausgabe. Wir würden in unserer Zeitschrift dann einen sehr deutlichen Hinweis darauf geben, daß der Roman in ungekürzter Ausgabe bei diesem oder jenem Verlag herauskommt oder herausgekommen ist ... er könnte natürlich auf den Markt kommen, noch ehe der Abdruck abgeschlossen ist, sagen wir während der drittletzten Folge.«

Yvonne Meyer blickte sie durchdringend, mit leicht zusammengekniffenen Augen an, während sie mit der schlanken Hand den Rauch wegwedelte. »Sie haben sehr feste Vorstellungen.«

Claudia schüttelte den Kopf. »Vorläufig sind es nur Vorschwebungen! Aber ich hoffe sehr, daß Sie mir bei der Realisierung helfen werden.«

Yvonne Meyer schwieg und streifte behutsam die Asche ihrer Zigarette in einem Aschenbecher aus Onyx ab.

»Es wäre für den amerikanischen Verlag doch nur von Nutzen«, sagte Claudia drängend, »und für den Autor! Wenn ein Roman erst einmal als Buch erhältlich ist, ist er für den Abdruck in einer Illustrierten nicht mehr interessant. Dabei gibt es viele, die taufrisch das geeignete Lesefutter wären.«

»Wir könnten es versuchen«, sagte Yvonne Meyer und konzentrierte den Blick auf die Glut ihrer Zigarette.

»Das ist wunderbar!« sagte Claudia impulsiv. »Ich danke Ihnen!«

»Natürlich kann ich Ihnen nichts versprechen. Ich müßte erst einmal mit meinen Verlagen reden.«

»Es wäre für alle von doppeltem Vorteil!« Etwas zögernd, denn sie fürchtete, zu direkt zu sein, fügte Claudia hinzu: »Doch auch für Sie, Missis Meyer, Sie könnten die doppelte Provision kassieren ... einmal vom Taschenbuchverlag und zusätzlich von der Illustrierten.«

»Und was verdienen Sie dabei?« fragte die Agentin, ohne Claudia anzusehen.

»Nichts.«

Jetzt hob Yvonne Meyer den Blick. »Seien Sie mir nicht böse, aber so etwas ist mir immer verdächtig. Wenn jemand aus vorgeblichem Idealismus handelt, zeigt sich früher oder später immer ein Pferdefuß.«

»Ich tu's ja nicht aus Idealismus.«

»Sondern?«

»Weil ich spannende Romane für ›Blitzlicht‹ suche.«

»Also doch. Alles für die Firma. Und das soll ich Ihnen glauben?«

»Wenn Sie mit niemandem darüber sprechen ... auch nicht mit Helma Suttner ...«

»Das ist selbstverständlich.«

»Ich möchte früher oder später den Sessel der Romanchefin einnehmen. Für diesen Posten versuche ich mich zu qualifizieren.«

»Das wird Ihnen sicher gelingen.« Die Agentin drückte ihre Zigarette aus.

Claudia glaubte, eine gewisse Kühle in ihrer Stimme gehört zu haben. »Ich verstehe mich sehr gut mit meiner Vorgesetzten!« fügte sie erklärend, fast entschuldigend hinzu. »Wir kommen ausgezeichnet miteinander aus. Gerade deshalb. Sie spielt mit dem Gedanken, zu ihrer verheirateten Tochter zu ziehen, und sie wird das eines Tages sicher tun. Wenn ich bis dahin nicht bewiesen habe, daß ich es auch allein schaffe, setzt man mir jemanden anderen vor die Nase. Womöglich einen Mann. Aber das will ich nicht.«

Yvonne Meyers Züge entspannten sich. »Romanchefin in ... wie heißt der Ort noch einmal?«

»Elmrode ... liegt am Fuß des Harzes.«

»In Elmrode also ... das ist Ihr Ziel?«

»In Ihren Augen bedeutet das natürlich nichts. In New York zu leben ... selbständig zu arbeiten ... das ist ja auch etwas ganz anderes.«

»Möchten Sie das?«

»Ich möchte erreichen, was ich kann.«

»Sie werden es. Sie haben den nötigen drive dazu.«

Als Claudia ins Hotel zurückkehrte, war Herbert nicht da. Es enttäuschte sie, aber sie nutzte die Gelegenheit, ihre Strumpfhose, die hochhackigen Sandaletten und das elegante italienische Satinkleid auszuziehen und in ihre Jeans zu schlüpfen. Dabei wartete sie jeden Augenblick darauf, daß es an die Tür klopfen würde. Aber nichts geschah.

Allmählich wurde sie wütend. Das Gespräch mit der Agentin hatte nicht länger als eine knappe Stunde gedauert.

Herbert hätte also wissen müssen, daß sie inzwischen zurück war. In Gedanken warf sie ihm vor, daß er sich auf kleinliche Weise an ihr zu rächen versuchte, weil sie eine Stunde ihres gemeinsamen Urlaubs ihrem Beruf geopfert hatte, statt sich dauernd an ihn zu klammern.

Sie geriet ordentlich in Fahrt und hätte ihm, wenn er jetzt zurückgekommen wäre, eine unvernünftige Szene gemacht.

Aber allmählich beruhigte sie sich wieder. Wahrscheinlich

mußte er sie um seiner männlichen Selbstachtung willen hängenlassen, dachte sie. Er wollte nicht die Rolle eines ständigen Begleiters spielen, der da zu sein hatte, wenn sie ihn brauchte, und sich zurückziehen mußte, sobald sie anderweitig beschäftigt war.

Aber was sollte sie jetzt tun? In dem kleinen Hotel gab es keine Bar, in der sie sich hätte aufhalten können. Allein durch die Straßen laufen wollte sie auch nicht; es schien ihr doch ein wenig gefährlich, und sie hatte auch Angst, ihn zu verpassen. So entschloß sie sich, unter die Dusche zu gehen. Das konnte nie schaden.

Tatsächlich fühlte sie sich, als sie danach, in ein kleines Badetuch geschlungen, aus der Kabine herauskam, wesentlich wohler und entspannter. Jetzt hörte sie auch ein Klopfen gegen die Tür.

Sie lief hin. »Wer ist da?«

»Ein Eilbrief für Sie, Madame«, sagte jemand auf englisch.

Aber sie erkannte sofort Herberts Stimme. »Schieben Sie ihn unter der Tür durch!«

»Das geht nicht. Ich brauche Ihre Unterschrift.«

»Tut mir leid, ich bin nicht angezogen.«

»Das macht nichts. Ich bin blind.«

»Ein blinder Postbote? So was kann es auch nur in New York geben!«

»Es ist unser besonderer Service für nackte junge Damen.«

»Wenn es so ist ... kommen Sie herein!« Claudia öffnete die Tür und warf sich in seine Arme.

Er küßte sie. »Puh, du bist ja ganz naß!«

»Stört es dich?«

»Nein, überhaupt nicht. Laß mich erst nur den Riegel vorschieben ...«

Sie ließ das Badetuch fallen und hüpfte nackt auf das Bett. Er verschloß die Tür und riß sich Hosen und Hemd vom Leib.

Sie liebten sich, als wären sie nicht drei Stunden, sondern drei Wochen voneinander getrennt gewesen.

»Es war sehr leichtsinnig von dir, die Tür zu öffnen«, behauptete er später, »wenn ich es nun nicht gewesen wäre?«

»Ich wußte doch, daß du es warst.«

»Aber wenn nicht?!«

Sie beugte sich über ihn und legte ihm die Finger auf die Lippen. »Sei still, Geliebter! Allmählich entwickelst du dich zu einem Spezialisten für Probleme, die keine sind!«

Er schnappte nach ihrem Finger und zog ihn zwischen die Zähne.

»Aua!« sagte sie. »Bissig kannst du also auch sein.«

»Du darfst nicht jeden in dein Zimmer lassen!«

»Blinde Postboten aber doch.«

»Ich hätte gute Lust, dich zu versohlen.«

»Wenn du dich dann wohler fühlst ... bitte!«

Er gab ihr einen Schlag auf den nackten Po, der mehr als nur ein Klaps war.

»Verdammt, du tust mir weh!« Der Schmerz trieb ihr Tränen in die Augen.

»Du weinst? Liebling, das wollte ich nicht!« Er küßte ihr die Tränen fort.

»Das hast du nun davon«, schluchzte sie.

»Die Hand ist mir ausgerutscht! Verzeih!«

»Dabei habe ich dir doch nichts getan! Ich wußte doch, daß du es warst. Wer, außer dir, macht denn so blöde Witze?«

»Du hast ja recht, Liebling, nun weine nicht mehr. Manchmal bin ich ein ganz böser Bube. Damit wirst du dich abfinden müssen.«

Sie spürte seine steigende Erregung und wollte sich von ihm lösen. Aber dann ließ sie sich doch noch einmal in den Strudel der Leidenschaft reißen.

Es machte sie glücklich, daß sie wieder versöhnt waren. Dennoch blieb ein kleiner Stachel in ihr zurück. Es kränkte sie nicht, daß er ihr ganz ungerecht eine Szene gemacht hatte. Sie verstand, daß er seine Verärgerung über ihren Besuch bei der Agentin hatte abreagieren müssen.

Aber es traf sie hart, daß er mit keiner Silbe danach fragte, wie es ausgegangen war. Gegen ihre Gewohnheit nahm sie sich vor, von sich aus nichts zu erzählen, und sie hielt sich daran, wenn es ihr auch schwerfiel.

Einige Tage später flogen Claudia und Herbert nach San Francisco.

Am späten Nachmittag kamen sie dort an und übernahmen am Flughafen einen Mietwagen, einen Chevrolet mit automatischer Schaltung. Es ging ein starker Wind, so daß ihre Koffer umflogen, bevor sie sie einladen konnten. Zu ihrer Überraschung forderte Herbert sie auf, das Auto zu fahren. Sie vermutete, daß er hoffte, sie würde vor dieser Aufgabe zurückschrecken. Aber sie tat ihm den Gefallen nicht. Wenn es sie auch ein wenig ängstigte, bei dem Sturm, der den Wagen schüttelte, über die kilometerlange Bayshore, eine Uferstraße, in die Stadt zu fahren, zeigte sie es nicht und hielt nur das Steuer ziemlich krampfhaft fest. Er hatte die Straßenkarten auf dem Schoß und sagte im voraus die nächste Querverbindung an. Immer, wenn sie dann vor ihr auftauchte, wunderte sie sich, als hätte er die Auflösung eines Rätsels gefunden. Sie war darauf gefaßt, daß sie stundenlang durch die große Stadt irren würden, aber sie trafen geradewegs auf das Holiday Inn, in dem sie übernachten wollten.

»Fabelhaft gemacht«, lobte er, als sie in die Tiefgarage einfuhren.

»Du bist ja ein richtiger kleiner Pfadfinder!« gab sie zurück. »Ohne dich hätte ich mich bestimmt verfranzt.«

Beide hatten das Gefühl, ein Abenteuer gemeinsam bestanden zu haben.

An diesem Abend aßen sie im chinesischen Restaurant des Hotels und gingen früh zu Bett. Aber gleich am nächsten Morgen machten sie sich auf, die Stadt zu erobern. Sie fuhren kreuz und quer über die Hügel, die, je nach Stadtteil und Geldbeutel, mit bescheidenen kleinen Häusern oder Luxusvillen bebaut waren, bis hinauf zur höchsten Erhebung, von wo sie auf der einen Seite die ruhige San Francisco Bay unter sich liegen sahen und auf der anderen den eisig schäumenden Pazifik. Die Golden Gate Bridge, die sich so kühn über die Bay spannte, wie sie es erwartet hatten, begrüßten sie wie eine alte Bekannte. Unten am Hafen schlenderten sie durch das Gewühl des Fischmarktes und schlürften frische Austern. Danach unternahmen sie eine Motorbootfahrt, die sie unter der Golden Gate Bridge durch und rund um die zauberhafte Bay führte, die, im leuchtenden Spätsommersonnenschein, nicht ahnen ließ, daß sie schon bald von Nebel überzogen sein würde. Am Abend speisten sie im Fairmont Hotel, von dessen Cocktailbar sie die faszinierende Aussicht auf das Lichtermeer der Stadt und der Küste genossen.

Drei Tage blieben sie in San Francisco und brachen dann in Richtung Los Angeles auf. Es war nicht ganz einfach, aus der Stadt hinaus und auf die Küstenstraße entlang des Pazifiks zu finden, aber sie schafften es — diesmal saß Herbert am Steuer, und sie las die Karte. Danach brauchten sie nur noch dem Highway Number One zu folgen, und sie wechselten sich am Steuer ab, stiegen aus, wo es ihnen gefiel, bewunderten die Aussicht und atmeten den Duft der wilden Kräuter und des salzigen Ozeans. Beide fühlten sich frei und glücklich. Sie nahmen sich Zeit, den Umweg über den 17-Mile-Drive zu machen, einen romantischen Wildpark, durch den die Straße in Serpentinen wieder zum Pazifik hinunterführte. Fasziniert starrten sie in die Strudel von Point Joe, die einst so vielen Segelschiffen zum Verhängnis geworden waren, und konnten es kaum fassen, einen Felsen mit einer Seehundkolonie zu entdecken.

Die erste Nacht verbrachten sie in Monterey, wo sie vergeblich Erinnerungen an die »Straße der Ölsardinen« von John Steinbeck aufzufinden suchten.

Zwei Tage blieben sie in Carmel, einem Städtchen wie aus einem englischen Bilderbuch, in dem sie jedoch nicht auf

Künstler stießen, wie sie erwartet hatten, sondern nur auf Touristen gleich ihnen. Das Meer war zu kalt, um darin zu baden, aber sie unternahmen lange Spaziergänge.

Das nächstemal schliefen sie in San Simeon, einem Ort, der nur aus einer Straße bestand, die links und rechts mit Motels bestückt war, überragt von dem, für europäischen Geschmack, grauenhaften Hearst Castle. Je näher sie Los Angeles kamen, desto häufiger wurden die mexikanischen Restaurants, in denen sie sich an Chili con Carne gütlich taten.

Inzwischen hatte der Highway seinen Namen geändert und war zur Number 101 geworden. Claudia bestand darauf, sie zu verlassen und nach Santa Barbara hineinzufahren, einem Ort, den sie aus vielen Krimis kannte. Der Abstecher lohnte sich. Rings um eine herrliche, von Bergen umgebene Bucht standen weiße Häuser in grünen Vorgärten, und im Hafen schaukelten Jachten und Boote, eines neben dem anderen. In einem Restaurant auf einer der Molen aßen sie Hummer und tranken kalifornischen Chablis, den sie inzwischen zu schätzen gelernt hatten.

Am fünften Tag erreichten sie Los Angeles, diese Städtestadt, die sich unübersehbar ausdehnte, Straßen um Straßen voller freistehender Häuser — ein stärkerer Gegensatz zu dem in den Himmel ragenden New York wäre kaum zu denken gewesen.

Herbert fragte sie neckend, ob sie hier nicht vielleicht auch eine Agentin aufzusuchen hätte, oder einen Filmproduzenten, alles im Dienste von ›Blitzlicht‹. Lachend ging sie darauf ein.

Sie ließen es sich nicht nehmen, die wunderliche Kinderwelt von Disneyland zu besuchen. Dort tat es ihnen die Flußfahrt durch den Dschungel an, wo täuschend echte Nilpferde, Krokodile, Tiger und kriegstanzende Indianer sie entzückten. Auf der kleinen Insel von Tom Sawyer kletterten sie auf das Baumhaus und balancierten über schwankende Holzbrücken, winkten den Passagieren auf dem Raddampfer zu, den sie gleich darauf selber bestiegen. Keine der kleinen und großen Sensationen dieses riesigen Rummelplatzes ließen sie sich entgehen, rannten Hand in Hand von einer Darbietung zur anderen und waren am Abend so müde, daß sie nicht einmal mehr lachen konnten.

Natürlich kreuzten sie durch Beverly Hills und bewunderten die Villen der Filmstars, fuhren nach Long Beach hinaus, um noch einen Blick, den letzten, auf den geliebten Pazifik zu tun. In Hollywood bestaunten sie Fuß- und Handabdrücke vergangener Größen vor Grauman's Chinesischem Theater und besichtigten Hollywood Bowl, eine riesige Freilichtmusikanlage. In Universal City wurden kaum noch Filme produziert, dafür aber den Besuchern noch mehr Zauber als in Disneyland — herabkrachende Brücken, die sich, sobald man hinübergefahren war, wieder aufrichteten, brennende Häuser, Wasserfluten, die Bäume umstürzten, und ein Angler, der, vom Weißen Hai ergriffen, unterging und das Wasser rot mit seinem Blut färbte, um sich danach selbstverständlich samt Boot wieder aufzurichten und in Ruhe weiter zu fischen.

Aber während Herbert noch seinen Spaß an allen diesen Wunderlichkeiten hatte, begann Claudia unruhig zu werden. Öfter und immer öfter wandten sich ihre Gedanken nach Deutschland zurück. Es kostete sie Mühe, nicht über den Roman, der in diesen Tagen erscheinen mußte, zu sprechen, nicht zu fragen, wie man wohl auf der Redaktion ohne sie zurechtkam und was es Neues geben mochte. Sie versuchte, das Zusammensein mit Herbert und all das Neue, das auf sie zukam, unbeschwert wie anfangs zu genießen. Aber es wollte ihr nicht mehr recht gelingen.

Am liebsten hätte sie Frau Gottschalk in der Redaktion angerufen. Sie unterließ es nur, um Herbert nicht zu reizen.

Als sie nach New York zurückflogen, war sie so vergnügt, daß es ihm auffiel. »Was ist los mit dir?« forschte er. »Man könnte meinen, du freust dich schon auf zu Hause.«

»Im Gegenteil!« behauptete sie. »Ich genieße die letzten Tage der Freiheit. Oder soll ich mir das Herz schwermachen, weil alles bald zu Ende ist?«

Darauf ließ sich nur schwer etwas erwidern, und Herbert schwieg.

Sie hatten noch zwei Tage New York vor dem Rückflug nach Hamburg eingeplant. Noch in Los Angeles hatte Claudia überlegt, wie sie Herbert dazu bringen könnte, diesen Aufenthalt abzukürzen. Es hatte sich keine Gelegenheit ergeben, und als sie erst wieder in New York waren, dachte sie nicht mehr daran.

Auch diesmal strahlte die Riesenstadt ihren Zauber auf sie aus. Schon jetzt erschien ihr die Urlaubsreise mit Herbert in verklärtem Licht, und sie wußte, daß dieses Erlebnis unwiederholbar sein würde.

Noch einmal liefen sie den Broadway hinauf und hinunter, noch einmal schlenderten sie über die Fifth Avenue, und noch einmal fuhren sie auf die Aussichtsplattform des Empire State Buildings hinauf und nahmen den beeindruckenden Anblick der spitz zulaufenden, von Menschengeist und Menschenwitz zu einem Lebenszentrum verwandelten Halbinsel Brooklyn in sich auf. Bei »Tiffany« kaufte Herbert ihr einen silbernen Ring, zum Andenken an ›Capotes‹ berühmtes »Frühstück« und ihren Amerikatrip, und am Sonntagnachmittag machten sie eine Fahrt mit Pferd und Kutsche quer durch den Central Park, beobachteten die Jogger, Skateboardfahrer und Radfahrer, die an diesem Tag die Straßen für sich hatten. Stundenlang schlenderten sie durch das Metropolitan- und das Guggenheim-Museum und ließen die alten, nie wieder erreichten Meisterwerke auf sich einwirken und die kühnen Entwürfe moderner Malkunst.

»Noch nie habe ich so viel erlebt«, sagte Claudia, als sie endlich, zum letztenmal, die Koffer packten.

»Ja, mir langt's für die nächsten Jahre«, meinte er trocken.

»Tatsächlich?« Sie lachte. »Wir haben doch gerade erst

angefangen, ein kleines Stück von der Welt zu sehen! Denk doch nur, was alles noch übrigbleibt: die Rocky Mountains und Texas, Mexiko und Brasilien, Indien und Japan ...«

»Du bist unersättlich!«

»Ach nein. Ich möchte ja nicht gleich wieder loszischen, aber so in einem Jahr ...«

»Ohne mich!«

»Das kannst du doch jetzt noch nicht wissen. Warten wir's ab.«

»Und wenn ...« er richtete sich über dem geöffneten Koffer auf, »... würdest du allein fahren?«

»Ich weiß es nicht. Aber eins ist sicher ... ohne dich würde es nur der halbe Spaß!«

»Du wärst also nicht bereit, zu verzichten?«

Sie ließ die Pullis fallen, die sie in den Händen gehalten hatte, lief um die Betten herum und umarmte ihn. »Nicht schon wieder, Geliebter! Bitte, bitte nicht!«

»Aber es gibt Dinge, die einmal zwischen uns geklärt werden müssen.«

»Doch nicht jetzt! Nächstes Jahr, Herb ... falls sich wieder eine Gelegenheit zu reisen ergibt, falls du dann keine Lust hast, falls ich nicht bei dir bleiben will ... dann erst wird das Problem spruchreif. Wer kann denn wissen, was in einem Jahr ist?«

»Auch noch in einem Jahr werden wir verschiedene Ansichten haben.«

»Na und? Was ist schlimm daran? Stell dir nur vor, wie langweilig es würde, wenn wir in allem übereinstimmten.«

»Es wäre zur Abwechslung mal ganz angenehm«, sagte er düster.

»Das ist ja gar nicht wahr! Du bist genauso glücklich mit mir, wie ich mit dir! Gib es doch zu!«

Er schwieg.

»Sonst hättest du mich längst stehenlassen«, behauptete sie.

»Verstehst du denn nicht, daß ich dauernd Angst habe, dich zu verlieren?«

»Völlig überflüssig!« Sie küßte ihn auf den Mund. »Ich bleibe dir erhalten ... vielleicht sogar länger, als dir lieb sein wird.«

Erst jetzt erwiderte er ihre Umarmung.

An einem trüben, regnerischen Vormittag trafen Claudia und Herbert in Hamburg ein. Beide waren erschöpft und übermüdet von dem langen Flug und hatten das Gefühl, daß es in Deutschland immer grau gewesen wäre. Erst später erfuhren sie, daß auch hier das Wetter erst in der vergangenen Nacht umgeschlagen war.

Mit müder Ungeduld warteten sie auf ihre Koffer und ließen die Zollformalitäten über sich ergehen. Dann blieb Claudia bei der beladenen Schiebekarre, bis Herbert sein Auto vom Parkplatz geholt hatte und damit vorfuhr.

Als er den Kofferraum öffnete, bat sie: »Machst du das allein, bitte? Ich möchte nur schnell mal ...«

»Schon gut. Aber beeil dich!«

Sie lief zurück zum hell erleuchteten Zeitschriftenladen und verlangte »Blitzlicht«. Noch im Geschäft schlug sie das Exemplar auf und fand »ihren« Roman auf einer Doppelseite, groß aufgemacht. Es war ihr fast zumute wie einer jungen Mutter, die ihr Baby zum erstenmal in den Armen hält.

»Sieh einmal an«, sagte sie laut, »ein neuer Roman.« Gewollt beiläufig fragte sie die Verkäuferin: »Kommt er an?«

Die Verkäuferin, ein ältliches Mädchen, zuckte gelangweilt die Achseln.

Ihr Kollege wandte sich Claudia zu. »›Blitzlicht‹ wird in letzter Zeit häufiger verlangt«, sagte er.

»Ach, wirklich?« fragte Claudia, mit aller Kraft bemüht, sich ihre Erregung nicht anmerken zu lassen.

»Kann sein, daß es am Roman liegt«, erklärte der junge Mann, »ich habe ihn selber nicht gelesen.«

»Das sollten Sie aber tun!« riet Claudia und stürmte, die offene Zeitung in Händen, die Handtasche unter den Arm geklemmt, in die Ankunftshalle hinaus und weiter zur Straße.

Herbert hatte gerade den Deckel des Kofferraums zugeknallt.

»So eilig ist's nun auch wieder nicht«, sagte er.

»Der Roman!« rief sie atemlos. »Sieh doch nur! Sie haben ihn herausgebracht! Er ist fabelhaft aufgemacht!«

»Das wußtest du doch.«

»Aber es ist ein Unterschied, ob man etwas weiß oder ob man es mit eigenen Augen sieht!«

»Ja, sicher. Das verstehe ich schon. Aber jetzt steig ein. Wir wollen doch keine Zeit vertrödeln.«

Er öffnete ihr die Tür.

Sie rutschte auf den Nebensitz, legte die geöffnete Zeitung auf ihren Schoß und wartete, bis auch er eingestiegen war.

»Stell dir nur vor, Herb!« sagte sie dann. »Der Verkäufer meint, daß er ankommt.«

»Das kann doch jetzt noch niemand wissen.«

»Doch, ja. ›Blitzlicht‹ wird öfter gekauft ... das kann doch nur an dem Roman liegen.«

»Gott erhalte dir deine Illusionen«, sagte er trocken und ließ den Motor an.

Aber auch eine noch abfälligere Bemerkung hätte sie nicht ernüchtern können. Ihre Müdigkeit war verflogen. Sie war glücklich.

Einen Tag und eine Nacht lang war Claudia völlig überdreht. Sie ging zu Bett, aber sie konnte nicht schlafen. Elke setzte sich am Abend neben sie und hörte, schweigend und ein wenig neidvoll, ihren Berichten zu. Am nächsten Morgen raffte Claudia sich auf, putzte die Küche, ihr Zimmer, das Bad, bereitete ein Essen für sich und Elke und betrieb Schönheitspflege. Bis zwölf Uhr verfolgte sie das Programm im Fernsehen. Danach trank sie warme Milch mit Whisky und konnte sich endlich entspannen.

Am nächsten Morgen erschien sie auf der Redaktion, elegant, gepflegt und gelassen, wie man es an ihr gewohnt war. Sie hatte sich abreagiert und berichtete nur ganz kurz dies und das von Amerika, wenn sie danach gefragt wurde.

Mit keinem Wort erwähnte sie ihre Freude über die knallige Aufmachung des Romans und ihre Übersetzung, daß er ein Erfolg werden würde. Als die Auflage von »Blitzlicht« tatsächlich in den nächsten Wochen stieg, brachte niemand auf der Redaktion, außer Frau Gottschalk, das in Zusammenhang mit dem Roman.

»Wir kriegen eine Menge Zuschriften«, sagte die Romanchefin, »ist Ihnen das schon aufgefallen?«

»Und ob! Weiß Togelmann es?«

Frau Gottschalk schüttelte den Kopf. »Es hätte auch keinen Zweck, ihn darauf aufmerksam zu machen.«

»Warum nicht?«

»Er würde sicher meinen, sie seien getürkt.«

»Getürkt?« Claudia merkte, daß sie nahe daran war, ihre damenhafte Haltung zu verlieren und nahm sich zusammen.

»Sie meinen, er könnte sich einbilden, ich hätte sie schreiben lassen?«

»Ja.«

»Aber das wäre doch praktisch unmöglich! Sie kommen aus allen Teilen Deutschlands ... ja sogar aus Österreich und der Schweiz!«

»Das besagt nur, daß es geschickt gemacht wäre ...« Frau Gottschalk zögerte und fügte nach einem Blick auf Claudias erregtes Gesicht hinzu: »... wenn es gemacht wäre. Sie brauchen nur fünf gute Freunde zu bitten, jeweils wieder fünf Freunde zu animieren ...«

»Und das trauen Sie mir zu!?«

»Ja«, sagte die Gottschalk ruhig, »durchaus.«

Claudia verschlug es die Sprache.

»Seien Sie jetzt mal ehrlich sich selber gegenüber!« fuhr die Gottschalk fort. »Sie wären doch imstande, den Erfolg des Romans, der Ihnen so am Herzen liegt, auf jede Weise zu forcieren.«

»Aber Briefe schreiben zu lassen, darauf wäre ich gar nicht gekommen.«

»Das wundert mich ein bißchen.«

»Sie müssen mir glauben ... an so etwas habe ich gar nicht gedacht.«

»Wenn Sie es mir sagen, glaube ich es natürlich. Mich zu beschwindeln, hätte doch gar keinen Zweck, nicht wahr? Aber nehmen wir an, Sie wären darauf gekommen ... oder ich selber hätte Ihnen diesen Vorschlag gemacht ... wären Sie davor zurückgeschreckt?«

Claudia dachte nach. »Ich hätte es wohl ziemlich umständlich gefunden.«

»Aber moralische Bedenken hätten Sie keine gehabt?«

»Nein, das wohl nicht«, gab Claudia zu.

»Dann dürfen Sie es Togelmann auch nicht übelnehmen, wenn er etwas Derartiges vermuten würde.«

»Das tue ich ja gar nicht. Bloß hätte ich es wohl doch abgelehnt. Nicht aus moralischen Gründen, wie Sie mit Recht sagen, sondern weil ich die Methode für ziemlich dumm halte. Die Zuschriften an sich besagen doch wirklich gar nichts ...«

»O doch!« fiel die Gottschalk ihr ins Wort. »Sie besagen, daß der Roman viele Leser fesselt ... falls sie nicht getürkt sind, selbstverständlich.«

»Aber dadurch wird er doch kein echter Erfolg.«

»Die Briefe tragen zum Erfolg mit bei. Ich werde vorschlagen, daß wir zwei oder drei in der nächsten Nummer abdrucken. Dadurch werden Menschen, die ihn bisher gar nicht gelesen haben, darauf kommen, daß er interessant sein könnte, und sich auch damit beschäftigen.«

»Wenn das so ist«, sagte Claudia und tippte sich mit dem

langen, schön gefeilten Zeigefingernagel gegen die unteren Zähne, »sollte man doch prinzipiell Leserzuschriften entwerfen. Ganz offiziell, in der Redaktion, meine ich. Sie würden für jeden Roman eine zusätzliche Werbung bedeuten, und eine relativ billige noch dazu.«

»Sie haben recht. Wahrscheinlich wird so etwas auch häufiger gemacht, als wir denken.« Entschuldigend fügte sie hinzu:

»Sie wissen ja, ich bin ja nicht viel länger in diesem Gewerbe als Sie selber.«

»Aber bei einem wirklichen echten Erfolg müßte ja doch auch die Auflage steigen!«

»Das tut sie ja auch ... jedenfalls in unserem Fall.«

»Tatsächlich?« fragte Claudia erfreut.

»Ich sollte es Ihnen eigentlich gar nicht verraten, damit Sie nicht überschnappen. Der Chef ist der Meinung ... und nicht nur er, man ist ganz allgemein der Ansicht, daß der Romanteil einer Illustrierten heutzutage nicht mehr entscheidend über den Erfolg ist. Früher, als der Markt noch nicht mit Taschenbüchern überschwemmt war, soll das anders gewesen sein. Aber jetzt kommt es mehr auf die Aufmachung an, auf knallige Schlagzeilen, prägnante Fotos, interessante Nachrichten, anrührende Neuigkeiten ...«

»Wenn der Chef das wirklich annimmt, warum läßt er den Roman dann nicht ganz wegfallen?« fragte Claudia mit leichter Erbitterung.

»Das ist ein Thema, an dem Sie lieber nicht rühren sollten. Es ist bei uns oft genug auf den Tisch gekommen. Immer wieder kommt die Idee auf, nur noch in sich geschlossene Geschichten zu bringen. Manche Zeitschriften tun es ja auch.«

»Und warum wir nicht?«

»Weil ich den Standpunkt vertrete, daß der Roman sich schon lohnt, wenn er auch nur fünf Prozent der Leser anregt, ›Blitzlicht‹ regelmäßig zu kaufen.«

»Fünf Prozent, das ist sehr wenig. Und ich war so stolz auf den Erfolg von ›Fluch der Liebe‹!«

»Das dürfen Sie auch sein. Nur erwarten Sie nicht, daß jemand das anerkennt. Jeder auf der Redaktion wird sich das Steigen der Auflage zugute halten. Wir dürfen schon froh sein, wenn man zugibt, daß der Roman nichts verdorben hat ...«

»Na, erlauben Sie mal! Jetzt übertreiben Sie aber!«

Frau Gottschalk ließ sich nicht aus dem Konzept bringen.

»... daß er Teil einer guten Mischung ist. Die Mischung ist es, auf die es dem Chef ankommt. Das sollten Sie sich für die Zukunft merken.«

Aber Claudia ließ sich die Freude an dem Erfolg »ihres« Romans nicht nehmen. Sie war überzeugt, daß hohe Auflagen ihn beweisen würden, wenn er erst als Taschenbuch erschienen war.

Aber schon bald hörte er auf, ein Thema zu sein. Jetzt galt es, den Anschlußroman zu finden. Claudia stürzte sich voller Eifer und Energie in diese Aufgabe. Sie korrespondierte mit Yvonne Meyer, nahm Kontakt zu einigen Taschenbuchverlagen auf und schrieb auch einige deutsche Unterhaltungsschriftsteller an — etwas, das sie immer geplant hatte, aber erst jetzt verwirklichen konnte, seit sie Assistentin geworden war, denn Frau Gottschalk hielt nicht viel von dieser Methode. Einige Zeit rührte sich nichts, aber dann trafen Romane ein — Manuskripte, zum Teil mehr schlecht als recht getippt, und ausländische Romane, die oft schwierig zu verstehen waren. Claudia las und las, machte Auszüge und Inhaltsangaben und kümmerte sich daneben auch noch um die Kurzgeschichte, denn sie wollte auch dieses Ressort nicht Frau Gottschalk allein überlassen. Für die Liebe blieb ihr wenig Zeit.

Ostern kam heran.

Als nächsten Roman hatte Claudia mit Frau Gottschalks und Kurt Schmidts Schützenhilfe den Roman einer unbekannten deutschen Autorin durchgeboxt, der auf heitere Weise die Schwierigkeiten ihrer jungen Ehe mit einem eifersüchtigen Mann und einer kritischen Schwiegermutter schilderte. Ob er ein Erfolg war, ließ sich schwer sagen, jedenfalls war er kein »Flop«, denn die Auflage von »Blitzlicht« stieg langsam, aber stetig weiter. Es gelang ihr auch, den Roman als Taschenbuch zu verkaufen.

Sie war stolz auf sich und liebte ihre Arbeit mehr und mehr, je länger sie sie machte.

Eines Morgens, als Frau Gottschalk von einer Unterredung mit dem Chef ins Büro zurückkam, stand Claudia auf und sagte: »Ich habe eine Idee!«

Die Gottschalk lächelte nachsichtig. »Schon wieder einmal? Wie schön für Sie!«

»Wir sollten die Haas bitten, ihren nächsten Roman exklusiv für uns zu schreiben! Noch ist sie ja nicht teuer, und wenn wir ihr einen Vorschuß zahlen ...«

»Klingt nicht schlecht!«

»... wird sie sicher einen Vertrag unterschreiben!« Claudia war so in Fahrt gewesen, daß sie sich nicht mehr sofort hatte bremsen können. »Sie sind also einverstanden?« rief sie jetzt.

»Darauf kommt es nicht mehr an.«

Claudia stutzte. »Was wollen Sie damit sagen?«

»Daß ich aus der Redaktion ausscheide. Nun machen Sie nicht so ein verdutztes Gesicht. Wir haben doch schon öfter darüber gesprochen.«

Aber Claudia konnte es nicht so rasch fassen. »Sie haben gekündigt?!«

»Ja.«

»Aber warum? Macht Ihnen die Arbeit keinen Spaß mehr?«

»Ich bin zu der Überzeugung gekommen, daß ich hier nicht mehr nötig bin. Das habe ich auch dem Chef gesagt. Sie schaffen das doch alleine.«

»Nein«, sagte Claudia. »Ausgeschlossen.«

»Togelmann hat mir jedenfalls zugestimmt. Sie sind die neue Romanchefin, Fräulein Mennersdorfer. Herzlichen Glückwunsch.«

»Ich ...« stammelte Claudia, »nein ... wirklich ...«

»Nun sagen Sie nur nicht, daß das nicht seit jeher Ihr sehnlichster Wunsch war!«

»Mein Fernziel, ja ... aber doch nicht so bald!«

»Ihnen zuliebe kann ich nicht warten, bis ich alt und klapprig bin. Ich will von meinem Lebensabend noch was haben ... und von meinem Enkelkind.«

»Ja, das verstehe ich schon. Aber es wäre mir schrecklich, wenn Sie das Gefühl hätten, ich hätte Sie hinausgedrängt.«

»Wäre Ihnen das wirklich so schrecklich?«

»Ja. Denn Sie waren immer loyal zu mir. Ich verdanke Ihnen eine Menge.«

»Sie waren mir eine gute Mitarbeiterin.«

Claudia atmete tief durch.

»Ach herrje«, sagte sie. »Jetzt stehen wir hier und machen einander Komplimente. Wozu? Warum können wir nicht einfach weitermachen wie bisher?«

»Ich vor Ihrem Wagen und Sie auf dem Bock?!«

»Aber das ist doch einfach nicht wahr!«

»Stimmt es etwa nicht, daß Sie mich für alle Ihre Pläne eingespannt haben? Das soll kein Vorwurf sein. Die Schuld liegt ganz bei mir. In letzter Zeit sind immer Sie es gewesen, die die Ideen hatte. Mir ist kaum noch was eingefallen ... und wahrscheinlich war ich von Haus aus nicht geeignet für diesen Beruf.«

»Was soll ich bloß ohne Sie anfangen?!«

»Sie werden es schon schaffen. Sie sind nicht der Typ, der sich unterkriegen läßt.«

»Das sagt sich so leicht.« Claudia seufzte. »Wenn ich der Chef wäre, hätte ich Sie jedenfalls nicht gehen lassen. Glauben Sie mir ... ich freue mich überhaupt nicht.«
»Warten Sie's nur ab! Die Freude kommt später!«

Frau Gottschalk sollte recht behalten.

Als Claudia erst den neuen Vertrag unterschrieben und den Schreibtisch von Frau Gottschalk bezogen hatte, konnte sie ihr Glück kaum fassen. Am liebsten hätte sie laut herausgesungen. Es war ihr fast unmöglich, sich auf ihre Arbeit zu konzentrieren.

Aber das war an ihrem ersten Tag als Romanchefin auch nicht nötig, denn alle, alle — außer Togelmann selber und Frau Tauber — kamen nacheinander oder in Gruppen in ihr Büro, um ihr zu ihrem Aufstieg zu gratulieren. Kurt Schmidt tat es mit einem hämischen Lächeln, das nicht zu seinen herzlichen Worten paßte, Frau Brehm sauersüß und gequält, Herr Anderson mit Wärme, wenn auch nicht sonderlich beeindruckt, und Hilgers hatte seine alte Bonhomie ihr gegenüber wiedergefunden. Er schlürfte einen Pappbecher mit Fruchtsaft, während die anderen sich Kognak anbieten ließen und die Luft mit Zigarettenqualm schwängerten. Claudia hätte gern einen richtigen Einstand gegeben, aber da sie wußte, daß Togelmann so etwas nicht liebte — und die anderen wußten es auch —, unterließ sie es wohlweislich.

Dafür arrangierte sie zusammen mit Elke ein kleines Fest in ihrer Wohnung, zu dem sie Herbert und Erwin einlud. Es war gemütlich unter dem schrägen Dach, während der Frühlingsregen auf die Fenster und Ziegeln trommelte. Aber es wurde nicht so fröhlich, wie es ihrer eigenen Stimmung entsprach.

Herbert war bemüht, sich mit ihr zu freuen, aber gerade dieses deutliche Bemühtsein schuf einen Mißton. Erwin war stark beeindruckt und zeigte es auch, was wiederum Elke nicht paßte, der Claudias Aufstieg unheimlich war.

»Warte nur, es kommt noch soweit, daß ich dir als Sekretärin zugeteilt werde«, sagte sie düster.

Eine solche Möglichkeit hatte Claudia gar nicht in Betracht gezogen, aber der Gedanke war ihr sofort unbehaglich. Elke als ihre Untergebene — das würde Schwierigkeiten über Schwierigkeiten geben, denn natürlich würde die Freundin, die sie auch im Nachthemd kannte, keine Achtung ihr gegenüber aufbringen können und all ihren Launen freien Lauf lassen.

»Das werde ich schon verhindern«, sagte Claudia.

»Wie denn?«

»Durch deine Beziehungen?« spöttelte Erwin.

»Ich habe gar keine. Aber wie ich den Verein kenne, wird man mir in naher Zukunft weder eine Assistentin noch eine Sekretärin oder auch nur eine gewöhnliche Schreibkraft zuteilen.«

Sie lächelte versöhnlich. »Wie ich Togelmann kenne, hat er mich vor allem aus Sparsamkeitsgründen eingestellt: Ich kriege weniger als die Gottschalk und muß die Arbeit für drei machen!«

Mit dieser Prophezeiung behielt sie recht. Aber da sie ihre Arbeit liebte, machte es ihr — wenigstens vorläufig noch — nichts aus, damit überhäuft zu werden. Anders als die Gottschalk suchte sie über die schriftlichen Kontakte hinaus noch das persönliche Gespräch mit bekannten und unbekannten Autoren, ließ sie nach Elmrode kommen, fuhr selber nach Hamburg, München und Salzburg — mit dem Einverständnis von Togelmann, der einsah, daß sie das nicht zu ihrem Vergnügen auf sich nahm, sondern immer auf der Suche nach einem guten, neuen Roman war.

Wenn Herbert zuweilen besorgt warnte, weil sie sich seiner Ansicht nach übernahm, wehrte sie lächelnd ab. »Es ist ja nur für kurze Zeit, Herb! Dies ist der heißeste Sommer meines Lebens ... danach wird alles leichter werden.«

Er glaubte ihr nicht, aber er wußte auch nicht, wie er sie

zurückhalten konnte. Aus einer gemeinsamen Urlaubsreise wurde in diesem Jahr nichts. Dafür besuchte sie ihn, wann immer sie es möglich machen konnte, über das Wochenende in seiner Hütte.

Im November erhielt sie die Einladung einer berühmten Schauspielerin, die begonnen hatte, ihre Lebenserinnerungen zu schreiben. Elisabeth Gardener war nach 1933 emigriert, hatte in Amerika Karriere gemacht, fünfmal geheiratet, alle Größen dieser Welt gekannt und lebte jetzt zurückgezogen in London. Claudia hatte lange mit ihr korrespondiert, bevor der Star in ein Treffen eingewilligt hatte.

Als sie dem Chef von ihrem Plan Mitteilung machte — mit vorsichtig und bedachtsam gewählten Worten, denn sie war bei ihm immer auf ein Nein gefaßt, erklärte er spontan: »Da komme ich mit!«

Sie war überrascht, und durchaus nicht angenehm, aber das durfte sie sich nicht anmerken lassen und lächelte deshalb nur vage.

»Kennen Sie London?« fragte er.

»Nein, und ich fürchte, ich werde auch diesmal nicht viel davon zu sehen bekommen. Ich fliege Dienstag und komme Mittwoch schon wieder zurück.«

Wenn sie gehofft hatte, ihn dadurch abzuschütteln, hatte sie sich geirrt. »Ein Abend in London lohnt sich immer«, sagte er statt dessen.

»Genau diesen Abend werde ich mit der Gardener verbringen müssen.«

»Nun, auf jeden Fall werde ich Sie begleiten!«

Claudia sah ein, daß nichts zu machen war, und heuchelte Begeisterung.

»Das ist eine wundervolle Idee!«

»Ich wußte, daß es Sie freuen würde«, erklärte er selbstzufrieden. —

Claudia erzählte Herbert zwar, daß sie nach London fliegen würde, aber nicht, daß Togelmann sie begleiten wollte. Sie wußte, es würde ihm nicht recht sein, und sie hatte keine Lust, eine Szene über sich ergehen zu lassen, für die, ihrer Meinung nach, überhaupt kein Anlaß bestand. Togelmann wollte wieder einmal nach London, redete sie sich ein, und er nahm die Gelegenheit wahr. Vielleicht legte er auch Wert darauf, die berühmte alte Dame persönlich kennenzulernen, denn er war ein großer Snob und schätzte berühmte Namen mehr denn bedeutende Menschen.

Natürlich wußte sie, daß sie eine gemeinsame Reise mit dem Chef nicht geheimhalten konnte, aber sie wollte so wenig Aufsehen wie möglich erregen und fuhr deshalb schon am Montagnachmittag — alleine — los, auch um ihre Garderobe in Hamburg zu ergänzen. Sie erstand auf dem Jungfernstieg ein beiges Flanellkostüm mit brauner Seidenbluse, dazu passende Handschuhe und elegante Stadtstiefel. Ein dunkelbrauner, seidener Regenmantel ergänzte ihre Garderobe.

Um elf Uhr am nächsten Vormittag traf sie sich mit Togelmann junior auf dem Flughafen Hamburg-Fuhlsbüttel.

Seine grauen Augen weiteten sich, als sie auf ihn zukam.

»Guten Morgen, Chef«, grüßte sie, ohne ihm die Hand zu reichen.

»Das hätte mir von Anfang an auffallen sollen!« sagte er.

»Was?« fragte sie verwundert.

»Daß Sie viel zu elegant für eine junge Sekretärin waren!«

»Ich hatte ja auch nie vor, es zu bleiben!« erwiderte sie fröhlich.

Sie war angenehm überrascht, daß er in der Ersten Klasse hatte buchen lassen, und sie sprach es auch aus, während sie eincheckten.

»Ich habe mit mir gekämpft!« gestand er lächelnd. »Ich fliege immer Erster Klasse, Frau Tauber meinte, Touristenklasse würde für Sie genügen...«

»Das kann ich mir vorstellen!«

»... aber mir schien das doch recht unsozial.«

»Das möchte ich nicht sagen ... höchstens ein bißchen spleenig.«

Er sah sie von der Seite an, und sie wußte nicht, wie er ihre Bemerkung auffaßte.

Auf dem Flug aßen sie zu Mittag — klare Suppe, Steaks und Salat, zum Abschluß Käse — und tranken dazu einen Pfälzer Wein. Claudia hatte das Gefühl, nichts mehr trinken zu sollen — nicht um diese Zeit —, aber er überredete sie zu einem Kognak und trank selber zwei.

»Sonst lohnt sich doch der Aufpreis für die Erste Klasse wirklich nicht!«

Ziemlich beschwingt trafen sie auf dem Flughafen Heathrow bei London ein, bewältigten, da sie nur Handgepäck bei sich hatten, die Einreiseformalitäten rasch und fuhren dann mit dem Taxi zum Savoy Hotel, in dem Frau Tauber Zimmer reserviert hatte.

»Sie werden sich jetzt sicher ein wenig hinlegen wollen?« fragte er, als sie in der Halle die Schlüssel in Empfang nahmen.

»Gute Idee!« stimmte sie zu.

Aber tatsächlich dachte sie nicht daran. Sie nahm sich nur Zeit, ihr kleines Cocktailkleid aufzuhängen und sich frisch zu machen, um gleich darauf wieder das Hotel zu verlassen.

Zu Fuß lief sie zum Piccadilly Circus, und als sie von den Stufen der National Gallery auf den Trafalgar Square mit dem vom Verkehr umbrausten Nelson-Denkmal herabblickte, hatte sie sekundenlang das ganz starke Gefühl, am Nabel der Welt zu stehen. Nur schwer konnte sie sich von dem faszinierenden Anblick trennen, obwohl es nieselte. Sie bedauerte nur, daß die Brunnen jetzt, vor dem nahenden Winter, nicht mehr sprangen.

Von hier aus schlenderte sie weiter in Richtung Whitehall und bewunderte Banqueting House, das nach dem Brand des mittelalterlichen Palastes im 17. Jahrhundert in klassizistischem Stil errichtet worden war. Vor dem Gebäude gegenüber saßen starr und steif auf mächtigen Pferden zwei Soldaten mit Bärenfellmützen auf dem Kopf und silbernen Schließen an dunklen Umhängen; Claudia entnahm dem Fremdenführer, daß es sich um Horse Guards handelte, die vor ihrer Kaserne Wache hielten.

Nach einer Weile bog sie in die Downing Street ab und blieb lange vor dem unscheinbaren kleinen roten Haus mit dem schmiedeeisernen Gitter stehen, das so privat wirkte und von dem aus doch ein Teil der Welt regiert worden war. Sie besichtigte — nur von außen — das House of Parliament und die Westminster Abbey und war, ohne ein Urteil über die mittelalterliche Architektur abgeben zu können, tief beeindruckt davon, Baudenkmälern gegenüberzustehen, die sie bisher nur aus Filmen und Romanen gekannt hatte.

Am liebsten wäre sie noch weiter und weiter gelaufen, aber ein Blick auf ihre Armbanduhr sagte ihr, daß das unmöglich war; um fünf Uhr erwartete Togelmann sie in der Halle des Savoy.

Es gelang ihr, ein Taxi herbeizuwinken, so daß ihr noch Zeit blieb, im Hotel die Bluse zu wechseln und sich frisch zu machen, bevor sie in die Halle hinunterfuhr. Togelmann saß schon, die langen Beine weit von sich gestreckt, in einem der bequemen Ledersessel. Claudia stellte fest, daß er in dieser eleganten und etwas pompösen Umgebung unter den Gästen, die zum größten Teil Ausländer, auch Exoten waren, mit seiner schlanken Figur, den grauen Augen und dem hellen Haar sehr englisch wirkte, ein Eindruck, der durch seinen korrekten grauen Anzug noch verstärkt wurde.

Sie sagte es ihm, und er schien es als Kompliment aufzufassen.

»Haben Sie sich ausgeruht?« fragte er mit einer Fürsorglichkeit, die sie überraschte.

Als sie gestand, daß sie die Zeit zu einem Bummel durch London genutzt hatte, meinte er: »Warum haben Sie mir das nicht gesagt? Ich hätte Sie begleitet!«

»Daran habe ich gar nicht gedacht!« behauptete sie. »Es war ein ganz plötzlicher Einfall.« Die Vorstellung, an der Seite von Togelmann durch London zu laufen, erschien ihr absurd.

Der Tee wurde mit Schnittchen und Cakes serviert, wie sie es aus englischen Romanen kannte. Sie tranken und knabberten, und die Unterhaltung zog sich schleppend dahin. Erst als das Gespräch auf »Blitzlicht« kam, schwand Claudias Befangenheit. Sofort benutzte sie die Gelegenheit, Vorschläge an den Mann zu bringen, die sie sonst nicht hatte äußern können, weil sie gewöhnlich mit dem Chef immer nur auf Konferenzen zusammen war und keinem der Kollegen auf die Zehen treten wollte. Da der Erfolg seiner Zeitschrift das einzige Thema war, für das sich Togelmann wirklich interessierte, ging er sofort auf ihre Anregungen ein. Beide wurden so lebhaft, daß sie fast die Zeit vergessen hätten.

Claudia wurde es zuerst bewußt, daß sie im Begriff standen, sich zu verspäten. »O Gott, es ist schon halb sieben!« sagte sie mit einem Blick auf ihre Armbanduhr. »Wir müssen los!«

Er hob die farblosen Augenbrauen. »Meinen Sie, daß wir bis nach Kensington eine halbe Stunde brauchen?«

»Vielleicht nicht. Aber wir müssen das Haus doch noch suchen, und außerdem ... ich gehe lieber vorher noch ein paar Schritte spazieren, ehe ich riskiere, mich zu verspäten.«

»Eine sehr lobenswerte Einstellung!« Togelmann winkte dem Kellner und schob seine Kreditkarte in die Rechnung.

Die Straße im Stadtteil Kensington, in der Frau Gardener wohnte, war so typisch, daß sie Claudia entzückte. Schmale, gleichförmige, weiß-graue Häuser mit hübschen Simsen reihten sich in einem weiten Bogen eng aneinander. Als sie die Nummer 17 gefunden hatten, war es keine Minute zu früh.

Die alte Dame öffnete ihnen persönlich, nachdem sie die Türkette abgenommen hatte, und ließ sie in ihr Wohnzimmer, das ohne Diele, Entree oder Garderobe, direkt hinter der Haustür lag. Es war mit Chippendalemöbeln bestückt, auf dem Boden lag ein heller Aubussonteppich, und auf den Kommoden und Tischchen drängten sich Fotos in Silberrahmen, die die Gardener oder ihre Freunde aus ihren großen Zeiten zeigten.

Sie war eine zierliche kleine Person gewesen, mit einem ebenmäßigen Gesicht, aus dem große dunkle Augen unter einer runden Stirn leuchteten. Jetzt wirkte sie so mager, als hätte sie sich ihr Leben lang nur von Gurkenscheiben, Salatblättern und Joghurt ernährt. Ihre Lider waren schwer geworden, die Augen hatten ihren Glanz verloren, und das weiße, lockige Haar schätzte Claudia als Perücke ein. Aber sie wahrte immer noch eine gute Haltung, hielt den Rücken gerade und das Kinn vorgereckt, war sehr sorgfältig geschminkt und strahlte Charme und Herzlichkeit aus. Sie servierte Tee, Schnittchen und kleine Kuchen — ›Nicht schon wieder!‹ hätte Claudia am liebsten gesagt und mußte lächeln, als sie in Togelmanns Augen las, daß er dasselbe dachte.

Die Gardener war so eifrig um ihre Gäste bemüht, daß sie zum Glück nichts davon merkte. Sie erzählte, daß sie alles selber zubereitet hätte, und Claudia und Togelmann mußten zugeben, daß der Tee sehr viel besser schmeckte als im Savoy. Sie tranken ihn aus hauchdünnen chinesischen Tassen.

»Ach, mein Leben!« schwärmte die Gardener. »Mein Leben war ein Roman. Die Welt von heute ist so nüchtern geworden ... ihr jungen Leute wißt gar nicht mehr, wie wundervoll das Leben sein kann! Die heutigen Filme ... entsetzlich! Flach, dürftig, langweilig! Wir damals in Hollywood ...« Sie gab amüsante Anekdoten zum besten, und Claudia lauschte ihr hingerissen.

»Ich muß das alles aufschreiben!« behauptete die Gardener. »Es verfolgt mich. Glauben Sie nicht, daß ich es nötig hätte ... ich brauche kein Geld. Wenn ich hier sehr einfach lebe, dann nur, weil ich es so will. Ich könnte Bedienstete haben, selbstverständlich. Aber ich begnüge mich mit einer

Zugehfrau, weil ich keinen fremden Menschen mehr um mich haben kann. Swimming-pools, Pferde, Tennisplätze ... das alles hatte ich früher, und ich habe es geliebt. Aber heute? Was soll ich noch damit? Wenn man alles haben kann, dann bedeutet es einem nichts mehr!«

»Haben Sie schon mit der Niederschrift Ihrer Memoiren begonnen, gnädige Frau?« fragte Claudia.

»Ist das wichtig?«

»O ja. Ich hätte ganz gern ein paar Seiten gelesen.«

Die Gardener versteifte sich. »Ich gebe das Manuskript nicht aus der Hand, bevor ich es vollendet habe.«

»Das kann ich gut verstehen. Ich will es ja auch gar nicht mitnehmen. Aber könnte ich nicht hier und jetzt einen Blick hineinwerfen?«

»Tut mir leid, meine Liebe, aber Sie könnten es gar nicht lesen. Es ist alles mit der Hand geschrieben, und Sie könnten es unmöglich entziffern.«

»Schade.«

»Jedenfalls ist ›Blitzlicht‹ sehr interessiert an Ihren Erinnerungen«, sagte Togelmann.

»Ich weiß, daß ein weltweites Interesse daran besteht! Ich habe schon Angebote bekommen ... von allen Seiten. Aber ich kann das Werk natürlich nur Menschen anvertrauen, die mir sympathisch sind. Ich will es in guten Händen wissen.«

»Wie haben Sie sich denn die geschäftlichen Bedingungen gedacht?« fragte Claudia.

»Da muß ich passen.« Die Gardener legte die Hände in den Schoß und senkte den Blick. »Von diesen Dingen habe ich keine Ahnung. Dafür waren immer meine Männer da.«

»Nun, üblicherweise«, sagte Claudia, »zahlen wir dreißigtausend Mark für einen Abdruck von fünfzehn Folgen.«

»Dreißigtausend Mark! Aber das sind ...« die Gardener rechnete blitzschnell, »... sechstausendneunhundert Pfund. Dafür arbeitet ja nicht einmal ein Statist! Kennen Sie denn nicht die Höhe meiner Gagen!?«

Claudia lächelte. »Also haben Sie doch eine feste Vorstellung von dem Honorar, das Sie erwarten!«

»Ich dachte, daß Sie mir ein annehmbares Angebot machen würden!«

»Und sechstausendneunhundert Pfund sind nicht annehmbar? Auch nicht als Vorschuß? Und bevor wir das Manuskript gesehen haben?«

»Das«, sagte die Gardener indigniert, »muß ich mir erst noch überlegen.«

Claudia wandte sich an Togelmann: »Oder haben Sie einen anderen Vorschlag, Chef?«

»Das ist Ihr Ressort. Sie wissen, daß ich Ihnen da nicht hineinrede.«

Claudia mußte innerlich lächeln, weil diese Behauptung so ganz und gar nicht der Wahrheit entsprach. »Und Sie können uns wirklich nicht sagen, gnädige Frau, wie hoch der Vorschuß sein soll, mit dem Sie gerechnet haben?«

Die Gardener zögerte, als müßte sie sich überwinden. »Fünfzigtausend Pfund wäre das wenigste!«

Claudia zuckte mit keiner Wimper. »Darüber ließe sich reden ... aber erst, wenn das Manuskript vorliegt.«

»So kommen wir nicht zusammen.«

»Nun ... wenn Sie meinen! Dann lassen wir die Honorarfrage erst noch offen.« Claudia erhob sich. »Es war uns eine große Ehre, Sie kennengelernt zu haben, gnädige Frau, und ich hoffe, wir korrespondieren weiter miteinander!«

Als sie später nebeneinander auf dem Rücksitz eines Taxis saßen, fragte Togelmann: »Hätten wir der alten Dame nicht doch noch entgegenkommen sollen?«

»Wozu?«

»Vielleicht werden ihre Memoiren eine Sensation!«

»Das glaube ich nicht.«

»Aber Sie waren von ihren Erzählungen doch so begeistert!«

»Die Anekdoten, die sie brachte, waren ja auch amüsant,

und sie ist eine brillante Erzählerin ... aber doch möglicherweise eine Garderobenbegabung. Jedenfalls wette ich, daß sie noch keine Zeile geschrieben hat. Außerdem machen auch fünfzig Anekdoten noch kein Werk.«

»Ich verstehe Sie nicht, Claudia ...« es war das erste Mal, daß er sie beim Vornamen nannte, »... Sie sind doch eigens wegen dieser Memoiren nach London gekommen.«

»Ja. Weil ich mir nur so einen Eindruck machen konnte. Und jetzt habe ich ihn. Auch wenn wir ihre Erinnerungen unbedingt haben wollten, wir würden sie nicht bekommen. Die Gardener will Geld, viel Geld ... sie ist scharf auf Geld, ob sie es nun braucht oder nicht. Sie wird sie nur demjenigen geben, der ihr den höchsten Preis zahlt ... und das wird ›Blitzlicht‹ auf keinen Fall sein.«

»Wer sagt Ihnen denn, daß wir nicht auch eine große Summe flottmachen können?«

»Sie wollen den ›Stern‹ überbieten? Die ›Quick‹? Die ›Bunte‹?! Das kann doch nicht Ihr Ernst sein! Je mehr Sie dieser Frau bieten, desto höher wird sie pokern. Wer die Memoiren schließlich bekommt, hat sie auf alle Fälle überbezahlt.«

»Sie sind sehr hart, Claudia.«

»Hart!? Weil ich Sie vor einem Verlust zu bewahren suche?«

»Aber die Memoiren könnten ein Riesenerfolg werden!«

»Nein, das glaube ich nicht. Ja, wenn die Garbo ihr Schweigen bräche! Schon so viele Frauen vom Format der Gardener haben ihre Memoiren geschrieben ... viel zu viele. Wenn so etwas heute noch ankommen soll, dann muß es wirklich gut geschrieben sein, und das traue ich ihr einfach nicht zu. Wahrscheinlich müßte das ganze Zeug noch überarbeitet werden, und das kostet auch wieder Zeit und Geld und, wie ich sie jetzt kenne, wird es dabei noch zu unendlichen Querelen kommen, weil sie um jedes Wort kämpfen wird. Nein, Chef, vergessen wir die Gardener und ihre Erinnerungen. Wir ersparen uns eine Menge Ärger damit.«

»Und ich dachte, Sie würden in Ihrem Ehrgeiz vor nichts zurückschrecken!«

»Vor einer Blamage doch. Ich möchte wirklich nicht, daß sich die ganze Branche den Bauch vor Lachen hält, weil ich mich von einem listigen alten Weib habe hereinlegen lassen.«

Eine Weile saßen sie schweigend nebeneinander, während die Lichter der Großstadt an ihnen vorüberglitten.

»Ich habe Hunger«, sagte Togelmann unvermittelt.

»Wir könnten im Hotel noch eine Kleinigkeit essen.«

»Im Hotel! Wer ißt schon im Hotel, wenn er in London ist! Wissen Sie was? Wir fahren nach Soho!« Er tippte dem Taxifahrer auf die Schulter. »To Soho!«

Claudia war es nicht unangenehm, daß er so ohne weiteres über sie bestimmte.

Sie landeten in einem japanischen Restaurant, dem »Fudschijama«, in dem man hinter Papierwänden in kleinen, abgetrennten Zimmern aß und nur durch Gelächter und Gesprächsfetzen daran erinnert wurde, daß man nicht allein war. Claudia weigerte sich entschieden, die Schuhe auszuziehen und auf Kissen am Boden vor einem niedrigen Tischchen Platz zu nehmen; sie hatte ihre eleganten Stadtstiefel an und wollte kein Schauspiel bieten, indem sie sich verrenkte, um sie auszuziehen. Der japanische Kellner — in farbenprächtigem Kimono, mit undurchsichtigem Gesicht — führte sie darauf unter vielen Verbeugungen in ein anderes Zimmer, in dem geschnitzte, hochlehnige Stühle um einen Eßtisch von normaler Höhe standen. Die Lampe, die darüber schwebte, glich einem roten Lampion.

»Schon besser«, sagte sie zufrieden.

Der Chef neckte sie auf seine etwas überhebliche Art, weil sie sich nicht der ausländischen Sitte hatte anpassen wollen.

»Spotten Sie nur!« gab sie zurück. »Ich weiß genau, daß

Sie ganz froh darüber sind. Sie hätten ja gar nicht gewußt, wo Sie Ihre Beine hätten unterbringen sollen.«

Sie überließ es ihm, das Essen auszusuchen, und nahm tapfer die hölzernen Stäbchen in die rechte Hand, um Bissen von rohem Fisch in eine scharfe, nach Meerrettich schmeckende Soße zu tunken und zum Mund zu führen. Anfangs verlor sie einige Male den Happen, was Anlaß zu erneuten Neckereien gab. Er beherrschte das Essen mit Stäbchen und tat sich viel darauf zugute. Aber es dauerte nicht lange, bis es auch ihr gelang.

Der Fisch — es war wohl Lachs — schmeckte ihr überraschend gut, und sie sagte es ihm.

»Zimperlich sind Sie wenigstens nicht«, stellte er fest.

Nach der Vorspeise stellte der Kellner einen kupfernen Kessel auf einem Rechaud auf den Tisch, in dem eine Bouillon brodelte, die er mit geheimnisvollen Zutaten würzte. Dann tat er viel frisches, kleingeschnittenes Gemüse und hauchdünne Scheibchen Rindfleisch hinein, die Claudia und Togelmann schon nach wenigen Minuten mit ihren Stäbchen gar aus der Brühe fischen konnten.

Es war ein wunderbares Essen. Togelmann nannte ihr auch den japanischen Namen des Gerichtes, aber sie vergaß ihn sofort.

Dazu tranken sie Reiswein aus kleinen Porzellantöpfchen, von dem immer wieder neue Kannen heiß serviert wurden.

Da es nicht einfach war, mit den Stäbchen aus dem großen Topf zu essen, zog sich die Mahlzeit lange hin. Zum Abschluß setzte man ihnen die Suppe in Tellern vor, die sie mit Porzellanlöffeln aßen.

Claudia weigerte sich entschieden, noch ein Dessert zu nehmen. »Es war wunderbar, Chef«, sagte sie, »aber ich weiß, wann ich genug habe.«

Als sie auf der Straße standen, war es zehn Uhr vorbei.

»Und was nun mit dem angefangenen Abend?« fragte Togelmann.

»Ich möchte ins Hotel zurück!« erklärte Claudia entschieden; sie fühlte sich verschwitzt, und die Füße taten ihr weh.

Er machte nicht den Versuch, sie zu überreden. »Einverstanden! Dann gehen wir aber noch in die Bar.«

Im Taxi legte er den Arm um ihre Schultern, aber sie lehnte sich nicht an ihn, sondern blieb aufrecht sitzen, so steif, wie sie es wagen konnte, ohne ihn zu beleidigen.

Im Hotel wollte er sie sofort in Richtung Bar dirigieren. Aber sie blieb stehen. »Ich möchte erst nach oben«, sagte sie, »mich ein bißchen frisch machen.«

»Aber Sie kommen bestimmt?«

Sie überlegte, was ihm an ihrer Gesellschaft liegen mochte. Er war ein gutaussehender Mann und hatte genügend Geld in der Tasche, um eine interessante Bekanntschaft machen zu können. Aber sie sprach es nicht aus, um nicht kokett zu erscheinen.

»Ich rechne auf Sie!« sagte er mit Nachdruck.

In ihrem Zimmer zog sie sich aus und nahm eine Dusche. Sie fühlte, daß die Situation brenzlig zu werden begann und überlegte, ob sie nicht lieber oben bleiben sollte. Wenn er anrief, konnte sie sich mit jähen Kopfschmerzen entschuldigen. Aber sie wußte natürlich, daß er ihr das nicht abnehmen und sich gekränkt fühlen würde.

War das die Sache wert? Außerdem, gestand sie sich, hatte sie gar keine Lust, jetzt schon zu Bett zu gehen. In Elmrode hatte sie Zeit genug, zu schlafen. Wie oft würde sie denn schon nach London kommen?

Also schminkte und frisierte sie sich neu und schlüpfte in ihr Cocktailkleid. Es war ganz einfach geschnitten, aus mattroter Kreppseide und züchtig genug: am Hals geschlossen und mit langen, bauschigen Ärmeln. Dazu legte sie eine silberne Kette an, die Herbert ihr zum letzten Weihnachtsfest geschenkt hatte und die zu dem Ring von Tiffany paßte.

In der Bar war es schummrig, aber er entdeckte sie sofort, als sie eintrat, und stand auf. Ein Pianist spielte nostalgische

Melodien, einige Paare bewegten sich auf der gläsernen Tanzfläche, und Togelmann hatte Champagner bestellt.

Aber er machte keine Annäherungsversuche, wie sie befürchtet hatte, sondern erzählte ihr von seinen Plänen für eine große Fernsehkampagne. Das war ein Thema, das Claudia brennend interessierte, und sie war sofort voll bei der Sache. Sie hatte Fragen, machte Vorschläge, und sie leerten noch eine zweite Flasche, bis sie merkten, daß sie genug hatten.

»Ich fürchte, ich bin ein bißchen betrunken«, sagte sie.

»Das macht doch nichts. Sie brauchen ja nicht mehr Auto zu fahren.«

»Dann hätte ich auch nicht so viel in mich hineingekippt.« Sie schwankte ein wenig, als sie aufstand.

»Fühlen Sie sich schlecht?« fragte er besorgt.

»Nein, wunderbar. Eben nur ... beschwipst.«

»Ich bin auch nicht mehr ganz nüchtern«, gestand er und legte seine Hand unter ihren Ellbogen, um sie in die Halle zu führen.

»Das wäre auch ein Wunder!« sagte sie.

Sie holten ihre Schlüssel und fuhren im Lift nach oben.

»Es war ein schöner Abend«, sagte er.

»Ich bin froh, daß Sie mitgekommen sind. Was hätte ich allein in London anfangen sollen?«

»Es wäre Ihnen schon was eingefallen.«

»Sicher. Aber mit wem hätte ich über ›Blitzlicht‹ reden sollen?«

Sie gingen über den langen, mit dicken Teppichen ausgelegten Gang. Vor seiner Zimmertür, die als erste kam, blieben sie stehen.

»Gute Nacht, Chef!« sagte sie und wandte sich ab.

Er legte ihr die Hand auf die Schulter und hielt sie zurück. »Sie wollen mich doch jetzt nicht etwa allein lassen?«

»Doch.« Sie gähnte leicht, mit der Hand vor dem Mund. »Ich bin müde.«

»Ich auch. Das ist aber doch kein Hinderungsgrund.«

»Für mich schon.«

»Sie enttäuschen mich.«

»Tut mir leid, Chef.«

»Bitte!«

Claudia konzentrierte sich, so gut sie es vermochte, und versuchte die Situation zu meistern. »Sie wissen genau, wie sehr ich Sie mag und achte und verehre ...«

»Dann sollten Sie mir das auch zeigen!«

»... aber ich habe einen Freund!«

»Ich habe eine Frau!«

»Gerade deshalb ...«

»Für so kindisch habe ich dich wirklich nicht gehalten, Claudia. Wir sind beide gebunden. Na gut. Aber was besagt das schon? Nichts, gar nichts. Wem nimmst du denn etwas weg, wenn du ein bißchen lieb zu mir bist?«

»Meinem Freund würde das nicht gefallen.«

»Meiner Frau auch nicht. Aber sie werden es ja nie erfahren. Wir sind nicht in Elmrode, Claudia, wir sind in London, in einer fremden Welt, und wir sind beide erwachsene Menschen!«

»Ich möchte das nicht!« sagte Claudia mit Nachdruck.

»Aber es gehört dazu! Es gehört zum Leben! Wie wollen Sie Romane beurteilen, wenn Sie selber allen Verwicklungen aus dem Wege gehen?«

Der Lift hielt, ein sehr elegantes Paar — sie im langen Abendkleid, er im Smoking — kam über den Gang auf sie zu. Sie redeten und kicherten mit unterdrückten Stimmen und blickten Claudia und Togelmann im Vorübergehen neugierig an.

»Jetzt komm schon!« drängte er. »Wir können nicht hier draußen diskutieren! Komm mit auf mein Zimmer! Dort kannst du mir alles sagen, was du gegen mich hast.«

»Ich habe gar nichts gegen Sie!«

»Warum sträubst du dich dann? Warum machst du so ein Theater? Das paßt nicht zu dir, Claudia. Ich habe dich immer für eine vorurteilslose, moderne junge Frau gehalten. Tatsächlich scheinst du aber auch nur ein kleines Pipimädchen zu sein wie alle anderen.«

Plötzlich hatte sie es leid. »Einverstanden«, sagte sie, »ich werde kommen.«

»Warum nicht gleich?«

»Nicht auf diese Art. Aber ich werde kommen. Versprochen.«

Diesmal hielt er sie nicht zurück, als sie davonlief.

In ihrem Hotelzimmer blieb sie einen Augenblick, tief atmend, den Rücken gegen die Tür gepreßt, stehen. Noch hatte sie die Wahl, versuchte sie sich einzureden. Aber sie wußte nur zu gut, daß das in Wahrheit nicht mehr der Fall war. Wenn sie ihn jetzt versetzte, würde er es ihr wahrscheinlich nie verzeihen. Noch eben, auf dem Gang, hätte sie die Möglichkeit gehabt, ihm ihren Standpunkt klarzumachen. Aber sie hatte sie verpaßt.

Oder hatte sie ihre Ablehnung nur deshalb nicht begründen können, weil sie nicht wirklich dazu motiviert war? Er hatte ja recht: Wem nahm sie etwas damit, wenn sie ein einziges Mal, hier in London, miteinander ins Bett gingen? Voraussichtlich würden sie ja noch viele Jahre miteinander arbeiten, auch immer wieder einmal miteinander verreisen — war es nicht besser, die sexuelle Spannung, die zwischen ihnen bestand, sofort aus der Welt zu schaffen?

Wenn sie jetzt nicht nachgab, würde er es immer wieder versuchen, bis er es geschafft hatte, oder sie fallenlassen wie eine heiße Kartoffel. Sie konnte es sich einfach nicht erlauben, ihn gegen sich einzunehmen.

Wenn sie aber jetzt zu ihm ging, würde er das in ihr sehen, was sie in seinen Augen sein wollte: ein echter Kumpel, mit dem man Pferde stehlen konnte.

Claudia zog sich aus, duschte sich noch einmal kurz — allmählich hatte sie den Eindruck, daß sie einem Waschzwang erlag, aber sie war sicher, daß er in solchen Dingen sehr penibel war. Danach putzte sie sich die Zähne und parfümierte sich. Sie zog sich ihr hübsches, hellgrünes Chiffonnachthemd an, das durchsichtig genug war, ihren Körper ahnen zu lassen, und warf sich den schwarzseidenen Hausmantel über. Noch einmal erneuerte sie ihr Make-up — etwas, auf das sie nie verfallen war, wenn sie Herbert besuchte —, bürstete ihr Haar, bis es ihr Gesicht wie eine dunkle Wolke umgab, und eilte über den Flur die wenigen Schritte zu seinem Zimmer.

Die Tür war nicht abgeschlossen.

Sie hatte einige Zeit gebraucht, um sich schönzumachen. Jetzt, während sie leise öffnete, hoffte sie, daß er schon eingeschlafen wäre.

Aber er lag mit offenen Augen, die Hände hinter dem Kopf verschränkt, in seinem Bett und sah ihr entgegen. Ein befriedigtes Lächeln zuckte um seine Lippen.

Claudia schloß die Tür hinter sich ab, warf den Hausmantel über einen Stuhl, streifte die Pantöffelchen von ihren Füßen und schlüpfte zu ihm.

Am nächsten Morgen, beim gemeinsamen Frühstück in dem großen, von Licht durchfluteten Speisesaal, wirkte Claudia heiter und ausgeschlafen. Togelmann war verkatert, versuchte aber, es sich nicht anmerken zu lassen, und wahrte Haltung. Wie immer war er wie aus dem Ei gepellt.

Sie war froh, daß sie mit ihm geschlafen hatte. Es war keine große Sache gewesen. Er war als Liebhaber weder leidenschaftlich noch zärtlich, und der reichlich genossene Alkohol hatte seine Potenz nicht gerade gestärkt. Sie hatte nichts dabei empfunden, nichts dabei empfinden wollen, sondern sich ganz darauf konzentriert, ihn zu befriedigen.

Als er eingeschlafen war, hatte sie ihn verlassen, war in ihr Zimmer zurückgehuscht, hatte zwei Aspirin in ein Glas Wasser geworfen, das sie getrunken hatte, als sie abgeschminkt und zur Nacht zurechtgemacht war.

›Das wär's gewesen!‹ hatte sie ohne eine Spur von Reue gedacht.

Jetzt sah sie ihm zu, wie er gierig sein Glas Orangensaft in sich hineinschüttete, sich eine Scheibe Toast mit Butter und Jam bestrich, einen Bissen nahm und den Teller dann angewidert von sich schob.

»Das war ein ausschweifender Abend, was?« sagte sie lächelnd.

»Du hast mich ganz schön fertiggemacht.«

»Nicht ich!« Sie lachte. »Der Champagner. Champagner und Reiswein scheinen keine so gute Kombination zu sein, Chef.«

»Du siehst unverschämt blühend aus.«

»Ich habe mich ja auch angemalt! Das ist der Vorzug, den wir euch Männern, Gleichberechtigung hin, Gleichberechtigung her, immer noch voraus haben. Wir dürfen uns Farbe ins Gesicht schmieren.« Sie öffnete ihre Handtasche und reichte ihm ihre Pillendose. »Da. Nimm ein Aspirin.«

»Du hast sowas bei dir?«

»Immer.«

Er bediente sich, und sie sah ihm schweigend zu. Sie wußte jetzt, daß er privat nicht mit seinem Taufnamen angesprochen werden wollte, sondern als Frank, wie ihn die Familie nannte, um ihn von seinem Vater zu unterscheiden. Aber sie brachte das Wort nicht über die Lippen, denn sie dachte von ihm immer noch nicht anders als »Togelmann« oder »Chef«.

Als sie zum Flughafen hinausfuhren, nebeneinander auf dem Rücksitz, machte er keinen Versuch, ihre Hand zu nehmen oder den Arm um ihre Schultern zu legen. Ihr war das nur recht, und während sie sich eincheckten, redete sie ihn wieder mit »Sie« an.

Sie hatten das nicht vorher abgesprochen, aber es schien ihr selbstverständlich, und er akzeptierte es — mit einer gewissen Erleichterung, wie Claudia belustigt feststellte.

»Würden Sie mal nachsehen, ob unser Flug schon aufgerufen ist, Fräulein Mennersdorfer?« bat er.

»Wird gemacht, Chef.«

»Ich werde uns inzwischen ein paar Zeitschriften besorgen.«

In Claudias Gefühlen hatte sich durch die vergangene Nacht nichts geändert — geändert hatte sich nur, so glaubte sie, daß der Chef jetzt von ihrer unbedingten Loyalität überzeugt war.

Aber ihr Zusammensein mit Togelmann sollte noch ganz andere Folgen für sie haben.

Als Claudia das nächstemal Herbert aufsuchte — am Freitagabend, gleich von der Redaktion aus, denn sie hatte einiges aufzuarbeiten gehabt —, merkte sie sofort, daß er anders war als sonst. Er nahm sie nicht in die Arme, sondern wich sogar einen halben Schritt vor ihr zurück. Sie hängte ihren Mantel auf, bevor sie sich ihm mit einem unschuldsvollen Lächeln zuwandte.

»Du siehst blendend aus«, stellte er fest.

»Wieso auch nicht?«

»Die Reise nach London scheint dir gut bekommen zu sein.«

»Ach, das ist doch ein alter Hut. Ich habe mich seit Tagen nicht mehr vom Schreibtisch weggerührt.«

»Und wie war's in London?«

»Werde ich dir alles haarklein erzählen. Sobald ich was zu trinken habe.«

»Haarklein?«

»Du weißt schon. Alles, was von allgemeinem Interesse ist.«

Sie betrat den großen, gemütlichen Raum, in dem sie sich wie zu Hause fühlte. »Was? Kein Feuer?« stellte sie fest. »Es wäre das richtige Wetter dafür.«

»Togelmann hat dich begleitet«, sagte er ihr auf den Kopf zu.

Sie ärgerte sich, weil nur Elke ihm das gesteckt haben konnte, und sie ärgerte sich doppelt, weil sie so dumm gewesen war, das nicht vorauszusehen. Aber sie begriff auch, daß es keinen Zweck hatte, ihn jetzt zu fragen, woher er es wußte, und sich über Elkes Indiskretion zu empören.

So erklärte sie nur, so gelassen, wie es ihr möglich war: »Ja. Er hat sich in letzter Minute dazu entschlossen.«

»Du hast mit ihm geschlafen!«

Claudia hatte nicht vorgehabt, ihm ein Wort davon zu sagen, denn ihrem Gefühl nach hatte die Sache mit dem Chef überhaupt nichts mit Herbert zu tun.

Anlügen mochte sie ihn aber auch nicht, denn sie wußte, daß das ihre Beziehungen in der Wurzel zerstört haben würde. So sagte sie: »Schlafen kann man das wirklich nicht nennen.«

»Es ist mir egal, wie du es nennst. Ich glaube, wir wissen beide, was ich meine.«

»Wenn du so sicher bist ...«

»Ich bin mir ganz sicher, denn ich kenne dich. Du konntest dir eine solche Gelegenheit, mit ihm anzubändeln, nicht entgehen lassen!«

»Bitte, Herb, jetzt hör mich mal an ... es war alles ganz anders!«

»So genau will ich es gar nicht wissen!«

»Es hat sich einfach so ergeben. Die Situation ... ich hätte ihn tödlich verletzt, wenn ich ...«

»Und wie sehr du mich verletzt, das ist dir völlig gleichgültig?!«

»Aber Herb, das hat doch mit dir ... das hat doch mit uns beiden gar nichts zu tun!«

»Das sehe ich anders.«

»Ich liebe Togelmann nicht ... ich mache mir nicht das geringste aus ihm ...«

»Du willst nur seine Protektion.«

Beinahe hätte sie ihm entgegengehalten: ›Ist das denn so unverständlich?‹ Statt dessen sagte sie: »Es war nur das eine Mal. Es wird nie wieder vorkommen. Glaub es mir.«

»Ja, aber nur, wenn du kündigst.«

»Ich kann nicht kündigen. Ich habe einen Dreijahresvertrag.«

»Sie werden dich schon herauslassen, wenn du ihnen die Gründe klarmachst. Einen Skandal kann sich dein verehrter Chef bestimmt nicht leisten.«

»Du verlangst doch nicht etwa von mir, daß ich ihn mit dieser Geschichte unter Druck setze?«

»Ich verlange, daß du Schluß machst. Endgültig. Mit ihm. Mit ›Blitzlicht‹. Mit all dem Quatsch.«

»Ich soll meine Arbeit aufgeben ... alles, was mir am Herzen liegt, für das ich gekämpft habe ... nur weil du eifersüchtig bist?!«

»Habe ich denn kein Recht dazu?«

»Nein, denn ich bin nicht dein Besitz.«

Erbittert starrten sie sich in die Augen.

»Du willst also weitermachen wie bisher? Es darauf ankommen lassen, daß der ach so sensible Herr wieder nach dir verlangt und du ihn nicht zurückstoßen kannst?«

»Es wird nicht wieder vorkommen.«

»Das glaubst du ja selber nicht. Nachdem es einmal passiert ist, kann es immer wieder geschehen. Wenn du es ihm das erstemal nicht abschlagen konntest, wie könntest du es dann beim zweitenmal begründen? Abgesehen davon, daß du es gar nicht willst.«

»Du machst aus einer Mücke einen Elefanten«, sagte sie schwach.

»Ich sehe nur den Tatsachen ins Gesicht. Bildest du dir ein, ich habe Lust, in deinem Leben die zweite Geige zu spielen?«

»Du wirst immer die erste sein, Herb!«

»Und neben mir womöglich ein ganzes Orchester? Nein,

das mache ich nicht mit. Das kannst du nicht von mir erwarten.«

»Ich habe mir Verständnis und Liebe von dir erhofft.«

»Kannst du haben. Jede Menge. Aber nur, wenn du dich entscheidest: ich oder er. Liebe oder Karriere.«

»Ich sehe nicht ein, wieso das eine das andere ausschließen soll.«

»Aber ich. Ich bin mir zu schade, für dich den Popanz zu machen. Mach Schluß ...« Er kam mit ausgebreiteten Armen auf sie zu. »... ich bitte dich!«

Der Wunsch, sich an seine Brust zu werfen, war fast überwältigend. Aber sie bezwang ihn.

Er ließ die Arme mit einer unendlichen Trauer sinken, die ihr ins Herz schnitt.

»Das ist also das Ende.«

Sie versuchte es noch einmal. »Es muß nicht das Ende sein, Herb! Wenn du nur ein wenig Geduld mit mir hättest ...«

»Geh!« sagte er hart. »Ich kann dich nicht mehr ertragen.«

»Warum mußt du mich auch noch so quälen?« schrie sie und stampfte mit dem Fuß auf. »Siehst du denn nicht, daß alles schon schwierig genug für mich ist?«

»Du kannst zurückkommen, wenn du all das hinter dir gelassen hast«, sagte er milder, »aber früher nicht. Jetzt will ich dich nicht mehr sehen.«

Es blieb ihr nichts anderes übrig, als ihn allein zu lassen. Aber nie zuvor war ihr etwas so schwergefallen.

Elke öffnete ihr in einem Haushaltskittel und einem Kopftuch um das blonde Haar gebunden. »Schon zurück?« fragte sie erstaunt.

»Ja«, sagte Claudia nur.

Sie war dankbar, daß Elke, nach einem Blick auf ihr Gesicht, keine weiteren Fragen stellte, sondern sich in die Küche zurückzog.

Claudia wußte nicht, was sie mit sich anfangen sollte.

Ausnahmsweise hatte sie keine Arbeit mit nach Hause genommen, und sie hätte sich auch kaum konzentrieren können. Zu Bett zu gehen, war es zu früh. Sie entschied sich dafür, ein Bad zu nehmen und sich die Haare zu waschen. Als sie nachher, einen einfachen Hausmantel über dem Nachthemd, in die Küche kam, fand sie Elke damit beschäftigt, die Schubladen auszuräumen.

»Was tust du denn da?« fragte Claudia erstaunt.

»Ich mache Inventur.«

»Was soll das?«

»Ich ziehe aus.«

Das kam so unerwartet, daß Claudia nur betroffen dastehen und kein Wort hervorbringen konnte. Sekundenlang glaubte sie, daß Elke nur eben auf den Zeitpunkt gewartet hatte, wo es mit ihr und Herbert aus sein würde, um sie zu verlassen. Aber sie hatte Verstand genug, um sich zu sagen, daß das Unsinn war. »Davon wußte ich ja gar nichts«, sagte sie matt, als sie die Sprache wiedergefunden hatte.

»Wir haben uns in letzter Zeit ja auch immer nur zwischen Tür und Angel gesehen«, erwiderte Elke und fügte rasch hinzu:

»Bitte, das soll kein Vorwurf sein. Ich weiß ja, daß du schwer beschäftigt warst.«

»Und wo willst du hin?«

»Nach Hamburg. Ich habe schon im vergangenen Monat gekündigt.«

Claudia schwieg und bemühte sich, diese Mitteilung zu verarbeiten.

»Eigentlich folge ich nur deinem Rat«, fuhr Elke fort, »mit Erwin kann es nichts werden, das habe ich eingesehen. Warum soll ich dann weiter mit ihm rumziehen? Ich muß jetzt aus meinem Leben etwas machen, solange ich jung bin und noch einigermaßen aussehe.«

»Und was erhoffst du dir von Hamburg?«

»Egal ob Hamburg, München oder Frankfurt ... ich habe

mich nur für Hamburg entschieden, weil ich von dort doch bin und wieder meine Eltern besuchen kann. Jedenfalls habe ich überall größere Chancen als in Elmrode, denn Tatsache ist doch: Hier habe ich überhaupt keine.«

»Das würde ich nicht so sehen.«

»Ich bin jetzt zwei Jahre hier und habe keinen einzigen passablen Typen kennengelernt ... jedenfalls keinen, der sich für mich interessiert hätte. Also verlege ich eben mein Jagdgebiet in andere Breiten.

»Du wirst mir fehlen, Elke.«

»Du mir doch auch. Trotz allem. Aber wenn sich dir eine Chance anderswo böte, würdest du mich doch auch verlassen, nicht wahr? Nun sag bloß nicht, daß du meinetwegen auf deinen Erfolg verzichten würdest.«

»Nein, das nicht.«

»Na also.«

»Und was soll das mit dem Geschirr?«

»Ich gucke mir das alles nur mal an und putze dabei aus. Dabei bin ich darauf gekommen, daß du das meiste behalten kannst. Es würde den Transport nicht lohnen. Ich nehme nur mein Aussteuersilber mit, das natürlich, und dann noch die französische Kasserolle und die große Salatschüssel ... wenn es dir recht ist. Streiten möchte ich um den Krempel nicht.«

»Nimm mit, was du willst. Ich kann mir ja auch was Neues kaufen.«

»Ich weiß, daß du inzwischen erheblich mehr verdienst als ich. Das brauchst du mir nicht unter die Nase zu reiben.«

»Ich habe auch schwer genug dafür geschuftet.«

»Das bestreitet ja auch niemand.«

»Trotzdem habe ich es noch nicht zu einem silbernen Besteck gebracht.«

»Keine Sorge, das wird auch noch kommen.«

Claudia ärgerte sich über Elkes Ton, über ihre Ungerechtigkeit, ihre Angriffslust.

Aber später, als sie allein mit einem Glas Whisky in ihrem

Zimmer saß, war sie fast dankbar dafür. Elkes starre Haltung würde den Abschied erleichtern. Freundliche, verständnisvolle oder gar sentimentale Worte hätten jetzt auch nichts mehr helfen können.

Sie wußte, daß sie in Zukunft sehr allein sein würde.

Claudia wurde einsam, aber es kam nicht oft vor, daß es ihr bewußt wurde oder daß sie gar darunter litt. Ihr Leben war erfüllt von ihrer Arbeit für »Blitzlicht«, von Gesprächen mit Autoren und Verlegern, von kleinen und großen Erfolgen und auch gelegentlichen Enttäuschungen und Niederlagen.

Es machte ihr Spaß, wichtig zu sein, etwas zu sagen zu haben, etwas leisten zu können.

Gelegentlich schloß Togelmann sich einer ihrer Reisen an, und gelegentlich nahm er sie auch mit, und natürlich kam es dabei auch immer wieder zu sexuellen Kontakten. Aber nie ließ Claudia sich ihm gegenüber gehen, nie gab sie sich, wie sie wirklich war, oder zeigte ihm ihr ungeschminktes Gesicht, auch dann nicht, als sie, wie es sich von selber ergab, sehr viel vertrauter miteinander wurden. Er schien gerade ihre Distanz zu schätzen und die Leichtigkeit, mit der sie immer wieder zu einer formellen Anrede zurückfand.

Einmal, nach einer offiziellen Redaktionskonferenz, sagte er:

»Würden Sie bitte noch einen Augenblick bleiben, Fräulein Mennersdorfer?«

Die anderen gingen.

»Gibt es etwas Besonderes, Chef?« fragte sie, als sie allein waren.

»Wir waren ziemlich lange nicht mehr zusammen«, stellte er fest.

»Ja, das stimmt!«

»Es gefällt mir nicht, daß wir immer einen äußeren Anlaß brauchen.«

»Das ergibt sich eben aus unserer Situation.«

»Aber ich denke, das kann man auch ändern.«

»Ich wüßte nicht wie.«

»Könnte ich dich nicht in deiner Wohnung besuchen?« Als Claudia nicht sogleich etwas erwiderte, fuhr er fort: »Ich denke, du lebst doch jetzt allein?«

»Ja, Chef. Trotzdem glaube ich nicht, daß es klug wäre. Jemand könnte Sie beobachten.«

»Möchtest du es denn nicht?«

Claudia, die mit dem bisherigen Verlauf ihrer Beziehungen ganz zufrieden gewesen war, mußte heucheln. »Doch. Natürlich. Aber es wäre ein Wagnis.«

»Du scheinst mich für recht feige zu halten.«

»Nein. Nur für klug. Es steht zu viel auf dem Spiel. Wenn Ihre Frau etwas erfährt! Elmrode ist ein solches Provinznest, das wissen Sie ja selber. Nicht nur, daß jeder von jedem alles erfährt. Um hier zu leben, braucht man eine gewisse Reputation.«

»Wenn ich spät nachts käme?«

»Auf die Dauer könnte das nicht verborgen bleiben.«

»Ich könnte dich ja auch am hellen Tag aufsuchen. Samstags oder sonntags. Ganz offiziell, um etwas mit dir zu besprechen.«

»Vielleicht ginge es so. Aber ich möchte es nicht.«

»Wegen deines Freundes?«

»Mit dem ist es längst aus.«

»Also ein anderer Mann ...?«

»Nein, Chef, es gibt keinen anderen. Es ist ja auch nicht meinetwegen ... es ist doch Ihretwegen, daß ich es nicht will.«

»Aber wir müssen einen Weg finden!« Er sprach dringlicher, als er es privat je getan hatte. »Meine Frau ist ... nun ja, sie ist ... sehr abweisend.«

»Dann sollten Sie versuchen, sie wieder entgegenkommender zu stimmen.«

»Meinst du, das hätte ich nicht getan? Glaubst du, es fällt

mir leicht, mich vor dir zu demütigen? Zuzugeben, daß ich dich brauche?«

»Sie wissen, daß ich alles, aber auch wirklich alles für Sie tun würde! Aber hier in Elmrode ... das ist zu gefährlich!«

»Und in einem Hotel?«

»Nicht im Umkreis von hundert Kilometern.«

»Du hast recht. Also werde ich nächsten Sonntag zu dir kommen. Gegen zehn. Dann ist meine Familie in der Kirche.«

›Wie passend!‹ wäre es Claudia beinahe entschlüpft, statt dessen sagte sie: »Das sollten Sie sich sehr gut überlegen.« —

Sie spielte mit dem Gedanken, am nächsten Sonntag einfach nicht zu Hause zu sein. Aber dann wurde ihr klar, daß auch das nichts helfen konnte. Wenn er an der Haustür klingeln würde, ohne Einlaß zu finden, würde das genauso kompromittierend für ihn sein.

Also blieb sie, empfing ihn sorgfältig zurechtgemacht in einem teefarbenen Negligé, das sie nur für ihn gekauft hatte, und versuchte ihn glücklich zu machen.

Es erstaunte sie, daß er sich in dieser Situation entspannen konnte, denn ihre Bedenken ließen sich nicht verscheuchen.

Aber lange Zeit schien alles gutzugehen. Der junge Togelmann besuchte Claudia hin und wieder — nicht zu oft — in ihrer Wohnung, die sie nach Elkes Auszug völlig umgestaltet hatte; das eine Zimmer hatte sie als Wohn-, Eß- und Arbeitszimmer eingerichtet, das andere zum Schlafen, aber immer noch mit ihrem alten, schmalen Einzelbett, denn sie wollte auf jeden Fall verhindern, daß er auf die Idee käme, bei ihr zu übernachten. Seine Familie erhob keine Einwände, wenn er behauptete, eine dringende Arbeit mit ihr erledigen zu müssen, denn er hatte sich auch früher manchmal an Sonn- und Feiertagen auf die Redaktion zurückgezogen.

Natürlich bekam Claudia manch spitze Bemerkung über ihr ungewöhnlich gutes Verhältnis zum Chef zu hören und wurde gefragt, wie sie es denn geschafft hätte, daß »er ihr aus der Hand fraß«. Sie spürte deutlich, daß auch hinter ihrem Rücken über sie gemunkelt wurde. Aber Beweise hatte niemand, und in Gegenwart anderer benahmen sie sich immer streng offiziell. Claudias Leistungen waren so überzeugend, daß schon allein ihre Tüchtigkeit ihr eine besondere Vertrauensstellung verschafft hätte.

Außerdem galt das Familienleben der Togelmanns als vorbildlich. Franks Frau, Anne, war sanft und schön. Sie hatte ihm zwei gesunde Kinder geschenkt, einen Jungen und ein Mädchen, ganz wie es sich gehörte, und sie verstand sich ausnehmend gut mit ihren Schwiegereltern. Die Familie war ihr Lebensinhalt, und die Energie, die ihr darüber hinaus noch übrigblieb, wandte sie für die Wohltätigkeit auf; sie gehörte zu einer kleinen Gruppe von Damen, die in Elmrode Basare, Haussammlungen, Nachmittagstees für einen guten Zweck veranstalteten und einmal im Jahr einen großen Ball mit enorm teuren Eintrittskarten, die dennoch reißend weggingen, weil jeder, der etwas gelten wollte, dort gesehen werden mußte. Das einzige private Vergnügen, das sie sich gönnte, waren regelmäßige kleine Reisen nach Hamburg, wo sie Theater, Oper und Konzerte besuchte. Zu Beginn ihrer Ehe hatte ihr Mann sie begleitet, da er aber immer wieder und allzu oft verhindert gewesen war, hatte es sich eingebürgert, daß sie allein fuhr und bei einer Schulfreundin übernachtete, die inzwischen Ärztin geworden war. Niemand hatte einen besseren Ruf in Elmrode als Anne Togelmann, und Claudia, die von der ablehnenden Haltung ihrem Mann gegenüber wußte, glaubte, daß sie einfach kein Interesse oder doch kein Interesse mehr an Sex habe. Da sie so klaglos seine sonntäglichen Besuche bei ihr hinnahm, vermutete sie sogar, daß sie das Arrangement durchschaute und ganz zufrieden damit war. So wurde sie immer sicherer.

Als eines Dienstagmorgens Herr Kaspar, der Pförtner, sie beim Betreten des Hauses aufhielt und ihr ziemlich brummig, wie es seine Art war, eröffnete, daß Togelmann senior sie in seinem Büro erwartete, war sie zwar überrascht, ahnte aber nichts Böses.

»Welche Ehre!« sagte sie vergnügt. »Aber ich kann doch wohl vorher noch nach oben und meinen Mantel ablegen.«

Sie hatte das nicht als Frage gesagt, aber Kaspar widersprach ihr nachdrücklich. »Nein, ich soll Sie sofort zu ihm schicken ... sofort!«

»Auch recht«, sagte Claudia und fuhr in den dritten Stock hinauf.

Die Chefetage des juristischen Verlages, dem der alte Togelmann vorstand, war genauso groß wie die der Illustriertenredaktion, wirkte aber wesentlich enger, weil sie in kleine Räume eingeteilt war, deren Türen sich an beiden Seiten eines langen, schmalen Ganges reihten.

Ganz am Ende fand Claudia das Vorzimmer Togelmann senior und klopfte an. Die Sekretärin, die sie empfing, war so bescheiden aufgemacht, daß es schon provozierend wirkte. Sie hatte das blonde Haar straff zurückgebürstet und zu einem Knoten im Nacken aufgesteckt, trug eine Brille mit einem Stahlgestell und war gänzlich ungeschminkt.

»Einen Moment, bitte«, sagte sie, weder freundlich, noch unfreundlich, als Claudia sich vorgestellt hatte.

Es schien hier keine Gegensprechanlage zu geben, denn sie stand auf, öffnete eine Tür im Hintergrund und verkündete: »Fräulein Mennersdorfer!«

»Soll reinkommen!« antwortete eine Männerstimme.

Claudia hatte nicht einmal Zeit, aus ihrem Mantel zu schlüpfen, denn sie wollte die Sekretärin, die ihr jetzt die Tür einladend aufhielt, nicht warten lassen.

»Guten Morgen, Herr Togelmann«, grüßte sie heiter.

Er hatte keine Ähnlichkeit mit seinem Sohn, sondern war klein, sehnig, hatte dunkle, kluge Vogelaugen, und sein Haar war schwarz bis auf die schon ergrauten Schläfen.

»Setzen Sie sich!«

Claudia tat es und stellte die Füße eng zusammen, die Beine

schräg gegeneinander, wie sie es einmal gelernt hatte. Obwohl sie doch sehr erwartungsvoll war, nahm sie das Bild des Raumes rasch in sich auf; er war mindestens um zwei Drittel kleiner als der des Sohnes, es gab keinen Ausblick, und der Schreibtisch stand mit dem Rücken zum Fenster.

Togelmann senior lehnte sich zurück und musterte sie mit seinen flinken Augen. »Ich weiß alles über Sie!«

Claudia behielt ihre gelassene Haltung bei.

»Sie sind eine sehr tüchtige junge Person«, fuhr er fort, »ehrgeizig, begabt ... und Sie haben ›Blitzlicht‹ ein gutes Stück vorangebracht.« Nach einer kleinen Pause fügte er hinzu: »Trotzdem wird mein Sohn in Zukunft auf Ihre Hilfe verzichten müssen.«

So schockiert Claudia auch war, zwang sie sich doch, nicht zu reagieren und stumm zu bleiben, bis sie ihre Gedanken geordnet hatte.

»Sie wissen, warum!« fuhr der alte Herr fort.

»Nein!« sagte Claudia.

»Doch, doch«, widersprach er ihr, und es klang fast gemütlich, »wie sollten Sie, eine intelligente junge Frau, das nicht wissen? Aber wenn Sie es unbedingt hören wollen: Sie haben ein Verhältnis mit meinem Sohn. Wie es dazu gekommen ist und wer die treibende Kraft war, will ich gar nicht hören. Für mich zählen nur die Tatsachen.«

»Sie können mir deswegen nicht kündigen«, sagte sie schwach.

»Doch. Kann ich. Ich habe Ihre Personalakte eingesehen. Sie haben einen Dreijahresvertrag, der knapp zur Hälfte erfüllt ist. Den Rest werde ich Ihnen auszahlen. Ich meine, daß das keine unbillige Lösung ist.«

»Sie haben aber doch selber zugegeben, daß an meiner Arbeit für ›Blitzlicht‹ nichts auszusetzen ist!«

»Aber an Ihrer moralischen Haltung!«

»Moralisch!« wiederholte Claudia; sie war nahe daran, ihm an den Kopf zu werfen, daß er, wie man sagte, vor Jahren etwas mit der Gottschalk gehabt hatte, aber sie beherrschte sich, weil ihr das auch nichts helfen konnte.

»Nun, wenn Ihnen das nicht schmeckt, werde ich es anders ausdrücken.« Der alte Togelmann legte die Fingerspitzen gegeneinander. »Ich liebe meine Schwiegertochter, und ich will nicht, daß ihr weh getan wird. Von niemandem. Auch nicht von meinem Sohn. Ich bin nicht blind. Ich weiß, daß er mindestens soviel Schuld an der Entwicklung der Dinge trägt wie Sie. Um genau zu sein: Ich mache Ihnen überhaupt keinen Vorwurf. Aber ich will nicht, daß das so weitergeht, denn dann würde es Anne zwangsläufig eines Tages zu Ohren kommen.«

»Und wenn ich nun verspräche ...?«

Er winkte ab. »Zwecklos. Ich hatte, wie Sie sich vorstellen können, vor diesem Gespräch eine Auseinandersetzung mit meinem Sohn. Sie verlief ziemlich heftig. Ich mußte feststellen, daß er sehr stark auf Sie fixiert ist. Er bringt die Kraft nicht auf, sich von Ihnen zu lösen, und das ist der Grund, warum Sie gehen müssen.«

»Aber ich habe die Romanredaktion aufgebaut! Sie war doch nichts anderes als ...«

»Ich weiß, ich weiß. Sie dürfen auch nicht glauben, daß ich Sie leichten Herzens ziehen lasse. Aber es gibt keine andere Möglichkeit.«

»Und wenn ich vors Arbeitsgericht ginge?«

»Sie werden mir natürlich unterschreiben müssen, daß Sie das nicht tun werden. Nur unter der Bedingung bekommen Sie Ihre Abfindung. Falls Sie sich weigern, erschweren Sie sich nur selbst die Situation. Die Hintergründe Ihres Ausscheidens würden in der ganzen Branche bekannt, und Sie werden doch zugeben, daß die nicht sehr rühmlich für Sie sind.«

»Auch nicht für Ihren Sohn!«

»Da gebe ich Ihnen recht. Wenn Sie also das Bedürfnis haben, sich an ihm zu rächen ...«

»Für was?«

»Es ehrt Sie, daß Sie mir diese Frage stellen.«

»Aber warum hat er mir nicht selber gesagt, wie die Dinge stehen?«

»Sie sollten ihn kennen, Fräulein Mennersdorfer. Dazu hat er nicht die Kraft. Im übrigen kann ich Ihnen versichern, daß er Sie nur unter massivem Druck aufgegeben hat. Ich habe ihn vor die Wahl gestellt: entweder sein Spielzeug oder Sie.«

»›Blitzlicht‹ ist auch mein Spielzeug«, sagte sie bitter.

»Sie werden schon wieder ein neues finden. Sie brauchen keinen Vater und kein Kapital im Hintergrund, um etwas zu schaffen. Mit Ihrer Abfindung auf der Bank haben Sie Zeit und Muße, sich nach einem neuen Arbeitsfeld umzusehen. Ich möchte sogar sagen: Sie haben einen guten Schnitt gemacht. Für Sie ist es keine Tragödie. Oder wollen Sie etwa behaupten, daß Sie meinen Sohn lieben!?«

»Das geht Sie nichts an!« Claudia wurde es bewußt, daß sich ihre Hände um die weiche Ledertasche in ihrem Schoß verkrampft hatten, und sie lockerte den Griff. »Aber eines möchte ich Ihnen doch noch zu bedenken geben: Wenn ich anderswo untergekommen bin ... sagen wir in Hamburg ... wie wollen Sie es verhindern, daß Ihr Sohn mich dort besucht?«

»Dabei werden Sie mir helfen, Fräulein Mennersdorfer.«

»Ich denke ja nicht daran!«

»Doch. Denn wenn er Ihnen nicht beruflich weiterhelfen kann ... nein, nein, das soll keine Beleidigung sein, drücken wir es also anders aus: Wenn Sie nicht mehr mit ihm zusammen arbeiten können, wird Ihnen nicht mehr sehr viel an ihm liegen.«

»Wie kommen Sie darauf?«

»Sie haben es mir selber gesagt.«

»Das ist nicht wahr!«

»Nun, ich habe es dem entnommen, was Sie nicht gesagt haben, nämlich: Ich will nicht auf ihn verzichten oder ich kann nicht ohne ihn leben oder etwas dergleichen. Es hat Sie nur getroffen, daß Sie Ihre Position bei ›Blitzlicht‹ aufgeben müssen. Mit keinem Gedanken haben Sie in Betracht gezogen, Ihre Arbeit aufzugeben und seine Geliebte zu bleiben.«

»Sie meinen ... mich von ihm aushalten zu lassen? Das liegt nicht in meiner Natur.«

»Nun eben. Und ich bin sehr dankbar dafür. Sonst hätten Sie mich nämlich in die größten Schwierigkeiten gebracht ... mich und meine Frau und Anne ...«

»Ich will niemandem Schwierigkeiten machen, und ich habe es auch nie gewollt.« Claudia konnte nicht verhindern, daß ihre Stimme zitterte.

»Das weiß ich ja, und ich habe gar nichts gegen Sie ... nicht gegen Sie persönlich. Sie gefallen mir sogar. Ich muß zugeben, mein Sohn hätte keine bessere Wahl treffen können ... aber jetzt, bitte, bloß keine Tränen!«

»Ich weine ja gar nicht!« behauptete Claudia und putzte sich die Nase. »Also ... wann soll ich gehen?«

»Jetzt. Sofort. Sie brauchen auch Ihren Arbeitsplatz nicht mehr zu räumen. Das wird jemand anderer für Sie tun. Wir müssen nur noch das Finanzielle miteinander regeln ... dann sind Sie frei! Das ist doch etwas!«

»Das ist genau das, was ich mir schon immer gewünscht habe«, erwiderte Claudia mit unüberhörbarer Bitterkeit.

Claudia gelang es, das Haus in guter Haltung zu verlassen.

Als der Pförtner sie erstaunt fragte: »Was? Sie gehen schon wieder?« antwortete sie: »Ich habe einen Sonderauftrag, Herr Kaspar! Also dann ... bis bald!«

Hocherhobenen Hauptes überquerte sie den Parkplatz und stieg in ihr Auto.

Erst als sie ihre leere Wohnung betrat, brach das nackte Entsetzen über sie herein. Sie hatte Herbert verloren, Elke war fortgezogen, und jetzt hatte man ihr auch noch die Arbeit genommen, die ihr Lebensinhalt gewesen war. Noch nie war sie sich so verlassen vorgekommen, und noch nie war sie so verstört gewesen. Es war ihr unmöglich, einen klaren Gedanken zu fassen oder irgend etwas zu tun. Vielleicht hätten Tränen ihr Erleichterung verschafft, aber sie wollte nicht weinen.

Stunden saß sie in dumpfem Brüten am Küchentisch; sie hatte noch nicht einmal die Kraft gefunden, ihren Mantel auszuziehen.

Endlich kam ihr der Gedanke, Frau Suttner anzurufen. Aber dann unterließ sie es doch. Sicher hätte die Suttner ihr den versprochenen Job in Hamburg verschaffen können. Aber jetzt, nach dem Hinauswurf, war ihre Ausgangsposition schlecht. Sie besaß jetzt nicht die Kraft, zu verhandeln und zu kämpfen, und aufs Bitten und Betteln verlegen wollte sie sich nicht.

Zorn stieg in ihr auf und machte sie lebendig. Der alte Togelmann hatte sie überfahren, soviel war sicher. Sie hätte nicht unterschreiben und sich abfinden lassen sollen, bevor sie die Sache gründlich durchdacht und vielleicht einen Rechtsanwalt zugezogen hätte. Aber jetzt war es zu spät. Sie hatte klein beigegeben. Die Rechnung des alten Herrn war aufgegangen.

Aber so leicht wollte sie es ihm nicht machen. Plötzlich war sie entschlossen, sich nicht so ohne weiteres vor die Tür setzen zu lassen. Sie mußte einen Weg finden, ihren Posten zurückzuerobern. Dafür würde ihr jedes Mittel recht sein.

Sie hätte sich mit Togelmann junior in Verbindung setzen können, und sie erwog das auch. Aber sie hätte ihn höchstens dahin bringen können, »Blitzlicht« um ihretwillen aufzugeben und sich scheiden zu lassen. Doch das war nicht ihr Ziel. Der alte Togelmann hatte ganz richtig erkannt, daß ihr sein Sohn, wenn er nicht mehr Chef war, kaum noch etwas bedeuten würde. Im Kampf gegen seinen Vater aber würde

Frank, wie sie ihn jetzt manchmal auch in Gedanken nannte, bestimmt den kürzeren ziehen.

Angestrengt versuchte Claudia sich zu konzentrieren. Es mußte doch einen Weg geben. Der alte Togelmann hatte sie hinausgeworfen, um seine Schwiegertochter zu schützen. Aber vielleicht irrte er sich. Vielleicht war ihr gar nichts daran gelegen, daß sie von der Bildfläche verschwand. Ihre, Claudias, Rolle in Franks Leben war ja ganz unbedeutend und spielte sich auf einer völlig anderen Ebene ab als sein Familienleben. Sie nahm Anne nichts und hatte auch nie vorgehabt, ihr etwas zu nehmen, sondern entlastete sie nur.

Wenn das so war, konnte Franks Frau vielleicht den Schwiegervater überreden, die Kündigung zurückzunehmen. Sie mußte mit Anne sprechen. Aber sie gab sich zu, daß ihre Argumente noch nicht überzeugend genug waren.

Claudia hatte die Erfahrung gemacht, daß man die Menschen leichter beeinflussen konnte, wenn man etwas gegen sie in der Hand hatte. Auch in Annes Leben mußte es eine schwache Stelle geben, Claudia hoffte es wenigstens. Hier in Elmrode allerdings gab es nicht den Schein eines Schattens, der auf sie fiel.

Aber was war mit ihren Besuchen in Hamburg? Sie konnten so harmlos sein, wie sie behauptete und wie alle glaubten. Aber vielleicht waren sie es auch nicht.

Hier war der Punkt, wo sie ansetzen mußte, der einzige Punkt, wo sie ansetzen konnte.

Wie war noch der Name der Schulfreundin, bei der sie zu übernachten pflegte? Claudia lief auf und ab und zergrübelte sich ihr Hirn. Frank hatte ihn einige Male erwähnt, er hatte von Annes Freundin Annemarie gesprochen. »Anne und Annemarie«, hatte er gesagt, »in ihrer Mädchenzeit waren sie unzertrennlich.« Aber den Nachnamen hatte er nicht genannt oder sie hatte ihn vergessen. Die meisten Leute in Elmrode mußten ihn kennen, und ausgerechnet sie nicht.

Claudia merkte erst jetzt, daß sie immer noch im Mantel

war, zog ihn aus, nahm ihre Handtasche und lief die Treppe hinunter. Frau Franke, die Hausbesitzerin, öffnete ihr erst nach mehrfachem ungeduldigen Klingeln; sie war dabeigewesen staubzusaugen.

»Fräulein Mennersdorfer?« fragte sie überrascht; Claudia hatte sich nie um einen engeren Kontakt mit ihr bemüht.

»Entschuldigen Sie, bitte, die Störung ...«

»Ach, macht doch nichts! Beim Putzen lege ich gern eine Pause ein. Kommen Sie doch herein. Oder haben Sie es eilig?«

»Nicht besonders!« behauptete Claudia mit einem Lächeln, das ihr nicht leichtfiel.

»Rauchen Sie eine Zigarette mit mir?«

»Ja, gerne«, sagte Claudia, die sonst fast nie rauchte; sie konnte nicht sofort mit ihrer Frage herausplatzen, sondern mußte Frau Franke in ein Gespräch verwickeln.

Das Wohnzimmer, in das sie geführt wurde, war gemütlich, wenn auch, wie Claudia fand, spießig mit seinen bunt bezogenen Möbeln und zu vielen Deckchen.

»Ich wollte nur sagen, daß ich für ein paar Tage verreise«, begann sie, als die Zigarette brannte.

»Mit dem jungen Togelmann?« fragte Frau Franke prompt.

»Nein, diesmal allein. Allerdings war ich schon ein paarmal mit ihm unterwegs ...«

»Das haben wir uns gedacht.«

»Geschäftlich natürlich!« Claudia blickte dem Rauch ihrer Zigarette nach.

»Ach so!«

»Mein Chef ist ein wirklich netter Mensch ...«

»Ja, Sie scheinen besonders gut mit ihm auszukommen.«

»Nicht nur mit ihm, mit der ganzen Familie. Seine Frau ist doch reizend, nicht wahr?«

»Finden Sie?«

Frau Franke hob die Augenbrauen.

Claudia tat erstaunt. »Sie etwa nicht?«

»Doch. Natürlich. Nur ... ich wußte nicht ...«

»Anne und ich verstehen uns wunderbar ... natürlich nicht so wie Anne und Annemarie ...«

»Ach was? Die kennen Sie auch?!«

»Ich habe die beiden zufällig mal zusammen in Hamburg getroffen. Anne hat uns bekanntgemacht. Sie ist Ärztin, nicht wahr?«

»Ja, die Annemarie Bürger hat immer schon hoch hinausgewollt, und sie hat es geschafft. Soll eine sehr gute Praxis in Hamburg haben.«

Claudia hatte Mühe, sich ihre Erleichterung nicht anmerken zu lassen. Jetzt wußte sie, was sie in Erfahrung hatte bringen wollen, und es war leichter gegangen, als sie befürchtet hatte. Um der anderen keinen Hinweis zu geben, zwang sie sich zu bleiben und redete noch über dieses und jenes, wobei ihr bewußt war, daß die Frau sie nur aus Neugier und nicht aus Sympathie hereingebeten hatte.

»Jetzt habe ich fast vergessen, weshalb ich gekommen bin!« sagte sie, als sie sich verabschiedete. »Ich erwarte ein Paket! Würden Sie es annehmen, wenn ich nicht da bin? Es ist immer so umständlich, zur Post zu fahren.«

Das war eine plausible Erklärung für ihren ungewöhnlichen Besuch, und sie war sicher, daß Frau Franke sie schluckte.

»Wann wollen Sie denn losfahren?« fragte die Hausbesitzerin noch.

»Gleich heute! Nach Hamburg.«

»Vielleicht treffen Sie dort ja Anne Togelmann. Sie fährt immer mittwochs hin.«

Claudia wurde es schaudernd bewußt, wie gut hier in Elmrode jeder über jeden Bescheid wußte. »Ja, ich weiß«, sagte sie gelassen, »dann hat ihre Freundin keine Sprechstunde. Vielleicht treffe ich sie übrigens wirklich. Mal sehen.«

Es dunkelte bereits, als Claudia die Peripherie von Hamburg erreichte. Ein schwerer Frühjahrsregen fiel, und ihre Scheibenwischer arbeiteten pausenlos.

›Immerhin‹, dachte sie, ›habe ich wenig Zeit verloren!‹

Erst am Morgen war ihr Vertrag gelöst worden, und schon holte sie zum Gegenschlag aus.

Unterwegs hatte sie sich überlegt, ob sie bei ihrer Familie übernachten sollte. Das wäre das Bequemste und Billigste gewesen — Renate Hahn hatte inzwischen ihr Zimmer geräumt und sich auf eigene Füße gestellt, so daß Platz für sie da gewesen wäre. Außerdem hätte sie das Auto ihres Bruders nehmen können, weil sie nicht mit einer Elmroder Nummer auffallen wollte. Aber sie verwarf diesen Gedanken dann doch. Sie wollte keine Fragen beantworten oder Erklärungen abgeben; ihre Eltern hätten wohl kaum Verständnis für ihre Situation gehabt, und ihnen etwas vorzuschwindeln, schien ihr zu mühsam. So fuhr sie denn nach Fuhlsbüttel hinaus, brachte ihr Auto in der Parkgarage unter und suchte sich bei einer Vermittlung einen Leihwagen aus, einen unauffälligen VW älteren Baujahrs, grau, mit Hamburger Nummer.

Noch auf dem Flughafen schlug sie im Telefonbuch die Adresse von Dr. Annemarie Bürger nach, die leicht zu finden war; es gab Bürger genug, aber nur eine Dr. Annemarie.

Claudia fuhr in die Stadt und über die Kennedybrücke zur Außenalster. Das Haus, in dem die Ärztin wohnte und praktizierte — vielleicht gehörte es ihr sogar —, war ein dreistöckiges Gebäude mit einer schönen Jahrhundertwendefassade und runden Mansardenfenstern unter einem hochgiebeligen Dach. Es lag mit dem Blick auf die Alster. Auf der gegenüberliegenden Seite gab es nur eine mit Bäumen bestandene Promenade.

Claudia fuhr langsam vorbei und stellte fest, daß die Parkplätze auf der Promenadenseite alle belegt waren. Die Geschäfte und Büros in der Innenstadt waren bereits geschlossen, und so waren die Anwohner wohl zu Hause und hatten ihre Autos abgestellt. Aber sie konnte hoffen, am nächsten Morgen einen Platz für den VW zu finden.

An der nächsten Ecke bog sie von der Alster ab und kurvte weiter durch das vornehme Wohnviertel auf der Suche nach einer Unterkunft für die Nacht. Endlich fand sie ein kleines Hotel mit dem anheimelnden Namen »Käpten's Ruh«, bekam ein einfaches Zimmer unter dem Dach und trug ihren Koffer hinauf. Später ging sie noch einmal hinunter, um ausgiebig zu essen — in Elmrode hatte sie nichts hinunterwürgen können — und legte sich früh zu Bett. Ganz gegen ihre Gewohnheit nahm sie ein Schlafmittel, denn sie wußte, daß sie am nächsten Tag wahrscheinlich vierundzwanzig Stunden wach bleiben mußte.

Am Morgen fuhr sie gegen neun Uhr wieder zur Alster zurück, fand tatsächlich Parkplätze genug und wählte einen aus, der in der Mitte zwischen zwei Laternen stand und von dem aus sie das Haus der Ärztin gut beobachten konnte.

Sie stellte das Auto ab und ging zu Fuß zum Hotel, wo sie um eine Thermosflasche voll starkem, gesüßtem Kaffee bat, eine Plastiktüte mit Butterbroten, eine Flasche Wasser und eine Tafel Schokolade. Sie gab an, einen Ausflug in das Hinterland machen zu wollen und vielleicht erst am nächsten Tag zurückzukommen.

Auf ihrem Zimmer zog sie sich lange Hosen und einen warmen Pullover unter ihren Regenmantel an und steckte ein Tuch in die Tasche, das sie sich auf der Straße umband; ganz ohne Schminke und ohne die schmeichelnde Haarpracht wirkte sie jetzt fast unkenntlich.

Gegen elf Uhr bezog sie ihren Posten. Sie rechnete damit, daß Anne Togelmann nicht vor Mittag eintreffen würde, wollte aber sicher sein.

Claudia hatte sich auf ein langes Warten gefaßt gemacht, aber es wurde endlos. Zum Glück regnete es nicht mehr, so daß die Sicht gut war. Aber das nutzte wenig, weil Anne Togelmann nicht erschien. Menschen verließen das Haus und gingen hinein, aber die Frau, die sie beschatten wollte, war nicht unter ihnen.

Es wurde dunkel, die Laternen gingen an und ließen das immer noch nasse Pflaster aufschimmern. Schon beschlich Claudia das lähmende Gefühl, daß ihre Wache sinnlos wäre. Aber sie wollte nicht aufgeben. Stunde um Stunde saß sie in dem geliehenen Auto und beobachtete das Haus, auch wenn ihr zuweilen die Augen zufallen wollten. Als sie den Kaffee getrunken hatte, wurde es noch schwieriger, wach zu bleiben. Claudia brauchte ihre ganze Willenskraft, um sich dazu zu zwingen.

Der Morgen dämmerte, und noch immer hatte sie Anne Togelmann nicht entdeckt.

Inzwischen war sie schon sicher, daß sie in dieser Woche gar nicht nach Hamburg gefahren war. Aber dennoch gab sie nicht auf. Sie wollte bis zur Mittagszeit auf ihrem Posten bleiben, denn dann, spätestens, mußte Anne Togelmann zurückfahren, weil sie zu einem frühen Abendessen mit den Kindern in Elmrode zurück zu sein pflegte.

Claudia gelang es sogar, sich über ihren Fehlschlag hinwegzutrösten. Wenn Anne Togelmann nicht in dieser Woche nach Hamburg gekommen war, dann würde sie es bestimmt in der nächsten tun. Claudia mußte das Verfahren nur wiederholen.

Als kurz vor zwölf dann doch das silbergraue Sportcoupé mit der Elmroder Nummer vorfuhr, traute Claudia ihren Augen nicht. Sie kniff sie zusammen und riß sie wieder auf: Sie hatte richtig gesehen.

Anne Togelmann stieg aus, sehr elegant in einem hellen Seidenmantel mit dazu passender Kappe, ließ den Wagen auf der bebauten Seite, also im Halteverbot, stehen, ein Zeichen, daß sie nicht vorhatte, sich lange aufzuhalten.

Anderthalb Stunden später kam sie aus dem Haus und fuhr fort — wahrscheinlich hatte sie bei der Freundin zu Mittag gegessen. Aber darauf kam es ja nicht an. Wichtig für

Claudia war es nur, daß sie nicht bei Annemarie Bürger übernachtet hatte. Mehr hatte sie nicht wissen wollen. Sie mochte ihrem Glück kaum trauen. Das Schicksal hatte ihr eine Waffe gegen die ach so moralischen Togelmanns in die Hand gespielt.

Um ganz sicher zu sein, folgte sie dem silbergrauen Wagen quer durch die Stadt bis zur Einfahrt auf die Autobahn Hannover.

Dann kehrte sie in ihr Hotel zurück und schlief traumlos bis zum nächsten Morgen.

In der nächsten Woche, als sie sicher sein konnte, daß Frank das Haus verlassen hatte, rief Claudia bei Togelmanns an.

Anne war erst freundlich, wenn auch etwas verwundert, dann aber, als Claudia um ein Treffen bat, höchst überrascht.

»Sie wollen mich sehen? Wozu? Aber wir kennen uns doch gar nicht ... ich meine, nur so flüchtig, daß von einem Kennen eigentlich keine Rede sein kann.«

»Das stimmt. Aber ich finde, es wird Zeit, daß wir einander näherkommen.«

»Ich verstehe nicht ... aber wieso denn?«

»Das werde ich Ihnen alles erklären ...«

»Aber ich bin gar nicht interessiert ...«

»Ist es denn wirklich zuviel verlangt, wenn ich Sie bitte, mir eine halbe Stunde Zeit zu opfern?«

»Nein, natürlich nicht, nur sehe ich nicht ein ...«

»Bitte. Es ist so wichtig für mich.«

Anne Togelmann gab nach. »Also wo? Und wann?«

»Heute nachmittag. Wo, können Sie bestimmen.«

»Ich weiß nicht ...«

»Dann in der Milchbar gegenüber dem Grimmelshausen-Gymnasium. Um drei Uhr.«

»Aber da war ich noch nie!«

»Dann laufen Sie auch nicht Gefahr, dort Bekannten zu begegnen. Wir machen es ganz zufällig. Sie sind als erste dort. Ich komme herein und tue, als wäre ich überrascht, Sie zu sehen, und Sie winken mich an Ihren Tisch.«

»Aber wozu dieses Theater?«

»Wenn Ihnen nichts daran liegt, können wir es auch lassen. Lieber wäre es mir natürlich, Sie würden mich bei mir zu Hause besuchen.«

»Nein, nein! Das doch nicht.«

»Also machen wir es so, wie ich gesagt habe.« Claudia hängte auf, noch ehe Anne Togelmann einen Einwand finden konnte.

Als sie am Nachmittag die Milchbar betrat, war Anne Togelmann schon da. Claudia hatte es nicht anders erwartet und war auch nicht enttäucht, als sie sie nicht gleich auf den ersten Blick entdeckte. Die Frau des Chefredakteurs saß in einer der kleinen Nischen, in denen die reifere Schuljugend miteinander zu flirten pflegte. Heute lümmelten und spreizten sich nur ein paar Jungen und Mädchen an der Bar. Sie lachten und alberten miteinander, und die Musikbox lief mit voller Lautstärke.

Anne Togelmann sah, rosig und weiß, mit großen blauen Augen und aschblondem Haar, bezaubernd aus. Sie trug ein helles Kostüm und einen kleinen Hut und hatte die weißen Handschuhe abgestreift und neben sich auf den Tisch gelegt.

Claudia gestand sich mit leisem Neid, in den sich auch ehrliche Bewunderung mischte, daß sie selber solche Damenhaftigkeit nie erreichen würde.

Die jungen Leute hatten Claudia kurz angeblickt, aber sich dann, als sie erkannten, daß sie nicht zu ihnen gehörte und in ihren Augen viel zu alt war, um noch interessant zu sein, gleich wieder abgewandt. Anne Togelmann winkte ihr zu, wie verabredet, obwohl das gar nicht nötig gewesen wäre, weil niemand sie beachtete.

Claudia begrüßte sie kurz und holte dann von der Bar, da Anne Togelmann noch nicht bestellt hatte, zwei Milchshakes, bevor sie sich zu ihr setzte.

»Ich habe nur wenig Zeit«, behauptete Anne Togelmann ablehnend, konnte aber nicht verbergen, daß sie nervös war.

»Das sagten Sie mir bereits am Telefon«, entgegnete Claudia mit leichtem Spott, »keine Angst, ich werde Sie nicht lange aufhalten!« Sie saugte einen Schluck durch ihren Plastikhalm und fuhr fort, als die andere nur schweigend dasaß und vor sich hinblickte: »Sie wissen vielleicht, daß mein Vertrag gekündigt worden ist.«

Röte stieg in Anne Togelmanns zarte Wangen. »Nein! Ist das wahr? Ich habe immer nur zu hören gekriegt, wie unerhört tüchtig Sie sind!«

»Nichtsdestotrotz hat man mich gefeuert.«

»Aber warum?«

»Weil Ihr Schwiegervater der Ansicht ist, daß ich ein Verhältnis mit Ihrem Mann habe.«

Anne Togelmann ließ sich nicht anmerken, ob sie etwas davon geahnt oder gewußt hatte. »Ach so«, sagte sie nur.

»Er hat es Ihretwegen getan, Frau Togelmann!« sagte Claudia eindringlich. »Um Sie vor einem Schmerz oder einer Enttäuschung oder wie immer man es nennen will, zu schützen.«

»Der gute Papa!«

»Deshalb sind Sie auch der einzige Mensch, der mir helfen kann! Sprechen Sie mit Ihrem Schwiegervater! Machen Sie ihm klar, daß ›Blitzlicht‹ mich braucht und daß man mich wegen einer privaten Angelegenheit nicht einfach vor die Tür setzen darf.«

»Ja, kann man das denn überhaupt? Ich meine ... ich nehme doch an, Sie hatten einen Vertrag.«

»Der gute Papa ließ mir keine Zeit, über die rechtliche Seite der Angelegenheit nachzudenken oder mir einen Rat zu holen. Er hat mich überfahren.«

»Ja, dazu ist er fähig.«

»Und ob! Also reden Sie mit ihm, bitte! Ich bin überzeugt,

daß er Ihnen aus der Hand frißt. Er muß mir meinen Posten zurückgeben. Das wäre besser, für uns alle.«

»Schon möglich.« Anne spielte mit einem ihrer Handschuhe.

»Also tun Sie es?«

»Nein. Ich kann nicht.« Anne Togelmann legte den Handschuh wieder auf den Tisch zurück. »Sehen Sie, ich habe mich nie in geschäftliche Angelegenheiten eingemischt ...«

»Aber dies ist doch wohl etwas mehr!« Claudia blickte ihr beschwörend in die Augen.

Anne Togelmann schlug die Lider nieder. »Ja, vielleicht ... ich verstehe schon, was Sie meinen! Aber ich kann mit niemandem darüber reden. Am wenigsten mit Papa.«

»Aber Sie müssen es! Sie können doch nicht zulassen, daß ich auf dem Altar Ihrer Ehe geopfert werde.«

»Jetzt übertreiben Sie aber!«

»Nein. Frank hätte sich nie für mich interessiert, wenn seine Ehe in Ordnung wäre. Sie haben ihm nicht gegeben, was er braucht ... und jetzt wollen Sie mich dafür büßen lassen. Dabei ist es Ihnen herzlich gleichgültig, wie er sich schadlos hält, wenn er Sie nur in Ruhe läßt.«

»Das soll ich meinem Schwiegervater sagen!? Eine Welt würde für ihn zusammenstürzen.«

»Nein, das natürlich nicht. Aber ich bin überzeugt, Sie werden schon die richtigen Worte finden.«

»Nein.«

»Aber wollen Sie nicht wenigstens den Versuch machen?«

»Nein.« Als sie merkte, daß Claudia auf einer Erklärung beharrte, fügte sie hinzu: »Vielleicht haben Sie recht. Vielleicht ist es mir wirklich herzlich gleichgültig, mit wem mein Mann sich einläßt. Aber nicht, wenn das hier in Elmrode geschieht ... nicht, wenn die Leute es erfahren.«

»Also nur der Leute wegen!?«

»Sie sind jung ... Sie kommen aus einer Großstadt, ich nehme es Ihnen nicht übel, wenn Sie das nicht verstehen.

Aber ich bin überzeugt, Papa hat vor allem auch daran gedacht, als er Sie aus seinem Betrieb entfernte ... auch an mich, natürlich ... aber vor allem an den guten Ruf seiner Familie.«

»Es genügt Ihnen also, wenn Sie nach außen hin die heile Welt verkörpern? Sie sind wirklich sehr bescheiden!«

»Ich muß auf meine Weise mit meinem Leben fertig werden ... und Sie mit dem Ihren. Verstehen Sie doch. Ich kann Ihnen nicht helfen. Wenn Sie Frank wirklich lieben ... er kann Sie ja auch in Hamburg oder Berlin besuchen. Das ist mir gleichgültig.«

»Und Sie fürchten nicht, ich könnte ihn Ihnen abspenstig machen?«

»Nein. Ihm wird die Ehe immer wichtiger sein als eine Liebschaft.«

»Meinen Sie? Auch dann noch, wenn er alles über seine Ehe wüßte?«

Anne Togelmann nahm Handschuhe und Tasche und erhob sich. »Tut mir leid. Ich muß jetzt gehen.«

»Einen Augenblick werden Sie mich noch anhören. Setzen Sie sich wieder. Es ist wichtig für Sie.«

Anne Togelmann blieb stehen, aber sie verließ den Tisch nicht. »Was fällt Ihnen ein!« sagte sie mit einer Empörung, die nicht echt klang.

»Sie sollten Ihrem Mann erzählen, was Sie wirklich immer wieder nach Hamburg zieht! Mit wem Sie Ihre Nächte verbringen ...«

»Seien Sie still!«

»Ich schweige ja schon. Mehr wollte ich gar nicht sagen. Erzählen Sie Ihrem Mann die Wahrheit oder treten Sie bei Ihrem Schwiegervater für mich ein. Das sind die beiden Möglichkeiten, die Sie jetzt noch haben.«

»Das ist Erpressung!«

Jetzt war es Claudia, die mahnte: »Nicht so laut!«

»Schämen Sie sich denn nicht!?«

»Das Schämen sollte eigentlich bei Ihnen liegen. Sprechen Sie mit Ihrem Schwiegervater. Sagen Sie ihm von mir aus, daß Sie Mitleid mit mir haben . . . daß es eine Ungerechtigkeit ist . . .«

»Nein! Dahin werden Sie mich nicht bringen!«

»Dann sprechen Sie mit Ihrem Mann. Bringen Sie Ihre Ehe wieder in Ordnung. Dann hätte mein Abgang doch wenigstens einen Sinn gehabt.«

Anne Togelmann musterte sie mit einem Blick, in dem mehr als Zorn und Verachtung lagen, den Claudia nicht definieren konnte.

Dann wandte sie sich grußlos ab und ging.

Obwohl die Aussprache mit Anne Togelmann Claudia nichts gebracht hatte, fühlte sie ich danach besser; sie hatte zurückgeschlagen und ihrer Wut und Enttäuschung Luft gemacht. Jetzt konnte sie in Ruhe überlegen, was sie mit ihrem Leben beginnen sollte.

Angst vor der Zukunft hatte sie nicht. Sie war jung und gesund und jederzeit in der Lage, sich ihr Geld zu verdienen, ganz davon abgesehen, daß sie das im Augenblick noch nicht brauchte. Von der Abfindung, die ihr der Verlag bezahlte, würde sie gut und gern ein Jahr lang sorglos leben können.

Aber sie wollte wieder einen leitenden Posten bekommen, und sie wußte, daß das nicht so einfach sein würde.

In Elmrode jedenfalls hatte sie nichts mehr verloren. Vorsorglich kündigte sie die Wohnung, entschied sich aber dafür, noch so lange zu bleiben, bis sie wußte, wo sie in Zukunft leben würde. Sie beauftragte eine Spedition, ihre Möbel Ende des Monats abzuholen und in einem Lagerhaus unterzustellen, bis sie sie abrufen würde, und besorgte sich Kisten, in die sie ihren Hausrat einpacken konnte.

Daneben schrieb sie Briefe an Helma Suttner und Yvonne Meyer, in denen sie ihnen berichtete, daß sie wegen eines Zusammenstoßes mit Togelmann senior aus dem Verlag ausgeschieden sei und nun eine neue Beschäftigung suche. Dabei ließ sie es aber nicht bewenden, sondern studierte auch die maßgebenden Zeitungen und bewarb sich auf Annoncen, die ihr interessant erschienen.

In dieser Zeit fuhr und flog sie auch hierhin und dorthin, um sich vorzustellen. Aber sie fand keine Aufgabe, die sie wirklich reizte. Vielleicht, so sagte sie sich selber, weil sie zu verwöhnt und im Augenblick noch gar nicht auf eine Arbeit angewiesen war. Aber es half ihr, ihre Möglichkeiten realistisch einzuschätzen. Eine Position, wie sie sie bei »Blitzlicht« gehabt hatte, stand nicht in Aussicht. Sie würde ein, wenn nicht zwei Stufen niedriger neu beginnen müssen. Aber sie gewöhnte sich rasch an diese Vorstellung. Sie hatte Zeit, und sie hatte Kraft; sie wußte, daß sie es schaffen würde. Der Hinauswurf bei »Blitzlicht« hatte ihr nicht so sehr geschadet, wie sie befürchtet hatte. Man hielt die Togelmanns und ihre Ansichten allgemein für provinziell.

Als sie eines späten Nachmittags von einer Reise nach München zurückkam — man hatte ihr die Leitung des Lektorats bei einem Taschenbuchverlag angeboten, eine Stellung, die ihr dann doch nicht zugesagt hatte —, sah sie vor der Haustür das silbergraue Sportcoupé, das sie so gut kannte.

Sie war überrascht, glaubte aber nichts anderes, als daß Anne Togelmann auf sie gewartet hätte, um sich mit ihr in Verbindung zu setzen. Zwar hatte sie nicht mehr damit gerechnet, war aber um so erfreuter. Rasch überprüfte sie Make-up und Frisur, bevor sie ausstieg.

Aber es war nicht Anne, sondern Frank, Paul Togelmann junior, der die Tür des Coupés öffnete und ihr entgegenkam. Sie registrierte, daß er einen schwarzen Anzug und eine schwarze Krawatte trug, ohne daß sie sich etwas dabei dachte.

»Endlich!« sagte er. »Ich habe Stunden auf dich gewartet!«
»Ausgerechnet hier? Ist das nicht ein bißchen auffällig?«

»Das spielt jetzt keine Rolle mehr.« Er nahm ihren Arm. »Komm, gehen wir nach oben.«

Sie blieb stehen. »Ausgeschlossen. Bei mir sieht es wüst aus. Ich bin mitten im Umzug.«

»Du willst fort?«

»Was denn sonst?«

»Hast du etwa schon eine neue Stellung?«

»Eine Menge Angebote.«

»Aber noch nichts unterschrieben. Das ist sehr gut. Ich muß unbedingt mit dir sprechen.«

Claudia war es unbehaglich, denn sie hatte das Gefühl, daß Frau Franke sie hinter der Gardine beobachtete. »Dann fahren wir doch am besten irgendwohin.«

Er überlegte einen Augenblick. »Gut«, sagte er dann, »in meinem Wagen.« Er stieg ein, und sie setzte sich auf den Nebensitz. Viele Fragen schossen ihr durch den Kopf, aber sie wollte sie nicht aussprechen. Wenn Anne sich bei ihrem Schwiegervater für sie eingesetzt hatte, dann brauchte Frank nicht zu wissen, daß sie dahintersteckte.

Er startete den Motor und fuhr an. »Es ist einiges passiert«, begann er.

»Ja?« fragte sie zurückhaltend.

»Anne ist tot.«

»Nein!«

»Doch. Sie ist gestorben. Bei ihrem letzten Aufenthalt in Hamburg.«

»Aber, Frank, das kann doch nicht wahr sein! Sie war doch noch nicht alt und auch nicht krank!«

»Trotzdem ... sie ist tot. Das ändert natürlich alles.«

»Ich kann es einfach nicht glauben. Tot, sagst du? Bitte, erzähl mir, wie es passiert ist.«

»Sie hat bei ihrer Freundin Annemarie übernachtet, wie üblich. Am Morgen ist sie nicht zum Frühstück gekommen, und als man sie wecken wollte ... spät, denn sie hatte am Abend zuvor ziemlich erschöpft gewirkt ... war sie tot.«

»Aber wieso das denn? Man stirbt doch nicht einfach so über Nacht!«

»Herzversagen. Annemarie hat den Totenschein ausgestellt.«

Sie schwiegen eine Weile.

»Ich kann mir das nicht vorstellen«, sagte Claudia endlich, »sie wirkte so gesund!« Sie legte ihm die Hand auf den Arm. »Sei ehrlich, Frank! Steckt nicht noch mehr dahinter?«

»Wie kommst du darauf?«

»Ich weiß nicht. Vielleicht ein Verbrechen?«

»Annemarie hat den Totenschein ausgestellt«, wiederholte er hartnäckig.

»Aber das besagt doch nichts. Sie war ihre Freundin. Vielleicht hatte sie Grund, etwas zu vertuschen? Du solltest dich damit nicht zufriedengeben, Frank.«

»Was erwartest du denn von mir?«

»Daß du sie von einem außenstehenden Arzt untersuchen läßt ... vielleicht eine Autopsie ...«

»Aber was hätte ich davon? Anne würde dadurch nicht wieder lebendig, und außerdem ... ist es nicht ganz gut, daß sie tot ist?«

Seine Nüchternheit machte sie betroffen. »Nein, das finde ich nicht«, widersprach sie, »... ich kann den Tod nicht gut finden ... zumal nicht, wenn er einen jungen und gesunden Menschen trifft.«

»Sie war nicht so gesund, wie wir annahmen.«

»Was fehlte ihr denn? Hat Frau Doktor Bürger dir etwas gesagt?«

»Sie war seelisch sehr labil.«

»Aber daran stirbt man nicht.«

»Jetzt hör mal zu, Claudia ...« Sie hatten die Ausfallstraße erreicht, und er trat stärker auf das Gaspedal. »... ich wollte es dir eigentlich nicht sagen. Es ist nicht nötig, daß irgend jemand etwas davon erfährt. Du weißt, wie die Leute reden ...«

Plötzlich begriff Claudia. »Sie hat sich das Leben genommen?«

»Ja!«

»Entsetzlich!«

»Nimm es nicht so persönlich ... dich trifft keine Schuld ...«

»Vielleicht doch! Wenn sie nun etwas von unseren Beziehungen erfahren hat!« sagte Claudia, und sie dachte: ›Ich habe sie in den Tod getrieben!‹

»Nein, das hat mit uns gar nichts zu tun, glaub mir doch. Sie hat eine Nachricht hinterlassen.« Er griff mit der linken Hand in die Brusttasche und holte einen Briefbogen heraus: teures Papier, am Kopf mit Anne Togelmanns Namen bedruckt.

Claudia las die wenigen Zeilen in einer eleganten, ein wenig mädchenhaften Schrift: »Ihr werdet mich nicht verstehen — aber, bitte, verzeiht mir!« Sie faltete den Bogen zusammen und gab ihn Frank zurück. »Ist das alles?«

»Ja. Du siehst, es hat mit uns nichts zu tun.«

Claudia wußte, daß Anne Togelmann sich durch sie entdeckt gefühlt und keinen Ausweg aus ihrer Verstrickung gefunden hatte, aber sie sprach es nicht aus. »Aber warum, Frank?« fragte sie statt dessen. »Was hatte Frau Bürger für eine Erklärung?«

»Sie sagte, Anne habe schon seit längerer Zeit an Depressionen gelitten. Sie hat sie mit Medikamenten behandelt, aber nicht gewußt, daß es so schlimm war. Dann ... ein schwerer depressiver Schub! Sie macht sich selber die größten Vorwürfe.«

»Schrecklich.«

»Du wirst mit niemandem darüber sprechen?«

»Natürlich nicht.«

»Wir sind alle sehr froh, daß es gerade bei Annemarie passiert ist. So kommt wenigstens nichts an die Öffentlichkeit.«

»Ja, das ist sehr gut«, sagte Claudia mechanisch.

»Ich habe nur wenig Zeit, Claudia, ich muß zurück zu meiner Familie ...«

»Das verstehe ich.«

»Morgen ist die Beerdigung.«

»In Hamburg?«

»Nein, natürlich hier. Es darf nicht so aussehen, als hätten wir etwas zu verbergen.«

»Es ist lieb, daß du dir trotzdem die Zeit genommen hast ...«

»Wir müssen über deine Zukunft sprechen, Claudia ... über unsere Zukunft.«

Claudia schwieg; es erschreckte sie, daß er so schnell über den Tod seiner Frau hinweg zur Tagesordnung zurückkam.

»Du machst natürlich bei ›Blitzlicht‹ weiter. Sofort nach der Beerdigung. Ich brauche dich dringend. Auf der Romanredaktion ist es drunter und drüber gegangen, seit du fort bist.«

»Vielleicht hättest du mich nicht gehen lassen sollen.«

Er fuhr hoch. »Bitte, mach mir jetzt keine Vorwürfe! Ich hatte keine Wahl. Du kennst Papa nicht.«

»Doch. Ich glaube, ich kenne ihn ziemlich gut.«

»Jetzt sieht natürlich alles anders aus. Da Anne nicht mehr da ist, mußt du zurückkommen.«

»Hast du mit ihm darüber gesprochen?«

»Er ist ganz meiner Meinung. Er hat dich nur sehr, sehr ungern entlassen.«

»Er hat mich rücksichtslos gefeuert!«

»Sei bloß nicht nachtragend. Das paßt nicht zu dir. Was ich an dir so schätze, war immer dein Realismus.«

Darauf wußte sie nicht sogleich etwas zu sagen. »Das alles kommt mir so unerwartet.«

»Ja, freust du dich denn nicht? Du kriegst deinen alten Sessel wieder!«

»Ich hatte nicht mehr damit gerechnet.«

»Und vielleicht sogar einen Bonus als Entschädigung! Was sagst du jetzt?«

»Ich muß mich erst an die veränderte Situation gewöhnen.«

»Dazu hast du ja Zeit, Liebling!«

»Bis übermorgen«, sagte sie bitter.

»Ach, mach mir doch nichts vor. Ich weiß, wie schnell du schalten kannst!« Er bremste und fuhr den Wagen auf einen Parkplatz. »Es wird alles wie früher ... nein, noch viel besser!« Er stellte den Motor ab und wandte sich ihr zu. »Endlich können wir mit den Heimlichkeiten aufhören ... nicht sofort, versteht sich, aber doch sehr bald. Alle sollen wissen, daß du meine Freundin bist! Und dann ... wir warten natürlich noch das Trauerjahr ab ... werden wir heiraten.«

»Heiraten?« wiederholte sie überrumpelt.

»Was wundert dich daran so?«

»Ich wußte gar nicht, daß dir an mir so viel gelegen ist.«

»Wir sind die ideale Ergänzung füreinander. Wir beide zusammen, wir werden ›Blitzlicht‹ ganz groß machen!«

»Aber deine Kinder ...«

»Um die brauchst du dich nicht zu kümmern, die sind bei ihrer Großmutter bestens aufgehoben. Ihr werdet bestimmt ein nettes, kameradschaftliches Verhältnis zueinander finden. Außerdem sind sie sowieso bald alt genug für ein Internat.«

Sie versuchte ihre Gedanken zu ordnen, aber es gelang ihr nicht.

»Du mußt nicht glauben, daß du den Haushalt führen und alle solche Dinge tun sollst, die dir wahrscheinlich nicht sehr liegen!« fuhr er fort. »Du sollst nur für mich da sein und die Redaktion. Alles andere schaffen wir uns vom Hals. Wir werden völlig unabhängig leben, mal hierhin reisen und mal dorthin ... und natürlich sehr viel arbeiten. Das liegt dir doch, Claudia!«

»Ja«, sagte sie.

Er nahm sie in die Arme und preßte seine Lippen auf ihren

Mund, aber obwohl sie seinen Kuß erwiderte, empfand sie nichts dabei.

»Versteh doch, Claudia, wir sind endlich frei! Frei für eine gemeinsame Zukunft! Ist das nicht wunderbar?!«

Sie rang sich ein Lächeln ab. »Ich hätte es mir nicht zu erträumen gewagt.«

»Siehst du, so liebe ich dich!«

Er küßte sie noch einmal.

»Du mußt zurück!« mahnte sie.

»Ja, leider! Aber was macht das schon, da das ganze Leben noch vor uns liegt!« Er ließ den Motor an und wendete das Auto.

Sie fuhren auf Elmrode los. Es war schon dämmrig geworden, und als sie sich der Stadt näherten, flammte ihnen vom Turm des Verlages in riesigen Buchstaben das Wort »Blitzlicht« entgegen.

In dieser Nacht zog Claudia das Fazit ihres bisherigen Lebens: Sie hatte alles erreicht, was sie wollte, und sie würde die Erfolgsleiter bald noch höher hinaufsteigen, wenn sie erst an der Seite ihres Mannes die Gesamtredaktion leiten würde.

Aber um welchen Preis! Anne Togelmann hatte dafür sterben müssen. Auch wenn sie das nicht gewollt und auch nicht einmal in Betracht gezogen hatte, lastete diese Schuld doch schwer auf ihr.

Aber das war nicht das einzige, was sie bedrückte. Sie würde Macht und Geld und Einfluß haben und endlich die Möglichkeit, zu zeigen, was in ihr steckte, und alle ihre Fähigkeiten zu entwickeln.

Dafür aber würde sie für alle Zeiten auf Liebe und Glück verzichten müssen, ja, sogar auch darauf, natürlich und ganz sie selber zu sein, wie sie es bei Herbert gewesen war.

Wollte sie das wirklich? Würde sie es überhaupt durchstehen können?

Claudia wußte nicht mehr ein noch aus. Sie kämpfte einen schweren Kampf. Die Versuchung war groß. Aber eine innere Stimme warnte sie. Sie erkannte, daß sie im Begriff stand, sich mit Leib und Seele zu verkaufen.

Wenn sie auf Frank Togelmanns Vorschlag einging, würde sie für immer aufhören, sie selber zu sein.

Als sie in ihren Gedanken so weit gekommen war, hatte sie auch schon ihren Entschluß gefaßt. Sie steckte einen Umschlag in die Schreibmaschine, adressierte ihn an Paul Togelmann junior, nahm einen Bogen und schrieb — nicht mit der Hand, denn sie wollte ihn nicht an den fatalen Brief seiner Frau erinnern —: »Tut mir leid, Frank, aber ich fürchte, der Bruch zwischen Dir und mir, zwischen mir und ›Blitzlicht‹ ist nicht mehr zu kitten. Ich wünsche Dir Glück und Erfolg und eine Nachfolgerin, die mich voll ersetzt.« Sie zog den Bogen aus der Maschine und unterschrieb: »Claudia.«

Einen anderen Umschlag adressierte sie an Kurt Schmidt und steckte das Geständnis hinein, mit dem er sich in ihre Hand gegeben hatte. Dann suchte sie ein größeres, wattiertes Kuvert für das Tonband, auf dem sie den Zusammenbruch von Hilgers festgehalten hatte. Auch er sollte es zurückbekommen.

Danach tat sie das letzte Haushaltsgerät, das sie noch zum Gebrauch draußen behalten hatte, in die schon gepackte Kiste — zuschlagen konnten sie die Männer von der Spedition — und stellte ihren großen Koffer mit den Wintersachen und den eleganten Kleidern dazu. Hosen, Pullover, Blusen, feste Schuhe, einfache Kleider und Waschzeug verstaute sie in einen kleineren Koffer. Mit Koffer, Schreibmaschine und Handtasche lief sie die Treppen hinunter und warf ihren Wohnungsschlüssel in den Briefkasten von Frankes.

Die Straßenlaternen waren schon erloschen, aber es war noch kaum dämmrig geworden. Niemand beobachtete ihren Abgang.

Claudia setzte sich ans Steuer ihres Autos und fuhr zum

Postamt, um ihre Briefe einzustecken. Danach fuhr sie weiter zu dem Haus, in dem Herbert Kranich lebte.

Sie klingelte heftig, aber niemand öffnete. Die Enttäuschung war wie ein Schlag. Noch einmal klingelte sie. Es war noch keine sieben Uhr, also, dachte sie, mußte er zu Hause sein. Sie klingelte wieder und warf dann erst einen Blick auf das Türschild über die Türglocke: Ein fremder Name stand darauf.

In diesem Augenblick ging drinnen ein Licht an.

Claudia rannte zu ihrem Auto, ließ den Motor an und brauste davon.

Erst später wurde ihr klar, daß ihre Reaktion kindisch gewesen war. Sie hätte sich bei dem fremden Menschen, den sie aus dem Schlaf geholt hatte, entschuldigen müssen. Vielleicht hätte er ihr sogar sagen können, wohin Herbert gezogen war. Aber sie hatte nicht die Nerven gehabt, sich mit einem Unbekannten auseinanderzusetzen.

Außerdem glaubte sie sicher zu sein, wo Herbert war: in seiner Hütte, die er so stolz sein »Jagdhaus« zu nennen pflegte.

Also fuhr sie zum »Alten Forsthaus« hinaus, stellte ihr Auto dort ab und stapfte entschlossen durch den morgendlichen Frühlingswald. Der Gedanke, daß sie Herbert nicht finden könnte, kam ihr gar nicht.

Aber als die Hütte vor ihr auftauchte, drang kein Rauch aus dem Kamin, und die Fensterläden waren geschlossen. Den Rest des Weges lief sie, denn sie konnte es nicht fassen. Sie trommelte gegen die Tür und gegen die Läden. Aber nichts rührte sich. Sie rief Herberts Namen. Vergebens.

Endlich mußte sie einsehen, daß er nicht da war.

Plötzlich wußte sie nicht mehr, wieso sie so fest damit gerechnet hatte, ihn hier zu finden. Seit Monaten hatte sie nichts mehr von ihm gehört. Er konnte nach Düsseldorf zurückgekehrt oder, geradesogut, nach Australien ausgewandert sein.

Entmutigt lief, kletterte, stolperte sie den Weg zum »Alten Forsthaus« zurück. Aber keinen Augenblick kam ihr der Gedanke, ihre Pläne zu ändern und nach Elmrode zu fahren. Wenn sie Herbert verloren hatte, mußte sie ihren Weg auch ohne ihn weitergehen.

Auch das Wirtshaus wirkte verschlossen. Niemand öffnete, als sie am Glockenstrang zog. Aber als sie um das Haus herumging, sah sie, wie die Wirtsfrau gerade Federbetten aus dem Fenster legte.

»Hallo!« rief sie hinauf.

»Wir haben zu!« kam die Antwort.

»Ich suche Herbert Kranich! Den Herbert, dem die Hütte im Wald gehört.«

»Die hat er nicht mehr!«

»Nein!?«

»Er hat sie aufgegeben.«

Ihre Enttäuschung war so groß, daß sie nicht sogleich etwas darauf zu sagen wußte.

Die Wirtsfrau stützte sich mit den Unterarmen auf das Federbett und rief: »Er hat sich 'nen Bauernhof gekauft!«

»Wo?« brachte Claudia mühsam heraus; sie wagte kaum noch zu hoffen.

»In der Nähe von Wohlberg.«

»Kenne ich nicht.«

»Ist ein ganz kleines Nest. Kennt niemand. Wollen Sie zu ihm?«

»Ja.«

»Warten Sie, ich komme runter. Ich werde Ihnen beschreiben, wie Sie hinkommen. Haben Sie eine Straßenkarte?«

»Ja!«

Als die dicke, pausbäckige Wirtin, im Hauskittel, mit Pantoffeln an den Füßen, wenig später die Hintertür öffnete, erschien sie Claudia wie ein guter Engel. Mit dem Kugelschreiber zeichnete sie sich den Weg auf der Karte ein, der über lauter unbedeutende Nebenstraßen führte.

»So, jetzt hab' ich's!« sagte sie endlich. »Vielen, vielen Dank, Frau Anna!«

»Frühstücken Sie erst mal mit uns ... ich habe das Wasser schon auf dem Herd ...«

»Nein, danke. Ich muß weiter.«

»Sie sehen aber ganz aus, als ob Sie ein gutes Frühstück brauchen könnten.«

»Es würde mich nur müde machen.«

»Ja, Schlaf brauchen Sie auch!«

»Später! Wenn ich Herbert gefunden habe!« Schon im Laufen rief sie noch einmal »Danke« und »Auf Wiedersehen«, dann saß sie schon wieder hinter dem Steuer, die Straßenkarte auf ihrem Schoß.

Claudia brauchte gute drei Stunden, bis sie Herberts Bauernhof fand. Zweimal verfuhr sie sich trotz aller Aufmerksamkeit, und einmal wurde sie von einem Spaziergänger in eine falsche Richtung geschickt.

Aber in Wohlberg kannte man Herbert und wies ihr den richtigen Weg.

Das Bauernhaus lag einsam, wie Claudia es nicht anders erwartet hatte. Es sah aus, als hätte es lange leergestanden. Die Fensterläden waren mit neuem Holz repariert, aber noch nicht gestrichen worden, und der Zaun, der den Garten umgab, war verfallen.

Claudia nahm es wahr, aber es kümmerte sie nicht. Als sie aus dem Auto stieg, fühlte sie sich schwach in den Knien.

Angst übermannte sie, daß er am Ende nichts mehr würde von ihr wissen wollen oder auch schon längst nicht mehr allein war. Sie lehnte sich gegen ihr Auto, um nicht zu Boden zu sinken.

Aber dann hörte sie seine Stimme, und sie klang so gleichmütig, als wäre sie nur eben zum Einkaufen gefahren.

»Ach so, du bist's, Claudia!«

Sie konnte nicht sogleich ausmachen, woher der Ruf gekommen war und blickte sich suchend um.

»Ich bin auf dem Dach!«

Und da war er wirklich, in Jeans und einem verwaschenen blauen Hemd, dessen Ärmel aufgerollt waren, so daß es die kräftigen, braunen Unterarme freigab.

»Herb!« rief sie und war zu ihrem Ärger den Tränen nahe.

»Komm nach oben! Die Haustür ist offen!«

Claudia trat in den steinernen Hausflur, stieg eine Treppe mit ausgetretenen Stufen hinauf, dann noch eine, trat durch eine offene Tür und stand unter dem Dach, durch dessen Löcher sie den blauen Frühlingshimmel sehen konnte — und Herberts Gesicht, das zu ihr herunterblickte.

»Was ist passiert?« fragte er.

»Ich werde es dir nach und nach erzählen . . . wenn ich bei dir bleiben darf.«

»Für immer?«

»Ich weiß es noch nicht.«

»Auch eine Antwort.«

»Ich weiß es wirklich nicht, Herb . . . ich weiß nur, daß ich vieles falsch gemacht habe und daß ich die Weichen neu stellen muß.«

»Immerhin etwas.«

»Laß mir Zeit, Herb! Vielleicht werde ich in die Großstadt zurückkehren, vielleicht werde ich ein Buch schreiben, vielleicht . . .«

»Hauptsache, du bist da!«

Wie ein Turner schwang er sich vom Dach, sprang ab, kam mit beiden Füßen zugleich auf — und dann lag sie in seinen Armen.

QUELLENNACHWEIS

Marie Louise Fischer: »Frauenstation«
Copyright © 1984 by Autor und
Wilhelm Heyne Verlag GmbH & Co. KG, München
Der Titel erschien bereits in der Allgemeinen Reihe
unter der Band-Nr. 01/8062 in der 38. Auflage.

Marie Louise Fischer: »Wichtiger als Liebe«
Copyright © 1981 by Autor und
Wilhelm Heyne Verlag GmbH & Co. KG, München
Der Titel erschien bereits in der Allgemeinen Reihe
unter der Band-Nr. 01/5993 in der 12. Auflage.

DUO

Zwei ungekürzte Spitzenromane beliebter und bekannter Autoren in einem Band.

Marie Louise Fischer
**Frauenstation /
Wichtiger als Liebe**
01/9496

Utta Danella
**Der Mond im See /
Gestern oder
die Stunde nach
Mitternacht**
01/9497

Heinz G. Konsalik
**Natascha /
Der Himmel über
Kasakstan**
01/9498

Daphne Du Maurier
**Karriere /
Kehrt wieder,
die ich liebe**
01/9499

Philippa Carr
besser bekannt als
Victoria Holt
**Sturmnacht /
Sarabande**
01/9501

Victoria Holt
**Das Haus der
tausend Laternen /
Der Fluch der Opale**
01/9502

Mary Westmacott
besser bekannt als
Agatha Christie
**Sie ist meine
Tochter /
Das unvollendete
Porträt**
01/9503

Annette
Kast-Riedlinger
**Von wegen Liebe... /
Frau im besten
Mannesalter**
01/9504

Marion
Zimmer Bradley
**Schloß des
Schreckens /
Trommeln in der
Dämmerung**
01/9505

Catherine Cookson
**Das Geheimnis von
Harrogate /
Herz im Sturm**
01/9506

Alexandra Jones
Samsara /Indara
01/9507

Johanna Lindsey
**Sündige Liebe /
Paradies der
Leidenschaft**
01/9508

Alistair MacLean
**Circus /
Nacht ohne Ende**
01/9509

Robert Ludlum
**Der Matarese-Bund /
Der Gandolfo-Anschlag**
01/9510

John le Carré
**Eine Art Held /
Schatten von gestern**
01/9511

Einmalige, limitierte Sonderausgaben. Jeder Band nur DM 12,-

Wilhelm Heyne Verlag
München